环翠年鉴

HUANCUI YEARBOOK

2022

中共威海市环翠区委党史研究中心
威海市环翠区地方史志研究中心 编

方志出版社
Publishing House of Local Records

图书在版编目（CIP）数据

环翠年鉴.2022／中共威海市环翠区委党史研究中心，威海市环翠区地方史志研究中心编.—北京：方志出版社，2022.12

ISBN 978-7-5144-5271-6

Ⅰ.①环… Ⅱ.①中 ②威… Ⅲ.①区（城市）—威海—2022 年鉴 Ⅳ.①Z525.24

中国版本图书馆CIP数据核字（2022）第243028号

责任编辑：李静
责任校对：刘玉霞
责任印制：梅中英
出 版 者：方志出版社
地　　址：北京市朝阳区潘家园东里9号（国家方志馆4层）
邮　　编：100021
网　　址：http://www.zgfzcb.cn
发　　行：方志出版社图书营销中心（010-67110500）
印　　刷：山东黄氏印务有限公司
开　　本：889毫米×1194毫米 1/16
印　　张：27.75
字　　数：884千字
版　　次：2022年12月第1版
印　　次：2022年12月第1次印刷
定　　价：300.00元

《环翠年鉴》编纂委员会

主　　任　张　刚　于晓东

副 主 任　于晓光　王　志　郑　磊　崔军强

委　　员　迟高伟　阮宝勇　郑剑波　丛晓红　李晓莉

　　　　　刘昌军　于同毅　林海涛　肖建国　李　强

《环翠年鉴（2022）》编审人员

主　　审　郑　磊　崔军强

副 主 审　迟高伟

主　　编　丛晓红

副 主 编　丛胜日　罗雪萍

编　　辑（按姓氏笔画排序）

　　　　　刁凌云　王浩宇　闫　潇　李琳琳　李鹏飞

　　　　　宋家宜　崔登玲　隋绍兰

山东省对外开放先进区
山东省安全生产工作先进单位
省级养老服务综合改革试点单位
山东省社会组织建设创新示范区
全省『救急难』综合试点单位
第一批省级健康服务业创新发展试验区
全省社区治理暨养老服务创新实验区
全省残疾人组织建设示范县(市、区)
山东省综合减灾示范县(市、区)
山东省移风易俗工作先进区
第三届山东省文化强省建设先进县(市、区)
省级文明区
山东省购物旅游示范城市
山东省第二批健康促进县(市、区)
山东省休闲农业和乡村旅游示范县
山东省人才工作先进单位
招商引资招才引智专项评价先进县(市、区)
山东省法治政府建设示范县(市、区)
山东省第五批科级副职工作先进单位
山东省全域旅游示范区
县域经济高质量发展先进区
首批省级文化和旅游消费示范县(市、区)
全省深化小型水库管理体制改革样板县(市、区)

环翠名片

全国『歌咏之乡』
全国群众体育先进单位
全国县(市)科技进步考核先进区
全国义务教育发展基本均衡县(市、区)
全国科学教育实验区
全国『两基』工作先进单位
全国和谐社区建设示范城区
国家知识产权强县工程试点区
全国沿海防护林体系建设先进单位
全国民政工作先进区
中国慢生活休闲体验区
全国残疾人精准康复行动试点示范区
全国法治县(市、区)创建活动先进单位
全国第四批『中德生态示范城市』
『七五』普法中期先进县(市、区)
全国农村承包地确权登记颁证工作典型地区
信访工作『三无』县(市、区)
全国第四批节水型社会建设达标县(市、区)
山东省妇女儿童工作先进集体
山东省信访工作先进单位
山东省农产品(渔业)质量安全示范县
『平安山东』建设先进区
山东省服务业发展先进区

数读环翠

面积383.11平方千米
户籍人口35.41万人
常住人口47.05万人
海岸线43千米
年平均气温12.2℃
年平均降水量762.2毫米
地区生产总值442.47亿元
第一产业增加值36.95亿元
第二产业增加值134.24亿元
第三产业增加值271.29亿元
第一、二、三产业构成8.3:30.4:61.3
实有市场主体80592户
实有注册资本1053.17亿元
规模以上工业企业144家
对外贸易进出口总值217.3亿元
对外贸易进口总值42.2亿元

对外贸易出口总值175.1亿元
引进外资项目50个
实际使用外资20476万美元
人均地区生产总值96451元
（按常住人口计算）
一般公共财政预算收入44.14亿元
一般公共财政预算支出30.74亿元
教育支出68456万元
科学技术支出5014万元
社会保障和就业支出43194万元
卫生健康支出29172万元
城乡社区支出11464万元
授权专利3271件
授权发明专利166件
中国驰名商标7件
地理标志商标3件

义务教育学校36所
在校学生58021人
幼儿园66所
在园幼儿18040人
各类医疗卫生机构394所
实有床位1801张
卫生技术人员4249人
城镇新增就业5278人
就业困难人员实现再就业548人
全体居民人均可支配收入51995元
全体居民人均消费支出35880元
城镇居民人均可支配收入55816元
城镇居民人均消费支出38639元
农村居民人均可支配收入24829元
农村居民人均消费支出16269元

庆祝中国共产党成立 100周年

2021年7月1日，全区各级党组织在收听收看庆祝中国共产党成立100周年大会直播实况前举行重温入党誓词活动

（区融媒体中心　供图）

2021年6月30日，羊亭镇党委组织党员代表和“光荣在党50年”老党员举行集体重温入党誓词活动
（羊亭镇　供图）

2021年6月25日，环翠区“学党史　忆初心”第五届“微型党课”大赛现场（区委区直机关工委　供图）

2021年6月28日，环翠区庆祝中国共产党成立100周年文艺演出举行　　（区委宣传部　供图）

2021年6月28日，张村镇庆祝中国共产党成立100周年文艺演出举行　　（区委宣传部　供图）

2021年7月1日，全区教育系统庆祝中国共产党成立100周年演出活动举行　　（夏自忠　供图）

2021年4月8日，鲸园街道老党员在北门外雷锋驿站张贴祝福语庆祝中国共产党成立100周年　　（鲸园街道　供图）

2021年2月28日，环翠区党史学习教育动员大会召开　　（区融媒体中心　供图）

党史学习教育

2021年4月7日，鲸园街道长征社区居民参观紫藤花园“党史长廊”　　（鲸园街道　供图）

2021年4月7日，鲸园街道长征社区居民开展“游园树下话长征”活动　　（鲸园街道　供图）

2021年4月9日，鲸园街道城市书房“党史学习角”　　（鲸园街道　供图）

“初心·1932”展馆　（区委组织部　供图）

红色展馆

十八里担架道展馆
（区委组织部　供图）

环海铁工厂展馆　　　　（区委组织部　供图）

红色东南乡展馆　　　　（区委组织部　供图）

2021年6月30日，山东威高骨科材料股份有限公司在上海证券交易所科创板上市

（区地方金融监管局　供图）

2021年11月18日，远遥浅海科技湾区一期主体工程举行启用仪式　（区海洋发展局　供图）

2021年10月7日，威海魏桥科技工业园有限公司精纺车间一角　　（夏自忠　供图）

2021年1月18日，威海新北洋数码科技股份有限公司生产车间一角　　（区工业和信息化局　供图）

经济发展

2021年3月1日，威海海鑫新材料有限公司生产车间一角　（区工业和信息化局　供图）

2021年5月20日，羊亭镇宋家疃蔬菜种苗产业研发基地　　（夏自忠　供图）

2021年7月22日，羊亭镇宋家疃村西红柿大棚　　（夏自忠　供图）

2021年9月7日，里口山乡村产业项目——谷风咖啡　　　　（里口山管理服务中心　供图）

2021年5月20日，国家冷凉植物示范推广基地——威海七彩生物科技有限公司苗圃　　（桥头镇　供图）

2021年11月27日，电影《村头村尾》首映式在济南举行　　（区委宣传部　供图）

2021年5月25日，2021中国（威海）合唱节暨环翠区第48届“5·23”歌咏会在市群众艺术馆海洋剧场举行　　（区文化和旅游局　供图）

2021年7月16日，第五届半月湾国际沙滩音乐节举行　　（区融媒体中心　供图）

文化繁荣

2021年8月4日，读者在温泉镇城市书房阅读　　（温泉镇　供图）

2021年5月2日，市区刘公岛路绿化景观　　　　（区市政园林中心　供图）

2021年6月15日，江家寨立

2021年9月5日，中国油画小镇夜景　　（孙家疃街道　供图）

（温泉镇　供图）

2021年7月10日，陶家夼社区公园（夏自忠　供图）

2021年8月1日，望海公园一角　　（夏自忠　供图）

2021年2月26日，市民在环翠楼广场开展正月十五闹元宵活动　　（夏自忠　供图）

2021年5月16日，“2021全国徒步联动日”活动威海站在王家疃村举行　　（夏自忠　供图）

2021年9月22日，志愿者帮助行动不便的老年人出行 （羊亭镇　供图）

2021年8月22日，魏桥社区食堂一角 （夏自忠　供图）

2021年9月4日，羊亭镇老年人在“幸福食堂”就餐　（羊亭镇　供图）

2021年2月28日，美术爱好者在远遥码头海边写生　（夏自忠　供图）

威海市环翠区政区图

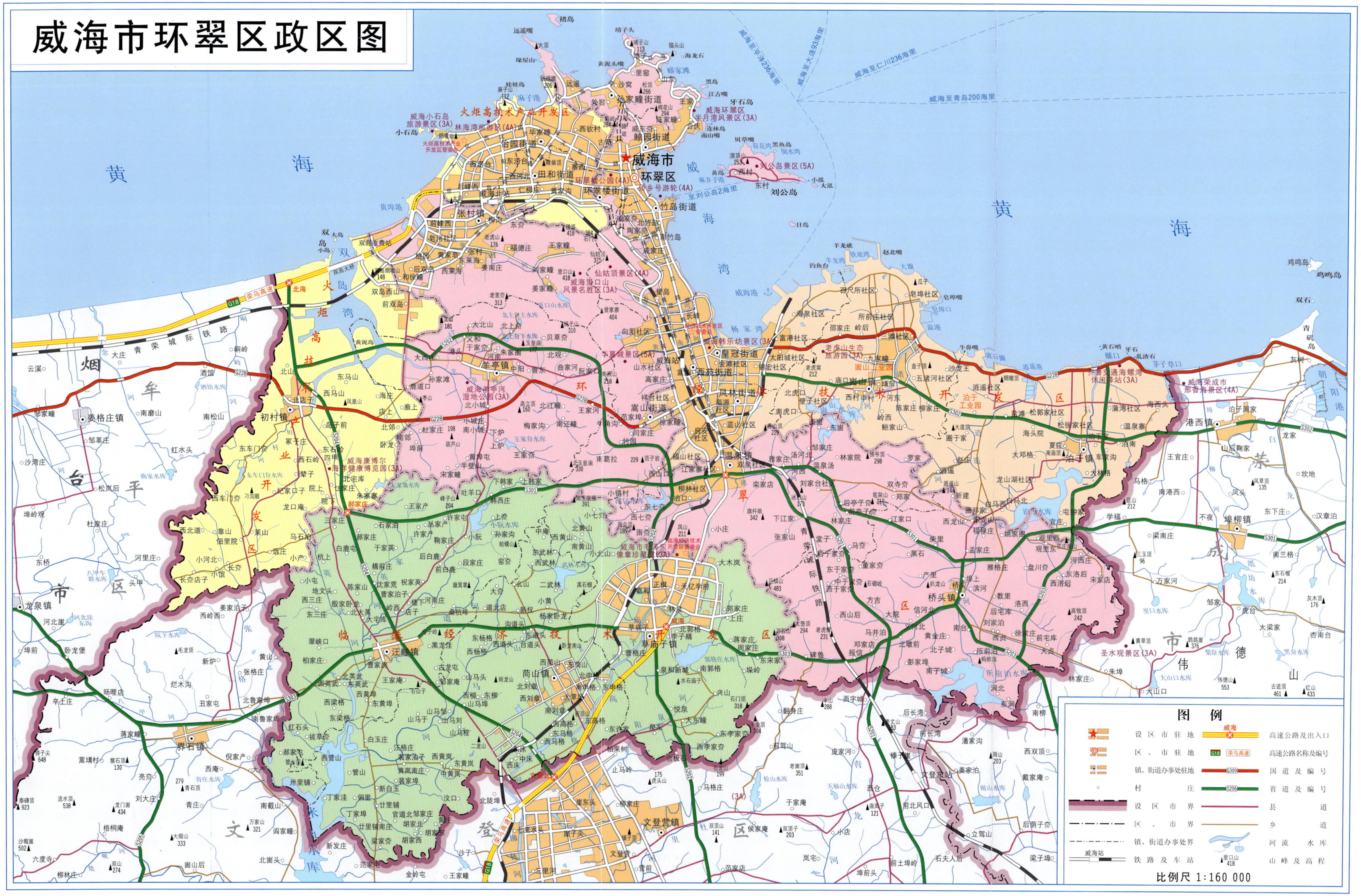

审图号：威S(2022)003号

编辑说明

一、《环翠年鉴》是由威海市环翠区人民政府组织，中共威海市环翠区委党史研究中心（威海市环翠区地方史志研究中心）编纂的资料性文献。2014年起，每年编辑一卷，国内公开出版发行，《环翠年鉴（2022）》为第九卷，记述时限为2021年1月1日至12月31日。卷中个别特殊事件的记述突破上、下限，以保证年鉴资料的系统性和完整性。

二、《环翠年鉴（2022）》坚持以马克思列宁主义、毛泽东思想、邓小平理论、“三个代表”重要思想、科学发展观、习近平新时代中国特色社会主义思想为指导，坚持辩证唯物主义和历史唯物主义的立场、观点和方法，坚持“存真求实、质量第一”的原则，旨在全面记述中共环翠区委、区政府带领全区人民弘扬伟大建党精神，统筹发展和安全，推进产业强区、科创兴区、精致靓区、生态立区、幸福城区建设，打造精致、幸福、充满活力的共同富裕先行示范区的基本情况，为广大读者了解和研究环翠提供资料和信息。

三、本年鉴采用分类编辑法，由类目、分目、条目3级组成。卷首设特载、专记、大事记、环翠概览，卷中设中国共产党环翠区委员会、环翠区人民代表大会、环翠区人民政府、中国人民政治协商会议环翠区委员会、中国共产党环翠区纪律检查委员会　环翠区监察委员会、民主党派与工商联、人民团体、法治、军事、经济管理、海洋发展、农业、工业、建筑业、商贸服务业、金融业、旅游业、经贸合作、城乡建设、生态环境保护、科学技术、教育、文化、卫生健康、体育、社会生活、镇（街道）27个类目，卷末设人物　荣誉、附录。

四、全书条目标题统一用黑体字加【】表示。《环翠年鉴（2022）》配备目录和索引双重检索系统，分设在卷首和卷末。目录编排至条目；索引采用主题分析法制作，按主题词首字汉语拼音字母顺序排列。在排版上，双页书眉为书名，单页书眉为类目标题。

五、全书中除特别注明的行政区外，“区”和“全区”均指“环翠区”。

六、本卷年鉴所载信息由全区各机关、企事业单位提供，经所在单位主要负责人审核、《环翠年鉴》编辑部整理编辑、编委会审查、出版社审核而成。本年鉴统计数据以政府统计部门公布的数据为准，统计部门没有统计的，采用业务主管部门统计的数据。

《环翠年鉴（2022）》主要机构（单位）全称、简称对照

全称	简称
中国共产党威海市环翠区委员会	区委
威海市环翠区人民代表大会常务委员会	区人大常委会
威海市环翠区人民政府	区政府
中国人民政治协商会议山东省威海市环翠区委员会	区政协
中国共产党威海市环翠区纪律检查委员会	区纪委
威海市环翠区监察委员会	区监委
中国人民解放军山东省威海市环翠区人民武装部	区人武部
中国共产党威海市环翠区委组织部	区委组织部
中国共产党威海市环翠区委宣传部	区委宣传部
中国共产党威海市环翠区委政法委员会	区委政法委
中国共产党威海市环翠区委统一战线工作部	区委统战部
中国共产党威海市环翠区委员会党校	区委党校
中国共产党威海市环翠区委办公室	区委办公室
威海市环翠区人民政府办公室	区政府办公室
威海市环翠区人民法院	区法院
威海市环翠区人民检察院	区检察院
中国共产党威海市环翠区委区直机关工作委员会	区委区直机关工委
中国共产党威海市环翠区委员会党史研究中心	区委党史研究中心
威海市环翠区地方史志研究中心	区地方史志研究中心
威海市环翠区应急管理局	区应急局
威海市环翠区财政局	区财政局
威海市环翠区发展和改革局	区发展改革局
国家税务局环翠区税务局	区税务局

全称	简称
威海市环翠区工业和信息化局	区工业和信息化局
威海市环翠区商务局	区商务局
威海市环翠区司法局	区司法局
威海市环翠区科学技术局	区科技局
威海市环翠区市场监督管理局	区市场监管局
威海市环翠区卫生健康局	区卫生健康局
威海市环翠区医疗保障局	区医保局
威海市环翠区文化和旅游局	区文化和旅游局
威海市环翠区自然资源局	区自然资源局
威海市环翠区教育和体育局	区教育体育局
威海市环翠区民政局	区民政局
威海市环翠区人力资源和社会保障局	区人力资源社会保障局
威海市环翠区住房和城乡建设局	区住房城乡建设局
威海市环翠区水利局	区水利局
威海市环翠区农业农村局	区农业农村局
威海市环翠区海洋发展局	区海洋发展局
威海市环翠区退役军人事务局	区退役军人局
威海市环翠区审计局	区审计局
威海市环翠区行政审批服务局	区行政审批服务局
威海市环翠区综合行政执法局	区综合行政执法局
威海市环翠区统计局	区统计局
威海市环翠区地方金融监督管理局	区地方金融监管局
威海市环翠区信访局	区信访局
威海市环翠区机关事务服务中心	区机关事务中心
威海市环翠区交通事务发展中心	区交通事务发展中心
威海市环翠区投资促进中心	区投资促进中心

全称	简称
威海市环翠区畜牧兽医事业发展中心	区畜牧兽医事业发展中心
威海市环翠区国有资产服务中心	区国有资产中心
威海市环翠区社会治理服务中心	区社会治理服务中心
威海市环翠区红十字会	区红十字会
威海市环翠区服务业发展促进中心	区服务业发展中心
威海市环翠区环境卫生服务中心	区环境卫生中心
威海市环翠区疾病预防控制中心	区疾控中心
威海市环翠区市政园林服务中心	区市政园林中心
威海市环翠区生态文明建设协调中心	区生态文明建设协调中心
威海市环翠区文学艺术界联合会	区文联
威海市环翠区残疾人联合会	区残联
威海市环翠区妇女联合会	区妇联
威海市环翠区工商业联合会	区工商联
威海市环翠区科学技术协会	区科协
威海市环翠区社会治安综合治理委员会	区综治委
威海市环翠区公安边防大队	区边防大队
威海市环翠区人民防空办公室	区人防办
中国共产党威海市环翠区委机构编制委员会办公室	区委编办
中国共产主义青年团威海市环翠区委员会	团区委
威海市公安局环翠分局	公安环翠分局
威海市自然资源和规划局环翠规划分局	规划环翠分局
威海市生态环境局环翠分局	生态环境分局
里口山风景名胜区管理服务中心	里口山管理服务中心
威海火炬高技术产业开发区	高新区
威海经济技术开发区	经开区
威海临港经济技术开发区	临港区

目　录
Contents

特　载
Special Reports

专　记
Special Articles

大 事 记
Chronicles of Events

环翠概览
Huancui Overview

中国共产党环翠区委员会

Huancui District Committee of the Communist Party of China

环翠区人民代表大会

Huancui District People's Congress

环翠区人民政府

Huancui District People's Government

中国人民政治协商会议环翠区委员会

Huancui District Committee of the Chinese People's Political Consultative Conference

中国共产党环翠区纪律检查委员会　环翠区监察委员会

Commission for Discipline Inspection of Huancui District Commitssion of Supervisory of Huancui District

民主党派与工商联

Democratic Parties and the Federation of Industry and Commerce

人民团体

People's Organization

法　治

Rule of Law

军 事

Military Affairs

经济管理

Economic Management

海洋发展

Marine Development

农　业

Agriculture

工 业

Industry

建 筑 业

Building Industry

商贸服务业

Business Service Industry

金　融　业

Finance

旅 游 业

Tourism

经贸合作

Trade and Economic Cooperation

城乡建设

Urban and Rural Construction

生态环境保护

Ecological Environmental Protection

科学技术

Science and Technology

教　育

Education

文 化

Culture

卫生健康

Hygiene and Health

体　育

Sports

社会生活

Social Life

镇（街道）

Towns（Streets）

人物 荣誉

Figures Honors

附　录

Appendices

索　引

Indexes

特　载

区委常委会工作报告

——2022年1月19日在中国共产党威海市环翠区第十六次代表大会上的报告

中共威海市环翠区委书记　张　刚

各位代表、同志们：

现在，我代表中国共产党威海市环翠区第十五届委员会向大会作报告，请予审议。

中国共产党威海市环翠区第十六次代表大会是在全面开启现代化征程的关键时期，召开的一次承前启后、继往开来的大会。本次大会的主题是：坚持以习近平新时代中国特色社会主义思想为指导，全面贯彻中共十九大和十九届历次全会精神，团结带领全区广大党员干部和人民群众，牢记殷切嘱托，勇担时代使命，努力打造精致、幸福、充满活力的共同富裕先行示范区。

一、区第十五次党代会以来的工作

区第十五次党代会以来的五年，大事多、喜事多、难事多，极不寻常。我们深切感受到了庆祝改革开放40周年、中华人民共和国成立70周年、中国共产党成立100周年的欢欣鼓舞，亲身经历了产业升级、统筹发展和安全等方面的现实挑战，全力应对了突如其来的新冠肺炎疫情重大考验。五年来，我们深入学习贯彻习近平新时代中国特色社会主义思想，认真落实中共中央总书记习近平关于山东工作的重要讲话精神和指示要求，在中共中央和省委、市委的坚强领导下，奋勇争先，开拓进取，全区各项事业实现了新

2022年1月19日，中国共产党威海市环翠区第十六次代表大会召开

突破、新跨越。

这是综合实力大幅跃升的五年。坚持贯彻新发展理念、推进高质量发展，区域经济发展一年一大步，全区地区生产总值年均增长5.9%（预计，下同），三次产业结构优化调整为7.7：31.4：60.9，成功入选全国“绿色发展百强区”、山东省县域经济高质量发展先进区。五年来，全区累计引进500强项目10个，引进外资过千万美元、内资过亿元项目85个，投资5000万美元的阿普塔恒煜医疗器材、投资10亿元的爱华海绿色图文影像新材料等大项目纷纷落地，魏桥（威海）铝精深加工产业园、亿达（威海）新材料应用创新中心等高品质园区相继建设，全区规模以上工业企业总数达到144家，获评山东省“招商引资招才引智”先进单位。现代服务业加速突破，全区“亿元”“千万元”楼宇达到30座，华夏城、里口山分别被评为国家AAAAA级旅游景区和国家AAAA级旅游景区，中国油画小镇建设全面铺开，成功创建“文化强省”建设先进示范区、省级全域旅游示范区。金融支持实体经济持续发力，新设立20亿元的政府投资引导基金等19只基金，山东威高骨科材料股份有限公司实现全市科创板上市企业“零”的突破。此外，安全生产、渔船管控、森林防灭火、防汛、食药品安全等工作稳步推进，全区社会大局持续稳定。

这是改革创新迈向深入的五年。坚持以改革破难题、以创新增动力，区域发展积蓄了新优势。累计争取省级以上改革试点77项，司法辅助事务集约化管理等经验做法在全国推广，党建引领基层社会治理、智慧化政务服务改革等典型入选全省基层改革案例。探索建立手续全程代办、“1+1+N”服务专班等机制，形成“交地即交证、拿证即开工”项目推进模式，营商环境持续优化提升。全面完成党政机构改革，进一步理顺里口山管理服务体制，组建了威海市环翠区城市发展投资有限公司、威海市环翠区国有资本运营有限公司，新成立了投资促进中心，桥头镇整建制划入我区，通过改革理顺了体制机制，激发了发展活力。科创引领更为突出，全区高新技术产业产值占规模以上工业总产值比重达到76.1%，累计签订产学研合作项目198项，入选全省首批技术转移先进区。全力推进远遥浅海科技湾区建设，蓝科大厦、蓝贝海洋科学中心和海洋科技馆全部竣工，蓝创孵化区投入使用，成功引入中关村发展集团专业团队运营管理。依托与各高校的紧密联系，加大招才引智力度，落地青岛大学威海创新研究院、威海激光通信先进技术研究院等一批科研院所，引进省级以上高端人才115名，2019、2020年连续两年获评“山东省人才引进工作先进单位”。

2022年1月19日，中国共产党威海市环翠区第十六次代表大会会场

这是民生福祉显著提升的五年。坚持以人民为中心的发展思想，累计完成民生投入105.8亿元，民生支出占财政支出比重年均保持在70%以上。城乡教育实现一元化投入、一体化管理，新（改、扩）建9所中小学校、19所幼儿园，新增义务教育学位2万个、学前普惠性学位5600个，全面消除义务教育“大班额”。坚持“健康第一”理念，打造城乡一体的“10分钟健身圈”，获评“全国群众体育先进单位”。推进医联体建设和医养融合发展，变镇卫生院二元化管理为区级一元化管理，村卫生室标准化建设实现全覆盖。坚持“小切口”改善大民生，先后实施了城市书房、社区食堂、农村老年餐桌、口袋公园、公厕改造、机关停车场错时开放等一系列为民举措，在全省率先实现所有持证残疾人享受就餐和话费补贴，群众获得感显著提升。面对突如其来的新冠肺炎疫情，全区上下同舟共济、众志成城，经受住大战大考，有2名先进个人和1个先进集体受到省委、省政府通报表彰，1个先进基层党组织受到省委通报表彰，在这场殊死较量中充分彰显了环翠精神、环翠力量、环翠担当。

这是乡村振兴跨越突破的五年。坚持农业农村优先发展，高标准规划打造乡村振兴10大样板片区，成功创建里口山、环翠轻户外运动小镇2大市级样板，入选“山东省休闲农业和乡村旅游示范县”。创新实施“两清三化”行动，激发乡村资源要素活力，全区收入5万元以下村实现清“零”。打赢脱贫攻坚战，全区688户贫困群众实现收入“翻一番”，8个省定扶贫工作重点村顺利“摘帽”，助力重庆市云阳县、枣庄市台儿庄区等对口帮扶地区加快发展，为实现共同富裕打下坚实基础。坚持里子面子同步提升，累计投入30亿元，实现农村小游园、无害化卫生厕所全覆盖，成功入选“中国乡村振兴百佳示范县”。

这是治理体系更加完善的五年。坚持发扬人民民主、推进依法治区，获评首批山东省法治政府建设示范区。人大监督、代表作用发挥等工作取得新成效，探索实施镇级民生实事项目代表票决制，在全市率先实现镇（街道）人大代表工作站全覆盖。人民政协协商议政、委员作用发挥等工作取得新进展，提交提案近600件、社情民意信息520余篇，相关工作经验在全省交流推广。持续巩固军政军民团结，实现双拥模范城创建“八连冠”。深化平安环翠建设，扎实开展扫黑除恶专项斗争，深入推进政法队伍教育整顿，在全省率先成立金融案件集中管辖审判庭，创建2020年度全国信访工作“三无”区。加快推进社会治理体系和治理能力现代化，打造党建引领、居民自治、信用融合、物业协同、网格支撑“五位一体”社区治理共同体，相关经验在中央广播电视总台进行了报道。

这是党的建设全面加强的五年。坚持把抓好党建作为最大政绩，出台《区委关于深入学习宣传贯彻中共中央总书记习近平“七一”重要讲话精神的决定》等文件，把增强“四个意识”、坚定“四个自信”、做到“两个维护”落到具体行动上。认真开展“两学一做”学习教育、“不忘初心、牢记使命”主题教育和党史学习教育，打造贝草夼地下交通站、十八里担架道、红色东南乡等一大批红色印迹展馆，思想政治建设实现常态化。意识形态领域管理不断加强，民族宗教工作扎实有效，理论武装更加有力，典型宣传持续深化，殷树山被省委宣传部追授为“齐鲁时代楷模”。统筹推进城市、农村、机关、国企、“两新”组织等领域党建工作，创新开展了基层党建“百日提升”行动，圆满完成镇党委、村（社区）“两委”换届，基层党组织的战斗堡垒作用进一步增强。始终保持惩治腐败高压态势，深入开展干部作风大改进行动、“不担当不作为乱作为”问题专项整治活动，持之以恒纠“四风”。认真做好上级巡视巡察反馈意见整改落实，高质量完成区委巡察全覆盖，营造了风清气正的政治生态。此外，武装、群团、老干部、关心下一代等工作取得新进展，各方力量参与共建共治，做出了积极贡献。

特别令人鼓舞的是，2018年6月12日，中共中央总书记习近平亲临威海视察，提出了“威海要向精致城市方向发展”的殷切嘱托，为我们提供了总目标总方向总遵循；在我区实地视察了华夏集团生态修复项目，强调“要把生态文明建设放在突出地位，把绿水青山就是金山银山的理念印在脑子里、落实在行动上”。三年来，我们沿着总书记指引的方向阔步前进，一步一个脚印推动中共中央总书记习近平重要讲话指示精神在环翠落地生根、开花结果，奋力向党和人民交上一份优异答卷。我们狠抓精致城市建设，累计实施了403项区级城建重点工程，修改建道路264.2千米，敷设改造管网162.3千米，新增、改造绿化面积304.7万平方米，滨海步道环翠段全线贯通。城市综合服务能力不断增强，实施了29个老旧小区改造、315幢住宅楼“平改坡”换瓦和13处公共停车场新建工程，解决民营企业土地房屋产权历史遗留问题29个。聚焦城市不精致的问题，累计处置“半拉子”工程11个，盘活闲置楼宇18幢，解决“办证难”问题项目128个，近5.2万户居民受益。创新推行了“街长制”管理模式，苏州街成功申报国家“城市双修”试点示范工程。高标准建成了万福邻里市集，在全市开创了早夜市“退路入室”先例。加快建设特色街区，推动属相街、新威附路等特色街区建设运营，栖霞街项目一期全面开工。将精致城市建设与文明城市创建深度融合，区级以上文明村覆盖率达到100%，我区入选全国新时代文明实践中心建设试点，被评为全省移风易俗先进区，助力我市实现全国文明城市创建“三连冠”。

我们狠抓生态文明建设，探索推广了垃圾分类“环翠模式”，羊亭河获评省级湿地公园和美丽示范河湖等称号。高质量打好污染防治攻坚战，狠抓环保督察问题整改、“无废城市”试点建设以及松材线虫病防治等工作，持续开展扬尘、污水、散乱污、有机废气等专项治理，实施了华夏城生态修复、产业提升等一系列项目，努力维护好这一片绿水青山。华夏城获评全国“两山论”实践创新基地，入选全国首批《生态产品价值实现典型案例》。

同志们，五年奋斗，令人难忘；丰硕成果，来之不易。这是以习近平同志为核心的党中央亲切关怀的结果，是省委、市委坚强领导的结果，是历届区委及各位老领导、老同志接续奋斗的结果，是全区党员干部和人民群众共同努力的结果，是各民主党派、工商联、无党派人士、各人民团体、武警官兵和所有关心环翠发展的各界人士大力支持的结果。在此，我谨代表中共威海市环翠区第十五届委员会，向所有为环翠发展做出贡献的同志们、朋友们，表示衷心感谢和崇高敬意！

同志们！一组组亮丽数据、一项项丰硕成果、一个个新的荣誉，印证了区第十五次党代会以来极不平凡的辉煌历程。回顾这五年的工作，我们深刻体会到：必须把讲政治作为第一要求，始终高举习近平新时代中国特色社会主义思想伟大旗帜，坚定捍卫“两个确立”，坚决做到“两个维护”，时时处处对标对表，确保各项工作方向不偏、落实有力。必须把谋发展作为第一要务，积极践行新发展理念，坚持产业为王、改革引领、创新驱动，不为风险所惧，不为干扰所惑，在发展中转方式，在改革中谋创新，不断开辟高质量发展的新境界。必须把惠民生作为第一追求，始终牢记“江山就是人民，人民就是江山”，坚持从群众的立场和角度想问题、办事情，持续为群众谋利益，最大限度地凝聚民心、集中民智、激发民力，让发展实绩更有“温度”，让富民答卷更有“厚度”。必须把肯实干作为第一品质，始终倡树实干不争论、苦干不畏难、巧干不折腾，坚持用脚步丈量大地、用汗水浇灌收获，不达目标誓不罢休、不获全胜决不收兵。必须把抓党建作为第一保障，坚持党要管党、全面从严治党，树立团结协作、干事创业的工作导向，营造风清气正、昂扬向上的良好政治生态。这些经验弥足珍贵，在今后的工作中要倍加珍惜、发扬光大。

在充分肯定成绩的同时，我们也要清醒地看到：环翠发展不平衡不充分的状况尚未根本改变，个别区域亟待突破，产业项目的支撑带动作用有待增强；园区发展运营能力较弱，亩产效益、项目结构还需进一步优化；经济总量相对偏小，地方财力紧张、收支矛盾的问题日益突出，教育、医疗、文化等设施短板亟待补齐；精致引领能力还不够强，中心城区首位度亟待提升；党的建设仍需加强，正风肃纪、反腐倡廉的任务依然艰巨；个别党员干部解放思想不够、担当意识不强，对高质量发展的认识不够、能力不足。对此，我们必须高度重视，突出问题导向，坚持系统观念，采取有力措施加以解决。

二、沿着中共中央总书记习近平指引的方向奋勇前进，努力打造精致、幸福、充满活力的共同富裕先行示范区

在“两个一百年”历史交汇的关键节点，中共中央总书记习近平对山东提出了“三个走在前”的重要指示要求。市委谋划了“五化”重点任务，明确在“十个方面”争先。我们要以高度的政治责任感和历史使命感，胸怀大局、守土尽责，深刻认识环翠发展面临的阶段特点和历史使命，找准未来五年工作的奋斗目标。

审时度势，环翠在未来五年必将大有可为。洞察大势，方能顺势而为。当前，世界百年未有之大变局加速演进。放眼国际，中美关系、全球疫情、世界经济恢复等存在不确定性，但我国在危机转化中发展的新优势正在重塑、“双循环”活力不断增强，日益走近世界舞台中央，崛起之势不可阻挡；展望山东，省委锚定“走在前列、全面开创”“三个走在前”总遵循、总定位、总航标，推动各项工作沿着正确方向前进，建设新时代社会主义现代化强省进入关键期；着眼威海，市委牢记中共中央总书记习近平“威海要向精致城市方向发展”的殷切嘱托，“精致城市·幸福威海”建设卓有成效，大好局面必将为环翠发展带来诸多机遇。未来五年，环翠虽然面临资源承载有限、空间容量不足等多重约束，但全省“六个一”发展思路、“十二个着力”重点任务的纵深推进，全市“五化”重点任务和“十个方面”争先要求的加快实施，成为未来最大“结构性潜能”，为全区发展创造了更多有利条件。身处复杂多变的大环境，我们必须准确识变、科学应变、主动求变，本着对历史负责、对人民负责的态度，增强信心、坚定决心，在服务和融入新发展格局中展现更大作为、成就更好发展。

立足当下，环翠在未来五年必定有所作为。认清自身，方能找准方向。环翠区地理区位、人文底蕴、城市建设、人才聚集等比较优势突出，未来发展有着坚实基础。“十三五”期间，我区一批打基础的重大产业项目、城建重点工程全面推进，科技创新、深化改革、乡村振兴等一批管根本的重大战略深入实施，园区建设、“双招双引”等一批利长远的关键举措落地见效，新材料、高端装备制造、现代商贸、现代金融等产业率先布局，经济总量、人口规模、产业实力、科创能力、治理水平都上了一个新台阶。尤其是近年来，面对严峻复杂的国际国内形势和艰巨繁重的发展改革任务，我们有效应对重大挑战、抵御重大风险、克服重大阻力、解决重大矛盾，在发展历练中积累了丰富经验，全区广大干部群众精神振奋、干劲十足，为我们赢得新一轮发展提供了坚强保障。环翠发展的优势在集成、动力在增强，我们必须以“沧

海横流方显英雄本色、争先进位必须当仁不让”的勇气和决心，在现代化建设新征程中跑出高质量发展加速度。

把握长远，环翠在未来五年必须主动作为。发展无坦途，奋斗无止境。当前的环翠，已进入高质量发展的攻坚期，不仅要完成指标增长等硬任务，还要打造一流创新创业生态等软环境；不仅要实现区域经济发展“量”的合理增长，更要推动区域经济发展“质”的稳步提升；不仅要建设人民更加满意的精致城市，还要促进乡村全面振兴，推动发展成果更好惠及人民群众。路虽远行则将至，事虽难做则必成，面向未来，我们必须始终保持使命在肩、奋斗有我的精神状态，主动抬高目标定位，在全市走在前、全省进位次，在新起点上开创环翠现代化建设新局面。

基于上述判断，区委经过审慎研究，确定今后五年工作的指导思想和总体要求是：深入学习贯彻习近平新时代中国特色社会主义思想和中共中央总书记习近平对山东工作的重要指示要求，把中共中央总书记习近平提出的“威海要向精致城市方向发展”作为总目标总方向总遵循，弘扬伟大建党精神，牢牢把握立足新发展阶段、贯彻新发展理念、构建新发展格局的要求，坚持稳中求进工作总基调，以推动高质量发展为主题，以改革创新为动力，以满足人民日益增长的美好生活需要为根本目的，统筹发展和安全，进一步分清主次、统筹兼顾，靶向攻坚、精准发力，缩小短板、放大优势，大力推进产业强区、科创兴区、精致靓区、生态立区、幸福城区建设，努力做到六个走在全省前列，打造精致、幸福、充满活力的共同富裕先行示范区。

2022年1月19日，区委主要领导干部与羊亭代表团一起讨论党代会工作报告

围绕上述指导思想和总体要求，今后五年，全区经济社会发展的主要目标是：

经济发展质效走在全省前列。专业园区建设取得重大进展，传统产业高端高质高效发展，新兴产业加快集聚、具备规模，现代产业体系竞争力全面增强。主要经济指标年年进位，发展水平持续攀升，力争到2026年末，生产总值突破530亿元，人均生产总值超过2.2万美元。

创新策源能力走在全省前列。全面提升创新能级，激发调动全社会的创新激情，各类创新要素特别是海洋创新要素大幅集聚，以高层次创新园区、高效率成果转化、高水平人才支撑为核心的创新体系更加完善，科技进步贡献率进一步加强，科技创新与应用持续实现新突破。

城市精致水平走在全省前列。围绕建设精致城市核心引领区的定位，高水平规划、高标准建设，推动精致引领能力和综合服务功能持续增强，形成有别于其他城区的独特魅力和吸引力，让本地人更加留恋、外地人更加向往。

生态文明建设走在全省前列。生态文明制度体系更加完备，单位GDP能耗和主要污染物排放总量持续下降，区域资源利用效率有效提高，生产生活方式加快绿色转型，生态环境质量继续保持全省全国领先。

群众幸福指数走在全省前列。居民收入水平与经济发展实现同步增长，城市宜居宜业指数全面提升，基本公共服务均等化水平明显提高，社会文明程度达到新高度，多层次社会保障体系更加健全，脱贫攻坚成果巩固拓展，共同富裕取得突破性进展。

区域治理效能走在全省前列。加快治理体系和治理能力现代化步伐，重大风险防范化解能力、突发公共事件应急能力、防灾减灾救灾能力显著增强，群众安全感、满意度稳步提升，共建共治共享格局基本形成，在全省形成叫得响、立得住的治理品牌。

奋进新时代、开启新征程，环翠发展拥天时、占地利、得人和，跨越赶超其势已成、其兴可待。我们务必胸怀“两个大局”、心系“国之大者”，抬高坐标，加压奋进，努力在推动高质量发展和现代化建设中走在前、做示范！

三、落实重点任务，奋力开创打造共同富裕先行示范区的全新局面

（一）筑牢实体经济根基，着力构建高端产业体系

实施培育先进制造业集群行动。全力发展壮大新材料、高端装备制造、生物医药等特色产业，加快培育省内领先、国内知名的地标性产业集群。按照龙头企业领办园区的思路，强力推进园区突破崛起计划，对魏桥（威海）铝精深加工、联东U谷·威海科创智汇港、亿达（威海）未来等重点园区实施“园长负责制”，明确区级牵头分包的班子成员和发展目标路径，加大要素供给力度，完善政策扶持体系，优化运营主体和运营模式，通过2~3年的时间，打造一批产业生态、自然生态、社会生态“三生共融”的国内一流园区。开展新一轮企业冲击新目标行动，深入实施链长制，培育壮大具有“链主”地位和占据产业链关键环节的龙头企业，加大优势产业链的系统引进力度，加快形成完整的产业链、供应链、创新链。实施小微企业成长计划，有针对性地加强帮扶，引导走“专精特新”的路子，培育一批行业“小巨人”、单项冠军和瞪羚企业。探索建立“园长”“链长”年度工作清单、项目清单和述职机制，推动相关工作攻坚突破、落实落地。

强化蓝色引领发展战略。更加注重经略海洋，发挥海洋在高质量发展中的引领作用，为建设海洋强省、海洋强市做出环翠贡献。加速海洋科技创新挺进“深蓝”，积极融入威海国际海洋科技城体系，全力建设远遥浅海科技湾区。重点做好“招商选资”文章，依托国家海洋综合试验场虹吸效应，聚焦海洋电子信息、海洋高端装备两大方向，紧盯航天科工、航天科技、中关村发展集团等国字号龙头企业，加大高品质产业项目引进力度，打造国内知名、省内一流的海洋科研创新高地。加快孙家滩工业园区腾笼换鸟步伐，确保一年起势、两年突破、三年崛起。做好海洋一二三产融合发展文章，探索发展海洋牧场、深海网箱、游艇、垂钓等多种业态，推动海洋休闲产业实现突破发展。

加快服务业转型升级。突出生产、生活双驱动，持续培育提升以现代金融、科创研发为主导的现代服务业。促进生产性服务业向专业化和价值链高端延伸，重点发展研发设计、商务咨询、检验检测、现代物流、供应链金融等业态，实现与制造业的深度融合发展。加快区域金融中心建设，抓好财金中心等载体的培育壮大，推动中信大厦等金融楼宇改造升级、充实提升，塑造安全、稳定、可靠的金融发展环境。持续发挥楼宇经济信息管理系统作用，完善服务机制和招商机制，吸引大企业大集团来我区设立企业总部、结算中心。推进生活性服务业向便利化精细化品质化方向迈进，重点做好威高商圈、万达商圈的丰富提升，加快紫金广场、富力星光天地、龙湖泉乐坊等项目建设进度，巩固区域消费中心核心地位。

（二）深化创新驱动引领，着力培育科技创新高地

进一步做强创新主体。实施创新型企业培育工程，健全“微成长、小升高、高壮大”梯次培育机制，培育更多“顶天立地”的创新型领军企业和“铺天盖地”的科技型中小企业，力争到2026年，国家科技型中小企业突破500家，高新技术企业突破260家。加强数字化赋能，推动互联网、大数据、区块链等技术更好服务实体经济，建设一批高水准工业互联网平台和数字化转型促进中心，推出一批智能企业、智能装备、智能产品，努力培育灯塔工厂、无人工厂、智慧车间，力争到2026年打造工业互联网试点示范企业、企业级行业级工业互联网平台15家以上，认定各类智能工厂和数字化车间20家以上。

进一步做大创新平台。以获评省级双创区域示范基地为引领，深入推进建设一批高水平的双创载体平台，主动融入全市“1+4+N”创新平台体系建设。持续优化威海创新园“1+N”的发展格局，对现有分中心进行提档升级，加速由创新孵化向运营为王、效益为王转变，不断提升发展质效，力争5年内培育10个以上创新要素集聚度高、产业体系完善、具有一定业内话语权的成熟专业分中心，真正成为“千里海岸线，一条创新链”上的重要一环。依托现有龙头企业、分支机构等创新资源，聚焦我区最有基础、最有优势和最需突破领域，打造一批产学研高效协同的创新联合体，形成布局合理、定位清晰、能效突出的创新体系。

进一步做优创新生态。树牢“人才是第一资源”的理念，优化提升“英才汇翠”计划，完善普惠性与精准性相结合的人才政策体系，引进更多“高精尖缺”人才和高水平创新团队。持续完善“政产学研金服用”联动转化体系，健全科技成果评价机制，厚植宽容失败、鼓励创新的土壤，为每一位勇攀高峰的科学家、创新创造的企业家、追梦圆梦的创业者创造优良环境。深化校地校企交流合作，开展“校地智联”专项行动，进一步明确联系服务高校的区级班子成员和相关规

定动作，与相关高校形成更紧密的合作关系，力争5年内新签订产学研合作协议180项以上，开展市级以上科技合作项目50项以上，引进培育120名以上的产业领军人才团队和1.5万名以上的产业支撑人才队伍。进一步开拓和高职院校的合作模式，探索将大学生“521”生活津贴的覆盖范围扩大到专科生，引导专业技能型人才进入实体企业发展。

（三）加强城市有机更新，着力塑造精致城市样板

创新城市发展理念。注重精当规划、精美设计、精心建设、精细管理、精准服务、精明增长，探索可持续自我修复和进化路径。每年科学合理确定一批城市更新重点，进一步加大低效用地、闲置资产整合盘活力度，加快推进城市小规模渐进式有机更新和景观式微改造，进一步凸显特色、彰显魅力。充分尊重和体现群众意愿，坚持“人民城市人民建”的理念，广泛动员群众参与城市精细化管理、老旧小区改造、基础设施提升等工作，进一步汇集民智民力，及时化解矛盾纠纷，让城市更新过程更温暖更高效。

完善提升功能品质。围绕建设精致城市核心引领区的定位，进一步提升精致引领能力和综合服务功能。聚焦物业服务管理、历史遗留问题化解、智慧城市建设等群众关切问题，持之以恒加大攻坚力度。加快建设特色街区，重点抓好卫城大院项目建设，积极配合栖霞街项目推进，加快海校地块盘活和全润丝绸老厂区改造提升，从北向南形成特色鲜明、主题突出、差异化发展的一系列特色街区，全面提升城区档次和夜间消费活力。加强城市日常体检，持续改善基础配套，提升城市综合韧性，全面打通齐鲁大道西延等5条断头路，实现老旧小区改造全覆盖，每年推进一批口袋公园、公厕改造，评选一批最美城市角落，有条不紊地画好城市有机更新的工笔画。

加快镇域高质量发展。坚持全域建设精致城市，将镇域突破作为未来五年的重点，因地制宜，科学定位，精准发力，确保羊亭、张村、温泉、嵩山、桥头五个镇（街道）实现大改观、大提升。推动羊亭区域进一步加快开发建设，继续统筹全区力量加强保障，深度融入全市重点区域发展战略，强化与张村的协调联动一体化推进，加快高端项目、膨胀项目导入，全力聚集创新资源，狠抓服务功能健全和配套提升，争当全市产城融合的新标杆。推动张村区域向着城市化的方向转型升级，重点抓好基础设施优化提升、镇域环境改造升级、治理机制健全完善等工作，加快城建领域历史遗留问题化解，打造高端企业集聚、产业链条健全、环境靓丽精致、服务功能完善的新城区。推动温泉区域、嵩山区域加快突破发展步伐，重点在项目建设、环境改善、区域治理、民生保障等领域积极攻坚，实现与主城区各项标准深度看齐。推动桥头区域与主城区资源互动、对标管理、融合共建，重点做好产业培植、乡村振兴、基层组织建设、镇域环境整治4篇文章，向特色化小城镇的方向加速迈进。

（四）深化改革扩大开放，着力融入双循环发展格局

推动改革向更深层次推进。聚焦发展过程中的堵点、痛点、难点问题和群众的急难愁盼问题，用好用活改革“关键一招”，系统谋划、集成推进，持续放大改革效应。坚持和加强党对系统集成改革的全面领导，紧盯产业发展、精致城市、社会治理、民生改善、干部队伍建设等重点领域推进改革工作。进一步完善全面深化改革领导小组工作机制，每个领域明确一名牵头区级领导、一套改革班子、一批重点事项，每季度各牵头专项工作组进行一次述职，每年末进行一次总结，倒逼改革事项落实落地，形成更多可复制可推广的“环翠经验”。

积极融入国内国际双循环新格局。做好深耕日韩文章，依托威海连接沿黄、面向日韩的海陆枢纽作用，加强与韩中亲善协会、在日山东同乡会等商（协）会对接合作，打造承载沿黄、对接日韩的重要节点。进一步打开双向开放局面，加快建设恒涵贸易等跨境电商产业园，支持优质外贸企业布局“海外仓”，培养技术先进型服务贸易企业，积极参与“一带一路”建设。深度融入胶东经济圈一体化发展，依托北京奥北产业园、上海紫竹产业园、京威联合创新中心等招商前沿阵地，加强与京津冀、长江经济带、粤港澳大湾区以及胶东城市的交流合作，力争在产业发展、城市建设等领域取得新突破。积极发展智慧生活、虚拟体验、5G场景应用等信息消费新业态，加快传统商贸转型升级，推动乡村网络经济发展，促进农村商贸流动，持续挖掘消费增长潜能。

创建更优营商环境。咬定“全省第一方阵”目标，深入推进营商环境改革行动。持续拓展“三联三服”深度、广度，建立企业困难问题、技术需求、资金需求、产业链配套“四张清单”制度，实现与优化营商环境工作专班实体化运作的深度融合；同步提高扶持政策的靶向性、精准性和实效性，进一步加大政策解读力度，形成常态长效服务机制。实施数字政府建设，探索打造“环翠数字大脑”大数据综合

应用中心，加快“爱山东”App推广和应用，推动不动产证、医疗保障、企业开办等事务实现线上办理，让“跑一次”为上限，“不用跑”为常态。

（五）加快文化繁荣发展，着力增强核心价值观引领力

守牢意识形态主阵地。始终高举习近平新时代中国特色社会主义思想伟大旗帜，严格落实理论学习中心组学习要求，深入开展中共二十大精神及党的创新理论阐释宣讲，推动理论大众化普及走深走实。坚持党管意识形态不动摇，发挥好新建党校作用，建强管好意识形态工作阵地，提高对苗头性倾向性问题的发现力、研判力、处置力。加强和改进网络意识形态工作，提升网络舆情应对处置能力水平，牢牢把握意识形态工作领导权、管理权、话语权。

推动文明程度新提升。扎实开展爱国主义教育，深入开展“我们的节日”主题活动，新增一批市级以上爱国主义教育基地。广泛开展道德实践活动，推进“四德工程”建设，全面关爱礼遇道德典型，叫响“厚德环翠”品牌。深化文明创建活动，将文明典范城市创建与精致城市、社会治理、乡村振兴等工作有机结合，构建广覆盖、多层次的群众性文明创建格局。拓展新时代文明实践中心建设，发挥实践阵地聚力辐射作用，切实提升文明实践群众知晓率、满意度。推动志愿服务覆盖到城市运行管理的各个环节，大力弘扬奉献、友爱、互助、进步的志愿精神，力争到2026年全区注册志愿者人数达到10万人以上。

促进文旅事业大繁荣。加大历史建筑、传统村落民居的保护力度，做好红色文化传承，深入开展文体惠民活动，建成用好公共文化服务中心，推动现代公共文化服务体系不断健全完善。深度融入千里山海自驾游体系，打造“山海湖河院”的全域旅游发展新格局。重点做好里口山、羊亭河、冶口水库等区域业态的培植，让游客玩得好、留得住。加快地中海俱乐部、华夏城景区提升等文化旅游项目建设，培育星级酒店集群，不断提升旅游承载能力。完善优化中国油画小镇运营模式，广泛开展具有较高影响力的艺术交流活动，探索引入交易中心，逐步推动中国油画小镇由学术建设向培训、交易等产业化方向转变，力争到2026年拥有10家以上美术馆，艺术机构、企业达到200家以上，打造艺术资源和产业项目聚集地，实现社会效益与经济效益的有机统一。

（六）夯实绿色发展基础，着力将生态优势转化为发展优势

持续推动生态产业化、产业生态化。落实碳达峰、碳中和目标要求，创新“生态+”发展模式，发展壮大节能环保、清洁生产和清洁能源产业，鼓励传统产业企业加速绿色化、智能化改造，着力构建绿色发展体系。充分发挥华夏城生态文明馆作用，展现生态优先、绿色发展的生动实践。依托中德生态示范城市这块金字招牌，加速发展绿色建筑体系，有效减少建筑碳排放。大力倡导简约适度、绿色低碳的生活方式，全面推行生活垃圾分类，广泛开展节约型机关、绿色家庭等行动，增强全民生态环保意识。

持续提升生态环境治理能力。实施环境空气质量改善工程，确保空气质量稳定达到国家二级标准。严格落实“河长制”“湖长制”“湾长制”“林长制”和“三线一单”管控要求，坚决杜绝“两高一低”项目落地，持续优化区域生态环境。坚决完成黑臭水体、雨污混流及污水处理“两个清零、一个提标”工作任务，确保近岸海域功能区达标率100%。全面强化生态环境法治保障，抓好生态环境行政执法与刑事司法衔接，依法严厉打击危险废物非法转移、倾倒、处置等环境违法犯罪行为。持续完善自然资源长效管护机制，完善森林火险监测预警、动植物检疫御灾体系，保持对土地违法行为“零”容忍，切实守护好环翠的绿水青山。

（七）坚持人民至上理念，着力提高群众幸福指数

全面促进共同富裕。把促进全区人民共同富裕作为工作着力点，完善先富带动后富、推动共同富裕的体制机制，加快实现群体共富、城乡共富、物质精神共富。坚持就业优先，完善公共就业创业服务体系，创造更多岗位，做好农村转移劳动力、城镇困难人员、退役军人等就业工作，支持农民工返乡就业创业。深入推进青年发展友好型城区建设，发挥青年在高质量发展过程中的生力军作用。健全劳动监察保障体系，完善农民工工资支付机制和矛盾调处机制。做大用好社会救助基金，发展红十字事业和慈善事业，落实好“基本医疗+大病保险+医疗救助”的多层次医疗保障体系。实施中等收入群体培育工程，确保居民人均可支配收入增速与经济增速同步，为完成共同富裕目标奠定坚实基础。

提高群众生活品质。常态化开展问政问需问计主题活动，加大为民办实事力度，推动“学位、床位、车位、厕位、梯位”等群众急难愁盼问题持续解决，同步提高群众诉求办理质效，不断增强群众获得感、幸福感。提升社会保障服务水平，倾力推进镇（街道）养老服务中心

建设，打造社区“一刻钟”居家养老服务圈；社区食堂、农村老年餐桌提标扩面，向着全覆盖的目标迈进。打造高质量教育体育体系，推动“双减”背景下的教育综合改革，优化“五育并举”的育人体系，提升学前教育优质普惠水平，完善特殊教育保障机制，推进更高水平的公共体育服务体系建设，创建全国首批学前教育普及普惠县、义务教育优质均衡发展县。推进健康幸福环翠建设，常态化抓好新冠肺炎疫情防控，加快紧密型县域医共体、中医医院建设，高水平做好里口山医院建设运营，推进区级优质医疗资源下沉，不断提高医疗卫生服务水平。

加速全域乡村振兴。加快样板片区建设，强化优质项目招引，确保农村集体经济年收入全部稳定达到10万元以上。进一步健全乡村人才政策支撑体系，实施“百村千人”计划，推动机关干部、农业专家、涉农企业人才等力量“下沉”，激发乡村人才创新创造活力。深入实施乡村记忆工程，抓好乡村红色资源的保护利用，打造红色旅游精品项目，赋予乡村文化新的时代内涵。深化全域美丽乡村建设，推动城乡环境卫生同标同质，创建更多省级以上美丽乡村示范村。持续开展基层党建“百日提升”行动，创建一批乡村组织振兴示范村。

坚守安全发展底线。坚持人民至上、生命至上，统筹发展和安全两件大事，确保社会大局安全稳定。加快安全生产体系建设，形成健全完善的宣传教育培训机制、隐患排查治理机制、打击非法违法机制和安全专项整治机制，促进安全生产措施的制度化和规范化，增强安全生产管理的常态化和有效性。深化应急工作融合，提升应急救援、应急保障、应急指挥、应急协调等快速反应能力和水平。建立海洋指挥管理系统，构筑安全生产和海上船舶应急救助体系。坚持党管武装，深化全民国防教育，抓实国防动员准备。深化平安环翠建设，坚持和发展新时代“枫桥经验”，抓好安全稳定各项工作，打造在全省乃至全国最平安城区之一。

（八）加强民主法治建设，着力提升社会治理能级

发展社会主义民主政治。坚持和完善人民代表大会制度，支持人大及其常委会依法行使职权，保障人大代表依法履职。坚持和完善中国共产党领导的多党合作和政治协商制度，加强人民政协专门协商机构建设，多层次推进协商民主。支持民主党派、工商联和无党派人士积极发挥作用，做好各领域统战工作，画出最大同心圆。强化工会、共青团、妇联等群团组织桥梁纽带作用，组织动员广大人民群众坚定不移听党话、跟党走。

加快法治环翠建设步伐。深入贯彻落实习近平法治思想，坚持依法治区、依法执政、依法行政共同推进。深化司法体制综合配套改革，巩固拓展政法队伍教育整顿成果，提升司法效能和公信力，让人民群众时时处处感受到公平正义。实施“八五”普法规划，加大全民普法力度，增强全社会尊法学法守法用法的自觉性和主动性。加快推进法治政府建设，健全职责明确、依法行政的政府治理体系，争创“全国法治政府建设示范区”。

探索高效社会治理路径。进一步优化“五位一体”社会治理模式，构建以人民为中心的党建引领社会治理体系。实施社区减负工程，推动社会治理和服务重心下移、资源下沉，引导社区将更多精力用在联系服务群众上。实施网格增效工程，优化网格员队伍建设，进一步明确网格核心功能，推动网格从有形覆盖向有效覆盖转变。实施信用融合工程，推动信用与社区建设、城市管理、志愿服务等工作有机融合，确保信用体系发挥更大作用。实施物业提质工程，做实做优“红色物业”模式，完善物业星级评价体系，实施物业准入退出机制，不断提高物业服务效能。

四、推动全面从严治党向纵深推进，为打造共同富裕先行示范区提供坚强保障

（一）夯实对党忠诚、共同奋斗的思想基础。进一步深学细悟习近平新时代中国特色社会主义思想，切实解决“身体进入新时代、思想停在过去时”的问题，在融会贯通中提高政治判断力、政治领悟力、政治执行力。进一步坚定理想信念，抓好抓实党史学习教育，严肃党内政治生活，锤炼党员干部忠诚干净担当的政治品格，更加自觉地维护核心、追随核心、捍卫核心。进一步强化抓落实的自觉性、能动性，把讲政治体现在具体行动上，不折不扣落实中共中央和省委、市委决策部署，敢于直面问题，敢于坚决斗争，切实做到“不为困难找借口，只为落实想办法”。

（二）锻造德才兼备、担当作为的干部队伍。更加鲜明地突出好干部标准，坚持德才兼备、以德为先，注重科学规范、系统考察，切实把好干部选出来、用起来。更加注重增强班子整体功能和活力，加大专业干部、基层干部的培养选拔力度和交流统筹、科学调配力度。坚持正面激励、有效约束，完善考核工作机制，强化考核结果运用，对不称职、不适宜、不作为的干部，坚决予以组织调整，确保能者上、庸

者下。更加突出纪律的刚性约束，坚决防止和纠正选人用人上的不正之风，真正使选出来的干部让组织放心、群众满意、干部服气。

（三）构筑素质过硬、坚强有力的战斗堡垒。牢固树立大抓基层的鲜明导向，全面加强基层组织、基础工作、基本能力建设，持续推动资源力量向基层倾斜，让“最后一公里”成为“最畅一公里”。强化让村（社区）干部干事有劲头、事业有奔头的激励机制，建设一支群众满意的基层带头人队伍。统筹推进农村、社区、机关和事业单位、国有企业、学校医院、“两新”组织等领域党建工作，把基层党组织建设成为宣传党的主张、贯彻党的决定、领导基层治理、团结动员群众、推动改革发展的坚强战斗堡垒，让党旗在基层一线高高飘扬。

（四）锤炼雷厉风行、求真务实的优良作风。大力弘扬“严真细实快”的作风，以作风的大改进推动工作的大突破。切实增强争先意识，自觉定位一流，主动对标先进，坚决克服得过且过、不思进取的惰性思想，大力营造比学赶超、争先创优的浓厚氛围。弘扬马上就办的实干作风，牢固树立“今日再晚也是早，明日再早也是晚”意识，引导党员干部以干在实处、走在前列的状态推动工作，在只争朝夕、紧张快干中把规划蓝图化为现实。坚持“换位思考”做决策、“第一人称”抓服务，实施区级班子成员领办负责、现场一线督办等机制，积极回应群众来信来访、网络舆情动态、“12345”群众诉求等问题，不断提高群众满意度。实行重大任务“项目化管理、工程化推进、专班化落实”的制度机制，不做表面文章，不要花拳绣腿，不搞形式主义，推动各项事业不断取得新突破。

（五）保持有腐必反、有贪必肃的高压态势。坚持系统施治、标本兼治，进一步压实全面从严治党主体责任，全力支持纪委监委履行职责，实现“两个责任”同频共振。坚持把监督挺在前面，严格执行“三重一大”事项集体决策等党内监督制度，扎实开展区级巡察，完善派驻监督机制，拓宽人大监督、政协监督、群众监督等监督渠道，确保权力在正确的轨道上运行。坚持严的主基调不动摇，精准运用监督执纪“四种形态”，一体推进不敢腐、不能腐、不想腐，不断涵养风清气正的良好政治生态。

各位代表、同志们，没有比人更高的山，没有比脚更长的路。路再长，坚持前行总会致远；山再高，不断攀登必将登顶。让我们更加紧密地团结在以习近平同志为核心的党中央周围，一往无前、永不懈怠，乘风破浪、勇开新局，全面推进环翠经济社会高质量发展，为打造精致、幸福、充满活力的共同富裕先行示范区而努力奋斗！

政府工作报告

——2022年1月22日在威海市环翠区第十九届人民代表大会第一次会议上

环翠区人民政府代区长　于晓东

各位代表：

现在，我代表环翠区人民政府向大会报告工作，请予审议，并请区政协委员、列席的同志提出意见。

一、过去五年发展成就

第十八届区人民政府任期的五年，是极不平凡的五年。面对百年变局、世界疫情和严峻复杂的外部环境，在市委、市政府和区委的坚强领导下，在区人大、区政协和社会各界的监督支持下，我们坚持以习近平新时代中国特色社会主义思想为指导，深入学习贯彻中共十九大和十九届历次全会精神，全面落实“六稳”“六保”，奋力推进各项事业，“精致城市·幸福威海”首善之区建设取得显著成效，全区生产总值年均增长5.9%（预计，下同），财税质量创出新高，税收占比达到91.9%。

五年来，我们初心如磐、奋楫争先，迎来了一批令人振奋的喜事盛事。习近平总书记、李克强总理、栗战书委员长亲临我区视察，为我们指方向、定目标、明方略、绘蓝图，这在环翠历史上前所未有，全区上下备受鼓舞，干事创业激情澎湃，“十三五”规划顺利收官，高质量全面建成小康社会。特别是遵照中共中央总书记习近平“威海要向精致城市方向发展”嘱托，全领域、全要素、全环节推进精致城市建设，化解城市“成长的烦恼”，助力威海实现全国文明城市“三连冠”，我区成功入选中德生态示范城市[1]和全国“绿色发展百强区”[2]，先后获评全省人才工作先进单位、“招商引资招才引智”先进单位、县域经济高质量发展先进区[3]。

五年来，我们乘风破浪、开拓进取，干成了一批关乎全局的大事要事。全面完成党政机构改革，深入实施国企改革三年行动，进一步理顺里口山管理体制，组建了区城投公司、国运公司，桥头镇整建制划入我区。举全区之力推进羊亭开发，一批功能配套完善的高品质产业园区拔地而起，一个工业化与城市化全面协调发展的新城区基本成型。谋划打造威海创新园，形成了“1+N”创新格局，成为“千里海岸线，一条创新链”上的重要一环，全区高新技术产业产值比重达到76.1%。启动远遥浅海科技湾区建设，确定“一场、六基地”功能布局[4]，全国唯一省部共建国家海洋综合试验场拔锚启航。实施百年老街栖霞街拆迁改造，属相街、新威附路等5处特色街区高位布局、蝶变重生。

五年来，我们勇担使命、攻坚突破，解决了一批前所未有的急事难事。面对突如其来的新冠肺炎疫情，坚持人民至上、生命至上，果断处置、沉着应对，仅用17天就实现本土确诊病例、疑似病例、无症状感染者“零”新增。强力打好防范化解重大风险攻坚战，政府性债务、金融等重点领域风险总体可控；全面化解城建领域矛盾纠纷，解决“办证难”问题项目128个、5.2万户居民受益，解决民营企业土地房屋产权历史遗留问题29个，获得了群众和企业普遍认可和点赞。脱贫攻坚战取得全面胜利，8个省定扶贫工作重点村顺利“摘帽”，贫困发生动态“清零”，成功入选“中国乡村振兴百佳示范县”[5]。污染防治攻坚战取得显著成效，治理废弃矿山50处，空气质量连续6年达到国家二级标准，华夏城景区被授予全国“绿水青山就是金山银山”实践创新基地。

五年来，我们真抓实干、赤诚为民，办妥了一批群众期盼的好事实事。实行城乡教育一元化投入、一体化管理[6]，新改扩建中小学校9所、幼儿园19所，新增义务教育学位2万个，全面消除中小学大班额问题，普惠性幼儿园覆盖率达98.2%，成为“全国义务教育优质均衡发展县”首批省级推荐区。实行镇卫生院区级一元化管理[7]，组建了环翠医院集团，优质医疗资源实现上下贯通。建成社区食堂31处、农村老年餐桌20处，改造老旧小区29个、整治背街小巷22条，规范提升停车位3.6万个，万福邻里市集成为早夜市“退路入室”新亮点。扎实开展扫黑除恶专项斗争，全区刑事发案连续10年下降，成功创建全国信访工作“三无”区[8]，获评全省首批“法治政府建设示范区”。

各位代表！回顾这五年的奋斗历程，我们取得了来之不易的成绩，积累了弥足珍贵的经验。我们深切感受到，推动环翠高质量发展，必须坚持党的全面领导，党永远是我们建设发展的主心骨，只有牢记“国之大者”、不断增强“政治三力”，才能把准方向、阔步前行、行稳致远。必须坚持发展第一要务，发展是解决一切问题的基础和关键，只有完整、准确、全面贯彻新发展理念，才能抢占先机、赢得主动、率先发展。必须持续深化改革创新，思维决定思路，思路决定出路，只有不断更新观念、勇于自我革新，才能突破束缚、激发动力、打开局面。必须走深走实群众路线，人民是历史的创造者，只有牢记初心使命、坚持人民至上，才能凝聚民力、集中民智、赢得民心。

二、2021年政府工作回顾

各位代表！刚刚过去的2021年，是中国共产党成立100周年，恰逢“两个百年”交汇、“两个大局”交织，我们统筹发展和安全，攻坚克难、奋勇拼搏，较好完成了全年目标任务，实现了“十四五”良好开局。

（一）坚持高端高质，产业布局更趋合理。先进制造业稳步提升。魏桥（威海）铝精深加工产业园、亿达（威海）新材料应用创新中心、联东U谷·威海科创智汇港等高端园区加速建设，18家冲击新目标企业整体保持稳步增长，净增规模以上工业企业31家，新增省级以上瞪羚[9]、单项冠军[10]、专精特新[11]、高端品牌企业[12]和“绿色工厂”[13]21家，威高骨科成功上市，宝威新材料入选国家新一代信息技术与制造业融合发展试点[14]，三角轮胎获评全省智能化改造标杆企业[15]，新北洋数码等3家企业入选省级智能工厂[16]，环球渔具等5家企业入选市级数字化车间[17]，钓具产业“共享智造”典型经验在全省通报推广。现代服务业提质扩容。打造了威海抖音电商基地[18]，万达金街开街，丰航物流园、新大东物流园投入使用。朗廷财金中心全面竣工，新设立聚昕创业、新力数科2只基金，成功创建省级证券期货投教基地[19]。天和美术馆、艺海美术馆投入使用，华夏城生态文明馆、培训中心建成运营，我区获评省级文化和旅游消费示范区[20]。里口山风景名胜区成功创建国家AAAA级旅游景区，贝草夼等7个村庄创建为全省景区化村庄[21]。海洋产业蓄势启航。远遥浅海科技湾区全面开建，蓝创孵化区、蓝科大厦和蓝贝海洋科学中心投入使用，签约、落地高质量涉海项目14个，打造了航天科技海洋无人装备与技术联合创新中心、激光通信先进技术研究院等一批高端科研平台，国家海水利用工程技术（威海）中心正式运营，海洋创新发展能级迈上新台阶。

（二）坚持创新开放，发展动能日益增强。创新驱动效益凸显。威海创新园入驻企业56家、总数达到216家。新增国家科技型中小企业194家、市级以上创新平台15家，高新技术企业突破200家，广泰空港等5家企业获评省科技领军企业。打造了全省首个“外国专家驿站”[22]，引进培育高层次人才20人，首次成功入选国家级重点人才工程3人，数量居全市各区市第一，蝉联全省人才工作先进单位。签订产学研合作协议45项，威高骨科获国家科技进步奖二等奖。高层次开放格局加快构建。实施高质量“双招双引”，组建区投资促进中心，在6个重点经济部门增设产业发展科，引进外资过千万美元、内资过亿元项目17个。持续深化对外开放，威韩购列入省重点培育跨境电商主体，完成外贸进出口总额213亿元、增长16.7%，获评省进口贸易促进创新区[23]。

（三）坚持精致引领，城市品质愈发醇厚。以国际眼光引领城市更新。实施了52项城建重点工程、31项城市双修及12项海绵城市建设工程，累计修（改）建道路52千米，敷设改造管网18.2千米，新增、改造绿化面积27.8万平方米、游园11处、公厕5座，改造老旧小区12个，提升环海路观景平台14处，城市综合服务功能持续增强。以绣花功夫深耕精细管理。加快特色街区打造，新威附路“一体两翼”[24]效果进一步提升，属相街正式开街，成为“网红”打卡新地标。持续深化提升“红色物业”，组建小区业委会81个，成立“红色物业”志愿队49支，解决“小、急、难”问题3200余个。强力推进全国卫生城市复审、文明典范城市创建，整改城市不精致、不文明问题6600余处。以严实要求加强生态保护。全面理顺河湖湾管理体制，形成“河湖湾联动、水陆岸共治”工作格局，王家疃河创建为省级示范河湖。深入开展生态环境突出问题集中攻坚行动，顺利迎接中央和省级环保督察、国家海洋督察，整改问题253项。高标准完成12个村生活污水治理，关停改造煤炭经营场所14家，完成退化林修复和低效林改造400公顷，抚育森林2000公顷，海岸线整治由集中式治理转向常态化管护。以首善标准推进乡村振兴。十大样板片区建设实现计划保留村全覆盖，招募乡村振兴首席专家[25]65名，张村镇入选省级旅游民宿集聚区[26]创建名单。实施新一轮集体经济薄弱村帮扶行动，集体经济5万元以下村全部清“零”。创新实施“两清三化”行动[27]，盘活闲置房屋1600栋、清理残垣断壁211处、整治低效农用地188.67公顷，有效推动“闲资源”变为“活资产”。

（四）坚持共建共享，民生福祉持续增进。服务保障更加有力。10大类、87项为民实事顺利收官。发放就业创业等补贴8350万元，发放各类救助金5280万元，在全省率先实现所有持证残疾人享受就餐和通信费补贴。新投入使用中小学校2所、幼儿园3所，义务教育“双减”落地见效，成功承办“全省幼小衔接推进现场会”。扎实开展儿童友好型城区[28]创建和“护童成长”试点[29]，新建社区食堂5处、农村老年餐桌14处，东北村社区获评全国示范性老年友好型社区[30]。启动了区级中医医院建设，顺利通过“全国基层中医药工作先进单位”复审。慎终如始抓好新冠肺炎疫情常态化防控，排查重点人员35.6万人次、接种疫苗116.8万剂次，构筑起坚实的疫情防控屏障。社会环境更加和谐。创新打造“五位一体”社区治理共同体[31]，构建区、镇（街道）“网格化+吹哨报到”全响应机制[32]，发展小巷管家1.4万人，解决群众身边的“大事小情”42.1万件，群众满意度持续攀升，获评全省城市和谐社区建设示范区[33]。实施全链条、全环节、全过程渔船管控，打造全市首家“24小时不打烊”智慧警局[34]，统筹抓好国防动员、双拥共建、退役军人、信访稳定、安全生产、森林防灭火及金融风险防控等工作，全区和谐稳定形势持续巩固。

（五）坚持提标提效，政务服务不断优化。扎实开展党史学习教育，强化执行力，全面促提升，持续开展不担当不作为乱作为专项整治，政府系统干事创业精气神全面提振。拓展延伸“三联三服”活动[35]，邀请上级部门、专家学者授课6次，争取各类无偿资金11亿元，兑现扶持资金1.36亿元，扶持力度创历史新高。深入开展优化营商环境改革创新行动，新争取国家级改革试点3个、省级改革试点17个，实施政务服务“双全双百”工程[36]，推行“沉浸式”代办包办[37]和“跨域通办”[38]等服务模式，在全市率先将商事登记业务下放镇级，“一次办好”率、可网办率达100%。全面强化法治政府建设，成立了全省首家金融案件集中管辖审判庭，持续推进政务公开，自觉接受人大法律监督、政协民主监督，办理人大代表建议、政协委员提案120件，面复率和满意率均达到100%。坚决落实全面从严治党主体责任，查处群众身边不正之风和腐败问题30起40人。严格落实意识形态工作责任制，在全国率先开发“两中心融合一体化智慧终端”[39]，推出了《村头村尾》等一批本土红色题材文艺作品。民族宗教、侨务、对台以及档案史志、慈善事业等工作也都取得了新进展。

各位代表！今天的环翠，呈现出欣欣向荣、蒸蒸日上的新景象，站在了厚积薄发、蓄势待发的新起点。这是习近平新时代中国特色社会主义思想科学指引的结果，是市委、市政府和区委正确领导的结果，是历届政府班子继往开来、接续奋斗的结果，是区人大、区政协有效监督、鼎力支持的结果，也是社会各界、全区人民齐心协力、奋勇争先的结果。在此，我代表区人民政府，向所有积极参与、关心支持环翠改革发展建设的同志们、朋友们，表示衷心的感谢！

在总结成绩的同时，我们清醒看到，当前环翠发展仍然面临不少问题和短板。新冠肺炎疫情防控依然存在风险隐患，外防输入、内防反弹的压力没有减轻；经济发展面临需求收缩、供给冲击、预期转弱三重压力，外部环境更趋复杂严峻和不确定；发展不平衡不充分问题仍然突出，个别区域亟待突破；产业链、供应链、创新链还需进一步协同延伸，部分行业（企业）生产经营面临困难，营商环境、法治环境、行政效能与企业和群众需求还有一定差距；城建领域仍有不少历史欠账，民生、环保、安全生产、社会治理等方面还有一些短板不足，中心城区精致引领能力、城市综合服务功能还存在薄弱环节；个别干部思想保守，夺旗争先的意识不强，等等。我们一定认真对待，采取有力措施加以解决。

三、未来五年奋斗目标和主要任务

各位代表！今后五年，是全面推进社会主义现代化建设、向第二个百年奋斗目标进军的关键时期，更是大有可为的战略机遇、黄金发展期。刚刚闭幕的区十六次党代会，为我们描绘了打造共同富裕先行示范区的美好蓝图，规划了未来五年发展的战略路径，目标清晰明确，远景催人奋进。

今后五年政府工作的指导思想是：高举中国特色社会主义伟大旗帜，深入学习贯彻习近平新时代中国特色社会主义思想和中共中央总书记习近平对山东工作的重要指示要求，把“威海要向精致城市方向发展”作为总目标总方向总遵循，弘扬伟大建党精神，完整、准确、全面贯彻新发展理念，坚持稳中求进工作总基调，坚持系统观念，坚持统筹发展和安全，以推动高质量发展为主题，以改革创新为动力，以满足人民日益增长的美好生活需要为根本目的，进一步分清主次、统筹兼顾，靶向攻坚、精准发力，缩小短板、放大优势，大力推进产业强区、科创兴区、精致靓区、生态立区、幸福城区建设，努力做到“六个走在全省前列”[40]，打造精致、幸福、充满活力的共同富裕先行示范区。

我们将紧紧锚定“走在前列、全面开创”[41]“三个走在前”[42]，聚焦“六个一”发展思路[43]、“六个更加注重”策略方法[44]、“十二个着力”重点任务[45]，围绕“十个争先”[46]和“六个走在全省前列”目标，重点做好以下四张答卷：

一是全力以赴抓集群、聚链条，做好产业提质增效答卷。围绕经济发展质效走在全省前列，更加突出“产业为王、项目为王、企业为王”，紧盯新材料、高端装备制造、生物医药等特色优势产业，强化专业园区建设，推动产业链供应链创新链“三链”协同发展，加快培育省内领先、国内知名的地标性产业集群[47]，打造布局更优化、特色更鲜明、核心竞争力更强劲的现代产业新体系。

二是全神贯注抓创新、增活力，做好发展优势塑造答卷。围绕创新策源能力[48]走在全省前列，把创新摆到核心位置，紧密对接产业所需、企业所急，高标准建设运营远遥浅海科技湾区、威海创新园，打造环渤海地区创新发展第一梯队；用好用活改革开放关键一招，加快城市国际化步伐，积极服务和融入国内、国际双循环发展格局，打造对外开放新高地。

三是全域全面抓特色、提品质，做好精致城市建设答卷。围绕城市精致水平、生态文明建设走在全省前列，坚持“六精”[49]理念不动摇，系统抓好城市有机更新，尽快补齐基础设施短板，统筹推进城乡协调发展，争创全国文明典范城市；实施最严格的环境监管、最积极的生态建设、最集约的资源利用，全面提升精致引领力和环境竞争力，打造精致城市建设环翠样板。

四是全心全意抓民生、促共享，做好幸福环翠增值答卷。围绕群众幸福指数、区域治理效能走在全省前列，深入抓好幸福城区建设，聚焦群众最急、最盼、最难的领域，既坚持“小切口”改善大民生，又坚持以“有解思维”攻坚历史遗留问题，在更高水平上实现幼有善育、学有优教、劳有厚得、病有良医、老有颐养、住有宜居、弱有众扶，打造共同富裕先行示范区。

各位代表！未来充满挑战，更充满希望。把蓝图变为现实，是一场新的长征。路虽然还很长，但时间不等人，容不得有半点懈怠。我们坚信，只要全区上下铆足干劲、同心同向、攻坚突破，坚持不懈固根基、扬优势、补短板、提效能，就一定能够书写好环翠新时代高质量发展新篇章，就一定能让广大人民群众年年看到新变化、年年充满新期待、年年收获新幸福！

四、2022年政府工作重点

今年是中国共产党第二十次全国代表大会召开之年，也是新一届政府的开局之年。主要预期目标为：生产总值增长6%，一般公共预算收入增长6%，规模以上工业增加值增长8%，服务业增加值增长7%，实际使用外资增长6%，城镇和农村居民人均可支配收入分别增长6%和7.5%。实现这些目标，重点抓好以下六方面工作：

（一）聚焦集群集约，构筑更具竞争力的现代产业新体系

以更实举措壮大先进制造业。突出先进制造业的战略地位，强龙头、补链条、聚集群，推动制造业规模效益双提升。按照“项目集聚化、集聚园区化、园区特色化”思路，实施园区突破崛起计划，紧盯魏桥（威海）铝精深加工产业园、联东U谷·威海科创智汇谷等高品质园区，构建“园长负责制”专业化管理体系，建立健全园区重大项目论证评估“准入”和“退出”机制，打造一批“三生共融”的国内一流园区。坚持以企业发展为中心，大力弘扬企业家精神，牢牢盯住本地骨干企业，持续支持企业冲击新目标，鼓励头部企业[50]开展全产业链垂直整合，引导中小微企业深耕细分市场，争当产业链重要节点配套专家，推动“个转企、小升规、规改股、股上市”，培育省级以上专精特新“小巨人”、瞪羚企业2家以上，壮大企业舰队。强力推进数字赋能，实施智能制造专项行动，加快推动企业数字化改造、信息化建设和智能化生产，实现城乡重点区域和有应用需求的企业5G网络全覆盖，打造智能工厂和数字化车间2家以上、各类工业互联平台和试点示范企业2家以上。

以更宽视野壮大现代服务业。充分释放中心城区区位、资源等多重优势叠加效应，打造多点开花的现代化都市经济引领区。加快中央绿轴商务区、紫金广场等载体建设，推动总部经济突破发展，紧盯猛促CDP集团、SAP创新赋能中心等高质量项目，着力打造区域楼宇经济新航标。进一步丰富威高商圈、万达商圈业态模式，加快富力星光天地等项目建设，确保龙湖泉乐坊投入

运营，增强商贸业“首位度”。依托基金港、财金中心等载体，大力引进金融机构，进一步壮大“1+N”母子产业基金规模，打造全周期、多功能的国际化基金集群。建设中国油画小镇运维中心[51]，推进“五个一”项目工程[52]，提升城市美术馆的国际影响力；抓好地中海俱乐部建设、华夏城景区提升等文旅项目，繁荣特色街区经济，激活夜间经济、网红经济，推动文旅融合发展。

以更高标准壮大新型农业。坚持因村施策，大力培育休闲农业、创意农业、康养农业、体验农业等新业态，建成张家山“采摘+民宿区”等新项目，形成特色农业经济增长点。推进以苹果和海参为主导的现代农业产业园创建，建设海参特种功能食品研发中心等重点项目5个以上。强化品牌建设，培育一批知名农产品，按照国家AAA级旅游景区核心指标，改造提升梅家沟、福德庄、信河北等村庄。严格落实粮食安全责任制，坚决遏制农地“非农化”“非粮化”，牢牢守住耕地保护红线，确保粮食播种面积1666.67公顷以上。做好海洋一、二、三产融合发展文章，探索海洋牧场、深海网箱、游艇垂钓等多种业态，推动海洋休闲产业实现突破发展。

（二）聚焦动能蝶变，培育更具驱动力的经济增长新引擎

抓创新，深度挖潜动能支撑。提升威海创新园经营质效，突出“精明增长”导向，完善优胜劣汰机制，确保全年纳税过2000万元。强化创新主体培育，从平台建设、技术创新等多维度支持企业创新发展，确保新增高新技术企业15家以上、国家科技型中小企业15家以上、省市级创新平台6家以上；实施科技企业孵化器“摇篮”计划[53]，实现孵化器与威海创新园及各产业园区之间的共建共享，构建“初创孵化—毕业加速—入园壮大”完整创新链条。深化校地、校企合作，实施高端创新平台“1+2”工程[54]，选聘高校专家到企业担任“科技副总”，探索建立“企业出题、科研人员揭榜”协同创新机制[55]，帮助企业攻克“卡脖子”技术5项以上，获批国家和省级科技创新类项目35个以上。

抓改革，持续优化营商环境。开展优化营商环境改革创新行动，对标国际一流标准推动流程再造，实施“一件事”主题套餐服务[56]，创新“二维码”政策清单[57]，推广“互联网+云端勘验”[58]“智能注销”[59]等新模式，推出“网办团队”“特事专办员”精准服务，进入全省营商环境第一方阵。坚持有求必应、无须不扰，亲而有度、清而有为，实体化运作优化营商环境工作专班，完善企业家参与涉企政策制定制度，精准出台“能感知、有温度、见效果”的惠企政策，综合运用减税降费、财政贴息、金融创新、基金引导等组合手段，帮助企业降低经营成本、破解发展难题。深化投融资体制机制改革，抢抓北京证券交易所设立机遇，加快推进邦德股份等企业上市，确保再增1家上市公司。深化国资国企改革，推动威海市环通产业投资集团有限公司获得AA+主体评级[60]，促进区属企业高质量发展。

抓开放，积极融入双循环格局。做好深耕日韩文章，深化产业、科技、贸易等多领域合作，着力引入实体企业，培育引进标志性合作项目。引导企业主动参与国内大循环，加强与胶东经济圈以及京津冀、长三角、粤港澳等城市群的双向合作，加强质量、品牌、标准建设，以高水平供给抢占内需大市场。推动企业创新外贸业态，发展跨境电商，开拓“一带一路”、RCEP新兴市场，积极转化替代性出口订单，巩固提升国际市场份额。鼓励企业有序“走出去”，由单纯区外、境外投资向研产销全链条拓展，支持并购项目回归环翠，实现双向互动发展。

抓项目，全面增强发展后劲。把项目建设作为经济工作生命线，开展“招商引资和项目建设攻坚年”活动。聚焦优势、新兴产业，突出专业招商、精准招商，紧盯500强、央企国企、行业领军企业，完善线索搜集、会商会签、考核激励机制，用好以商招商、产业链招商、风投式招商[61]，引进外资过千万美元、内资过亿元项目12个以上。坚持要素跟着项目走，突出专业服务、精准调度，进一步优化手续全程代办和“1+1+N”服务专班机制[62]，确保重点产业项目快速推进，20个以上投产或运营。狠抓招才引智，优化提升“英才汇翠”体系[63]，做强“智汇环翠”品牌[64]，创新人才工作市场化运营模式，确保高层次人才增量走在全市前列、青年人才引进数量保持两位数增长。

（三）聚焦区域突破，打造更具承载力的协同发展新高地

以产城融合为重点，精准发力羊亭开发。着力补短板、强功能、增优势、提形象，打造全市产城融合新标杆。围绕产业园区大升级，进一步提升道路通达便捷性，解决好供热供汽难题，加快孙家滩工业园区提升改造，完成一期搬迁区、安置区企业征迁工作，建设先行试点园区并成立专业运营公司，不断提高土地利用效率；依托中国德国商会开展深度招商合作，继续做大国际科创中心，打造中德生态城国际会客厅。围绕镇域面貌大改观，按照中心城区标准抓好精细化管理，加大生态环境治理力度，扎实推进“散乱污”企业整治，强力破解乱搭

乱建、乱停乱放等城市顽疾。围绕公共服务大提升，依托公共文化服务中心、爱山学校和里口山医院等项目，构建涵盖“文化服务、教育教学、医疗卫生”的服务体系；以家家悦商业综合体建设为引领，引进更多高质量服务业项目，不断提升区域繁荣度。

以城乡统筹为目标，全面提速桥头振兴。坚持与中心城区资源互动、对标管理、融合共建，持续缩小区域发展差距，打造特色化小城镇。推进产业突破，重点依托镇域两个工业园区，西与主城区联动，北向东部滨海新城借力，加大优质产业项目招引力度，同步抓好原有骨干企业延链膨胀，打造高端产业新的增长极。提档乡村振兴，推进镇域内四大样板片区融合发展，重点围绕乡村研学主题，抓好锡镶艺苑、蓝天生态教育实践基地、国家冷凉植物示范推广基地等项目建设，打造在全省叫得响的“精致化城乡融合发展”环翠新样板。夯实基层基础，将桥头镇纳入全区城市精细化管理考核，在基础设施、园林绿化、公共服务、村居环境、河道生态、社会治理等方面，全方位提档升级、加强管理，切实解决好镇域各类历史遗留问题，补足历史欠账。

以经略海洋为核心，强力推进湾区崛起。做好“招商选资”文章，依托国家海洋综合试验场虹吸效应，聚焦海洋电子信息与智能装备两大方向，紧盯航天科工、航天科技等国字号龙头企业，对接引进高品质产业项目10个以上。做好“运营管理”文章，遵循“政府主导、校企共建、服务产业”原则，引导海创公司、中关村发展集团等运营企业做好产业规划、企业入驻、人才引进、管理服务等，真正让专业的人干好专业的事。做好“成果转化”文章，以孙家滩工业园区作为产业承载区，加快海洋科技成果产业化，打造国内一流海洋智能装备研发、转化中心。做好“深度融合”文章，积极融入国际海洋科技城、全市“1+4+N”创新平台体系[65]，强化与哈尔滨工业大学、威海创新园等本外地高校院所、创新资源的互联互通，建立双向对接沟通机制，搭建会议论坛平台，打响海洋科创“新硅谷”品牌。

以保护开发为根本，持续抓好里口山提质。以“轻休闲、微度假、慢生活”为总体定位，在“做减法、提品质”上下功夫，打造“景区型、产融式”乡村振兴样板片区。狠抓管理运营，进一步健全完善“信用股权乡村善治体系”，全面强化景区日常管理，引进专业运营团队，有效整合、盘活、利用好里口山区域闲置民房、集体厂房等资源，培育发展文旅产业。传承历史文脉，依托“十八里担架道”红色印记馆及里口山区域红色历史，讲好红色故事，打造红色教育研学基地。尊重自然格局，以获批国家AAAA级旅游景区为契机，进一步加强生态保护，完善基础配套，在王家疃村打造一条集民宿、餐饮、游览、研学于一体的特色休闲慢街，实现生态效益与经济效益协调发展。

（四）聚焦精致精美，塑造更具引领力的中心城区新风采

系统推进城市更新。围绕最急需补齐的短板、最迫切完善的配套，实施总投资15.2亿元的40项城建重点工程，新（改）建道路39.8千米，敷设改造各类管网7.3千米，新改建公厕2座、游园6处、绿化14.6万平方米，实施3个老旧小区、2处停车场改造工程，完成2条道路非机动车道彩色铺装。推进新型智慧城市建设，实现公共数据资源跨层级、跨部门共享交互应用，打造智慧村（社区）[66]10个以上，智慧小区[67]覆盖率达到55%以上。从城市最基层、最细节入手，聚焦街头巷尾、公用设施中不精致的角落、节点，推行“微改造”模式，通过靶向设计和精准实施，打造9个最美城市角落，以局部微景观精准提升城市承载能力和服务水平。

提档升级内涵品质。坚持撑起“面子”与夯实“里子”同步发力，高标准抓好属相街卫城大院建设以及育华路街区、威海剧院、老海校改造，积极配合栖霞街项目推进，进一步拾起文化碎片、唤醒城市记忆、体现经营特色，让老城区更具魅力、更有味道。坚持国际标准、世界眼光、环翠特质，实施好新一轮城市国际化三年行动，举办“5·23”歌咏会、半月湾国际沙滩音乐节、国家级山地自行车赛等品牌文体活动，进一步提升城市知名度和美誉度。坚持精致城市建设与文明城市创建一体推进，实施文明市民培育工程[68]和新一轮乡村文明行动[69]，继续深入推进“四德工程”，建好用好公共文化服务中心，打造新时代文明实践区级新中心[70]，加强社会主义核心价值观宣传教育，营造“人人讲文明、处处见精致”的浓厚氛围。

持续优化生态环境。积极落实“碳达峰、碳中和”[71]要求，实施好新一轮“四减四增”三年行动。坚持发展绿色化，推进生态产业化、产业生态化，新认定市级以上“绿色工厂”2家以上。深入打好污染防治攻坚战，加快推进“两个清零、一个提标”[72]，充分发挥各级河湖湾港林田长作用，开展河湖湾清“四乱”[73]行动，实施黄渤海生态保护与修复二期重点工程和13个农村生活污水治理工程，抓好河流断面水

质改善、海水养殖环境治理、退化林修复、扬尘治理等工作，绿化造林400公顷以上、创建省级示范河湖1条以上、实现城乡生活垃圾“四分类”[74]全覆盖，擦亮青山常在、绿水长流、空气常新的美丽环翠底色。

（五）聚焦共同富裕，满足更具亲和力的美好生活新向往

内外兼修推进乡村振兴。加快十大样板片区建设，实现乡村振兴全域一片红。实施好14条农村公路改造提升、103个村水处理设备运行维护等工程，创建省级、市级美丽乡村7个以上，省级清洁村庄达到80%，市级清洁村庄实现全覆盖。持续推进“两清三化”行动，盘活低效闲置资源，激发乡村资源要素活力，每个涉农镇（街道）至少打造3个示范项目。严格落实“四个不摘”[75]要求，加强经济薄弱村动态管理和结对帮扶，确保村集体收入10万元以下村清“零”，50万元以上的村超过30%。

提高标准做实社会保障。积极落实稳岗补贴、技能提升补贴等各类惠企政策，新增城镇就业4000人以上。探索分散照料服务统一管理模式，为分散供养特困老年群体居住环境进行适老化改造。认真落实医保制度，建立门诊共济保障机制，提高大病保险和医疗救助水平。深入推进青年发展友好型城区[76]建设，健全儿童福利服务体系，创建全省未成年人保护工作试点区[77]。加快“如康家园”残疾人之家[78]建设，9个镇（街道）全部建立康复辅具社区租赁服务站[79]，满足残疾人和伤病人多层次、多样化服务需求，共同富裕道路上一个也不能掉队。

适度超前优化公共服务。高标准新建续建3所中小学校、6所幼儿园，深入推进义务教育“双减”[80]工作，创建全国学前教育普及普惠县、义务教育优质均衡发展县。加快紧密型县域医共体、区级中医医院建设，加强中医药重点专科建设，实施中医适宜技术惠民工程[81]，开展好基层医疗卫生服务能力提升三年行动[82]，推动里口山医院试运营，让群众在家门口享受到优质医疗资源。新建4处社区食堂和24处农村老年餐桌，满足老年群众切身需求，创建全省县域养老服务体系创新示范区[83]。

（六）聚焦安定和谐，创建更具凝聚力的现代治理新格局

全方位汇聚社会共治合力。深入推进“六治一网”市域社会治理模式[84]，实施社区减负、网格扩能、信用提质、物业增效四大工程，推动“五位一体”社区治理共同体模式向农村延伸、网格化治理与“吹哨报到”深度融合，筑牢现代化治理基层基础。融合推进信用“五进”，诚信村（社区）建设实现100%全覆盖。

强力度夯实安全发展基石。常态化抓好新冠肺炎疫情防控，不麻痹、不厌战、不侥幸、不松劲，密切关注疫情动态，严格落实最新防控措施，坚决守护好辖区群众的健康安全。“四位一体”推动安全生产专项整治三年行动[85]，强化企业本质安全攻坚，紧盯危险化学品、建筑施工、道路交通、校园校车、消防安全、食品安全以及森林防灭火、海洋渔业等重点领域，持之以恒补短板，“零容忍”开展隐患排查整治，坚决遏制各类生产安全事故，切实维护全区安全稳定形势。

多层次维护社会稳定局面。扎实开展“八五”普法，探索“援、律、访、调”联动机制[86]，完善社会稳定风险评估机制，搭建三级社会心理服务平台[87]，将信访矛盾排查化解纳入基层群众工作体系，进一步畅通和规范群众诉求表达、利益协调、权益保障通道。保持打击黑恶犯罪的目标不变、标准不降、力度不减，进一步提升案件侦办质效，推动扫黑除恶常治长效。全面落实总体国家安全观，常态化抓好金融风险防控、国防动员、双拥共建、民族宗教、禁毒、反恐及海陆一体平安建设等工作，坚守安全底线。

五、建设人民满意的服务型政府

各位代表！本次会议将选举产生新一届区人民政府。站在新起点，必须倍加珍惜历届政府打下的坚实基础、形成的优良传统，倍加珍惜来之不易的发展机遇、大好局面，不忘初心再出发，牢记使命勇担当，决不辜负人民期望。

坚持把对党忠诚作为第一要求。始终坚持党的全面领导，时刻牢记“国之大者”，深刻领悟“两个确立”，不断增强“四个意识”、坚定“四个自信”、做到“两个维护”，对党中央、国务院决策部署闻令而动，对省委、市委和区委工作要求坚决落实，坚决做到令行禁止、政令畅通。严格落实意识形态工作责任制，以务实举措牢牢守住意识形态领域主动权，让忠诚于党、忠诚于人民、忠诚于事业成为政府系统干部最鲜明的政治品格。

坚持把务实高效作为第一特质。全面对标“严真细实快”要求，强化实干意识，坚持“换位思考”科学决策、“第一人称”精准服务，力戒形式主义、官僚主义，坚决不搞花架子、不做表面文章；强化创新意识、“有解思维”，增强抓落实的创造性，在实践中探索、在探索中创新、在创新中破题，以创新的“率先突破”助力发展的“全面提升”；强化效率意识，善用改革手段

推进流程标准化、运行高效化，说了就算、定了就干，立说立行、大干快上，真正以快节奏赢得快发展。

坚持把依法行政作为第一准则。深入贯彻习近平法治思想，持续推进法治政府建设，创建全国法治政府建设示范区。严格执行“三重一大”制度规定，健全完善合法性审查等重大行政决策机制，广泛开展“问政、问需、问计”主题活动，确保政府决策经得起法治考量、体现民意取向。健全履约践诺机制，认真落实行政协议、民生实事、便民服务等各项承诺，打造诚信政府。加大政务公开力度，主动接受人大法律监督、政协民主监督和社会舆论监督，让党和人民赋予的权力始终用来为人民谋幸福。

坚持把勤政廉洁作为第一操守。以勤政推进事业，强化担当意识，事不避难、义不逃责，更加注重精准有效，用干部的辛苦指数换取企业的发展指数和群众的幸福指数。以廉洁保驾护航，严格落实党风廉政建设责任制和“一岗双责”，常态化开展好廉政警示教育，严厉查处群众身边的“微腐败”问题，牢牢守住底线红线；进一步严肃财经纪律，坚持花钱必问效，把有限资金用到发展最急需、群众最急盼的地方，以政府的“紧日子”换取全区人民的“好日子”。

各位代表！历史的画卷，总在砥砺前行中铺展；精彩的华章，总在接续奋斗里书写。让我们更加紧密团结在以习近平同志为核心的党中央周围，在市委、市政府和区委的坚强领导下，以坚如磐石的信心、只争朝夕的劲头、坚韧不拔的毅力，干在实处、走在前列，努力打造精致、幸福、充满活力的共同富裕先行示范区，用实际行动和出色成绩迎接中国共产党第二十次全国代表大会胜利召开！

注释

〔1〕中德生态示范城市

2015年11月，住房和城乡建设部与德国联邦环境、自然保护、建设与核安全部签署合作备忘录，启动生态城市技术领域合作，通过引进德国生态城市建设方面的先进理念、管理经验和技术成果，解决城市化建设带来的环境污染和生态破坏问题，为推动绿色生态发展提供科学指导和技术支撑。2019年4月，环翠区获得德国能源署和中国城市科学研究会的联合授牌，成功入选全国第四批“中德生态示范城市”。

〔2〕全国“绿色发展百强区”

2018年，中国中小城市发展指数研究课题组等机构联合开展中国中小城市科学发展指数研究，通过设立经济发展、社会进步、环境友好、城乡融合和政府效率5个维度的综合实力指数评价指标体系和资源节约、绿色生活、污染治理、生态建设4个方面的绿色发展评价指标体系，对各地贯彻新发展理念和高质量发展成效进行系统测评，我区成功入选全国“绿色发展百强区”榜单。

〔3〕县域经济高质量发展先进区

自2019年起，全省组织开展县域经济高质量发展差异化评价，评价得分排名前10位的县（市、区）入选全省高质量发展先进县（市、区）。2021年6月11日，省政府发布通报，环翠区从全省118个参评县（市、区）中脱颖而出，成功入选全省2020年度县域经济高质量发展先进县（市、区），是本年度威海市唯一获该荣誉的区市。

〔4〕“一场、六基地”功能布局

根据《远遥浅海科技湾区功能区划》，湾区总体功能布局为“一场、六基地”，即国家海洋综合试验场，检验检测基地、科技研发基地、生产制造基地、教育培训基地、人才培养基地和服务保障基地。

〔5〕中国乡村振兴百佳示范县

为客观展示全国乡村振兴成效，《小康》杂志社联合多个国家权威部门和专业机构，面向中国县域基层行政单位，开创“百县榜单工程”，设定生态宜居、产业兴旺、乡风文明、生活富裕、治理成效5个网络数据评榜维度，实行全网数据解析，我区排名全国第三、山东省第一。

〔6〕城乡教育一元化投入、一体化管理

为城区、镇（街道）教育发展的一种统筹管理模式，主要是指城乡教育发展所需的学校建设、运转、维护等各类资金全部由区级财政承担，业务发展、教育管理等事项全部由区级教育主管部门负责。

〔7〕镇卫生院区级一元化管理

2021年5月，环翠区通过《镇卫生院实行区级一元化管理的意见》，将镇卫生院财政保障主要来源由区、镇两级二元化管理，调整为区级一元化管理，在人员经费、运行经费保障方式及资金渠道保持不变的前提下，将业务用房的维修改造、设备购置和基础设施建设纳入区级财政保障。

〔8〕全国信访工作“三无”区

为推动落实信访工作属地责任，充分发挥县级信访工作基础性作用，依法及时就地解决合理诉求，国家信访局于2016年启动信访工作“三无”县（市、区）创建活动。“三无”即无进京越级上访、无大规模集体上访、无因信访问题引发的极端恶性事件。

〔9〕“瞪羚”企业

是对成长性好、具有跳跃式发展态势的高新技术企业的一种通称。

瞪羚是一种善于跳跃和奔跑的羚羊，业界通常将高成长中小企业形象地称为“瞪羚企业”。2021年，双轮股份、宝威新材料、威高医用材料3家企业入选省瞪羚企业。

〔10〕单项冠军企业

指制造业单项冠军，是长期专注于制造业某些特定细分产品市场，其生产技术或工艺国际领先，单项产品市场占有率位居全球前列的企业。2021年，海鑫新材料入选省制造业单项冠军。

〔11〕专精特新企业

指“专业化、精细化、特色化、新颖化”，专注于细分市场、创新能力强、市场占有率高、掌握关键核心技术、质量效益优的排头兵企业。2021年，环翠区2家企业获评国家专精特新重点“小巨人”，6家企业获评省级“专精特新”企业。

〔12〕高端品牌企业

为深入实施质量强省战略，省市场监督管理局组织开展2021年山东省制造业、服务业高端品牌企业的培育和品牌价值评价工作，旨在打造一批质量高、效益好、诚信度高、美誉度好的企业名牌。2021年，环翠区7家企业获评。

〔13〕绿色工厂

指实现用地集约化、生产洁净化、废物资源化、能源低碳化的工厂，分为国家级、省级、市级3个档次。2021年，环翠区入选省级绿色工厂2家、市级绿色工厂4家。

〔14〕国家新一代信息技术与制造业融合发展试点

由工业和信息化部组织试点申报，主要聚焦“两化”融合管理体系贯标、特色专业型工业互联网平台、工业信息安全能力提升、中德智能制造合作等方向，打造一批试点示范项目。2021年，宝威新材料成功入选。

〔15〕全省智能化改造标杆企业

省化工专项行动办公室为加快化工产业与新一代信息技术融合发展，提升安全绿色和质量效益水平，从符合全省化工产业智能化改造总体要求的企业中，选树一批能够对全省化工企业智能化改造起到示范引领作用的标杆企业。2021年，三角轮胎成功入选。

〔16〕省级智能工厂

在数字化车间基础上，综合运用信息技术、网络技术、智能装备等技术手段，实现研发、设计、生产、检测、物流、销售、服务等环节的集成优化和智能管理决策，具备“设备互联、数字互享、系统互通、业态互融”特征的新型工厂。省级要求自动化、数字化、智能化生产、检测等设备台套数占比达到50%以上。2021年，新北洋数码、三角轮胎、宝威新材料3家企业入选。

〔17〕市级数字化车间

数字化车间作为智能制造的核心单元，是指生产制造企业以生产对象所要求的工艺和设备为基础，以信息技术、自动化、测控技术等为手段，对生产过程进行规划、管理、诊断和优化的实施单元。市级要求制造装备数控化率不低于70%。2021年，环翠区5家企业入选。

〔18〕威海抖音电商基地

是由抖音电商和环翠区政府联合打造的全国首个、也是唯一一个抖音渔具电商直播基地，位于威海市汉鼎品牌产业园，办公仓储、直播场景、选品中心、培训孵化、签约达人等一应俱全。入驻基地商家141家，涵盖钓竿、鱼饵、鱼线、鱼漂、钓箱等渔具全品类产品。

〔19〕省级证券期货投教基地

指面向社会大众开放，具有证券期货知识普及、风险提示、信息服务等投资者教育服务功能的场所、网络平台等载体。根据《关于组织申报证券期货投资者教育基地的通知》要求，环翠区依托竹岛金融党建商圈的基础资源，设立全市第一家省级证券期货投资者教育基地，2021年6月23日正式揭牌。

〔20〕省级文化和旅游消费示范区

为全面推进文旅消费体系建设，山东省于2017年12月启动创建工作，通过顶层规范设计和基层探索创新相结合，建立健全文旅消费运行体制和机制，推进文旅融合发展。2018年，环翠区获得创建资格，2021年12月，获评威海市唯一“首批省级文化和旅游消费示范区”称号。

〔21〕全省景区化村庄

由省文化和旅游厅审核认定，旨在以全域旅游发展为理念，全面推进农村一、二、三产业融合发展，建设生态环境更加优美、公共设施更加完善、旅游业态更加丰富、管理服务更加规范和村民生活更加富裕的景区化村庄。2021年，环翠区7个村庄成功创建山东省景区化村庄。

〔22〕外国专家驿站

经省科技厅批复，由威海市试点打造外国专家综合服务平台，驿站按照“1+N”的建设模式，分批次、分阶段建设1个总站和N个分站。2021年，全省首个“外国专家驿站”总站建成于威海创新园综合服务中心。

〔23〕省进口贸易促进创新区

为加快推动全省外贸创新发展，服务和融入新发展格局，根据《山东省人民政府关于印发落实“六稳”“六保”促进高质量发展政策清单（第二批）的通知》要求，省商务厅印发《创建山东省进口贸易促进创新区实施细则》，开展2021年度山东省进口贸易促进创新区评选工作，我区成功入选，全省共10个。

〔24〕新威附路“一体两翼”

“一体”指南北向发展，通过优化工程节点、引导新威附路两侧商户业态转型等方式，营造街区特色发展氛围；“两翼”指东西向拓展，对陶瓷厂、公管房等区域重点突破，实现街区联动发展。

〔25〕乡村振兴首席专家

是指由区级推选、市级确定，在乡村振兴领域中起引领示范作用，具有社会影响力、责任心和乡村情怀，愿意报效乡村、投身乡村、奉献乡村的各类人才。

〔26〕省级旅游民宿集聚区

为加快旅游民宿集聚区培育，发展乡村旅游，推进全省乡村振兴建设，山东省于2021年8月提出实施乡村旅游精品工程，打造一批旅游民宿集聚区，突出旅游民宿集聚效应，引导旅游民宿连点串线成片发展。2021年10月，张村镇入选首批山东省旅游民宿集聚区创建单位。

〔27〕“两清三化”行动

将农村低效闲置资源盘活利用作为撬动乡村全面振兴的突破口，实施“两清三化”行动。“两清”即实现农村残垣断壁和撂荒地动态清“零”；“三化”即按照推进一体化、流转多元化、盘活精准化的原则，将农村“闲资源”变成“活资产”，有效激活乡村振兴资源要素。

〔28〕儿童友好型城区

2021年，儿童友好工作被列入《国家“十四五”规划》，全国试点建设100个儿童友好城市，威海计划争创全省首批儿童友好城市。环翠区坚持早动手、当先锋，积极聚焦环境、服务、产业及儿童参与四大领域，全面推进儿童友好城区创建工作，打造儿童友好小镇1处、儿童友好街区1处、儿童友好公园1处、儿童友好社区6处。

〔29〕“护童成长”试点

由民政部与联合国儿童基金会合作开展，旨在探索制定儿童关爱服务的内容及标准，总结推广经验及成果，形成可操作、可复制及可持续的服务体系建设模式，切实保障所有儿童的合法权利。2020年7月，环翠区被确定为全国9个“护童成长”项目试点之一。

〔30〕全国示范性老年友好型社区

为积极应对人口老龄化，推进老年友好社会建设，全国老龄办开展示范性老年友好型社区创建工作，通过提升社区服务能力和水平，更好满足老年人在居住环境、日常出行、健康服务、养老服务等方面需要。2021年，环翠楼街道东北村社区创建为全国示范性老年友好型社区。

〔31〕“五位一体”社区治理共同体

2021年，区委提出的社区治理工作品牌，其具体内涵是打造“党建引领、居民自治、信用融合、物业协同、网格支撑”的社区治理共同体，加快构建人人有责、人人尽责、人人享有的基层社会治理新格局，不断增强群众的获得感、幸福感、安全感。

〔32〕“网格化+吹哨报到”全响应机制

为解决网格主动发现问题不够、解决问题权限不足以及部分群众诉求治标不治本等问题，推动网格化和吹哨报到工作深度融合。一方面，建设全科网格，向前一步主动收集群众诉求；另一方面，依托网格化治理暨吹哨报到全响应中心，整合“12345”热线平台、数字城管平台等诉求渠道，推动各类服务管理资源下沉，构建起条块联动、接诉即办的群众诉求快速响应机制，推动更多问题解决在基层。

〔33〕全省城市和谐社区建设示范区

为推动全省城乡社区治理工作全面提质增效，2020年12月，省民政厅印发《关于开展全省和谐社区建设示范创建活动的通知》，在全省遴选不超过20个县（市、区），着力打造一批和谐有序、绿色文明、创新包容、共建共享的城乡社区建设示范点。2021年11月，环翠区成功获评省级城市和谐社区建设示范单位。

〔34〕“24小时不打烊”智慧警局

为弥补窗口非工作时间的服务盲点，延伸公安政务服务，公安环翠分局筹备打造威海市首个24小时自助服务智慧警局，内设户政、出入境及交警业务自助设备，具有港澳通行证自助签注办理，换领、补领山东省内居民身份证，自助领取居民身份证，驾驶证业务期满换证，遗失、损毁补证、违章查询和处理等功能。

〔35〕“三联三服”活动

即以联系服务企业、项目、人才为主要内容的“三联三服”活动，通过构建“区级领导联系分包、行业部门管理服务、镇（街道）兜底”三层联系服务网络，实施定期集中走访活动，为企业、项目、人才纾难解困，营造贴心舒心暖心的一流营商环境。

〔36〕政务服务“双全双百”工程

指从企业和群众需求出发，围绕企业从开办到退出、个人从出生到养老两个“全生命周期”，将关联性强、办事需求大、办事频率高的多个单一事项，整合形成多方协同的关联事项。该工程是省政府2021年推出的重点工作任务，根据市级制定的2021年年末前各推出不少于100个事项的目标，环翠区推出企业类107项、个人类115项，实现“简易办”“集成办”“全域办”。

〔37〕“沉浸式”代办包办

以“自己人自己事”的定位，从政务服务事前受理、事中服务、事后发证3个环节入手，针对不同企业和项目的不同需求，构建“菜单式”情景服务模式，实行“一企一策”，量身定制个性化服务方案，主动上门、精准靶向服务，最大限度地提高办事企业和群众的获得感。

〔38〕跨域通办

指同一事项在不同地域无差别受理、同标准办理、就地取证，不同于以往传统政务服务按照属地管辖权进行申请受理，其事项办理模式分为3类：一是“全程网办”模式，二是“异地代收代办”模式，三是“多地联办”模式。

〔39〕两中心融合一体化智慧终端

是区融媒体中心联合省广播电视台，在全国率先开发的融媒体中心和新时代文明实践中心实体化融合的终端设备。智慧终端通过大数据、人脸识别等技术手段，为基层群众特别是没有或不会操作智能机的老年群体参加志愿服务活动提供便利，同时利用视音频制作、5G直播、VR等技术为新时代文明实践中心提供丰富视（音）频资源。

〔40〕六个走在全省前列

区十六次党代会提出，在经济发展质效、创新策源能力、城市精致水平、生态文明建设、群众幸福指数、区域治理效能六个方面走在全省前列。

〔41〕走在前列、全面开创

中共中央总书记习近平在2018年参加全国两会山东代表团审议时指出，山东省要在全面建成小康社会进程中走在前列，在社会主义现代化建设新征程中走在前列，全面开创新时代现代化强省建设新局面。

〔42〕三个走在前

中共中央总书记习近平2021年视察山东时指出，山东省要在服务和融入新发展格局上走在前、在增强经济社会发展创新力上走在前、在推动黄河流域生态保护和高质量发展上走在前。

〔43〕“六个一”发展思路

是省委围绕贯彻落实中共中央总书记习近平2021年视察山东重要指示要求作出的安排部署，即坚持“一个统领”，始终做到“两个维护”；把握“一项根本”，始终坚持人民至上；聚焦“一条主轴”，始终聚力高质量发展；守好“一排底线”，始终做到安全发展；打造“一组生态”，始终积极营造政治生态、产业生态、市场生态、社会生态、自然生态；锻造“一支队伍”，始终从严从实管党治党。

〔44〕“六个更加注重”策略方法

是省委围绕贯彻落实中共中央总书记习近平2021年视察山东重要指示要求作出的安排部署，即更加注重依法办事，更加注重求真务实，更加注重统筹兼顾，更加注重综合施策，更加注重问题导向、需求导向、目标导向、效果导向，更加注重沟通引导。

〔45〕“十二个着力”重点任务

是省委围绕贯彻落实中共中央总书记习近平2021年视察山东重要指示要求作出的安排部署，即着力推进科技自立自强、着力加快新旧动能转换、着力有效扩大内需、着力推动乡村振兴、着力发展海洋经济、着力促进区域协调发展和共同富裕、着力加强生态文明建设、着力推动文化繁荣发展、着力促进高水平对外开放、着力防范化解风险，着力深化改革创新、着力锻造过硬干部队伍。

〔46〕十个争先

市委十五届十二次全会提出，在精致城市建设、产业链供应链创新链“三链”协同发展、海洋经济转型发展、深耕日韩、绿色发展、乡村振兴、系统集成改革、提升城市文化软实力、公共服务均等化优质化、市域社会治理现代化十个方面争先。

〔47〕地标性产业集群

指在某一地域内，围绕本土特色优势产业，通过建链补链延链强链，释放产业集聚效应，形成具有地域特色、极具竞争力和影响力的产业集群。

〔48〕创新策源能力

指创新驱动发展的策划和发源能力，在科技创新、技术创新、产业创新等方面，吸引集聚人才、机构、技术、金融资本、社会资本等各方面创新资源，形成资源汇聚、研发创造、成果转化、未来引领的创新驱动发展格局。

〔49〕六精

即市委、市政府提出的“精当规划、精美设计、精心建设、精细管理、精准服务、精明增长”。

〔50〕头部企业

即龙头企业，是指在某个行业中，对同行业的其他企业具有很深的影响、号召力和一定的示范、引导作用，并对该地区、该行业或者国家做出突出贡献的企业。

〔51〕中国油画小镇运维中心

以半月湾6号楼为依托，由中国油画小镇建设指导中心与区城市投资发展有限公司下属子公司环晟文旅公司合署办公，负责中国油画小镇和半月湾景区的总体运营管理，打造集艺术服务、旅游服务于一体的运营管理中心。

〔52〕“五个一”项目工程

即打造一处艺术酒店、搭建一

处艺术品交易平台、打造一处学术指导中心、研发一批产业项目、开展一系列艺术推广活动。

〔53〕科技企业孵化器“摇篮”计划

围绕企业“种子期—初创期—成长期”不同需求，以孵化器为基础，建设与科技企业需求相适应的“众创空间+孵化器+加速器+产业园”科技创业孵化链条，为创新创业者提供从项目孵化、企业孵化到产业孵化的全链条、一体化、集成式服务，打造孵化科技型企业的摇篮。

〔54〕高端创新平台“1+2”工程

“1”是指以招院引所为核心，“2”是指以服务企业和投产见效为重点，构建高端创新平台体系，推动平台在产业化、项目研发等多领域深度合作，带动多领域创新发展，实现产品技术研发、终端批量生产，以高质量成果产出助力制造业高质量发展。

〔55〕“企业出题、科研人员揭榜”协同创新机制

针对目标明确的科技难题和关键核心技术攻关，设立项目或给定研发经费，向社会公开张榜征集科技攻关团队或创新性科技成果的一种制度性安排。

〔56〕“一件事”主题套餐服务

是指企业群众需办理如网吧经营、出版物零售、洗浴场所开设等1个政务服务事项时，涉及多个部门或窗口的政务服务项目，通过流程再造、信息共享，构建“一窗受理、一次告知、一表申请、一套材料”的办理模式。

〔57〕“二维码”政策清单

即将分散在惠企政策文件中的内容提炼整合，按类别创建目录，以标准化格式列清每项政策的内容概要、优惠对象、实施程序、起止时间、执行部门及联系电话等核心要素，形成政策文件“二维码”，扫描即可获取该项政策，方便企业查询参考。

〔58〕互联网+云端勘验

是区行政审批服务局现场勘验中心依托创新开发的“远程踏勘”互联网平台、“远程踏勘”手机客户端软件，实现行政许可线上勘验，解决传统模式中“位置难寻”“现场勘验任务量大、人员少、时间紧”等难题，采用“云勘验”模式15分钟内即可完成“高效、便民、不见面”勘验，有效降低行政成本，缩短企业群众办理业务的等待时间。

〔59〕智能注销

指在现有的企业开办“一窗通”服务平台或商事登记自助服务终端上，加载自主开发的智能模块，通过技术手段自动获取企业简易注销公告及异议情况等相关信息，智能生成PDF电子档案，无须人工预审便能实现智能受理，与传统注销相比，能有效提高企业注销的审批效能。

〔60〕AA+主体评级

是指以企业或经济主体为对象进行的信用评级，由专业评级机构对资本市场拟融资企业进行全面评估，给出评价等级，分为A、AA、AAA三个等级，每一等级用“+”“-”区分等级高低。AA+等级，一般是指偿还债务的能力很强、受不利经济环境影响较小、违约风险很低的企业。

〔61〕风投式招商

以股权投资或风险投资的思维做产业导入，以投行的方式做产业培育，通过成立市场化运作的产业投资基金，服务于招商引资战略性产业。

〔62〕“1+1+N”服务专班机制

是我区探索创新的项目推进工作机制，第一个“1”是指由1名区级分包领导负责总协调；第二个“1”是指由1名镇（街道）代办员负责制定代办计划、实施跟踪代办；“N”是指区发展改革、自然资源、住房城乡建设、行政审批、规划等部门全力配合，提供链条式帮办服务，加速项目落地建设。

〔63〕“英才汇翠”体系

为深入实施人才强区战略，充分发挥政策在人才引进集聚方面的撬动作用，我区于2019年4月出台《关于实施“英才汇翠”计划加快新旧动能转换的意见》，建立全方位人才政策支持体系，每年进行调整、补充、完善，持续释放政策红利。2021年，为170家企业、911名人才兑现政策扶持资金1363.7万元，增长85%，资金总量、增幅、覆盖面等均创历年最高。

〔64〕“智汇环翠”品牌

指我区围绕重点产业发展方向和企业引才需求，通过举办“智汇环翠”国际创新创业大赛、“选择环翠·筑梦未来”高校行等系列活动，不断拓宽企业与人才交流对接渠道，提高我区人才工作品牌知名度和政策影响力，吸引集聚更多人才带项目、带技术到我区创业发展。

〔65〕“1+4+N”创新平台体系

是威海市打造“千里海岸线，一条创新链”，加快建设国家（威海）区域创新中心的重要抓手。“1”即威海市产业技术研究院（郭永怀高等技术研究院）；“4”即工业和信息化部电子信息技术综合研究中心、哈尔滨工业大学（威海）创新创业园、山东大学（威海）工业技术研究院、高性能医疗器械创新中心；“N”是采用共建、加盟等方式培育和引进N个特色创新平台。

〔66〕智慧村（社区）

为加快推进新型智慧城市和数字乡村建设，山东省实施智慧村（社区）建设突破行动，出台《新型智慧城市建设指标》，将智慧社区建设分为基础设施、社区服务、社区安全、服务创新4个一级建设指标和24个二级建设指标，达到相应指标要求认定为智慧社区。2021年，环翠区打造4个智慧社区。

〔67〕智慧小区

2020年，市政府出台《关于推进智慧住宅小区建设的指导意见》，根据基础设施、物业服务、治理能力等方面指标要求，评定三星级、四星级、五星级智慧住宅小区。自2020年起，现有小区通过分期分批逐步改造达到三星级智慧小区标准，新建住宅小区达到四星级智慧小区标准，我区计划至2022年年末累计打造100个以上星级智慧小区。

〔68〕文明市民培育工程

为巩固和深化全国文明城市创建成果，推动“城”的文明向“人”的文明延伸，我区开展以“爱文明家园 做文明市民”为主旨的系列活动，倡导广大市民自觉规范日常行为，更好培育文明意识、养成文明习惯，推动构建文明、和谐、礼让社会。

〔69〕新一轮乡村文明行动

2011—2015年山东省开展第一轮乡村文明行动，2016年开展新一轮乡村文明行动，一直延续至今，主要内容是在农村实施村容村貌、村风民俗、乡村道德、生活方式、平安村庄、文化惠民六大建设，持续改善农民精神风貌，不断提高乡村社会文明程度，焕发乡村文明新气象。

〔70〕新时代文明实践区级新中心

为进一步延伸新时代文明实践主阵地，2022年计划在公共文化服务中心打造面积约1430平方米的文明实践区级新中心，中心以“举旗帜 聚民心 育新人 兴文化 展形象”为主题，着眼凝聚群众、引导群众，通过采取多种形式的新时代文明实践活动，打通宣传群众、教育群众、服务群众、凝聚群众的“最后一公里”。

〔71〕碳达峰、碳中和

世界各国以全球协约的方式减排温室气体，我国由此提出碳达峰和碳中和目标。“碳达峰”是指我国承诺在2030年前，二氧化碳的排放达到峰值不再增长；“碳中和”是指到2060年前，针对排放的二氧化碳，采取植树、节能减排等各种方式全部抵消。

〔72〕两个清零、一个提标

是省委、省政府部署的重点民生工程、生态工程，指城市建成区雨污合流管网清“零”、城市建成区黑臭水体清“零”，城市建成区污水处理厂提标改造。

〔73〕河湖湾清“四乱”

指清理整治乱占、乱采、乱堆、乱建等问题。

〔74〕城乡生活垃圾“四分类”

是将城市和农村生活垃圾按照可回收物、厨余垃圾、有害垃圾、其他垃圾进行分类。

〔75〕四个不摘

是指贫困县党政正职要保持稳定，做到摘帽不摘责任；脱贫攻坚主要政策要继续执行，做到摘帽不摘政策；扶贫工作队不能撤，做到摘帽不摘帮扶；把防止返贫放在重要位置，做到摘帽不摘监管。

〔76〕青年发展友好型城区

2021年，山东省全面启动青年发展友好型城市建设。威海市拟争创全省首批青年发展友好型城市，我区对标《山东省青年发展友好型城市建设指标体系》等要求，积极推进青年发展友好型城区建设，聚焦就业、住房、教育等领域，提升城区青年发展友好度，吸引更多青年留威来威就业创业，不断激发城区发展活力和竞争力。

〔77〕全省未成年人保护工作试点区

省民政厅以构建未成年人家庭保护、学校保护、社会保护、网络保护、政府保护、司法保护“六位一体”的未成年人保护工作体系为重点，在全省范围内着力打造一批党委政府重视、制度健全、机制有效、措施有力、服务规范的未成年人保护工作试点县（市、区），为全省未成年人保护工作高质量发展积累经验、提供示范。

〔78〕“如康家园”残疾人之家

是指以解决残疾人“急难愁盼”问题为导向，聚焦16周岁以上智力、精神和重度肢体残疾人群体，依托基层公共服务设施，采用“平台+服务”形式，汇集政府、企事业单位、社会组织等多方资源，打造的集日间照料、辅助性就业、社区康复、技能培训、助残服务等于一体的综合性服务机构，为残疾人提供就近便利的常态化基本服务。

〔79〕康复辅具社区租赁服务站

2021年8月，威海市被确定为康复辅具产业国家综合创新试点，环翠区承担的试点任务为实施康复辅具社区租赁服务，计划在9个镇（街道）建立康复辅具社区租赁服务站，为残疾人、老年人等群体提供康复辅具租赁服务，运行成熟后全市推广。

〔80〕义务教育“双减”

是指“减轻义务教育阶段学生作业负担和校外培训负担”。中共中央办公厅、国务院办公厅于2021年7月印发《关于进一步减轻义务教育阶段学生作业负担和校外培训负担的意见》，确立包括威海在内的9个城市作为试点。

〔81〕中医适宜技术惠民工程

为推广简便安全有效的中医适宜技术，增强群众中医药保健意识，自2020年起，在全区推广中医艾灸保健服务，基层医疗机构为辖区群众提供3次免费艾灸体验，发放1份艾灸体验礼包（内含艾灸盒、灸柱、穴位图、保健手册等），计划到2025年艾灸体验服务覆盖8.8万人。

〔82〕基层医疗卫生服务能力提升三年行动

是山东省深入贯彻“以基层为重点”的新时期卫生与健康工作方针，利用2021—2023年三年时间，深入推进区域医疗卫生服务体系建设，推动基层医疗卫生服务体系提档升级，实现区域公共卫生和医疗服务能力全面提升，更好地满足城乡居民基本医疗服务需求。

〔83〕全省县域养老服务体系创新示范区

为夯实筑牢县域养老基础，加快构建居家社区相协调、医养康养相结合的养老服务体系，省民政厅、财政厅决定自2021—2023年在全省开展县域养老服务体系创新示范县（市、区）创建活动，按照县级创建申报、市级指导推荐、省级评估验收、省级公示认定的步骤实施，每年评选数量20个左右。

〔84〕“六治一网”市域社会治理模式

是威海市探索构建的“六治融合、一网联动”的市域社会治理模式。“六治融合”即通过强化政治（党建）引领、自治基础、法治保障、德治教化、智治支撑、信治引导作用，全面构建共建共治共享的现代化市域社会治理格局；“一网联动”即通过大力实施网格化治理提升工程，进一步规范、整合、强化城乡网格化治理工作，为“六治”全面落地和深入实施打牢坚实基础。

〔85〕“四位一体”推动安全生产专项整治三年行动

按照省、市部署，环翠区于2021年12月印发《关于“四位一体”深入推进安全生产专项整治三年行动的实施方案》，采取安全生产、作风建设、惩治腐败、扫黑除恶“四位一体”的方式，推进安全生产专项整治三年行动（2020—2022年）向纵深发展，从根本上消除隐患、解决问题，构建安全生产长效机制。

〔86〕“援、律、访、调”联动机制

依托升级改造后的区公共法律服务中心，积极整合法律援助、人民调解和律师服务资源，加强与区群众权益诉求服务中心的共同协作、衔接联动，通过法律护航助力息诉息访，推动公共法律服务深度融入社会治理基层实践。

〔87〕三级社会心理服务平台

按照中央和省、市社会心理服务体系建设工作要求，在区、镇（街道）、村（社区）综治中心（综合服务场所），打造三级社会心理服务平台，为辖区内居民提供心理健康服务，做好特殊人群心理疏导和干预，进一步促进居民身心健康，维护社会和谐稳定。

专 记

庆祝中国共产党成立100周年

2021年，全区围绕“庆祝中国共产党成立100周年”主题，组织全区机关干部及社会各界集中收看庆祝中国共产党成立100周年大会实况；举办“诵读红色经典”活动、读党史“马拉松”活动启动仪式暨第一期活动、“我来讲党史”活动、党史知识竞赛活动、“微型党课”大赛活动等多种形式的宣传庆祝活动；组织全区文学艺术界发挥协会界别优势，举办“5·23”歌咏会、“红色旋律 时代交响”音乐会、“永远跟党走”环翠区庆祝中国共产党成立100周年文艺演出、百年华诞——红色传承戏曲晚会、“永远跟党走·万人同唱一首歌”快闪微视频大赛等各种形式的文化庆祝活动。通过开展庆祝中国共产党成立100周年系列活动，让全区人民从党的百年伟大奋斗历程中汲取继续前进的智慧和力量，不断增强守初心、担使命的思想自觉和行动自觉，主动服务全区中心工作，投身到首善之区和先行示范区建设中。

区级领导与广大机关干部集中收看庆祝中国共产党成立100周年大会实况 2021年7月1日，庆祝中国共产党成立100周年大会在北京天安门广场隆重举行，中共中央总书记、国家主席、中央军委主席习近平发表重要讲话。环翠区广大党员干部和各界群众收看大会直播盛况，共庆中国共产党百年华诞。收看直播前，全区各级同步举行重温入党誓词活动。大家举起右拳，庄严宣誓，铿锵有力的宣誓声响彻现场。上午8点，庆祝大会正式开始。在威海宾馆会议室，区领导徐明、邢海波、刘光辉、孙青松、于晓东等与广大机关干部一起收看大会盛况，聆听中共中央总书记习近平在大会上的重要讲话。大家一致认为，经过全党、全国各族人民持续奋斗，实现了第一个百年奋斗目标，在中华大地上全面建成了小康社会，历史性地解决了绝对贫困问题，正在意气风发向着全面建成社会主义现代化强国的第二个百年奋斗目标迈进。这是中华民族的伟大光荣、是中国人民的伟大光荣、是中国共产党的伟大光荣。大家一致表示，要牢记初心使命，坚定理想信念，践行党的宗旨，永远保持同人民群众的血肉联系，始终同人民想在一起、干在一起，风雨同舟、同甘共苦，继续为实现人民对美好生活的向往不懈努力，努力为党和人民争取更大光荣。

基层各级单位及社会组织集中收看庆祝中国共产党成立100周年大会实况 在各镇（街道）、村（社区）、区各直部门、企业、学校，广大干部群众怀着激动的心情收看大会盛况，共同回顾党的辉煌历程，憧憬祖国美好未来。在观海社区“初心·1932”展馆，竹岛街道党员干部群众集中收看大会盛况。翠竹社区“乐哈哈”诗友会成员即兴创作诗歌，讴歌党的百年发展历史。在威海魏桥科技工业园有限公司，企业党员干部职工认真收看大会盛况，纷纷表示，在今后的工作中将深入学习贯彻中共中央总书记习近平重要讲话精神，不忘初心，以史为鉴，赓续红色血脉，发挥先锋模范作用，以实实在在的工作成效为实现中华民族伟大复兴的中国梦做出新的更大贡献。华益社工工作人员与幼儿园的孩子们一起收看庆祝大会直播，共同见证激动人心的历史时刻。“有中国共产党的坚强领导，有全国各族人民的紧密团结，全面建成社会主义现代化强国的目标一定能够实现”。全区广大党员干部群众纷纷表示，要紧密团结在以习近平同志为核心的党中央周围，立足本职工作，牢记初心使命，为全面建成社会主义现代化强国、实现中华民族伟大复兴的中国梦做出应有的贡献。

区直机关领域开展庆祝中国共产党成立100周年系列活动 2021年，区委区直机关工委组织全区区直部门（单位）干部举办“诵读红色经典”活动、读党史“马拉松”活动启动仪式暨第一期活动、“我来讲党史”活动、党史知识竞赛活动、“微型党课”大赛活动，庆祝中国共产党成立100周年。

“我来讲党史”活动 2021年3月16日，区委区直机关工委在区退役军人事务服务中心举办“我来讲党史”启动仪式暨“讲好党的故事·共庆百年华诞”主题党课活动。江宏伟、陈文海、杨春生3名老党员用朴实的语言、真挚的情感、鲜活的事例，与大家分享他们早年参加革命工作的峥嵘岁月，在那个烽火硝烟的时代，他们用自己的艰辛和汗水换来我们现在的美好生活，他们讲授的过程入情入境、声情并茂、慷慨激昂，向与会人员展现了老一辈共产党员的红色初心——“没有共产党就没有新中国”。

“诵读红色经典”活动 2021年3月19日，区直机关“诵读红色经典”启动仪式在区环境卫生中心举行。活动中，6组朗诵者用充沛饱满的感情、慷慨激昂的语调表达着他们的拳拳赤子心、殷殷爱党情，抗日女英雄赵一曼的《两封家书》更是让在场观众产生强烈的情感共鸣、感悟信仰的力量，激发广大党员爱国爱党热情。

读党史“马拉松”活动启动仪式暨第一期活动 2021年4月22日，为庆祝中国共产党成立100周年，展示中国共产党百年光辉历程，引导全区机关党员做到学史明理、学史增信、学史崇德、学史力行，区委区直机关工委在竹岛金融商圈党群服务中心举办区直机关读党史“马拉松”活动启动仪式暨第一期活动，区直机关党员代表100余人参加。至年末，接续举办10期，参训学习党员1200余人次。

“微型党课”大赛 2021年6月25日，由区委组织部和区委区直机关工委联合举办的第五届“微型党课”大赛复赛在“为了人民”基层党建馆举行，15个作品、20余名参赛选手参加复赛。参赛选手围绕“学党史·忆初心”主题，紧密结合党史学习教育和自身工作经历，用朴实的话语、真挚的感情，述说着中国共产党百年党史，述说着自己的入党初心和身边的动人故事，用一堂堂生动感人的“微型党课”诠释共产党人“不忘初心、牢记使命”的责任与担当，激发全区人民不忘初心跟党走，牢记使命颂党恩的奋进力量。经过激烈的复赛，11件作品进入决赛。7月9日，“学党史·忆初心”环翠区第五届“微型党课”大赛决赛在“为了人民”基层党建馆举行。比赛过程中，各路选手通过主题演讲、情景演艺，结合PPT、视频展示等多种形式，回顾党的奋斗历史，讴歌党的光辉历程，表达对中国共产党的热爱、感恩和祝福之情。经过角逐，获得一等奖1名、二等奖3名、三等奖7名。其中，来自区教育体育局的刘琳获得一等奖。

党史知识竞赛活动 2021年7月23日，区委区直机关工委在威海市城里中学教学楼举办区直机关党史知识竞赛。在各机关党组织中按照机关党委3人、机关党总支2人、机关党支部1人的比例随机抽取94名党员进行现场闭卷考试，平均成绩89.5分，展现全区机关干部良好的党史学习教育成果。

文学艺术界庆祝中国共产党成立100周年 2021年，环翠区文联以庆祝中国共产党成立100周年为主题，组织全区文学艺术界举办多种形式的庆祝活动。举办“5·23”歌咏会、“红色旋律　时代交响”音乐会、“永远跟党走”环翠区庆祝中国共产党成立100周年文艺演出、百年华诞——红色传承戏曲晚会、“永远跟党走·万人同唱一首歌”快闪微视频大赛等文化活动1000余场，推出主题影片《村头村尾》、现代京剧《郭永怀》等一批红色题材文艺作品。为庆祝中国共产党成立100周年，区作家协会举办全国诗歌作品征集活动，编辑出版诗歌作品集《诗意环翠》；区音乐舞蹈家协会组织参与“永远跟党走”2021中国（威海）合唱节暨环翠区第48届“5·23”歌咏会；区摄影家协会组织举办摄影展，出版协会会员摄影集；区美术家协会举办中国共产党成立100周年“胶东印迹”威海画家采风活动；区书法家协会举办“永远跟党走”书法篆刻展，出版书法篆刻作品集；区戏剧家协会与CCTV爱华春晚工作站联合举办文艺汇演，在人民广场举办“永远跟党走——红色传承戏曲演唱会”；区剪纸协会承接新时代文明实践中心“百年历程，红色传承”桥头村非遗剪纸传承项目，定期到桥头镇开展公益培训课程，装裱并展览优秀学员作品，传承剪纸技艺。区文联协调各部门、镇（街道），开展形式多样的庆祝活动，举办《生命的召唤》剪纸作品展览活动、中国共产党成立100周年经典剧目、歌曲展演展播活动。

（陈鸿旭）

党史学习教育

2021年，区委落实中共中央部署和省委、市委工作要求，坚持标准不降、重点不变、力度不减，统筹谋划部署、织密责任网格、突出为民实事，从严从实从细推进党史学习教育深入开展，实现全域覆盖、融入日常。各级党组织按照“学史明理、学史增信、学史崇德、学史力行”的根本要求，紧紧围绕“学党史、悟思想、办实事、开新局”的总体目标，增强以史为鉴、开创未来的历史自信；锤炼捍卫“两个确立”、做到“两个维护”的政治品格；增进学思用贯通、知信行合一的理论自觉；树牢以人民为中心、永葆初心使命的宗旨意识；强化担当作为、攻坚克难的斗争精神；明确奋进新征程、建功新时代的光荣使命。做实规定动作，做活自选动作，广大党员干部受到一次全面深刻的政治教育、思想淬炼、精神洗礼。党史学习教育中央第四巡回指导组列席区委主要负责人所在党小组组织生活会，省委党史学习教育第四巡回指导组先后7次到环翠区检查指导学习情况、“我为群众办实事”推进情况等，均给予充分肯定。全区以小街区、小游园、小角落、小讲堂、小展馆为载体开展党史学习教育的经验做法，被新华社、光明日报社等中央媒体进行跟进报道，打响了“党史学习教育在身边”品牌。

领导带头、以上率下 区委将党史学习教育作为一项重大的政治任务，第一时间召开区委常委会议传达学习中共中央部署和省委、市委工作要求，第一时间召开动员大会对全区党史学习教育作出安排部署，确保规定动作不走样。成立由区委书记任组长，专职副书记、区委宣传部部长、区委组织部部长任副组长，相关部门主要负责人为成员的领导小组，下设办公室、4个工作组、11个巡回指导组，加强对党史学习教育的组织领导和统筹协调，开展实地督导800余次，实现重点工作部署、落实、验收、归档全程闭环管理。适时召开领导小组会议、领导小组办公室会议、巡回指导组工作会议、专题调度会议等40余次。区级党员领导干部发挥“关键少数”的领学促学作用，坚持深学深悟，区委理论学习中心组开展党史专题学习研讨5次，举办专题读书班2次、专题学习班1次，区级班子成员带头接受革命历史教育和党性党风教育，带头开展主题宣讲、上专题党课，区委、区政府主要负责人带头撰写理论文章，发挥领导干部在学党史、讲党史、懂党史、用党史方面的示范带动作用。从严召开组织生活会，全区机关、村（社区）、企业等900余个党支部按期召开组织生活会，2万余名党员参加，查摆各类问题7.1万余条，有针对性制定整改措施6.9万余条，完善学习教育、为民实事等机制890余项，确保专题组织生活会开出质量、开出成效。全区各单位领导干部带头下沉一线，开展进社区报到、走访等工作，带动形成一级抓一级、层层抓落实的良好工作局面，推动党史学习教育持续走深走实。

精准施策、分类指导 全区秉持精准有效的原则，立足不同群体需求，通过开展多种形式的主题活动，有的放矢引领党员群众深度参与学习教育。成立宣讲队伍200余支，培育“游园树下讲长征”等宣讲品牌40余个，开展基层宣讲1600余场次、受众近15万人次。面向基层群众，在宣传教育方式上求新求变，精心组织开展“永远跟党走”群众性文化主题活动1100余场次，其中2021中国（威海）合唱节暨环翠区第48届“5·23”歌咏会，吸引160万人次到场或线上观看，全域唱响红色主旋律。实施青少年红色引领工程，依托“开学第一课”“国旗下讲话”“主题班会”等活动，开设“党史立志”专题课程、“党史微听读”系列广播讲堂，探索构建“课堂式”“体验式”“创作式”学习宣讲模式，引导全区5.6万名中小学生传承红色基因，厚植爱国爱党情怀。面向流动党员，打造线上“指尖课堂”等云学习平台，推送12个系列的党史学习教育课程，播放量51万余次，实现党史学习教育全域覆盖、融入日常。

提高站位、守正创新 全区上下始终将党史学习教育作为一项重大的政治任务，深入贯彻落实中共中央总书记习近平重要讲话、重要指示精神，结合环翠实际，探索形成一些形式新颖、效果突出的工作方法和载体平台。整合全区各类基层阵地资源，构建“室内+室外、硬件+软件、线上+线下”的多层次、立体化、全方位“家门口”学习教育阵地，依托小街区、小游园、小角落、小讲堂、小展馆等，打造289处党史学习教育阵地，形成“15分钟党史学习教育圈”，确保党史学习教育“零距离”。建设专业化红色阵地，挖掘利用全区红色资源，推进以胶东（威海）党性教育基地“为了人民”基层党建馆为核心的“一核多馆N点”红色教育阵地提升建设，打造区级“学习强国”线下体验空间，建设长征精神、三大战役、航天精神三大特色主题公园，提升建设“初心·1932”展馆、贝草夼地下交通站展馆、“十八里担架道”红色印记馆、环海铁工厂展馆等80余处红色印迹，让群众学有场所、学有阵地，接待区内外干部群众的体验式、沉浸式学习教育活动2600余批次、受众8万余人次。建设融合式社区阵地，以打造群众身边的便利化学习阵地为突破口，突出党史主题和红色元素，在全区城市书房、图书馆基层服务点打造94处“党史学习角”，配备党史学习教育相关书籍；对39处口袋公园、小游园、广场等进行升级改造，设立党史长廊、支前红色故事长廊等15处，配套户外大屏显示系统17处、立体音柱直播系统124套，实现党史学习教育“有声有色有形”。发挥典型引路作用，对全区优势资源进行整合提升，重点打造鲸园街道长征社区“童心园”和北门外社区“雷锋巷”诚信主题街区、社区治理创新中心，竹岛街道观海社区“初心讲堂”等多个工作典型，为各部门单位开展党史学习教育提供鲜活样板。建设网络“云”阵地，发挥新媒体传播优势，开通线上“直播间”，开设“党史上的今天”“党史大家讲”等多个栏目，在微信公众号、抖音、立体音柱系统、室外大屏等进行循环播放，宣传覆盖面和深度进一步拓展。深入挖掘环翠区红色资源，编纂出版4辑《环翠党史资料汇编》《中共威海环翠党史简明读本》等书籍。以嵩山街道乡村故事为原型，拍摄发行影片《村头村尾》，紧扣“基层党建”和“乡村振兴”两大主题，生动展示全区人民深刻践行习近平新时代中国特色社会主义思想的不懈努力，全面展示全区乡村振兴、生态文明建设等方面丰硕成果，为党史学习教育献礼。推出庆祝中国共产党成立100周年书法篆刻作品集、《一级战斗英雄王海》等一批红色题材力作，王海事迹被全省微纪录片《光耀齐鲁——100个山东优秀共产党人的故事》收录。擦亮党史学习教育底色，党史学习教育深度广度不断延伸拓展。

突出重点、融合推进 全区上下注重把握关键时间节点，开展重大主题宣传活动，营造浓厚的社会氛围。围绕学习宣传贯彻中共中央总书记习近平“七一”重要讲话精神、中共十九届六中全会精神等，集中开展巡回宣讲、媒体宣传等活动，短时间内掀起学习贯彻热潮。“十一”期间，在属相街、新威附路和半月湾3条特色街区同步举办“党史学习教育在身边”国庆节系列活动，组织开展“理响环翠”党史主题宣讲、“永远跟党走”纳凉演出专场、庆祝中国共产党成立100周年“胶东印迹”威海画家采风作品展、中小学美育公开课、传统非遗技艺展示等各类主题鲜明活动80余场次，丰富群众精神文化生活，推动党史学习教育深入人心。中央广播电视总台综合频道《晚间新闻》、山东广播电视台《山东新闻联播》等媒体播出专题报道《威海环翠区：社区马路市场变身“新型城市综合体”》《威海市环翠区：老街区变身党史学习教育新阵地》《威海环翠区：“居站分离”社区治理共建共享》等稿件830余篇，全面立体展示全区的亮点做法和工作成效，宣传教育效果更加明显，打造党史学习教育新生态。

学用结合、务求实效 全区上下坚持把“我为群众办实事”作为党史学习教育的出发点和落脚点，在全力解决群众的“急难愁盼”问题上持续用力，把“等群众上门”变为“送服务上门”。在区直部门分包村（社区）工作中，多方位、多渠道征求群众需求，走访居民36万余户，收集群众反映问题2106项，办结1949项。整合“12345”政务服务便民热线、数字城管和网格化治理相关职能，组建区社会治理服务中心；推行联合哨、攻坚哨、重点哨“三哨分流”工作法，镇（街道）以“哨”为令，部门闻“哨”而动，构建起条块联动、接诉即办的群众诉求快速响应机制，解决群众身边的“大事小情”42.1万件；推广“信用+志愿”管理模式，实施“公共文明引导”“蒲公英大篷车”“有爱早市”“蓝色星期六”等409个文明实践项目，全区600余支志愿服务队开展便民利民、环境卫生、防疫防汛等志愿服务6000余场次，参与志愿者7万余人次，服务群众10万余人次，服务企业项目240余次，解决各类诉求360余起。群众满意度从年初的93.87%提升到97.18%，对“从哪里来、往哪里去”命题给出新的解读和实践。

（袁　荃）

大事记

1月

1日　2021冬泳日活动、2021“沃克森琦”杯第九届元旦迎新跑活动在幸福门广场举行；“鲁滨逊”杯2021年全国新年登高健身大会在威海祥云消防文化主题公园举行。

4日　市委书记张海波到远遥浅海科技湾区，督导海洋经济转型升级和渔船管控工作。

5日　全区深化事业单位改革试点工作会议召开。会议贯彻落实中共中央深化事业单位改革试点决策部署和省、市有关工作要求，动员部署全区深化事业单位改革试点工作。

6日　区委副书记、区长徐明到威海魏桥科技工业园有限公司、三角集团有限公司、家家悦集团股份有限公司等地，与企业负责人座谈交流，听取意见建议，现场协调解决企业难题。

8日　区委经济工作会议召开。会议贯彻落实中共中央、省委、市委经济工作会议精神，总结2020年经济工作，分析研判形势，安排2021年经济工作任务，与18家冲击新目标入库企业负责人座谈交流。

9日　市委书记张海波到进口冷链食品监管专仓，查看冷链物流监管情况，现场督导、整改薄弱环节。

11日　区委副书记、区长、区委统筹疫情防控和经济运行工作领导小组组长徐明到威海卫人民医院、同仁堂竹岛店、温泉镇河西村卫生室等地，督导检查疫情防控工作，整改薄弱环节。

12日　区委副书记、区长徐明到桥头镇调研基层组织建设工作推进情况，推进农村“两委”换届选举工作。

13日　2020年度镇（街道）和区直有关党（工）委书记履行全面从严治党责任和抓基层党建工作述职评议会议召开，会议书面评议述职人员履行全面从严治党责任和抓基层党建工作情况。

14日　市委书记张海波到环翠区走访慰问部分困难劳动模范、困难群众。

同日　区委副书记、区长徐明到威海市四方民用爆破器材有限公司环翠分公司、亿达（威海）新材料应用创新中心、三和涂料（威海）有限公司等地，督导检查安全生产工作。

15日　根据环翠区领导班子建设实际和工作需要，经中共山东省委研究批准：徐明任环翠区委书记，王坤不再担任该职务。

同日　区委书记徐明主持召开全区精致城市建设工作专题推进会，安排部署下步精致城市建设工作。

同日　镇（街道）党（工）委书记党管武装述职会议召开。会议总结2020年全区武装工作，交流经验，分析形势，安排部署下步工作。

18日　区委书记徐明到张村镇走访慰问吕风翔、姜全胜、李波等部分中华人民共和国成立前老党员、特困群众和困难职工。

19日　区委书记徐明到南竹岛C区、威胜大厦、合庆渔港等地，实地督导新冠肺炎疫情防控、安全生产和渔船管控等工作。

21日　市委副书记、市长闫剑波到东北村社区、威海卫人民医院、威高广场嘉禾天地，督导检查新冠肺炎疫情防控工作。

22日　市委书记张海波到环翠楼街道海城社区、竹岛街道梦海社区调研精致社区建设和基层治理工作，参加社区基层组织生活会。

24日 环翠区入选《小康》杂志社“2021中国春季休闲百佳县市”榜单。

26日 张村镇、羊亭科技产业小镇在山东省城镇化暨城乡融合发展工作领导小组办公室组织的山东省重点示范镇和特色小镇绩效评价中，取得第一名。

同日 环翠区被国家卫生健康委员会评为2018—2020年全国计划生育优质服务先进单位。

同日 河北小学被教育部评为2020年全国青少年校园足球特色学校。

2月

1日 羊亭科技产业小镇被省政府命名为首批省级特色小镇。

4日 市委常委、宣传部部长刘广华到鲸园街道北门外社区“雷锋巷”、温泉镇栾家店村，走访慰问生活困难的道德模范和志愿者。

7日 全面依法治区工作会议召开。会议传达学习中共中央和省委、市委相关会议精神，研究贯彻落实意见，安排部署下步工作。

同日 区委书记徐明到区法院、区检察院、公安环翠分局特巡警大队和经侦大队走访慰问政法干警。

同日 明湖路学校被省教育厅评为第二批乡村温馨校园建设优秀案例学校。

8日 市委副书记、市长闫剑波到威高食尚地美食广场、家家悦威海配餐中心、威海市农副产品批发市场，督导检查春节期间新冠肺炎疫情防控、市场供应和安全防范工作。

10日 区委农村工作会议召开。会议贯彻落实中共中央和省委、市委农村工作会议精神，分析形势，交流经验，安排部署全区农村工作。

同日 区委书记徐明带队到大润发侨乡店，调研节日市场保供和安全生产工作，并到区新冠肺炎疫情防控指挥部，看望慰问值守工作人员，了解疫情防控有关工作情况。

19日 区委书记徐明带领相关部门负责人，到九华路北延及隧道工程、区公共文化服务中心、威海广泰空港设备股份有限公司等地，督导调研部分开（复）工的市、区级重点产业项目、城建重点工程、为民实事项目建设情况，并检查企业新冠肺炎疫情防控、安全生产等工作。

20日 2020年度全区工作总结表彰大会召开。会议总结2020年工作并部署2021年工作；授予羊亭镇等26个单位“2020年度工作优秀单位”称号，授予嵩山街道等28个单位“2020年度专项工作优秀单位”称号，授予竹岛街道观海社区党委等28个单位“2020年度农村（社区）建设优秀单位”称号，授予竹岛街道、区城市发展投资有限公司等17个单位“2020年度工作创新奖”，对2020年度工作成绩突出的连呈辉等110人给予三等功奖励，对439人给予嘉奖奖励。

同日 全区干部作风大改进行动工作专班座谈会议召开。区委书记徐明听取专班工作开展情况，强调坚持“强化执行力、全面促提升”工作主基调，聚焦关键领域和突出问题，多出真招、实招、高招、妙招，推动全区干部作风不断转变提升。

22日 区委书记徐明带领相关部门负责人到羊亭镇黄埠屯森林防火卡点、半壁山村、宋家疃村等地，督导森林防火情况、调研乡村振兴及农村“两委”换届选举工作。

24日 联东U谷·威海科创智汇港等5个重点项目集中开工仪式在张村镇举行，仪式以“主会场+分会场视频连线”方式进行，项目总投资34.2亿元。

同日 区委书记徐明带队到张村镇、远遥中心渔港调度指挥中心，督导调研渔船管控工作。

25日 全国脱贫攻坚总结表彰大会在人民大会堂召开，全区各级各部门采取不同形式组织收听收看。

26日 区委书记徐明带领相关部门负责人到温泉镇张家山西庄文旅项目、张家山森林防火卡点、花椒园项目等地，督导调研乡村振兴、森林消防及农村“两委”换届选举工作。

3月

1日 全区政法队伍教育整顿动员部署会议召开。会议要求学习领会上级会议精神，持续推动政法机关优化政治生态、转变纪律作风、提高素质能力。

2日 市委副书记、市长闫剑波到威海人生药业集团股份有限公司、鲸园文体公园、柳林净水厂深度处理工程等地调研科技创新项目、城建重点工程和为民实事项目进展情况。

3日 区委书记徐明到华夏生态文明馆、西庄亲子研学基地、台下村调研精致城市建设、乡村振兴等工作，听取嵩山街道村（社区）“两委”换届选举情况汇报。

4日 区委书记徐明带领相关部门负责人，到金线顶公园、文昌社区和网格化治理暨“吹哨报到”全响应中心调研精致城市建设、渔船管控、信用融合、网格化治理等工作，听取竹岛街道社区“两委”换届选举情况汇报。

5日 区委书记徐明带领相关部门负责人，到环翠楼街道商圈党群服务中心、前进社区、东北村社区，调研信用融合推进、老旧小区改造、智慧城市建设等方面情况；到威海创新园大数据智能科技中心、栖霞街、属相街，调研项目进展情况。

8日 区委海洋发展委员会第五次全体会议召开。会议传达学习省委海洋发展委员会第四次全体会议精神、市委海洋发展委员会第三次全体会议精神；听取全区海洋渔船综合管控专班工作开展情况及下步打算；审议区委海洋发展委员会2021年工作要点。

9日 区委书记徐明带领相关部门负责人，到北门外社区、鲸园街道“吹哨报到”全响应中心、古陌社区等地，调研精致社区建设、物业改革、“网格化”治理，听取鲸园街道社区“两委”换届选举情况汇报。

10日 中共威海市环翠区纪委十五届七次全体会议召开。会议学习领会中共中央总书记习近平在十九届中央纪委第五次全体会议上的重要讲话精神；传达学习中纪委书记赵乐际所作的工作报告和省纪委十一届六次全会、市纪委十五届六次全会精神；总结2020年全区纪检监察工作，安排2021年工作任务。

同日 全区村（社区）“两委”换届工作动员部署会议召开。会议学习贯彻中共中央总书记习近平关于基层组织建设系列重要指示精神，落实中共中央和省委、市委工作要求，动员部署全区村（社区）“两委”换届工作。

同日 区委书记徐明带领相关部门负责人，到合庆码头、靖子码头、靖子湾生态岸线和安海社区，调研渔船管控、精致城市建设及社区治理等工作，听取孙家疃街道社区“两委”换届选举情况汇报。

11日 区领导徐明、邢海波、荣传伟等与全区500余名机关干部、志愿者一起到里口山仙姑顶区域参加义务植树活动。

同日 区委副书记、代区长邢海波带领相关部门到新威附路历史文化街区，督导调研新威附路“一体两翼”拓展推进情况；到远遥浅海科技湾区，督导调研蓝贝海洋科学中心、蓝科大厦、蓝创楼宇改造和“双招双引”等工作推进情况。

12日 区委书记徐明带队到北京启迪清洁能源集团，为推进启迪能源环境联合研究院山东分院项目落地进行考察。

同日 区委副书记、代区长邢海波带领相关部门负责人，到环球渔具钓具共享平台基地、联东U谷·威海科创智汇港项目、魏桥（威海）铝精深加工产业园等地，调研重点项目建设和企业发展情况。

同日 环翠区承担的“诚信社区”建设服务标准化试点项目通过省级验收，成为全省首个通过验收的“诚信社区”标准化试点，形成可借鉴、可复制、可推广的“环翠样本”。

15日 张村镇卫生院入选国家卫生健康委员会、国家中医药局公布的2020年“优质服务基层行”表扬名单。

15日—16日 中国人民政治协商会议第十四届威海市环翠区委员会第五次会议召开。区政协主席连业礼代表区政协常委会向大会作工作报告，区政协副主席黄福涛代表区政协常委会向大会作提案工作报告，政协委员分组讨论政协常委会工作报告和提案工作报告。会议同意连业礼辞去政协威海市环翠区第十四届委员会主席职务，补选孙青松为政协威海市环翠区第十四届委员会主席；会议通过大会选举办法，大会总监票人、监票人名单及政协第十四届威海市环翠区委员会第五次会议决议；会议期间提出提案98件。

16日—17日 环翠区第十八届人民代表大会第五次会议召开。大会采取“主会场+分会场”视频同步直播方式，全区各行各业、各条战线237名人大代表参加会议。会议听取区委副书记、代区长邢海波所作的《政府工作报告》、区人大常委会主任刘光辉所作的《区人大常委会工作报告》、区法院代院长万景周所作的《区人民法院工作报告》；区检察院代检察长朱纯媛所作的《区人民检察院工作报告》。会议选举邢海波为区政府区长、林莅为区监察委员会主任、万景周为区法院院长、朱纯媛为区检察院检察长，补选威海市环翠区第十八届人民代表大会常务委员会委员；会议通过《关于政府工作报告的决议》《威海市环翠区国民经济和社会发展第十四个五年规划和二〇三五年远景目标纲要的决议》等文件；会议期间收到代表议案和建议、批评、意见42件。

17日 竹岛街道“信行街区——诚信经营　放心消费”诚信示范街区启动仪式在新威附路历史文化街区举行，向街区诚信商户代表颁发“信行街区　最美商户”牌匾以及“诚信经营流动红旗”。

18日 区委副书记、区长邢海波带领相关部门负责人到羊亭镇孙家滩工业园区、山东凯西药业有限公司、进口冷链食品集中监管专仓等地，调研重点项目建设、医药产业发展、新冠肺炎疫情防控等工作，并对安全生产进行现场督导检查。

同日 《环翠党史资料汇编》首发暨"家门口学党史"启动仪式在"初心·1932"展馆举行，区委党史研究中心首发《环翠党史资料汇编》1—3辑，并开展党史宣讲活动。区委常委、组织部部长张元波，区委常委、宣传部部长沈燕萍参加活动并分别讲话。

同日 区青年人才驿站启动仪式在属相街举行。

19日 市委书记张海波到金线顶区域改造项目现场督导重大项目进展及安全生产工作。

同日 全区安全生产工作会议召开，会议安排部署全区安全生产工作。

21日 区委副书记、区长邢海波带领相关人员，到合庆码头、区海洋渔船管控工作专班督导检查渔船管控和渔业安全生产工作。

22日 区委书记徐明带领相关部门负责人，到黄寨寺森林消防瞭望所、北墩前村红色记忆馆、南子城陌上乡居项目、威海邦德散热系统股份有限公司，调研森林消防、党史学习教育、乡村振兴及企业发展等工作。

同日 2020年度全国学雷锋志愿服务"四个100"先进典型宣传推选活动名单公示，鲸园街道北门外社区入选"最美志愿服务社区"。

同日 威海市首家金融机构退役军人服务站、环翠区首个国企退役军人服务站——中国建设银行股份有限公司威海分行退役军人服务站揭牌成立。

23日 省政法队伍教育整顿第十指导组组长邹川宁一行到环翠区督导调研政法队伍教育整顿工作开展情况。

24日 全区平安环翠建设工作会议暨平安环翠建设领导小组全体（扩大）会议召开。会议学习贯彻落实中共中央总书记习近平关于平安中国建设的重要指示精神；传达学习平安威海建设工作会议暨平安威海建设领导小组全体（扩大）会议精神，研究部署2021年全区平安建设各项工作。

同日 政法系统"筑牢政治忠诚"专题培训班举行，专班学习贯彻中共中央总书记习近平关于政法工作的重要论述和中共中央、省委、市委、区委部署要求。

同日 市纪委监委派驻第一纪检监察组、市委党史研究院联合区委党史研究中心，到"初心·1932"展馆、贝草夼地下交通站展馆、"十八里担架道"红色印记馆、胶东（威海）党性教育基地"为了人民"基层党建馆开展党史学习教育并赠送党史史志书籍。

25日 区委书记徐明带队到北京智汇邦信息技术有限公司威海分公司、星汇谷文化创意产业平台调研企业运营情况；到威海创客大街了解入驻企业研发成果及市场前景等情况。

同日 国家浅海综合试验场建设座谈会议在环翠区召开。自然资源部总工程师、国际合作司司长张占海一行9人与会。

26日 区委全面深化改革委员会第十四次会议召开。会议审议通过《中共威海市环翠区委全面深化改革委员会2021年工作要点》等文件，并安排部署相关工作。

同日 区委副书记、区长邢海波带领相关部门负责人到新大东物流园等项目现场和威海裕罗电器装配有限公司，调研解决项目建设和企业发展中的实际问题；到温泉镇卫生院了解新冠肺炎疫情防控及新冠病毒疫苗接种情况。

29日 "蒲公英大篷车"走进羊亭镇暨"倡导移风易俗 树立文明新风"志愿服务月活动启动仪式在羊亭河湿地公园举行，仪式上颁发"'信用五进'工作先进单位""志愿服务先进个人"等奖项，并开展志愿服务活动。

同日 区委副书记、区长邢海波到海源公园停车场、中国油画小镇半月湾休闲体验街区、靖子湾、孙家疃街道森林防火卡点等地，调研重点项目推进、中国油画小镇建设、海岸带环境整治、森林消防等工作开展情况。

30日 区委副书记、区长邢海波到科技创新孵化器、富力星光天地、古陌早市、远遥墓地森林防火卡点、竹岛街道新冠病毒疫苗临时接种点，督导调研土地利用、科技创新、重点项目建设、特色街区打造、为民实事推进、森林消防、新冠病毒疫苗接种等工作。

31日 区政府与威海抖音电商直播基地签约仪式在汉鼎品牌产业园举行。

4月

1日 威海市暨环翠区清明祭扫活动在威海市烈士陵园举行。

同日 区委党史学习教育领导小组全体成员到"初心·1932"展馆、贝草夼地下交通站展馆和"十八里担架道"红色印记馆，接受革命历史教育和党性党风教育。

2日 重点招商引资项目签约仪式举行，仪式以视频连线方式，与战略性新兴领域、现代服务业领域12个项目签约，总投资41.9亿元。

同日 2020年度企业表彰暨扶持政策兑现大会召开。区领导徐明、邢海波等为威海市商业银行等2020年度环翠区纳税50强企业、家家悦集团股份有限公司等7家2020年度企业冲击新目标先进单位、三角轮胎股份有限公司等10家2020年度科技创新先进单位、威海魏桥科技工业园有限公司等13家2020年度慈善捐助先进单位授牌表彰；为获得扶持资金100万元以上的威高集团有限公司等27家企业和8名专家人才颁发扶持资金；为威海市商业银行副行长陶遵建、家家悦集团股份有限公司副总经理李美、三角轮胎股份有限公司总经理林小彬等招商顾问颁发聘书。

同日　区法院金融审判庭揭牌仪式在区诉讼服务中心举行。市中级人民法院院长黄明春、区委副书记于晓东共同为金融审判庭揭牌。

6日　区委党史学习教育领导小组第一次会议召开，区委书记、区委党史学习教育领导小组组长徐明听取全区党史学习教育近期工作开展情况汇报，审议《区委党史学习教育领导小组工作规则》《全区党史学习教育实施方案工作台账》。

7日　“活态传承　探路发展”2021环翠区非遗传承人及业务骨干培训会在吉呈轩公益文化空间举行。山东大学历史学博士、副教授孙克分享非遗保护工作实践智慧经验，全区20余名非遗传承人代表及业务骨干参加会议。

同日　羊亭镇贝草夼村、嵩山街道五家疃村、温泉镇张家山村被省文化和旅游厅评为首批“山东省景区化村庄”。

8日　全市政法队伍教育整顿推进会议召开。区委书记、区政法队伍教育整顿领导小组组长徐明，区委常委、政法委书记、区政法队伍教育整顿领导小组第一副组长荣传伟，区法院院长万景周，区检察院检察长朱纯媛等在环翠分会场收看会议实况，并接续召开专题会议，要求各级各有关部门查摆工作中存在的问题和不足，确保教育整顿取得实效。

9日　区委党的建设工作领导小组会议召开。会议传达省委、市委党的建设工作领导小组会议精神，听取区委党的建设工作领导小组成员名单调整情况和2021年度抓基层党建工作整改清单情况；审议《区委落实全面从严治党主体责任2021年度任务安排》和《区委党的建设工作领导小组2021年工作要点》。

同日　区委社区工作委员会2021年第一次全体会议召开。会议研究《关于“五位一体”打造社区治理共同体的实施意见》《关于推进“诚信社区”建设　深化精致社区创建的实施方案》《关于进一步深化居站分离改革试点　提升党建引领精致社区建设水平的实施方案》等文件。

10日　环翠区第五届文化和旅游惠民消费季活动在竹岛街道观海社区“初心·1932”展馆启动，活动发放惠民消费券（电子代金券）40万元，有7种不同面额，可购买图书报刊、文化娱乐、文化体验等产品和服务。活动持续至9月末。

12日　区委副书记、区长邢海波到栖霞街特色商业步行街改造项目现场、星乐公园、平度路续建工程等地，督导调度为民实事项目、城建重点工程进展情况。

13日　区委书记徐明带领相关部门负责人到环球钓具共享平台基地、华夏生态文明馆、古陌早夜市等项目现场，协调解决重点项目推进过程中遇到的困难和问题。

14日　全区村（社区）“两委”换届工作调度会议召开。会议传达全市村（社区）“两委”换届工作调度会议精神，听取各镇（街道）换届选举进展情况，安排部署下步工作。

同日　区委书记徐明带队到嵩山街道绿城小区、温泉镇卫生院、鲸园街道长征社区、环翠区青年人才驿站，调研党史学习教育“我为群众办实事”实践活动开展情况。

15日　威海市全民国家安全教育主题宣传周暨全民游园游学“双十工程”在环翠楼公园启动，宣传周活动时间为4月15日—21日，围绕国家安全教育“进机关、进企业、进乡村、进社区、进学校、进军营、进网络”7个领域，以线上线下相结合方式，开展“国安教育一堂课”等系列活动。

同日　区委副书记、区长邢海波带领相关部门负责人到孙家疃街道现场办公，从合庆码头出发，督导研究环海路观景平台打造思路和举措。

19日　市委书记张海波到鲸园街道长征社区、竹岛街道初心讲堂调研党史学习教育工作，到公安环翠分局实地查看政法队伍教育整顿情况，调研期间了解村（社区）“两委”换届等工作，并主持召开座谈会。

同日　区委副书记、区长邢海波带领相关部门负责人到正棋山新修防火通道、阅山路二期工程、河北学校等项目建设现场，督导重点项目建设、低效用地规划整治、森林消防等工作。

20日　威海激光与光电子信息技术研究院揭牌仪式在威海创新园新一代信息技术科创中心举行。副市长张伟，中国科学院院士、威海激光与光电子信息技术研究院院长姚建铨现场揭牌并致辞。

同日　区委副书记、区长邢海波到柳沟市场、双岛林场、塔山中路围挡整治现场等地，督导检查国家卫生城市复审、海岸带综合整治修复、环境整治、围挡整治、数字城管案件处置等工作推进情况。

同日　区委宣传部、区文明办、环翠楼街道联合举办的“学党史　寻初心　办实事”新时代文明实践活动启动仪式在环翠楼公园广场举行，相关部门为党员代表发放“学党史　做好人”党史学习大礼包，6支爱心团队认领志愿服务项目，并接续举行环翠楼街道“雷锋驿站”揭牌仪式。

21日　区委副书记、区长邢海波到所前泊水库、威海邦德散热系统股份有限公司、威海市农副产品批发市场，调研水源地保护、安全生产、项目建设、国家卫生城市复审等工作推进情况。

同日　大型现代京剧《郭永怀》汇报演出在梦海大剧院举行，省委党史学习教育第四巡回指导组组长王红勇、副组长赵广金，省委宣传部副部长、省电影局局长程守田，省文化和旅游厅一级巡视员李国琳，市、区领导王学文、徐明、刘光辉等出席活动。

22日　全国政协农业和农村委员会主任罗志军率调研组到威海市宇王集团有限公司，就“加快绿色发展，保障农产品质量安全”进行专题调研。

同日　区委书记徐明到区诉讼服务中心、区公共法律服务中心、公安环翠分局张村派出所、区检察院红霞工作室和“12309”检察服务中心，实地调研政法队伍教育整顿工作开展情况。

25日　区委书记徐明到富华社区、“侨乡号”游轮、平度路西延工地等地，调研国家卫生城市复审、新冠病毒疫苗接种、海上安全、城建重点工程等工作。

26日　市委副书记贾瑞霭到里口山近郊休闲样板片区，调研乡村振兴样板片区建设工作，了解片区规划布局、产业发展、环境提升等情况，察看柿园民宿、乡村美学堂、清怡茶园等文旅产业项目，参观贝草夼地下交通站展馆。

同日　区委书记徐明到区进口冷链食品集中监管专仓、羊亭学校及周边“九小”场所，调研生态环保、新冠肺炎疫情常态化防控、校园安全、国家卫生城市复审、低效园区利用等工作。

26日—27日　省科协副主席张波一行到威海海洋智能装备研究中心、威海创新园、威海广泰空港设备股份有限公司等地，调研创新驱动行动项目实施等情况，并召开座谈会。

27日　全国政法队伍教育整顿中央第九督导组到环翠区督导政法队伍教育整顿工作并召开工作汇报会。全国政法队伍教育整顿中央第九督导组山东小组组长、人民公安报社党委书记樊京玉出席会议并讲话；省委政法委政治部主任、省教育整顿办公室副主任刘启超，省政法队伍教育整顿第十指导组组长邹川宁，副组长李向武、张琳出席会议。市、区领导傅广照、任敬喜、徐明等参加相关活动。

同日　区委副书记、区长邢海波带队到“12345”政务服务便民热线受理大厅，现场接听市民来电，与群众“零距离”沟通交流，接续召开专题会议，研究部署相关工作。

28日　区委书记徐明带领相关部门负责人到装饰材料批发市场、红光巷、民主巷等地，督导国家卫生城市复审、特色楼宇打造等工作；到基金小镇，了解工程进展、配套设施建设等情况。

同日　区委书记徐明到区融媒体中心“两中心融合”功能室调研媒体深度融合发展等工作，并召开座谈会。区委常委、宣传部部长沈燕萍参加调研。

29日　省高级人民法院党组成员、副院长段大伟带领调研组，到改造升级后的环翠区诉讼服务中心，调研督导政法队伍教育整顿工作。

30日　威海千里山海自驾旅游公路启动仪式——环翠分会场活动哈雷摇滚之夜在孙家疃街道“哈雷驿站”举行。

5月

1日　市委副书记、市长闫剑波到远遥中心渔港，通过监测平台查看返港渔船实时动态，听取渔船管控、伏季休渔管理工作情况汇报。

6日　市委副书记、市长闫剑波到威海怡和专用设备制造有限公司、华夏文化旅游集团股份有限公司，了解冲击新目标企业生产经营情况。

同日　区委书记徐明到威海银创微电子技术有限公司、威海博宇食品有限公司调研企业发展、安全生产和新冠肺炎疫情常态化防控等工作。

7日　区委全面依法治区委员会第三次（扩大）会议召开。会议传达市委全面依法治市委员会第三次会议精神，审议通过《区委全面依法治区委员会2021年工作要点》《关于深入学习贯彻习近平总书记重要讲话精神推动民法典实施的意见》《落实〈党政主要负责人履行推进法治建设第一责任人职责规定〉区级层面工作责任清单》等文件。

同日　区政府与中国农业银行威海分行全面战略合作签约仪式举

行，区委副书记、区长邢海波和中国农业银行威海分行党委书记、行长孔令军出席签约仪式。

8日　全市海洋生态环境问题整改暨海渔系统干部队伍纪律作风教育整顿工作推进视频会议召开，环翠区组织收看会议实况。区委书记徐明部署相关工作。

同日　市委党史学习教育主题宣讲专家辅导团成员，市委原副秘书长、办公室主任、胶东（威海）党性教育基地顾问姚鸿健作党史学习教育辅导报告，报告会采取“主会场+分会场”形式。

10日　全区政法队伍教育整顿领导小组（扩大）会议召开。会议传达学习中央督导组有关工作要求和全市会议精神，部署案件办理和问题线索核查处置等相关工作。

同日　区委书记徐明带队到影视城西沿海养殖区域、远遥小渔港码头、靖子渔港码头等地，调研海洋生态环保、渔船管控等工作；到永兴路农贸市场及周边小区调研卫生城市建设等工作。

同日　2021年山东省“中国品牌日”活动发布2021年度山东省高端品牌企业培育名单，三角轮胎股份有限公司、威海广泰空港设备股份有限公司、山东双轮股份有限公司等7家企业上榜，其中新增威海银兴预应力线材有限公司、威海浦源食品有限公司、家家悦集团股份有限公司、威海建设集团股份有限公司4家企业，获评数量和新增数量均居全市各区市首位。

11日　山东省第五生态环境保护督察组督察威海市工作动员会召开，环翠区组织收看会议实况。区委书记徐明强调部署相关工作。

同日　威海激光通信先进技术研究院签约暨揭牌仪式举行。

同日　区委书记徐明带队到威海创意游艇有限公司、博优技术纺织（威海）有限公司、威海市山花地毯集团有限公司调研企业冲击新目标工作；到桥头镇滨河社区、温泉镇双泉城社区等地调研卫生城市创建、村（社区）“两委”换届选举等工作。

同日　中欧膜产业合作对接会在威海创新园举行，欧洲膜学会名誉主席恩瑞克·德里奥利及4家欧洲膜领域龙头企业代表与中方相关负责人、专家，通过“线上直播+线下会场”相结合的方式进行对接交流。

12日　市委书记张海波到金线顶污水泵站、合庆修船厂、原山东村养殖区等地，调研督导生态环保问题整改、渔船管控、安全生产等工作。

12日—13日　省政协调研组到威海华夏城景区百米生态长廊、里口山风景名胜区，调研“两山”理论实践创新情况。

13日　全区项目推进暨“双招双引”工作会议召开。会议通报2021年以来全区项目推进及“双招双引”工作情况，并对下步工作进行再强调、再部署。

14日　2020年度“红色物业”星级管理表彰大会召开。大会对祥云花园等15个获市级“红色物业”重点培育项目、东北村小区等22个星级管理项目进行表彰，启动“红色物业　情暖万家”百项惠民活动，确定2021年度“红色物业”示范创建项目。

同日　区委书记徐明带队到威海国际海洋科技城建设推进工作专班，调研远遥浅海科技湾区建设情况。

15日　省、市政法队伍教育整顿工作推进会相继召开，环翠区组织收看会议实况。区委书记、区政法队伍教育整顿领导小组组长徐明召开全区政法队伍教育整顿工作推进会，围绕贯彻省、市会议精神，安排部署下步工作。

16日　2021“我要走”全国徒步联动日威海站活动在里口山国家健身步道开幕。

17日　全省新冠病毒疫苗接种工作推进视频会议和全市疫情防控工作会议相继召开，环翠区组织收看会议实况。区委副书记、区长邢海波安排部署相关工作。

18日　区委书记徐明到远遥中心渔港、渔港监控指挥中心，督导渔船管控工作。

同日　区委副书记、区长邢海波到桥头镇江家口村砂场、维明煤场、中心大街等地，督导省生态环保督察反馈问题整改、散煤整治等工作。

18日—25日　2021中国（威海）合唱节暨环翠区第48届“5·23”歌咏会以“永远跟党走”为主题，在市群众艺术馆海洋剧场、幸福门广场、望海园中学、人民广场举行合唱比赛、基层展演、颁奖晚会暨合唱展演10场活动。

19日　省第五生态环境保护督察组组长李世瑛带队到威海华夏城景区开展督导调研。

同日　“游幸福环翠　走红色足迹”2021年“5·19”中国旅游日暨庆祝中国共产党成立100周年活动在仙姑顶旅游景区启动。

21日　区委书记徐明带领相关部门负责人到鼎泰渔具、大展煤炭批发店、福友煤炭经销处等地，督导检查省环保督察反馈问题整改和安全生产等工作。

同日　区委副书记、区长邢海波到温泉镇东七夼村、西七夼村北山、威海湾九里码头等地，督导环保督察问题整改和渔船管控工作。

25日　威海市党政干部严格执

行“三个规定”宣讲活动举行，省政法队伍教育整顿领导小组第十指导组组长邹川宁围绕防止干预司法“三个规定”相关内容进行宣讲。

同日　市委书记张海波会见山东魏桥创业集团有限公司董事长张波一行，双方围绕魏桥（威海）铝精深加工产业园建设、深化“双招双引”等领域合作进行交流。

26日　区委书记徐明带队到张村镇长江街、影视城西沿海养殖区域、威海化工机械有限公司，督导检查省环保督察反馈问题整改、海洋生态环境整治、企业冲击新目标等工作。

27日　市委副书记、市长闫剑波到联东U谷·威海科创智汇港项目施工现场，督导检查建筑施工领域安全生产工作。

同日　区委书记徐明带领相关部门负责人到九华路北延及隧道续建工程现场、千山路小学，调研督导重点工程建设和安全生产等工作。

同日　区政府与国网威海供电公司“加快精致电网建设　助力精致城市发展”战略合作签约仪式举行。

同日　2021年威海市暨环翠区青年普法志愿者法治文化基层行、反邪教进社区活动启动仪式在环翠楼广场举行。

28日　省第五生态环境保护督察组副组长霍太英带队到合庆新村20D地下停车场、远遥水产食品冷冻有限公司、望岛河等地，检查生态环境有关问题。

31日　市委副书记贾瑞霭到威海宏元包装有限责任公司、羊亭新冠病毒疫苗接种点、东阳小区等地，调研督导环保督察问题整改及安全生产、新冠肺炎疫情常态化防控和安置房建设等工作。

同日　区委书记徐明到竹岛街道“侨胞之家”调研侨务工作。

5月31日至6月1日　省人大常委会党组副书记、副主任王良带领检查组到食尚地威高美食广场、威海开心草帽食品有限公司、威海新元果业技术服务有限公司等地，对贯彻实施食品安全法律法规情况开展执法检查，并召开执法检查汇报会。

6月

2日　区委书记徐明到区新冠肺炎疫情防控工作专班，调研全区新冠肺炎疫情常态化防控工作情况。

同日　区委书记徐明带领相关部门负责人到桥头镇江家口、涧北村，温泉镇五渚河水质监测点等地，督导调研环保督察反馈问题、农村危房改造、水环境问题整治、河长制等工作。

2日—4日　省政协副主席段青英带领调研组到华夏城景区，开展“大力弘扬齐鲁优秀文化”专题调研。

3日　市委副书记、市长闫剑波到五渚河崮山水库断面，督导检查水环境治理工作。

同日　区委书记徐明到羊亭镇开展党史学习教育主题宣讲，与基层党员干部交流党史学习心得体会。

同日　区委副书记、区长邢海波到威海国际海洋科技城建设推进工作专班，调研远遥浅海科技湾区建设情况。

同日　刘公岛研学基地被省文化和旅游厅评为“山东省红色研学基地”。

4日　区委意识形态和宣传思想工作领导小组会暨跨部门分析研判会议召开。会议传达学习省委意识形态和宣传思想工作领导小组会、市委意识形态和宣传思想工作领导小组会暨跨部门分析研判会议精神。

同日　区委副书记、区长邢海波到张村镇开展党史学习教育主题宣讲，与基层党员干部一起重温党的光辉历程，感悟党的思想伟力。

7日　区委副书记、区长邢海波到温泉镇堂子村，桥头镇涧北村、教里村，督导调研环保督察反馈问题整改、农村污水治理、畜禽养殖污染防治等工作。

同日　2021环翠区“红色旋律　时代交响”庆祝中国共产党成立100周年音乐会在威海大剧院举办。

8日　全市基层组织建设工作推进会暨新一届村（社区）党组织书记示范培训班开班，环翠区组织收看会议实况，并接续举行全区村（社区）“两委”干部培训班开班仪式。培训班为期3天，全区村（社区）“两委”干部、村务监督委员会主任等1300余人参加培训。

同日　区委副书记、区长邢海波到威海创新园、威韩购跨境电子商务有限公司，调研创新创业、跨境电商等工作。

同日　“山东大学（威海）党性教育基地”授牌仪式暨“建党百年·为党书信”活动在“为了人民”基层党建馆举行。

8日—9日　区委书记徐明，区委副书记、区长邢海波带领环翠区党政考察团到经开区智慧谷园区、临港区浩然特塑聚砜系列树脂项目、文登区重汽（威海）商用车项目等地观摩学习。

10日　“西展”战略暨羊亭开发专题会议召开。会议调度“西展”战略和羊亭开发推进情况，现场研究解决问题。

同日　区统计局、区第七次全国人口普查领导小组办公室发布环翠区第七次全国人口普查公报，截至2020年11月1日零时，全区常住人口446193人。

11日 《山东省人民政府关于2020年度县域经济高质量发展差异化评价结果的通报》发布，环翠区获“高质量发展先进县”称号。

16日 威海市暨环翠区2021年“安全生产月”宣传咨询日活动在幸福门广场举行，活动以现场交流互动的形式向群众提供咨询服务。

17日 远遥浅海科技湾区专题会议召开。会前，与会人员参观蓝科大厦、蓝贝海洋科学中心，实地查看项目进展，了解湾区建设以及项目规划设计等情况；会上，调度湾区工程建设、人才引进、项目招引等工作推进情况。

同日 区委书记徐明主持召开全区渔船管控工作专题会议，强调要强化风险意识和底线思维，明确责任、狠抓落实，统筹推动渔船管控、安全生产等各项工作。

同日 全国安全生产工作电视会议召开，环翠区组织收看会议实况，区委副书记、区长邢海波接续召开专题会议。

同日 威海市暨环翠区“红色基因在传承——听老兵讲述英雄故事”启动仪式在市图书馆举行。副市长叶立耘、副区长苏卫军、部分中华人民共和国成立前和参加过抗美援朝出国作战的老革命军人、解放军驻区官兵、退役军人及群众代表近百人参加活动。

18日 区委书记、区委党史学习教育领导小组组长徐明主持召开区委党史学习教育领导小组第二次会议，会议传达市委党史学习教育领导小组会议精神，听取全区党史学习教育近期工作开展情况的汇报，审议相关文件。

同日 由威海市纪委监委、环翠区纪委监委主办，威海市漫画家协会、威海市博物馆协办的“学党史 明纪律 促清廉”百年党纪漫画作品展在威海市博物馆开展，活动邀请国内知名漫画家集中创作202幅漫画作品，再现中国共产党加强纪律建设、持续正风反腐的百年历程。

同日 区委书记徐明带领相关部门负责人到竹岛河沿岸、属相街项目现场，督导调研省环保督察问题整改落实和为民实事项目推进情况。区委常委、宣传部部长沈燕萍参加相关活动。

同日 “中国梦·新时代·跟党走”百姓宣讲比赛决赛举行，9组选手参加决赛。经过角逐，评选一等奖1名、二等奖3名、三等奖5名。

19日 区委副书记、区长邢海波到张村镇走访慰问中华人民共和国成立前入党的老党员张立芝、生活困难党员孙永善，为他们送上党的关怀和节日问候。

同日 区委副书记、区长邢海波带领相关部门负责人，到刘公岛码头、威海燃气有限公司福德庄站、望岛幼儿园等地，督导检查安全生产工作。

22日 省人大常委、教育科学文化卫生委员会副主任委员王晓敏率调研组到鲸园社区教育学院，就《山东省老年教育条例（草案）》开展立法调研。

同日 市政协主席高旭光走访慰问中华人民共和国成立前入党的老党员王树枫、生活困难党员孙本兰，市委副书记贾瑞霭走访慰问生活困难退役军人党员刘国永等，为他们送上党的关怀和节日问候。

同日 区委书记徐明走访慰问中华人民共和国成立前入党的老党员姚培兰、生活困难党员时吉海、优秀退役军人戚恩雨，为他们送上党的关怀和节日问候。

同日 环翠区2021年度扶持政策解读新闻发布会召开。区委常委、副区长孙军出席发布会并介绍2021年度扶持政策总体情况，区委组织部、区发展改革局、区科技局等单位负责人发布2021年度扶持政策具体内容。

同日 威海市党史学习教育“送学+宣讲”活动启动仪式在贝草夼地下交通站展馆举行。

24日 省委常委、统战部部长张江汀到威海市千山路小学、竹岛街道“侨胞之家”，开展联系基层工作。

同日 区政府廉政工作会议暨深化“放管服”改革会议召开。会议研究部署推进政府系统廉政工作，持续深化“放管服”改革。

同日 “青春心向党 建功新时代”全区机关青年歌手大赛决赛在威海青少年宫举行，15名选手参加决赛，经过角逐，评选一等奖3名、二等奖5名、三等奖7名。

25日 全区“五位一体”社区治理共同体建设推进会召开，会议分现场观摩和集中开会两个阶段。会前，与会人员现场观摩竹岛街道文昌社区、鲸园街道古陌社区等地；会上，张村镇峰西社区、孙家疃街道安海社区等代表作典型发言。

同日 市、区禁毒办公室在威高广场举行以“红心向党、净土威海”为主题的“6·26国际禁毒日”“禁毒+反诈”宣传教育活动。

28日 区委书记徐明带队到张村镇皂南台新村、威海燃气有限公司福德庄加气站、新冠病毒疫苗接种点，调研督导城镇燃气安全、公共场所消防安全、新冠病毒疫苗接种等工作。

同日 区委副书记、区长邢海波到威海市海川果蔬有限公司、桥头镇报信村、威海市农副产品批发市场等地，督导调研安全生产、乡村振兴、国家卫生城市复审等工作。

同日 “永远跟党走”环翠区庆祝中国共产党成立100周年文艺演出在望海园中学礼堂举行。

同日 环翠区第七届道德模范颁奖典礼在望海园中学礼堂举行，区委书记徐明，区委副书记、区长邢海波为第七届环翠区道德模范颁奖。

30日 环翠区“两优一先”（优秀党务工作者、优秀共产党员、先进基层党组织）表彰大会召开。大会授予100名共产党员“威海市环翠区优秀共产党员”称号，授予60名党务工作者“威海市环翠区优秀党务工作者”称号，授予100个基层党组织“威海市环翠区先进基层党组织”称号。

7月

1日 庆祝中国共产党成立100周年大会在北京天安门广场举行，中共中央总书记、国家主席、中央军委主席习近平发表重要讲话，全区党员干部和群众在各单位收看直播实况。收看直播前，全区各级党组织组织党员举行重温入党誓词活动。

同日 区委书记徐明到环海路辅路景观平台提升项目建设现场和天和美术馆、北海美术馆等地调研督导为民实事项目推进、环保突出问题整改和中国油画小镇建设等工作。

同日 威海市社会组织创新创业园、环翠楼街道商圈被省委组织部、省委“两新”工委命名为“省级‘两新’组织党建工作示范点”。

2日 区委书记徐明接见在全国“两优一先”表彰大会上获得“全国优秀共产党员”称号的公安环翠分局党委委员、一级高级警长兼竹岛派出所塔山警务区社区民警戚恩雨。

同日 威海市梦海演艺有限责任公司排演的现代京剧——《郭永怀》获山东省第十二届文化艺术节“优秀剧目”奖。

5日 省委统战部副部长李琥率领第六期全省党外中青年领导干部培训班和全省党外律师骨干培训班部分成员到中国油画小镇党群服务中心、半月湾国际艺术家驻地，了解中国油画小镇建设情况。

同日 区委书记徐明带领相关部门负责人到温泉镇下江家村、羊亭镇半壁山乡村振兴产业研究中心等地，调研乡村振兴和美丽宜居乡村建设工作。

9日 “学党史·忆初心”环翠区第五届“微型党课”大赛决赛在“为了人民”基层党建馆举行，11组机关单位青年选手参加决赛。经过角逐，评选出一等奖1名、二等奖3名、三等奖7名。

12日 区委学习中共中央总书记习近平“七一”重要讲话精神座谈会召开。会议交流学习体会，畅谈学习心得，听取意见建议。

同日 区委副书记、区长邢海波到孟家疃水库、张家山水库、威海市海诚商业学校等地，督导检查汛期防汛、重点项目建设等工作。

14日 环翠区“学典型、促发展”比学赶超阶段性成果汇报会议召开。会议动员全区上下团结一心、真抓实干，积极投身到下半年各项工作中，为开创“精致城市·幸福威海”首善之区建设全新局面做出新的更大贡献。

同日 全区政法队伍教育整顿领导小组（扩大）会议召开。会议传达学习省、市有关会议精神，总结前期工作进展，明确下步目标任务，研究部署有关工作。区委书记、区政法队伍教育整顿领导小组组长徐明主持会议并讲话。

同日 区委副书记、区长邢海波到望岛机动车检测、长信医疗孵化中心等地，督导调研服务业项目推进及运营等情况。

同日 环翠区“十四五”规划纲要新闻发布会在区融媒体中心召开。区发展改革局负责人介绍环翠区“十四五”期间总体部署和重点任务，并回答记者提问。

15日 环翠区创建全国文明典范城市动员会议召开。会议传达全省文明城市创建工作培训班精神和全市创建全国文明典范城市暨深化文明创建工作动员会议精神，竹岛街道、区商务局、区环境卫生中心等单位分别作交流发言。

同日 “永远跟党走”环翠区第31届广场纳凉晚会启动仪式在属相街举行。

16日 区委副书记、区长邢海波到威建集团环保设备研发、威海顺迈华峰自动化科技有限公司、威海市海王旋流器有限公司矿山智能装备制造等项目现场，督导调研重点产业项目建设情况。

16日—25日 2021半月湾国际沙滩音乐节在孙家疃街道半月湾举行，音乐节有“流行风”“醉摇滚”“国潮乐”“电音曳”“时尚秀”“爱尚海”6场重点活动，中国油画小镇第二届创意集市同期开幕。

17日 山东省“关注森林·六大行动”启动仪式在华夏城景区举行。

同日 “华夏生态文明展”开放活动在华夏城景区举行。

19日 区委理论学习中心组专

题读书班开班仪式举行，动员和组织全区党员干部学习贯彻中共中央总书记习近平在庆祝中国共产党成立100周年大会上的重要讲话精神。

21日　省委宣讲团成员、省委改革办专职副主任、一级巡视员杨占辉在威海市作中共中央总书记习近平“七一”重要讲话精神宣讲报告。

23日　省、市生态环境保护工作会议相继召开，环翠区组织收看会议实况。围绕落实省、市会议要求，区委书记徐明接续主持召开专题会议，再强调、再部署生态环保、新冠肺炎疫情常态化防控、防洪抗汛等工作。

同日　市委理论学习中心组专题读书班结业式在市委党校举行，区委书记徐明代表环翠区在结业式上作交流发言；区委理论学习中心组专题读书班结业式举行。

26日　市委书记张海波到温泉镇某洗砂场，现场督导调研省环保督察反馈问题整改落实情况。

27日　区委书记徐明带领相关部门负责人到合庆码头、区城市防汛物资库等地，督导检查防汛、防台风及渔船管控等工作。

同日　区委书记徐明到九七〇医院威海医疗区、威海军分区和某部队，走访慰问部分驻区部队官兵，向他们致以节日问候。

28日　市委书记张海波到戚家夼矿山修复现场，督导调研防台风和防汛准备工作。

同日　环翠区救助驻威部队困难官兵慰问金发放仪式在区退役军人服务中心举行。

29日　区委副书记、区长邢海波到温泉镇马夼村、羊亭镇羊亭河、孙家疃街道合庆码头等地，督导检查防汛工作及省环保督察反馈问题整改情况。

8月

2日　区委书记徐明带领相关部门负责人到张村镇魏桥社区、方舟仿生科技创业园项目、里口山水库，督导调研社区治理、重点产业项目推进、防汛等工作。

同日　区委副书记、区长邢海波到创梦网红基地、正矩智慧冷链物流与供应链孵化中心、威海创新园（中欧贸易平台）等项目现场，督导检查重点项目建设推进情况。

4日　区委书记徐明到羊亭镇集中医学观察点、威高广场、家家悦中心店等地，督导调研新冠肺炎疫情常态化防控工作。

同日　国家、省、市新冠肺炎疫情防控工作视频会议相继召开，环翠区组织收看会议实况。区委副书记、区长、区委疫情处置工作领导小组组长邢海波接续主持召开专题会议，安排部署全区新冠肺炎疫情常态化防控工作。

同日　环翠区党外人士座谈会召开，会议分现场观摩和协商座谈两个阶段。与会人员到温泉镇七彩虫园艺项目、桥头镇南子城陌上乡居项目、羊亭镇宝石山高效生态农业示范区参加实地观摩；在羊亭镇贝草夼村田园会客厅召开协商座谈，传达学习中共中央总书记习近平在庆祝中国共产党成立100周年大会上的重要讲话精神，对全区乡村振兴工作提出意见建议。

5日　区委副书记、区长邢海波到张村镇翠柳园小区、家家悦购物广场张村店、威海龙惠环保科技有限公司等地，督导检查新冠肺炎疫情常态化防控工作。

7日　市委副书记贾瑞霭到公安环翠分局北沟街派出所、双岛收费站卡点等地，督导新冠肺炎疫情常态化防控随访排查、交通卡口和场站查控等工作落实情况。

9日　区委书记徐明带领相关部门负责人到望岛小学、区新时代文明实践中心、鲸园街道古北社区新时代文明实践站等地，督导调研新时代文明实践中心建设、新冠肺炎疫情常态化防控等工作。

同日　全区镇领导班子换届工作会议召开。会议学习贯彻中共中央总书记习近平关于换届工作的重要指示精神，传达全市区市、镇领导班子换届工作会议精神，研究推进环翠区镇领导班子换届工作。

10日　市委书记张海波到威高集团调研企业冲击新目标情况并主持召开座谈会，听取企业发展和战略布局规划，现场研究解决具体问题。

12日　区委副书记、区长邢海波到新冠肺炎疫情防控专班、远遥浅海科技湾区、远遥中心渔港等地，督导检查新冠肺炎疫情常态化防控、项目进展、渔船管控等工作。

13日　市委书记张海波到远遥浅海科技湾区等重点项目建设现场，督导工程进展、项目招引、项目安全工作。

同日　区委书记徐明带领相关部门负责人到威海宝威新材料科技有限公司、威海三元塑胶科技有限公司、威海市海王旋流器有限公司等企业，督导企业冲击新目标、为民实事和新冠肺炎疫情常态化防控等工作。

同日　区委副书记、区长邢海波到威海鸿安建筑集团有限公司、威海盟联碳纤维制品有限公司、威海市人力资源服务产业园等地，调研重点项目建设和人才工作。

同日 全区信用体系建设专题调度会召开。会议分实地观摩和座谈交流两个阶段，与会人员到孙家疃街道安海社区，鲸园街道古陌社区、北门外社区社会治理创新中心实地观摩；在北门外社区社会治理创新中心召开座谈会，贯彻落实区委信用体系建设部署要求，总结交流经验。

16日 区委书记徐明带队到远遥中心渔港、威海湾九里等地，调研渔船管控、海岸带修复、海洋生态环境保护等工作，并召开座谈会议，听取工作汇报，安排部署工作。

同日 区委副书记、区长邢海波到威海银兴预应力线材有限公司、威海市瀚玉化纺有限公司、威海恒煜医疗器材有限公司等企业，走访企业冲击新目标入库企业和后备库企业。

17日 全区扫黑除恶专项斗争总结暨常态化推进扫黑除恶专项斗争部署会议召开。会议传达学习全国和省、市扫黑除恶专项斗争总结表彰会议精神，总结全区扫黑除恶专项斗争成绩经验，安排部署常态化开展扫黑除恶专项斗争任务。

同日 环翠区生态环境委员会第二次全体会议暨全区湾长制会议召开。会议传达全市生态环境委员会第二次全体会议精神，听取《环翠区生态环境委员会2021年度工作要点》和《2021年威海市环翠区湾长制工作要点》。

同日 区委统战工作领导小组第一次全体会议召开。会议听取《中共威海市环翠区委统一战线工作领导小组贯彻落实〈中国共产党统一战线工作条例〉重点任务分工方案》和《中共威海市环翠区委统一战线工作领导小组2021年工作要点》，安排部署下步工作。

同日 区委书记徐明带领相关部门负责人到区投资促进中心、威海创新园综合服务中心、威海喜盈门乳品有限公司等地，督导调研高质量发展工作。

17日—18日 省委党史学习教育第四巡回指导组成员王德水到威海市望海园中学、羊亭河湿地公园、张村镇魏桥社区等地，调研为民实事开展情况。

18日 全省第一批政法队伍教育整顿总结暨第二批政法队伍教育整顿动员部署会议、全市政法队伍教育整顿总结会议先后召开，环翠区组织收看会议实况，并接续召开全区政法队伍教育整顿总结会议。

19日 区人大常委会主任刘光辉带领调研组到区发展改革局，调研全区2021年上半年国民经济和社会发展计划执行情况并召开座谈会。

20日 中国共产党威海市环翠区第十五届委员会第九次全体会议召开。会议学习贯彻中共中央总书记习近平在庆祝中国共产党成立100周年大会上的重要讲话精神；落实省委十一届十三次全会精神、市委十五届十一次全会精神；听取和讨论区委书记徐明受区委常委会委托作的常委会工作报告；审议通过《中共威海市环翠区委关于深入学习宣传贯彻习近平总书记“七一”重要讲话精神的决定》《中共威海市环翠区委关于进一步加强新时代干部队伍政治能力建设的实施意见》。

同日 全区项目推进暨“双招双引”工作会议召开。会议动员全区坚定信心、凝聚合力，用心研究、精准施策，实现下半年“双招双引”新突破。

同日 区委书记徐明到威海市明湖路学校、威海市海诚商业学校、威海市温泉学校等学校，督导检查学校秋季开学准备、校园安全、新冠肺炎疫情常态化防控措施落实等工作，并调研信用进校园、教育满意度提升工作。

23日 区委书记徐明带领相关部门负责人到联东U谷·威海科创智汇港、魏桥（威海）铝精深加工产业园、亿达（威海）新材料应用创新中心等地，调研产业园区建设、项目招引等情况。

同日 区委副书记、区长、区委疫情处置工作领导小组组长邢海波到河北小学、威海十中等学校，督导检查学校秋季开学及新冠肺炎疫情常态化防控工作。

24日 区委副书记、区长邢海波到鲸园社区卫生服务中心核酸检测采样点、朝阳社区、亿达（威海）新材料应用创新中心项目现场等地，督导检查新冠肺炎疫情常态化防控和重点项目建设工作。

25日 市委书记张海波到宝威新材料智能工厂、新北洋数码科技智能终端产业园和区属部分企业调研工业互联网发展及应用情况，并召开座谈会，听取意见建议，研究推进措施。

同日 区委书记徐明带领相关部门负责人到羊亭河湿地公园二期现场、南郊村老年食堂等地，督导调研“三农”工作情况。

同日 全省医改工作会议暨省医改领导小组（扩大）会议和全市医改工作电视会议相继召开，环翠区组织收看会议实况并接续召开会议。

26日 区委书记徐明带领相关部门负责人到桥头镇、温泉镇、竹岛街道，督导调研洗砂场、铸造厂等生态环保工作情况。

27日 环翠区基层基础工作提升暨社区工作委员会第三次会议在区社会治理综合服务中心召开。会议传达贯彻全市优化整合平台提升基层治理效能暨城市基层党建全域提升攻坚推进会议精神，总结交流经验做法；安排部署“五位一体”社区治理共同体、基层党组织建设、“12345”政务服务便民热线诉求办理等基层基础工作。

30日　市委书记张海波到远遥中心渔港，实地督导伏季休渔结束前渔船综合管控工作。

9月

1日　区委副书记、区长邢海波到远遥中心渔港码头、葡萄滩雨水排水口、合庆码头等地，督导检查渔船管控、沿海岸线整治工作。

同日　环翠区“我为群众办实事”新时代文明实践优秀项目大赛在“为了人民”基层党建馆举行，33个项目参赛。大赛评选出一等奖5个、二等奖10个、三等奖18个。

2日　区委副书记、区长邢海波到山东环球渔具股份有限公司、威海宝威新材料科技有限公司、威海化工机械有限公司，走访冲击新目标企业及后备库企业，了解企业生产经营、产品研发、技术创新等情况。

3日　市委副书记、市长闫剑波到竹岛街道望岛河南片区、威海魏桥能源有限公司、张村镇王家疃村，调研精致城市、生态环境保护、农村生态环境提升等工作。

6日　区委书记徐明到大西庄安置房项目、绿轴一期商务办公楼项目、金凤苑老旧小区改造项目建设现场，督导调研精致城市建设、生态环境保护等工作。

同日　区委副书记、区长邢海波到雅格庄污水处理厂、桥头镇前宅库村、威海喜盈门乳品有限公司等地，督导检查中央环保督察、国务院大督察重点关注问题整改情况，实地调研防汛、农村饮水安全、危房改造等工作，并走访冲击新目标后备库企业。

7日　区委书记徐明带领相关部门负责人到羊亭镇下炉村、黄埠屯村和温泉镇东圄村，督导调研软弱涣散村党组织整顿、生态环境保护等工作。

同日　区委副书记、区长邢海波到威海纺织集团有限公司、环翠楼街道西门外社区、竹岛街道文昌社区等地，走访冲击新目标企业、“三联三服”分包企业，调研“五位一体”社区治理工作。

8日　区委书记徐明到威海宝飞龙钓具有限公司、威海市瀚玉化纺有限公司、威海壹贰叁肆玖农副产品配送有限公司等企业，调研信用进企业和企业冲击新目标工作。

9日　省委党史学习教育第四巡回指导组副组长，省煤田地质局党委常委、副局长赵广金带队到环翠区，通过听取汇报、查阅资料、座谈交流等方式，指导环翠区党史学习教育工作。

同日　“赓续百年初心　担当育人使命”环翠区2021年教师节庆祝大会在威海市望海园中学礼堂举行，大会对全区“师德标兵”“优秀教师”“最美教师”“教书育人楷模”进行表彰，为退休老教师颁发光荣退休纪念章。

10日　韩国（山东）进口商品博览会在威海国际展览中心举办，环翠区11家企业在博览会上展出食品、化妆品、厨房用品等各类消费品。

同日　区委副书记、区长邢海波到北上夼山体修复工程现场、威海创新园食品药品研发检测中心等地，督导调研中央环保督察案件问题整改、威海创新园分中心建设等工作。

13日　环翠区持续深入优化营商环境和推进政府职能转变领导小组会议暨全区优化营商环境工作推进会议召开。会议传达全市优化营商环境专题推进会议精神，再调度、再部署全区优化营商环境工作。

同日　2021年度环翠区总河长会议召开。会议深入学习贯彻习近平生态文明思想，听取并审议《环翠区河湖长制年度工作综合评价管理办法》《环翠区2021年度河湖长制工作综合评价指标》等文件。

14日　2021年第一期“环翠讲堂”举行。讲堂邀请国防大学教授李兵围绕“坚持和弘扬伟大建党精神　实现中华民族伟大复兴”主题作专题讲座。

同日　环翠区2021年“慈心一日捐”活动启动仪式举行。区民政局负责人宣读《2021年“慈心一日捐”活动实施方案》，威海市世一网业有限公司、威海魏桥科技工业园有限公司、威海东方福爱心联盟等24家爱心企业代表现场认捐366万元。

同日　威海市暨环翠区2021年全国科普日活动启动暨现场推进会在属相街举行，活动现场开展机器人编程、无人机应用、锔瓷技艺等科普便民服务。

同日　区委副书记、区长邢海波到远遥中心渔港、远遥南区22号楼、万达广场等地，督办中央环保督察转办案件，检查渔船管控和渔业安全生产、商场超市节前供应等工作。

16日　第二届中国国际文化旅游博览会在济南开幕，环翠区作为威海各区市唯一代表，以“崛起的文化艺术之城”为主题入驻文化旅游融合展区。

17日　山东大学威海校友会环翠联络处启动暨士平公益基金会捐赠仪式举行。

同日　环翠区区镇两级人民代表大会换届选举工作部署会议召开。

同日　区委副书记、区长邢海波带领相关部门和镇（街道）负责人到中海日升沈阳中路加油站、张村河福德庄村段、魏桥（威海）铝精深加工产业园等地，督导调研中央环保督察转办案件、安全生产、环境提升及企业发展等工作。

同日　环翠区青年企业家商会成立大会暨第一次会员大会召开。会议宣读《关于同意成立威海市环翠区青年企业家商会的批复》，审议通过商会章程、财务管理制度、选举办法，选举产生第一届领导机构组成人员。

18日　环翠区农村党组织书记专业化管理暨提级述职评议会议召开。会议授予9个村“全市双百创优争先村”旗帜，授予10个村“全市双百创优攻坚村”旗帜；全体村党组织书记签署承诺书；7个村党组织书记围绕年度发展规划、“开门一件事”完成情况等内容进行述职。

同日　区委书记徐明到文笔峰老年公寓、侨乡广场、万达影院等地，调研人流密集场所及高层建筑安全生产和新冠肺炎疫情常态化防控等工作。

20日　第十二届“中国统计开放日”活动在环翠楼广场举行。活动以“赓续红色血脉　奋进统计未来”为主题，通过设置宣传展牌、发放宣传资料、现场讲解等形式，展示中国共产党成立100年来环翠区经济社会发展成就，向市民普及统计知识。

23日　第二届太空与海洋专题技术研讨会暨“智汇环翠”高端海洋装备产业发展推进会召开。

同日　全区“红色物业”工作推进会议召开。会前，与会人员到竹岛街道翠竹社区、保利凯旋花园小区，环翠楼街道东北村社区及鲸园街道北门外社区观摩学习“红色物业”特色做法；会上，交流社区治理经验。

同日　区委副书记、区长邢海波到金猴集团有限公司、环海路“绘海”主题观景平台、猫头山观景平台等地，调研精致城市建设工作，并现场督办中央环保督察转办案件。

同日　山东省基层党组织书记“百人千场”宣讲威海专场在鲸园街道北门外社区举行，3名省百名基层党组织书记宣讲团成员和2名环翠区委党史学习教育主题宣讲专家辅导团成员依次作宣讲报告。

23日—24日　省残联党组书记、理事长邹斌芳带领参加东部片区“如康家园”建设现场观摩活动人员到竹岛街道“如康家园”、温泉镇“如康家园”观摩。

24日　自然资源部副部长王宏一行到蓝贝海洋科学中心、蓝创孵化区，考察远遥浅海科技湾区建设情况。

同日　区委书记徐明到威海广泰空港设备股份有限公司、山东环球渔具股份有限公司、威海华卓进出口有限公司等企业，调研企业外资外贸和冲击新目标情况。

25日　2021环翠区第九届社区文化节总决赛暨颁奖典礼在人民广场举行，26个节目、100余人参加决赛。鲸园街道鲸园艺术团《心中那片红》、张村镇翠海明珠社区《和谐大家庭》、竹岛街道夕阳红艺术团《盛世鼓舞》分别获得舞蹈类、演唱类、综合类一等奖，同时大赛决出二等奖4个、三等奖4个、优秀奖15个。

26日　区委副书记、区长邢海波到盛邦家具有限公司、海信项目工地现场、振华商厦等地，督导检查安全生产、新冠肺炎疫情常态化防控及森林防火工作。

27日　哈尔滨工业大学（威海）·环翠区校地融合发展推进会议召开。会前，与会人员实地考察观摩哈尔滨工业大学（威海）创新创业园、威海创新园海洋智能装备研究中心、蓝贝海洋科学中心等地；会上，环翠区4家重点骨干企业与哈尔滨工业大学（威海）围绕共建研发机构、开展核心技术攻关等方面达成合作并签约。

28日　环翠区红色印迹展馆集中开放活动在环海铁工厂展馆举行，活动以四馆（环海铁工厂展馆、“十八里担架道”红色印记馆、贝草夼地下交通站展馆及威海起义展馆）联动形式举行。

同日　区委副书记、区长邢海波到区行政审批服务局，调研行政审批服务和营商环境推进工作。

29日　全区脱贫攻坚与乡村振兴有效衔接工作推进会议召开，会议强调确保全区脱贫攻坚与乡村振兴各项任务高质量推进。

同日　区委书记徐明到长征路小学、望岛农贸市场、竹岛街道福海社区，调研全国文明典范城市创建、国庆假期商品供应、食品安全等工作。

30日　威海市向革命烈士敬献花篮仪式在威海市烈士陵园举行，市、区领导王学文、高旭光、徐明等与全市各界代表一起向烈士敬献花篮，缅怀革命先烈丰功伟绩，寄托哀思。

同日　“畅游山海·寻梦田园”——威海市2021相约乡村振兴路活动举行，环翠分会场设在五渚河生态样板片区的七彩虫休闲观光园。

10月

1日 市委书记张海波到羊亭河湿地公园，督导调度节日期间旅游秩序等工作，并向全市人民群众致以节日祝贺，向节日期间坚守工作岗位的干部职工表示诚挚问候。

7日 省、市防汛工作视频调度会议相继召开，环翠区组织收看会议实况。区委副书记、区长邢海波在区应急局接续主持召开专题会议，贯彻落实省、市会议精神，安排部署防秋汛各项工作。

8日 市委书记张海波到鲸园街道北门外社区昭善养老服务中心开展“敬老月”走访慰问活动，并调研社区养老工作。

同日 区委书记徐明带队到张村镇和羊亭镇的背街小巷、农贸市场、村（社区），调研全国文明典范城市创建工作。

9日 全市儿童友好城市创建工作现场推进会与会人员到孙家疃云创科教项目等儿童友好空间试点观摩，了解环翠区儿童友好城区创建工作。

10日 区委副书记、区长邢海波到中节能环保产业园、中欧水处理及膜技术创新产业园、里口山医院等地，主持召开“西展”战略暨羊亭开发现场办公会议。

12日 区委副书记、区长邢海波到里口山水库大坝防火卡点、凉水湾防火卡点，督导检查森林消防、松材线虫病防治及疫木清理等工作，并走访山东福源聚氨酯工业有限公司、威海威仕泰医疗科技有限公司等小微企业。

同日 胶东丝绸文化学术交流会在威海城市会客厅举行。会前，与会人员到威海市裕红祥丝绸文化博物馆参观。

同日 “深入生活 扎根人民”环翠区新时代文明实践文艺志愿轻骑兵进基层结对共建活动启动仪式在羊亭镇新阳社区举行，为9个协会的新时代文明实践志愿服务队授旗，为9个镇（街道）颁发文艺志愿轻骑兵进基层结对共建牌并赠送《诗意环翠》书籍；接续举行羊亭镇“雷锋驿站”揭牌仪式。

14日 区委副书记、区长邢海波到鲸园街道建设西街，竹岛街道海天社区、金凤苑小区改造项目现场等地，督导检查城建重点工程、为民实事项目及全国文明典范城市创建工作。

15日 区委书记徐明到桥头镇报信村活动室、信河北村红色东南乡展馆、所前泊村农耕实践园等地，调研乡村振兴、农村基层党建“百日提升”及秋收秋种等工作。

16日 中国残联党组成员、副主席、副理事长程凯率调研组到竹岛街道“如康家园”，调研落实“十四五”残疾人保障和发展规划、加强残疾人教育就业等工作。

18日 市政协组织驻威省政协委员到张村镇王家疃村等地，视察环翠区农业农村发展情况。

同日 区委书记徐明带领相关部门负责人到山东双轮股份有限公司、威海水知乐户外用品股份有限公司、威海瑞沐精工科技有限公司等企业，走访调研冲击新目标企业和“专精特新”中小企业。

同日 区委副书记、区长邢海波到威海欧维诺碳纤维科技有限公司、羊亭镇义和村、海峰路段等地，督导调研企业发展、农村生活污水治理、环境提升改造等工作。

19日 区委书记徐明到鲸园街道北门外社区、大世界鲜活市场，督导全国文明典范城市创建工作。

20日 区委书记徐明带领相关部门负责人到羊亭镇阮家口村、温泉镇西七夼村、张村镇王家疃村等地，督导调研农村基层党建“百日提升”等工作。

21日 市委书记张海波到港华燃气LNG应急储备站（张村站）、山东双轮股份有限公司，调研供暖准备和能源、电力保供情况。

同日 市委副书记贾瑞霭到桥头镇南子城村陌上乡居家庭农场、黄金庄村蓝天生态教育实践基地、国家冷凉植物示范推广基地，调研督导乡村振兴工作。

同日 “畅游山海·寻梦田园”乡村振兴城乡深度融合示范项目暨环翠区乡村研学综合实践基地项目启动仪式在桥头镇举行。

22日 区委书记徐明到山东威海农村商业银行股份有限公司、中华联合财产保险股份有限公司威海中心支公司、中国人民财产保险股份有限公司威海市分公司，调研银行、保险行业发展情况及金融风险防控等工作。

25日 全省领导干部会议召开。会议传达学习中共中央总书记习近平在深入推动黄河流域生态保护和高质量发展座谈会上的重要讲话精神和视察山东重要指示要求。环翠区组织收看会议实况，区委书记徐明接续主持召开会议，要求深入贯彻落实省、市会议精神。

26日 区委副书记、区长邢海波带领相关部门负责人到三角轮胎股份有限公司、山东威海烟草有限公司、威海产业投资集团有限公司，走访调研重点企业。

28日 区委书记徐明带领相关部门负责人到山东大学（威海）海洋科技创新中心、威海创客大街、威海创新园节能环保装备研究中心，调研威海创新园分中心运营发展情况；到威海森亿高端服饰检测项目、东北亚数字服务贸易总部基地项目、环翠区国有资本运营有限公司等地，督导调研“双招双引”和国有企业高质量发展等情况。

同日 环翠区新冠肺炎疫情防控应急演练举行。演练以桌面推演、随机抽查形式展开。演练中，区委统筹疫情防控和经济运行工作领导小组（指挥部）、古寨中学等单位相关人员针对可能出现的病例治疗、信息报告、流调筛查、响应指挥、管理处置等新冠肺炎疫情防控风险隐患进行现场回答。

30日 区委书记徐明主持召开全区统筹发展和安全工作推进会议。会议学习贯彻中共中央总书记习近平在深入推动黄河流域生态保护和高质量发展座谈会上的重要讲话精神和视察山东重要指示要求；落实全省领导干部会议、市委统筹发展和安全工作会议精神；总结2021年前三季度统筹发展和安全工作，研究部署四季度重点工作。

同日 省、市新冠肺炎疫情防控工作电视电话会议相继召开，环翠区组织收看会议实况。区委副书记、区长邢海波安排部署全区新冠肺炎疫情防控工作。

11月

1日 区委副书记、区长邢海波到国际商务大厦、观海社区、万福苑养老服务公司等地，督导新冠肺炎疫情常态化防控、全国文明典范城市创建等工作。

2日 区委书记徐明到家家悦超市华新广场店、竹岛街道政务服务中心、振华奥特莱斯商场，督导调度新冠肺炎疫情常态化防控工作，并召开全区疫情防控工作调度会议。

同日 环翠区3~11岁儿童新冠病毒疫苗开始接种。

同日 区委副书记、区长邢海波到威海广泰空港设备股份有限公司、威海市远大电器制造有限公司、威海市鸿飞复合材料有限公司等企业，走访冲击新目标企业、“三联三服”分包企业、科技型中小企业；到九华路北延及隧道（文化路—黄河街）续建工程、戚谷疃老旧小区改造项目、万福山庄老旧小区改造项目现场，督办城建重点工程和为民实事项目推进情况。

同日 区人大常委会主任刘光辉到鲸园街道、环翠楼街道，督导人大换届选举工作。

5日 区委书记徐明到威高骨科植入产品扩产项目、广泰高端空港装备及特种装备工厂、宝石山高效生态农业样板片区、属相街，督导全区重点项目建设情况。

8日 市委书记张海波到渔港路社区、古寨中学，调研督导基层社会治理创新工作。

9日 市委书记张海波到塔山路顺丰速运点，实地督导新冠肺炎疫情常态化防控工作。

10日 省科技厅厅长唐波到威海国际海洋科技城，就海洋高新技术企业、重大创新示范工程等工作展开调研。

同日 区委书记徐明到威海卫人民医院、鲸园社区卫生服务中心艾灸体验馆、张村镇卫生院南院区，调研中医药行业发展、中医院建设与新冠肺炎疫情常态化防控工作情况。

同日 省、市根治欠薪冬季专项行动动员部署视频会议相继召开，环翠区组织收看会议实况。区委副书记、区长邢海波接续召开专题会议，研究部署环翠区相关工作。

同日 环翠区、鲸园街道和环翠楼街道东北村社区被省民政厅评为“城市和谐社区建设示范单位”，张村镇王家疃村被省民政厅评为“农村和谐社区建设示范单位”。

11日 省委党史学习教育第十四巡回指导组组长刘鲁生到保利·凯旋公馆小区，调研齐鲁“红色物业”工作。

15日 市关工委调研组到福泰中学、新北洋数码智能终端设备产业园，调研关心下一代工作开展情况。

16日 威海·中关村信息谷创新中心揭牌仪式在远遥浅海科技湾区举行。

同日 威海激光通信先进技术研究院启动仪式在孙家疃街道举行。

17日 市委副书记贾瑞霭到属相街特色街区、环翠区图书馆竹岛第二分馆（望岛分馆），调研创建儿童友好城市文旅项目建设情况。

18日 远遥浅海科技湾区一期主体工程正式启用。

19日 环翠区中医药工作推进会议召开。会议深入贯彻落实全国、省、市会议精神，要求进一步凝聚思想、开拓进取，推动全区中医药工作再上新台阶。

22日 区委书记徐明到花间民宿、轻体网球基地、威高民俗文化邨等地，实地督导调研文化旅游行业发展情况。

同日 威海市千山路小学、实验中学被教育部评为“第三批全国中小学中华优秀传统文化传承学校”。

24日 市委副书记贾瑞霭到国际新材料产业园、阿普塔恒煜（威海）医疗器材有限公司，调研联系企业和项目，了解相关园区及企业生产运营情况。

同日　省退役军人事务厅调研组到嵩山街道退役军人服务站、威海市退役军人思想政治教育基地、竹岛街道天翔社区退役军人服务站等地，了解环翠区退役军人服务保障体系建设和退役军人创业就业等情况，对环翠区相关工作给予肯定并提出指导性建议。

同日　环翠区—台儿庄区2021年协作帮扶联席会议召开。会议深度落实山东省和威海市关于继续开展省内协作帮扶工作部署，加快推进环翠区与台儿庄区帮扶协作工作。

25日　区委党的群团工作会议召开。会议深入学习贯彻中共中央总书记习近平关于群团工作的重要论述，研究新形势下加强和改进党的群团工作的思路举措。

同日　区自然资源局推出“交地即交证”不动产登记新举措后，颁发首张不动产权证书，“交地即交证”服务举措正式落地。

26日　区委书记徐明到金线顶公园、育华路改造提升项目现场，调研精致城市建设工作，并召开座谈会，听取威海市环翠区城市发展投资有限公司2021年工作总体情况。

同日　区委副书记、区长邢海波到威海市天罡仪表股份有限公司、威海祥同彩印包装纸业有限公司走访调研，协调解决企业发展中遇到的困难和问题。

27日　取材于环翠区本土真实故事的电影《村头村尾》首映式在济南举行。

12月

1日　环翠区领导干部中共十九届六中全会精神专题学习班开班。环翠区动员和组织全区广大党员干部深入学习中共十九届六中全会精神，进一步领会要义、凝聚共识、汇聚力量，真正把学习收获和成果转化为强化执行力、全面促提升的行动自觉，做到领导带头、干部争先、作风扎实、措施务实，奋力开创“精致城市·幸福威海”首善之区建设全新局面。

2日　全国、全市城镇燃气安全排查整治动员部署电视电话会议相继召开。环翠区组织收看会议实况，区委副书记、区长邢海波接续召开专题会议，对全区城镇燃气安全排查整治工作进行安排部署，要求以最严标准、最严手段开展拉网式燃气安全检查，全力防范和化解燃气安全风险隐患，保障人民群众生命财产安全。

同日　李双举、柏军、梁文强入选第八届全省道德模范名单。其中，环翠楼街道商圈思源党支部书记李双举获“助人为乐类道德模范”称号；张村镇居民柏军、梁文强获“见义勇为类道德模范”称号。

7日　区委书记徐明到鲸园街道、环翠楼街道、竹岛街道顺丰速运营业点，督导调研“九小”场所新冠肺炎疫情常态化防控工作；到区委统筹疫情防控和经济运行工作领导小组（指挥部）办公室现场办公，听取相关情况汇报，安排部署下步工作。

9日　区委书记徐明到桥头镇黑石村、北子城村、义河北村等地，调研农村基层党建“百日提升”、红色印迹保护并督导检查用电用气安全、农村清洁供暖等工作。

12日　中国共产党威海市环翠区第十五届委员会第十次全体会议召开。全会审议通过《关于召开中国共产党威海市环翠区第十六次代表大会的决议》，决定中国共产党威海市环翠区第十六次代表大会于2022年1月召开。会议号召全区各级党组织和全体共产党员，要坚持以习近平新时代中国特色社会主义思想为指导，在省委、市委的坚强领导下，进一步增强“四个意识”、坚定“四个自信”、做到“两个维护”，不断强化执行力、全面促提升，为奋力开创“精致城市·幸福威海”首善之区建设全新局面作出新的更大贡献，以优异成绩迎接中国共产党第二十次全国代表大会胜利召开。

13日　省文化和旅游厅发布《山东省文化和旅游厅关于拟确定18家旅游景区为国家AAAA级旅游景区的公示》，里口山风景名胜区被评为国家AAAA级旅游景区。

15日　环翠区被省农业农村厅认定为“省级现代农业产业园创建主体”。

22日　威海广泰空港设备股份有限公司与哈尔滨工业大学（威海）联合筹建的“山东省空港地面设备技术创新中心”揭牌仪式在威海广泰空港设备股份有限公司举行。

同日　取材威海环翠本土、环翠区献礼建党百年影片、传承红色基因的重点文艺作品——《村头村尾》在全省公映。公映档期为2021年12月22日至2022年1月21日。

同日　桥头镇信河北村，张村镇刘家疃村、姜家疃村被省文化和旅游厅评为“第二批山东省景区化村庄”。

23日　全国文明典范城市创建工作推进会议召开。会议动员全区上下统一思想、迅速行动，以一流成绩迎接全国文明典范城市测评。

24日　环翠区领导干部会议召开。会议宣布省委、市委关于环翠区委、区政府主要负责人职务调整的决定：张刚任环翠区委委员、常委、书记、党校校长；徐明不再担任环翠区委书记、常委、委员、党校校长职务；于晓东提名为环翠区政府区长候选人；邢海波不再担任环翠区委副书记、常委、委员、政府区长职务。市委常委、组织部部长刘升勤到会宣布省委、市委决定并讲话。

25日　区委书记张刚到东北村社区、望岛农贸市场、威海卫人民医院等地，督导全国文明典范城市创建工作。

28日　区委书记张刚到三角集团股份有限公司、家家悦集团股份有限公司、威海魏桥科技工业园有限公司等企业走访调研，详细了解企业生产经营情况，现场协调解决企业发展中遇到的实际困难和问题。

同日　羊亭镇贝草夼村被省文化和旅游厅评为“2021年度全省乡村旅游重点村”。

29日　环翠区十八届人大常委会第四十三次会议召开。会议进行人事任免事项，审查批准关于2021年下半年威海市环翠区地方政府债券分配使用意见及区本级预算调整方案的报告，听取审议关于2020年度区级预算执行和其他财政收支审计查出问题整改情况的报告。决定接受邢海波辞去威海市环翠区人民政府区长职务的请求，报威海市环翠区人民代表大会备案。任命于晓东、刘斌、崔军强为威海市环翠区人民政府副区长；于晓东代理环翠区人民政府区长职务，行使区长职权，并报环翠区人民代表大会备案。

同日　区委副书记、代区长于晓东到中国石油化工集团公司威海第一加油站、威海市山花地毯集团有限公司、绿轴7号商务办公楼项目等地，督导检查新冠肺炎疫情常态化防控、市场保供及安全生产工作。

30日　全区安全稳定工作会议召开。会议要求坚持问题导向、举一反三，加大问题梳理排查力度，及时发现处理潜在隐患，确保万无一失、不出问题。

同日　环翠区党史学习教育总结评估座谈会召开。会议听取党员干部、基层群众对全区党史学习教育的反映和评价，了解党史学习教育开展情况和实际成效。

31日　威海创新园被省工业和信息化厅评为“2021年度山东省省级数字经济园区”。

环翠概览

自然环境

【地理位置】 威海市环翠区位于山东半岛东北部，行政区域地处北纬37°15′—37°35′，东经121°51′—122°24′，辖区总面积383.11平方千米，海岸线长43千米。东、西、北三面濒临黄海，北面隔海与辽东半岛的大连市遥相对应，东面与朝鲜半岛隔海相望，东南与荣成市相连，南和西南与文登区接壤。环翠区是威海市中心区，是威海市政治、经济、文化、科技中心。

【地质】 环翠区位于山东省胶北断块隆起的东端，其南侧与胶莱坳陷的东部边缘接壤。环翠区出露地层自老至新有晚太古界的胶东群、中生界白垩系青山群及新生界第四系。褶皱构造栖霞复式背斜延至境内，且由近东西向向北弯转为北东走向，是古老的基底构造。断裂构造有近南北向的双岛断裂，北北东向的金牛山断裂和老母猪河断裂，北西向的望岛断裂、海埠和神道口断裂、俚岛和海西头断裂。岩浆岩主要有中生代燕山早期的昆嵛山岩体和文登岩体及晚期的石岛岩体、伟德山岩体和龙须岛岩体。

【地貌】 环翠区地处胶东低山丘陵区，地势中部和东南部高，西部和北部低，地势起伏和缓。除少数山峰海拔500米以上，大部分为200~300米的波状丘陵。低山丘陵和平原低地相间分布，低山丘陵区坡度较大，平原低地区地势较平缓。

【气候】 环翠区地处中纬度，属于北温带季风型大陆性气候，四季变化和季风进退都较明显。与同纬度的内陆地区相比，具有雨水丰富、年温适中、气候温和的特点。另外，受海洋的调节作用，又具有春冷、夏凉、秋暖、冬温，昼夜温差小、无霜期长、大风多和湿度大等海洋性气候特点。2021年，全区平均气温14.0℃，降水量916.2毫米，日照时数2239.9小时。

【水文】 境内位于胶东半岛东部的低山丘陵区，地下水资源量除受大气降水影响外，还受地形、地貌、岩性、地质构造和人类活动的影响，地下水位也呈动态变化状态。在一年之中，1月—6月地下水位一般呈下降趋势，7月—9月地下水位上升，10月—12月又呈缓慢下降。其年变化幅度，山丘区地下水位年变幅较大，平原区地下水位年变幅较小。

【土壤】 全区土壤类型有棕壤、潮土、盐土、风砂土、水稻土、山地草甸土6种土类。依据其各自的发育程度、附加成土过程和土壤属性，又分为棕壤性土、棕壤、潮棕壤、潮土、盐化潮土、盐土、半固定风砂土、固定风砂土8个亚类14个土属68个土种。棕壤土类是全区分布最广、面积最大的土类，遍及全区各镇（街道）的山丘地区，占土壤总面积的83.5%，占全区耕地总面积的82.5%。潮土土类为环翠区第二大类土壤，占土壤总面积的13.2%，占耕地总面积的17.5%。盐土和风砂土无耕地。从土壤（耕层）质地来分可归为3大类：砂性土、轻壤土、中壤土。从土体构型可分为15种类型，按其对作物的影响主要归纳为4大类型：均壤质型，均砂、夹砂、夹砾石型，夹黏、均黏型，硬（酥）石底型。砂性土占耕地总面积的61.3%，轻壤土占36.8%，中壤土占

1.9%。从化学性状来分，环翠区成土母质大部分为酸性岩和中性岩风化物，pH值除沿海一带少部分盐化潮土稍高外，其余土壤均呈中性至酸性，土壤pH值在3.8～8.1之间，众数为5.2。由于长期大量施用化肥，造成环翠区土壤严重酸化，90%以上土壤酸化，严重影响作物正常生长发育。2021年，经土壤酸化改良，环翠区土壤pH值众数在5.5左右。

【海域】 环翠区地处山东半岛东端，东、西、北三面濒临黄海。海岸线43千米，管辖海岛17个，均为未开发利用无居民海岛。分别是褚岛东南礁、褚岛、黑岛、牙石岛、日岛、小牙石岛、连林岛、屏风岛、三连黄岛、三连青岛、大截岛、中顶岛、伏狮岛、远遥岛、海龙岛、西小岛、海龟岛。

（丛振宁　刘雅静　王思文）

自然资源

【土地资源】 至2021年年末，环翠区土地总面积38311.49 公顷，其中农用地28517.3公顷，占总面积74.44%；建设用地8401.92公顷，占总面积21.93%；未利用土地1392.27公顷，占总面积3.63%。

【矿产资源】 至2021年年末，全区发现矿产16种，探明储量8种。其中，金属矿产为金、铅、锌3种，非金属矿产为玻璃用石英砂、花岗岩（石材）2种，能源矿产为地热1种，水气矿产为地下水、矿泉水2种。

【水资源】 2021年，全区有小型水库28座，其中小（一）型2座、小（二）型26座，最大的为冶口水库。有塘坝191座，总库容469.9万立方米。境内流域面积5平方千米及以上的河道有8条。其中流域面积50平方千米以上的河道有3条，分别为石家河、五渚河和羊亭河；流域面积200平方千米以上的河道有1条，为石家河。这些河道均属季节性河道，源短、流急，汛期暴雨易成灾，河床冲刷严重，汛期过后，河道干枯，河床裸露。全区多年平均水资源总量11818万立方米。其中，地表水资源量8777万立方米，地下水资源量3041万立方米。地表水开发的主要工程形式为水库、塘坝、拦河闸。地下水开发利用的主要工程形式为机井、截潜流工程和沉井。

2021年环翠区流域面积5平方千米以上河流一览表

表1

河流名称	流域面积（平方千米）	干流长度（千米）	流　经　地
石家河	204.2	25.08	碑鲁、报信、邓家店、墩前、信河北、孟家庄、泊于至蒲湾入海
五渚河	108.0	26.99	西庄、台下、冶口、柳林、栾家店、雅家庄、温泉汤、崮山至卫家滩入海
羊亭河	59.0	12.00	北玉皇庙至孙家滩西
亭子河	33.0	4.70	马夼至温泉汤大桥
张村河	25.0	9.00	桃子山至皂西台南
张家山河	8.0	4.00	正棋山（张家山水库）至刘家台村东汇入亭子河
柳沟河	7.0	6.00	佛顶山至皂河北入海
王家疃河	5.0	1.60	王家疃至张村河

【生物资源】 陆地植物资源。境内农业植物品种繁多，资源丰富。主要农作物品种有小麦、玉米、花生、大豆、甘薯等，经济作物有苹果、梨、桃、樱桃、杏、李子、板栗、猕猴桃、葡萄、无花果等。蔬菜分叶菜类蔬菜：结球白菜、不结球白菜、紫背天葵、抱子甘蓝、羽衣甘蓝、大白菜、小白菜、青菜、小青菜、包菜、紫甘蓝、生菜、菠菜、韭菜、韭黄、韭菜花、蒜苗、芹菜、油麦菜、黄秋葵、空心菜、茼蒿；

根茎类蔬菜：萝卜（白萝卜、胡萝卜、水萝卜）、大葱、小葱、蒜、洋葱、生姜、莴笋；果菜类蔬菜：辣椒（菜椒、青椒、尖椒、甜椒、朝天椒）、南瓜、冬瓜、苦瓜、黄瓜、丝瓜、佛手瓜、西葫芦、西红柿、茄子、芸豆、豇豆、豌豆、菜豆、眉豆；菌类蔬菜：平菇、猴头菇、金针菇、香菇、鸡腿菇；瓜类：西瓜、甜瓜等。野生杂草有马唐、牛筋草、虎尾草、荠菜、灰菜等12科92种。野生经济植物有70科248种，如车前、地黄、天麻、黄芪等。观赏花木树种主要有雪松、侧柏、龙柏、垂柳、樱花、冬青等。

陆地动物资源。境内动物有7门25纲84目883种（包括水生动物）。其中陆生野生哺乳动物有梅花鹿、狐狸、豹猫、獾、黄鼬、刺猬、野兔、蝙蝠等。鸟类已查到250种，其中候鸟、旅鸟占70%以上，留鸟种类较少。列入国家保护的野生动物一级的有梅花鹿、中华秋沙鸭、金雕、黑鹳4种，二级的有大天鹅、鸳鸯、灰鹤、苍鹰等12种；其余鸟类及狐狸、豹猫、獾、黄鼬、刺猬等列入山东重点保护野生动物。

海洋生物资源。境内浅海和潮间带有丰富的海洋生物资源。据资料统计，有海洋生物资源700余种，其中，动物600余种，植物100余种。动物中，鱼类主要有大黄鱼、小黄鱼、梭鱼、鲻鱼、鲈鱼、鲅鱼、青鳞鱼、太平洋鲱鱼、鲳鱼、黄姑、比目鱼等100余种；虾蟹类主要有鹰爪虾、对虾、毛虾、脊尾白虾、三疣梭子蟹等；贝类主要有栉孔扇贝、鲍鱼、泥蚶、菲律宾蛤仔、文蛤、毛蚶、魁蚶、牡蛎、中国蛤蜊、四角蛤蜊、贻贝、青蛤等；棘皮类中有刺参、海蜇、马粪海胆、海星等。植物中，藻类主要有海带、裙带菜、石花菜、条斑紫菜、大叶藻等。

【旅游资源】 2021年，环翠区新增里口山风景名胜区1处国家AAAA级旅游景区。至年末，全区有国家AAAAA级旅游景区1处、国家AAAA级旅游景区3处、国家AAA级旅游景区3处。自然资源以海、岛、滩、湾、泉、山为特色，有43千米海岸线，沿线沙滩细腻绵延，海水碧蓝清澈，有葡萄滩海水浴场、半月湾海水浴场等，有褚岛、日岛、黑岛等大小海岛17个，有宝泉汤、温泉汤2处优质地下温泉，有里口山、正棋山、猫头山等山地风景区。人文资源以秦汉文化、民俗文化、道教文化、甲午文化、英租文化为代表。

（丛振宁　缪洪波　宋雨露）

建置沿革

【建置隶属】 明洪武三十一年（1398年），为加强海防，防止倭寇侵扰，明朝政府取“威震海疆”之意，析文登县辛汪都三里立威海卫，派兵驻屯防倭，领左、前、后三所，始有威海卫。清雍正十三年（1735年），裁撤威海卫，归并文登县，卫所划为文登县辛汪都三里辖属。清光绪二十四年（1898年），威海卫和刘公岛被英国强行租占。

民国十九年（1930年），国民政府收回威海卫，设立威海卫管理公署，隶属国民政府行政院。民国三十四年（1945年）8月，威海卫解放后，设威海卫市（地专级），由胶东行政公署管辖。民国三十七年（1948年）3月改为县级市，归东海专区管辖。中华人民共和国成立后，1950年3月，实行城乡分治，原属威海卫市的港西区、桥头区、草庙子区、崮山区、凤林区、羊亭区和里口山区的南半部分别划归荣成、文登、昆嵛等县。同年5月改为威海县，隶属文登专区。1951年5月改为威海市。1954年10月改为省辖市，受山东省政府领导，并接受文登专区督导。1956年，划归莱阳专区；同年6月和9月，先后将文登县的羊亭、港头、北观、里口、双岛、皂河（张家皂）、莱海、凤林、天东、杨家滩、长峰、河北、望岛、老集、皂埠、海埠、卫家滩、崮山、竹园、宋家洼20个乡划归威海市。1958年7月，文登县小城乡和温泉乡的部分村庄划入威海市；10月，文登县的石岭、草庙子、温泉人民公社和荣成县的桥头、泊于人民公社划归威海市；12月，改为专区辖市，隶属烟台专区（后更名为烟台地区）。1965年6月，草庙子、崮山、石岭人民公社划归文登县，桥头、泊于、卧龙人民公社划归荣成县。1983年11月1日，再次改为省辖市，由烟台市代管。1987年6月15日，国务院以国函〔1987〕105号《国务院关于山东省威海市升为地级市的批复》批准，威海市升格为地级市，此后以境内名胜环翠楼之意，将原县级威海市的行政区域设为环翠区。1992年1月6日，将田村镇的毕家疃、东涝台、西涝台、后峰西划归1991年3月6日成立的威海火炬高技术产业开发区（其管委会为市政府派出机构）。1992年10月，威海市政府设立威海经济技术开发区（其管委会为市政府派出机构）。同年12月，撤销蒿泊镇，设立蒿泊街道。1993年1月，蒿泊街道成建制由环翠区划归经开区。1994年7月，文登市的初村、草庙子和荣成市的桥头、泊于4个镇划归环翠区。1996年8月27日，田村街道成建制划归高新区，刘公岛街道划归市政府直接管辖。2003年5月12日，初村镇划归高新区，崮山镇、泊于镇划归经开区。2008年4月21日，草庙子镇划归威海市工业新区（今临港区）管辖。2012年9月，市委对全市经济区划进行调整，将环翠区桥头镇成建制划归经开区，羊亭镇的北郊、店上、海庄、卧龙和廒上5个村以及张村镇的前双岛和西山2个村划归高新区；将经开区环山路以西19个村（社区），即皇冠街道的夏家疃、北葛拉、宅库、张家疃、河北5个社区，西苑街道的范家埠社区、高家庄社区、谷家洼社区、徐家疃社区、岳家庄社区、牛角沟村、闫家庄村、竹园村、南葛拉村9个村（社区），以及凤林街道的西山口村、北七夼村、五家疃村、台下村、西庄村5个村划归环翠区。2013年5月，市政府批准成立嵩山街道。同年12月，省政府批准撤销孙家疃镇，以其原行政区域设立孙家疃街道。2014年2月27日，山东省政府印发《关于调整威海市部分行政区划的通知》，将原文登市的汪疃镇、苘山镇划归环翠区管辖（由临港区管理）。2020年11月9日，根据《威海市开发区体制机制改革创新实施方案》，桥头镇成建制划归环翠区。

【行政区划】 至2021年年末，环翠区辖张村、羊亭、温泉、桥头4个镇，环翠楼、竹岛、鲸园、孙家疃、嵩山5个街道，共计105个行政村、112个社区。

2021年环翠区村（社区）一览表

表2　　单位：个

镇（街道）	村（社区）总数	行政村		社区居委会	
		数量	名称	数量	名称
张村镇	19（4/15）	4	福德庄、王家疃、刘家疃、姜家疃	15	华锦、永兴园、翠海明珠、滨海明珠、长乐、怡沁园、和兴、皂河、嘉祥、峰西、新柳、莱海、双岛、魏桥、张村
羊亭镇	33（25/8）	25	羊亭、大北山、北上夼、贝草夼、鹿道口、大西庄、孙家滩、港头、鲁东、阮家口、北小城、小城庄、北江疃、南江疃、埠前、杜家庄、南郊、半壁山、黄埠屯、南小城、下炉、上炉、王家夼、梅家沟、宋家疃	8	朱家圈、王家河、北观、义和、河南、西海、新阳、润河
温泉镇	32（19/13）	19	东崮、西崮、栾家店、河西、罗家、西七夼、东七夼、雨夼、小庄、下江家、小南山、林家庄、后亭子、前亭子、郑家、张家山、堂子、马夼、双寺	13	冶口、刘家台、双泉城、滨城、亿和、明珠、黄金顶、泉和、柳和、友和、温泉汤、五渚河、正棋山
桥头镇	52（51/1）	51	桥头、埠上、信河北、义河北、大院、教里、雅格庄、福禄庄、江家口、黑石、柴里、产里、孟家庄、东龙山、西龙山、新建、宋家店、河西庄、东洛后、西洛后、观里东、观里西、姚家圈、盘川夼、洛西、后宅库、大贞、前宅库、徐家庄、西贞、刘家泊、东涧、涧北、所前泊、南子城、北子城、黄金庄、南台、碑鲁、报信、邓家店、马井泊、北墩前、彭家埠、西山后、方吉、董家夼、东于家、中于家、西于家、后于家	1	滨河

续表2

镇（街道）	村（社区）总数	行政村		社区居委会	
		数量	名称	数量	名称
环翠楼街道	17（0/17）	0		17	东北村、西北村、海城、东南村、南山、石河、大桥、塔山、西门外、杏花村、前进、塔中、布谷夼、同德、大众、峰泉、鸿武
鲸园街道	16（0/16）	0		16	东山、鲸园、北仓、长征、光明、北门外、古北、菊花顶、花园、万福、古岭、古陌、北港、戚东夼、朝阳、戚谷疃
竹岛街道	26 (0/26)	0		26	青竹、文昌、金线顶、同心路、竹岛路、四方路、渔港路、兴竹、天翔、望海、黄山、观海、梦海、海源、海韵、富华、福海、海天、翠竹、开园、海景、望岛、崂山路、林海、山海、兴威
孙家疃街道	8（0/8）	0		8	安海、艺海、育海、北海、里海、靖海、伴海、连海
嵩山街道	14（6/8）	6	南葛拉、竹园、闫家庄、牛角沟、西山口、小镇	8	向阳、山水、蔚海、百合、华夏、和园、阅山、珠海
合计	217（105/112）	105		112	

说明：2021年3月9日，区政府印发《关于对嵩山街道申请调整小镇村村级建制的批复》，将嵩山街道北七夼村、五家疃村、台下村、西庄村调整为1个行政村建制，设立小镇村

人口　民族

【人口】　至2021年年末，环翠区户籍总人口354098人，比2020年增加1876人。在总人口中，男性172094人，女性182004人，人口性别比为94.56（以女性为100），全区总户数124603户，户均人口2.84人。全区城镇人口为307580人，占总人口的86.86%，农村人口为46518人，占总人口的13.14%。年内，出生人口2427人，出生率6.87‰；死亡人口1253人，死亡率3.55‰；人口自然增长率3.32‰。

【民族】　至2021年年末，环翠区有34个民族，分别是汉族、蒙古族、回族、藏族、维吾尔族、苗族、彝族、壮族、布依族、朝鲜族、满族、侗族、瑶族、白族、土家族、哈尼族、傣族、黎族、傈僳族、佤族、畲族、高山族、拉祜族、纳西族、柯尔克孜族、达斡尔族、布朗族、撒拉族、锡伯族、俄罗斯族、鄂温克族、鄂伦春族、赫哲族、珞巴族。全区有少数民族常住人口7063人。

（孙小琳）

全面深化改革

【概况】　2021年，区委深入贯彻落实习近平新时代中国特色社会主义

思想以及中共十九大和历次全会精神，将全面深化改革作为一项重要政治任务，及时研究落实中共中央和省委、市委全面深化改革有关决策部署，围绕贯彻落实省委“七个求突破”（以落实重大国家战略求突破、以强化科技创新求突破、以畅通经济循环求突破、以深化改革开放求突破、以优化法治环境求突破、以坚守底线求突破、以提升能力改进作风求突破）和市委“五化”（产业现代化、城市国际化、新型城镇化、发展绿色化、治理现代化）重点任务及需要高度关注、着力解决的重点问题，把准改革方向、创新推进措施、明确改革责任、凝聚工作合力，全力推动各个领域各项改革任务落到实处、见到实效，使改革发展成果更多更公平惠及人民。年内，全区新争取省级以上改革试点20项，其中国家级试点3项、省级试点17项。

【压实改革主体责任】 2021年，区委扛牢扛实全面深化改革的主体责任，主要领导以身作则、带头推进，做到重要改革亲自部署、重大方案亲自把关、关键环节亲自协调、落实情况亲自督察。年内，召开区委全面深化改革委员会会议6次，传达学习中共中央和省委、市委全面深化改革委员会会议精神，审议通过《区委全面深化改革委员会2021年工作要点》《关于环翠区招商服务中心招商体制机制改革的意见》等文件10余个，推动省委、市委改革工作部署落实落地。坚持依托“关键少数”抓改革，区级领导年初均明确1~3项领衔推进的重大改革事项，从区级层面推动形成一批改革成果。各区级领导提出重大改革事项30项，全部纳入区委全面深化改革委员会工作要点统筹推进实施。建立专项小组组长述职机制，各专项小组组长每半年向区委全面深化改革委员会述职1次，把专项小组的改革主体责任实化、量化、具体化，强抓改革推进落实。同时，结合区委全面深化改革委员会成员调整，在每个专项小组设立办公室，加强专项小组内部的协调联动和改革任务的督导落实。

【改革督察考核】 2021年，区委结合省委、市委工作部署，围绕经济和生态文明、民主法治、文化、社会体制、党的建设和纪律检查6大领域，确定161项具体改革任务，每项任务都明确分管区领导、牵头单位，建立台账化管理机制，实现“工作项目化、项目清单化、清单责任化、责任时效化”，保证改革工作干有抓手、督有靶向。将全面深化改革作为单独加分项，纳入全区目标管理考核，围绕省、市考核工作重点，梳理考核项目和标准，对改革推进力度大、效果好、在全国全省叫得响的单位给予加分奖励，对落实不力的单位给予扣分，突出“干与不干不一样、干好干坏差别大”的鲜明导向。建立改革督察督办机制，围绕区级领导领衔推进的改革事项、改革重点任务等内容，每季度开展1次专项督察、每半年进行1次全面督察，实时掌握各项重点任务进展情况，为区委全面深化改革委员会科学决策提供参考。

【改革创新典型引领】 2021年，区委围绕上级改革工作部署和制度创新，对社会治理、行政审批、医疗保障等重点改革工作开展深入调研，形成制度创新项目和创新性实事经验材料15篇。立足区情实际，勇于探索实践，定期调度汇总改革创新典型线索，深度挖掘培育各领域改革工作亮点，推出一批在全省、全国领先的改革经验。其中，《智慧化政务服务改革的“环翠实践”》被省委全面深化改革委员会办公室以《山东地方改革案例》形式报送中共中央全面深化改革委员会办公室，基层团组织改革经验被省委全面深化改革委员会办公室《改革与制度创新》刊发，钓具产业“共享智造”模式被省政府办公厅通报表彰，精致城市建设、城市社区养老服务等16项经验做法被省级以上部门以正式文件或现场会的方式予以推广。《环翠区探索特色档案管理新模式服务农村基层社会发展》《环翠区里口山风景名胜区探索“绿水青山就是金山银山”的实现路径》《环翠区创新实施“居站分离”改革 加快提升社区治理能力和治理现代化水平》《拓展发展空间 创新服务形式 环翠区探索社区养老新模式》《威海市推进金融审判机制改革 持续优化全市金融营商环境》等经验材料被市委全面深化改革委员会办公室《改革工作动态》采用。

【改革试点】 2021年，全区新争取省级以上改革试点20项，其中国家级试点3项、省级试点17项。国家级试点包括：全国县域共青团基层组织改革试点县（市、区）、康复辅助器具产业第二批国家综合创新试点、全国科普示范县（市、区）创建单位。省级试点包括：省级特色小镇（羊亭镇）、省“如康家园”残疾人之家建设试点、省首批教育强镇筑基改革试点（张村镇）、省知识产权检察职能集中统一履行试点、省企业合规改革试点、省基层应急预案体系建设试点（张村镇、环翠楼街道）、省数字乡村试点乡镇（张村镇）、省法律援助事项范围负面清单试点、省政务服务“双全双百”

工程试点、省证明事项告知承诺制试点、“爱山东”区县独立运行试点、省跨部门大数据办案平台试点县（市、区）、省旅游民宿集聚区创建单位（张村镇）、省级家庭托育试点县（市、区）、省建筑工程质量评价试点、省级夜间文化和旅游消费集聚区、省级原产地签证点试点。

（马靖雯）

经济建设

【综合经济实力】 2021年，全区实现生产总值442.47亿元，按可比价格计算，比上年增长6.1%。其中，第一产业增加值36.95亿元，增长7.4%；第二产业增加值134.24亿元，增长4.7%；第三产业增加值271.29亿元，增长6.6%。三次产业结构调整为8.3：30.4：61.3。

至年末，全区实有市场主体80592户，增长9.20%，其中新登记市场主体12928户，增长3.14%。实有注册资本1053.17亿元，增长16.74%，其中新登记注册资本150.27亿元，增长47.93%。

【农林牧渔业】 2021年，全区实现农林牧渔业总产值68.17亿元，按可比价格计算，比上年增长9.0%。其中，农业总产值3.28亿元，增长19.8%；林业总产值0.12亿元，增长15.1%；畜牧业总产值2.31亿元，增长48.3%；渔业总产值57.10亿元，增长8.0%；农林牧渔服务业总产值5.37亿元，增长9.6%。

全区花生总产量2272吨，下降41%。蔬菜总产量34967吨，增长12.4%；果品总产量65234吨，增长12.3%，其中，苹果58245吨，增长11.6%。

全区水产品产量（不含远洋）34.29万吨，增长5.5%。其中，海洋捕捞量89105吨，增长5.3%；养殖产量25.38万吨，增长5.6%。水产养殖面积9500公顷。

至年末，全区农业机械总动力8.61万千瓦，增长0.25%；农用排灌动力机械2100台；农用拖拉机5678台。全年完成机耕作业面积1986.6公顷、机播面积1280公顷、机收面积1746.7公顷。

【工业】 2021年，全区有144家规模以上工业企业，实现增加值比上年增长7.1%。其中，股份制企业增加值增长11.0%，外商及港澳台商投资企业增加值下降4.3%，其他经济类型企业增长12.4%；轻工业增加值增长6.7%，重工业增加值增长7.6%。至年末，规模以上工业企业营业收入增长11.9%，利润总额下降16.5%，产品销售率99.19%。

【固定资产投资】 2021年，全区固定资产投资比上年增长12.4%。其中，第一产业投资增长658.3%，第二产业投资增长42.6%，第三产业投资增长8.3%。一、二、三产业投资结构为0.6：20.5：78.9。

【国内贸易】 2021年，全区社会消费品零售总额比上年增长17.9%。其中限额以上单位社会消费品零售总额增长20.2%。在限额以上批发和零售单位商品销售额中，粮油、食品类增长23.4%，烟酒类增长14.3%，服装、鞋帽、针纺织品类增长5.1%，化妆品类增长9.9%，金银珠宝类增长28.4%，日用品类增长21.8%，文化办公用品类增长15.9%，石油及制品类增长8.3%，汽车类增长19.5%。年内，全区规模以上服务业营业收入增长7.0%。其中，文化体育和娱乐业增长78.8%，租赁和商务服务业增长29.4%，居民修理和其他服务业增长14.1%，多式联运和运输代理业增长12.2%。

【“2+3”现代服务业集群建设】 2021年，环翠区构建以现代商贸和现代金融两大优势产业为先导，以全域旅游、文化创意、医养健康三大特色产业为支撑的“2+3”现代服务业产业体系。至年末，全区实现服务业增加值271.29亿元，比上年增长6.6%。

【对外经济】 2021年，全区货物贸易进出口总额217.3亿元，比上年增长18.7%。其中，出口175.1亿元，增长5.1%；进口42.2亿元，增长30.5%。年内，实际使用外资20476万美元，下降13.7%；新设立外商投资企业50家。

【海洋经济】 2021年，环翠区加快推进海洋经济提质增效、海洋科技创新驱动、海洋产业转型升级，统筹推进新冠肺炎疫情常态化防控和经济社会发展，建设海洋强区。年内，远遥浅海科技湾区一期主体工程启用，一批高校院所、行业龙头落地，推进54个市级海洋产业重点项目建设，完成投资24.2亿元，全区海洋经济总产值232.91亿元。推进水产种业基地建设，威海百世海洋科技有限公司被评定为省级文蛤原种场，威海圣航水产科技有限公司完成国家级牙鲆原种场资格复查，威海北海水产开发有限公司、威海圣航水产科技有限公司、威海蓝源水产有限公司、威海裕隆水产开发有限公司4家苗种企业通过无公害认定，大菱鲆等8个品种获得无公害水产品认定证书。刘公岛海洋生态型人工鱼礁项目竣工，威海蓝源水产有限公司田园型海洋牧场项目、威海海恩蓝海水产养殖有限公司装备型海洋牧场示范区项目通过省级考评。实施6个远洋渔业项目，实现远洋捕捞产量1.16万吨、产值1.49亿元。推进渔业资源修复，放流苗种145万余尾。抓牢水产质量安全管理，抽检水产品176批次，合格率100%。检查各类渔船910艘次，检查渔港230处次，立案处罚242起，罚款101.2万元。环翠区承担的市级海洋经济发展考核项目位居全市各区市第一名。

【民营经济】 2021年，全区有规模以上民营工业企业139家，完成工业总产值300.7亿元，比上年增长11.0%；实现营业收入305.2亿元、利润26.8亿元，分别增长12.7%、-15.5%。至年末，全区有民营经济市场主体80147户，增长17.61%；注册资本942.56亿元，增长18.74%。其中，个体工商户54518户，增长17.94%，注册资本36.59亿元，增长25.74%；私营企业25258户，增长16.81%，注册资本899.83亿元，增长18.57%；农民专业合作社371户，增长24.62%，注册资本6.14亿元，增长5.9%。民营经济市场主体发展活跃，总量持续扩大。

（刘艺洁　刘子佳　栗桂美　王春辰）

政治建设

【党建工作】 2021年，区委党的建设工作领导小组以习近平新时代中国特色社会主义思想为指导，学习贯彻中共十九届六中全会精神，开展党史学习教育，全区党建工作取得显著成效。

政治理论学习。2021年，区委以学习宣传贯彻习近平新时代中国特色社会主义思想为主线，组织区委理论学习中心组开展党史学习教育、安全生产、中共十九届六中全会精神等内容集体学习研讨18次，其中党史学习教育专题学习研讨5次。学习贯彻中共十九届六中全会精神，印发全会精神宣传工作方案和工作安排，成立环翠区学习贯彻中共十九届六中全会精神宣讲团，对全区学习宣传贯彻全会精神作出安排部署。

意识形态建设。2021年，区委落实意识形态工作责任制，传达学习中共中央关于意识形态工作的决策部署和省委、市委工作要求。召开2次区委常委会会议专题研究意识形态工作、1次领导小组会议、4次联席会议暨跨部门分析研判会议，对意识形态工作进行研判部署。对10个单位落实意识形态责任制情况开展专项检查，对6个单位理论学习中心组学习进行现场巡听，开展1次意识形态工作专题培训，推动意识形态工作规范化提升。开展党史学习教育，打造“初心讲堂”“鲸园直播间”等宣讲品牌阵地，举办各类宣讲活动1600余场次，全区使用“学习强国”学习平台学习党的创新理论注册6.5万余人，配发党史学习教育指定书目等理论读物17万余册，理论普及持续深入。持续加强社会主义核心价值观宣传教育和“四德”工程建设，开展志愿服务活动5000余场次。编纂出版4辑《环翠党史资料汇编》，创作推出反映基层党建和乡村振兴两大主题影片——《村头村尾》等一批精品力作，开展“永远跟党走”2021中国（威海）合唱节等群众性主题活动800余场次，引导全区上下感党恩、听党话、跟党走。

组织建设。2021年，区委开展庆祝中国共产党成立100周年系列活动，全区122个党组织和188名党员获得全国、省、市、区级表彰。实施“五位一体”打造社区治理共同体，确定“居站分离”试点社区18个，组建小巷管家队伍1.4万人，开展“红色物业”联建活动331场，3个社区纳入全国“红色物业”高质量发展专家座谈会现场观摩点。出台全区统一的社区诚信指数管理实施细则，完善激励约束和结果运用机制，引导1.3万名在职干部到社区报到服务2.5万人次。开展农村基层党建“百日提升”行动，对38个重点村挂牌督办。开展区直部门帮扶和第一书记选派工作，成立党支部领办合作社100个。

党风廉政建设。2021年，区委强化政治监督，对落实中共中央总书记习近平的重要指示批示和中共中央重大决策部署情况开展监督检查，发现问题19个、违纪违法问题线索43件65人次，提出纪律检查建议48份。围绕“管好关键人、管到关键处、管住关键事、管在关键时”要求，坚定政治方向，保持政治定力，严肃监督执纪问责。查处享乐主义、奢靡之风问题14起14人，给予党纪政务处分9人；查处形式主义、官僚主义问题14起19人，给予党纪政务处分8人；查处涉恶腐败问题2起2人，给予党内严重警告处分1人，有效巩固“惩腐打伞”成果。严把选人用人政治关、品行关、作风关、廉洁关，回复党风廉政意见1159人次。围绕新冠肺炎疫情常态化防控、安全生产、为民实事等开展监督检查13次，发现问题200余个，发出监督提示9份。实施党内问责14起，涉及3个党组织、17名党员领导干部，给予党纪处分4人。持续深入整治群众身边腐败和不正之风，查处群众身边腐败和作风问题30起40人，给予党纪政务处分7人。运用监督执纪“四种形态”处理党员干部322人次，运用第一、第二、第三、第四种形态处理党员干部人数分别占比67.4%、22.7%、2.2%、7.7%。深化以案促改，选取典型案例，开展“警钟长鸣十二时”廉政宣讲41场次，受众1700余人次。举办“学党史　明纪律　促清廉”主题漫画作品展，接待市、区两级部门160余个，党员干部116批次3600余人次。在全区9个镇（街道）、6个区直部门和2所区属医院，试点打造23处“清廉之角”廉洁文化宣传阵地，通过定向创作漫画作品、制作“清廉之路”典型人物故事音频等，涵养风清气正的政治生态。

【人大监督】 2021年，区人大常委会围绕区委中心工作，聚焦重点工作攻坚突破，把握职能定位，依法履职尽责，开展大中型集中视察、专题调研、执法检查等重点活动16项，深入部门、镇（街道）开展各类小型座谈督导39次，形成调研报告15篇，依法任免“一府一委两院”（政府、监委、法院、检察院）干部96名（其中新任45名、免职51名），配合省、市人大常委会开展立法调研、执法检查、集中视察21项，为新冠肺炎疫情常态化防控、“十四五”规划开局起步、“六稳”“六保”扎实推进、精致城市建设、安全发展大局稳定，发挥自身职能作用。

围绕经济高质量发展开展监督。区人大常委会围绕“产业强区”，开展优化营商环境专题询问，推动高质量发展。围绕“科创兴区”，配合市人大常委会开展“1+4+N”科技创新平台建设情况调研。围绕“精致靓区”，开展垃圾分类、“红色物业”管理调研。围绕“生态立区”，对环境状况和环境保护目标完成情况进行调研。围绕“幸福城区”，集中视察全区为民实事项目推进情况并进行评议，推进镇民生实事票决制工作。

围绕法律法规贯彻实施开展监督。区人大常委会聚焦城市安全发展，开展安全生产“一法一条例”（《中华人民共和国安全生产法》《山东省安全生产条例》）执法检查。围绕法治环翠建设，开展区法院贯彻实施民法典推进民事审判工作情况调研，听取区法院、区检察院上半年工作情况汇报。配合省人大常委会开展省老年教育条例（草案）立法调研；配合市人大常委会开展残疾人保障法实施情况执法检查、威海市城市国际化促进条例（草案）和威海市停车管理条例（草案）立法调研以及全市检察机关公益诉讼专题调研。

围绕社会治理建设开展监督。区人大常委会就公共文化服务体系建设情况开展专题调研，督促持续加大民生投入，持续增进民生福祉。调研行政审批服务规范化建设情况，要求持续提高服务质量，创新服务方法，为企业群众提供更加便捷、精准和“有温度”的服务。加强对新冠肺炎疫情常态化防控、精致城市建设、安保维稳、防洪防汛、渔船管控等工作的督导检查，确保社会大局稳定发展。

围绕计划、预决算、预算执行开展审查监督和国有资产管理监督。听取国民经济和社会发展第十四个五年规划和2035年远景目标纲要情况、国民经济和社会发展计划执行情况、预算执行情况、预算执行和其他财政收支审计情况及审计查出问题整改情况、国有资产管理情况，审查批准年度预算、决算，做好预算联网监督工作。

【政治协商】 2021年，区政协常委会围绕区委、区政府工作重点，确定区政协83项具体履职内容；聚焦党委政府中心工作，聚焦更好满足人民群众日益增长的美好生活需要，组织开展调研视察、座谈协商、议政建言等履职活动31次，提出各类意见建议95条。收到委员提案98件，经审查立案87件，其中16件被评为年度优秀提案。就“实施社区和居家适老化改造工作”“深入推进信用‘五进’工程”（进企业、进校园、进机关、进农村、进社区），开展专题协商2次；围绕“党建引领‘红色物业’工作”，开展界别协商1次；围绕“我为‘双招双引’献良策”，开展对口协商1次。6月30日，形成并报送的《区政协关于推进我区信用“五进”工程的协商建议》被区委书记徐明、区长邢海波批示。7月29日，在全省政协“有事多商量”协商工作经验交流会上，区政协提交《站稳人民立场　聚焦“急难愁盼”　以精致理念推进“有事好商量”》书面交流材料，并经省政协出版发行。

（李鹏飞　刘　利　孙小倩）

文化建设

【文化事业】 2021年，环翠区先后组织“5·23”歌咏会、第31届广场纳凉晚会、文艺小分队进基层等群众文化活动。推动文化馆、图书馆新馆及总分馆制建设，管理11处城市书房、83处基层服务点，实现市、区图书馆及城市书房、基层服务点通借通还，在望岛城市书房打造全市唯一一处儿童友好型城市书房。结合国家公共文化服务体系示范区创建，对接群众需求，区文化馆开展“菜单式”“订单式”培训，图书馆开展“你选书我买单”活动。区文化馆开展声乐、合唱、曲艺、小品等线上、线下培训500余场，受益群众2万余人次，提升农村文艺骨干的文化素养和文艺鉴赏能力；实施“一村（社区）一年五场戏（文艺演出）”工程，开展各类文化活动2000余场次；实施文化公益创投项目，实现9个镇（街道）全覆盖，开展活动100余场；在农村广泛开展“我爱阅读100天”活动，10月，环翠区在中共中央宣传部、农业农村部、国家乡村振兴局组织的2021“新时代乡村阅读季”之“我爱阅读100天”活动中进入“全国百强”。至年末，全区有各类民间艺术团体280个、文化馆2个、公共图书馆2个、美术馆2个、博物馆1个，电影院8座，全年票房总收入2431.1万元；拥有村（社区）综合文化服务中心217个，城市书房11个、农家书屋100个。

【教育事业】 2021年，全区教育经费总投入13.02亿元（不含2020年结余）。其中，国家财政性教育经费7.74亿元。招收新生18891人，毕业生17137人。至年末，全区有中等职业学校2所，在校学生1028人；义务教育学校36所（十二年一贯制学校1所、九年一贯制学校4所、初中11所、小学20所），在校生58021人，在编教职员工3565人；幼儿园66所，在园幼儿18040人，教职工2626人，全区学前教育省级一类及以上幼儿园比例为92.6%，学前教育普惠率98.3%。

【体育事业】 2021年，全区举办区级以上较大型体育活动6次、全民健身活动200余场，参与群众近2万人次。区教育体育局被威海市体育局评为“‘十三五’体育事业发展突出贡献单位”，被山东省体育局评为“山东省第十一届全民健身运动会先进单位”，被国家体育总局评为“2017—2020年度全国群众体育先进单位”。在第十四届全国运动会上，环翠区培养输送的9名运动员代表山东省参加比赛，获得金牌4枚、银牌2枚，金牌总数居威海市各区市首位。在省、市体育比赛中获得团体第一名30个；参加省、市级以上体育比赛获得单项冠军241个，金牌总数位列全市各区市第一名。

（宋雨露　李俊瑶）

社会建设

【社会民生】 2021年，全区投入资金1251.07万元，为城乡低保对象9759人次发放低保金624.36万元，为城乡特困人员4493人次发放保障金626.71万元。城市居民最低生活保障标准由每人每月787元调整为866元，农村居民最低生活保障标准由每人每月588元调整为667元；城市特困人员供养基本生活标准由每人每月1024元调整为1169元，农村特困人员供养基本生活标准由每人每月765元调整为900元。全区居民人均可支配收入51995元，比上年增长8.5%。其中，城镇居民人均可支配收入55816元，增长7.8%；农村居民人均可支配收入24829元，增长9.9%。年内，投入355万元，为71名符合条件的农村适龄青年、特困大龄青年发放住房扶持补助资金；投入471万元，实施22个村农村清洁供暖工程；投入700万元，实施乡村振兴样板片区建设；投入427万元，建设5处社区食堂；投入146万元，建设14处农村老年餐桌；投入517万元，打造2处养老服务中心。至年末，全区有各类养老机构24家，有床位3798张。

【创业就业】 2021年，全区城镇新增就业5278人，失业人员再就业1184人，就业困难人员再就业548人，城镇登记失业率2.05%，高校毕业生就业率达到98%，就业形势保持稳定。为35家企业吸纳的61名就业困难人员发放社会保险补贴41.56万元。为1259名灵活就业的就业困难人员发放社保补贴585.94万元。年内，发放稳岗补贴326.06万元，惠及936 家企业；发放技能提升补贴179.8万元，惠及1364名职工。培训就业转失业人员、企业在岗职工、农村转移劳动力等5233人次，发放职业培训补贴490.27万元、职业技能鉴定补贴11.99万元。指导规模以上企业开展自主评价工作，完成20家企业自主评价备案工作；7家企业组织1374人进行职业技能等级认定并取得技能等级证书，其中通过金蓝领培训评价234人；组织企业参加山东大学（威海）、威海职业学院等驻威高校招聘活动7场次，到青岛、济南、潍坊、德州等地参加招聘活动12场次。为663名离校未就业高校毕业生进行实名登记，为高校毕业生发放各项补贴2094.7万元。

【社会保障】 至2021年年末，环翠区城镇职工养老保险参保12.12万人，基金收入14.23亿元；有4.92万名离退休职工享受养老保险，发放养老金15.51亿元。居民养老保险参保2.40万人，基金收入9637万元；有1.34万名城乡居民每月领取养老金，发放养老金7470万元。失业保险参保7.88万人，基金收入4344万元。工伤保险参保8.89万人，基金收入5009万元。城镇职工基本医疗保险参保14.25万人，基金收入57364万元；居民基本医疗保险参保16.25万人，基金收入15602万元；长期护理保险基金收入1268万元，长期护理待遇支出266万元。

【平安建设】 2021年，环翠区全面推进市域社会治理现代化，实施城乡网格化治理提升工程，在家庭、校园、医院、企业、景区、渔港、铁路七大领域广泛开展平安创建活动。加强市域社会治理“环翠品牌”创树，推动形成一批具有环翠特色的成果和品牌项目。推行“警种联动、警保联控、警民联防”合成化巡防工作机制，推动“情指勤舆”（情报研判、指挥调度、勤务工作、舆情处置）一体化建设，全区刑事发案连续10年下降，重特大案件全侦破，在全市率先实现网上命案逃犯清“零”。充实完善区重大决策社会稳定风险评估专家库和风险点库，从源头上预防和减少各类风险隐患的发生，开展社会稳定风险评估280项。年内，组织开展“集中清理化解涉法涉诉信访积案专项行动”，纳入市级调度的49起积案全部化解。升级打造“一站式”矛盾纠纷调解中心，探索推行“诉—访—调”对接工作机制，拓宽信访化解新路径，促进全区信访稳定。

【法治建设】 2021年，环翠区委全面依法治区委员会办公室采用书面述法和委员会会议现场述法相结合的方式开展党政主要负责人述法工作。召开区委全面依法治区委员会工作会议1次、委员会会议2次、办公室会议1次，各协调小组召开会议2次，出台《法治环翠建设规划（2021—2025年）》《威海市环翠区法治社会建设实施方案（2021—2025年）》《〈党政主要负责人履行推进法治建设第一责任人职责规定〉区级工作责任清单》等11个文件，推动法治环翠建设。开展法治政府建设示范创建及典型培树工作，确定5个单位（竹岛街道、嵩山街道、区应急局、区行政审批服务局、区工业和信息化局）作为法治政府建设先进典型推荐至市委全面依法治市委员会办公室。持续优化法治化营商环境，打造“环快办”政务服务品牌，制定区级实行告知承诺制的证明事项清单和“不罚”“轻罚”事项清单，办理不予处罚和减轻处罚案件600余件，减免金额28万余元。完善决策制度，出台《威海市环翠区重大行政决策程序规定》，公开2021年事项目录，提升公众参与度和事项透明度，发布区政府重大行政决策事项4项。加强行政规范性文件管理，严格落实“三统一”（统一登记、统一编号、统一印发）制度，发布政府规范性文件3件、部门规范性文件10件。全面推行行政执法“三项制度”（行政执法公示制度、执法全过程记录制度和重大执法决定法制审核制度），开展专项监督检查和专项整治活动，提高行政执法队伍素质，245人次参加行政执法证考试。人民调解工作全面发力，健全多调联动工作体系，搭建“诉—访—调”对接流转平台，调处纠纷4417件。探索司法行政机关和检察机关联动机制，制定《关于在行政检察、公益诉讼检察、行政复议工作中加强协作配合的意见》，促进行政争议实质性化解，受理行政复议案件50件，审结43件（含上年度未结案件4件），纠错率25.6%。贯彻落实“谁执法谁普法”责任制，印发《2021年环翠区普法责任清单》《关于进一步加强精准普法增强普法工作针对性和实效性的意见》，明确“谁执法谁普法”成员单位的共性和个性清单。依托星乐公园青少年运动主题设计和硬件配备，打造含有宪法、民法典、未成年人保护法和综合普法4大主题的环翠区青少年法治主题公园，让青少年在寓教于乐中不断提升法治素养。

（张鲁宁　魏　雯　初斋林
曹雅楠　于淑佳　丛林慧）

生态文明建设

【生态保护】 2021年8月17日，环翠区召开区生态环境委员会第二次全体会议，印发《环翠区区直和省、市驻区有关部门、单位生态环境保护责任清单》。全区开展工业企业污染问题整治专项行动，检查涉有机气体及无组织排放企业261家，发现问题60处，并督促企业全部整改到位；检查钓具企业167家，引导小微钓具企业进驻环球钓具共享平台基地；指导134家涉有机废气排放企业制定重污染天气“一厂一策”应急减排方案；完成35蒸吨/小时及以下燃煤锅炉淘汰工作；抽检228台非道路移动机械，全区2598台非道路移动机械完成环保编码喷涂；重点河流及近岸海域水环境质量均达到功能区标准要求；完成全区70个入海排污口排查整治工作，对18处入海排污口编码、规范命名和设立标志牌；开展海洋生态环境问题大排查大整治行动，发现问题113处，全部完成整改；12个行政村完成农村生活污水治理，1个行政村完成巩固提升；完成农村黑臭水体治理工程并通过区级、市级验收；编制完成《环翠区农村饮用水水源地环境保护规划》和《环翠区畜禽养殖禁养区划定方案》；20处地块通过专家土壤评审，无疑似污染地块，土壤及辐射环境质量稳定，未发生一般以上环境污染和生态破坏事故；对全区所有放射源、射线装置及非密封放射性物质工作场所及269家危险废物产生企业，开展拉网式排查，向企业反馈整改意见并督促整改到位；持续对医疗废物产生和集中处置单位进行检查，强化医疗废物产生、贮存、运输、处置全过程监管，确保医疗废物全部得到安全处置；督促94家企业完成突发事件环境应急预案编制。年内，生态环境分局审批建设项目77个，登记排污许可证1099家，接收办理第二轮中央生态环境保护督察转办件31件、省生态环境保护督察转办件240件、生态环境领域信访投诉热线案件215件，查处“12345”政务服务便民热线、“12369”环境保护举报热线等各类平台生态环境领域信访案件1870余起，办结率100%，群众满意度98.3%；立案查处环境违法企业30家，罚款174.4万元。至年末，全区空气质量达到国家二级标准，细颗粒物（$PM_{2.5}$）平均浓度25微克/立方米，优良天数比例达91.2%，重污染天数为“零”。

【节能减排】 2021年8月23日—29日，区发展改革局结合“节能降碳 绿色发展”全国节能宣传周活动主题和“低碳生活 绿建未来”低碳日主题，组织全区各相关单位开展节能宣传周活动，通过观看视频、现场宣传、网络推送、张贴画报等多种方式，向公众传播节能降碳理念。年内，区发展改革局因地制宜推广发展屋顶分布式光伏发电，鼓励在工商业企业、产业园区等建设规模化的分布式光伏发电系统。提升生物质能供给能力，再生能源垃圾焚烧发电二期项目于12月投产，全区垃圾处理能力得到提升。加快居民区、公共停车场、旅游景区等充电基础设施建设，促进新能源汽车消费，推动新能源汽车市场增长，全面降低对大气二氧化碳的排放量。

【城市建设】 2021年，环翠区始终坚持以中共中央总书记习近平关于“威海要向精致城市方向发展”重要指示为总目标总方向总遵循，以高质量发展、高品质生活、高标准环境、特色化发展为基本内涵，全力推进城市有机更新，让城市更宜居、更便捷、更舒适，“精致城市·幸福威海”首善之区建设成效明显，群众的获得感和幸福感不断提升。年内，房地产开发投资59.37亿元，增长2.9%。房屋施工面积512.07万平方米，增长3.6%；竣工面积58.68万平方米，增长48.7%；商品房销售面积62.18万平方米，增长0.4%；商品房销售额75.9亿元，下降0.07%。稳步推进九华路北延及隧道贯通、平度路（望岛工业园—青岛路）续建、威石路绿化等重点项目建设，完成修（改）建道路52.03千米，升级、改造绿化面积27.8万平方米，敷设各类管网18.23千米，新（改）建东窑东街、花园新村等5座公厕，新建改造10处港湾式公交停靠站，新建、改造11处游园，实施12个老旧小区改造工程，推动城市硬件提档升级。

【城乡绿化】 2021年，全区投资2781万元，实施威石路绿化提升改造、世昌大道绿化提升、统一路隧道绿化节点景观改造3项绿化工程，改造绿化面积18.62万平方米。在新威路、宝泉路、东山路、青威公路和海源公园等园林绿化节点实施“中国共产党成立100周年”市区园林景观工程，通过草花摆放、组合和管养，打造主题景观节点，设置大型立体植物造型4处，摆放草花24万余盆、立体花球56个，更换市区草花161万盆。结合立体绿化改造工程，推进东山路、育华路、北山路、菊花顶路、统一南路5条道路绿化花化景观，栽植高杆月季和攀爬植物3000余株。开展绿地综合整治，修剪乔灌木13.6万株、绿篱257.5万平方米、草坪434.8万平方米。

至年末，全区完成退化林修复和低效林改造400.3公顷，其中退化防护林修复266.7公顷、低效林改造133.6公顷，栽植黑松、侧柏等苗木25.6万余株。全面推进里口山植被恢复提升工程，采取专群结合的方式，组织专业队伍参与林区植被恢复提升工程，完成373.3公顷补植提升，栽植黑松、黄栌等苗木18.9万株；组织发动社会各界志愿者1.5万余人栽植黑松、侧柏、大叶胡枝子等各类苗木17万株。组织各镇（街道）完成2000公顷森林抚育任务，对松材线虫病疫木采伐后形成的林中空地、林中空窗进行补植，提升森林质量，达到增绿复绿效果。

（张　霄　刘子佳　常乔社
王维美　张　森）

中国共产党环翠区委员会

综　述

【概况】 2021年，区委坚持以习近平新时代中国特色社会主义思想为指导，以中共中央总书记习近平提出的“威海要向精致城市方向发展”为总目标总方向总遵循，坚决贯彻中共中央决策部署和省委、市委工作安排，加快推进产业强区、科创兴区、精致靓区、生态立区、幸福城区建设，在全市争当排头兵的过程中努力打头阵、当先锋，“精致城市·幸福威海”首善之区建设取得新成效。

全面从严治党。2021年，区委全面落实新时代党的建设总要求，推动党的建设不断取得新成效。圆满完成105个行政村、112个社区“两委”换届，组织400余名新任“两委”干部上好“履职第一课”。威海市社会组织创新创业园、环翠楼街道商圈党委获评全省首批“两新”党建示范点。开展“不担当不作为乱作为”问题专项整治，持续推进干部作风大改进行动。创新党风廉政警示教育形式，举办“学党史　明纪律　促清廉”百年党纪漫画作品展，打造各具特色的“清廉之角”。

新旧动能转换。2021年，区委坚定不移走高质量发展之路，获评全省县域经济高质量发展先进区。加快魏桥（威海）铝精深加工产业园、亿达（威海）新材料应用创新中心等园区建设。完善企业梯次培育机制，山东威高骨科材料股份有限公司成功在上海证券交易所科创板上市。4个项目入选省级新旧动能转换优选项目，2家企业获评国家专精特新重点“小巨人”企业，3家企业获评“山东省瞪羚企业”。远遥浅海科技湾区建设快速推进，蓝科大厦、蓝贝海洋科学中心和蓝创孵化区投入使用。改革效应持续释放，新争取国家级改革试点3个、省级改革试点17个。深化招商体制改革，成立环翠区投资促进中心，在6个重点经济部门设置产业发展科，设立7个飞地招商窗口。

精致城市建设。2021年，区委坚持把精致城市建设与创建全国文明典范城市深度融合、一体推进，城市综合服务能力显著提升。52项城建重点工程稳步推进，新建14处环海路观景平台，对半月湾区域进行整体亮化提升。加快特色街区打造，新威附路全面推进“一体两翼”整体提升，属相街6月29日正式开街，栖霞街项目一期全面开工。成立里口山管理服务中心，加快推进里口山区域的保护、利用、开发。创新实施“两清三化”行动，盘活农村闲置房屋1600栋、清理残垣断壁211处。

人民幸福指数。2021年，环翠区扎实推进10大类、87项为民实事项目。社区食堂、农村老年餐桌达到51处，新（改）建11处游园、5座公厕，实施5个棚户区改造、12个老旧小区改造工程。新（续）建3所中小学、8所幼儿园。创新打造“五位一体”社区治理共同体，组建区社会治理服务中心，推行“接哨即办、三哨分流”工作法，推动解决群众身边的“大事小情”42.1万余件。

【重要决策和部署】 2021年3月26日，区委、区政府印发《关于全面推进乡村振兴加快农业农村现代化的实施意见》，立足新发展阶段、贯彻新发展理念、融入新发展格局，建立健全城乡融合发展体制机制和政策体系，全面开创环翠“三农”

工作新局面。

4月24日，区委、区政府印发《关于“五位一体”打造社区治理共同体的实施意见》，着力构建党建引领、居民自治、物业协同、信用融合、网格支撑的“五位一体”社区治理新模式，打造人人有责、人人尽责、人人享有的社区治理共同体。

6月7日，区委、区政府印发《环翠区贯彻落实威海市〈关于推进全国文明城市创建工作常态化的实施意见〉的工作方案》，持续巩固深化全国文明城市创建成果，不断提升环翠区文明创建层次和水平。

6月29日，区委、区政府印发《环翠区关于建设“三信共融”高质量社会信用体系的实施意见》，构建以政府诚信为支撑、组织诚信为纽带、个人诚信为基础的“三信共融”高质量社会信用体系，推动社会信用体系建设向纵深发展，打造独具环翠特色的信用品牌。

【信息编研】 2021年，区委开展“春节期间回乡调研”和“国庆期间回乡调研”活动，号召机关干部以假期访亲探友为契机，聚焦区域发展过程中最突出、最紧迫的瓶颈问题和群众关心关注的“急难愁盼”需求，深入思考分析。至年末，调研报告被上级通报表扬4篇。其中，《关于打造“五位一体”社区治理共同体的探索与实践》获得市级优秀调研成果一等奖，《关于加快从废弃矿山到绿水青山金山银山跨越式发展的探索与实践》获得二等奖，《关于推动“红色物业”提档升级的探索与实践》《关于构建“三联一网”激活基层监督“神经末梢”的探索与实践》2篇获得三等奖。年内，区委调研、编写各类供领导参阅的文字材料150余篇（期）30余万字，编发《今日信息》25期，在市级刊物《威海信息》上发表信息32篇，在省级刊物《今日信息》上发表信息3篇。

【“三联三服”】 2021年，区委继续开展以联系服务企业、项目、人才为主要内容的“三联三服”活动，制定对外贸易领域的扶持政策《环翠区关于促进对外贸易发展的若干意见（试行）》，编制2021年度政策合订本。通过开展走访活动，走访企业8000余家次，发放政策文件合订本900余册，为企业、项目、人才解决困难问题、意见建议、投诉咨询等500余项。至年末，全区新增纳税过千万元企业、高新技术企业、重点项目负责人及高端人才98人，为企业卡、项目卡、人才卡持卡人提供服务500余人次，为企业提供代办服务100余次。

（鞠伟超　戚　晋）

重要会议

【区委全委会会议】 2021年，中共威海市环翠区十五届委员会召开全委会会议2次。

中共威海市环翠区第十五届委员会第九次全体会议　2021年8月20日召开，区委常委会主持会议。全会以习近平新时代中国特色社会主义思想为指导，深入学习贯彻中共中央总书记习近平在庆祝中国共产党成立100周年大会上的重要讲话精神，认真落实省委十一届十三次全会精神、市委十五届十一次全会精神，听取和讨论徐明受区委常委会委托所作的工作报告，审议通过《中共威海市环翠区委关于深入学习宣传贯彻习近平总书记“七一”重要讲话精神的决定》《中共威海市环翠区委关于进一步加强新时代干部队伍政治能力建设的实施意见》。全会充分肯定区委常委会的工作。一致认为，2021年是中国共产党成立100周年，是中共中央总书记习近平视察威海3周年，是“十四五”开局年，做好2021年工作意义重大。在以习近平同志为核心的中共中央坚强领导下，区委常委会把庆祝中国共产党成立100周年、开展党史学习教育、学习宣传贯彻中共中央总书记习近平“七一”重要讲话精神激发出的热情，转化为推动各项工作的强大动力，坚持把中共中央总书记习近平提出的“威海要向精致城市方向发展”作为总目标总方向总遵循，加快推进产业强区、科创兴区、精致靓区、生态立区、幸福城区建设，在全市争当排头兵的过程中打头阵、当先锋，“精致城市·幸福威海”首善之区建设迈出新步伐。

中共威海市环翠区第十五届委员会第十次全体会议　2021年12月12日召开，区委常委会主持会议。全会审议通过《关于召开中国共产党威海市环翠区第十六次代表大会的决议》（简称《决议》），决定中国共产党威海市环翠区第十六次代表大会于2022年1月召开。全会认为，区第十六次党代会是在全面落实“十四五”规划和二〇三五年远景目标、奋力开创“精致城市·幸福威海”首善之区建设全新局面关键时期召开的一次十分重要的会议，是全区政治生活中的一件大事。全会强调，要充分认识该次党代会的重要意义，进一步提高政治站位，把思想和行动统一到上级决策部署和《决议》要求上来，高标准、高质量做好筹备工作，共同把该次党代会开成一次紧跟时代、团结奋进、务实创新的大会。全会指出，要统筹抓好换届和经济社会发展各项任务，做到“两手抓”“两不误”。要对年初确定的各项目标任务，逐一梳理、全面盘点、加强攻坚。要守牢发展底线，扎实保障和改善民生，抓好安保维稳等各项工作，营造安全稳定的发展环境。全会号召，全区各级党组织和全体共产党员，要坚持以习近平新时代中国特色社会主义思想为指导，在省委、市委的坚强领导下，进一步增强“四个意识”、坚定“四个自信”、做到“两个维护”，不断强化执行力、全面促提升，为奋力开创“精致城市·幸福威海”首善之区建设全新局面做出新的更大贡献，以优异成绩迎接中国共产党第二十次全国代表大会胜利召开。

【区委常委会会议】 2021年，区委组织召开常委会和常委会（扩大）会议61次。

1月4日，主要议题：学习中共中央总书记习近平在中共中央政治局民主生活会、中央农村工作会议上的重要讲话精神，研究环翠区贯彻落实意见。

1月28日，主要议题：学习中共中央总书记习近平在省部级主要领导干部学习贯彻中共十九届五中全会精神专题研讨班开班式、中国共产党第十九届中央纪律检查委员会第五次全体会议上的重要讲话精神，传达威海市第十七届人民代表大会第六次会议精神。

2月7日，主要议题：学习中共中央总书记习近平在中共中央政治局第27次集体学习时的重要讲话精神，传达省十三届人大五次会议和省政协十二届四次会议精神，研究环翠区贯彻落实意见。

2月26日，主要议题：学习中共中央总书记习近平在中央全面深化改革委员会第十八次会议、党史学习教育动员大会上的重要讲话精神，研究环翠区贯彻落实意见。

3月8日，主要议题：学习中共中央总书记习近平在中央党校（国家行政学院）中青年干部培训班开班式上的重要讲话精神，传达全市组织部部长会议暨老干部局局长会议精神，研究环翠区贯彻落实意见。

3月17日，主要议题：学习中共中央总书记习近平在全国两会期间的重要讲话精神，传达全国两会精神，研究环翠区贯彻落实意见。

4月16日，主要议题：学习中共中央总书记习近平对深化东西部协作和定点帮扶工作作出的重要指示精神、对打击治理电信网络诈骗犯罪工作作出的重要指示和国务院总理李克强重要批示精神，研究环翠区贯彻落实意见。

4月27日，主要议题：学习中共中央总书记习近平在福建考察时的重要指示精神，传达市双拥工作领导小组全体（扩大）会议精神，研究环翠区贯彻落实意见。

5月7日，主要议题：学习中共中央总书记习近平在中共中央政治局第29次集体学习时的重要讲话精神，传达全国政法队伍教育整顿中央第九督导组下沉威海市、环翠区督导工作汇报会及市政法队伍教育整顿领导小组（扩大）会议精神，研究环翠区贯彻落实意见。

5月24日，主要议题：学习中共中央总书记习近平在河南考察时的重要指示精神和在推进南水北调后续工程高质量发展座谈会上的重要讲话精神，传达赵乐际和杨晓渡在全国巡视工作会议暨十九届中央第七轮巡视动员部署会上的讲话精神，研究环翠区贯彻落实意见。

6月4日，主要议题：学习中共中央总书记习近平在中国科学院第20次院士大会、中国工程院第15次院士大会和中国科学技术协会第10次全国代表大会上的重要讲话精神，部署研究省驻环翠区安全生产专项督导工作组反馈问题整改情况、存在问题及下步工作计划。

6月18日，主要议题：学习中共中央总书记习近平在青海考察时的重要讲话和重要指示精神，传达全省脱贫攻坚表彰暨乡村振兴工作推进会议精神，研究环翠区贯彻落实意见。

7月2日，主要议题：学习中共中央总书记习近平在庆祝中国共产党成立100周年大会上的重要讲话精神，部分与会人员作交流发言。

7月22日，主要议题：学习中共中央总书记习近平在参观“‘不忘初心、牢记使命’中国共产党历史展览”时和在中共中央政治局第31次集体学习时的重要讲话精神、在中国共产党与世界政党领导人峰会上的主旨讲话精神，研究环翠区贯彻落实意见。

8月5日，主要议题：传达中共中央政治局会议精神，学习《中华人民共和国安全生产法》，传达全国、省、市新冠肺炎疫情常态化防控工作会议精神，对环翠区统筹发展和安全工作进行部署。

8月17日，主要议题：学习中共中央总书记习近平在西藏考察时的重要讲话精神，学习《人民日报》文章《确保安全发展理念落到实处》并传达省委书记刘家义重要批示精神，研究环翠区贯彻落实意见。

9月3日，主要议题：学习中共中央总书记习近平在河北省承德市考察时的重要讲话精神，研究环翠区贯彻落实意见。传达《省委海洋强省建设工作会议重点工作任务分工方案》，研究、讨论环翠区海洋工作推进情况、存在问题及下步工作计划。

9月13日，主要议题：学习中共中央总书记习近平在中央全面深化改革委员会第21次会议、中央党校（国家行政学院）中青年干部培训班开班式上的重要讲话精神，传达中共中央政治局会议精神，研究环翠区贯彻落实意见。

10月8日，主要议题：学习中共中央总书记习近平在中央人才工作会议上的重要讲话精神，研究环翠区贯彻落实意见。听取并研究国庆节假期期间环翠区相关工作情况。

10月30日，主要议题：传达市委常委会（扩大）会议暨全市统筹发展和安全工作推进会精神，研究部署环翠区统筹发展和安全各项工作。

11月8日，主要议题：传达赵乐际和杨晓渡在十九届中央第八轮巡视动员部署会讲话精神以及全省基层党建工作座谈会精神，研究环翠区贯彻落实意见。

11月25日，主要议题：学习中共中央总书记习近平在第三次“一带一路”建设座谈会上的重要讲话精神，传达全省学习宣传贯彻中共十九届六中全会精神电视电话会议和全市宣传文化系统学习宣传贯彻中共十九届六中全会精神电视电话会议精神，研究环翠区贯彻落实意见。

12月14日，主要议题：传达市委十五届十二次全体会议精神，研究环翠区贯彻落实意见。

12月30日，主要议题：学习中共中央总书记习近平对党史学习教育作出的重要指示精神，传达《关于新时代加强和改进思想政治工作的意见》，研究环翠区贯彻落实意见。

【区委重要工作会议】 2021年，区委召开5次重要工作会议。

区委经济工作会议　1月8日召开。会议对2020年经济工作进行总结分析，对2021年经济工作进行安排部署。2021年环翠区经济工作的总体要求是：以习近平新时代中国特色社会主义思想为指导，全面贯彻中共十九大和十九届历次全会精神，坚持稳中求进工作总基调，立足新发展阶段，贯彻新发展理念，融入新发展格局，以推动高质量发展为主题，以深化供给侧结构性改革为主线，以改革创新为根本动力，以满足人民日益增长的美好生活需要为根本目的，坚持系统观念，巩固拓展新冠肺炎疫情防控和经济社会发展成果，更好统筹发展和安全，扎实做好“六稳”工作、全面落实“六保”任务，加快推进产业强区、科创兴区、精致靓区、生态立区、幸福城区建设，努力在全市争当排头兵的过程中作表率、当先锋，不断开创“精致城市·幸福威海”首善之区建设全新局面，以优异成绩庆祝中国共产党成立100周年。会议要求，要重点抓好先进制造业、现代服务业、创新驱动战略、深化改革开放、项目引进建设、精致城市建设、全域乡村振兴、营商环境优化、共建共治共享、安全稳定10个方面工作的攻坚突破，确保“十四五”开好局、起好步。

全区党史学习教育动员大会　2月28日，环翠区组织收听收看省、市党史学习教育动员大会。随后，召开环翠区党史学习教育动员大会。会议强调，开创“精致城市·幸福威海”首善之区全新局面，需要通过党史学习教育来汇聚力量、坚定信念、凝聚共识，引导全区党员干部进一步强化对党的理论认同，把上级决策部署贯彻好、落实好、完成好。会议要求，要坚持守正与创新相结合、线上与线下相结合、理论与实践相结合，确保党史学习教育取得实实在在的成效。会议指出，各级党委（党组）要担负起政治责任，加强组织领导、政治引领和实地督导，迅速在全区掀起党史学习教育的热潮，推动全区党史学习教育有力有序、常态长效开展。

全区“五位一体”社区治理共同体建设推进会议　6月25日召开。会议强调，要抓好队伍建设，充分发挥社区党组织书记的带头作用和小巷管家的骨干作用，将治理触角向基层延伸，确保各项工作取得新成绩。会议要求，要抓好制度执行，以“信用进社区”为突破口，广泛发动机关干部、教师、企业职工参与社区治理；扎实推进“镇街吹哨、部门报到”、物业协同、业委会建立等各项机制，推动社区治理各类问题得到快速响应、妥善解决。会议强调，要抓好保障落实，完善社区事务准入制度，确保社区减负工作落实到位；要把社区治理体制机制改革创新工作纳入全区作风大改进重点督导事项和全区目标管理考核体系，对形成典型经验的部门、镇（街道）、村（社区）进行通报表彰。

全区“学典型、促发展”比学赶超阶段性成果汇报会　7月14日召开。会议强调，各镇（街道）、各部门（单位）要持续深入学习其他区市的典型经验，加大比学赶超力度，狠抓工作落实，确保完成全年目标任务；要加快精致城市建设，坚持降存量、遏增量同步发力，坚持问题导向，研究治本措施，堵住问题漏洞，确保问题不反弹；要加大招商引资的攻坚力度，区级班子成员必须亲自交流、亲自推动、亲自服务，真刀真枪“拼”招商。会议要求，要加大深化改革的攻坚力度，区级领导要带头研究分管领域的改革创新典型，争取在改革创新经验上取得突破性进展；要统筹发展和安全两件大事，坚守新冠肺炎疫情常态化防控底线，持续抓好安全生产各项工作，确保全区社会大局和谐稳定。

海洋强区建设工作会议　11月12日召开。会议指出，各级各部门要坚持实施海洋强区战略不动摇，始终站在讲政治的高度来看待和谋划海洋强区建设。要全力加快远遥浅海科技湾区建设，做好现有载体的拓展运营，吸引高质量项目入驻。要做好湾区产业承载区建设，推动项目加快落地转化。会议强调，要狠抓现代海洋产业体系的培育和壮大，聚焦海洋科技创新、海洋开放、基础产业、文化旅游做文章，推动海洋强区建设不断取得新的更大成效。会议要求，要始终绷紧海洋安全这根弦，抓好海上安全生产、海上新冠肺炎疫情常态化防控、海洋生态保护等各项工作，确保海上安全形势持续稳定。

（鞠伟超）

组织工作

【概况】　2021年，全区组织工作聚焦主责主业，各项工作全面推进，推荐17个党组织和28名党员获得中共中央、省委、市委表彰；为全区2780名老党员颁发“光荣在党50年”纪念章；组建1.4万名由党员居民骨干为主体的“社区通”小巷管家队伍；实施“人才兴区”战略，以重点产业发展需求为导向，人才“引、育、留、用”结合，蝉联“山东省人才工作先进单位”。

【干部日常监督管理】　2021年，区委组织部扎实做好县乡领导班子换届风气监督工作，开展学习教育80余场次，参学参训1000余人次，签订严守换届纪律承诺书、发放“十严禁”纪律提醒卡各2400余份，观看警示教育片2320余人次。开展“一人多证”、违规获得外籍身份专项清理整治自查自纠工作，4630人纳入清理整治范围，登记备案人员3510人，集中保管证件1751本。做好选人用人专项检查问题整改“回头看”，结合例行考察、专题调研，常态化开展股级干部选拔任用、因私出国（境）备案审批及证件管理、公职人员违规在企业和社团兼职等专项检查。

【干部教育培训】　2021年，区委组织部坚持把学习习近平新时代中国特色社会主义思想作为干部教育培训首课、主课、必修课，围绕党史学习教育、中共中央总书记习近平“七一”重要讲话、中共十九届六中全会精神等内容，举办专题读书班（学习班）3期、“坚持和弘扬伟大建党精神　实现中华民族伟大复兴”专题讲座1期，培训3000余人次。深化干部教育培训“滴灌工程”，紧贴建设高素质专业化干部队伍内在需求，突出精准精细，提升培训针对性，举办科级干部进修班、村（社区）“两委”干部培训班、新考录人员初任培训班、精准招商培训班等各类班次21期，培训学员1300余人次。采取“外出观摩+集中学习+交流研讨”的培训模式，举办环翠区年轻干部“淬炼工程”对标学习提升班，选派10名年轻干部到北京、上海、深圳等先进地区学习整合资源、服务企业、助推项目等经验做法，为区域发展注入新动能。

【党组织和党员队伍建设】　2021年，区委组织部通过实地督导与“灯塔——党建在线”检查相结合的方式，每月对农村、社区等不同领域党支部“三会一课”、主题党日等党内组织生活制度落实情况进行督导检查，实现对全区964个党支部检查全覆盖，反馈问题146条，压实基层党组织抓党建主体责任。根据党支部得分情况设置基础达标星、履行职责星、攻坚突破星、为民服务星、品牌示范星5个星项，对应建立攻坚突破项目、为民服务承诺、品牌特色等目标台账。指导13个基层党（工）委制定工作推进方案，所有党支部完成年度评星定级，其中四星级及以上党支部160个、三星级党支部804个，制定攻坚突破项目76项、为民服务承诺131条、品牌特色143个。加大发展党员工作力度，重点联系培养村（社区）、“两新”组织、教育、卫生健康等领域40周岁以下的中青年群体，发展党员760名，储备入党积极分子1519名。在5个涉农镇（街道）设立乡村振兴人才培育中心，创新镇村联合培养模式，以村（社区）“两委”换届工作为契机，23个连续三年以上未发展党员村（社区）全部清“零”，发展党员24名。在社区、农村、机关（事业）单位、“两新”组织、国有企业、学校系统六大领域全面推行党员分类管理，摸排城市社区党员7044名、农村党员3434名、机关（事业）单位党员5034名、“两新”组织党员2622名、国有企业党员209名、学校系统党员1697名，配套制定线上教育标准化流程、社会工作党建服务指南、规范不合格党员处置流程等16项制度，明确示范点50个。落实全国、省、市三级“两优一先”（优秀共产党员、优秀党务工作者、先进基层党组织）推荐工作，全区有1

2021年6月29日，区委组织部举行新党员代表入党宣誓活动

（区委组织部　供图）

名党员受到中共中央表彰，2个基层党组织和2名党员受到省委表彰，15个基层党组织和25名党员受到市委表彰；召开全区“两优一先”表彰大会，表彰100个基层党组织和160名党员；为全区2780名老党员颁发“光荣在党50年”纪念章。

【农村基层党建】 2021年，区委组织部打造“乡村振兴大讲堂”学习平台，举办培训班30余场次，1700余人次参加培训，有效提升农村干部队伍素质。创新开展村党组织书记“提级述职”制度，20余名村党组织书记直接向区委组织部述职，传导工作压力，压实工作责任。开展农村党建“百日提升”行动，围绕“精致阵地”创建、基本制度规范、为民服务提质等七大领域破题攻坚，全面提升农村党建水平。投资近600万元，新增村集体创收项目57个，整治低效农用地139.53公顷。持续做好6个村级软弱涣散党组织整顿工作，按照“后进变先进”的思路，逐村制定整顿方案，建立“月调度、季会议、年考核”的督导机制，确保整顿工作取得成效。推行“契约化+信用”治理模式，将信用治理纳入村规民约，成立首期100万元慈善农村信用基金，定期分档支持农村信用建设，推动信用治理长效可持续。制定《关于加强结对帮扶经济薄弱村工作的意见》，由24个部门、单位“一对一”帮扶24个经济薄弱村，引导成立党支部领办合作社94家，选派19名优秀机关干部到村担任第一书记，实现经济薄弱村集体经济收入达到5万元以上。

【“两新”组织党建】 2021年，区委组织部创新“联盟党建”模式，推动“两新”党组织抱团发展。链接区级职能部门和9个园区、商圈等区域性党组织，成立全省首个“两新党建红盟”。建立成员单位轮值主席等交流机制，每月为“两新”党组织选送活动计划和组织生活菜单，举办“红色动能创投大赛”等影响力较大的党建惠企活动50余场，推行“企业吹哨、部门报到”，解决企业党建服务、生产经营等各类问题700余件，相关工作经验入选《全省城市基层党建“一事一品牌”集中攻坚案例》，威海市社会组织创新创业园、环翠楼街道商圈党委获评“全省首批‘两新’党建工作示范点”。

【党员教育】 2021年，区委组织部印发《关于推行基层党员教育“三个一”模式的实施方案》，提升基层党员教育培训质效，落实基层党员全员进党校制度，按照“因地制宜、规范节俭、功能整合、一校多用”的原则，打造9处镇（街道）党校（党员教育中心），并全部投入实体化运营；采取逐级遴选、组织推荐相结合的方式，建立由30人组成的区级党员教育师资库、由8人组成的区级党员教育专家库，同步在每个镇（街道）党校（党员教育中心）建立由5人组成的教育师资库。深入开展“党课开讲啦”活动，5堂优秀党课在市级评选中获奖。其中，《“小人书”里的峥嵘岁月》获得一等奖，《百年党史中的红色金融力量》《随誓词变迁看党史》获得二等奖，《为国击豺狼——王海将军的战斗生涯》《不忘来时路　薪火相传承》获得三等奖，《百年党史中的红色金融岁月》被评为省级优秀党课。推进“永远跟党走”“我和我的支部”微视频征集活动，6部优秀微视频作品在市级评选中获奖。其中，《我心中的女侠书记》获得一等奖，《他们都叫英雄》获得二等奖，《初心·1932》《纪检监察干部的初心故事系列》（3部）获得三等奖，《我心中的女侠书记》在全省“我和我的支部”微视频平台展播。

【人才工作】 2021年，区委组织部实施“人才兴区”战略，对重点人才项目进行“一对一”跟踪辅导，引进国家级重点人才工程专家3名，实现环翠区在该项目上“零”的突破，蝉联“山东省人才工作先进单位”。以人才支撑精致城市建设和高

2021年3月18日，威海市环翠区青年人才驿站正式启动

（区委组织部　供图）

质量发展为主线，编制《威海市环翠区人才发展“十四五”规划》，优化提升“英才汇翠”计划，修订完善12项政策条款，加大对高校毕业生、一线实用人才、急需紧缺人才支持力度，持续释放政策红利，为170家企业、911名人才兑现政策扶持资金1363.69万元。持续提升“智汇环翠”人才工作品牌影响力，联合欧洲膜学会、中国航天科技集团有限公司、哈尔滨工业大学（威海）等国际组织、企业和高等院校，举办第十八届中欧膜产业技术创新合作大会、第二届太空与海洋专题技术研讨会等高端人才主题交流活动5场次，引进20余个高端人才项目落地转化。深化校地校企合作，引进青年人才，靶向对接高校院所109家，举办“选择环翠·筑梦未来”高校行、“企业家进校园”等活动40余场次，拓宽校企常态化对接交流平台。依托青鸟驿站，重点面向山东籍、威海籍大学生精准推送实习实训、就业岗位和人才政策等信息，全区储备青年人才3000余名，比上年增长20%。

【公务员管理】 2021年，区委组织部统筹全区公务员编制空缺和工作需要，科学设置公务员招考计划，招录公务员37名。其中，为镇（街道）招录公务员13名，面向财会、金融等亟需紧缺专业招录公务员16名，委托上级部门招录法律专业人员8名。

【镇级领导班子换届】 2021年，区委组织部注重选拔政治能力强、善于抓班子带队伍、敢于担当、群众经验丰富的干部担任党政正职，配强带头人队伍。坚持老中青相结合，综合考虑工作实绩、发展潜力和工作阅历等，加大“85后”正科级干部、“90后”副科级干部选拔使用力度。落实女干部和党外干部配备，有针对性地充实配备专业干部，增强领导班子整体功能。开展镇级领导班子换届风气监督，统筹开展换届纪律宣传教育、换届风气监督检查等工作，建立换届举报联查联办和快速查核机制。

【村（社区）“两委”换届】 2021年，环翠区完成105个村、112个社区“两委”换届选举工作，选举产生村（社区）“两委”成员1152人。

村“两委”换届。2021年，全区完成105个村换届选举，选举产生村“两委”成员454人。“两委”成员平均年龄由56岁下降到47.9岁，党组织书记平均年龄由57岁下降到51.5岁，每村均有1名35岁以下年轻干部。“两委”成员中具有高中（中专）及以上学历326人，占比由43.2%提高到71.8%；具有大专及以上学历147人，占比由8.3%提高到32.4%。党组织书记中，具有高中（中专）及以上学历70人，占比由45.4%提高到66.7%；具有大专及以上学历26人，占比由13.0%提高到24.8%。“两委”成员队伍实现年龄、学历“一降一升”。“两委”成员中，有女性192人，占比由37.9%提高到42.3%。其中，女性村委会主任10名，占比9.5%。

社区“两委”换届。2021年，全区完成112个社区换届选举，选举产生社区“两委”成员698人。“两委”成员平均年龄由41.7岁下降到38.4岁，党组织书记平均年龄由43岁下降到42.1岁；“两委”成员中具有大专及以上学历624人，占比由86.0%提高到89.4%；党组织书记具有大专及以上学历100人，占比由82.7%提高到89.3%；35岁以下年轻干部占比由33.6%提高到49.6%。每个社区至少有1名35岁以下年轻干部，实现社区“两委”成员年龄学历“一降一升”、100%“一肩挑”。

【“五位一体”社区治理】 2021年，区委组织部围绕构建党建引领、居民自治、信用融合、物业协同、网格支撑的“五位一体”社区治理共同体，分领域制定实施意见（《关于“五位一体”打造社区治理共同体的实施意见》《关于推进“诚信社区”建设　深化党建引领精致社区创建的实施方案》《关于进一步深化

“居站分离”改革试点　提升党建引领精致社区建设水平的实施方案》《关于物业行业深度融入社区治理共同体工作的实施方案》《关于建立“社区通”小巷管家队伍　强化党建引领小区治理的实施方案》《关于打造“阳光村居”提升基层治理效能的实施方案》），形成“1+5”政策体系。组织召开5次动员会议及分领域推进会议，推进“居站分离”（社区工作站和社区居委会人员分设、职能分离）改革，以“诚信社区建设”为突破口，出台《诚信社区诚信指数管理实施细则》，推动全区机关企事业单位1.3万余名在职机关干部向社区报到，解决停车难、私搭乱建等群众“急难愁盼”问题近万件。开展“红色物业·情暖万家”百项惠民活动、社区物业党建联建活动960余场，中共威海市委、威海市人民政府、山东省住房和城乡建设厅主办的“红色物业”高质量发展专家座谈会在威海市选取5个观摩点，其中3个（竹岛街道海源社区、环翠楼街道东北村社区、鲸园街道社会治理创新中心）在环翠区。创新“一哨即办、三哨分流”的“四哨”工作法，网格内自行解决事件24.6万件，相关工作经验先后在《大众日报》《中国社区报》等媒体发表。

（李鹏飞）

宣传工作

【概况】 2021年，全区宣传工作深入贯彻落实习近平新时代中国特色社会主义思想，发挥主流媒体作用，加快推进政务新媒体平台建设，形成多元生成、多端发布的立体宣传态势，在国家、省、市级媒体推出相关重点报道1000余篇，政务微博“环翠发布”连续6年入选“山东十大党政新闻发布微博”。年内，围绕为民实事、扶持政策解读、繁荣夜间经济、全区政法队伍教育整顿等主题，举办新闻发布会16场。

【党史学习教育宣传】 2021年，区委宣传部发挥主流媒体作用，形成多元生成、多端发布的立体宣传态势。发挥区级媒体矩阵作用，通过电视、微信、微博、App等平台，开设“学党史　悟思想　办实事　开新局”“我为群众办实事　‘五位一体’增福祉”“奋斗百年路　启航新征程”等专题专栏，从“家门口学党史”“我为群众办实事”等主题入手，多层次、多角度报道全区在党史学习教育工作中的新做法、新进展、新成效，区级媒体平台发布党史学习教育相关稿件640余篇。及时向国家、省、市级媒体报送新闻宣传素材及典型案例，其中《高管信息·山东》发布《用心呵护精致环翠》，《新华社·瞭望》发布《山东威海环翠区让生态之花绽放精彩》，中央广播电视总台综合频道《晚间新闻》、山东广播电视台《山东新闻联播》播出专题报道《威海环翠区：社区马路市场变身“新型城市综合体”》《威海市环翠区：老街区变身党史学习教育新阵地》《威海环翠区：“居站分离”社区治理共建共享》等稿件，《大众日报》推出《环翠区：“精致城市·幸福威海”首善之区的为民情怀》《环翠区：高效解决“烦心事”　服务群众“不打烊”》《威海环翠区：党史学习教育“在身边”》《件件有人管　群众烦心事变“暖心事”》《铺筑“最后一公里”　进入“寻常百姓家”》等稿件。至年末，国家、省、市级媒体发布党史学习教育相关报道800余篇，引领党史学习教育走心、走深、走实。

【媒体报道】 2021年，区委宣传部围绕区委经济工作会议精神和“强化执行力、全面促提升”工作主基调，开设系列专栏，聚焦精致城市建设、产业项目高质量发展、党史学习教育、为民实事、作风大改进、新时代文明实践、美丽乡村建设等方面，在国家、省、市级媒体推出相关重点报道1000余篇。其中在新华社《高管信息》、中央广播电视总台综合频道《晚间新闻》、人民网、山东广播电视台《山东新闻联播》、《大众日报》、《威海日报》等重点媒体发布《威海环翠区兑现发放2020年度“政策礼包”》《环翠区今年要办好87项民生实事》《山东威海环翠区：“收支”间，直指高质量发展》《环翠区148项“我为群众办实事”服务加紧推进》等报道，为全区各项工作提供有力舆论支持。

【理论学习】 2021年2月10日，区委宣传部印发《全区党委（党组）理论学习中心组2021年理论学习计划安排意见》，确定13个学习专题，将中共十九届六中全会精神、中共中央总书记习近平在深入推动黄河流域生态保护和高质量发展座谈会上的重要讲话精神和视察山东重要指示精神等重点内容纳入理论学习中心组学习，区委理论学习中心组围绕中共十九届六中全会精神、党史学习教育、安全生产等主题开展集体学习研讨18次。发放党史指定教材、3部简史（《中华人民共和国简史》《改革开放简史》《社会主义发展简史》）、《新征程面对面》等理论学习读物。以学习研讨中共中央总书记习近平“七一”重要讲话精神、党史学习教育等为主题，举

2021年11月8日，区委理论学习中心组进行第16次集体学习研讨

（区委宣传部　供图）

办2期专题读书班。发挥“学习强国”学习平台理论学习阵地作用，全区注册学员6.5万余人。

【理论调研、社科普及】 2021年4月8日，区委宣传部向市委宣传部申报8个重点社科课题。12月21日，环翠楼街道东北村社区获评山东省社会科学普及示范村（社区）；同月30日，环翠区有6件作品获评威海市第24次社会科学优秀成果奖，其中《环翠党史资料汇编》（1—3辑）获二等奖。

【理论宣讲】 2021年4月19日，区委宣传部印发《关于开展“中国梦·新时代·跟党走”百姓宣讲活动的通知》，经筛选，27名宣讲员参与宣讲初赛。同月21日，区委宣传部召开环翠区“四个一”（打造一个宣讲品牌，成立一支宣讲队伍，创造一批优秀宣讲作品，评选一批基层宣讲示范点）宣讲活动暨“好人好事五进五讲”（组织各级道德模范、劳动模范、身边好人、优秀志愿者、“好婆婆好媳妇”等先模人物，成立“好人好事”宣讲团，以“进机关、进校园、进社区、进农村、进企事业单位”为主要形式，以讲述“敬业奉献、助人为乐、诚实守信、孝老爱亲、见义勇为”先进事迹为主要内容，与基层干部群众面对面交流做好人、争先进、比奉献的心得体会）活动工作会议，并同步举行宣讲启动仪式。6月18日，“中国梦·新时代·跟党走”百姓宣讲决赛举行，评选出一等奖1名、二等奖3名、三等奖5名，其中3名宣讲选手代表环翠区参加市级比赛。

【网络环境净化】 2021年6月4日，区委网络安全和信息化委员会召开区委网络安全和信息化委员会第三次会议。会议深入学习贯彻中共中央总书记习近平关于网络强国的重要思想，坚定不移把中共中央决策部署和省委、市委工作要求落到实处，谋划实施《中共威海市环翠区委网络安全和信息化委员会2021年工作要点》。责成区委网络安全和信息化委员会各成员单位加大对本行业、本系统、本领域网络安全等工作的落实力度，统筹抓好各自行业内网信工作。加强和改进网络意识形态工作的方式方法，牢牢掌握网络意识形态工作领导权、管理权、话语权。

【传播效能提升】 2021年，区委宣传部落实威海市加快推进媒体深度融合发展实施方案要求，在做强“两微一端”（微博、微信、“最威海是环翠”App客户端）政务新媒体平台的同时，依托知名新媒体、短视频平台建设运营10个新媒体账号，加速构建全媒体传播格局。年内，推出新媒体稿件4.4万余条、阅读量6.1亿、点赞量1416.8万、互动96.6万，其中点击量过百万作品102

2021年6月18日，区委宣传部举行“中国梦·新时代·跟党走”百姓宣讲比赛决赛

（区委宣传部　供图）

条，政务微博“环翠发布”连续6年入选“山东十大党政新闻发布微博”。

（田常力）

统战工作

【概况】 2021年，区委统战部组织召开党外人士座谈会7次，组织各民主党派基层组织和新阶层知联会开展重点考察调研，撰写调研报告8篇，党外人士意见建议汇总和调研报告被区党政主要领导批示6次。完成民盟、民进、致公党、九三学社4个民主党派基层组织换届工作，协调区监委等14个部门开展特约人员聘任工作。

【机构调整】 2020年12月，区委决定，将威海市环翠区归国华侨联合会列入群团机关序列，依托区委统战部开展工作，正科级规格。2021年3月，根据区委办公室、区政府办公室《关于深化区级事业单位改革试点实施方案》要求，区委统战部成立区统战事务服务中心，属正科级公益一类事业单位。

【政党协商】 2021年，区委统战部出台年度协商计划，支持党外人士围绕区委、区政府中心工作建言献策。年内，组织召开党外人士座谈会7次，其中党政主要领导主持召开2次、其他领导主持召开5次，分别结合《政府工作报告》、全市统战部部长会议精神贯彻落实、乡村振兴、党风廉政建设、特色街区、先进制造业等工作，听取党外人士意见建议。组织各民主党派基层组织和新阶层知联会开展重点考察调研，提报调研报告8篇。党外人士意见建议汇总和调研报告被区党政主要领导批示6次，相关意见建议通过区委办公室、区政府办公室反馈区纪委监委、区农业农村局等相关部门落实，推动全区经济社会高质量发展。

2021年4月28日，区委统战部召开党外人士座谈会

（区委统战部　供图）

【新阶层统战】 2021年，区委统战部研究制定2021年度新的社会阶层人士统战工作要点，召开新阶层知联会理事会议部署落实。结合党史学习教育，组织开展新阶层党史学习教育宣讲活动2场次，邀请市委党校教师围绕“中国共产党百年奋斗与经验启示”等内容进行授课。按照“六有”（有党组织覆盖、有思想引领、有活动品牌、有骨干队伍、有条件保障、有制度规范）标准，规范化建设威高民俗文化邨新的社会阶层人士统战工作实践创新基地，开展“和聚同行”系列活动。组织新的社会阶层人士围绕市委中心工作和群众关心热点问题进行调研，建言献策，提报“金点子”信息14篇，通过市委统战部上报市委，被市委书记张海波批示1篇。

2021年7月8日，区委统战部在环翠楼街道商圈举办新阶层党史学习教育宣讲活动

（区委统战部　供图）

【民主党派工作】 2021年，区委统战部按照市委统战部、党派市委会、区委三方协商模式，完成民盟、民进、致公党、九三学社4个民主党派基层组织换届工作。通过换届引导各民主党派加强自身建设，优化班子结构。为各民主党派提供活动场所和经费保障，协助民建环翠区总支选址打造会员活动室，致公党环翠区支部“党员之家”、民盟环翠区支部“盟员之家”挂牌成立。协调区监委等14个部门开展特约人员聘任工作，发挥民主党派、无党派人士民主监督作用，为聘任单位决策和涉及全局性重大问题、重要工作提供咨询、建议和意见，协助聘任单位加强依法行政和廉政勤政建设等工作。

【统战社会服务】 2021年，区委统战部发挥中心城区区位优势，结合各类特色城市商圈兴起，发挥商圈非公企业密集、中小企业多、党派成员分布广泛、新阶层人士汇聚等特点，以“党建统全局、统战促发展”为思路，探索“一阵地、双服务、五平台”（“一阵地”：在各个商圈建立统战工作站作为统战工作服务阵地；“双服务”：秉持“统战服务党派、党派服务社会”的“双服务”工作理念；“五平台”：搭建凝聚共识、服务发展、参政议政、联谊交友、社会服务五个平台）商圈统战新模式，开拓非公有制经济领域统战工作新阵地和新领域，工作经验先后被《中国统一战线》《山东统一战线》《大众日报》等刊发推广。发挥党外人士和新的社会阶层人士人才荟萃、智力密集优势，整合全区经济社会发展统战资源，凝聚统战力量。常态化开展统战服务党派、党派服务社会“双服务”活动，组织各民主党派、统战团体开展“精致社区·致力同行”系列服务活动，引导统战资源下沉社区，着力改善社区居住环境、优化社区功能品质、提升社区文明程度，助力精致社区建设。

【民族团结进步】 2021年，区委统战部指导威海市千山路小学做好“铸牢中华民族共同体意识主题教育实践活动”省级试点、创建国家级“民族团结进步示范单位”申报备检工作。开展省级民族团结进步示范学校、全省首批“红石榴”和美家庭、“红石榴”示范岗位及省、市级“民族团结进步示范单位”创建工作，成功创建省级民族团结进步示范单位2个（环翠楼街道南山社区、温泉镇双泉城社区）、省级民族团结进步示范岗位1个（山东汇泉工业有限公司技术部培训岗）。创建市级民族团结进步示范单位4个（威海市福泰小学、环翠楼街道南山社区、温泉镇双泉城社区、张村镇怡沁园社区）、市级民族团结进步和美家庭2户（鲸园街道古北社区安顺杰、鲸园街道长征社区龙光）、市级民族团结进步示范岗位1个（山东汇泉工业有限公司技术部培训岗），上述社区、学校、家庭、岗位同时获“红石榴”品牌荣誉。支持民品企业民族特需商品定点生产工作，山东汇泉工业有限公司获批2020年度省财政拨付贴息资金69万元。开展“民族团结进步宣传月”宣传活动30余场次，覆盖党员群众1万人次。

（张钦雯）

机构编制

【概况】 2021年，区委编办调整优化行政机构编制事项，为相关行政单位增加内设机构、调整行政编制数量、加挂牌子，保障全区行政机构编制资源需求；依据机构编制相关法律法规和上级机构编制部门意见，对相关事业单位进行更名、调整人员编制数量、增加内设机构，事业机构编制管理更加规范；将全区纳入改革范围的事业单位由160个减少到120个，其中区委、区政府直属事业单位11个，部门所属事业单位109个；对全区134个事业单位开展2020年度绩效考核，评定优秀等次37个、良好等次73个、合格等次20个、不定等次4个；抓实镇（街道）行政管理体制改革“后半篇文章”，对基层党建、城乡建设、经济发展、村（社区）建设、综合治理、公共服务、综合保障7个类别189个具体事项进行逐项细化分工、明确程序环节、压实工作责任，实现职能精细化、清单化管理。

【行政机构编制】 2021年，区委编办调整优化行政机构编制事项，保障全区行政机构编制资源需求。3月，在各镇（街道）党（工）委党建工作办公室挂牌成立党校，为区法院民事审判二厅加挂金融审判庭牌子。4月，调整区委农业农村委员会办公室有关机构编制事项，增设区委农业农村委员会办公室督促指导科；将区应急局内设的安全生产综合协调科分设为安全生产综合协调科和安全生产巡查督查科；为区发展改革局、区工业和信息化局、区商务局、区卫生健康局、区地方金融监管局增设产业发展科，增加行政编制7名，明确科室职责；调整区文化和旅游局产业发展科职责，增加行政编制1名；将区委办公室内设的目标管理考核工作办公室更名为考核科。6月，为区法院刑事审判庭加挂少年法庭牌子；为全区9个镇（街道）增加行政编制25名；设立威海市环翠区市场监督管理局桥头市场监督管理所，核定行政编制5名；将威海市环翠区扶贫开发办公室更名为威海市环翠区乡村振兴局，仍在区农业农村局挂牌；为区文化和旅游局加挂区文物局牌子，增设文物管理科。8月，根据上级关于调整扶贫工作机构设置的有关要求，领导职数调整为区农业农村局（区乡村振兴局）局长1名；区农业农村局副局长2名（其中，区农业农村局副局长、区乡村振兴局常务副局长1名，正科级；区农业农村局副局长、区畜牧兽医局局长1名）；区乡村振兴局副局长1名（副科级）；为区归国华侨联合会、区计划生育协会分别设置综合科；为区教育体育局财务审计科加挂政策法规科牌子。11月，为区民政局社会救助和社会事务科加挂儿童福利科牌子。12月，为区农业农村局乡村振兴科加挂产业规划科牌子，同意区司法局社区矫正与安置帮教科对外使用区社区矫正管理局名称开展工作。

【事业机构编制】 2021年4月，区委编办将威海市环翠区招商服务中心更名为威海市环翠区投资促进中心；将威海市环翠区桥头镇财政经管服务中心更名为威海市环翠区桥头镇财政经管统计服务中心；将威海市环翠区桥头镇文化体育服务中心更名为威海市环翠区桥头镇文化旅游体育服务中心。6月，设立威海市环翠区桥头畜牧兽医站（挂威海市环翠区桥头畜产品质量安全指导中心牌子），为区农业农村局所属公益一类财政拨款事业单位核定事业编制4名；设立威海市福泰中学，为区教育体育局所属公益一类财政拨款事业单位，所需编制从全区中小学教师编制内调剂使用。7月，重新核定区委党校（威海市环翠行政学校、威海市环翠区社会主义学校）领导职数。8月，将威海市环翠区社会治安综合治理服务中心更名为威海市环翠区社会治理服务中心（挂威海市环翠区网格化服务管理中心、威海市环翠区“12345”政务服务热线中心牌子），隶属关系由区委政法委所属调整为区委直属事业单位；为威海市环翠区劳动监察大队、威海市环翠区综合行政执法大队、威海市环翠区老干部活动中心3个事业单位调整内设机构；收回区卫生健康局所属2所公立医院空余编制10名，其中威海卫人民医院6名、威海口腔医院4名。10月，设立威海市环翠区未成年人救助保护中心，为区民政局所属公益一类财政拨款事业单位，核定事业编制6名，所需编制从区社会救助综合服务中心调剂；为区服务业发展中心（威海市环翠区价格认证中心）增挂威海市环翠区军民融合发展促进中心牌子；为区职工服务中心加挂威海市环翠区工人文化宫牌子；为孙家疃社区卫生服务中心加挂威海市环翠区孙家疃社区医院牌子。

【镇（街道）行政管理体制】 2021年，区委编办抓实镇（街道）行政管理体制改革后续工作，提升基层治理能力。11月，印发各镇（街道）职责任务清单，在政府网站公示。对基层党建、城乡建设、经济发展、村（社区）建设、综合治理、公共服务、综合保障7个类别189个具体事项进行逐项细化分工、明确程序环节、压实工作责任，逐项明确具体责任人、责任科室及职责分工，实现职能精细化、清单化管理。

【事业单位改革】 2021年，区委编办通过优化整合，将全区纳入改革范围的事业单位由160个减少到120个，精简25%。改革后，区委、区政府直属事业单位11个，部门所属事业单位109个。3月末，完成涉改事业单位机构职能优化整合、领导班子配备、人员转隶、资产划转等工作。5月末，完成146个事业单位机构职能编制规定的制定或备案工作、192个事业单位章程制定或完善工作、2个试点事业单位编制政事权

2021年6月18日，区委编办到区社会治理服务中心调研事业单位改革后工作开展情况

（区委编办 供图）

限清单建立工作，通过部门网站向社会公开。11月—12月，印发威海市环翠区未成年人救助保护中心、威海市环翠区桥头畜牧兽医站、威海市环翠区妇幼保健计划生育服务中心3家事业单位机构职能编制规定。

【事业单位监督管理】 2021年，区委编办对全区134个事业单位开展2020年度绩效考核。通过绩效考核，评定优秀等次37个、良好等次73个、合格等次20个、不定等次4个。年内，通过山东省事业单位监督管理系统，130个事业单位完成年度报告公示工作，公示率达到100%。4月，根据《威海市环翠区事业单位监管“双随机、一公开”抽查工作细则（试行）》的通知要求，采用网络监测的方式，结合事业单位法人年度报告公开工作，按照抽查比例不超过3%的规定，通过“双随机、一公开”抽查平台，抽查区交通事务发展中心、区疾控中心、里口山管理服务中心、区委党校4家事业单位，均为合格等次；12月，采用实地核查的方式，抽查区服务业发展中心、区动物疫病预防控制中心、环翠教育幼儿园3家事业单位，均为合格等次。

【属地管理】 2021年，区委编办深化“属地管理”工作，厘清区镇职责边界，为基层减负赋能。7月，印发《威海市环翠区第三批区镇“属地管理”主体责任和配合责任清单》，逐项制定“施工图”“说明书”，明晰区镇职责分工，压实工作责任。8月，印发《规范“属地管理”工作联系点制度》，挖掘和提炼联系点在规范“属地管理”方面的经验和亮点。10月，印发《关于规范“属地管理”建立衔接联动机制的实施方案》，将“属地管理”责任清单中网格可承担的工作列入其中，形成《“属地管理”事项清单、社会治理网格化服务管理工作清单两单融合事项目录（试行版）》，推动“属地管理”与社会治理工作共联共建。11月，印发《关于印发明晰区镇职责规范“属地管理”配套制度机制的通知》，明确区、镇工作职责，理顺工作流程，全面做好“属地管理”工作。

【职责边界与效能监管】 2021年，区委编办进一步厘清部门职责边界，压实工作责任，加强效能评估，为部门履职担当提供机构编制遵循。7月，印发《威海市环翠区区级审批监管职责边界清单》，厘清区行政审批服务局与区直各行业主管部门之间的职责关系。11月，印发《威海市环翠区机关职能运行监管办法（试行）》，以监管促履职，以履职促提升，促进全区机关职能运行效能提升。

2021年1月6日，区委编办到区科技局开展2021年度事业单位绩效考核工作（区委编办 供图）

【机构编制事项跟踪问效】 2021年，区委编办坚持“真问效、问真效、求实效”的原则，开展机构编制事项跟踪问效，确保机构编制事项落地、落实、落细。将2020年起全区重点工作及区委编委、编办批复的机构编制事项进行梳理汇总，重点选取区发展改革局、区工业和信息化局、区卫生健康局、区文化和旅游局、区农业农村局5个部门涉及的招商引资、卫生健康等8项机构编制事项，通过部门自查与区委编办实地检查相结合的方式开展跟踪问效，在确保问效效果全面客观、真实可靠的同时，能够精准服务全区经济社会发展大局，提升机构编制规范化水平。针对机构编制重点工作、重点事项、重点领域的调整，制定专项跟踪问效方案，及时进行跟踪问效，结合事业单位改革实地评估、部门履职清单“回头看”等重点工作，深入部门进行实地跟踪问效，发现问题及时解决、就地解决，从而发挥监管职能，提高监管效能。通过监督检查，检查部门问题，帮助部门整改，在防微杜渐、防患于未然的同时，注重对检查结果的运用和科学分析，为机构编制工作提供大量案例和实用数据，拓展机构编制信息来源渠道，提高机构编制工作的科学管理水平。

（梁中元）

区直机关党建

【概况】 2021年，区委区直机关工委紧紧围绕“强化执行力、全面促提升，领导要带头、干部要争先，作风要扎实、措施要务实”工作总基调，牢固树立“抓好党建就是最大政绩”理念，组织区直机关“四个一”暨“好人好事五进”宣讲，举办区直机关读党史“马拉松”活动，组织开展2020年度区直机关党组织书记抓基层党建工作述职评议会议及3期区直机关党务工作者实务培训班，多措并举推动机关党建高质量发展。

【机关政治建设】 2021年，区委区直机关工委始终强化理论武装，压实意识形态工作责任，将意识形态工作与机关党建工作一同部署、一同安排、一同检查、一同考核，组织集体学习13次，召开2次专题会议研究部署意识形态工作，不断推进意识形态工作与机关党建工作深度融合。聚焦提升后备力量素质，纳新党员128名，储备入党积极分子260名，举办3期党员发展对象和1期入党积极分子培训班，培训198人次。聚焦提升党员教育管理水平，推进机关领域党员分类管理工作，打造区市场监管局等5个党员分类管理示范点。实施书记突破项目，确立64个党建品牌进行培育，重点打造区行政审批服务局“新政务　心服务”和区文化和旅游局“党建引航　文旅先锋”2个党建特色品牌示范点，召开现场观摩会议，指导机关党组织提升党建品牌建设质量。以第六个“国家安全教育日”为契机，组织区总工会、区退役军人局和区人力资源社会保障局机关党组织，开展“维护国家安全，保守国家秘密”主题党日活动；组织区司法局、区综治中心等单位，开展“国家安全教育进机关”活动，提高广大机关干部的国家安全意识和防范能力。组织区直机关“四个一”暨“好人好事五进”宣讲，参加党员干部90余人次。

【机关思想建设】 2021年2月5日，区委区直机关工委党员干部到环翠楼街道前进社区，走访老党员及身边好人等先进典型人物，与他们进行面对面交谈，学习和宣传他们的先进事迹和宝贵精神。4月22日，区委区直机关工委为庆祝中国共产党成立100周年，展示中国共产党百年光辉历程，引导全区机关党员做到学史明理、学史增信、学史崇德、学史力行，在竹岛金融商圈党群服务中心举办区直机关读党史“马拉松”活动启动仪式暨第一期活动，区直机关党员代表100余人参加。之后，接续举办2期，参训学习党员180余人次。

【机关组织建设】 2021年，区委区直机关工委为贯彻落实新时代机关党的建设总要求，提高全区区直机关基层党务工作者实际业务水平和综合能力素质，推进机关组织建设工作标准化规范化建设，1月25日和27日，举办两期2021年度区直机关党务工作者实务培训班，80余名区直机关党务工作者参加培训。2月3日，2020年度区直机关党组织书记抓基层党建工作述职评议会议召开。全区63家区直机关党组织书记进行述职评议，其中9家区直机关党组织书记现场述职。全面推动基层党组织高质量发展，为建设“精致城市·幸福威海”首善之区提供坚强组织保证。11月17日，举办2021年度区直机关党务工作者培训班，区直机关党支部书记和党务工作者120余人参加。培训班邀请区委统战部侯宪平和区委党校隋惠静讲解《中国共产党统一战线工作条例》和党史学习教育的相关内容，帮助与会人员深化认识、统一思想、明确职责、落实任务。年内，压实党委（党组）机关党建主体责任，由单位主要负责人担任机关党支部书记，调整党组织设置，撤销17个、调整3个、成立14个党组织。

2021年10月13日，区委区直机关工委举办2021年区直机关党员发展对象和入党积极分子培训班
（区委区直机关工委　供图）

2021年2月3日，区委区直机关工委召开2020年度区直机关党组织书记抓基层党建工作述职评议会议　　（区委区直机关工委　供图）

【机关作风建设】 2021年，区委区直机关工委将党建与机关作风大改进相结合，督导各级各部门深入查摆整改问题，建立镇（街道）部门自查问题清单、群众反映重点难点问题清单和《2021年全区干部作风大改进行动工作任务落实清单》3张清单。年内，42项重点难点问题办结26项，自查问题690项，办结销号687项。联合区委办公室、区政府办公室、区综合行政执法局等部门，围绕重点难点问题解决、森林防火、群众满意度调查意见建议整改、渔船管控、海岸带综合整治、国家卫生城市复检等工作，开展督导检查31次，印发通报23期，全面推进干部作风大改进行动走深走实。

（陈鸿旭）

老干部管理

【概况】 2021年，全区老干部工作坚持“用心用情精准服务”的宗旨，不断提高全区老干部工作水平。至年末，全区有离休干部106人、退休干部2285人。年内，区委老干部局组织机关干部志愿服务51次，结合庆祝中国共产党成立100周年，走访慰问全区106名离休干部，全区各部门走访慰问老干部3560人次，发放慰问金及慰问品折款600余万元；开展送学上门192次，老干部文艺演出、重点项目观摩、门球联赛等47场次，让老干部充分感受到党和政府的关怀与温暖。

【机构调整】 2021年，为提高老干部工作服务水平，根据《环翠区深化事业单位改革试点实施方案》，区委老干部局整合环翠区老年大学（环翠区委老干部党校、威海市老年大学环翠分校）、环翠区老干部活动中心2个事业单位及相关职能，重新组建威海市环翠区老干部活动中心，加挂区委老干部党校、区老年大学牌子，为区委老干部局所属正科级公益一类事业单位。主要承担老年教育、离退休干部党员骨干培训、文体活动组织、老干部工作调查研究等。

【离退休干部党组织建设】 2021年，区委老干部局突出抓好威海市“银铃先锋家园”创建工作，制定《关于开展社区“银龄先锋家园”试点工作的实施意见》，以“支部建设标准化、活动场所规范化、发挥作用常态化”为导向，打造10处老干部“本色家园”示范基地。开展争创“树山支部”“树山先锋”活动，评选20个“树山支部”和50名“树山先进个人”。通过强组织、强机制、强阵地、强融合、强服务“五强提升”，推进离退休干部党建、老年教育、银铃志愿服务向社区延伸，创新基层“社区离退休干部支部+社区老年教育+社区银铃志愿”工作模

2021年10月12日，区委领导走访慰问老干部　　（区委老干部局　供图）

式，助力“五位一体”社区治理共同体建设。

【离退休干部政治待遇落实】 2021年，区委老干部局坚持重要会议邀请老干部参加、情况通报、走访慰问等制度，为离退休干部订阅《老干部之家》2018份；组织春节走访慰问活动，向老干部通报全区经济社会发展情况；重阳节期间，组织区级老干部观摩蓝贝海洋科学中心、威海宝威新材料科技有限公司等重点工程建设。开展党史学习教育期间，组织“送学上门”活动，为老干部购买《习近平在正定》《习近平的七年知青岁月》等书籍150册；协调区委党史研究中心，赠送老干部《抗日战争专辑》《解放战争专辑》《人物专辑》等环翠党史资料汇编书籍120套。

【离退休干部生活待遇落实】 2021年，区委老干部局及时报销离休干部医药费、发放抚恤金，组织106名离退休干部健康查体，为老干部发放慰问金9.31万元，为离休干部遗属发放生活困难补助16.2万元、取暖费8.8万元。进一步完善家庭医生签约制度，为老干部签约家庭医生，开展家庭医生上门服务。

【关心下一代工作】 2021年，环翠区关心下一代工作委员会对未成年人、中小学生、新兴领域青年群体实行分层关护，着力构建全区“大关爱”工作格局。在关护未成年人层面，成立未成年人保护工作领导小组，实行区委书记、区长“双组长制”，邀请行业专家制定未成年人关爱保护服务机构建设指导规范。在关护中小学生层面，区委教育工作领导小组抓紧抓牢“双减”任务落实、教学质量提高、课后服务品质提升等重点工作，投资2.3亿元新（续）建3所中小学、8所幼儿园，课后服务延伸覆盖中小学生4.6万人。在关护新兴领域青年层面，构建“团区委—镇（街道）青工委—街道、行业团工委—商圈团委—社区团支部”5级组织体系，提升对新兴领域青年的关心关怀度。

【老干部活动】 2021年，区委老干部局利用区老干部活动中心2000平方米活动场所，打造集党建活动、文化养老、荣誉退休、志愿服务等功能为一体的区级离退休党员干部活动中心，推行“活动场所共享、学习资料共享、文化设施共享、志愿活动共享”管理模式。至年末，有230名科级退休党员干部入驻。成立康乐离退休干部党总支，有舞蹈、门球、模特、合唱团等16个团队和支部。结合离退休干部专业特长优势，组建涵盖教育、法律、科技、京剧、声乐、中医等方面的36支、

2021年10月19日，区老年大学合唱团参加“银龄向党·唱响新征程”全市老干部合唱比赛汇报演出

（区委老干部局　供图）

1360人的志愿者团队，通过文艺演出、上门服务、现场授课、实地讲解等形式，进社区、进学校、进军营、进企业、进农村、进养老院，宣传党的方针政策，传授专业知识，倡树文明新风。

【老年大学】 2021年，区老年大学将办学范围延伸到城乡社区，在条件成熟的社区设立10所老年大学分校，打造“没有围墙的老年大学”。年内，开设模特、声乐、舞蹈等16个专业、34个班级，聘请专业教师21人，招收学员604人。加强校园文化建设，组织老年大学合唱团60余人参加“银龄向党·唱响新征程”全市老干部合唱比赛汇报演出，歌曲《天耀中华》获得银奖、组织奖和最佳创意奖。组织书画摄影班教师、学员参加威海市老年大学“翰墨丹青绘百年”比赛，推选于潇影绘画作品《一路清廉》参加威海市“清廉之路·你我同行”展。选送舞蹈《谁不说俺家乡好》参加威海市老年大学“红色华诞　百年风华”广场文艺演出，组织党员开展“讲好红色故事　传承红色基因”微视频拍摄。开展送戏到基层活动，演出52场次。

【老干部休养所】 2021年，老干部休养所服务管理老干部6户、老干部遗属14户。其中厅局级1人、县处级4人、一般干部1人；最大年龄99岁，最小年龄88岁，平均年龄92岁。年内，组织开展“清雪除冰保平安”“我为群众办实事”“今日我值日”“义务理发”等志愿服务活动25场次，为离退休干部送生日蛋糕15人次，探望生病住院老干部、接送服务老干部、送老干部健康查体、陪同老干部治疗80余次。组织离休干部及家属观摩南海新区建设，组织老干部参加“我和我的党”征文活动、书法比赛和书写颂党恩回忆录活动，追寻“红色记忆”，记录“红色经验”。发挥干休所红色教育基地作用，组织老红军遗属、老党员姜玉兰为老干部休养所工作人员和社会志愿者讲述革命故事。

（谷　雨）

党史编研

【概况】 2021年，区委党史研究中心开展党史学习教育，打造“史敢当”党史宣讲品牌，编写7个党史宣讲课题，开展特色党史宣讲49场；编纂出版《抗日武装起义的卓越贡献》《中共威海环翠党史简明读本》。年内，《环翠党史资料汇编》（1—3辑）获评威海市社会科学奖二等奖，“史敢当”新时代文明实践项目获2021年度环翠区“最佳志愿服务项目”，宣讲稿件《威海起义的历史贡献》获威海市“中国梦·新时代·跟党走”百姓宣讲暨理论宣讲比赛理论类二等奖。

【党史学习教育】 2021年，区委党史研究中心开展党史学习教育，结合党史成果“六进”（进机关、进院校、进企业、进军营、进社区、进乡村）活动，为全区机关、企业、学校、城市书房、红色展馆等地赠送党史史志书籍6000余册，为党员干部群众了解本土红色历史提供教材。在“中国威海环翠”公众号上开设《红色环翠》专栏，定期推送党史故事，并配发党史小知识，推送党史故事32期；在“学习强国”学习平台“听历史”版块刊发19期114篇红色故事。

【党史宣讲】 2021年，区委党史研究中心打造“今天我来讲党史”“家门口学党史”两大学习品牌，谋划《威海起义的历史贡献》《星星之火可以燎原》《一级战斗英雄王海》等7个党史宣讲课题，以威海市社区党史（史志）宣教基地，新时代文明实践中心、站、所等为依托，开展特色党史宣讲49场，受众上万人。年内，“史敢当”新时代文明实践项目获2021年度环翠区“最佳志愿服务项目”，宣讲稿件《威海起义的历史贡献》获威海市“中国梦·新时

2021年4月29日，区委党史研究中心到威海市环翠区城市发展投资有限公司开展党史宣讲“六进”活动　　（区委党史研究中心　供图）

2021年3月18日，区委党史研究中心在“初心·1932”展馆举行《环翠党史资料汇编》首发仪式
（区委党史研究中心　供图）

代·跟党走”百姓宣讲暨理论宣讲比赛理论类二等奖。

【《抗日武装起义的卓越贡献》出版】　《抗日武装起义的卓越贡献》记载1938年1月15日的威海第一次抗日武装起义、1940年3月3日的威海第二次抗日武装起义、1944年11月5日的刘公岛伪海军起义3次抗日武装起义的历史经过及重要意义，为《环翠党史资料汇编》系列丛书第四辑。该书22万字，2021年5月由山东人民出版社出版发行。

【《中共威海环翠党史简明读本》编纂】　《中共威海环翠党史简明读本》按照历史脉络，选取100个能够代表环翠区不同历史时期的重要事件和历史人物，以实事求是的原则与尊重历史的态度，翔实、准确地记述环翠区地方党组织光辉的奋斗历程，是一部教育引导全区党员干部传承红色基因、弘扬爱国主义精神的实用党史教材。该读本于2021年“七一”前夕发至全区各镇（街道）、各区直部门（单位）、各村（社区）等，作为党史学习教育的延伸补充教材。

（李琳琳）

党校工作

【概况】　2021年，区委党校贯彻落实《中国共产党党校工作条例》，加强和改善党校教学工作，按照区委“高标准起步、大力度投入、规范化建校、全方位提高”总体要求，推进县级一流党校建设。年内，举办主体班次4期，培训396人次；举办各类专题班次11期，培训1450余人次；深入基层宣讲50余场次，受众3000余人次；在《威海日报》发表文章2篇；在《威海社会科学》发表文章1篇；编印《环翠党校论坛》10期，其中3篇调研报告被区委主要领导批示；在威海市委党校系统理论研讨会上，1篇理论文章获得二等奖，4篇理论文章获得三等奖。

【干部教育培训】　2021年，区委党校主体班次培训内容以学习习近平新时代中国特色社会主义思想为中心内容和首要任务，突出党的理论教育和党性教育的主业主课地位，实现习近平新时代中国特色社会主义思想课程不低于总课时50%，理论教育和党性教育占主体班次总课时的70%以上，党性教育不低于20%的目标。把党史课程作为必修课程，体现在党的理论教育和党性教育的全过程和各方面。年内，举办农村（社区）“两委”干部培训班1期，培训学员278人次；科级干部任职班1期，培训学员56人次；新考录人员初任培训班1期，培训学员

2021年9月9日，区委党校举办新考录人员初任培训班
（区委党校　供图）

31人次；科级干部进修班1期，培训学员21人次。举办环翠区年轻干部“淬炼工程”专题培训班1期，培训学员10人次；中共十九届六中全会专题读书班1期，培训学员120人次；党史专题研讨班1期，培训学员120人次。同时，与区民政局、区人力资源社会保障局、区委区直机关工委、区总工会、区国有资产中心等单位合作，举办业务专题培训班8期，培训学员1200余人次。

【教学管理】 2021年，区委党校探索与市委党校联合培训、联合办班，实现资源共享。坚持以讲授式为主，现场式、研讨式、案例教学式等为补充；依托市委党校情景模拟教室，开展形式多样的情景模拟教学，增强教学互动性、实践性、实效性。聚焦社会主义现代化建设和党的建设重大理论和实践问题，探索开展学员讲堂、即兴演讲等培训模式，实现教学相长、学学相长，推进教学质量和培训水平的提高。采取线上线下相结合的方式，利用人民日报社旗下融媒体教育平台——“人民学习”“网上党校”开展网络授课，拓展党员干部培训渠道。开展送学宣讲活动，选派骨干教师深入基层宣讲，先后到镇（街道）、区直部门（单位），针对“百年党史”、中共中央总书记习近平“七一”讲话重要精神、中共十九届六中全会等内容宣讲50余场次，受众3000余人次。

【科研咨政】 2021年，区委党校以省委党校“2+1”（由省委党校选派1名教师和1名参公人员组成工作小组联系1个县级党校）牵手合作计划为载体，联合省委党校专家共同开发《实施科技驱动战略 塑造环翠发展新动力》科研课题，以市委党校科研区域一体化合作中心为载体，联合开发《党建引领“益城花园”更精致——环翠区鲸园街道花园社区精致社区建设实践》科研课题，在8月19日的《威海日报》理论版刊发。10月27日，在《威海日报》刊发《以良好人才生态促“五化”建设》。围绕党史学习教育，在《环翠党校论坛》开设理论学习专题，推出相关的课题研发成果在全区进行学习交流，刊发区委、区政府主要领导的理论研究文章《砥砺理想信念 凝聚奋进力量 奋力书写新的百年辉煌》《重温光辉历程 感悟思想伟力 汲取奋进新征程的磅礴力量和智慧》；《中国共产党的力量之源——学习习近平总书记在庆祝中国共产党成立100周年大会上的重要讲话有感》《党建引领 共治共享——环翠区加强社区治理共同体的探索与实践》《关于农村隐蔽性资源合理利用开发的调查与思考——以环翠区“两清三化”工作为例》3篇理论调研文章被区委主要负责人批示。组织科研人员参加省委党校系统开展的“百年大党与延安精神”理论研讨活动，《坚持文艺的人民性，发挥最大正能量》《延安精神之为人民服务》《弘扬延安精神，勇担时代使命》3篇理论文章入选；组织科研人员参加市委党校系统的系列理论研究活动，在“庆祝中国共产党成立100周年”理论研讨会上，理论文章《勇于自我革命是中国共产党最鲜明的品格》获二等奖，《学习百年党史 砥砺初心使命》《论中国共产党的创立与红船精神》《中国共产党对民主集中制原则的继承与发展》获三等奖。在“两个规律”（干部成长规律、党校教育规律）研究征文活动中，理论文章《遵循“两个规律”，助推干部成长》获得三等奖。

【党建特色品牌建设】 2021年，区委党校以“举党旗 守阵地 强智库”作为党建特色品牌，以“学典型·促发展”为抓手，开展比学赶超活动，转变工作作风，提升工作质效。围绕党史学习教育，开展微党课大赛、党史知识竞赛、红色经典领读活动，丰富“3+N”主题党日内容和形式，提升党建吸引力。开展廉政教育，筑牢思想防线，提高政治站位，把全面从严治党落实到办学管理的方方面面，推进党风廉政建设和反腐败工作。逐级签订党风廉政责任书、严格执行中央八项规定精神、强化以案促改，管好关键人关键事、及时发现和整改隐患风险点，为实现党校高质量发展打造良好的环境。贯彻落实意识形态工作责任制，坚持“党校姓党”的根本原则，把旗帜鲜明讲政治融入工作全过程和各方面，牢固树立看齐意识，严守政治纪律和政治规矩，在思想上、行动上与党中央保持高度一致。

（牟雅莉）

港澳台事务

【概况】 2021年，环翠区有常驻台胞15人、台属52人、台资企业4家，常驻港胞8人、港资企业4家。区委统战部作为港澳台同胞联络人，通过微信群常态化联系、定期实地走访，了解生活工作情况，宣传落实政策。开展台资企业拓展内销工作专题调研，走访山东金富电子有限公司、景美彩色印刷（威海）有限公司、石中剑（威海）渔具有限公司、威海海元渔具有限公司台资企业，鼓励企业充分利用国家、省、市惠台政策，紧跟市场形势，实现企业转型升级发展。发挥港澳台同胞权益保护站作用，举办港澳台法律服务“云课堂”，邀请港澳台权益保护站法律顾问线上讲解新冠肺炎疫情常态化防控相关法律规定。11月6日，开展威海基隆基层妇女“两岸巾帼齐分享，非遗文化永传承”线上文化行活动，在环翠楼街道东北村社区通过云端连线方式与台湾省基隆市港都姊妹协会互相展示两岸基层社区妇女活动开展情况，向台胞展示剪纸、锡镶、花饽饽等非遗文化及环翠区美丽乡村、幸福生活情况，活动被中央广播电视总台《海峡两岸》报道，该活动是环翠区首次以妇女风采为主题开展的两岸交流。

【服务港澳台同胞】 2021年2月4日，区委常委、统战部部长林莅带队到环翠区台资企业走访看望留在威海过年台胞，送去新年礼物和祝福，并叮嘱台胞做好新冠肺炎疫情常态化防控和安全生产工作。8月19日，区委统战部在环翠楼商圈党群服务中心举办港澳台法律服务“云课堂”，邀请港澳台权益保护站法律顾问线上为港澳台同胞、港资、台资企业负责人讲解新冠肺炎疫情常态化防控和国家法律法规，丰富法律常识，加深同港澳台同胞感情沟通。在端午节和中秋节期间，区委统战部工作人员走访慰问辖区香港同胞，详细了解他们身体状况、生活情况及在香港的亲人情况，尽力帮助解决生产生活的困难和问题，送上节日慰问和祝福。

【交流交往】 2021年11月6日，环翠区环翠楼街道东北村社区和台湾省基隆市港都姊妹协会举办“两岸巾帼齐分享，非遗文化永传承”海峡两岸基层妇女线上文化行活动，中央广播电视总台《海峡两岸》节目同步报道该次活动。威海现场采用双镜头并行与视频结合方式，向基隆妇女同胞介绍儿童友好型街区打造，以及爱心银行、爱心厨房等特色服务项目，基隆现场介绍基隆市港都姊妹协会基本情况、活动开展情况，互相展现两岸基层妇女热爱生活、积极向上的精神风貌，共话亲情乡情。威海现场通过视频方式介绍“美在我家”特色农家小院，花饽饽、剪纸等传统非遗文化，基隆妇女同胞进行工笔画与瓷器研究展示，互动中两岸妇女同胞切磋技艺，相约汇聚巾帼力量，传承非遗文化。

【港澳台同胞联络联谊活动】 2021年3月6日，区委统战部与环翠区港澳台妇女开展“明礼知法　添香芳华”港澳台侨胞共庆“三八”国际妇女节活动。通过女性礼仪培训、学党史送红书、宣讲《中华人民共和国民法典》系列活动，加强与港澳台同胞联系，发挥凝心聚力作用。6月11日，区委统战部组织香港同胞参观“十八里担架道”红色印记馆，加强思想引领、弘扬爱国精神；走进张村镇王家疃村，亲身感受美丽乡村建设成果，增强与香港同胞联系。

【涉港澳台宣传教育】 2021年6月20日—26日，区委统战部组织5名对台工作人员到北京参加“2021年第三期新时代对台工作干部培训班”，提升涉台理论和政策水平，奠定进一步做好对台工作基础。12月3日，区委统战部在威高广场开展涉港澳台法律法规、港澳台基础知识宣传活动，向群众发放“涉港澳台基础知识问答”“威海市惠台59条措施”等宣传资料100余份，现场回答群众咨询，增强群众对港澳台工作的了解与支持。

（苗　新）

侨　务

【概况】 2021年，区委统战部在全区集中开展“侨法宣传月”活动，举办多种形式宣传教育，到归侨侨眷较集中的孙家疃街道里海社区、竹岛街道山东侨乡集团股份有限公

2021年8月17日，区委统战部工作人员走访威海华韵服装有限公司

（区委统战部　供图）

司等基层单位，讲解侨务政策，回答群众有关“三侨”（归侨、归侨子女、华侨子女）考生、归侨侨眷证件办理等有关涉侨方面政策咨询。帮助归侨侨眷解决实际困难，为4名困难归侨补助7200元，办理10名“三侨”子女身份认定手续，保证其享受合法权益。利用海外华商高层次人才投资创业威海行活动，对接区内企业技术需求，引进海内外高层次人才到威海创新创业。打造华夏城“山东省华侨国际文化交流基地”，里海社区和山东侨乡集团股份有限公司2家省级“侨胞之家”。

2021年12月19日，区委统战部工作人员到孙家疃街道里海社区开展涉侨政策及法律知识座谈交流（区委统战部　供图）

【侨资企业走访调研】 2021年，全区开展侨资企业调研工作。8月17日，区委统战部走访山东侨乡集团股份有限公司、威海华韵服装有限公司等全区重点侨资企业，开展“四进侨企”（政策进侨企、人才进侨企、资金进侨企、平台进侨企）活动。期间，走访调研，参观企业生产车间，与企业负责人进行座谈，详细了解企业生产经营状况。

【归侨侨眷服务】 2021年，区委统战部执行归侨侨眷身份认定、“三侨”考生身份认定、无退休待遇归侨困难补助等一系列优惠政策。年内，办理7名“三侨”考生加分申报手续，为4户困难归侨发放生活补贴7200元。10月13日，区委统战部结合“我为群众办实事”活动，在竹岛街道“侨胞之家”开展“为民办实事　金秋送健康”义诊活动。活动邀请相关医院专家为“侨胞之家”、侨企工作人员及侨界群众30余人进行义诊，凝聚侨心、维护侨益，送去环翠温暖和关怀。

【侨法宣传】 2021年12月，区委统战部开展“侨法宣传月”活动，走进侨乡竹岛街道、孙家疃街道，采取面对面讲解、座谈交流等方式，向市民宣传《中华人民共和国归侨侨眷权益保护法》《〈中华人民共和国归侨侨眷权益保护法〉实施办法》和《山东省归侨侨眷权益保护条例》等涉侨法律法规，发放侨务知识、侨法宣传资料500余份，30余名涉侨对象参加。

（林　哲）

2021年10月13日，区委统战部开展“为民办实事　金秋送健康”义诊活动（区委统战部　供图）

目标管理考核

【概况】 2021年，区委办公室考核科紧紧围绕“强化执行力，全面促提升”工作主基调，注重导向引领，坚持机制创新，实施动态监测问效，加强日常全过程管理，实现写实考绩、奖优罚劣，为不断开创“精致城市·幸福威海”首善之区建设全新局面提供机制保障。

【市级考核】 2021年，区委办公室

考核科调度承担市级考核任务的部门、单位结合实际，对市级考核办法提出合理化意见建议，并与市考核办公室沟通对接，及时掌握考核办法最新动态。对照《威海市2021年度市级考核总体方案》《2021年度区市、开发区目标绩效管理考核标准》，制定指标责任清单，组织各承担市级考核任务的部门、单位认真分析研究，谋划做好各项考核工作。根据市级下发的《2021年度区市、开发区半年考核指标运行情况表》，第一时间对考核结果进行测算排名，组织相关责任单位对考核结果进行分析研判，查漏补缺，为下半年考核工作打好基础。针对三季度和年终考核工作分别召开市级考核指标分析调度会议，对环翠区相对落后及存在明显短板的指标进行专题调度，帮助查找问题原因，制定提升措施，提升环翠区考核成绩。在2021年度区市、开发区高质量发展考核中，环翠区排名区市组第二名，考核等次为“优秀”，连续4年保持优秀等次，并获得单项奖3个（新旧动能转换先进单位、“双招双引”对外开放先进单位、守牢发展安全底线先进单位）。年内，根据区级考核办法，对承担市级考核指标责任单位予以奖优罚劣，相关结果在区级考核中充分应用。对区地方金融监管局、区科技局、区应急局、区海洋发展局、区统计局5家单位授予市级考核“攻坚争先优秀单位”称号。

【区级考核】 2021年，区委聚焦高质量发展和市、区两级重点工作，优化考核方式，健全考核体系，构建科学高效考核机制。对镇（街道），围绕省考、市考指标和环翠区重点工作，分为产业强区、科创兴区、精致靓区、生态立区、幸福城区、差异化工作、督查工作、风险防控、改革创新9个板块。对镇（街道）不再设置“双招双引”目标任务，调整营商环境考核指标，主要围绕联系服务企业、项目、人才等相关工作进行考核。对里口山管理服务中心单独设置考核指标及评先标准，其他9个镇（街道）同一平台考核。加大部门日常考核赋分权重，分为日常考核和年终考核两部分，区直和省、市驻区部门、单位权重分别为60%、40%，区内重点国有企业权重分别为50%、50%，引导各部门、单位加大日常攻坚力度。整体提高招商引资在部门重点工作中的赋分比重，根据招商部门的调整，优化责任单位的分组和分值。在保留承担考核指标总得分同平台排名第一评为攻坚争先优秀单位、高出第二名2分及以上直接确定为一等的基础上，新增加对环翠区获得市级单项奖考核板块中的责任单位，根据对单项奖的贡献程度，确定直接评为一等单位的激励办法。根据年度考核结果，确定2021年度工作优秀单位31个、全面从严治党优秀单位9个、产业项目建设优秀单位2个、基层社会治理优秀单位2个、精致社区建设优秀单位2个、乡村振兴建设优秀单位3个、招商引资优秀单位4个、招才引智优秀单位2个、营商环境优秀单位6个、争取无偿资金优秀单位6个、攻坚争先优秀单位5个。

【“亮灯”公开机制】 2021年，环翠区持续实施“亮灯”工作机制。区委办公室考核科在区委、区政府办公楼两侧入口显要位置，对市、区两级考核指标完成情况“亮灯”上墙，对排名靠前的实行“绿灯”鼓励，对排名靠后的实行“黄灯”预警、“红灯”警告，并结合每季度指标及考核成绩进行更新。设置通报专栏，对督查考核专报不定期进行更新，更新督查考核专报20期，以此实现“红脸”“出汗”的警示效果。

（郭玉娇）

环翠区人民代表大会

综　述

【概况】 2021年，威海市环翠区第十八届人民代表大会实有代表265名，下设财政经济委员会、监察和司法委员会、教育科学文化卫生委员会、农村城建环保委员会、社会建设委员会及其办事机构。常委会下设办公室、研究室、人事代表工作委员会、预算工作委员会。年内，召开威海市环翠区第十八届人民代表大会第五次会议、10次人大常委会会议，履行常委会职责；开展专题调研6次；对全区2021年为民实事办理情况进行专项视察；对全区安全生产、土地管理、残疾人保障等法律法规情况进行执法检查；对经济、审计、财税、国有资产进行依法监督；开展人大代表活动139次，参与代表930余人次；围绕优化营商环境召开专题询问会议；开展代表参政，参加各类庭审、旁听及“开放日”活动17次，240余名人大代表参加活动，建言献策；在张村镇、羊亭镇、温泉镇、桥头镇推行镇民生实事项目人大代表票决制工作，完成在镇人民代表大会上票决民生实事项目，镇政府形成项目实施方案或计划。至年末，区人大常委会开展集中视察、专题调研、执法检查、人大监督活动16项，深入镇（街道）、部门开展各类小型座谈督导39次，依法任免“一府一委两院”地方国家工作人员96名。

【常委会建设】 2021年，区人大常委会党组履行全面从严治党主体责任，强化党建引领，严守政治纪律、政治规矩，严格落实“三会一课”、谈心谈话、民主生活会、领导干部双重组织生活制度，扎实开展党史学习教育，组织专题读书班3次、红色主题教育2次。坚持落实全面从严治党要求，深入开展干部作风大改进行动和“学典型、促发展”比学赶超活动，机关党建工作取得明显成效。坚持问题导向，抓好区委第十一轮巡察反馈问题整改。编印《人大剪报》12期，办好“环翠人大”微信公众号，持续守牢意识形态舆论阵地。

【人事任免】 2021年1月29日，环翠区第十八届人大常委会第35次会议决定任命万景周为威海市环翠区人民法院审判员、审判委员会委员、副院长，代理院长职务；任命朱纯媛为威海市环翠区人民检察院检察员、检察委员会委员、副检察长，代理检察长职务；接受梁伟辞去威海市环翠区人民法院院长职务的请求。

3月9日，环翠区第十八届人大常委会第37次会议决定任命邢海波为威海市环翠区人民政府副区长、代理区长职务，孙军、王文萍为威海市环翠区人民政府副区长，薛岳为威海市环翠区人大常委会办公室主任，刘昌军为威海市环翠区发展和改革局局长，梁英杰为威海市环翠区自然资源局局长，李强为威海市环翠区审计局局长，李兴元为威海市环翠区住房和城乡建设局局长，吕进柏为威海市环翠区水利局局长，张永君为威海市环翠区退役军人事务局局长，王涛为威海市环翠区应急管理局局长；免去沈燕萍的威海市环翠区人民政府副区长职务，张福新的威海市环翠区人大常委会办公室主任职务，薛岳的威海市环翠区人大常委会研究室主任职务，李祖国的威海市环翠区人大教育科学文化卫生委员会主任职务，刘昌军的威海市环翠区自然资源局局长职务，梁英杰的威海市环翠区应急管理局局长职务，林青松的威海市环翠区住房和城乡建设局局长职务，邹伟的威海市环翠区发展和改革局局长职务，尹小飞的威海市环翠区水利局局长职务，林海涛的威海市环翠区退役军人事务局局长职务；接受王爱波、尹小毅、毕建金、邹涛、姜明辞去威海市环翠区人大常委会委员职务，孙青松辞去威海市环翠区监察委员会主任职务。

4月29日，环翠区第十八届人大常委会第38次会议决定任命张积超为威海市环翠区工业和信息化局局长，刘瑞宾为威海市环翠区农业农村局局长，杨亚辰为威海市环翠区海洋发展局局长，胡远涛为威海市环翠区综合行政执法局局长，周克为威海市环翠区信访局局长，夏明彦为威海市环翠区人大社会建设工作委员会副主任；免去陈增卫的威海市环翠区工业和信息化局局长职务，胡远涛的威海市环翠区农业农村局局长职务，刘瑞宾的威海市环翠区海洋发展局局长职务，彭志成的威海市环翠区综合行政执法局局长职务，杨亚辰的威海市环翠区信访局局长职务。

6月24日，环翠区第十八届人大常委会第39次会议决定任命张起刚为威海市环翠区人大常委会研究室主任，王明霞为威海市环翠区人大常委会人事代表工作委员会主任，罗秀丽为威海市环翠区人大常委会预算工作委员会主任，郭贤杰为威海市环翠区人大财政经济工作委员会主任，王翠微为威海市环翠区竹岛街道人大联络办公室主任，林芳芳为威海市环翠区嵩山街道人大联络办公室主任，盛守卫为威海市环翠区孙家疃街道人大联络办公室主任，高磊平为威海市环翠区环翠楼街道人大联络办公室主任，王晨旭为威海市环翠区人民政府科技副区长（时间1年），杨华清为威海市环翠区民政局局长，刘大伟为威海市环翠区商务局局长，夏伟清为威海市环翠区卫生健康局局长，栾晓为威海市环翠区地方金融监督管理局局长，侯春生、刘兵、于志伟为威海市环翠区监察委员会委员，宋华为威海市环翠区人民检察院副检察长、检察委员会委员、检察员。免去毕建金的威海市环翠区人大常委会人事代表工作委员会主任职务，郭贤杰的威海市环翠区人大常委会预算工作委员会主任职务，王爱波的威海市环翠区人大财政经济工作委员会主任职务，尹小毅的威海市环翠区人大农村城建环保工作委员会主任职务，汤华超的威海市环翠区竹岛街道人大联络办公室主任职务，杨林伟的威海市环翠区嵩山街道人大联络办公室主任职务，段维海的威海市环翠区环翠楼街道人大联络办公室主任职务，连呈辉的威海市环翠区人大常委会办公室副主任职务，林森的威海市环翠区民政局局长职务，许德峰的威海市环翠区卫生健康局局长职务，夏伟清的威海市环翠区商务局局长职务，丛晓静的威海市环翠区地方金融监督管理局局长职务，王宜超、刘刚的威海市环翠区监察委员会委员职务，林波的威海市环翠区人民法院审判委员会委员、张村人民法庭庭长职务，郭林涛、李艳芳的威海市环翠区人民法院审判员职务，许作秀的威海市环翠区人民检察院副检察长职务，于潇隽、李荣、马丰宝、田筱荷的威海市环翠区人民检察院检察员职务。

8月27日，环翠区第十八届人大常委会第40次会议决定任命彭燕、宋春光为威海市环翠区人民检察院检察委员会委员；免去邹金红的威海市环翠区人民检察院检察委员会委员职务。

10月27日，环翠区第十八届人大常委会第42次会议决定免去路平的威海市环翠区人民法院副院长、审判员职务，张晓阳的威海市环翠区人民法院审判委员会委员、刑事审判庭庭长、审判员职务，邹金红的威海市环翠区人民检察院检察员职务。

12月29日，环翠区第十八届人大常委会第43次会议决定任命于晓东为威海市环翠区人民政府副区长、代理区长，刘斌、崔军强为威海市环翠区人民政府副区长，张勇为威海市环翠区监察委员会副主任、代理主任，丛勇滋为威海市环翠区鲸园街道人大联络办公室主任，郑林、王斌为威海市环翠区人民法院审判员。免去黄松娟的威海市环翠区科学技术局局长职务，孟祥强的威海市环翠区鲸园街道人大联络办公室主任职务；接受苏卫军辞去威海市环翠区人民政府副区长职务的请求。

【区镇两级人大代表换届】 2021年，环翠区区镇两级人大代表换届选举工作根据省、市关于区镇两级人大换届选举工作的有关要求和区委的安排部署，按照“高度重视、严肃认真，周密细致、精心组织，依法依规、统筹推进，居安思危、有备无患”的工作要求，严把代表政治关、素质关、结构关，精心组织、周密部署、上下协作、扎实推进，全程监督、严肃换届纪律，确保换届选举各项工作平稳有序进行。从9月开始，经过组织准备、划分选区、选民登记、提名推荐、确定代表候选人、投票选举等阶段，于2021年12月23日、2022年1月12日完成区镇两级人大代表的换届选举工作，选出环翠区第十九届人大代表302名、镇第二十届人大代表690名。

【代表工作】 代表活动。2021年，区人大代表密切联系选民，帮助群众办实事。常委会委员每人联系5～10名人大代表，每名人大代表联系5～10名所在选区的选民，联系、反映民意，作承诺办实事，让代表在各行各业中、在全国文明典范城市创建中争做共建共享表率。在人大代表中集中开展“强化执行力，全面促提升”主题实践活动，引领人大代表贯彻新发展理念，主动融入产业强区、科创兴区、精致靓区、生态立区、幸福城区“五区”建设新发展格局。全区9个镇（街道）代表小组活动室、工作站及联络站开展人大代表活动139次，参与代表930余人次。

代表询问。2021年10月29日，区人大常委会组织召开全区优化营商环境专题询问会议，29名区人大常委会委员、区人大代表参加会议。通过专题询问，不断强化执行力，推动全区营商环境持续优化、整体提升。11月，组织区人大常委会全体成员以及省、市、区三级人大代表视察全区为民实事项目，邀请人大代表对9个镇（街道）为民实事项目打票。受市政府委托，商请市人大代表提出为民实事项目建议，收到14名市人大代表提出为民实事建议18条。

代表建议。2021年，区人大常委会组织省、市、区三级人大代表参加省、市、区人大组织的视察、调研，市政府扩大会议及市、区两级法院、检察院各类庭审、旁听及“开放日”活动17次，240余名人大代表参加，为全市及环翠区的经济和社会发展起到有力的促进作用。

【镇民生实事项目人大代表票决制】 2021年，区人大常委会继续在张村镇、羊亭镇、温泉镇、桥头镇推行镇民生实事项目人大代表票决制，经过民生实事建议项目的征集、梳理筛选、分析论证、确定候选项目等，完成在镇人民代表大会上票决民生实事项目，镇政府形成项目实施方案或计划，经镇人大主席团备案后，开展项目实施工作。

重要会议

【威海市环翠区第十八届人民代表大会第五次会议】 2021年3月16日—17日，威海市环翠区第十八届人民代表大会第五次会议召开，出席会议人大代表254名。会议审议通过区政府工作报告、区国民经济和社会发展第十四个五年规划和二〇三五年远景目标纲要、2020年国民经济和社会发展计划执行情况与2021年发展计划报告、2020年预算执行情况和2021年预算报告、区人大常委会工作报告、区人民法院工作报告、区人民检察院工作报告。会议补选邢海波为区人民政府区长，林莅为区监察委员会主任，万景周为区人民法院院长，朱纯媛为区人民检察院检察长，补选王明霞、陈高磊、罗秀丽、郭贤杰为区第十八届人民代表大会常务委员会委员。大会组织新当选的区人民政府区长、区监察委员会主任、区人民法院院长和区人大常委会委员进行宪法宣誓。徐明受区第十八届人民代表大会第五次会议主席团委托，主持宣誓仪式并讲话，邢海波作表态发言。

【区镇两级人大换届选举工作部署暨培训会议】 2021年9月17日，环翠区区镇两级人大换届选举工作部署暨培训会议召开，区选举委员会全体成员、区选举委员会办公室成员，高新区、经开区、临港区党群工作部分管负责人，市直、区直牵头部门分管负责人，各镇选举委员会副主任，环翠区各街道分管负责人参加会议。威海市区市和镇人大换届选举工作联席会议办公室副主任、市人大常委会人事代表工作委员会主任穆荣庆代表市联席会议对环翠区人大换届选举工作提出要求、进行指导。区人大常委会主任刘光辉，区委常委、组织部部长张元波，区

2021年3月16日—17日，威海市环翠区第十八届人民代表大会第五次会议召开

（区人大常委会办公室　供图）

2021年9月17日，环翠区区镇两级人大换届选举工作部署暨培训会议召开
（区人大常委会办公室　供图）

委常委、宣传部部长沈燕萍就做好换届选举工作提出明确要求，区人大常委会党组成员、办公室主任薛岳传达全省、全市县乡人大换届选举工作部署会议精神。

【区人大常委会会议】 2021年，环翠区第十八届人大常委会召开人大常委会会议10次（区第十八届人大常委会第34次至第43次会议）。

第34次会议　1月11日召开。会议调整、补选威海市第十七届人大代表：接受威海市第十七届人大代表吕晓东、陈汝忠的辞呈；补选刘升勤、邢海波、张东方、张璟、苑圣慧、梅延良为威海市第十七届人大代表。

第35次会议　1月29日召开。会议传达市十七届人大六次会议精神、市委书记张海波参加环翠代表团审议时的讲话精神和在闭幕式上的讲话精神；依法任免区法院、区检察院部分工作人员职务。

第36次会议　2月19日召开。会议审议并通过关于补选威海市环翠区第十八届人大代表的决定。

第37次会议　3月4日召开。会议审议并通过关于补选区十八届人大代表的代表资格审查报告；依法通过人事任免事项；听取并审议区第十八届人大五次会议筹备工作情况的汇报；审议并通过关于召开区第十八届人大五次会议的决定（草案）；审议并通过区第十八届人大五次会议建议议程；审议并通过区第十八届人大五次会议主席团、秘书长建议名单；审议并通过区第十八届人大五次会议议案审查委员会组成人员建议名单；听取提交大会审议的区人大常委会工作报告。

第38次会议　4月29日召开。会议依法通过人事任免事项；听取并审议区政府关于公共文化服务体系建设情况的报告；听取并审议区政府关于环境状况和环境保护目标完成情况的报告；听取并审议区政府关于安全生产“一法一条例”贯彻实施情况的报告。

第39次会议　6月24日召开。会议依法通过人事任免事项；听取并审议区政府关于全区行政审批规范化建设情况的报告。

第40次会议　8月27日召开。会议传达省、市人大换届选举工作部署会议精神和区委十五届九次全体会议精神；审查批准区政府关于2021年环翠区地方政府债券分配使用意见及区本级预算调整方案；听取并审议区政府关于环翠区2021年上半年国民经济和社会发展计划执行情况的报告及环翠区和区级2021年上半年预算执行情况的报告；听取并审议区政府关于2020年度区级预算执行和其他财政收支的审计工作报告；审查批准区政府关于2020年环翠区和区级财政决算（草案）的报告；听取并审议区政府关于区十八届人大五次会议代表建议办理情况的报告；听取并审议区法院关于贯彻实施民法典推进民事审判工作情况的报告；听取区法院、区检察院2021年上半年工作情况报告；听取并审议区政府关于全区垃圾分类工作情况的报告；依法通过人事任免事项。

第41次会议　9月9日召开。会议审议并通过区人大常委会关于做好区镇两级人民代表大会换届选举工作的意见；审议并通过区人大常委会关于设立区选举委员会的决定（草案）及区选举委员会组成人员名单（草案）；审议并通过选举委员会职责（草案）；审议并通过区选举委员会关于环翠区区镇两级人民代表大会换届选举工作的实施方案（草案）及日程表；审议并通过区人大常委会关于设立镇选举委员会的决定（草案）及各镇选举委员会组成人员名单（草案）；审议并通过区人大常委会关于确定各镇人大代表名额的决定（草案）。

第42次会议　10月27日召开。会议传达学习中共中央总书记习近平在中央人大工作会议上的讲话精神和在深入推动黄河流域生态保护和高质量发展座谈会上的讲话精神；依法通过有关人事任免事项；听取并审议区政府关于全区优化营商环境工作情况的报告；听取并审议区

2021年12月29日，环翠区第十八届人大常委会第四十三次会议召开
（区人大常委会办公室　供图）

政府关于2020年度全区国有资产管理情况的综合报告，书面印发关于2020年度全区国有自然资源资产管理情况的专项报告；听取并审议区政府关于环翠区物业管理工作推进情况的报告。

第43次会议　12月29日召开。会议依法通过有关人事任免事项；审查批准区政府关于2021年下半年地方政府债券分配使用意见及区本级预算调整方案的报告；听取并审议区政府关于2020年度区级预算执行和其他财政收支审计查出问题整改情况的报告。

视察调研

【专题调研】　公共文化服务体系建设情况调研。2021年3月26日，区人大常委会副主任刘玉波带领调研组对全区公共文化服务体系建设情况开展调研，实地察看城市书房鲸园分馆、张村镇王家疃村综合文化服务中心、区公共文化服务中心等，了解全区公共文化服务体系建设情况。调研组认为，区政府围绕工作中心、服务大局、突出重点、创新载体，深入开展公共文化服务体系建设，提升公共文化服务体系建设水平，增进民生福祉。建议区政府持续推进公共文化服务提档升级，推进品牌文化活动，向基层延伸，贴近群众服务，增强文化产品的吸引力和群众参与度。

环境状况和环境保护目标完成情况调研。2021年4月15日，区人大常委会副主任沙建强带领调研组对全区环境状况和环境保护目标完成情况进行专题调研。调研组认为，全区开展环境治理，落实“1+1+8”（2018年，山东出台“1+1+8”系列方案。第一个“1”，是《关于全面加强生态环境保护坚决打好污染防治攻坚战的实施意见》；第二个“1”，是《加强污染源头防治推进“四减四增”三年行动方案（2018—2020年）》；“8”就是集中打赢蓝天保卫战、渤海区域环境综合治理、黑臭水体治理、饮用水水源水质保护、农业农村污染防治、柴油货车污染防治、危险废物治理和自然保护区8场标志性重大战役，形成打好污染防治攻坚战的时间表、路线图、任务书）10个作战方案，坚持科学治污、精准治污、依法治污，改善全区生态环境质量。调研组强调，要深入贯彻绿色发展理念，落实最严格生态环境保护制度，推进生态效益、经济效益、社会效益高度统一，打造集约高效的生产空间、宜居适度的生活空间、山清水秀的生态空间，提升美丽环翠的层次和量级。

行政审批服务规范化建设情况调研。2021年5月26日，区人大常委会副主任刘玉波带领调研组对全区行政审批服务规范化建设情况进行调研，实地察看张村镇、竹岛街道便民服务大厅、区行政审批服务中心工作开展情况。调研组认为，全区行政审批服务规范化建设工作成果日益显现，各项事业走在全省前列。建议区政府相关部门明确权责，加强互联互通、团结协作、齐抓共管，发挥整体合力作用。

垃圾分类工作情况调研。2021年7月27日，区人大常委会副主任沙建强带领调研组对全区垃圾分类工作情况进行专题调研，实地察看环翠楼街道塔山社区和鲸园街道花园社区的垃圾分类管理情况。调研组认为，全区垃圾分类工作有序推进，环翠分类模式基本成型，分类处置体系逐步完善，创新举措亮点纷呈，社会氛围日益浓厚。建议区政府相关部门要加强党建引领，形成全民参与浓厚氛围；齐抓共管，统筹推进垃圾分类工作；强化监管，建立健全工作体制机制；政企联动，创新驱动绿色产业链发展。

区法院贯彻实施民法典推进民事审判工作调研。2021年7月29日，区人大常委会主任刘光辉、副主任韩静带领调研组对区法院贯彻实施民法典推进民事审判工作情况进行专题调研，实地察看区诉讼服务中心。调研组对区法院的相关工作给予肯定，并提出强化干部队伍建设、深化宣传教育、完善联动机制、提高审执质效等意见建议，推动民法典在全区贯彻实施。

“红色物业”管理开展情况调研。2021年10月13日，区人大常委会副主任沙建强带领调研组对全区“红色物业”管理开展情况进行专题调研，实地察看竹岛街道海源社区和环翠楼街道东北村社区的“红色物业”管理情况。调研组认为，区政府及相关部门重视物业管理工作，物业管理制度体系日趋完善、服务水平不断提高，业主委员会建设逐步推进，物业管理监管力度不断加强，物业管理水平明显提升。建议要加强宣传，营造良好社会氛围；加强监管，提升物业服务水平；加强指导，发挥业主委员会作用；党建引领，打造“红色物业”模式。

【专项视察】 2021年11月17日，区人大常委会主任刘光辉带领常委会组成人员、人大代表视察全区2021年为民实事办理情况。视察组先后视察天和美术馆、古陌早市改造提升项目、前进社区老旧小区改造、星乐公园、环翠省级旅游度假区医院南院区、新阳社区食堂、宅库花园老旧小区改造、冶口回迁安置项目、桥头镇社区食堂等地，听取各镇（街道）为民实事办理情况汇报。视察组对全区为民实事项目推进情况给予肯定，认为2021年区政府强化民生责任担当，紧盯民生实事事项，坚持压实责任，分解任务，科学安排，高效推进，高质量完成各项民生实事。视察组强调，要强化群众思维、有解思维，增强紧迫感和责任感，锚定首善、体现精致、彰显幸福，咬定目标、紧扣节点、扎实推进，确保实事项目件件有着落、事事有效果。人大代表要利用各自的行业特点、专业特长，发挥桥梁纽带作用，建言献策。

2021年11月17日，区十八届人大常委会调研组视察嵩山街道宅库花园老旧小区改造项目推进情况　　（区人大常委会办公室　供图）

执法检查

【残疾人保障执法检查】 2021年3月30日，区人大常委会配合市人大常委会对环翠区贯彻落实《中华人民共和国残疾人保障法》《山东省实施〈中华人民共和国残疾人保障法〉办法》实施情况开展执法检查。检查组深入区残疾人康复中心、鲸园街道残疾人家庭智能化改造项目现场、威海市（温泉镇）白手杖公益服务中心辅助性就业项目现场，实地检查工作开展情况，对环翠区相关工作给予肯定。检查组认为，环翠区残疾人康复、劳动就业、无障碍环境等方面工作成效明显。检查组建议下一步加强残疾人基本公共服务能力建设，提高残疾人社会保障水平，营造扶残助残的社会环境。

【安全生产执法检查】 2021年4月15日，区人大常委会党组副书记王福欣带领检查组对全区贯彻实施《中华人民共和国安全生产法》《山东省安全生产条例》情况进行执法检查，深入威海市燃气公司、万达广场、绿轴建筑工地等地，检查企业生产、经营、仓储场所。检查组认为，各相关部门和镇（街道）织牢织密监管体系、压实工作责任，强化风险管控，突出重点监管、专项整治，安全生产形势持续稳定。建议区政府相关部门要提高政治站位，强化安全发展底线思维。采取有力措施，严格落实企业主体责任。强化源头管控，防范化解各类生产安全事故风险。突出重点难点，持续推进大排查大整治专项行动。强化应急管理，提升处置应对能力。

【突发事件应对执法检查】 2021年8月26日，区人大常委会配合市人大常委会对环翠区贯彻落实《中华人民共和国安全生产法》《山东省安全生产条例》《中华人民共和国突发事件应对法》《山东省突发事件应对条例》实施情况开展执法检查。检查组到威海港华燃气有限公司实地查看设备普查、管网巡查、安全生产制度落实等工作情况，对环翠区相关工作给予肯定。检查组认为，威海港华燃气有限公司安全生产工作扎实稳定、高效务实。检查组强调，要牢固树立安全意识，层层压实安全生产责任，做好事故隐患排查，确保市区天然气安全稳定供应。

依法监督

【经济监督】 2021年8月18日—19日，区人大常委会主任刘光辉、副主任戚务海带领区人大财政经济委员会和相关工作人员到区发展改革局、区财政局就全区2021年上半年国民经济和社会发展计划及预算执行情况进行审查。审查组认为，全区上下认真贯彻高质量发展理念，统筹推进新冠肺炎疫情常态化防控和经济社会发展，经济运行稳中向好，区域营商环境持续优化，社会民生不断改善，财政预算执行情况良好，全区经济社会呈现稳中加固、稳中向好的态势。建议区政府相关部门加快产业转型升级，全力构建现代产业体系；突出创新引领，持续激发区域发展活力；大力发展社会事业，增进民生福祉；强化财税管理，实现财政收支平衡。

【审计监督】 2021年8月18日，区人大财政经济委员会组成调研组，到区审计局对2020年度区级预算执行和其他财政收支审计工作情况进行专题调研。同月20日，在常委会预算工作委员会预先审查的基础上，对区政府提交的关于2020年度区级预算执行和其他财政收支审计工作报告进行初步审查。区人大财政经济委员会认为，区政府审计部门围绕全区经济社会发展大局和区委决策部署，落实区人大常委会有关审议意见，依法履行审计监督职责，加大审计力度和深度，在规范预算管理、推动政策落实、保障全区经济社会健康发展等方面，发挥重要作用。区人大财政经济委员会建议，要强化预算执行审计，促进提升财政管理水平；要突出监督重点，增强监督质效；要抓好整改落实，强化审计结果运用。

12月17日，区人大财政经济委员会组成调研组，到区审计局对2020年度区级预算执行和其他财政收支审计查出问题整改情况进行专题调研。同月28日，在常委会预算工作委员会预先审查的基础上，对区政府提交的关于2020年度区级预算执行和其他财政收支审计查出问题整改情况的报告和区教育体育局、区财政局等4个审计查出突出问题重点整改责任部门提交的整改情况报告进行初步审查。区人大财政经济委员会认为，区政府及其相关部门落实区人大常委会有关审议意见，落实整改责任，整改工作推进有力、成效明显。首次开展审计查出问题整改情况跟踪监督和审计查出屡审屡犯问题整改情况“回头看”。区人大财政经济委员会建议，要坚持问题导向，加大审计查出问题整改力度；要强化整改措施，建立健全标本兼治长效机制；要强化结果运用，增强监督实效。

【财税监督】 2021年8月20日，区人大财政经济委员会在常委会预算工作委员会预先审查的基础上，对区政府提交的关于2020年环翠区和区级财政决算（草案）的报告及2020年区级决算（草案）进行初步审查。区人大财政经济委员会认为，区政府财税部门坚持稳中求进工作总基调，统筹推进新冠肺炎疫情常态化防控和经济社会发展，实施积极的财政政策，加大减税降费力度，完善财政管理体制，盘活存量资产，提高绩效管理水平，加强政府债务风险管控，财政运行总体平稳，较好地完成区十八届人大四次会议批准的预算任务。区人大财政经济委员会建议，要增强财政保障能力，提升预决算管理水平，强化预算绩效管理，加强政府债务监督管理。同日，区人大财政经济委员会在常委会预算工作委员会预先审查的基础上，对区政府提交的关于2021年威海市环翠区地方政府债券分配使用意见及区本级预算调整方案的报告及区本级预算调整方案（草案）进行初步审查。区人大财政经济委员会认为，区政府提出的区本级预算调整方案（草案）符合预算法规定，债券资金的分配使用符合国家政策要求，同意区政府提出的地方政府债券分配意见，建议批准区本级预算调整方案。12月28日，区人大财政经济委员会在常委会预算工作委员会预先审查的基础上，对区政府提交的关于2021年下半年环翠区地方政府债券分配使用意见及区本级预算调整方案的报告进行初步审查。区人大财政经济委员会认为，区政府提出的区本级预算调整方案（草案）符合预算法规定，债券资金的分配使用符合国家政策要求，同意区政府提出的地方政府债券分配意见，建议批准区本级预算调整方案。

【国有资产管理监督】 2021年10月21日，区人大常委会副主任戚务海带领调研组到区国有资产中心，对全区2020年度国有资产管理情况进行专题调研。在调研的基础上，常委会预算工作委员会对区政府提交的关于2020年度全区国有资产管理情况的综合报告及关于2020年度全区国有自然资源资产管理情况的专项报告进行预先审查。同月22日，区人大财政经济委员会召开会议进行初步审查。审查认为，2020年区政府及有关部门依法履行国有资产管理职责，完善管理制度，加大管理力度，创新管理方法，全区国有资产管理成效显著提升。建议区政府相关部门要持续健全报告制度，加快完善国有资产监督机制；深入推进国有企业改革，促进国有资本保值增值；加强和改进行政事业性国有资产管理，提高资产管理的规范化水平；建立长效机制，稳步推进自然资源保护和合理利用。

【专题询问】 2021年10月29日，区人大常委会召开优化营商环境专题询问会议。区人大常委会全体班子成员、区政府分管负责人、区政府相关部门和各镇（街道）负责人参加会议。区人大常委会委员、区人大代表聚焦惠企政策落实、优化审批流程、强化司法保障等8个方面的问题进行询问，区行政审批服务局、区人力资源社会保障局、区税务局、区自然资源局等相关部门针对询问进行回答。询问聚焦关注、开门见山、切中要害，回答直奔主题、实事求是、措施务实，达到找准问题、对症下药、改进工作的效果。通过专题询问，督促区政府及相关部门以问题为导向，举一反三，加强询问成果的转化，建立长效机制，抓项目、促投资，打造公平、透明、稳定、可预期的优质营商环境。

2021年10月29日，环翠区人大常委会召开优化营商环境专题询问会议
（区人大常委会办公室　供图）

代表建议

【概况】 2021年，威海市环翠区第十八届人民代表大会第五次会议收到代表建议、批评和意见42件，会后又收到涉及政府自身建设的代表建议1件，共43件。属于经济发展方面的14件，城市建管方面的11件，文教卫生方面的6件，农业农村方面的3件，道路交通方面的3件，政府自身建设方面的2件，社会治理方面的2件，环境保护方面的1件，民生保障方面的1件。以上问题都不能构成议案条件，均作为建议、批评和意见处理。

【代表建议摘编】 关于加快远遥浅海科技湾区建设的建议。远遥浅海科技湾区虽然成功招引中国航天科技集团有限公司、中国航天科工集团有限公司、哈尔滨工业大学等央企、科研院所联合共建项目，但仍然存在一定薄弱环节，特别是在校地合作方面，驻威高校参与度不高的问题比较突出。李树京代表建议区政府强化本地和周边高校咨询和决策参考作用，建立健全区域重大决策高校咨询机制，发挥高校人才资源优势，重点围绕“湾区发展规划”“湾区试验场专业化建设”等系列制定专项发展规划。

关于加强威海城市网红景点宣传的建议。近年来，各城市的“网红打卡点”火爆全网，对于提振城市旅游产业有着巨大的影响。属相街、羊亭河湿地公园等新兴景点多存在于走街串巷的“网红达人”镜头之下，以游客的自主传播为主，缺少以城市名片为主打的形象宣传，未产生应有经济社会效应。王茂芳代表建议区政府整合区域内“网红打卡点”，加大运用新兴网络媒体宣传推广力度，树立崭新的城市形象，吸引更多人到威海旅游。

关于建设区级政策性融资担保体系的建议。青岛市有4家以上国有政策性担保公司，在不同担保领域形成竞争优势，为青岛市的中小微企业提供更好、更全面、更优质的服务。2021年，威海市仅有1家市级国有担保公司，环翠区尚未有该类国有担保公司。张永胜代表建议借鉴青岛市的成功经验，加强区级国有政策性融资担保体系建设，成立1家区级国有控股或参股的政策性融资担保机构，出台相应的风险补偿办法，为环翠区广大的中小微企业特别是科技创新企业提供更加优质服务。

2021年环翠区十八届人大五次会议意见建议一览表

表3

类别	序号	建议名称	代表姓名	所在团
经济发展（14）	1	关于新冠肺炎疫情冲击下企业面临的招工难问题的建议	赵启龙	羊亭镇
	2	关于建设农产品一条龙电商基地的建议	曲文学	温泉镇
	3	关于在区属国有企业推动合规管理工作的建议	姜华丽	鲸园街道
	4	关于建设扶困惠农农产品供销平台的建议	勇庆威	鲸园街道
	5	关于提升韩货商圈生命力的建议	丛英谞	鲸园街道
	6	关于加快远遥浅海科技湾区建设的建议	李树京	孙家疃街道
	7	关于发展海上休闲旅游的建议	刘宏军	孙家疃街道
	8	关于建设区级政策性融资担保体系的建议	张永胜	环翠楼街道
	9	关于属相街街区成立专门的运营公司进行综合运营的建议	戚丽丽	环翠楼街道
	10	关于引进和培养高层次人才的建议	隋玉贵	经开区
	11	关于提高留威人才补贴的建议	张曙光	经开区
	12	关于中小企业知识产权融资贷款的建议	张曙光	经开区
	13	关于提高民营企业申报专项资金种类的建议	于海涛	临港区
	14	关于解决企业“招工难、留工难”的建议	于吉水	临港区
城市建管（11）	15	关于在小区普及安装电动车充电桩的建议	程　铭	张村镇
	16	关于治理小广告、野广告的建议	徐克贵	张村镇
	17	关于规范小区物业管理的建议	林　进	羊亭镇
	18	关于规范洒水车工作方式的建议	韩鑫涛	温泉镇
	19	关于老楼安装楼梯扶手的建议	王爱花	鲸园街道
	20	关于集约民生工程建设、发挥市民卡平台优势的建议	张钧波	鲸园街道
	21	关于完善新建商品房小区周边路网的建议	邹晓威	嵩山街道
	22	关于我市摊贩占道经营治理的建议	刘长城	竹岛街道
	23	关于加强对共享单车管理的建议	韩艳艳	竹岛街道
	24	关于社区楼道管线整治的建议	戚丽丽	环翠楼街道
	25	关于清除城市“牛皮癣”的建议	江　春	经开区

续表3

类别	序号	建议名称	代表姓名	所在团
文教卫生（6）	26	关于提升我区乡镇卫生院业务用房基础建设的建议	慕旭琴	羊亭镇
	27	关于重视青少年心理健康问题的建议	刘宝军	鲸园街道
	28	关于将急救培训纳入职业技能考核的建议	宋清禧	环翠楼街道
	29	关于加强威海城市网红景点宣传的建议	王茂芳	环翠楼街道
	30	关于深化推进校服改进的建议	卢文钰	竹岛街道
	31	关于加强学前教育师资队伍建设的建议	孙贝贝	经开区
农业农村（3）	32	关于农村“两委”成员队伍老龄化的建议	谷艾芹	羊亭镇
	33	关于合并选举农村“两委”和股份经济合作社党支部、理事会的建议	付海廷	嵩山街道
	34	关于加大乡村振兴扶持力度的建议	于丛林	桥头镇
道路交通（3）	35	关于在温泉卫生院东架设步行天桥的建议	刘增永	温泉镇
	36	关于在江家寨立交桥北增设过街天桥的建议	朴香实	温泉镇
	37	关于金鸡大道早日全线通车的建议	刘淑玲	桥头镇
政府自身建设（2）	38	关于政府在处理非法集资群体案件中引进律师团队提供法律服务的建议	姜华丽	鲸园街道
	39	关于在我区成立外贸综合服务中心的建议	杨　雷	嵩山街道
社会治理（2）	40	关于规范管理老年保健市场的建议	曲　静	张村镇
	41	关于扩大温泉镇烟花爆竹禁放区域的建议	董品洲	温泉镇
环境保护（1）	42	关于对西庄段五渚河进行环境提升的建议	王钟林	嵩山街道
民生保障（1）	43	关于提高库区粮油补贴的建议	林乐勤	温泉镇

【代表建议办理】 2021年，环翠区第十八届人民代表大会第五次会议代表依法履职，向大会提出建议、批评和意见43件，其中属区政府办理的代表建议32件，属市政府职权范围内的3件，属经开区、临港区职权范围内的8件。会后，区人大常委会将意见建议按职责权限分别移交给环翠区政府、市人大常委会、经开区人大联络办公室、临港区人大联络办公室。办理期间，定期与区政府办公室督查室对接，对办理进度及效果进行督促检查。至8月末，代表意见建议全部办结，满意率和基本满意率均100%。

专门委员会工作

【财政经济委员会】 2021年，区人大财政经济委员会开展年度计划、预决算、审计、国有资产等方面常规性审查监督，加强对上半年国民经济和社会发展计划及预算执行情况、2021年地方政府债券分配使用意见及预算调整方案的监督，对审计查出问题整改情况进行跟踪监督。围绕全区优化营商环境，进行专题调研并开展专题询问。

【监察和司法委员会】 2021年，区人大监察和司法委员会围绕法治环翠建设，对区法院贯彻实施民法典推进民事审判工作进行专题调研，推动民法典在环翠区贯彻实施；组织两次庭审监督活动，听取区检察院、区法院半年工作情况报告，促进司法机关秉公办案、公正司法；推进规范性文件备案审查工作，协同区人大农村城建环保委员会和社会建设委员会对《威海市环翠区人民政府关于禁止野外用火的通告》进行备案审查，协同区人大财政经济委员会对《环翠区“亩产效益”评价改革工作实施方案（2021年修订版）》进行备案审查，维护法治统一；协助市人大常委会开展《威海市城市国际化促进条例（草案）》《威海市停车管理条例（草案）》立法调研和检察机关公益诉讼专题调研，相关工作得到市人大常委会调研组的肯定。

【教育科学文化卫生委员会】 2021年，区人大教育科学文化卫生委员会聚焦提升人民群众的文化生活，对全区公共文化服务体系建设情况进行专题调研；为强化营商环境保障，对全区行政审批服务规范化建设情况进行专题调研；关注民生事业，对年度落实为民实事成效进行专题视察评议。配合省人大常委会开展《山东省老年教育条例（草案）》立法调研和在“一带一路”建设中发挥侨胞作用的专题调研；配合市人大常委会开展《中华人民共和国残疾人保障法》《山东省实施〈中华人民共和国残疾人保障法〉办法》实施情况执法检查和对“1+4+N”科技创新平台建设情况调研。

【农村城建环保委员会】 2021年，区人大农村城建环保委员会重视生态环境保护工作，坚持以习近平新时代中国特色社会主义思想和习近平生态文明思想为指导，加大对环境保护的监督力度，对环翠区环境状况和环境保护目标完成情况进行专题调研，助推全区生态文明建设；为深入了解全区“红色物业”工作开展情况，促进小区物业服务和管理工作规范、有效、健康发展，对全区“红色物业”管理情况进行调研。配合市人大常委会调研环境状况和环境保护目标完成情况、全市农产品品牌建设情况，配合市人大常委会执法检查《中华人民共和国土地管理法》实施情况。

【社会建设委员会】 2021年，区人大社会建设委员会围绕城市安全发展，对《中华人民共和国安全生产法》《山东省安全生产条例》贯彻实施情况进行执法检查，邀请安全生产专家参加检查，通过专业团队推动执法检查提质增效。配合省、市人大常委会做好《中华人民共和国就业促进法》《山东省就业促进条例》执法检查，全面促进环翠区稳定就业和保居民就业工作。配合省、市人大常委会开展《中华人民共和国安全生产法》《山东省安全生产条例》《中华人民共和国突发事件应对法》《山东省突发事件应对条例》执法检查，服务安全发展大局。配合市人大常委会对环翠区社会治理工作情况进行视察，展示环翠区社会治理工作亮点，推动全区社会治理创新取得新成效。

（刘　利）

环翠区人民政府

综　述

【概况】 2021年，区政府召开1次全体会议、21次常务会议。至年末，全区实现生产总值442.47亿元，按可比价格计算，比上年增长6.1%；完成一般公共预算收入44.14亿元，增长5.81%；实现规模以上工业增加值增长7.1%；货物贸易进出口总额217.3亿元，增长18.7%；实际使用外资20476万美元，下降13.7%；城镇居民和农村居民人均可支配收入55816元、24829元，分别增长7.8%、9.9%。

产业合理布局。2021年，环翠区稳步提升先进制造业，魏桥（威海）铝精深加工产业园、亿达（威海）新材料应用创新中心、联东U谷·威海科创智汇港等高端园区加速建设，18家冲击新目标企业整体保持稳步增长，净增规模以上工业企业31家，新增省级以上瞪羚、单项冠军、专精特新、高端品牌企业和“绿色工厂”21家。打造威海抖音电商基地，万达金街开街，丰航物流园、新大东物流园投入使用。天和美术馆、艺海美术馆投入使用，华夏生态文明馆、培训中心建成运营，环翠区获评“省级文化和旅游消费示范区”。里口山风景名胜区成功创建国家AAAA级旅游景区，贝草夼等7个村庄创建为全省景区化村庄。远遥浅海科技湾区全面开建，蓝创孵化区、蓝科大厦和蓝贝海洋科学中心投入使用，签约、落地高质量涉海项目14个。

发展动能增强。2021年，威海创新园入驻企业56家，达到216家。新增国家科技型中小企业213家、市级以上创新平台15家，高新技术企业突破200家。打造全省首个“外国专家驿站”，引进培育高层次人才20人，首次入选国家级重点人才工程3人，数量居全市各区市第一，蝉联全省人才工作先进单位。实施高质量“双招双引”，引进外资过千万美元、内资过亿元项目17个。持续深化对外开放，获评“省进口贸易促进创新区”。

城市品质提升。2021年，环翠区实施52项城建重点工程、31项城市双修及12项海绵城市建设工程，修（改）建道路52.03千米，敷设改造管网18.23千米，新增、改造绿化面积27.8万平方米、游园11处、公厕5座，改造老旧小区12个，提升环海路观景平台14处，城市综合服务功能持续增强。理顺河湖湾管理体制，形成“河湖湾联动、水陆岸共治”工作格局，王家疃河创建为省级示范河湖。开展生态环境突出问题集中攻坚行动，完成退化林修复和低效林改造400公顷，抚育森林2000公顷，海岸线整治由集中式治理转向常态化管护。以首善标准推进乡村振兴，十大样板片区建设实现计划保留村全覆盖，招募乡村振兴首席专家65名，张村镇入选省级旅游民宿集聚区创建名单。

民生福祉增进。2021年，全区10大类、87项为民实事收官。发放就业创业等补贴8350万元、各类救助金5280万元，在全省率先实现所有持证残疾人享受就餐和通信费补贴。新投入使用中小学校2所、幼儿园3所，义务教育“双减”政策落地见效，成功承办“全省幼小衔接推进现场会”。新建社区食堂5处、农村老年餐桌14处，东北村社区获评“全国示范性老年友好型社区”。启动区级中医医院建设，通过“全国基层中医药工作先进单位”复审。慎终如始抓好新冠肺炎疫情常态化防控，排查重点人员35.6万人次、接种新冠病毒疫苗116.85万剂次，构筑起坚实的疫情防控屏障。

优化政务服务。2021年，环翠区全面开展党史学习教育，强化执行力，持续开展不担当不作为乱作为专项整治，政府系统干事创业精气神全面提振。拓展延伸“三联三服”活动，争取各类无偿资金11亿元，兑现扶持资金1.36亿元。开展优化营商环境改革创新行动，争取国家级改革试点3个、省级改革试点17个，实施政务服务“双全双百”工程，推行“沉浸式”代办包办和“跨域通办”等服务模式，在全市率先将商事登记业务下放镇级，“一次办好”率、可网办率均100%。

【重要决策和部署】 2021年1月12日，区政府办公室印发《环翠区推进工业互联网加快发展实施方案》，推进新一代信息技术与制造业深度融合，加快发展工业互联网，提升制造业数字化、网络化、智能化水平。

4月15日，区政府办公室印发《环翠区“亩产效益”评价改革工作实施方案（2021年修订版）》，加快建立以质量和效益为导向的工业企业分类综合评价机制，实施资源要素差别化配置政策，推动新旧动能转换和高质量发展。

5月31日，区政府办公室印发《威海市环翠区加快推进政务服务“跨省通办”和“全省通办”实施方案》，围绕便民利企高频领域和异地办事需求，推出更多“全省通办”事项，推出更多区域通办、点对点通办、区域联办等服务模式，增强政务服务便捷度和企业群众满意度、获得感。

7月8日，区政府印发《威海市环翠区国民经济和社会发展第十四个五年规划和二〇三五年远景目标纲要》，系统总结“十三五”时期的工作，全面阐述“十四五”期间的发展战略、总体目标、主要任务和重要举措，明确提出二〇三五年远景目标，反映全区人民的根本利益和共同愿景，是开创“精致城市·幸福威海”首善之区建设全新局面的宏伟蓝图，是在全市争当排头兵过程中作表率、当先锋的行动纲领。

8月10日，区政府印发《2021年度环翠区持续优化营商环境改革创新行动方案》，持续深化“放管服”改革，扎实做好“六稳”“六保”工作，努力打造更具吸引力、影响力、竞争力的一流营商环境，为促进高质量发展、不断开创“精致城市·幸福威海”首善之区建设全新局面提供有力支撑。

9月29日，区政府办公室印发《威海市环翠区应急物资储备体系建设规划（2020—2030年）》，加强应急物资储备体系建设，提高应对处置突发事件的能力和水平，保障人民群众生命财产安全。

10月21日，区政府印发《关于贯彻健康中国行动推进健康环翠建设的实施意见》，针对重大疾病和一些突出问题，聚焦重点人群，实施一批重大行动，强化政府、社会、个人责任，建立健全健康教育体系，引导群众树立正确健康观，形成有利于健康的生活方式、生态环境和社会环境，促进以治病为中心向以健康为中心转变，提高人民健康水平。

10月22日，区政府办公室印发《威海市环翠区农村老年餐桌建设指导意见》，探索和发展适合村情的农村老年餐桌，建立“老人交一点、村里补一点、爱心人士帮一点、政府扶一点”的机制，持续满足农村老年人特别是特殊困难老年人、残疾人就餐基本服务需求。

【为民实事】 2021年，区委、区政府确定10大类、87项为民实事项目。至年末，所有为民实事项目圆满收官。

公共服务。2021年，环翠区投入1036万元，新（改）建17处党群服务中心、5处社区服务中心、2处社区活动中心；投入4840万元，建成5G基站242座；投入15万元，建设智慧放心农产品批发市场；投入10万元，打造民生计量器具精准信息查询平台；投入3.77万元，在海源公园安装直饮水设施2台；投入150万元，提升改造古陌早市。

教育教学。2021年，福泰中学一期、明湖路学校二期竣工；投入1亿元，完成武夷路学校小学部（威海市环翠区业余竞技体育运动学校）桩基施工，部分楼体进行主体施工；投入7000万元，竣工6所幼儿园，新和家园幼儿园办理土地审批手续，碧和府幼儿园完成室内配套安装；投入1650万元，实施校舍升级改造工程；投入3523万元，推进校园抗震加固消防改造；投入2000万元，打造38间人工智能教育实验室，开设人工智能课程，举办系列赛事和培训活动，开展人工智能研学活动；投入50万元，提升公办幼儿园校园安防智能化水平；投入500万元，安装更新计算机903台、多媒体教室设备242套，推进教育信息化升级改造工程。

医疗服务。2021年，环翠区投资2.5亿元，续建里口山医院；投入846万元，对环翠省级旅游度假区医院和温泉卫生院实施改造；拨付补助资金6561万元，巩固完善国家基本药物制度；投入3644万元，实施公共卫生服务，受益群众41.14万人次；投入58.8万元，开展龋齿预防治疗项目，完成儿童口腔疾病筛查6671人，实施免费窝沟封闭治疗4429例；拨付补助资金238万元，落实城市公立医院改革补助政策；投入685.3万元，购置心电图机、麻醉机等设备104台（件），对竹岛社区卫生服务中心实施改造，搭建环翠区全民健康信息平台；投入14.8万元，完成“安宁疗护”病房建设、收治患者24人，在全区推广居家医养结合服务项目；投入20万元，建设紧密型医共体，组织区级专家到基层坐诊带教，服务群众4000余人次；投入26.2万元，在20处人员密集场所配备自动体外除颤仪，完善城市综合急救功能；投入21万元，为1.4万名居民发放艾灸体验包，提供免费艾灸服务，推广中医适宜惠民技术；投入11.5万元，开展婴幼儿科学养育指导服务，发放图书2620套；投入2万元，开展家庭过期药品回收，设置定点回收药店43家，回收家庭过期药品1.58吨并进行无公害化销毁。

文体服务。2021年，环翠区投入2.6亿元，续建区公共文化服务中心，其中档案中心完成主体和幕墙施工、文化中心完成室内安装；投入1.65亿元，新建环翠区科创中心，完成地下车库主体结构施工；投入900万元，建设红色印迹主题公园，完成可施工范围内绿化苗木栽植及土建硬化铺装；新建属相街卫城大院，完成3宗土地收回工作；投入21万元，开展文化公益创投项目，实施4个市级、5个区级公共文化公益创投项目；投入143万元，实施图书采购及配送，完成城市书房、各基层服务点图书更新25.5万册，开展流动阅读活动60场；投入53.8万元，放映公益电影2604场；投入420万元，组织开展“5·23歌咏会”、广场纳凉晚会等品牌性文化活动1100余场次；投入50万元，开展文化和旅游惠民消费季活动，发放消费券16批次，成功获评省级文化和旅游消费示范区；投入75万元，开展全民健身活动，举办自行车骑行、里口山徒步行等29场比赛活动；投入11万元，修复秀水园篮球场；投入15万元，打造“诚信廉洁公园”。

养老服务。2021年，环翠区投入427万元，建设5处社区食堂；投入146万元，建设14处农村老年餐桌；投入517万元，打造2处养老服务中心。

救助保障。2021年，环翠区投入50万元，开展夏送清凉、金秋助学、冬送温暖活动，慰问企业128家，资助困难职工子女13人，慰问困难职工45人；投入1251.07万元，提高城乡低保和特困人员供养标准，惠及14252人次；投入360.46万元，实施慈善大病救助、遇困高考新生救助，惠及525人次；投入60.4万元，建立分散特困供养服务工作站，服务2032人次；投入28.09万元，实施临时救助85人次；投入677.1万元，开展家庭经济困难学生救助，惠及7551人次；发放校车运营补助，补助资金1750万元；投入2794.9万元，实施计划生育惠民政策，惠及2.1万余人次；投入45.3万元，为老年人购买意外伤害保险，惠及6.7万人；投入76.31万元，为重度残疾人发放居民医疗保险补贴、代缴居民养老保险，惠及1872人次；投入419万元，实施残疾儿童救助、精神病患者救助、白内障复明手术项目，惠及508人次；投入130.5万元，推行自然灾害民生综合保险制度，为全区户籍人口购买自然灾害民生综合保险；投入2.9万元，为290名75周岁以上优抚对象发放生日蛋糕。

生态环境。2021年，环翠区投入2373万元，新（改）建11处游园、公园；投入4200万元，实施伴月湾景区提升工程；投入213.1万元，新（改）建5座公厕；投入740万元，实施羊亭河湿地公园提升工程；投入980万元，续建下江家村公墓、新建范家埠公墓。

居住交通。2021年，环翠区投入7.1亿元，继续实施5处棚户区改造，其中2处完成房屋分配、2处达到交付条件、1处达到单体验收条件；投入1.1亿元，实施12个老旧小区改造工程；投入320万元，改造3幢楼宇转供电设施；投入40万元，安装10处住宅小区电动自行车公共充电桩；投入410万元，打造14个星级智慧小区；投入471万元，实施22个村农村清洁取暖工程，惠及2580户；投入355万元，为71名符合标准的农村适龄青年、特困大龄青年发放购房扶持补助；投入90万元，实施农村公路桥梁智能管理系统二期建设，完成20座农村公路桥梁传感器加装并投入运行；投入700万元，实施乡村振兴样板片区建设，完成五渚河河道治理，建成运动员配餐中心和服务中心、陌上乡居项目；投入60万元，新建3处智能充电棚；投入40万元，增设公交调度站1处、公交港湾6处，新增公交线路2条；投入103万元，加强交通安全管制设施建设，完成4个路口交通信号灯增设、2个路口交通信号灯升级改造；投入480万元，实施海源公园停车场改造。

就业创业。2021年，环翠区投入40万元，举办环翠区第十一届职工技能大赛，13家企业、800余名职工参加；投入578万元，开展职业技能和创业培训5960人。

社会治理。2021年，环翠区投入120万元，打造城里派出所“枫桥式公安派出所”；投入1455.3万元，提升公安环翠分局信息化建设硬件设施；投入142.8万元，提升公安环翠分局信息化建设软件设施；投入326.2万元，对公安环翠分局警务公共平台进行维修保养；投入275万元，实施桥头三期监控系统建设，安装高清摄像头221台；投入50万元，分3批次举办高层住宅建筑及重点单位中级消防设施操作员培训班；投入50万元，搭建智慧广播平台；投入185万元，实施鲸园街道社区治理专业化水平提升项目。

重要会议

【区政府全体会议】 2021年8月26日，威海市环翠区第18届人民政府第七次全体会议召开。全会深入贯彻落实市委十五届十一次全体会议和区委十五届九次全体会议精神，以及市委需要高度关注、着力解决的重点问题推进会议，市政府重点工作安排部署会议精神，对下半年重点工作进行再研判、再分析、再部署。会议指出，各级各部门要鼓足精气神，凝聚干事创业的强大动力，只争朝夕、全力冲刺，确保各项工作走在全市前列。要强化效率意识，坚持“立刻马上办”，树立超前思维，确保各项工作早落实、早收账、早见效；要强化争先意识，时刻保持“如履薄冰、如临深渊”的危机感，用“争就争第一”的魄力和“做就做最好”的闯劲，打造一批拿得出手的环翠典型、亮点经验；要强化担当意识，讲政治、顾大局，想干事、会干事，干在前、冲在前，用务实行动和干事成效，彰显自身工作水平；要强化攻坚意识，进一步提升逆商指数，树牢有解思维，不怵难、不怕硬，坚信“办法总比困难多”，找准切入点和发力点，推动各项难点工作实现攻坚突破。

【区政府常务会议】 2021年，区政府召开常务会议21次。会议研究部署重大行政决策、工业互联网发展、区级和街道预算、安全生产、农业生产、森林防灭火、政务服务便民热线办理、扶持政策兑现、经济运行、乡村振兴、区政府招商顾问、跨境电商发展、假期安全防范、扫黑除恶专项斗争、渔船管控、“亩产效益”评价改革、物业管理、防汛抗旱、政府督查、计划生育协会改革、农村公路管理养护、省委巡视整改、制造业发展、统计管理、基层医疗卫生、生态环保、“大棚房”问题整治“回头看”、扶困协作、新冠肺炎疫情常态化防控、渔船管控、环保督察问题整改、法治建设、结对帮扶、校地合作、政务公开、自然灾害普查、优化营商环境、食品安全、新旧动能转换、市政项目建设管理、学校安全、旅游发展、应急物资储备、健康环翠建设、农村老年餐桌建设、药品安全、渔港管理、保暖保供、农田水利建设等工作。

【区政府重要工作会议】 2021年，区政府召开重要工作会议5次。

全区安全生产工作会议 3月19日召开。会议指出，安全生产是发展的生命线，是必须坚守的底线红线。各镇（街道）、部门及广大企业要强化问题导向，时刻绷紧安全生产这根弦，以如履薄冰的心态，保持高度警惕，做到警钟长鸣，不折不扣抓好安全生产各项工作落实；要算清政治账、经济账、社会账，坚持“人民至上、生命至上”，履行安全生产责任，落实安全生产举措，筑牢安全生产“铜墙铁壁”这道防线。会议强调，各级各相关部门、单位要聚焦生产安全、森林防灭火、海上安全、消防安全等重点领域、关键环节，强力攻坚，以点带面，形成齐抓共管的良好局面。按照“三个行动”（安全生产专项整治三年行动、安全生产大排查大整治行动、消防安全风险隐患“大起底大整治”专项行动）要求，深入细致开展安全生产大排查、大整治，抓实抓细驻点监管工作，落实好企业主体责任，坚决预防和遏制各类生产安全事故发生。要坚持系统观念，建立健全责任体系、安全风险防控体系、物资保障体系，构建完备的安全生产保障体系，确保全区安全生产形势持续稳定。

全区项目推进暨“双招双引”工作会议 5月13日召开。会议围绕“为什么拼、拼什么、靠什么拼”3个方面，对全区项目推进和“双招双引”工作进行全面系统地强调部署。会议指出，要围绕“深”字做好文章，深入思考“我能拼什么”“我们招什么”“我们怎么招”3个方面问题，确保“双招双引”工作成效。围绕“我能拼什么”，相关部门要牢固树立“管行业就要管招商”的理念，充分发挥招商主力军作用和专业优势，冲锋陷阵、攻城拔寨，为精准招商支招献策；全区机关干部要参与“双招双引”，广泛搜集招商线索，用好手头人脉资源，提供原创性招商信息，为“双招双引”工作贡献力量。围绕“我们招什么”，要坚持长远谋划，心无旁骛攻主业，以投资规模大、产业链条长的制造业集群项目为主攻方向，着力培育产业“高峰”；要坚持存量、增量两手抓，既要瞄准“四新”（新技术、新产业、新业态、新模式）经济开展招商，又要做好现有优势产业的“延链、补链、强链”文章，推动传统优势产业膨胀壮大、增强带动力量，形成良性互动发展格局。围绕“我们怎么招”，要学会换位思考，把客商的投资意向分析透，把客商的想法搞清楚，把客商的需求弄明白，有针对性地制定招引策略，采取有效措施，提高项目招引成功率。

全区“西展”战略暨羊亭开发专题会议 6月10日召开。会议指出，相关部门、镇（街道）要结合环翠区“十四五”规划和中德生态示范城核心区建设，将羊亭开发与“西展”战略紧密结合起来，使之成为高端产业集聚带和产城一体的精致城市重要板块；要建立完善联席会议制度，充分发挥指挥部牵头抓总作用，加强各成员单位间的协调配合，确保取得实实在在的成效。会议强调，要破除发展制约不松劲，统筹解决好空间、业态、环境等突出问题，做好高端产业园区打造、低效用地盘活、服务业项目引进、生态环境保护等工作，打造产城融合互动发展的全新局面。要抓牢项目建设不放手，全力招大引强，综合利用好环翠区特色资源和优势资源，不断提高项目招引质量；要学习借鉴兄弟区市先进经验做法，加大走出去、请进来的工作力度，把招商工作落到实处；要加快项目建设进度，努力破解各类问题梗阻，力促项目早建成、早达产、早见效；要用好载体平台，提高园区服务质量，根据园区产业定位，精准对接产业链上下游企业，打造特色鲜明、优势明显的产业集群。要塑造城市品牌不停步，围绕生态城市规划、建设和运营管理，不断补齐中德生态示范城建设短板；要依托中德生态示范城品牌效应，持续加强国际交流，通过“政企对接会”、交流互访等形式活动，吸引中德双方专家团队和德资企业入驻，全力打造德资企业聚集地、绿色低碳生态示范区。

区政府廉政工作会议暨深化“放管服”改革会议 6月24日召开。会议强调，必须牢牢抓住政治建设这一核心，纵深推进全面从严治党。扎实开展好党史学习教育，把学习成果贯穿于提高执政能力和执政成效当中；坚决履行好党建工作责任，形成以上率下、齐抓共管的廉政工作格局；持续强化提升执行力，高效率抓好工作落实，确保政令畅通、步调一致。必须牢牢抓住营商环境这一关键，持续深化“放管服”改革。在政务服务上创新突破，打造一流的政务服务品牌；在事中事后监管上合纵连横，营造规范有序、公平竞争的市场环境；在督导检查上狠下功夫，抓好营商环境评价，让群众切实感受到新变化。会议要求，必须牢牢抓住依法行政这一根本，全面加强法治政府建设。强化财政资金绩效管理，增强常态化“过紧日子”思想，确保每一笔资金都用得其所；统筹抓好项目建设管理、土地违法治理、国企运营监管等工作，守住法律法规底线；坚持民主决策、政务公开、审计监管、诚信政府建设，保证权力在正确轨道上运行。必须牢牢抓住作风建设这一重点，驰而不息纠治“四风”问题。坚持问题导向，强化警示教育，树立和维护政府系统党员干部良好形象。必须牢牢抓住推动发展这一要务，强力推进实现高质量发展。紧盯“六稳”“六保”，在“精致”上下足绣花功夫，在生态上持续用力，全力惠及民生，维护安全稳定，推动经济社会更好、更快、更高质量发展。

持续深入优化营商环境和推进政府职能转变领导小组会议暨全区优化营商环境工作推进会议 9月13日召开。会议指出，各级各部门要坚持问题导向，补齐弱项和短板，加强部门联动配合，发挥相关部门的牵头抓总作用，确保各类数据整理到位、准确到位；要提高思想认识和政治站位，梳理工作缺项，找出自身优势强项，全面梳理本领域的亮点工作、特色做法，做好典型材料的提报工作。要凝聚攻坚合力，做好调整更新政策文件、配套措施、服务指南等门户网站维护工作；要提升涉企服务水平，加大对中小微企业的服务力度，定期组织送政策进企业等系列活动，帮助企业协调解决各类问题，提升企业获得感、满意度；要打造过硬的标杆亮点，深挖环翠特色，做好外宣推广工作，打响营商环境品牌。会议强调，要强化压力传导，落实落细工作职责，各区级领导要抓好分管领域的营商环境工作，各部门要强化“一盘棋”思想，明确责任分工机制，确保形成工作合力；要健全沟通协调机制，掌握工作主动权；要树立“不为困难找借口、多为成功想办法”的有解思维，充分发挥“不担当不作为乱作为”领导小组和“干部作风大改进”工作专班作用，对各类问题加大通报和整改力度，确保各项工作平稳有序开展。

（魏忠斗）

政务服务

【概况】 2021年，区政府办公室贯彻落实《中华人民共和国政府信息公开条例》，全面提升政务公开质量和实效，发挥政务公开在建设服务政府、法治政府、效能政府、廉洁政府等方面的促进作用。年内，主动公开政府信息25502条，其中政府公报公开29条、政府网站公开3582条、政务微博公开10713条、政务微信公开10451条、其他方式公开727条；全区收到政府信息公开申请59件，全部按期答复；信息公开行政复议案件被纠错数、信息公开行政诉讼案件败诉数、信息公开投诉数均为“零”。

【政务信息调研】 2021年，区政府办公室组织各镇（街道）、部门聚焦各项工作开展的创新举措、存在的突出问题，形成高质量的问题建议类、经验做法类信息报告，有效发挥参谋助手作用。年内，编印《环翠政务参阅》13期；发表《威海发展研究》7篇，其中《关于环翠区网格化服务管理建设情况的调研报告》《关于环翠区孵化器发展情况的调研报告》获得全市政府系统优秀调研成果一等奖；编发《环翠政务信息》48期，其中有54篇信息被市级采用，63篇信息被省级和国家级采用。

【政府网站建设运维】 2021年，环翠区人民政府网发布政务要闻300余条、财政预决算公开信息70余条，开设党史学习教育、党务公开、食品安全等9个专栏和政府工作报告专题。对历年政府工作报告进行“一站式”数字化归集，实现全年目标任务从部署到实施“一链式”公开；利用第三方检测与自查、普查相结合的方式，对政府网站内容发布情况进行“7×24小时”全方位动态监测，继续保持全年重大网络信息安全事故“零”发生。提高电子政务网络安全运维力度，安装部署僵木蠕终端杀毒等安全设备，建成区级安全态势感知平台，安排专人参加省、市两级应急演练和攻防演练。按照《威海市政务信息系统项目管理办法》要求，继续做好全区政务信息系统项目论证工作，协助福泰中学、明湖路学校二期新建学校智能化项目等。全年完成信息系统论证19次、论证项目62个，节约财政资金686.34万元。同步开展区级政务信息系统在线等保测评工作，8个系统通过等保测评。推进“山东通”政务办公平台建设，按照全省统一用户系统“一人一号”工作要求，录入全区在编在岗工作人员3300余名，设置各部门（单位）管理员、操作员账号权限近300个，组织各级各部门（单位）梳理录入事项147项。

【“互联网+”政务】 2021年，区大数据中心开展“爱山东”App环翠分厅建设和推广，将部分应用迁移到“爱山东”App，根据问卷调查了解群众实际需求，开发用户黏性强、使用频次高的“热门应用”，打造多元、贴身、便捷的移动政务服务体验。年内，牵头开发并组织上线招生转学、政务地图等服务事项58个；通过“环翠发布”微博微信、政府门户网站等线上渠道，以及政务服务大厅等办事窗口和威高广场户外电子宣传屏等线下途径，以发放宣传材料、播放宣传片等形式，全方位开展“爱山东”App环翠分厅推广工作。至年末，注册用户26万余人，最高日活跃度达22万余人。其中，中小学招生入学服务平台跨部门汇聚公安、住房城乡建设、人力资源社会保障、税务数据资源，创新集“网上报名、证件确认、录取查询”等多功能于一体的网上报名模式，实现全区36所中小学招生报名“零证明”“零跑腿”，入学新生使用率100%。

【“互联网+监管”】 2021年，区大数据中心发挥“互联网+监管”工作专班牵头作用，定期召开专题工作推进会，组织成员单位和相关部门联合办公，发布多期通报，督促各单位按要求做好事项关联、事项认领等工作，及时录入监管行为数据，确保事项梳理完整、数据录入及时。至年末，全区事项关联率、覆盖率、及时率均达到100%，录入监管行为数据75919条。对区直有关部门、单位监管事项数据采集汇聚过程中的终端使用和数据推送情况进行摸底调查，做好“互联网+监管”系统向移动端延伸的省级试点工作。

【大数据建设与发展】 2021年，区大数据中心持续推进政务信息资源的整合共享工作，加大跨层级数据汇聚广度和政务信息资源共享开放力度。全年组织各部门申请国家各部委开放数据共享清单150条，调用各类市级数据资源服务全区重点工作，实现政务信息资源跨部门、跨行业、跨层级交换。开展一体化综合指挥平台建设应用工作，完成社会治安、城市管理、新冠肺炎疫情常态化防控、危险化学品管理等16个省级重点领域全覆盖，组织各级各部门（单位）梳理认领环翠区事项293项。推进视频监控整合工作，在全区范围内组织开展公共安全视频监控底数摸排工作，汇聚各类监控资源11509路，其中包括封闭小区1229路，按要求同步开展视频监控规范整治。开展智慧村（社区）建设提升行动，组织专家评审从各镇（街道）推选的蔚海社区、观海社区、东北村社区、滨海明珠社区4个优秀社区参与省级智慧村（社区）建设，完成110余台“智惠易站”智能设备进社区、景区、厂区工作。推进环翠区数字校园建设，协同区教育体育局做好全区学校、幼儿园数字化校园建设与人工智能应用工作。至年末，提报全区19个优秀案例参加2021年山东省新型智慧城市优秀案例评选活动，“建设面向未来、面向大众的‘智慧’档案馆”“居民住宅智慧消防安全服务管理”“‘互联网+’智能垃圾分类回收系统”等6个案例上榜。

【大数据创新应用】 2021年，区大数据中心在健康医疗、教育科创、政务服务、应急管理、环境卫生等领域，开展一系列大数据创新应用，打造区环境卫生中心的“绿色生活后台系统”、区应急局的“环翠区安全生产应急救援平台”和区大数据中心的“威海市环翠区数据一体化平台”等大数据应用案例。10月，组织申报全省大数据创新应用成果评选，上报典型应用场景和优秀解决方案150余个，获评省级大数据典型应用场景和优秀解决方案各1个。

【机关事务服务】 2021年，根据《关于印发威海市环翠区机关事务服务中心机构职能编制规定的通知》，区机关事务中心调整为区政府直属正科级公益一类事业单位。年内，区机关事务中心制定《环翠区党政机关办公用房管理办法》，完成省“智慧办公用房”平台试点任务，建立全区党政机关办公用房数据库，对全区11个部门及4个工作专班办公用房进行调配，提高办公用房利用率。对部分单位闲置、利用率较低的车辆调剂到有需求的其他单位使用，调剂使用7次，涉及9家单位；完成5家定点维修、5家定点保险企业合同续签工作，对3家定点租赁、3家定点加油服务企业进行公开招标；将全区393辆公务用车纳入监管平台，为区纪委监委、区财政局、区审计局开通监管权限，对128辆各类公务用车安装或更换车载定位设备，对247台车载定位设备流量卡进行更换升级。组织实施区人武部工程改造、望岛综治中心装修改造，完成各类维修1100余次。推进安全生产风险隐患大排查大整治和消防安全风险隐患大起底大整治2个专项行动，召开安全会议50余次，开展安全生产检查22次，组织反恐应急演练和消防应急演练2次。

（魏忠斗　丛鹤源　姜　鹏）

行政审批服务

【概况】 2021年，全区行政审批服务工作以“一次办好”为主线，以“群众最满意”为宗旨，深入推进“放管服”改革，打造“环快办”政务服务品牌，推动全区营商环境再上新台阶。年内，全区1084项依申请政务服务事项实现可网办率100%、全程网办率98.99%，即办比率77.1%，平均承诺办结时限压缩至1.26天。

【重点事项改革】 2021年，区行政审批服务局实施政务服务“双全双百”工程。围绕企业全生命周期涉及16个部门的107个事项、个人全生命周期涉及13个部门的115个事项，开展“一件事”集成式改革。梳理集成服务方案150个，设置线下“双全双百”专窗6个，精简材料109份，压缩时限182个工作日，减少环节69个，较改革前优化70%以上。在食品店、药店等行业大力推行流程再造，梳理联办事项，细化涉企服务场景和办理流程，合理组合最小颗粒化办理项，梳理53个应用场景服务清单，实现营业执照与许可证件联合开办、联合变更、联合注销，办理证照“三联办”业务3400余件。优化准入准营环境，开展“一业一证”改革，以系统集成、协同高效为核心，制度创新、流程再造为抓手，以推动事项整合、信息共享，实施行业综合许可制度，将一个行业所有审批事项信息集成到一张综合许可证，实现“一单覆盖、一表申请、一并审批、一证准营”。年内，为4300余户市场主体发放行业综合许可证。

2021年8月16日，区行政审批服务局“三联办”专窗工作人员为山东燕喜堂医药连锁有限公司办理证照“三联办”业务　（区行政审批服务局　供图）

【审批服务模式创新】 2021年，区行政审批服务局推行“沉浸式”帮办代办包办服务。从政务服务事前受理、事中服务、事后回访3个环节入手，优化全程帮办代办包办服务。全面下沉市场准入业务，形成政务大厅、镇（街道）便民服务中心通办模式；深化“政银合作”“政商合作”，在银行网点设置企业登记代办专柜，代办人员现场代为打印发放营业执照、刻制公章；在环翠楼商圈试点打造企业开办服务站，构建全域联动的“大厅+镇（街道）+银行+商圈”15分钟办事圈。打造无窗口受理区，由导办帮办人员全程“一对一”贴身服务，实现商事登记业务不叫号、不排队、“零”等待。在区政务大厅、镇（街道）便民服务中心及商圈引进商事登记自助服务终端16台，通过身份认证、人脸识别、信息自主填报、系统自动审核，实现商事登记业务“智能审批”，通过“无窗口化”审批模式服务市场主体1.21万余户。创新建设项目“交地即开工”审批模式，优化“提前介入、超前服务”“容缺+预审”“承诺+补齐”的审批服务模式，现场指导企业准备申请材料，提供个性化项目审批服务方案，改变以往项目立项、工程规划许可、施工许可“串联办理”为“并联办理”，实现多证合发。优化“拿地即开工”审批模式，融合建设项目“交地即办证”模式，联合相关审批部门在全市创新推出“交地即开工”审批服务模式，项目审批效率提升85.7%。

【政务服务“跨域通办”】 2021年，区行政审批服务局与鲁苏冀豫甘鄂沪7个省（直辖市）70余地市达成通办合作协议，与省内16地市中心城区共建通办联盟，分3批公布“全省通办”事项清单321个、“跨省通办”事项清单132个。依托零基础模板编制事前辅导手册，设置线下跨域通办专窗8个，在全市率先引进使用“跨域通办证照制作辅助系统”，通过相互授权、异地受理、远程办理、就地打照，实现商事登记等业务跨域通办。至年末，办理异地业务1300余件次，提供跨域通办免费邮寄服务3600余次。

【电子证照归集应用】 2021年，区行政审批服务局通过山东省政务服务事项管理系统，完成150余个关联事项的电子证照事项要素调整，公示办事指南和申请材料，配备窗口扫码设备，引导办事群众通过“爱山东”App扫码亮证，拓展电子证照在市场准入、投资建设、社会事务等领域的应用。至年末，手动归集证照4200余件，采集上报电子印章申请27个，满足20余个证照电子与实体同步制发需求。

【政务服务效能提升】 2021年，区行政审批服务局高标准建成并规范9处镇（街道）便民服务中心、217处网上便民代办点以及实体代办点，构建起全覆盖、无盲区的便民服务网络。在全省率先实现公安户籍业务进驻，将民政、人力资源社会保障、企业登记、个体工商户、医保等136项便民服务事项下沉至便民服务中心，其中，张村镇、羊亭镇便民服务中心实现232项税务事项下沉。至年末，开展区、镇（街道）、村（社区）三级系列专题培训81次，惠及1000余人；通过预约上门、错时服务、延时服务等服务形式，免费服务老年人、残疾人等特殊群体4900余人次。

（杨晴晖）

2021年5月28日，区行政审批服务局工作人员为威海市海创投资发展有限公司改造项目进行事前指导 （区行政审批服务局 供图）

人事人才

【概况】 2021年，区人力资源社会保障局全面做好招才引智工作，引进青年人才2858人，其中博士6人、硕士252人、本（专）科2600人；推动实现高质量就业创业，受理审核线上就业登记9678笔，失业登记1958笔，为企业解决用工1756人，发放各类补贴6661.92万元；建立劳动争议多元化解机制，加强“一裁终局”工作力度，受理案件1130起，按期结案率100%；开展电子证照归集和应用工作，获批省人力资源和社会保障厅证明事项告知承诺制试点和政务服务“双全双百”工程试点。

【事业单位年度考核】 2021年，区人力资源社会保障局完成2021年度事业单位工作人员6532人年度考核工作。其中，2021年度事业单位工作人员考核特殊情况331人，考核特殊情况人员中新参加工作不定等次297人、不参加考核20人；因受处分定为基本合格1人，不合格6人，不定等次7人。

【事业单位公开招聘】 2021年，区人力资源社会保障局创新事业单位公开招聘方式，提升事业单位用人自主权。在原有集中招聘的基础上，争取上级部门的支持，将教育、卫生健康系统事业单位公开招聘权限下放，允许其在备案年度招聘计划和方案的基础上，自主安排公开招聘时间和批次，解决一次招聘导致的计划浪费情况。年内，全区事业单位公开招聘聘用435人，其中普通事业单位聘用130人、卫生健康系统事业单位聘用54人、教育系统事业单位聘用241人、面向社区党组织书记公开招聘事业单位工作人员4人、通过考察方式进编2019年招募“三支一扶”（支农、支教、支医和扶困）人员6人。

【事业单位年报统计】 2021年，区人力资源社会保障局开展全区事业单位年报统计工作。年内，全区有事业单位240个，其中公益一类209个、公益二类31个；事业单位工作人员6532人，其中，管理岗位工作人员950人、专业技术岗位工作人员5549人、工勤技能岗位工作人员105人，兼职人员72人。

【职称评审】 2021年，区人力资源社会保障局完成环翠区各系列职称评审相关工作，指导和监督在环翠区行业主管部门设立的各系列各级别评审委员会有序开展职称评审工作。对2021年环翠区基层单位目录清单予以公示，名单中将2020年的公示单位43个动态调整到2021年的58个。按照省、市相关政策文件，新增新型职业农民职称系列，并在区内组建基层农业技术初、中级评审委员会和新型职业农民初、中级评审委员会。年内，申报并评定正高级职称6人、副高级职称88人、中级职称17人；办理全日制院校毕业生职称资格认定108人、外地调入职称确认39人。

【工资福利】 2021年，区人力资源社会保障局对全区6245名符合晋升工资的机关事业单位工作人员进行调整，为2679名机关事业单位工作人员办理日常工资、福利等审批手续，为169名符合退休条件的职工办理退休审核手续，为47名因病去世的退休人员办理一次性待遇核算，对纳入集中管理的603名编外人员薪酬待遇进行晋级调整。根据清理规范津贴补贴文件相关要求，对享受信访岗位津贴、纪检监察办案人员补贴、审计工作人员补贴、安监生产监管监察岗位补贴和畜牧兽医医疗卫生津贴的部分区直部门进行自查清理。经自查清理，有95人超出文件规定范围发放，给予停发相关待遇处理。根据上级政策调整发放乡镇工作人员津贴补贴。对全区符合享受机关事业单位遗属困难补助人员待遇标准进行调整，由每人每月1180.5元调整为1299元，离休人员标准由每人每月1534.65元调整为1688.7元。对全区事业单位6532名工作人员绩效工资总量进行核定。对区法院、区检察院2021年度员额法官、检察官和司法辅助人员绩效考核奖励总量进行核定。对全区获得文明单位称号的机关事业单位精神文明奖进行审核。对全区1016名公务员、20名参照管理群团机关工作人员、104名参照管理事业单位工作人员的工资水平进行统计。

【编外人员管理】 2021年，区人力资源社会保障局根据《环翠区机关事业单位编外人员管理办法》文件精神，制定5批次编外人员招聘计划并委托富田人力资源（山东）有限公司组织招聘，招聘完成后对纳入集中管理编外人员进行信息备案，对各单位纳入集中管理政府购买服务人员岗位（级别）变动备案。至年末，环翠区有编外人员2033人。其中区直部门工作人员499人，有一级员工22人、二级员工56人；中小学教师333人；镇（街道）机关工作人员589人，有一级员工119人、二级员工171人；社区工作者612人，有一级员工90人、二级员工115人。

（曲雅婷　王雅雯）

退役军人事务

【概况】 2021年，区退役军人局依托“区级—镇（街道）—村（社区）”三级退役军人服务站开展退役军人志愿服务活动，以弘扬雷锋精神和“奉献、友爱、互助、进步”的志愿者精神为依托，以展现新时代退役军人风采为主线，打造2处

“威海市退役军人思想政治教育基地”，1处“威海市退役军人思想政治工作示范点”，组织退役军人参与社区治理、新冠肺炎疫情常态化防控、扶贫济困等志愿服务活动550余场，发动“最美退役军人”、模范退役军人、军创企业等社会力量对75名困难退役军人开展帮扶慰问，赠送慰问品。

【思想政治引领】 2021年，区退役军人局开展退役军人思想政治工作“十百千”（全市范围内建立16个“威海市退役军人思想政治教育基地”“威海市退役军人思想政治工作示范点”、宣传100名“最美退役军人”、聘用1000名优秀退役军人思想政治工作指导员）工程，在环翠区打造2处“威海市退役军人思想政治教育基地”（威海市烈士陵园、“为了人民”基层党建馆），1处“威海市退役军人思想政治工作示范点”（山东双创人孵化器有限公司）；挖掘“最美退役军人”典型19人，在微信公众号、“最威海是环翠”App等区级媒体平台进行宣传报道，提高先进典型示范带动力和社会影响力；选聘150名退役军人思想政治工作指导员，发挥思想政治工作指导员与退役军人情感相近、经历相似的优势，对退役军人开展常态化联系联络，了解掌握退役军人思想动态和生活现状，及时解决矛盾问题，做好思想引领工作。

【就业安置】 2021年，区退役军人局开展第5批退役士兵公益性岗位安置工作，81人实现上岗就业。推进军转安置、退役士兵安置“一站式”服务，按时间节点落实9名计划安置转业军官和31名符合政府安排工作条件的退役士兵安置计划。投入资金为退役士兵、企业军转干部等发放一次性经济补助、安置期生活费、保险费及各项解困资金。

【就业创业扶持】 2021年，区退役军人局健全以政策支持、项目评定、孵化实训、科技金融、创业服务为主要内容的退役军人创业创新支持体系，借助区内产业园项目资源成熟、服务设施齐全等优势，打造退役军人创业产业园6家，入驻军创企业30余家，吸纳180余名退役军人在园区内就业创业。用足用活威海市退役军人创新创业基金政策，为退役军人就业创业提供奖励保障，发放创业带动就业奖励、创业贷款及创业贷款贴息268.5万元。组织军创企业参加山东省退役军人创业创新大赛，威海卡尔玛德医疗科技有限公司的“特等医疗针”项目获二等奖；推选5名退役军人参加威海市第二届退役军人创业创新大赛，其中1人获得一等奖、2人获得二等奖、2人获得三等奖；推选山东省退役军人创业之星、就业之星各1人。

【服务保障体系建设】 2021年，区退役军人局推动服务体系建设规范化、制度化发展，将责任清单、任务清单、成效清单列为2021年度重点工作任务，采取一级抓一级、层层抓落实的方法，推动各项工作任务落实到位。对照退役军人服务站示范创建75条标准，推动全区57家服务对象100人以上的村（社区）服务站达标创建工作，至年末，57家服务站全部达标。创新“一事联办”“一件事清单”工作机制，提升工作人员专业知识水平、敬业精神和工作效率，在全区打造一支“政策通、活地图、一口清”的退役军人服务队伍，提高退役军人满意度。

【军休干部管理】 2021年，区退役军人局高标准落实军休干部政治待遇和生活待遇，做好军休干部日常生活保障和文体活动开展等工作，为263名军休干部及干部家属发放各类资金3745.94万元，组织军休干部参加门球、象棋、趣味运动会等活动。对照军休干部医养结合实施办法，结合环翠区实际，建立健全上门医疗、护理保障、养老服务等6项制度，与东发老年公寓、海大医院、泰和中医院等签订医养结合协议，为军休干部提供养老、医疗等服务，确保军休干部“住、行、医、养、

2021年6月9日，区退役军人局在威海市退役军人膜技术创新产业园举行退役军人创业产业园授牌仪式 （区退役军人局 供图）

游”等环境更加优化。年内，环翠区军休干部医养结合工作通过省、市两级现场验收，实现军休干部“老有所养、老有所依”目标。

（姜姗姗）

信　访

2021年5月28日，区委主要领导在区群众权益诉求服务中心接待群众来访

（区信访局　供图）

【概况】 2021年，区信访局先后完成全国两会、全省两会、庆祝中国共产党成立100周年、中共十九届六中全会等重点时期的信访保障工作，维护社会大局稳定，全区信访形势稳步向好。年内，15名区级领导干部参与接访189天，接待群众来访56批56人次；国家信访局交办的重复信访事项全部上报化解，省信访局交办的重复信访事项化解率99%；环翠区被国家信访局表彰为“信访工作‘三无’县（市、区）”。

【矛盾排查】 2021年，区信访局对排查出的166件信访隐患详细建立台账，逐件确定包案领导，成立工作专班，配齐配强工作力量，开展化解稳控。强化日常监控排查，做到随排查、随入账、随化解，实现问题早发现、矛盾不积累、信访不上行。

【领导接访】 2021年，区级领导干部每月至少接访1天，重点时期落实“每天都要有党政领导接访”的要求，由区级领导带领相关部门单位开展联合接访。年内，15名区级领导参与接访189天，接待群众来访56批56人次，其中，党政主要领导干部接待批办24批24人次，其他区级领导干部接待批办32批32人次，群众反映的问题得到妥善解决，办结率、化解率均100%。

【治重化积】 2021年，区信访局研究制定《关于开展集中治理重复信访、化解信访积案专项工作的实施方案》，从方法步骤、重点任务、保障措施等方面对专项治理工作进行安排部署，督促责任单位严格落实执行。对重复信访事项及时明确责任单位，通过线上线下两种途径及时督办，逐案确定包案领导干部，成立工作专班，研究制定化解方案，全面压实工作责任。及时跟进专项工作进展情况，采取电话督导、实地检查等各种形式全程调度。通过山东省信访信息系统每周调度工作进展情况，实时把握工作进度，对进展缓慢的单位，提出改进意见，必要时与责任单位共同研究工作方案，合力推进化解，按期完成化解任务。至年末，国家信访局交办的重复信访事项全部上报化解，省信访局交办的重复信访事项化解率99%，高于全市平均水平，其经验做法《用好督查利器　助推“治重化积”》被《山东信访》刊发。

【信访听证】 2021年，区信访局整合区、镇（街道）两级信访听证资源，设立“流动信访听证室”，为群众提供便捷服务。通过下沉镇（街道）、村（社区）开展听证工作，协调解决群众“急难愁盼”信访问题，维护社会和谐稳定，提高信访事项化解率。至年末，纳入听证自办件1267件，听证1180件，听证率93.13%，位居全市各区市前列。

【访调对接】 2021年，区信访局建立“访调对接”机制，成立区信访纠纷人民调解委员会，建立以区群众权益诉求服务中心为依托，镇（街道）社会矛盾调处中心为骨干，村（社区）调解室为基础的立体式信访矛盾调解平台，形成信访、司法、相关职能部门及社会力量协同运作化解信访矛盾的工作格局。其经验做法《环翠区深化“访调对接”化解信访矛盾纠纷》被《大众日报》刊发。

【信访基础建设】 2021年，区信访局围绕“把矛盾解决在初信初访环节”目标，加大对初信初访办理情况的督导检查力度，完善细化接访、办信、复查听证、督查督办等各项业务办理规程，提高信访工作的规范化水平，推进问题化解。创新和发展新时代“枫桥经验”的环翠实践，结合“我为群众办实事”实践活动，区信访局领导班子成员定期组织信访干部到村（社区）巡回接访，依法、及时、就地化解各类矛盾纠纷，实现“小事不出村（社区）、大事不出镇（街道）、矛盾不上交”的目标。深入开展“三无”（无重复上访、无集体上访、无信访积案）镇（街道）创建活动，以活动牵引夯实基础业务，初信初访办结率100%。年内，开展巡访16次，接待信访群众410余人次，及时解决热点、难点信访问题，群众对信访部门和责任单位满意率分别为76.88%和75.08%，在全市各区市中平均满意率列第二位；市信访局每月对各区市信访基础业务规范化进行考评打分，环翠区平均得分99.85分，位居全市各区市第一名。

（曲艺霄）

应急管理

【概况】 2021年，环翠区把牢安全生产基本盘，着力防风险、遏事故、保安全、护稳定。突出危险化学品、消防安全、建筑施工等重点行业领域专项整治，推进安全生产专项整治三年行动向纵深推进，持续开展风险隐患排查、宣传教育培训等基础性工作，开展安全生产双重预防体系建设和标准化建设，全区安全生产形势总体稳定。年内，检查企业4万余家次，排查整改问题隐患2万余处，立案124起，罚款113.02万元。

【安全生产责任落实】 2021年，区应急局落实区安全生产委员会办公室职责，组织召开全区性安全生产工作会议14次，起草区委常委会、区政府常务会研究部署安全生产、森林防灭火、减灾救灾等工作材料50余次。制定印发《区委常委会成员、区政府领导班子成员2021年安全生产重点工作清单》《环翠区安全生产工作安排》《威海市环翠区人民政府安全生产委员会2021年工作要点》等制度性文件，对全区安全生产工作提出指导意见。按照国民经济行业分类，对189个行业界定行业安全生产主管部门和直接监管责任部门。实行部门联动、行业和镇（街道）联动，结合“网格化、实名制”监管名册，排查摸底全区生产经营单位，确保责任清晰、职责明确。贯彻落实新《中华人民共和国安全生产法》，推进企业安全责任主体化、安全培训全员化，确保各生产经营单位安全生产主体责任清单修订率、全员培训完成率100%，推动企业各项安全管理提档升级。对照《山东省生产经营单位安全总监制度实施办法（试行）》，明确应当设置安全总监的行业企业和鼓励设置安全总监的领域，同时鼓励其他有条件的生产经营单位，结合生产经营规模、安全风险等因素推行安全总监制度。至年末，全区23家应当设置安全总监的生产经营单位全部按规定设置。

【安全生产工作检查】 2021年1月13日至8月13日，区应急局按照“对所有行业领域、所有相关人员全覆盖，对任何违法违规行为、任何弄虚作假行为‘零’容忍”要求，组织开展安全生产大排查大整治行动，检查生产经营单位4万余家次，排查整改问题隐患2万余处，行政处罚180次，罚款192.97万元。在危险化学品及医药、化工领域，采取专项检查、联合检查、“执法+服务”、异地交叉互检等方式，检查企业285家次，排查整改问题隐患201处，立案处罚3项；在烟花爆竹领域，检查烟花爆竹批发企业8家次，排查整改问题隐患6处，检查零售点37家次，排查整改问题隐患10处；在金属冶炼等工贸行业领域，持续推进粉尘防爆、有（受）限空间作业、金属冶炼、造纸等专项治理工作，检查企业170家次，排查整改隐患301处。聚焦建筑施工、危险化学品、民爆器材、电力、燃气等重点行业领域，组织全区11个部门，采取蹲守驻点、流动驻点和“一对一”监管联系等方式，督促企业完善规章制度210条，开展安全培训、警示教育等活动382次，协助企业排查整改问题隐患410处。印发《威海市环翠区应急管理局安全评价机构执业行为专项整治工作方案》，检查《安全评价检测检验机构管理办法》法定评价项目，重点核查安全评价报告实际符合性，安全评价报告整改、采纳情况等，检查法定评价项目13个，下达责令限期改正通知书9份，整改问题33处。

【安全生产体系建设】 2021年，区应急局利用山东省政务服务网，优化审批、办理流程，缩短办理时限，提高审批效率，实现安全生产行政许可审批“一次办好”。依法核发危险化学品经营许可证22份，出具第三类非药品类易制毒化学品备案证明10份，颁发烟花爆竹经营（零售）许可证11份，依法注销危险化学品经营许可证5份、第三类非药品类易制毒化学品备案证明4份、烟花爆竹经营（零售）许可证11份。聘请服务机构指导100家小微企业创建安全生产标准化，指导75家规模以上、重点管控企业构建双重预防机制，推进事故预防工作科学化、信息化、标准化。年内，全区报备动火作业459家次、有（受）限空间作业20家次、高处施工作业545家次、吊装作业481家次、开（停）车58家次、拆除作业70家次、检（维）修作业181家次、其他作业179家次、外来作业13家次。

【安全生产文化建设】 2021年，区应急局开展安全生产、消防安全等各类宣传教育培训活动2140场，参与培训20万人次。6月16日，市政府、区政府联合在幸福门广场举行以“落实安全责任　推动安全发展”为主题的“安全生产月”宣传咨询日活动，设立咨询台，摆放讲解宣传展板，播放安全宣传视频，现场发放宣传册等宣传材料2万余份。“安全生产月”期间，组织开展安全宣传“五进”等活动400余场次，参与活动2万余人次。开展“大学习、大培训、大考试”专项活动，采取同步开展、穿插进行的模式，细化学习内容，以考试强化记忆，促进企业整改提升。全区602家涉及危险化学品、烟花爆竹、冶金等工贸行业企业参加考试。

【消防管理】 2021年，区消防救援大队抓实火灾防控和灭火救援主责主业，落实消防安全责任制，开展火灾隐患专项整治，提升灭火救援实战打赢能力，维护人民群众生活财产安全。年内，全区消防救援队伍接警出动1142起，其中火灾369起、抢险救援773起，出动车辆2375辆次、指战员1.36万人次，全区连续15年未发生较大及以上火灾。

【消防安全责任落实】 2021年，区消防救援大队组织召开全区消防专题会议7次，推进重大火灾隐患整改工作，部署2021年重点工作。区委、区政府主要领导先后多次带队检查消防工作，各行业主管部门配合消防工作，开展行业领域消防安全检查30余次，检查单位600余家。联合区住房城乡建设局物业管理办公室制定印发《违法停车告知书》1000余份，对违规占用消防车通道的私家车辆进行告知，予以警告提醒。

2021年6月16日上午，市政府、区政府联合在幸福门广场举行以“落实安全责任　推动安全发展”为主题的“安全生产月”宣传咨询日活动

（区应急局　供图）

【火灾隐患整治】 2021年，区消防救援大队以政府购买服务的形式开展“专家查隐患”工作，检查单位44家，排查隐患798处。针对“九小场所”（小学校或幼儿园、小医院、小商店、小餐饮场所、小旅馆、小歌舞娱乐场所、小网吧、小美容洗浴场所、小生产加工企业）特别是合用场所隐患突出的问题，依托镇（街道）“吹哨报到”响应机制，指导基层网格员对“九小场所”、居民楼、村（社区）等各类场所进行地毯式排查，建立台账，明确问题整改时限，开展网格员培训30余次，排查各类场所5921家，督促整改隐患5375处。推动独立式感烟火灾探测器安装工作，全区通过政府购买服务的方式安装独立式感烟火灾探测器1200余个。

【消防监督执法】 2021年，区消防救援大队以辖区内高层建筑、商超、大型综合体、歌舞娱乐游艺场所为重点开展地毯式排查，检查消防安全重点单位、一般单位480家，行政处罚95家，临时查封单位19家，责令“三停”（停产、停业、停止使用）19家，罚款137.65万元。检查“九小场所”3万余家，下发处罚决定书175份，其中当场下发处罚决定书138份，罚款31.86万元；处理群众举报、“12345”政务服务便民热线转办1183起。

【灭火救援实战演练】 2021年2月5日，区消防救援大队在大润发侨乡店开展大型商业综合体灭火救援实战化演练，调集3个消防救援站、6辆消防车、28名指战员，住建、交警、医疗、燃气等联动部门（单位）参与演练。3月18日，在小商品批发市场开展夜间实战拉动演练，市消防救援支队全勤指挥部参加并指导演练工作，调集4个消防救援站、12辆消防车、50名指战员，公安、交警、医疗、住建、供水、供电、燃气等相关联动部门（单位）参与演练。8月5日，在海港大厦开展高层建筑灭火救援实战拉动演练，调集3个消防救援站、7辆消防车、40名指战员参与。年内，全区消防救援队伍开展熟悉演练331次，修订灭火救援预案100余份。

【应急机制建设】 2021年，区应急局会同区自然资源局、区水利局、区农业农村局、区海洋发展局等主要涉灾部门，每季度对环翠区自然灾害风险形势进行分析会商；建立完善区、镇（街道）、村（社区）3级灾害风险隐患排查报送管理工作体系，逐级确定灾害风险隐患排查报送信息员、管理员和应急处置责任人，确定灾害信息员526人；开展群测群防工作，严格落实宏观观测周报告和重大宏观异常速报制度，设立7处区级地震宏观监测点、9处市级地震宏观观测点。印发《环翠区森林防火指挥部成员单位预防宣传责任清单》，明确、细化成员单位的预防宣传责任；制定《高火险等级天气下联调联动机制》，提升应急联动响应能力；印发《关于规范森林防火卡点值守工作的意见》，指导各镇（街道）严格森林防火卡点值守，发挥森林防火卡点效用；印发《威海市环翠区人民政府关于禁止野外用火的通告》，明确对野外违规用火、不配合属地管理等行为人员的处罚依据。

【应急准备】 2021年，区应急局强化环翠区安全生产应急救援指挥平台、物联实时监控系统、物联设备终端的运维管理，统筹管理区海洋发展局远遥中心渔港视频监控系统、区水利局智慧水利监测预警管理系统等7个涉灾涉险部门信息系统，集中整治隐患问题700余处。编写《环翠区安全工作手册》，制定应急组织机构和应急响应流程图，以及高森林火险等级天气、地震突发事件、极端天气联调联动机制；修订《环翠区突发事件总体应急预案》，备案83家生产经营单位应急预案。统筹应急队伍整合和应急资源综合利用，全区有应急救援队伍81支，应急专家105名，医疗资源20家，中心应急物资储备库1座，各类应急物资保障库46座，应急设备物资2万余台（套）。创新“训练+巡护”训练模式，把训练地点由中队驻地转向重点林区，常态化派出队伍靠前驻防正棋山、里口山重点林区，带装巡护、快速反应，以练为战，提升应急处置能力。在温泉镇张家山村组织开展森林消防应急演练，增强森林防灭火组织指挥、协同作战信息化联动调度等应急响应能力。

【应急预案演练】 2021年，区应急局制定2021年专项应急预案演练计划，督促环翠区各生产经营单位开展演练，通过实战演练检验应急预案的可操作性，提高企业职工的应急能力。年内，组织各生产经营单位综合类、专项类应急演练1000余次，参加演练17万余人次。组织有（受）限空间作业应急处置、液氨泄露应急处置、危险化学品生产安全事故应急处置、防汛防台风演练、森林火灾应急演练等，进一步检验应对突发事件的应急处置能力。

【应急科普宣传】 2021年，区应急局在“全国防灾减灾日”等重点时段，利用新媒体、社会媒体、网络、派发传单等形式，广泛普及防灾减灾及自救互救知识；持续加大防灾减灾知识“六进”（进机关、进学校、进企业、进社区、进农村、进家庭）推进力度，提高群众灾害事故风险防范意识，增强自救互救能力。年内，组织防灾减灾宣传培训6次、防震演练2次，发放各类宣传资料4000余份。

（陶家元　于大鹏）

中国人民政治协商会议环翠区委员会

综　述

【概况】 2021年，中国人民政治协商会议第十四届威海市环翠区委员会实有委员153名。区政协常委会下设办公室、委员活动工作室2个科级办事机构和学习提案法制委员会、三胞联谊委员会、经济教科卫体委员会、文史和学习委员会、农业和农村委员会5个科级专门委员会。年内，区政协常委会围绕全区工作大局，先后召开政协常委会会议6次；组织开展专题协商2次、界别协商1次、对口协商1次；组织委员开展监督履职活动，选派12名委员担任综合执法、文化旅游、司法公开、招考招聘等工作领域的行风监督员，广泛参与行风评议、行政听政、案件庭审等活动；收到委员提案115件，经审查立案87件，其中16件被评为年度优秀提案。

【协商议政】 2021年，区政协常委会围绕区委、区政府工作重点，确定区政协83项具体履职内容，按照“工作项目化、项目清单化、清单责任化、责任时效化”的要求，逐一抓好落实。年内，聚焦党委政府中心工作，聚焦更好满足人民群众日益增长的美好生活需要，组织开展调研视察、座谈协商、议政建言等履职活动31次，提出各类意见建议95条。其中，围绕实施社区和居家适老化改造工作、全区信用“五进”工程开展情况等，组成调研组实地视察，召开会议协商研讨，形成相关报告，被区委、区政府领导批示。

【委员主体作用发挥】 2021年6月21日，区政协常委会向全区政协委员发出《在全区政协委员中开展“深入推进信用‘五进’工程，全力锻造‘诚润威海、信行天下’环翠信用品牌”活动》倡议书，号召政协委员投身到信用“五进”活动中，珍爱个人信用记录，增强自我信用意识，树立“学信用、懂信用、守信用”的良好思想，以政协委员的良好形象，带动本系统、本单位、

2021年3月15日—16日，中国人民政治协商会议第十四届威海市环翠区委员会第五次会议召开
（区政协办公室　供图）

本行业及身边亲朋好友共同创建“诚润威海、信行天下”环翠信用品牌。

重要会议

【中国人民政治协商会议第十四届威海市环翠区委员会第五次会议】 2021年3月15日—16日召开，142名政协委员出席会议。会议听取和审议连业礼代表政协第十四届威海市环翠区委员会常务委员会所作的常委会工作报告；听取和审议黄福涛代表政协第十四届威海市环翠区委员会常务委员会所作的提案工作报告；列席威海市环翠区第十八届人民代表大会第五次会议，听取并讨论区政府工作报告及其他报告，协商讨论《威海市环翠区国民经济和社会发展第十四个五年规划和二〇三五年远景目标纲要（草案）》；审议通过人事事项；审议通过政协第十四届威海市环翠区委员会第五次会议决议。3月16日，在区政协十四届五次会议第二次全体会议上，采取举手表决的方式，选举产生政协第十四届威海市环翠区委员会主席孙青松。

【政协常委会会议】 2021年，政协第十四届威海市环翠区委员会召开常委会会议6次（区政协十四届17次至22次会议）。

第17次会议 3月3日召开。会议听取区委组织部副部长陈高磊就十四届区政协委员调整情况的说明；审议通过《政协第十四届威海市环翠区委员会常委会工作报告（讨论稿）》并推举报告人；审议通过《政协第十四届威海市环翠区委员会提案工作报告（讨论稿）》并推举报告人；审议通过《关于召开区政协十四届五次会议的决定》；审议通过区政协十四届五次会议议程（草案）和日程；审议通过区政协十四届五次会议常务委员轮值名单；审议通过区政协十四届五次会议秘书长、副秘书长名单；审议通过区政协十四届五次会议委员分组名单和各组召集人名单。

第18次会议 3月15日召开。会议审议补选十四届区政协主席候选人协商名单；审议大会选举办法（草案）；审议大会总监票人、监票人名单（草案）；审议大会决议（草案）。

第19次会议 3月16日召开。会议由区政协副主席黄福涛领学全国人大十三届四次会议和全国政协十三届四次会议精神。听取大会秘书处汇报委员分组审议和讨论情况；通过补选十四届区政协主席候选人名单；通过大会选举办法（草案）；通过大会总监票人、监票人名单（草案）；通过大会决议（草案）。

第20次会议 7月8日召开。会议由区政协副主席黄福涛领学中共中央总书记习近平在庆祝中国共产党成立100周年大会上的重要讲话；民盟盟员、威海石木轩剪纸艺术工作室经理张延茹，民建环翠区总支主委、区工业和信息化局副局长张展霞，农工党党员、区应急局副局长陈鑫，致公党党员、威海裕泉贸易有限公司董事长李佰科，无党派人士、威海瑞士达贸易有限公司总经理赵志龙，中共党员、威海市鸿安建筑集团有限公司总经理陶刚，九三学社环翠区支社主委、区政协副主席、区自然资源局副局长邓洁作交流发言；会议通过有关人事事项。

第21次会议 8月26日召开。区委常委、副区长孙军作上半年全区经济运行情况通报。会议听取区政府办公室关于区政协十四届五次会议以来提案办理情况的汇报；传达学习全国地方政协提案工作经验交流座谈会、全省政协“有事多商量”协商工作经验交流会和中共威海市环翠区委十五届九次全体会议精神。

第22次会议 11月24日召开。会议传达学习中共十九届六中全会精神和中共中央总书记习近平在深入推动黄河流域生态保护和高质量发展座谈会上的重要讲话精神和视察山东重要指示要求，审议并通过《政协威海市环翠区委员会关于加强和促进人民政协凝聚共识工作的实施办法》和《政协威海市环翠区委员会关于强化政协委员责任担当的实施意见》。

政治协商

【概况】 2021年，区政协常委会就“实施社区和居家适老化改造工作”“深入推进信用‘五进’工程”，开展专题协商2次；围绕“党建引领‘红色物业’工作”，开展界别协商1次；围绕“我为‘双招双引’献良策”，开展对口协商1次。7月29日，在全省政协“有事多商量”协商工作经验交流会上，区政协提交题为《站稳人民立场 聚焦“急难愁盼” 以精致理念推进“有事好商量”》书面交流材料，并经省政协出版发行。

【专题协商】 2021年4月下旬，区政协常委会围绕“实施社区和居家适

2021年6月17日，区政协召开“深入推进信用‘五进’工程　全力锻造‘诚润威海、信行天下’环翠信用品牌”专题协商会议（区政协办公室　供图）

老化改造工作”进行调研协商。组织委员多次与民政、卫生健康、住房和城乡建设等部门及鲸园、竹岛等街道负责人进行座谈，与东北村、翠竹等社区书记、老年居民代表进行交流，对全区养老服务机构、居民楼加装电梯、老年人居家无障碍设施改造及家庭医生签约服务等情况进行实地视察调研，并召开专题协商座谈会议就助推全区居家适老化改造工作进行探讨。

6月17日，区政协常委会围绕全区信用“五进”工程开展情况进行调研协商。组织委员实地观摩北门外社区、环翠楼商圈党群服务中心、区市场监管局等信用“五进”先进典型的工作开展情况，随后召开“深入推进信用‘五进’工程　全力锻造‘诚润威海、信行天下’环翠信用品牌”专题协商会议。5名政协委员和3名居民代表围绕全区信用“五进”工程开展情况作交流发言。区发展改革局、区工业和信息化局、区教育体育局、区委区直机关工委、区农业农村局、区民政局6个部门负责人，对委员和居民提出的问题进行交流和解答，形成并报送的《区政协关于推进我区信用“五进”工程的协商建议》被区委书记徐明，区委副书记、区长邢海波批示。

【界别协商】　2021年5月21日，区政协常委会围绕“党建引领下‘红色物业’工作”开展界别协商。在实地观摩环翠楼街道东北村社区、竹岛街道海源社区的党群活动中心、红色印象等“红色阵地”建设情况后，召开由相关界别委员、小区老党员代表参加的协商座谈会议。区委组织部、区住房城乡建设局、环翠楼街道、竹岛街道分管负责人就小区日常物业管理及推行“红色物业”中面临的各种实际问题和困难，对委员和居民提出的问题进行交流和解答。

【对口协商】　2021年5月21日，为进一步加强全区“双招双引”推进工作，区政协常委会组织召开“我为‘双招双引’献良策”对口协商会议。区商务局、区人力资源社会保障局分管负责人及区政协委员进行协商座谈。

参政议政与民主监督

【概况】　2021年，区政协常委会围绕区委、区政府工作重点，确定区政协83项具体履职内容。年内，聚焦党委、政府中心工作，聚焦更好满足人民群众日益增长的美好生活需要，组织开展调研视察、座谈协商、议政建言等履职活动31次，提出各类意见建议95条；收到委员提案115件，立案87件，均在规定时间内办复，委员面复率和满意率均100%；将政协民主监督融入经济社会生活的各个方面，先后选派12名委员参与部门单位满意度测评，担任综合执法、文化旅游、司法公开、招考招聘等工作领域的行风监督员，广泛参与行风评议、行政听政、案件庭审等活动。

【专题议政】　2021年，区政协常委会围绕环翠区《政府工作报告》和全区经济社会发展运行情况等，组织委员进行专题议政建言。参与议政的政协委员130余人次，提出意见建议40余条。8月26日，在区政协十四届二十一次常委会会议上，区委常委、副区长孙军作上半年全区经济运行情况通报，委员们围绕全区经济运行情况进行议政发言。

【调研视察】　2021年3月30日，区政协主席孙青松带领视察组先后到鲸园街道、孙家疃街道、张村镇，视察春季森林防火工作。视察组先后到鲸园街道森林防火1号卡点、古陌岭森林消防管网控制室、孙家疃街道黄泥沟森林防火卡点、张村镇里口山佛顶等地，听取相关镇（街道）关于森林防火能力提升、消防管网建设、林下可燃物清理以及清明节期间森林防火工作安排、值班值守等情况。

6月29日，区政协副主席隋良杰、党组成员陈英欣围绕“以更大气力保护生态环境”主题，带领视察组对里口山区域植被恢复提升和羊亭河二期升级改造开展视察督导。

7月29日，区政协副主席张华龙组织部分委员围绕闲置资产盘活利用情况开展专题调研。调研组实地查看月儿湾酒店、威海华东艺术学院情况，听取孙家疃街道关于闲置资产盘活利用情况的汇报。

8月20日，区政协副主席隋良杰、党组成员陈英欣围绕威海创新园建设情况，带领视察组对大数据科技智能中心、海洋科技创新中心、健康医药科技研发中心的建设和运营情况开展视察调研。

8月25日，区政协党组成员王永强组织部分委员实地督导里口山风景名胜区建设及争创国家AAAA级旅游景区情况。督导组一行先后查看广福寺游客服务中心、法律咨询中心等配套服务设施，柿园民宿、乡村美学堂、悦己萱咖啡吧、清怡茶园等文旅产业项目，听取相关负责人的汇报。

8月31日，区政协副主席张华龙围绕常态化抓好“三联三服”活动，组织委员对威海三元塑胶科技有限公司和联东U谷·威海科创智汇港项目开展视察调研，并听取张村镇分管负责人关于“三联三服”工作开展情况的汇报。

政协提案

【概况】 2021年，全区广大政协委员、各民主党派、人民团体和政协各专门委员会，围绕全区中心工作和群众普遍关心的民生问题，提交提案115件，经审查立案87件，其中有9件并案。在立案提案中，经济建设方面21件，城市建管方面7件，科教文卫方面18件，社区建设方面9件，社会事务方面22件，环保环卫方面10件。立案的87件提案中，有16件被评为年度优秀提案。至年末，所有立案提案全部办复。

2021年度区政协优秀提案一览表

表4

序号	提案人	提案名称	序号	提案人	提案名称
1	张翚鹰	关于发展海洋产业的建议	9	丛晓辉	关于环翠区社区食堂运营的建议
2	刘荣林	关于加快远遥浅海科技湾区建设的建议	10	张军文	关于发挥基层组织力量解决老年人养老问题的建议
3	何文清	关于继续推进老旧小区改造的建议	11	李　盛	关于加强党支部领办合作社财务管理的建议
4	董少沣	关于提升老旧小区物业管理的建议	12	姜书光 王立新	关于进一步加强美丽乡村建设的建议
5	刘华勇	关于健全校园安全风险管控的建议	13	丛明燕	关于加强3岁以下婴幼儿托育机构建设的建议
6	田岳青	关于管理民办教育培训机构的建议	14	张展霞	关于加强普惠性幼儿园建设的建议
7	曲冠群	关于加大文化产业发展力度的建议	15	王若男 杨玉学	关于加强居民小区民宿短租监管的建议
8	邢　怡	关于推进图书共享的建议	16	冯晓萍	关于残疾人职业技能培训与就业的建议

【重要提案摘编】 关于发展海洋产业的建议。环翠区海岸线长43千米，海洋捕捞业和海产品养殖业较为发达，拥有良好的海洋经济发展条件，应该大力发展海洋产业。为了加快环翠区海洋经济发展，经济科技组委员张翚鹰建议：大力发展海洋第三产业（旅游业及配套产业），滨海旅游要实现由单纯海滨观光旅游向

滨海休闲度假旅游和海上观光旅游转化，联合威海各区市整合旅游景点，形成一个链条，增加游客在威海的旅游时间，由夏季观光向四季休闲度假转化。调整并发展海洋第二产业，利用远遥浅海科技湾区，大力发展海洋智能装备、海洋高端装备、海水淡化与综合利用、海洋可再生能源等知识密集型产业。稳定提升海洋第一产业发展，推动海洋渔业提质增效，推进海水养殖向海洋牧场升级，打造“海上粮仓”“海上田园”。加大规模化海水养殖，将工业思维和现代管理理念融合到传统养殖业中，引进海水养殖专业人才，提高产量、降低成本，增强海产品的竞争力。发展海水利用业，随着科技的发展，海水淡化成本会越来越低，当成本持平或低于城镇自来水成本时，将能极大地缓解环翠区淡水资源紧缺的现状。

关于继续推进老旧小区改造的建议。环翠区老旧小区在整个城区占比较大，一定程度上影响城市的整体形象。为尽快改变这种状况，经济科技组委员何文清建议：在对老旧小区的改造过程中，加大对住宅楼“平改坡”的改造力度；建立健全老旧小区改造管理机制，在对老旧小区整体改造的前提下，着重关注小区内部的细节，加强对小区的综合整治，提高城市整体形象。

关于加强3岁以下婴幼儿托育机构建设的建议。3岁以下婴幼儿期是孩子大脑发育、体格成长和健康心理养成的关键阶段，深刻影响其一生的发展。当前，3岁以下婴幼儿托育服务机构建设存在“公办缺位”“民办缺路”的问题。为解决该问题，卫生组委员丛明燕建议：鼓励支持多元化共建托育服务机构，鼓励和支持公立幼儿园和普惠性民办幼儿园向下延伸，增设接收3岁以下婴幼儿的托班；鼓励和支持职工数量多的企事业单位在自有场地内开办托儿所，为职工提供福利性托育服务；鼓励和支持有资质的社会组织举办托育服务机构；鼓励和支持社区开办托儿所。政府加大支持扶持力度，通过提供场地、财政补贴、减免租金、优先保障建设用地等政策措施，支持社会力量开展3岁以下婴幼儿的照护服务。加强事中事后监管，明确政府具体部门的监管职责，落实办园单位和具体人员的主体责任。

关于健全校园安全风险管控制度的建议。在中小学学龄阶段组织开展安全教育、推行校园安全风险管控制度，是提升国民安全素质、防范各类安全和恶性案件发生的有效手段。为进一步提升校园安全教育与风险管控手段，特邀组委员刘华勇建议：加快“中小学生亲身体验式安全教育平台”建设，教育主管部门建设区级“中小学生亲身体验式安全教育平台”，让中小学生通过现场模拟、VR等方法，身临其境体验高空坠落、火灾、地震、洪涝等各种突发自然灾害时的感受，接受安全教育与应急演练，掌握正确的处置方法，从容面对各类风险危害。在校园组织实施安全风险辨识与管控制度，从开展辨识校园安全各类安全风险点、掌握校园安全风险处置方法出发，以落实校园安全管控措施为着力点，组织校园实施安全风险辨识与管控制度，起到掌控安全风险隐患、提前防范避免各类事故事件发生的作用。

关于发挥基层组织力量解决老年人养老问题的建议。随着人口老龄化的不断加重，老年人口尤其是农村老年人口的养老问题日益凸显，与此相关的矛盾纠纷不断涌现，成为亟须社会关注和解决的重要问题。通过广泛社会调查，产生老年人赡养纠纷的原因：一是“集体式”“摊派式”赡养模式引发赡养纠纷，二是老人丧偶失偶加剧赡养纠纷冲突，三是父母婚姻情况的变化诱发子女赡养问题。因此，老年人的养老问题，既是家庭问题，也是社会问题。针对司法实践中发现的上述情况，法制组委员张军文建议：充分发挥基层调解组织及村（社区）作用，调动村（社区）委会、调解委员会、司法、民政、妇联等基层组织主动作为、联动协作，开展赡养纠纷的调解工作。加强基层精神文明建设，加大宣传力度，结合典型案例宣传子女的赡养义务及不履行义务的法律后果，建立团结和谐的家庭关系。健全老年人权益保障机制，出台政策措施，鼓励农村老人参加养老保险，适当给予经济补贴，减轻农村子女赡养老人的经济负担。发挥司法职能作用，依法审理各类赡养纠纷，对拒不履行赡养义务、情节严重的依法追究刑事责任。开展普法宣传，提升全社会履行法定赡养义务的积极性和主动性，营造关心关爱老年人的良好社会氛围。加大养老机构建设力度，把养老机构纳入公共服务建设规划范围，同时鼓励民间力量参与养老机构和专业护理机构建设。推进养老与医疗产业深度融合，支持有实力、有意愿参与社会养老服务的医疗机构开办养老服务机构。建设集医疗、康复、养老、护理等功能于一体的医养结合服务体系，实现基本健康养老服务全覆盖。

关于残疾人职业技能培训与就业的建议。关注残疾人实现稳定就业，帮助残疾人提高家庭收入和生活质量，是全社会需要积极应对的问题。残疾人就业难主要体现在：一是残疾人就业政策扶持力度不深，多为指导性建议意见，就业创业鼓励与支持机制尚不健全。二是残疾人缺少就业机会，主要是残疾人自身的就业技能不高，符合残疾人的岗位不多。三是残疾人创业就业发展力度小，稳定性不强，安置残疾人就业占比较低。针对上述情况，经济科技组委员冯晓萍建议：资源整合，开展残疾人扶困联动，支持城乡残疾人创业和就业，重点帮助低保残疾人家庭发展生产、脱困致富。创新引领，创建残疾人就业和创业孵化器，培养残疾人脱困致富的领头人。动员爱心企业开发公益性岗位，推进残疾人电商普及培训，为残疾人发展电商搭桥引线。

专门委员会工作

【文化文史和学习委员会】 2021年，区政协文化文史和学习委员会深入基层实地视察调研。围绕盘活闲置资源，对葡萄滩99号楼、凯悦酒店、海云天大酒店等闲置资源盘活情况进行视察调研，围绕“我为‘双招双引’献良策”召开主题座谈会，围绕常态化抓好“三联三服”活动，对张村镇“三联三服”工作开展情况进行调研。6月，区政协文化文史和学习委员会发动全体政协委员，集中开展“学党史、践初心、我为群众办实事”社情民意信息月活动。经收集、整理、分类、总结，提交社情民意信息81篇，促成一批百姓关切问题的解决。至年末，开展各项活动12次，现场听取相关情况介绍，与委员等进行座谈研讨，建言献策，为区委、区政府科学民主决策提供重要参考。注重学习文史专业知识，到文登、乳山政协文史委学习文史工作经验，掌握文史资料编辑工作专业知识，联合区委党史研究中心对区政协自1984年起编辑出版的10辑文史资料进行精编精选，再版环翠文史资料——《孙学悟专辑》。

【经济教科卫体委员会】 2021年，区政协经济教科卫体委员会走访各界别组委员，与委员就2020年企业发展中遇到的困难和对策进行协商座谈，同时组织经济界委员围绕“十四五”规划发展目标和2021年高质量发展预期，结合本行业实际进行沟通和探讨。围绕威海市书画作品交易平台打造，联合区文化和旅游局、孙家疃街道，打造本地书画家微拍平台，打通本地书画作品交易通道。围绕精致城市建设，联合区环境卫生中心，针对打造城市中心区环卫工人就近休息、用餐、存放工具的场所进行协商座谈。围绕如何实现国有资产保值增值，组织区财政局、区国有资产中心等部门，对全区区属国有企业的改革与发展进行协商座谈。围绕繁荣夜间经济，如何使中心城区夜间更亮，组织相关部门对环翠楼街道的属相街、东北村社区“五位一体”治理工作、基金小镇、栖霞街改造工程项目等推进情况进行实地考察。围绕威海创新园建设，组织委员对大数据智能科技中心等3处分中心建设与运营情况进行实地考察。围绕乡村振兴、提高农民收入，对特色农产品品牌打造和电商平台建设开展议政建言。

【三胞联谊委员会】 2021年，区政协三胞联谊委员会把理论学习放在突出位置，强化思想政治引领。深入学习中共中央总书记习近平重要讲话精神，扎实开展党史学习教育，引导委员准确、完整领会把握党的创新理论，增强“四个意识”，坚定“四个自信”，做到“两个维护”。全面学习贯彻新时代党的宗教工作理论和中共中央有关港澳台政策法规，维护港澳台同胞和侨眷侨属合法权益。组织部分经济科技组政协委员围绕企业新旧动能转换实施情况参观威海人生药业集团股份有限公司等企业，重点了解企业在研发和销售等方面采取的新措施、取得的新成效，与企业负责人就企业发展所面临的困难和问题进行座谈交流。围绕专业强园建设，到羊亭镇中节能环保产业园、亿达（威海）新材料创新中心等进行视察，到羊亭镇宝石山高效生态农业样板片区就乡村振兴的实施情况进行现场督查。年内，三胞联谊委员会委员撰写提案10件，提案涉及经济建设、城市建设管理、科教文卫、社区建设、环保环卫、社会事务各个方面，提案得到各承办单位的高度重视和及时答复，答复满意率100%。

【学习提案法制委员会】 2021年，区政协学习提案法制委员会组织委员学习贯彻中共十九届六中全会精神和政协提案工作条例，并结合调研视察、专题协商、座谈交流等活动履职尽责。持续开展年度优秀提案评选活动，政协环翠区十四届五次会议期间立案的87件提案中，有16件提案被评为年度优秀提案，发挥高质量提案的标杆引领作用。面对新冠肺炎疫情常态化防控和经济社会发展双重任务，区政协常委会、主席会议把提案工作列为重中之重，坚持主席分包领办提案制度，坚持重点提案由政协主席、副主席领衔督办制度，促进提案办理工作有序开展。各承办单位克服疫情影响，把提案办理与推进业务工作结合起来，推进提案的办理落实。完善提案工作机制，提高提案办理实效。

（孙小倩）

中国共产党环翠区纪律检查委员会 环翠区监察委员会

综　述

【概况】 2021年，区纪委监委机关内设13个职能室（部），派驻纪检监察组6个。9个镇（街道）全部设立纪（工）委和派出镇（街道）监察室。区委巡察机构设立巡察办公室、4个巡察组。年内，区纪委监委、区委巡察机构聚焦主责主业，履行纪委监督执纪问责和监委监督调查处置职责，保持惩治腐败高压态势，推进全面从严治党向纵深发展。贯彻落实上级关于巡视巡察的安排部署和区委工作要求，完成十五届区委巡察全覆盖任务。通过监督检查，发现违纪违法问题线索43件65人次，提出纪律检查建议48份。监督“三重一大”（重大事项决策、重要干部任免、重大项目安排和大额度资金使用）事项1500余项，主动约谈190余人次。查处享乐主义、奢靡之风问题14起14人，给予党纪政务处分9人。查处形式主义、官僚主义问题14起19人，给予党纪政务处分8人，对2起干部作风问题进行通报。运用监督执纪“四种形态”处理党员干部322人次，运用第一、第二、第三、第四种形态处理党员干部人数分别占比67.4%、22.7%、2.2%、7.7%。开展扫黑除恶专项斗争排查倒查工作，查处涉恶腐败问题2起2人，给予党内严重警告处分1人。整治群众身边腐败和不正之风，确定13个具体领域和18项整治内容，查处群众身边腐败和作风问题30起40人，给予党纪政务处分7人。

【扫黑除恶专项斗争】 2021年，区纪委监委印发《关于推动扫黑除恶专项斗争“惩腐打伞”常态化的工作要求》，从政治站位、聚焦聚力、长效常治提出6个方面16条具体措施，推动“惩腐打伞”常态化。开展扫黑除恶专项斗争排查倒查工作，梳理重点案件、线索，对需倒查的线索组织专班逐一筛查，确保查深、查透、查彻底。年内，查处涉恶腐败问题2起2人，给予党内严重警告处分1人。

【群众身边腐败和作风问题整治】 2021年，区纪委监委深入整治群众身边腐败和不正之风，确定13个具体领域和18项整治内容，督促职能部门对照整治重点自查问题89个；公开监督举报方式，推动解决群众“急难愁盼”问题127个；严肃查处违规违纪问题，给予党内警告处分1人、组织处理7人。印发《关于推进巩固拓展脱贫攻坚成果同乡村振兴有效衔接专项监督的工作措施》，开展巩固拓展脱贫攻坚成果监督检查，检查6个安置区的安置房建设情况，督促整改问题21处；检查9个镇（街道）在保人员冬季一次性取暖补贴发放情况。打造“阳光村（社区）”，在9个镇（街道）选取20个村（社区）进行试点，将先进经验做法在全区推开，强化对基层小微权力监督。年内，查处群众身边腐败和作风问题30起40人，给予党纪政务处分7人。

重要会议

【区纪委十五届七次全体会议】 2021年3月10日，中共威海市环翠区纪委十五届七次全体会议召开。会议以习近平新时代中国特色社会主义思想为指导，全面贯彻落实中央纪委十九届五次全会和省纪委十一届六次全会、市纪委十五届六次全会精神，总结2020年全区纪检监察工作，部署2021年工作任务。区委书记徐明出席会议并讲话。区委常委、区纪委书记、区监委主任提名候选人林莅代表区纪委常委会作题为《推动新时代纪检监察工作高质量发展，为开创“精致城市·幸福威海”首善之区全新局面提供坚强保障》的工作报告。会议强调，2021年要按照中央纪委、省纪委、市纪委全会部署要求，深入贯彻全面从严治党方针，发挥全面从严治党引领保障作用，坚定政治方向，保持政治定力，把严的主基调长期坚持下去，确保“十四五”时期目标任务落到实处。要旗帜鲜明讲政治，坚定不移扛责任，常抓不懈强监督，高压严惩抓反腐。全区纪检监察机关要带头加强党的政治建设，自觉接受最严格的约束和监督，以更高的标准、更严的要求，加大严管严治、自我净化力度，建设一支政治素质高、忠诚干净担当、专业化能力强、敢于善于斗争的纪检监察铁军。

2021年3月10日，中共威海市环翠区纪委十五届七次全体会议召开

（区纪委监委　供图）

【区纪委监委机关常委会会议】 2021年，区纪委监委召开机关常委会会议20次，主要有传达学习中共中央总书记习近平重要讲话、重要指示批示精神，传达学习上级有关重要会议、文件精神和法规制度，研究重点工作、重大事项、重要案件、专项工作、“三重一大”、干部队伍建设等议题。

2月2日，主要议题：传达学习中共中央总书记习近平在省部级主要领导干部学习贯彻中共十九届五中全会精神专题研讨班开班式上的重要讲话精神和在中国共产党第十九届中央纪律检查委员会第五次全体会议上的重要讲话精神、中国共产党第十九届中央纪律检查委员会第五次全体会议公报、省委书记刘家义在中国共产党山东省第十一届纪律检查委员会第六次全体会议上的讲话精神、中国共产党山东省第十一届纪律检查委员会第六次全体会议公报等。

5月12日，主要议题：宣布《区纪委监委领导班子成员分工意见》《关于调整区纪委监委派驻机构监督范围的建议》等。

12月15日，主要议题：传达学习中共山东省委十一届十四次全会精神、中共威海市委十五届十二次全会精神等。

纪律检查和案件审理

【概况】 2021年，区纪委监委强化政治监督，对落实中共中央总书记习近平的重要指示批示和党中央重大决策部署情况开展监督检查，发现问题19个。深入基层一线了解实情，到镇（街道）、驻在部门等基层一线调研122次。加强对“关键少数”的日常管理，对全区800余名区管干部及重点岗位人员建立或完善廉情档案；对监督单位领导班子成员、重点岗位人员进行主动约谈，约谈301人次。报请或会同党委（党组）召开党风廉政建设专题会议169次，推动党委落实主体责任。通过监督检查，发现违纪违法问题线索43件65人次，提出纪律检查建议48份（另有办理线索后提出建议2份）。严把选人用人政治关、品行关、作风关、廉洁关，回复党风廉政意见1159人次。

【信访举报】 2021年，区纪委监委以贯彻落实《纪检监察机关处理检举控告工作规则》为主线，以化解重复举报为重点，以初次举报办理、信访举报突出问题专项治理工作为主要抓手，坚持“聚焦、精准、规范、有效”的标准，开展信访举报工作。畅通信访举报渠道，精准筛选初次举报事项，纳入办理程序；精准甄别业务范围外信访事项、无实质内容举报件、重复举报件，按规定进行分类处理；业务外举报件及时向责任部门移送并督促办理，为群众解决实际问题。深化“开门接访”，从群众角度看问题，妥善做好业务外来访的解疑释惑和情绪疏导工作，取得群众支持理解。开展信访举报综合情况分析，对信访举报中反映的典型性、普遍性、苗头性问题提出有针对性的工作建议。根据上级规定，制定《关于进一步加强和规范纪检监察初次举报办理工作分工方案》，推进初次举报的有效办理。

【派驻监督】 2021年，区纪委监委制定《派驻机构工作手册》，修订完善《派驻监督“双向任务”清单》，推进派驻工作制度化、规范化。探索实行“驻点”监督，集中一段时间到驻在部门现场办公，上门问诊、对症点穴，近距离、多视角开展派驻监督，监督“三重一大”事项1500余项，约谈190余人次。

【审查调查】 2021年，区纪委监委处置问题线索309件，立案112起，比上年下降8.9%；给予党纪政务处分100人，下降16.67%；留置7起8人，减存量遏增量成效明显。运用监督执纪“四种形态”处理党员干部322人次，运用第一、第二、第三、第四种形态处理党员干部人数分别占比67.4%、22.7%、2.2%、7.7%，形成用纪律规矩管住大多数的治理格局。

党风政风监督

【概况】 2021年，区纪委监委发挥监督保障执行、促进完善发展作用，围绕“管好关键人、管到关键处、管住关键事、管在关键时”要求，坚定政治方向，保持政治定力，严肃监督执纪问责，以强有力的政治监督保障“十四五”开好局、起好步。围绕新冠肺炎疫情常态化防控、安全生产、为民实事等开展监督检查13次，发现问题200余个，发放监督提示9份。督促做好对党员干部的监督管理，全区各级党委（党组）运用监督执纪“第一种形态”处理754人次。实施党内问责14起，涉及3个党组织、17名党员领导干部，给予党纪处分4人。查处享乐主义、奢靡之风问题14起14人，给予党纪政务处分9人。查处形式主义、官僚主义问题14起19人，给予党纪政务处分8人。

【党内监督】 2021年，区纪委监委制定《关于落实“五个强化”做好对“一把手”和领导班子监督的工作措施》，梳理《“一把手”和领导班子责任清单》，加强对“一把手”和领导班子监督。督促落实对党员干部的监督管理，全区各级党委（党组）运用监督执纪“第一种形态”处理754人次，压紧压实管党治党政治责任。向全区“一把手”发放政治监督提示，督促全面从严治党。开展廉政谈话，对镇（街道）及部分部门单位主要负责人进行谈话，及时咬耳扯袖、抓早抓小。围绕落实党委主体责任及纪委监督责任两个方面，修订完善《2021年度党风廉政建设考核办法》，内容涵盖抓思想从严情况、抓管党从严情况、抓作风从严情况、抓反腐从严情况，督促各级党组织落实责任。落实《中国共产党问责条例》及省委实施办法，紧盯“关键少数”，坚持抓个案、用纪律、动真格，持续加大责任追究力度，提高问责的精准度、有效性，倒逼责任落实。年内，实施党内问责14起，涉及3个党组织、17名党员领导干部，给予党纪处分4人。

【社会领域监督】 2021年，区纪委监委围绕新冠肺炎疫情常态化防控开展监督检查，发放监督提示2份，检查部门单位及超市、饭店等150余处。围绕安全生产责任落实开展监督检查，检查30个镇（街道）、部门，督促整改问题20个；走访22家企业、工地，督促整改问题13个。围绕新增占用耕地建房整改情况开展检查，查出需拆除复耕问题35处，发现线索1条。围绕渔船管控工作开展检查，抽查包保责任人、船东50余名，督促整改问题8个。围绕用储值卡等抵顶工程款影响营商环境问题开展检查，检查项目113个，实地走访43个。清查“大棚房”问题2处，对3个镇10个村17个项目进行“回头看”。开展停车管理领域突出问题专项整治，调研职能部门4个，督促整改问题及风险点10个。开展服务窗口单位公职人员勾结中介谋利等问题专项整治，向40余个镇（街道）、部门发放工作提示，组织9个镇（街道）纪（工）委开展监督检查，抽查6个职能部门自2019年起涉中介服务政务服务事项办理情况。开展供热领域突出问题专项整治，向主责部门发放工作提示，督促做好供热管理工作，开展自查自纠。

【落实中央八项规定和纠治“四风”】 2021年，区纪委监委落实中央八项规定及其实施细则精神，纠治享乐主义、奢靡之风。在春节前，向全区科级以上领导干部发送《廉节书信》830余份，提出廉洁过节的10条禁止性规定，要求严明廉洁过节各项纪律规定，正风肃纪。坚持逢节必访与日常察访相结合，先后察访单位、场所380余处，着重发现违规收送礼品礼金、公款吃喝、违规发放津（补）贴和福利等问题线索。转发《违规吃喝禁止清单》，组织镇（街道）部门开展自查自纠；组织开展“突击花钱”中“四风”问题自查自纠，实地抽查4家单位；组织围绕视频会议过多过滥等问题开展自查自纠，对镇（街道）部门牵头召开的视频会议逐一分析；组织对违规兴建楼堂馆所问题开展监督检查。年内，查处享乐主义、奢靡之风问题14起14人，给予党纪政务处分9人。持续整治形式主义、官僚主义，结合党史学习教育“我为群众办实事”实践活动，聚焦干部工作作风、执行力落实等形式主义、官僚主义问题，全面梳理群众反映问题办理情况并开展常态化察访，制作《察访实录》4期，督促整改问题100余个，发放建议书21份。查处形式主义、官僚主义问题14起19人，给予党纪政务处分8人，对2起干部作风问题进行通报，推动各级各部门管党治党责任落实和干部作风改进。

巡察工作

【概况】 2021年，区纪委监委坚持系统观念，强化“一盘棋”思想，围绕上级关于巡视巡察工作的决策部署和区委工作要求，配合市委巡察机构开展上下联动巡察，通过上借下势、下借上力，破解“熟人社会”“巡不深、察不透”等监督难题，增强政治监督的穿透力。年内，开展区委巡察工作4轮，巡察部门11个、国有企业3家、村（社区）党组织37个。

2021年9月27日，环翠区委第十三轮巡察工作动员部署会议召开

（区委巡察工作办公室　供图）

【第十一轮巡察】 2021年3月8日，区委巡察工作办公室召开巡察工作动员部署会。3月11日至4月30日，对区人大常委会机关、区政协常委会机关、区委党校、区住房城乡建设局、威海市环翠区城市发展投资有限公司、威海市环翠区国有资本运营有限公司、威海宾馆7个部门单位开展常规巡察，发现问题100个。

【第十二轮巡察】 2021年5月27日，区委巡察工作办公室召开巡察工作动员部署会。5月27日至7月30日，对桥头镇辖属37个基层党组织开展常规巡察，发现问题440个。

【停车管理领域专项巡察】 2021年9月7日，区委巡察工作办公室召开停车管理领域专项巡察工作动员部署会。9月7日—30日，对区发展改革局、区住房城乡建设局、区市场监管局、规划环翠分局等职能部门和经营单位开展停车管理领域专项巡察，发现问题13个。

【第十三轮巡察】 2021年9月27日，区委巡察工作办公室召开巡察工作动员部署会。9月27日至11月5日，对区海洋发展局、区民政局、区综合行政执法局3个部门党组织开展常规巡察，发现问题88个。

廉洁宣传教育

【概况】 2021年，区纪委监委常态化开展党章党规党纪宣传教育，选取典型案例，开展“警钟长鸣十二时”廉政宣讲41场次，覆盖党员干部1700余人次。为庆祝中国共产党成立100周年，举办“学党史　明纪律　促清廉”百年党纪漫画作品展，接待市、区两级部门160余个，党员干部116批次3600余人。在全区9个镇（街道）、6个区直部门和2所区属医院，试点打造23处“清廉之角”廉洁文化宣传阵地，在羊亭镇举办“学论述·正家风”主题活动。

【警示教育】 2021年，区纪委监委深入镇（街道）、部门开展多层次、多领域“警钟长鸣十二时”廉政宣讲41场次，覆盖党员干部1700余人次，增强党员干部不想腐的思想自

2021年8月13日，区纪委监委案件审理室工作人员到区法院开展“暖心式”回访教育　　　　（区纪委监委　供图）

党。宣讲以《警钟长鸣“十二时”》为题，围绕“贵人、高人、大师，指点迷津时”“美色、美器、美酒，目眩五色时”“房子、车子、票子，利益诱惑时”“不拒、不慎、不察，猎随权集时”“谄媚、掌声、荣誉，春风得意时”“乡情、友情、亲情，人情困扰时”“失控、失教、失管，家风不正时”“小甜头、小意思、小苗头，溃于蚁穴时”“比享受、比收入、比官帽，攀比失衡时”“假政绩、假履历、假身份，欺上瞒下时”“不担当、不作为、不斗争，明哲保身时”“海底捞、退二线、天花板，去留进退时”12个容易被腐蚀的时刻，通过详细讲解典型案例，以案明纪、以案示警，引导党员干部加强党性修养，筑牢“不想腐”的思想防线，时刻自重自省自警自励，慎独慎微慎始慎终，做政治信念坚定、遵规守纪的明白人。

【“跟进式”警示教育】 2021年，区纪委监委持续开展“跟进式”警示教育，压实全面从严治党主体责任和监督责任，做到治标与治本齐推进。1月，对区法院执行局开展警示教育1场。年内，对10家单位、12名受处分人所在党组织全体党员开展警示教育，发挥警示效果作用。

【“关怀式”帮扶教育】 2021年7月，区纪委监委案件审理室牵头对全区26个单位、67名受处分人员开展的“关怀式”帮扶教育工作进行监督检查，发放问题清单16份，要求各单位对存在问题进行整改，取得帮扶工作实效。

【“暖心式”回访教育】 2021年4月6日，区纪委监委和区委组织部联合印发《关于开展“暖心式”回访教育工作实施意见（试行）》，在全区开展“暖心式”回访教育工作。8月，区纪委监委案件审理室工作人员到区法院对1名受处分人开展回访教育，了解其思想状况和现实表现，通过面对面沟通交流，帮助其端正认识、放下思想包袱。

【宣传教育】 2021年6月18日，为庆祝中国共产党成立100周年，区纪委监委联合市纪委监委在威海市博物馆举办“学党史　明纪律　促清廉”百年党纪漫画作品展，依托威海市漫画家协会组织创作，以漫画形式，再现中国共产党加强纪律建设、持续正风反腐的百年历程。以百年党史为时间主线，以党加强纪律建设的重要节点、重大事件为创作主题，邀请国内知名漫画家创作100余幅漫画作品，全面展现中国共产党加强纪律建设的百年历史脉络。漫画展分为纪律建设、薪火相传，八项规定、铁规生威，高压反腐、打虎拍蝇，协同推进、管党治党，为民服务、初心不改，清廉建设、永葆本色6个板块。展出活动持续至8月末，接待市、区两级部门160余个，党员干部116批次3600余人，同时，精选漫画作品在鲸园文体公园、羊亭河湿地公园等公共场所巡回展出，扩大宣传范围，提升影响力。

2021年6月18日，区纪委监委联合市纪委监委在威海市博物馆举办“学党史　明纪律　促清廉”百年党纪漫画作品展　　　　（区纪委监委　供图）

【“清廉之角”廉洁文化宣传阵地建设】 2021年，区纪委监委在全区9个镇（街道），区自然资源局、区民政局、区文化和旅游局、区综合行政执法局、区市场监管局、区海洋发展局6个区直部门，威海口腔医院和威海卫人民医院2所区属医院试点，打造23处“清廉之角”廉洁文化宣传阵地，通过定向创作漫画作品、制作“清廉之路”典型人物故事音频等，涵养风清气正的政治生态。

2021年10月20日，孙家疃街道“喂，海!”公园清廉之角

（区纪委监委　供图）

2021年6月27日，“学论述·正家风”主题活动在羊亭镇西海社区举行

（区纪委监委 供图）

【廉洁家风建设】 2021年6月27日，由区纪委监委、区妇联主办，羊亭镇党委协办的“学论述·正家风”主题活动在羊亭镇西海社区举行。市纪委监委、市妇联及区纪委监委、区妇联有关负责人，部分镇（街道）和区直部门负责人家属及“五彩家庭”（以“红橙青蓝绿”5种色彩为主题的家庭评选活动，“红橙青蓝绿”分别对应“文明家庭”“最美家庭”“廉洁家庭”“诚信家庭”“健康家庭”）代表等60余人参加。通过诵读中共中央总书记习近平关于注重家庭家教家风建设重要论述、宣读“学论述·正家风”倡议书、分享殷树山清廉家风故事、观看以地下交通员王锡全为原型创作的情景剧《无怨无悔》等多种形式，引导党员、干部把爱家和爱党爱国统一起来，听党话、跟党走，从党史学习教育中继承革命前辈的好家风、好作风，增强清廉传家的自觉性、主动性，培养与国家休戚与共、和民族血脉相连的家国情怀。活动展出清廉家风主题作品70余幅，弘扬传美德、正家风、扬清廉的清风正气，凝聚向上向善、崇廉尚廉的正能量，引导党员、干部算好政治账、经济账、前途账、名誉账，营造“户户好家风、一城廉洁风”的社会氛围。

（于　力）

民主党派与工商联

综　述

【概况】 2021年，环翠区有民盟环翠区支部、民建环翠区总支、民进环翠区支部、农工党环翠区小组、致公党环翠区支部、九三学社环翠区支社6个民主党派基层组织。有党派成员204人，其中民盟52人、民建38人、民进37人、农工党20人、致公党23人、九三学社34人。年内，各民主党派坚持以习近平新时代中国特色社会主义思想为指导，以学习贯彻中共十九届六中全会精神为主题，不断加强党派自身建设，履行民主监督、参政议政职能。

【基层组织建设】 2021年，全区新发展和转入民主党派成员25人，中共环翠区委统战部完成民盟环翠区支部、民进环翠区支部、致公党环翠区支部、九三学社环翠区支社4个民主党派基层组织换届工作。通过换届引导党派加强自身建设，优化班子结构。为各民主党派提供活动场所，协助民建环翠区总支选址打造“会员之家”，致公党环翠区支部“党员之家”、民盟环翠区支部“盟员之家”挂牌成立，形成服务保障党派活动合力。

【思想政治建设】 2021年，中共环翠区委统战部以庆祝中国共产党成立100周年为契机，统筹利用中共党史学习教育、红色教育基地现场教学等手段，对各民主党派成员实施全员轮训，组织各民主党派成员开展“不忘合作初心，继续携手前进”主题教育，组织党外代表人士到红色教育现场教学点开展中共党史学习教育。按照党外人士培训计划，10月26日—28日，中共环翠区委统战部举办环翠区统一战线培训班，组织各民主党派进行为期3天集中培训，采取理论学习与现场教学相结合方式，引导党外人士提高政治意识，增强统战工作责任感和使命感。

【履职能力建设】 2021年，中共环翠区委统战部出台年度协商计划，支持各民主党派成员围绕区委、区政府中心工作建言献策。组织召开党外人士座谈会6次，分别结合《政府工作报告》、全市统战部部长会议精神贯彻落实、乡村振兴、党风廉政建设、特色街区、先进制造业等工作，听取党外人士意见建议，为区委、区政府科学民主决策提供参考。年内，组织各民主党派基层组织开展重点考察调研，引导各民主党派履职尽责、建言献策，提交调研报告8篇，助力全区经济社会高质量发展。

【社会服务】 2021年，中共环翠区委统战部组织“威海统战连心桥”环翠志愿服务队，常态化开展统战服务党派、党派服务社会“双服务”活动，组织各民主党派、统战团体开展“精致社区·致力同行”系列服务活动，引导统战资源下沉社区，着力改善社区居住环境、优化社区功能品质，提升社区文明程度，助力精致社区建设。民盟环翠区支部开展“星梦起航，与爱同行”关爱心智障碍儿童爱心义卖活动，通过“慈善+志愿者”助力的形式帮助特殊群体；致公党环翠区支部打造“那天·乌托邦”度假项目，设置爱心书屋，助力乡村振兴；民建环翠区总支、民进环翠区支部、农工党环翠区小组、九三学社环翠支社等组织开展义诊及走访慰问社区困难群众等活动。

中国民主同盟环翠区支部委员会

【概况】 中国民主同盟环翠区支部委员会（简称民盟环翠区支部）成立于1989年，至2021年年末，有盟员52人。盟员中有各级人大代表、政协委员7人，其中市人大代表1人、市政协委员1人，区政协委员5人。年内，民盟环翠区支部向市人大提交议案1件，向区政协提交提案6件；召开第九次盟员大会，完成换届工作；被民盟山东省委员会授予“2021年度组织建设先进集体”称号，被民盟威海市委员会授予“2021年度盟务工作先进集体”称号。

【参政议政】 2021年，民盟环翠区支部发挥盟员联系面广、智力集聚、议政活跃的优势，围绕区委、区政府中心工作，聚焦百姓关心的热点难点问题，履行参政党职能，为经济社会发展献计出力。年内，向市人大提交《关于打造威海旅游日出之城的建议》议案，向区政协提交《关于在公共文化设施开展阅读推广活动的建议》《关于开设老年人专用服务窗口的建议》《关于妥善处理二手手机消费纠纷的建议》《关于建设环翠区老年人人才库的建议》《关于P2P行业行业清退及其善后处理问题的建议》《关于增加市场监督管理部门编制的建议》6件提案，撰写社情民意信息5条。

【组织建设】 2021年，民盟环翠区支部完成换届工作。7月30日，民盟环翠区支部召开第九次盟员大会，会议听取并审议支部第八届委员会所作的工作报告，选举产生以吴楠、谭立虎、赵新娟、丁玉虎、隋杰、张延茹为委员的民盟环翠区支部第九届委员会。经第九届一次支部委员会议推选，吴楠任主委，谭立虎、赵新娟任副主委。年内，民盟环翠区支部加强盟员发展工作，注重吸收各领域优秀人才，发展新盟员4人，转入盟员6人。

【思想建设】 2021年，民盟环翠区支部深化政治理论学习，持续深入学习贯彻习近平新时代中国特色社会主义思想和中共十九大及历次全会精神，始终拥护中国共产党的领导，不断增强“四个意识”，坚定“四个自信”，做到“两个维护”。严格教育培训，发挥“盟员之家”作用，集中传达学习民盟威海市委历次会议精神，学习《中国民主同盟纪律处分办法（试行）》等盟内文件；组织盟员参加新盟员入盟仪式暨培训班、全市民主党派参政议政培训班和环翠区统一战线培训班等学习培训活动，提升盟员的政治信念和理论研究水平。以“次次活动有汇报”的工作要求，加强思想宣传工作。年内，撰写多篇宣传稿件，被民盟威海市委“威海民盟”公众号采用7篇，不断扩大民盟环翠区支部的社会影响力。

【社会服务】 2021年，民盟环翠区支部结合自身实际和人才特点，开展社区结对共建活动，组织开展“纸绎千秋——庆祝中国共产党成立100周年暨中国民主同盟成立80周年张延茹现代剪纸艺术展”、“点亮星空　益起同行”关爱心智障碍儿童公益活动、民法典普法公益讲座、“星梦启航、与爱同行”爱心义卖4次活动，参与民盟威海市委员会主办的快闪拍摄暨文化服务大集活动、“美美与共”中国共产党成立100周年暨中国民主同盟成立80周年书画展、高新区田和街道长乐之秋文艺晚会等社会服务活动4次，取得“双服务、双促进、双提升”的良好社会服务效果。

中国民主建国会环翠区总支委员会

【概况】 中国民主建国会环翠区总支委员会（简称民建环翠区总支）是民建威海市委员会派出机构，下设环翠区一支部和二支部两个支部。2021年，民建环翠区总支发展新会员4人。至年末，有会员38人。其中经济界会员28人，占比74%；会员中，11名会员分别担任市、区两级人大代表和政协委员。年内，民建环翠区总支发挥党派优势，集中广大会员的智慧，提报政协提案9件、社情民意5篇；加强基层组织建设，打造并运营民建“会员之家”，为会员提供学习提升、交流合作和分享展示的平台；实施思想政治引领，开展“学史明理、学史增信、学史崇德、学史力行”庆祝中国共产党成立100周年红色教育。

【参政议政】 2021年，民建环翠区总支整合优势资源，鼓励担任人大代表、政协委员会员身体力行，带头示范，参加政协组织的专题会议及督查视察等活动，发挥好民主党派成员的参政议政作用。围绕区委、区政府中心工作开展专项调研，提交《打造良好法治营商环境，助推环翠全面发展》调研报告。发挥党派优势，围绕百姓关心的热点和难点问题开展议政，集中广大会员的智慧，提报政协提案9件、社情民意

2021年4月23日，民建环翠区总支举行民建“会员之家”揭牌仪式

（区委统战部　供图）

5篇，上报宣传信息10余篇。围绕精致城市建设开展调研和讨论，集中力量提报精致社区建设的合理化建议，在中共环翠区委统战部组织的乡村振兴、特色街区建设和制造业高质量发展等6次协商议政会议上建言献策。

【组织建设】 2021年，民建环翠区总支健全会员制度、档案管理、信息管理等多项制度规范，推进支部管理规范化。围绕年初民建威海市委员会部署，加强基层组织建设，打造并运营民建“会员之家”，为会员提供学习提升、交流合作和分享展示的平台。开展主委轮值活动，支部活动更加丰富多彩，组织凝聚力明显增强，为“精致城市·幸福威海”首善之区建设贡献民建环翠区总支的智慧和力量。

【思想建设】 2021年，民建环翠区总支结合全区开展的中共党史学习教育，加强中共党史、新中国史、改革开放史、社会主义发展史学习教育；结合庆祝民建山东省级组织成立65周年，加强会史会章、会纪优良传统学习教育。学习贯彻《中国共产党统一战线工作条例》，巩固深化“不忘合作初心，继续携手前进”主题教育活动成果，推动主题教育活动常态化、制度化，实施思想政治引领，提高政治判断力、政治领悟力、政治执行力。组织全体会员参观八路军东海医院旧址、“十八里担架道”红色印记馆、荣成中我岛地下交通站等革命遗址，开展“学史明理、学史增信、学史崇德、学史力行”庆祝中国共产党成立100周年红色教育，接受爱国主义教育。

【社会服务】 2021年，民建环翠区总支依托民建威海市委员会打造的“健康查体、法律援助、爱心助残”三大平台，开展送健康、送法律、送爱心“三送”活动。会员企业威海国济美年大健康体检中心有限公司走进农村开展“美年送健康、助力乡村振兴”及“美年进农家，健康你我他”公益行动7场次，免费为环卫工人、五保老人和基层困难群众健康查体200人次，义务开展医疗保健知识讲座7场次。开展法律进社区、进企业、进社会组织“三进”服务，会员张路平律师为会员无偿提供法律咨询；姜鉴律师投身到“彩虹·筑梦”扶助弱势妇女儿童活动中，免费为下岗女职工维权并为里口山风景名胜区开展旅游法律讲座，助力里口山风景名胜区创建国家AAAA级旅游景区。开展爱心助残扶困活动，支持会员单位爱援祥公益服务中心举办助残晚会。开展第四届残疾人书画展，在全社会营造支持残疾人事业的氛围。民建环翠区总支会员多次走进环翠楼街道南山社区困难家庭，为困难家庭提供力所能及的帮助。河南省发生特大水灾后，爱援祥公益服务中心捐

2021年11月20日，民建环翠区总支组织会员到中我岛地下交通站革命遗址开展红色教育活动

（区委统战部　供图）

款捐物，支援卫辉市卫生健康委员会现金7.8万元，物资价值15.45万元。

中国民主促进会环翠区支部委员会

2021年11月5日，民进环翠区支部组织全体会员学习贯彻中共十九届六中全会精神　（区委统战部　供图）

【概况】 中国民主促进会环翠区支部委员会（简称民进环翠区支部）成立于2019年6月10日。2021年，民进环翠区支部发展新会员19人。至年末，有会员37人。会员中有中高级以上职称12人，占会员总数32.4%。会员中有市政协委员3人、区政协委员3人。年内，民进环翠区支部会员在市、区两级政协会议上，履行参政议政职能，提交提案5件；召开第二次会员大会，完成支部换届工作。

【参政议政】 2021年，民进环翠区支部会员在市、区两级政协会议上，履行参政议政职能，提交《关于促进威海特色农产品线上宣传营销建议》《关于减少开放式公园内健身休闲设施安全隐患的建议》《关于灵活就业人员及退休返聘人员单独缴纳工伤保险的建议》《关于企业生存发展的建议》《关于威海在各国留学生情况的调查报告》5件提案。

【组织建设】 2021年，民进环翠区支部完成换届工作。7月30日，民进环翠区支部召开第二次会员大会。大会选举产生民进环翠区第二届支部委员会，宋崴当选为支部主任委员，杜庆春、李冬霞当选为支部副主任委员，赵立明、韩鸣当选为支部委员。

2021年7月30日，民进威海市委会环翠区支部召开第二次会员大会　（区委统战部　供图）

【思想建设】 2021年，民进环翠区支部通过开展多种活动，提升会员政治素质，坚决拥护中国共产党的领导，不断增强“四个意识”，坚定“四个自信”，做到“两个维护”。5月26日，在格局屏天下威海分院，组织学习王建新教授的在线课堂“从毛泽东诗词学党史悟初心”活动。6月15日—19日，组织会员到威海档案馆参观爱国主义教育基地；到哈尔滨工业大学（威海）参观思想政治学院，开展中共党史学习教育。11月5日，组织全体会员学习贯彻中共十九届六中全会精神。12月3日，组织全体会员聆听离休老干部杨群昌讲述抗日战争和解放战争的亲身经历。

【社会服务】 2021年，民进环翠区支部开展多项志愿服务活动。走访困难家庭2户，送去价值2000元的慰问品；在“全国助残日”期间组织义诊，为40余名残疾人士提供医疗服务；开展法律服务进企业、上街头活动8场次，服务群众近千人次；为“战疫情、抗酷暑”的一线志愿者送绿豆汤；参与第四届“助残圆梦　爱在威海”残疾人工艺书画展，现场购买残疾人作品价值4000余元。

中国农工民主党环翠区小组

【概况】 中国农工民主党环翠区小组（简称农工党环翠区小组）是农工党威海市委筹委会派出机构。至2021年年末，有党员20人，全部为大学及以上学历。党员中有市政协委员2人、区政协委员3人。年内，农工党环翠区小组围绕群众关注和社会热点难点问题，提交调研报告1篇，提案、社情民意10篇；开展社会服务，走访慰问重点帮扶对象，组织义诊活动，面向社会进行健康宣教；开展中共党史学习教育活动，参观红色教育基地，现场接受红色教育。

【参政议政】 2021年，农工党环翠区小组围绕群众关注和社会热点难点问题，提交《关于探索推行城镇化“医养结合”服务模式的实践与思考》调研报告，提案、社情民意10篇。5月21日—23日，农工党环翠区小组参与农工党威海市委筹委会组织的调研小组，先后调研济宁西门社区养老服务中心、济宁寸草心养老服务中心等养老服务机构，与机构负责人就经营状况及未来规划等方面进行交流，互相借鉴，互相学习。10月，农工党环翠区小组组长李侃侃撰写的《中国新型政党制度视阈下农工党发展研究》获农工党中央2021年理论研究优秀论文二等奖、在“庆祝中国共产党成立100周年”理论征文比赛中，被农工党山东省委员会评为二等奖。

【思想组织建设】 2021年，农工党环翠区小组加强思想建设和组织提升，学习贯彻中共中央总书记习近平“七一”重要讲话精神以及中共环翠区委、农工党威海市委筹委会的有关会议精神。深入开展中共党史学习教育，自觉接受中国共产党的领导，坚定不移地走中国特色社会主义道路；加强基层党组织建设，组织召开中共中央总书记习近平“七一”重要讲话精神主题学习会议、环翠区小组参政议政会议，参加全区统一战线工作培训班、环翠区《中国共产党统一战线工作条例》专题培训会等培训活动；参加红色教育活动，参加农工党威海市委筹委会组织的“十八里担架道”红色印记馆“学党史 守初心”学习教育活动，现场接受红色教育洗礼。年内，发展党员6名，壮大农工党环翠区小组的力量。

2021年1月12日，农工党环翠区小组党员到竹岛街道翠竹社区走访慰问困难家庭 （区委统战部 供图）

【社会服务】 2021年1月12日，农工党环翠区小组组长李侃侃带领4名党员到竹岛街道翠竹社区2户重点帮扶对象家中进行走访慰问，送上蔬菜、海鲜、大米、面粉、鸡蛋等慰问品。3月5日暨第58个“学雷锋纪念日”，党员刘伯军参加农工党威海市委筹委会医疗专家志愿服务队组织开展的义诊活动，向参加义诊活动的小学生和家长进行健康宣教，用实际行动把雷锋精神践行到实处。河南发生特大水灾后，农工党环翠区小组全体党员组织爱心捐款3800元。

中国致公党环翠区支部委员会

【概况】 中国致公党威海市环翠区支部委员会（简称致公党环翠区支部）是致公党威海市委的派出机构。至2021年年末，有党员23名，全部为大学及以上学历。党员中，有市人大代表1人、市政协常委1人，区政协常委2人、委员3人。年内，致公党环翠区支部报送各类提案、信息35篇；召开支部全体党员会议，完成支部换届工作。

【参政议政】 2021年，致公党环翠区支部报送各类提案、信息35篇，其中，党员张建芬撰写的《关于开展趣味培训活动、助力老年群体融入智慧生活的建议》被省政协采用，撰写的《关于开展趣味培训活动、助力老年群体融入智慧生活的建议》《设立“被继承人财产信息汇集数据库”保障合法继承权充分实现的建议》《关于确立“反食品浪费月”杜绝餐桌浪费的建议》被致公党山东省委员会采用；主委林辰蔚撰写的《我市自驾游配套设施发展情况调研》、党员张建芬撰写的《优化人才生态建设 推进产业现代化发展》被《威海统战》采用并被中共威海市委书记张海波、市长闫剑波批示，部分信息被中共环翠区委统战部公众号、致公党威海市委员会公众号等采用。

【思想组织建设】 2021年，致公党环翠区支部加强思想建设和组织建设，以中共党史学习教育为契机，引导党员学党史、悟思想、办实事、开新局，在“七一”“十一”等重要节点，有重点、有针对性地组织学习活动，增进支部党员对中国共产党领导的多党合作和政治协商新型政党制度的理解和认同，推动中共党史学习教育走深走实。组织致公党全体党员通过自学、支部会议、读书会等形式，学习贯彻中共十九届六中全会精神，把握全会的重大意义、精神实质和丰富内涵。7月，完成致公党环翠区支部换届工作，林辰蔚当选为主委，王晓光、卢海涛当选为副主委，董大鹏、于晖当选为委员。年内，发展新党员1名。

【社会服务】 2021年，致公党环翠区支部围绕中共党史学习教育、为民实事等中心工作，开展各类社会活动10余场。开展庆祝中国共产党成立100周年活动，支部组织“同植百棵常青树 共庆建党百周年”以及“童心向党·百名儿童百米长卷”活动，增强支部党员的爱国情怀。开展公益培训活动，致公党环翠区支部主委林辰蔚先后对150人次开展公益非遗培训、民宿培训；党员高斌、张建芬开展一系列法律讲座和法律讲堂。开展社会服务活动，副主委卢海涛为威海市长征路小学捐赠体育用品；委员董大鹏带队并联合致公党荣成市支部在重阳节期间开展敬老联谊活动；党员徐海洋联合山东土地集团（环翠）有限公司到桥头镇北子城村赠送价值2万元的生产生活物资；党员黄志伟在河南发生特大水灾后，派出20余辆车奔赴河南开展救援；党员张建芬、孟丽丽参加“巾帼寒冬送暖”活动，为困难妇女儿童捐款1万元，同时参加社会妈妈送温暖、“精致城市·幸福威海”首善之区捐资助学活动，认领帮扶困难儿童；党员孟丽丽向山东省青少年发展基金会捐款8万元；党员王晶华、谷妙燕等数次参与免费义诊活动，为群众提供健康咨询、义诊服务。

九三学社环翠区支社

【概况】 九三学社威海市环翠区支社（简称九三学社环翠区支社）成立于2006年。至2021年年末，有社员34人。社员中，有各级人大代表、政协委员12人，其中市人大代表2人、市政协委员2人，区人大代表2人、区政协委员6人。年内，九三学社环翠区支社提交人大建议、政协提案8件；召开第四次全体社员大会，完成支社换届工作；开展社会服务活动50余次，实现党派自身价值。

【参政议政】 2021年，九三学社环翠区支社完成《关于推行数字社区居家养老医疗服务的调研报告》。提交人大建议、政协提案8件（《关于发展新冠肺炎疫情后医疗旅游新兴产业的建议》《关于创新村级集体经济组织财务管理方式的建议》《关于我市中医药行业管理与发展的建议》《关于加强对居民小区内短租“民宿”监管的建议》《关于规划建设御临山海小区周边道路的建议》《关于帮助老年人群跨越数字鸿沟的建议》《关于调整威海市社会保险当月增员当月减员的时间差、促进劳动者灵活流动就业的建议》《关于加强儿童青少年近视防控工作的建

2021年7月29日，九三学社威海市环翠区支社召开换届大会

（区委统战部 供图）

2021年7月9日，九三学社环翠支社到桥头镇盘川夼村开展“庆‘七一’为民办实事”活动
（区委统战部　供图）

议》），其中《关于加强对居民小区内短租“民宿”监管的建议》被政协环翠区委员会评为优秀提案。报送社情民意信息6篇，其中社员高辉华提交的《关于进一步强化食堂视频监控的建议》被中共威海市委书记张海波批示，中共威海市委统战部“金点子”活动采用2篇，九三学社山东省委员会采用4篇。

【组织建设】 2021年7月29日，九三学社环翠区支社召开换届大会。会议选举产生九三学社第四届环翠区支社委员会，邓洁当选为主委，高辉华、王若男当选为副主委，刘洪光、项玉娇当选为委员。

【思想建设】 2021年，九三学社环翠区支社把思想建设放在首要位置，将学习宣传贯彻习近平新时代中国特色社会主义思想作为中共党史学习教育的首要政治任务，学习贯彻中共十九大及十九届历次全会精神，参与政治辅导“网络课堂”线上培训，学习中国共产党的多党合作、政治协商理论，组织召开全社宣传思想工作会议，开展社员思想情况网络问卷调查，强化思想引领，增强落实中共中央决策部署的思想自觉和行动自觉。

【社会服务】 2021年，九三学社环翠区支社发挥社员各自行业领域优势，深入学校、机关、商圈、社区等开展法律服务、健康义诊及扶困送温暖各类社会服务活动。年内，开展各类社会服务活动50余次，实现党派自身价值。

环翠区工商业联合会

【概况】 2021年，区工商联（总商会）有会员2323个。其中，团体会员10个，企业会员2296个，个人会员17个。有镇（街道）商会9个，同（行）业组织1个。年内，聚焦“两个健康”（非公有制经济健康发展、非公有制经济人士健康成长）主题，拓宽服务领域，提升服务品质，团结带领会员提素质、理思路、抓发展，被中华全国工商业联合会评为“2020—2021年度全国‘五好’县级工商联”。

【党史学习教育】 2021年，区工商联开设党的政策理论课程4期，组织100名执委以上企业家线上学习《习近平总书记关于民营经济发展的重要论述》、《中共中央关于党的百年奋斗重大成就和历史经验的决议》、中共十九届六中全会精神、中共中央总书记习近平在庆祝中国共产党成立100周年大会上的讲话。3月2日，组织9名企业家到威海浦源食品有限公司开展“党建促引领”活动，交流党建工作经验。4月29日，组织18名企业家到羊亭镇贝草夼村观摩乡村振兴成果、参观贝草夼地下交通站展馆。5月13日，举办“学党史强信念，办实事开新局”活动，组织20余名企业家集体观看《百炼成钢——中国共产党的100年》，学习《论中国共产党历史》。6月18日，组织11名企业家到文登区昆嵛山红军展馆开展“奋斗百年路　启航新征程”庆祝中国共产党成立100周年主题实践活动。9月17日，邀请环翠区“史敢当”宣讲队成员为青年企业家商会会员作《一级战斗英雄王海》主题宣讲，现场向商会赠送党史书籍55套。

【“三联三服”】 2021年，区工商联走访会员企业216家，征集意见建议58条，发放《“三联三服”活动政策文件合订本》400册，开展政策咨询服务200余次。1月—3月，组织61家会员企业参加威海就业平台线上招聘会、哈尔滨工业大学（威海）2021年春季校园招聘会，提供就业岗位381个，246人现场达成就业意向。3月—4月，组织100家执委以上企业学习中共中央关于新冠肺炎疫情常态化防控的决策部署、安全生产法律法规，收看《生命重于泰山——学习习近平总书记关于安全生产重要论述》电视专题

2021年9月17日，威海市环翠区青年企业家商会成立大会暨第一次会员大会召开
（区工商联　供图）

片。5月13日，联合日照银行、中国建设银行举办银企对接活动，解决15家会员企业资金缺口3亿元；开展“学典型、促发展”比学赶超活动，组织93名企业家到威海连城智谷产业园、威海市银河光电设备股份有限公司、威海昆嵛山天然矿泉水有限公司等企业观摩，学习自主创新典型做法，参观全流程智能化控制样板工厂。6月，邀请律师为30家会员企业在内部管理机制、利益分配机制、职工权益维护机制、人力资源、财务管理、税务管理等方面把脉问诊，指导整改管理漏洞40余处。7月—12月，与区司法局联合印发《关于进一步健全律师事务所与工商联所属商会联系合作机制的通知》，在区工商联设立法律服务工作站，开展涉企法律咨询、权益维护、纠纷调解等服务140次。

【威海市环翠区青年企业家商会成立】 2021年9月13日，威海市环翠区青年企业家商会成立大会暨第一次会员大会召开，30名会员出席大会。大会选举产生商会第一届领导班子，威海智泉装饰工程有限公司董事长张弛当选会长。会议审议通过《威海市环翠区青年企业家商会章程》《威海市环翠区青年企业家商会财务管理制度》《威海市环翠区青年企业家商会选举办法》。

【民营企业家培训】 2021年，区工商联开通“问卷星”小程序，收集汇总86家企业培训需求，开设股权设计、合同管理、知识产权保护等专题课程12期，培训企业家及高管600余人。5月31日至6月5日，推荐区工商联企业副主席孙吉鹏参加威海市新生代青年企业家创新能力提升专题培训班，参观考察上海、杭州两地优秀企业，学习大数据运用、企业管理、智能制造等知识。6月，推荐胡建森等5名会员到市直部门挂职锻炼，推荐曹培源等2名会员担任威海市人民检察院调解组织特邀调解员。7月19日，组织20余名“创二代”（改革开放后第一代创业家的后代）以及青年企业家参加“青蓝接力”导师分享会，观摩威海市联桥国际合作集团有限公司国家毛衫纱线资源共享平台、时尚创意中心，聆听董事长慕镕键分享40年创业历程和企业未来战略规划。

【公益事业】 2021年1月—3月，区工商联发动会员企业慰问30户困难家庭和17名听障人士，赠送生活物资、助听设备价值6万余元。7月25日—27日，组织山东双城电力有限公司等3家会员企业参加第22届中国·青海绿色发展投资贸易洽谈会，考察青海生态源物流服务公司等企业，向青海省门源县捐赠2万元助学款和价值3.6万元的衣物。7月28日至8月3日，发动山东天弘质量检验

2021年5月13日，区工商联联合日照银行、中国建设银行举办银企对接活动
（区工商联　供图）

2021年8月6日，区工商联在青海省门源县启航小学举行“情系门源手牵手　山海相逢心连心”图书捐赠活动　（区工商联　供图）

中心有限公司、山东威帜汽车救援服务有限公司等会员企业为河南特大水灾区捐款10余万元。8月1日—7日，组织10名青年企业家商会会员到青海省门源县开展对口协作，在青海省门源县启航小学举行“情系门源手牵手　山海相逢心连心”图书捐赠活动，捐赠绘本、图书1500册，采购门源县东川镇凯邦生态农牧业专业合作社产品，价值5.16万元。同月，组织30余家会员企业捐赠价值2万元的食品、饮用水、防暑物资，慰问新冠肺炎疫情常态化防控一线工作人员和志愿者。10月22日—24日，组织威海宥家制衣有限公司、威海兰花文化用品有限公司负责人到重庆市云阳县开展东西部扶困协作，为云阳县清水乡群众赠送价值9.9万元的衣物、文化用品。11月29日—30日，发动会员企业为枣庄市台儿庄区实验小学困难学生捐助1万元助学金和价值3万元的学习用品。

【获评“全国‘五好’县级工商联”】 2021年，区工商联深化民营经济人士思想政治建设，统筹新冠肺炎疫情常态化防控和经济发展，助力打造优质营商环境；加强基层商会建设，提升组织凝聚力、执行力、影响力。12月，区工商联被中华全国工商业联合会评为“2020—2021年度全国‘五好’县级工商联”。

（李楚茵　刘军威）

人民团体

环翠区总工会

【概况】 2021年，区总工会开展基层工会组织建设，53家涉农企业、67家商户纳入工会组织建设。构建和谐劳动关系，开展集体签约行动和“查保促”活动，签订工资集体合同216份，覆盖企业328家、职工19679名。维护职工权益，帮助职工讨薪49万元；开展中共十九届六中全会精神宣讲32场次，受教育职工1235人次。全区2名职工获评“全国五一劳动奖章”、1名职工获评“山东省五一劳动奖章”、1个班组获评“山东省工人先锋号”。打造7家区级创新工作室，有4家企业的19名职工获评“2021年威海市职工创新创效竞赛市级决赛奖”；开展创新技术对接转化服务活动，2家企业与2所高校精准对接。组织开展职工技能培训和竞赛，全区16名职工获得各工种全市前六名。实施产业工人队伍建设改革，指导山东华夏集团有限公司等13家企业推进试点工作。提供帮扶服务，推进医疗互助保障，1786人次申请理赔，发放理赔互助金164.6万元；开展法律法规宣传活动34次，培训企业干部职工3000余人；开展职工心理健康沙龙、讲座10场，受益职工1500余人；为1.58万名职工和农民工送去价值30万元清凉慰问物资，筹集资金39.2万元救助困难职工、农民工子女。推动“工友创业”品牌建设，选树培育10个市级工友创业园，推荐山东华夏集团有限公司参加省级“工友创业园”评选。完成7个户外劳动者驿站建设，累计打造驿站19个，实现辖区全覆盖，张村镇华锦社区户外劳动者服务站点被中华全国总工会授予“最美户外劳动者服务站点”称号。

【基层工会组织建设】 2021年，区总工会在4个镇组织开展“汇聚工会力量　助力乡村振兴”行动，先后成立4家涉农产业联合工会，将贝草夼旅游、堡子顶农场等53家涉农企业纳入工会组织建设，吸纳专业人才、农民工会员600余人；推进新就业形态建会工作，成立威海市超人跑腿便民服务公司工会委员会，以新就业形态劳动者实际需求为导向，开展外卖骑手群体关爱活动；为建

2021年9月29日，鲸园街道北门外社区联合工会委员会成立大会在鲸园街道社会治理中心举行
（区总工会　供图）

强盘活“小三级”［镇（街道）工会、村（社区）工会、基层工会］工会，发挥社区工会区域兜底作用，成立北门外社区联合工会，67家商户112名职工加入工会组织。

【和谐劳动关系建设】 集体签约行动。2021年，区总工会开展集中要约行动，指导企业探索打破协商议题“保底”性，提倡围绕计件单价、订单分配、抽成比例等劳动者关心的利益诉求，结合企业和行业实际确定协商议题，提高协商实效。年内，签订工资集体合同216份，覆盖企业328家、职工19679名。

“查保促”活动。2021年，区总工会与区应急局联合印发《“查身边隐患、保职工安全、促企业发展”活动2021年行动方案》，组织9个镇（街道）工会相继开展安全生产知识竞赛、消防演练、线上答题等活动，参与职工2413名；指导威海广泰空港设备股份有限公司、威海浦源食品有限公司、威海裕罗电器装配有限公司等企业工会开展隐患排查、安全生产培训、安全文化“六进”（进企业、进车间、进班组、进现场、进宿舍、进食堂）等活动，参与职工1.4万余人，查找并整改安全隐患980余处。推评华东岩土工程集团有限公司、威海新北洋荣鑫科技股份有限公司2个威海市“查保促安康”竞赛活动优胜单位，推评威海壹贰叁肆玖农副产品配送有限公司分拣物流班组、威海埠崎机械股份有限公司钳工班组、威海万达广场商业管理有限公司安全监督部、威海威胜物业服务有限公司保安部、威海祥同彩印包装纸业有限公司印后车间模切班组、威海阿特美发有限公司手制班6个威海市“安全生产标准化示范班组”，推评张峰、赵英材、周京华、任炳成、刘衍良、张杰、马霏、阮杰玉、谭思斯、谷德强、周佳丽11名威海市“查保促安康”竞赛活动先进个人。

【职工权益维护】 2021年，全区建立工会法律援助服务站1个、工会劳动关系全响应中心9个、工会劳动法律监督委员会275家，参与裁前调解拖欠职工、农民工工资案件55件，帮助职工讨薪49万元。

【职工教育】 2021年，区总工会深入企业开展中共十九届六中全会精神宣讲32场次，受教育职工1235人次；开展“学党史、感党恩、颂党情”主题阅读征文、党史书籍职工读书月等文化活动；推进宣传教育阵地建设，在鲸园街道社会治理中心、威海卫人民医院等8处场所配备有声图书馆。启动一线职工“求学圆梦”行动，帮助5家企业15名职工（农民工）完成在线学历提升报读和省、市级学费补助申报。结合党史学习教育和工会助力乡村振兴行动，在环翠总工会微信公众号和齐鲁工惠App同步开展“五一助力乡村惠工游”、学“七一”讲话有奖答题、“职工子女开学有礼”文具礼包抽奖、“惠聚中秋·工会送福”砸金蛋等18场惠工活动，激发网上职工之家活力。

【争先创优】 2021年，全区弘扬劳模精神、劳动精神、工匠精神，营造争先创优氛围，威海市望海园中学校长王静、威海大田工业装备有限公司机械加工车间班长张旭阳获评“全国五一劳动奖章”，威海广泰空港设备股份有限公司总经理李文轩获评“山东省五一劳动奖章”，区环境卫生中心垃圾清运大队获评“山东省工人先锋号”，威海埠崎机械股份有限公司崔瑞良、威海大田工业装备有限公司张旭阳、山东汇泉工业有限公司张凤丽获评“威海市金牌职工”，威海魏桥科技工业园有限公司曹玉芹等42名职工获评“威海市优秀职工”（详见“2021年‘威海市优秀职工’获得者一览表”）。

2021年“威海市优秀职工”获得者一览表

表5

序号	姓名	性别	出生年月	工作单位
1	曹玉芹	女	1989年8月	威海魏桥科技工业园有限公司
2	林　超	男	1990年11月	威海海鑫新材料有限公司
3	李玉杰	男	1962年7月	威海西港游艇有限公司
4	谷宏亮	男	1986年7月	威海中远造船科技有限公司
5	孙周立	男	1977年9月	威海伟建实业有限公司

续表5

序号	姓名	性别	出生年月	工作单位
6	朱昌运	男	1991年1月	威海新北洋数码科技股份有限公司
7	王振华	女	1974年4月	威海华洋药业有限公司
8	姜镇举	男	1990年5月	威海埠崎机械股份有限公司
9	周丹君	男	1978年12月	威海市广通塑胶制品有限公司
10	宋　秋	女	1971年8月	山东华素制药有限公司
11	刘　健	男	1984年11月	威海先优包装科技有限公司
12	于福文	男	1970年7月	威海浦源食品有限公司
13	姜永勇	男	1981年11月	威海浦源食品有限公司
14	邹佳华	女	1987年2月	威海裕罗电器装配有限公司
15	董　飞	男	1989年4月	山东新大东股份有限公司
16	姚培军	男	1954年3月	环翠区堡子顶家庭农场
17	梁石磊	男	1981年4月	威海邦德散热系统股份有限公司
18	陈　博	男	1987年3月	威海喜盈门乳品有限公司
19	孙源兴	男	1966年4月	威海市鸿安建筑集团有限公司
20	刘　杰	男	1991年5月	华东岩土工程集团有限公司
21	万菲菲	女	1986年12月	环翠区双举海参经营部
22	郑　宁	男	1981年11月	威海市大未文化传媒有限公司
23	郭东升	男	1977年1月	威海正平机械加工有限公司
24	丛波日	男	1980年10月	山东华夏集团有限公司
25	张　芸	女	1980年6月	威海倍佳贸易有限公司
26	孙林娜	女	1973年5月	威海市望岛小学
27	毕　勇	男	1967年8月	威海市古寨中学
28	于海玲	女	1974年5月	威海市环翠区疾病预防控制中心
29	陈华楠	女	1981年2月	威海市环翠区卫生健康局
30	张　涛	男	1969年12月	威海市环翠区环境卫生服务中心
31	丛　莉	女	1977年12月	威海市环翠区财政局
32	张海威	男	1974年3月	威海市环翠区市场监督管理局
33	刘　川	男	1976年12月	山东威海卫酒业集团有限公司

续表5

序号	姓名	性别	出生年月	工作单位
34	韩晓丽	女	1983年10月	山东汇泉工业有限公司
35	邢晓明	男	1981年1月	威海市宇王集团有限公司
36	邹　君	男	1977年6月	威海广泰空港设备股份有限公司
37	王玲娜	女	1986年5月	威海宾馆有限公司
38	蔡庆华	女	1977年9月	威海宾馆有限公司
39	周莉莉	女	1983年1月	威海金蚂蚁汽车广场有限公司
40	肖　倩	女	1983年1月	威海蓝海银行股份有限公司
41	李　虹	女	1974年1月	威海市环翠区城市发展投资有限公司
42	孙玉洁	女	1991年4月	威海市环翠区国有资本运营有限公司

【创新工作室打造】 2021年，区总工会发挥劳模（工匠人才）创新工作室在企业创新中的榜样带动作用，激发职工创新活力，助力新旧动能转换，促进企业转型升级。年内，打造威海中远造船科技有限公司张灿创新工作室、威海正生生物科技有限公司李炳根创新工作室、威海埠崎机械股份有限公司姜镇举创新工作室、华东岩土工程集团有限公司姜庆创新工作室、华东岩土工程集团有限公司鲁克涛创新工作室、威海金蚂蚁汽车广场姜玉航创新工作室、威海金蚂蚁汽车广场曲鹏创新工作室7家区级创新工作室。

【岗位创新】 2021年，区总工会开展职工创新创效竞赛、全员创新企业评选等活动，威海广泰空港设备股份有限公司、威海化工机械有限公司等4家企业的19名职工获评“2021年威海市职工创新创效竞赛市级决赛奖”。威海中远造船科技有限公司、威海震宇智能科技股份有限公司、华东岩土工程集团有限公司、山东汇泉工业有限公司、威海亿美运动器械有限公司、山东华素制药有限公司和威海市世一网业有限公司获评“环翠区全员创新企业”。

【创新技术对接转化服务】 2021年，区总工会走访威海埠崎机械股份有限公司、威海大田工业装备有限公司、威海市宇王集团有限公司等企业，摸排10余项企业技术需求，帮助企业对接专家。12月22日，市、区两级总工会联合举办创新技术对接转化服务工作现场推介会（环翠区专场），邀请山东大学（威海）、哈尔滨工业大学（威海）、吉林大学仿生研究院、威海职业学院的专家与部分企业现场座谈交流，促进校企共同发展。威海市宇王集团有限公司与吉林大学仿生研究院、威海大田工业装备有限公司与威海职业学院初步达成合作意向，开展技术攻关合作。

2021年12月22日，威海市创新技术对接转化服务工作现场推介会（环翠区专场）举行
（区总工会　供图）

2021年9月16日，威海工匠学院环翠分院举办首期高技能人才培训班
（区总工会　供图）

【职工技能培训】 2021年，区总工会依托威海工匠学院环翠分院，举办两期高技能人才培训班，全区智能制造方向50余名高级工资格以上的钳工、数控龙门铣操作工参加培训。区总工会邀请“全国五一劳动奖章”获得者、全国技术能手王俊堂，“全国五一劳动奖章”获得者、齐鲁工匠卢文涛分别围绕钳工操作技巧与故障排除、机械装调与维修技术、装夹工艺分析、粗加工和精加工切削用量的合理选择等内容进行工艺技巧讲解、现场操作示范和互动交流。培训内容丰富、注重实效，提升产业工人职业技能和综合素质。

【职工技能竞赛】 2021年7月5日，区总工会为弘扬工匠精神，提高职工技能素质，联合区住房城乡建设局和区人力资源社会保障局印发《关于开展环翠区第十一届职工技能大赛的通知》，督导各镇（街道）、区属企业按照“一镇一街一企”原则，开展职工技能大赛活动。7月—12月，分别在张村镇、羊亭镇、竹岛街道、威海广泰空港设备股份有限公司等16个赛区，开展不同行业、不同工种的职工技能竞赛活动，涵盖数控车工、电工、CAD机械设计、缝纫等68个工种，参赛职工969人。9月，通过环翠区第十一届职工技能大赛选拔36名职工参加市总工会举办的威海市职工技能大赛，通过比拼，环翠区16名职工获得各工种全市前六名，3名职工获得“威海市金牌职工”称号，区总工会获团体第二名。10月，印发《关于表彰环翠区金牌职工的决定》，评选表彰环翠区金牌职工9名，分别是威海广泰空港设备股份有限公司宋毅、威海化工机械有限公司袁龙、威海市日通金属制品有限公司杜伟龙、威海市孙家滩微型机床厂蔡玉印、威海万泉新能源科技有限公司仇广升、威海市环翠区疾病预防控制中心刘虹、威海市环翠区疾病预防控制中心刘珍、威海市环翠区桥头镇卫生院张颖、威海市环翠区妇幼保健院林晓静。

【产业工人队伍建设改革】 2021年12月1日，环翠区新时期产业工人队伍建设改革工作联席会议暨区政府与区总工会2021年度联席会议召开，会议围绕深入开展“产业工人队伍建设改革提升年”行动，交流经验做法，部署工作任务。会议要求，认真落实产业改革各项任务，做到“规定动作”不走样、“自选动作”有特色；加强部门协作、政企协同，做好政策衔接、措施对接，统筹推进产业工人队伍建设改革。围绕“思想引领、建功立业、素质提升、地位提高、队伍壮大”5项改革措施，对区产业改革联席会议组成人员进行调整，制定印发产业改革方案，明确各部门职责分工；指导山东华夏集团有限公司等13家试点企

2021年12月1日，环翠区新时期产业工人队伍建设改革工作联席会议暨区政府与区总工会2021年度联席会议召开　（区总工会　供图）

业制定试点方案，推进试点工作。通过实施改革，产业工人队伍不断壮大，保障制度更加健全，综合素质实现提升。

【帮扶服务】 医疗互助保障。2021年，全区418家单位3.05万名职工参加住院医疗保障项目，337家单位2.4万名职工参加住院津贴保障项目。至年末，1786人次申请理赔，发放理赔互助金164.6万元。

送法下基层。2021年，区总工会开展线上线下法律法规宣传活动34次，培训企业一线职工、工会干部3000余人；对2家企业开展“法律体检”，实地检查企业规章制度，指出存在问题和风险。宪法宣传周期间，开展有奖答题活动，增强广大职工法治观念。

心理健康服务。2021年，全区开展职工心理健康公益巡讲、沙龙活动，承办全市“惠心·赋能”工会心理健康服务进乡镇活动，组织温泉镇、张村镇辖区企业开展职工心理健康沙龙、讲座10场，受益职工1500余人。

为民实事。2021年，区总工会建设集帮扶救助、权益维护、就业创业、劳动争议调处、心理健康服务、综合服务、信访接待于一体的职工服务中心，作为全区职工服务阵地和宣传教育阵地，开通网上咨询、指导等便捷服务。开展“夏送清凉”活动，为1.58万名职工和农民工送去价值30万元清凉慰问物资；开展“金秋助学”“冬送温暖”活动，筹集资金39.2万元，救助困难职工、农民工子女；开展一线职工疗（休）养活动，10月13日—15日，组织27名一线职工到省级疗（休）养基地——威海华夏培训中心疗（休）养。

【“工友创业”品牌建设】 2021年，区总工会推动“工友创业”品牌建设，引导企业向乡村延伸，助力乡村振兴战略实施。选树培育10家市级工友创业园，通过市总工会验收命名；推荐山东华夏集团有限公司参加省级“工友创业园”评选。

【户外劳动者驿站打造】 2021年，区总工会完成中国石油天然气股份有限公司山东威海销售分公司张村二职加油站工会户外劳动者服务站点、中国建设银行股份有限公司威海环翠支行工会户外劳动者服务站点、张村镇便民服务中心工会户外劳动者服务点、羊亭镇便民服务中心工会户外劳动者服务点、桥头镇党群服务中心工会户外劳动者服务点、温泉镇便民服务中心工会户外劳动者服务点、鲸园街道党群服务中心工会户外劳动者服务点7个户外劳动者驿站建设，累计打造驿站19个，实现辖区全覆盖，其中，张村镇华锦社区户外劳动者服务站点被中华全国总工会授予“最美工会户外劳动者服务站点”称号。开通齐鲁工惠App及微信公众号驿站定位功能，让户外劳动者能快速找到身边的驿站。

（于　方）

2021年9月13日，区总工会在张村镇开展“尊重农民工、关爱农民工、依法维护农民工合法权益”普法宣传活动　（区总工会　供图）

中国共产主义青年团环翠区委员会

【概况】 2021年，全区共青团工作从加强意识形态监管、创新宣教方式、发挥新媒体作用等方面抓实青少年思想引领；聚焦提升组织力、引领力、服务力和大局贡献度，形成党建领航、创新领路、服务领先的共青团基层组织改革模式。至年末，智慧团建系统内注册团员9376名，基层组织中有团委29个、团工委9个、团总支15个、团支部740个；开展新时代文明实践大篷车、新冠肺炎疫情常态化防控宣传、“红色物业”青年志愿者行动、“精致童年”、“希望小屋”等多个主题多种形式志愿服务工作；实施青鸟计划，建设青鸟驿站，引留青年人才。

【青少年思想引领】 2021年，团区委学习贯彻习近平新时代中国特色社会主义思想，在五四青年节、六一国际儿童节、“十·一三”少先队建队日等重要时间节点，开展“高举团旗跟党走”“红领巾心向党”“请党放心　强国有我”等主题教育实践活动，引领广大团员青年坚定不移听党话、跟党走。加强意识形态监管，强化马克思主义无神论和党的民族宗教政策法规宣传教育，全区无信教人员入队、入团情况发生。创新宣教方式，依托“青年大学习”线上平台开展网上学习，每期团员青年学习6000余人，线上参学率71.42%，排名全市各区市第一。组建党史学习教育宣讲团，推荐全区优秀青年加入市级“青年讲师团”，开展宣讲活动90余场。发挥新媒体作用，深化党史学习教育质效，在团属微信公众号“环翠青年”发布“团团讲党史”26篇，用“青言青语”讲好红色故事，阅读量1万余次。

【基层组织改革】 2021年6月，经共青团中央批准，环翠区成功入选全国县域共青团基层组织改革试点。团区委探索创新团干部选用、团组织设置和运行、团员教育管理等机制体制，制定《环翠区共青团基层组织改革试点全域推进工作方案》，成立由区委书记任组长，区委副书记、纪委书记、组织部部长任副组长的改革试点工作领导小组，统筹推进共青团基层组织改革试点工作。研究制定改革领域配套文件3个，推动镇（街道）、部门党建带团建工作纳入区级基层党建年度考核，实现党建带团建、队建纳入区委巡察监督范围。8月，全面完成村（社区）团组织换届工作，173名“两委”成员担任村级团组织书记，选配47名村级团组织委员，6名青年进入村（社区）“两委”班子，6名青年担任村团组织书记。深入推进新兴领域行业组织覆盖，创新成立汉服、青年模特行业团工委及快递行业青工委，联系服务新兴领域青年1000余人，全区团组织数量由改革前599个增至改革后834个。至年末，智慧团建系统内注册团员9376名，基层组织中有团委29个、团工委9个、团总支15个、团支部740个。年内，威海魏桥科技工业园有限公司团委获评“全国五四红旗团委”，威海创意游艇有限公司总经理林鹏获评“山东省乡村好青年”，环翠楼街道东北村社区、张村镇魏桥社区入选全省首批“青春社区”。

2021年9月19日，团区委、环翠楼街道主办，威海小华模特承办2021AMA亚洲国际超级模特大赛（团区委　供图）

【青年志愿服务】 2021年，团区委志愿服务队结合植树节、“五一”国际劳动节等时间节点，联合青年企业家、医院青年志愿者等开展义务植树、义诊等志愿服务5场，多样化开展新时代文明实践大篷车、国际化语言环境纠错等志愿服务活动20余场次，为精致城市建设贡献青春力量。在新冠肺炎疫情常态化防控期间，动员20余名返乡大学生参与辖区疫情防控志愿服务活动，协助登记核酸检测信息3500余份。开展“垃圾分类　携手同行”志愿服务活动8次，参与服务660人。8月，开展“红色物业”青年志愿者行动，依托社区开展党史学习教育、公益课堂、慰问活动20余场次，参与青年1000余人次。组织山东大学（威海）志愿者协会学生、社会志愿者开展国际化语言环境纠错志愿服务活动4次，纠错74处。投入15万元，引进社会专业力量，开展慰老助童活动。开展“精致童年”志愿服务80余次，服务6894人次。开展“金晖助老”志愿服务活动23次，服务120余人次。实施“希望小屋”儿童关爱项目，“99公益项目”线上募捐4.5万元，用于“希望小屋”建设，发动爱心企业捐建2处“希望小屋”。年内，“共享精致家园　共绘七彩童年”项目获威海市青年志愿服务项目大赛银奖。

【青鸟计划】 2021年，团区委依托“青鸟计划”平台，组织32家企业参加“青鸟计划　青聚威海”2021云招聘活动，提供就业岗位210个，38名学生达成初步就业意向。与区委组织部、区人力资源社会保障局联合开展“青鸟计划·实习实践季”活动，优选54名大学生参与实习。建立10处线下高校“青鸟驿站”，直

2021年4月20日，团区委组织青少年开展“共享精致家园 共绘七彩童年”世界地球日主题教育活动 （团区委 供图）

接联系服务1000余名威海籍学子，组织威海籍学子开展“感知环翠”系列活动5次，助力引才留才。打造10处青年人才驿站，为205人次提供免费住宿、政策讲解等一站式服务，相关经验做法被山东在线、威海组工、“最威海是环翠”App等省、市、区级平台宣传报道23次。依托大学生“返家乡”暑期实践活动，对接清华大学、青岛大学等5所高校志愿服务队，开发“红橙银绿蓝”等特色项目，开展“三下乡”、信用“五进”、公益环保等志愿活动30余次，促成山东交通学院航运学院与张村镇魏桥社区签订共建协议，建成大学生社会实践基地1处。

（隋宇辰）

环翠区妇女联合会

【概况】 2020年，全区妇联工作坚持服务大局与服务妇女相统一，发挥引领联系妇女职能，推进思想引领、妇联组织建设、维权关爱等工作落实落地，引导全区妇女投身经济发展、乡村振兴、工作实践，展示妇女形象与力量。年内，区妇联被人力资源社会保障部、中华全国妇女联合会评为“全国妇联系统先进集体”，被威海市精神文明建设委员会评为“第三届威海市未成年人思想道德建设工作先进单位”；刘晓芳被中华全国妇女联合会授予“全国巾帼建功标兵”称号，王婕被威海市妇女联合会、威海市退役军人事务局、威海军分区政治处授予威海市“十佳好军嫂”称号，柳立莲被威海市妇女联合会、威海市退役军人事务局、威海军分区政治处授予威海市“十佳兵妈妈”称号。

【基层妇女组织建设】 2021年，区妇联推进新领域妇女组织创建，在众成清泰（威海）律师事务所、鲸园街道社会组织服务中心等“两新”组织成立妇女组织3个；探索区直妇委会改建系统妇联，编制《区直机关、事业单位系统妇联成立工作指导手册》，指导区法院、公安环翠分局、区教育体育局3家区直部门成立系统妇联，提升妇联组织覆盖面和影响力。

【“妇女微家”建设】 2021年，区妇联推进“妇女微家”向末梢延伸，因地制宜在巾帼致富带头人、妇联执委家中设立雷锋驿站、花海居等特色“妇女微家”，开展公益志愿服务、红色教育课堂等活动120余次。

【妇联干部培训】 2021年，区妇联实施基层妇联领头雁培训计划，举办环翠区第22期妇联干部培训班，邀请威海市委党校教授，从中共中央总书记习近平“七一”重要讲话精神、家教家风等方面对农村妇联

2021年9月18日，区妇联举办环翠区第二十二期妇联干部培训班 （区妇联 供图）

2021年3月25日，区妇联召开环翠区2021年“美在我家”创建工作动员部署会 （区妇联　供图）

主席进行培训。举办基层妇联组织成员素质提升培训班，组织城市社区妇联执委，开展妇女儿童法律知识、形体礼仪等内容的培训，提升妇联干部履职能力和综合素质。

【家风家教宣传引领】 2021年，区妇联开展“最美家庭”“好婆婆、好媳妇”“文明家庭”评选活动，选树“最美家庭”30户、“好婆婆、好媳妇”60人、区级“文明家庭”29户。通过典型选树引领，汇聚、传播典型家庭和传统美德，引领妇女崇德向善、见贤思齐。开展“家风家教宣传月”“学论述·正家风”等主题活动，举办巾帼宣讲、家风分享会、“追寻红色足迹，弘扬红色家风”等系列活动200余次，受教育群众4000余人次，引导广大妇女关注、传播、树立、践行家风家训。

【“厚德环翠·美在我家”创建】 2021年，区妇联印发《关于深入推进“厚德环翠·美在我家”创建工作的通知》，明确创建目标、创建措施和考核标准。打造巾帼信用超市，采取“超市化运作、积分制兑换”模式，在全区打造巾帼信用超市107处，在创建村实现全覆盖，通过积分激励抓长效管护。发动妇联执委认领“美在我家”项目，助力巾帼信用超市运营维护。在“厚德环翠·美在我家”创建过程中，全区1人获评省级先进个人、10户获评省级先进家庭典型，张村镇王家疃村获评省级先进集体。至年末，全区新增示范户1229户、精品户604户。

【女性创业就业】 2021年，区妇联助推女性创业就业，联合山东双创人孵化园打造区级一站式女性创业就业服务平台——“汇翠谷”巾帼创业基地，重点开展电商教育培训、就业服务、创业孵化“三位一体”的巾帼电商创业孵化服务。至年末，区妇联通过巾帼创业基地举办直播培训23场，培训妇女1.2万余人次；举办企业与人才双选会1场，为7家电商企业输送电商类人才28名；基地入驻孵化女性创业企业15家。

【服务品牌打造】 2021年，区妇联持续发挥“爱·益·家”服务品牌作用，投入资金21万元，在全市范围内筛选购买儿童友好社区服务、“二十四节气”青少年传统文化熏陶、好家风宣讲等专业化服务项目13个，入驻全区57个妇女之家、文明实践站等基层阵地，以“阵地+社会组织+公益项目”方式开展精准服务。至年末，开展服务319次，服务妇女儿童23234人次。该项目分别获评全省“基层妇联组织建设改革创新项目”、环翠区“我为群众办实事”新时代文明实践项目一等奖。

【儿童友好型社区示范点打造】 2021年，区妇联全域推进儿童友好

2021年4月22日，区妇联在“汇翠谷”巾帼创业基地举行环翠区巾帼创业基地直播培训班开班仪式 （区妇联　供图）

城区建设，重点打造“一镇、一街、一园、一社区”，即依托中国油画小镇打造儿童友好型小镇，依托属相街打造儿童友好型街区，依托星乐公园打造儿童友好型公园，在竹岛街道海源社区、孙家疃街道育海社区、环翠楼街道塔山社区打造3处儿童友好型社区。以社区和学校为切入口，成立儿童议事会143个，在全市率先实现社区和中小学儿童议事会全覆盖。相关工作经验在国务院妇女儿童工作委员会网站、人民日报客户端、齐鲁女性等国家级及省级媒体宣传推广。

【婚姻家庭辅导】 2021年，区妇联开展“幸福护航”婚姻家庭辅导服务，组织心理咨询师、律师、社会工作者等在内的志愿者，通过面对面辅导、热线电话和微信辅导等方式，及时调处婚姻家庭矛盾，为家庭幸福护航。年内，婚姻家庭辅导中心现场接待并辅导家庭532个，劝和324对夫妻，收到群众锦旗12面、感谢信90余封。

【妇女儿童权益维护】 2021年，区妇联成立妇女儿童权益纠纷人民调解委员会，建立诉调衔接机制。派驻1名专业调解员入驻区法院诉讼服务中心，对涉及婚姻家庭纠纷案件、妇女儿童人身损害赔偿纠纷案件及其他涉及妇女儿童权益的民事纠纷案件，与区法院进行信息共享与沟通联络。至年末，处理案件410个，达成一致意见156个。

【巾帼关爱】 2021年，区妇联通过开展“巾帼送暖”、“两癌走访·巾帼送暖”、“阳光社会妈妈”牵手关爱困难儿童、“童心向党　筑梦飞翔”、“与爱同行　守望互助”等系列关爱活动，争取政府资金和募集社会资金27.6万元，救助困难妇女儿童242人次；开展“巾帼守望　邻里互助”活动，为1000余人次困难妇女、家庭免费提供洗衣送餐、清扫卫生、外出代购、邻里陪伴等情感慰藉和邻里互助服务。

（丛瑜婷）

环翠区科学技术协会

【概况】 2021年，全区科协工作围绕新时代科协目标任务，强化科普设施建设，新建社区科普体验馆1处，新设科普宣传机1处和科普e站4处；加大科普惠农典型选树力度，选树市级农村科普示范基地2处、市级科普惠农服务站1处、市级农村科普带头人2名；组织开展“全国科技工作者日”“全国科普日”系列活动。年内，环翠区被中国科学技术协会列入第二批创建全国科普示范区名单，区科协分别被中国科学技术协会、山东省科学技术协会评为2021年全国科普日优秀组织单位。

【科普基础设施建设】 2021年，区科协争取省科协无偿资金20万元，在嵩山街道蔚海社区打造社区科普馆1处，对社区居民和学校学生免费开放；在环翠楼街道前进社区新设1处室外科普宣传机；在桥头镇、温泉镇、鲸园街道、环翠楼街道建设4处科普e站。年内，环翠区新增市级科普示范村1处（桥头镇义河北村）、市级科普示范社区2处（孙家疃街道北海社区、鲸园街道菊花顶社区），威海市普陀路小学等9个单位的科技馆被命名为2021年市级科普教育基地。

【第二批全国科普示范区创建】 2021年，区科协争取到威海市唯一1个名额，代表威海市参加第二批国家级科普示范区创建。11月22日，环翠区被中国科学技术协会列入第二批全国科普示范县（市、区）创建单位名单。

【科普惠农典型选树】 2021年，区科协紧抓科普惠农工作，助力全区乡村振兴，深入挖掘培育乡村科普人才，选树市级农村科普示范基地2处（宝石山蔬菜种苗示范基地、威海

2021年7月23日，区科协在桥头镇涧北村开展免费送种下乡活动

（区科协　供图）

振威畜禽有限公司科普示范基地）、市级科普惠农服务站1处（威海市仁义家庭农场有限公司科普惠农服务站）、市级农村科普带头人2名（羊亭镇大北山村李海楠、北小城村邵雨）。开展免费送种下乡活动，为桥头镇脱贫享受政策户、涧北村697户村民免费发放白菜、萝卜等蔬菜种子1400袋，发放科普书籍500余册，服务群众发展蔬菜经济，增加收入。

2021年9月14日，威海市暨环翠区2021年全国科普日主场活动启动仪式在环翠楼街道东北村社区广场举行　（区科协　供图）

【“全国科技工作者日”宣传走访】 2021年，在第5个“全国科技工作者日”期间，区科协在区级融媒体平台、“科普环翠”微信公众号等媒介刊播2020年环翠科技英才（第二届区青年科技奖）获奖人物访谈，宣传一线优秀科技工作者，讲好优秀科技工作者的先进事迹。5月28日，区委副书记于晓东参加走访科技工作者活动，看望慰问威海卫人民医院手足外科副主任王晓明，三角轮胎股份有限公司工业设计中心执行副总经理、商用车胎研发技术带头人周鹏程2名科技工作者代表，详细了解他们的工作、生活情况，对医院新冠肺炎疫情常态化防控举措、企业生产经营情况、科研创新等方面进行调研，听取他们对科技工作的意见和建议。

【“全国科普日”活动】 2021年9月14日，以“百年再出发，迈向更高水平科技自立自强”为主题的威海市暨环翠区2021年全国科普日主场活动启动仪式暨现场推进会在环翠楼街道东北村社区广场举行。市政府副市长孙付春、区委副书记于晓东参加启动仪式并巡视展示活动。活动现场演示人工智能、5G应用、航空航模等现代科技及螺钿、锔瓷、锡镶等传统技艺，发放科普材料1000余册。“全国科普日”活动期间，区科协深入农村、社区、企业、学校，开展校园科普联合行动、科普教育基地主题日活动、科技志愿服务活动102场，受众5100余人次，其中网络科普活动15场（威海市鲸园小学活动线上浏览量高达82766人次）。年内，区科协分别被中国科学技术协会、山东省科学技术协会评为2021年全国科普日优秀组织单位。

（张　萌）

法　治

政法委与综治

【概况】 2021年，全区政法工作贯彻落实中共中央总书记习近平关于政法队伍建设的重要指示精神和上级部署要求，坚持以党的政治建设为统领，深化市域社会治理现代化试点，推进政法领域全面深化改革，开展社会稳定风险评估和涉法涉诉信访积案化解，加强执法司法规范化建设，促进扫黑除恶专项斗争常态化，走访企业服务发展，实施政法队伍教育整顿，推动政法工作高质量发展。组织召开环翠区平安环翠建设工作会议暨平安建设工作领导小组全体（扩大）会议，制定出台年度工作要点等文件，进一步明确平安环翠建设的工作目标、职责任务、实施步骤等，在家庭、校园、医院、企业、景区、渔港、铁路七大领域广泛开展平安创建活动，积区域、行业小平安为全区大平安，构建齐抓共管、人人参与的平安建设格局。探索刑事办案一体化工作机制，争创全省跨部门大数据办案平台试点单位，印发《环翠区跨部门大数据办案平台试运行工作方案》，组织政法部门集中力量推进全省跨部门大数据办案平台建设试点工作，建立跨部门协同办案工作机制，有效打通工作堵点。为庆祝中国共产党成立100周年和全区“十四五”开好局、起好步，创造安全稳定的政治社会环境。

【“六治一网”市域社会治理】 2021年，区委政法委全面推进市域社会治理现代化建设，组织召开“六治一网”（政治、自治、法治、德治、智治、信治和网格化）重点工作推进会议，围绕社区、街区、园区、商圈、农村等治理领域，选取17个社会治理创新项目重点推进，推动形成一批具有环翠特色的成果和品牌项目。9月27日，承办全市市域社会治理现代化工作推进会，与会人员现场观摩鲸园街道社会治理创新中心、环翠楼街道属相街和羊亭镇中欧水处理及膜技术创新产业园，区法院“一站式”诉前化解工作机制、张村派出所“枫桥经验”、竹岛街道金融商圈工作法等6项经验在会上作书面交流。

2021年3月24日，区委召开平安环翠建设工作会议暨平安建设工作领导小组全体（扩大）会议
（区委政法委　供图）

【社会治理体制改革】 2021年，区委政法委继续组织实施社会治理体制改革。在法院体制改革方面，持续推进“速裁—快审—精审—专审”的审判梯度与案件繁简分流机制，增设1个速裁团队，成立全省首家金融案件集中管辖审判庭，金融纠纷结案数比上年增长14.4%，平均办案周期缩短5.8天。在检察体制改革方面，推进知识产权检察职能集中统一履行试点工作，加强知识产权类案件办理；出台《关于建立“林长+检察长”协作配合工作机制的意见》，探索公益林领域恢复性司法的检察工作模式。在公安体制改革方面，推进“警种联动、警保联控、警民联防”工作，打造智能化合成作战联勤联动警务新模式，加快推动“智慧警务”建设，设置2处“不打烊”智慧警局，实现交管、户籍、外事等业务24小时自助服务。在调解体制改革方面，探索矛盾纠纷化解新路径，出台《关于建立环翠区“诉—访—调”对接工作机制的实施意见》，规范矛盾纠纷的流转和调处，进一步整合信访、司法行政、法院、人民调解委员会等调处资源，打造具有环翠特色的“诉—访—调”对接工作机制。

【社会稳定风险评估】 2021年，区委政法委督导各镇（街道）、各有关部门按照年初计划推进重大决策社会稳定风险评估工作，全区重大决策社会稳定风险评估60项、一般涉众型事项社会稳定风险评估220项，全部准予实施，未发生因风险评估不到位引发的社会不稳定问题。

【涉法涉诉信访积案化解】 2021年，全区政法系统开展涉法涉诉信访案件专项清查及化解活动，严格落实“三包一保”（包案件、包查办、包结案和保稳定）责任制，压实积案化解责任，加大督导调度力度，把解决群众“急难愁盼”问题落到实处。至年末，市委办公室、市信访局移交及环翠区清查的49起涉法涉诉信访积案全部化解，化解率100%。

【执法司法规范化建设】 2021年，区委政法委发挥执法监督职能，组织开展“执法司法规范化建设年”活动，印发《关于全区政法机关全面深化执法司法规范化建设工作的实施方案》，督导政法系统各单位坚持问题导向、目标导向、效果导向，全面落实35项工作任务，通过“四不两直”的方式到政法单位开展专项检查，通报执法司法不规范问题16个，以查促改，提升执法司法质效和公信力。

【常态化推进扫黑除恶专项斗争】 2021年，全区常态化推进扫黑除恶专项斗争，成立区常态化推进扫黑除恶专项斗争领导小组，出台常态化扫黑除恶专项斗争工作措施、领导小组工作细则、办公室准则等文件，加强对全区扫黑除恶专项斗争的组织领导和日常事务办理，推动常态化扫黑除恶专项斗争各项措施落实落地。深化“打伞破网”，狠抓涉黑恶腐败，查处党员干部涉恶腐败问题2起、处理2人。组织开展扫黑除恶涉案财物处置攻坚行动，查扣涉案资产2165.58万元，处置到位2119.83万元，查扣财产处置率97.89%。持续推进涉黑涉恶线索核查工作，上级交办和自行收集的10条涉黑涉恶线索全部查否。对查结的262起涉黑涉恶线索进行全面倒查，抓获犯罪嫌疑人7人，破获敲诈勒索、非法拘禁、寻衅滋事等案件6起，移送起诉案件6起6人。深入推进重点行业领域整治，以七大行业领域整治为重点，带动14个行业领域整治全面推进，在整治行业领域乱象和突出问题的同时，堵塞行业监管漏洞，压缩黑恶势力生存空间。

【服务经济社会发展】 2021年，全区政法系统开展走访服务企业活动，印发《关于在全区政法机关开展“走访企业服务发展”活动的通知》，督导政法系统领导班子成员服务团队确定服务联系对象，实地走访调

2021年8月17日，全区扫黑除恶专项斗争总结暨常态化推进扫黑除恶斗争部署会议召开
（区委政法委　供图）

2021年3月1日，全区政法队伍教育整顿动员部署会议召开

（区委政法委　供图）

研，及时协调解决问题，广泛开展法治宣传，主动提供法律服务，强化重点问题整治。年内，全区34支政法队伍服务团队到辖区企业走访调研132次，收集意见建议67条，帮助企业解决问题32个，提供法律建议68条，开展法治宣讲22场次，受众人员920余人次。

【法学会工作】　2021年，区委政法委组织开展“百名法学家百场报告会”和“青年普法志愿者法治文化基层行”活动。5月27日，区委政法委联合市法学会、团区委，组织区政法各单位、环翠公证处、区法律援助中心在环翠楼广场举办“青年普法志愿者法治文化基层行·反邪教进社区”启动仪式，增强法治宣传教育的吸引力、感染力和影响力。在“长安环翠”公众号开设《环翠法学》专栏，加强新媒体在法治宣传教育中的应用，开展法治宣传、繁荣法学研究。

【政法队伍教育整顿】　2021年，全区政法系统深入开展政法队伍教育整顿，突出筑牢政治忠诚、清除害群之马、整治“顽瘴痼疾”、弘扬英模精神“四项任务”，扎实推进学习教育、查纠整改和总结提升3个环节，全面正风肃纪、反腐强警。深入开展“我为群众办实事”实践活动，推动教育整顿成果转化为具体为民举措，研究制定环翠区“政法为民38件实事”清单，明确责任单位、完成时限，定期调度进展情况，出台便民惠民措施23条，解决群众各类问题4000余件，提升人民群众的获得感、幸福感、安全感。针对“顽瘴痼疾”整治工作中发现的问题，探索建立执法司法制约监督、干警素质能力提升、正风肃纪等长效机制100余项，优化政治生态、严肃纪律作风、增强素质能力、提升执法司法公信力，打造出一支党和人民信得过、靠得住、能放心的政法铁军。

（于淑佳）

法治政府建设

【概况】　2021年，环翠区全面落实《法治政府建设实施纲要》要求，全力推进法治政府建设，开展法治政府示范创建、行政复议与行政应诉、行政执法监督、行政执法规范化建设、合法性审查、政府法律顾问履职、矛盾纠纷化解、执法普法、优化法治化营商环境工作，营造公平、公正、规范、文明的法治环境。年内，完成法治政府建设综合示范创建提报，《探索建立消费维权与社会治理相融合的“环翠模式”》《环翠区“三个+”（“专业+专人”“智慧+网格”“制度+创新”）推动矛盾纠纷化解“最多跑一地”》2个单项申报材料；受理行政复议案件50件，审结43件（含上年度未结案件4件），纠错率25.6%；组织2次行政执法证培训考试，全区179名新申领人员和四年年审人员完成培训并通过执法证考试；公示相关执法信息840余条，录入案件80件，应结案率达到100%；审核各镇（街道）、各部门合同2575份，出具法律审查修改意见11237条；法律顾问参与规范性文件合法性审核13件，审查合同、协议及有关法律文书2575份；组织开展各种法治宣传活动640余场次，分发各类宣传材料5.1万余份；畅通便捷“绿色通道”，全区实行告知承诺制的证明事项173项，推进“十百千”（围绕10条优势产业链，组织100家左右法律服务机构，为不少于1000家企业提供优质高效公益法律服务）工程和“千名律师进企业”公益法律服务活动。

【法治政府示范创建】　2021年，环翠区开展法治政府建设示范创建和典型培树工作。3月4日，印发《关于进一步做好法治政府建设示范创建及典型培树工作的通知》，对法治政府建设示范创建和典型培树工

2021年12月8日，省司法厅主要负责人到竹岛街道翠竹社区调研全国民主法治示范社区及法治宣传工作开展情况　　（区司法局　供图）

作进行部署，实行月报送制度，及时掌握工作进度。8月，组成核查组开展实地核查评估工作，督导各单位对照标准，补齐短板，确定5个单位作为法治政府建设先进典型推荐至市委全面依法治市办公室。9月，根据《市县法治政府建设示范指标体系（2021年版）》，进一步明确步骤、厘清责任，调度各部门报送材料，整理上报104项指标材料，完成法治政府建设综合示范创建，提报《探索建立消费维权与社会治理相融合的“环翠模式”》《环翠区“三个+”推动矛盾纠纷化解“最多跑一地”》2个单项申报材料。12月8日，省司法厅党委书记、厅长王玉君到竹岛街道翠竹社区，调研全国民主法治示范社区及法治宣传工作开展情况。

【行政复议与行政应诉】　2021年，环翠区严格落实行政复议职责，探索司法行政机关和检察机关联动机制，制定《关于在行政检察、公益诉讼检察、行政复议工作中加强协作配合的意见》，促进行政争议实质性化解；印发《环翠区关于贯彻落实〈行政复议体制改革方案〉的实施意见》，持续推进行政复议体制改革；开展“复议为民促和谐”专项行动，依法稳妥制定针对性化解方案，推动重点案件实质性化解；全面落实行政复议决定书网上公开制度，接受社会公众监督。依法行使复议职权，受理行政复议案件50件，审结43件（含上年度未结案件4件），纠错率25.6%。全面推行行政机关负责人出庭应诉制度，行政机关参与一审行政应诉案件33件（其中区政府作为复议机关共同被告1件），行政机关负责人出庭应诉率100%。

【行政执法监督】　2021年3月，环翠区制定《2021年度行政执法监督计划》，部署开展相关工作和制度落实，对《山东省音像设备配备管理办法》等制度落实情况进行专项监督。6月—11月，组织开展行政执法领域突出问题专项整治，对行政执法中随意性执法、选择性执法等问题及涉企行政执法不规范问题进行整治。至10月末，环翠区各执法单位梳理并整改行政执法典型问题9件；梳理投诉举报行政执法案件57件，经进一步核查了解，均不存在问题，所有投诉经答复均及时销号。6月和11月，组织2次行政执法证培训考试，全区179名新申领人员和四年年审人员完成培训并通过执法证考试，为行政执法机关依法履职奠定基础。

【行政执法规范化建设】　2021年，环翠区持续加强行政执法规范化建设，按要求部署落实行政执法“三项制度”。调整完善行政执法网上公示专栏，通过执法数据统计、梳理证明事项等日常工作，不定期对行政执法公示专栏公示情况进行检查，发现问题及时反馈给部门整改完善，至年末，公示相关执法信息840余条。推行行政处罚和行政强制权力网上运行工作，行政处罚和行政强制案件同步录入系统平台，做到行政执法全过程留痕和可回溯管理，至年末，录入案件80件，应结案率达到100%。调度各行政执法单位健全法制审核工作机制，规范法制审核工作程序，明确法制审核的范围和节点，要求各执法单位将轻微违法行为不予行政处罚和一般违法行为减轻行政处罚案件全部纳入重大执法决定法制审核范畴，规范案件办理程序，落实重大执法决定法制审核工作。

【合法性审查】　2021年，环翠区在区政府网站设立重大决策事项意见征集栏，按季度公开重大行政决策事项目录，拓宽和提升公众对重大决策事项的参与度和透明度。持续优化“环翠区机关事业单位合同备案管理系统”，在满足各部门实时备案需求的同时，借助云端存储，对合同管理实行电子化监管，减少瑕疵合同比例，助力全区依法行政水平提升。至年末，审查重大决策事项4件，法律顾问提供法律意见书18份；出台政府规范性文件3件、部门规范性文件10件；审核各镇（街道）、各部门合同2575份，出具法律审查修改意见11237条。

【政府法律顾问履职】 2021年，环翠区继续发挥公开遴选15名律师的作用，组成环翠区政府第四届法律顾问，为全区66个机关事业单位提供法律服务。至年末，法律顾问参与规范性文件合法性审核13件，重大行政决策合法性审查4件，审查合同、协议及有关法律文书2575份，为全区行政机关依法行政提供有力支撑。

【矛盾纠纷化解】 2021年，环翠区在探索创新“诉—警—调”对接机制的基础上，搭建“诉—访—调”对接流转平台，出台《关于建立环翠区“诉—访—调”对接工作机制的实施意见》，创新提出“三规范”（规范工作流程制度、规范情况通报制度、规范会商会办制度），提升“诉—访—调”对接工作机制，将“一站式”矛盾纠纷调解中心升级打造为“一站式”非诉讼矛盾纠纷调解中心，进一步健全人民调解、行政调解、司法调解等多调联动工作体系。至年末，全区化解各类矛盾纠纷4417件。

【执法普法】 2021年，环翠区组织召开两次执法普法协调小组会议和“谁执法谁普法”履职评议会议，制定印发《2021年全区普法依法治理工作要点》《2021年环翠区普法责任清单》《关于进一步加强精准普法增强普法工作针对性和实效性的意见》等文件，指导普法成员单位积极履责。年内，组织开展“疫情防控安全生产”宣传月、“美好生活 民法典相伴”法治宣传月、“青年普法志愿者法治文化基层行”等大型活动500余场，1.2万余人次参与，发放材料3.6万余份。抓住“12·4”宪法日活动契机，印发《关于印发〈2021年国家宪法日、宪法宣传周暨山东省法治宣传教育月宣传活动方案〉的通知》，定制宪法挂图、折页等宣传品1.3万份，在全区开展一系列全民宪法法治教育宣传活动140余场，6000余人次参与，发放材料1.5万余份。

【优化法治化营商环境】 2021年，环翠区推行包容审慎监管，实行“首违不罚”“首违轻罚”，组织各执法部门认领省、市两级“不罚”“轻罚”清单，全区认领省级清单219项、市级清单56项。畅通便捷“绿色通道”，全面推行证明事项告知承诺制，组织各部门承接认领省、市两级清单并结合实际梳理新增事项清单，全区实行告知承诺制证明事项173项，其中，认领省、市清单158项，新增事项清单15项，形成《威海市环翠区区级实行告知承诺制的证明事项清单（第一批）》，在区政府网站进行公示。开展行政规范性文件和政策性文件清理工作，清理政府规范性文件16件，其中，废止2件、宣布失效3件；清理政府政策性文件186件，其中，废止10件、宣布失效78件。组织4名律师参加“环翠区外贸企业服务群”，帮助涉外企业解决因新冠肺炎疫情影响导致的合同履行、劳动纠纷等问题；深入推进“十百千”工程和“千名律师进企业”公益法律服务活动，开展企业走访活动，为企业提供优质的法律服务，助力打造法治化营商环境。

（丛林慧）

公　安

【概况】 2021年，公安环翠分局紧紧围绕庆祝中国共产党成立100周年安保维稳工作，以党史学习教育和政法队伍教育整顿为引领，深入践行“靠前一步、主动作为”警务理念，开展打击违法犯罪和严打整治，常态化推动扫黑除恶专项斗争，强化社会治安管理，推进警务机制创新，加强警队建设。年内，破获电信网络诈骗案件104起、“两卡”（手机卡、银行卡）案件102起，防止经济损失300万余元；破获各类经济犯罪案件32起，为企业和群众挽回经济损失4700万余元；查结涉黑恶线索14条，打掉涉网黑犯罪团伙1个；开展消防检查4.6万余家次，消除火灾隐患7.6万余处；组织开展反恐演练4次，参与群众2万余人；妥善处理转办单5034件，满意度达到97.09%；举办“警营开放日”20场次、“开门纳谏”座谈会32场次，走访企业200余家。牵头全区新冠肺炎疫情常态化联防联控与社会稳定工作，召开成员单位会议5次，开展应急演练5场次，开展社会随访14万余人次，按时完成排查随访数据动态清“零”。

【打击违法犯罪】 2021年，公安环翠分局强化线索搜集研判、风险评估、落地核查，出动警力3700余人次、警车1200余辆次，保障全区112个社区、105个行政村的“两委”换届选举顺利进行，查处涉选举案件4

起。完成庆祝中国共产党成立100周年等重大安保维稳任务，获全市“建党100周年安保维稳突出贡献奖”，治安大队被公安部记集体一等功。

【严打整治】 2021年，公安环翠分局打击防范电信网络诈骗等新型犯罪，成立多部门参与、实体化运行的“新型犯罪研究作战中心”，破获电信网络诈骗案件104起、“两卡”案件102起，防止经济损失300余万元，破获公安部督办方某涉诈洗钱犯罪团伙案件，带动破获全国各地案件680起；开展新一轮禁毒人民战争，破获涉毒案件51起，抓获涉毒犯罪嫌疑人52名；破获各类经济犯罪案件32起，为企业和群众挽回经济损失4700余万元，捣毁传销窝点8个；查处涉外案件33起，遣送出境30人，报列不准入境8人；推进“昆仑2021”专项行动，破获“食药环假”（食品、药品、环境和侵犯知识产权）犯罪案件20起、涉林涉野生动物案件6起。

【扫黑除恶专项斗争】 2021年，公安环翠分局常态化推动扫黑除恶专项斗争，对前期查结的262起涉黑涉恶线索全面进行倒查梳理。年内，查结涉黑恶线索14条，打掉涉网黑犯罪团伙1个，刑侦大队被省委政法委评为“全省扫黑除恶优秀团队”。

【社会治安管理】 2021年，公安环翠分局抓住源头管控、源头治理、源头防范等关键环节，开展“安全隐患大排查大整治”行动，排查整改危险物品安全隐患30余处，监督爆破作业11次，开展消防检查单位4.6万余家次，消除火灾隐患7.6万余处；组织对全区反恐防范目标单位重新摸底，对全区400余家场所和单位进行多轮反恐督导检查，发现并整改问题隐患30余处。严格落实沿海岸线码头“三定三包责任制”（定人定岗定责、包船包岗包段），对沿海岸线进行24小时巡查。年内，采集涉海基础信息800余条，检查出海船舶1533条次、渔（船）民2535人次，对全区岛屿完成实地踏勘，实现全年走私、偷渡、非法捕捞、海上疫情输入“零”发案。

【网约房管控创新】 2021年，公安环翠分局召开全区网约房管理现场推进会，制定网约房档案管理规范，建设派出所互联网管理平台，以电子地图为依托对全区2200余套网约房实施精准管控。深化智慧安防小区建设，协调区住房城乡建设局、区大数据中心，分类推进建成智能安防小区157个、技防村（社区）106个，其中东北村智慧小区入选全省智慧安防小区示范点。

【警务机制创新】 2021年，公安环翠分局将“警种联动、警保联控、警民联防”机制和“情指勤舆”（情报、指挥、勤务、舆情）一体化建设纳入全区国民经济和社会发展第十四个五年规划，探索具有环翠特色的基层社会治理警务共同体，打造合成化巡防工作站、市立医院警保联控机制、张村派出所八联模式、孙家疃派出所伴海警务室“融警务”等经验样板。购置20辆摩托车、选拔40名骑手，组建“环翠铁骑”，通过亮警街面、重装威慑，延伸守护触角，打通治安防控“最后100米”。“警种联动、警保联控、警民联防”工作经验被省公安厅、市公安局推广，《人民公安报》等多家媒体予以宣传报道，并在全市公安机关“学典型、促发展”比学赶超现场观摩会展示。

【智慧警务】 2021年，公安环翠分局申请建设经费2319万元，用于建设公安信息化、基层基础。依托可视化实战应用平台，发挥“一张网”的技术优势，为全区应急指挥、抢险救灾等工作提供图像支持。以大数据为支撑强力推进“情指勤舆”一体化建设，打造合成化巡防工作机制，做到“点对点”式调度、垂直式用警。打造全市县级合成作战中心试点，建设图码联侦系统和“平安环翠”十期工程，新建、升级监控点位720个，全面补盲全区监控。建成全市首家智慧勘查研判室，并将电子物证实验室取证设备全部更新换代。

【民生警务】 2021年，公安环翠分局研究制定涉警民生诉求工作管理办法，新设社会信息管理办公室，举办“12345”政务服务便民热线办理工作培训班，提升热线办理专业化水平，做到治标和治本同时推进，妥善处理转办单5034件，满意度97.09%。打破派出所、警种间的信息壁垒，整合数据资源，建成全市首家集户政、出入境、交管等高频业务快捷办理的“24小时不打烊”智慧警局。推广“威海微警务”等便民服务平台，实现137项业务“刷脸办、掌上办、随时办”，做到让数据“多跑路”、群众“少跑腿”。投资300余万元，建成占地800余平方米的张村镇智慧安防体验中心，可为12万人提供安防体验教学服务。

【警队建设】 2021年，公安环翠分局开展党史学习教育，结合“五四”“七一”等时间节点，举办主题演

2021年7月29日，公安环翠分局智慧警局揭牌仪式举行

（公安环翠分局　供图）

讲、荣休仪式等系列活动，坚定全警对党忠诚信念。结合“我为群众办实事”活动，推动“便民利民十条措施”落地见效，举办“警营开放日”20场次、“开门纳谏”座谈会32场次，走访企业200余家，发放“致群众一封信”和“意见征求单”3700余份，服务群众2100余人次，解决群众“急难愁盼”问题160余件。在中考前组织开展“集中办证周”活动，为1388名学生办理居民身份证。开展政法队伍教育整顿，刚性落实全员参训要求，层层开展宣传活动，122名民警主动上报问题。4月19日，市委书记张海波到公安环翠分局检查政法队伍教育整顿开展情况。围绕“顽瘴痼疾”集中进行排查，发现整改问题177条，向82人兑现自查从宽政策，给予监督执纪“第一种形态”等组织处理，受处分人数比上年下降50%。

【警务实战大练兵】 2021年，公安环翠分局全面推进“警务实战大练兵”，采取线上线下、送教到岗、比武竞赛的方式，突出专业岗位、专业技能培训，组织政治轮训10期、业务培训17场、体能练兵400余场次，全面提升队伍综合素质。针对警容风纪松散问题，开展“队列礼仪专项训练月”活动，组织日常队列训练110余场次，通过举办全警队列集中会操演练，强化队伍令行禁止规矩意识。开展民警维权工作，查处侵权案件10起，打击处理违法犯罪嫌疑人11名，维护法律尊严和民警执法权威。加强执法巡查机制建设，对12个派出所的“三室”（受案室、案件管理室、涉案财物管理室）进行智能化升级改造，协调区检察院建成派驻分局检察官办公室，联合威海海警局环翠工作站建成执法协作办公室。

（颜廷进）

检　察

【概况】 2021年，全区检察工作以服务保障经济社会发展大局为中心，不断优化法律监督格局，深化司法体制改革，开展刑事检察、刑事诉讼监督、民事检察、行政检察、公益诉讼检察，实施未成年人保护，优化营商环境，化解社会矛盾，开展知识产权检察职能集中统一履行试点工作等。年内，受理审查逮捕案件184件268人，批准逮捕121件158人；追漏捕漏诉28人，纠正违法19件；受理民事检察监督案件46件，办结59件（含上年未结案件）；受理行政监督案件44件；办理公益诉讼案件35件；受理未成年人审查逮捕案件14件16人；办理各类破坏市场经济秩序案件62件136人；处理群众信访案件123件，对检察机关管辖的59件首次申诉信访案件，全部落实领导包案；开展知识产权检察职能集中统一履行试点工作，办理知识产权案件8件36人。为“精致城市·幸福威海”首善之区建设提供有力司法保障。

【知识产权检察职能集中统一履行试点】 2021年，区检察院开展知识产权检察职能集中统一履行试点工作，办理知识产权案件8件36人，其中提前介入省人民检察院和省公安厅挂牌督办的“9·07”案件，提起公诉范某宇销售假冒注册商标商品案，联合区法院邀请人大代表及新闻媒体进行庭审监督；多维度推动企业合规试点工作，成立工作专班，通过走访调研加强检校协作，邀请专家论证；与区国有资产中心等八部门会签《关于建立涉案企业合规第三方监督评估机制的实施办法（试行）》，成立第三方监督评估机制管理委员会，组织技术团队研发“企业合规第三方监督评估支持系统”上线运行，试点工作被环翠区委主要领导批示肯定。

【刑事检察】 2021年，区检察院依法履行批捕、起诉等职责，维护公共安全和社会稳定，受理审查起诉

2021年12月9日，区检察院组织召开环翠区企业合规第三方监督评估机制管理委员会第一次联席会议 （区检察院　供图）

案件753件968人，起诉662件777人。常态化开展扫黑除恶专项斗争，办理敲诈勒索某大型超市恶势力犯罪团伙案，张某某等4名被告人分别被法院判处有期徒刑五年至一年不等。开展打击破坏海洋渔业资源犯罪专项行动，与公安环翠分局、区海洋发展局、威海海警局环翠工作站共同会签《开展打击破坏海洋渔业资源犯罪、加强行政执法与刑事司法衔接工作行动方案》，构建打击合力，加大打击力度。推行“认罪认罚+公益服务+相对不起诉”机制，联合区文明办，对拟作认罪认罚提出缓刑量刑建议及相对不起诉的犯罪嫌疑人，组织其向社区提供公益服务。发挥反腐败职能作用，强化与监委衔接配合机制，至年末，办理市、区监委移交的职务犯罪案件7件8人。

【刑事诉讼监督】 2021年，区检察院追漏捕漏诉28人，纠正违法19件；办理纠正监管活动违法等刑事执行监督案件12件，办理重大案件侦查终结前讯问合法性核查案件25件，排除非法证据1件；查办司法工作人员职务犯罪案件1件2人，均做出有罪判决。

【民事检察】 2021年，区检察院受理民事检察监督案件46件，办结59件（上年未结件），办理息诉案件12件。提出再审检察建议3件，法院裁定再审6件，判决3件，全部改判；提出审判程序违法、民事执行监督检察建议24件，法院全部采纳。查办虚假诉讼案件6件，支持起诉案件14件，全部获法院支持。

【行政检察】 2021年，区检察院受理行政监督案件44件，其中，提出非诉执行监督检察建议24件、纠正违法检察建议10件，均被采纳整改，终结审查4件，办理行政争议化解案件6件；与区司法局建立沟通联系机制，会签《关于在行政检察、公益诉讼检察和行政复议工作中加强协作配合的意见》。

【公益诉讼检察】 2021年，区检察院加强食品药品安全与生态环境保护等领域监督，办理公益诉讼案件35件，其中提起刑事附带民事公益诉讼案件2件，全部获法院支持；发出公益诉讼诉前检察建议27件，均完成整改；组织开展“公益诉讼回头看”，邀请市人大代表监督视察矿山修复、公益林补植等，3月18日，市人大常委会副主任于东海率调研组实地调研区检察院公益诉讼矿山治理修复现场；继续助力海洋生态保护，与威海海警局环翠工作站会签《关于加强检警协作配合的若干意见》，建立海洋领域执法司法协作配合机制；承办威海市人民检察院与青岛市人民检察院联合举行的公益诉讼增殖放流活动，投放350万余

2021年7月23日，区检察院承办的威海市人民检察院与青岛市人民检察院联合举行的公益诉讼增殖放流活动在远遥中心渔港开展（区检察院　供图）

2021年5月28日，区检察院干警到威海市河北小学举办"预防校园欺凌，共建和谐校园"培训讲座　（区检察院　供图）

尾鱼苗，在国家、省、市、区四级媒体进行宣传报道；与区林长制办公室会签《关于建立"林长+检察长"协作配合工作机制的意见》，发挥公益诉讼检察职责，助力森林生态保护。

【未成年人检察工作】 2021年，区检察院未成年人检察工作办公室集中办理涉未成年人案件，受理未成年审查逮捕案件14件16人，其中批准逮捕9件9人、不批准逮捕5件7人；受理未成年人审查起诉案件32件46人（含上年结余5件12人），起诉18件19人。由团区委申请、区检察院支持起诉的撤销未成年人监护权案，区法院做出判决，依法撤销曹某某的监护人资格。落实最高人民检察院"一号检察建议"，全面推开违法人员从业禁止、强制报告等制度，联合公安、教育等部门对全区8339名教职工入职查询。开展"检爱同行　共护未来"未成年人保护法律监督专项行动，同区教育体育局、区民政局、团区委、区委区直机关工委及各镇（街道）加强沟通协调，构建未成年人保护"共同体"。履行法治副校长职责，到学校、社区开展普法宣传7场次，受教育师生、家长1200余人次。

【营商环境保障】 2021年，区检察院贯彻"依法惩处与平等保护相结合"工作思路，办理各类破坏市场经济秩序案件62件136人，其中，提起公诉的王某诈骗、伪造公司印章案，王某被依法判处有期徒刑十一年，并处罚款12万元，维护本地投资环境；开展走访服务企业活动，走访辖区发案较多的企业18家，提出检察建议12条，推动解决问题20余个。

【社会矛盾化解】 2021年，区检察院探索完善矛盾纠纷多元化解机制，处理群众信访案件123件，对检察机关管辖的59件首次申诉信访案件，全部落实领导包案；完成庆祝中国共产党成立100周年、全国两会等重要节点安保维稳工作任务；利用国家司法救助制度，对因犯罪侵害等致生活陷入困境的被害人及其近亲属"应救尽救"，防止因案致贫返贫，救助21人，发放救助款70.22万元。

【政法队伍教育整顿】 2021年，区检察院成立以检察长任组长的领导小组及办公室，制定实施方案，挂图作战，压实责任，整体推进。召开全体干警大会、政法队伍教育整顿领导小组会议等10余次，组织参加专题研讨班、英模事迹报告会等60余次，实现学习教育全覆盖；聚焦"顽瘴痼疾"，组织开展3轮自查自纠，谈心谈话252人次，填写个人自查事项报告表168份，整治"顽瘴

2021年7月1日，区检察院组织全体干警收看庆祝中国共产党成立100周年大会实况，重温入党誓词，并举行"两优一先"表彰大会

（区检察院　供图）

瘤疾”194个；组织开展各类案件质量评查7次，评查案件126件；研究制定出台《关于防止干预司法进一步推动落实“三个规定”的实施办法》等相关规章制度31个，保障上级部署落实。为配合巩固教育整顿，组织干警参观贝草夼地下交通站展馆、胶东（威海）党性教育基地，持续深化党史学习教育；举办“学党史、忆初心、铸检魂”主题诗朗诵比赛活动；组织收看庆祝中国共产党成立100周年大会实况，全体检察人员重温入党誓词；深入学习中共中央总书记习近平　“七一”重要讲话精神，撰写心得体会30余篇。

（张大强）

法　院

【概况】　2021年，区法院受理各类案件16624件，审执结15938件，结案率92.7%，平均办案时间46.8天。其中，审结各类刑事案件665件、民事案件4000余件、商事案件3800余件、行政案件68件；执结各类案件7079件，执行到位金额22.4亿元；“12368”服务热线答疑1.2万人次；在诉前分流纠纷8631件，调解成功4407件；6件案例入选国家级、省级优秀案例；刑事审判庭被最高人民法院授予“人民法院扫黑除恶专项斗争先进集体”称号，立案庭、民事审判二庭分别被山东省高级人民法院授予“全省法院党建工作先进集体”“全省法院民商事审判工作先进集体”称号。

【刑事审判】　2021年，区法院审结各类刑事案件665件，其中非法经营、寻衅滋事等破坏经济和社会秩序案件61件，涉黄赌毒及暴力犯罪案件96件，危险驾驶犯罪案件325件，维护群众安居乐业的社会环境。依法从严惩治腐败犯罪，审结各类职务犯罪案件9件。推进扫黑除恶专项斗争常态化，审结涉黑涉恶案件2件9人，对黑恶势力“保护伞”依法追究刑事责任，增强人民群众安全感，刑事审判庭被最高人民法院授予“人民法院扫黑除恶专项斗争先进集体”称号。

【民事审判】　2021年，区法院审理审结各类民事案件4000余件，其中审结劳动合同、社会保险等纠纷722件，平等保护劳资双方权益，构建和谐劳动关系。审结婚姻、继承等家事纠纷198件，依法倡导忠诚和睦的婚姻家庭关系。注重涉众型矛盾纠纷的妥善处理，通过示范调解方式化解涉700余名当事人的挂靠经营合同纠纷，防止矛盾激化升级。关注民生领域新诉求，贯彻实施民法典，审结深夜打游戏妨害邻居休息、网络平台发布内容不实短视频等纠纷，对网络购物、线上交友等新型社会纠纷中的违约、侵权行为进行制止，坚持把社会主义核心价值观融入司法审判全过程，倡导孝老爱亲、以和为贵、诚信友善的文明风尚。

【商事审判】　2021年，区法院坚持司法审判与经济社会发展同频共振，成立买卖合同纠纷专审团队，出台《涉企案件快速办理工作指引》，提升专业化商事审判能力。年内，审结商事案件3800余件。加强针对性涉企服务，通过信函方式向辖区1100余家企业通报法院工作情况并征集意见建议，组织工作人员走访威海市山花地毯集团有限公司、威海建设集团股份有限公司等重点企业，提出防范风险建议、解答法律问题80余条。推动金融审判机制改革创新，在全省法院系统率先成立金融案件集中管辖审判庭，研发“金融类案件速裁平台”，9个月内审结金融案件1381件，比上年增长68.2%，进一步规范金融交易秩序、服务实体经济健康发展。发挥知识产权司法保护主导作用，妥善审结涉暴龙眼镜、绝味食品等知名品牌知识产权案件254件，公开开庭审理全市法院首起知识产权“三合一”（由知识产权合议庭统一审理涉知识产权民事、行政和刑事案

2021年4月2日，区法院金融审判庭在区诉讼服务中心挂牌成立

（区法院　供图）

2021年8月10日，区法院速裁团队通过互联庭审方式审理金融借款合同纠纷案件　（区法院　供图）

件）刑事案件，推动涉四川某出版公司72起著作权纠纷一次性达成和解并当场履行完毕。服务深化供给侧结构性改革，高效办理破产案件6件，探索“庭外重组+庭内重整”工作思路，推动负债7亿元、债权人253家的威海屹东房地产开发有限公司在99天内实现重组，威海海伦湾海洋生物科技有限公司用时32天完成破产清算，促进市场主体优胜劣汰。

【行政审判】 2021年，区法院监督支持依法行政，审结行政案件68件，对55件事实认定清楚、程序合法、适用法律准确的非诉行政执行案件依法裁定准予强制执行，用法治权威夯实社会治理根基。推进行政纠纷实质性化解，完善行政争议审前和解中心、分中心运行机制，成功化解行政争议12件，实现法律效果和社会效果统一。延伸司法职能作用，针对行政机关具体行政行为中的程序瑕疵，提出强化执法人员资格认证与管理等10份司法建议，助推依法行政能力提升。推进行政案件跨行政区划管辖工作，对6件跨行政区划案件依法予以立案登记。

【执行工作】 2021年，区法院保障人民群众胜诉权益，推进不动产、住房公积金、车辆查封冻结事务网上办理，落实网络拍卖、执行款扫码支付及线上发放等便民措施，通过执行悬赏、集中执行行动等方式查人找物，提高执行质效。至年末，执结各类案件7079件，执行到位金额22.4亿元；开展集中执行行动5次，拘传、拘留被执行人35人次，将4909人次纳入失信名单或限制高消费，在全社会营造生效判决必须履行的法治氛围；借力互联网购物平台推进网络司法拍卖，发布拍卖公告1244则，成交总额2亿余元，以执行财产高效变现打通胜诉权益兑现“最后一公里”；通过“保险+救助”机制发放司法救助金35人次84.8万元，涉诉困难群众权益得到依法保障。

【诉讼服务】 2021年，区法院完善立体化诉讼服务体系，升级改造诉讼服务大厅，实现诉讼事项办理从“窗口式”向“一站式”“代办式”转变，立案、缴费业务100%线上办理，审执流程各节点实现自动短信通知，“12368”服务热线答疑1.2万人次，“只进一个门，最多跑一次”的服务承诺逐步兑现。开展“我为群众办实事”实践活动，制定《关于集中推出便民利民措施的实施方案》，集中推出专业化诉讼咨询与引导、审执环节一次性告知、审判职能延伸等13条便民利民措施，逐一破解群众诉讼过程中的“急难愁盼”问题。释放智慧法院建设红利，建立10处互联网法庭，推进司法与“互联网+”深度融合，证据交换、开庭、笔录签章等司法活动可全程线上进行，云公开、云监督成为常态，4000场庭审直播、1.3万份裁判文书网端可查。

【多元解纷】 2021年，区法院持续拓展解纷联动主体，相继与区总工会职工法律援助服务站、威海市酬和商事调解中心等专业调解组织联通，深化知识产权调解、诉裁对接、“诉—警—调”机制运行，实现解纷“前哨站”覆盖全区各行业、多领域。深化人民法院调解平台应用，对调解流程、时限等进行细化规范，组织调解员培训学习12场次，把纠纷化解在基层。简化司法确认程序，创新法官指导调解模式，通过仲裁对接、司法确认等方式实现调审无缝衔接，补足人民调解协议缺乏司法强制力的效力短板，让纠纷化解方案可落实、可执行。至年末，在诉前分流纠纷8631件，调解成功4407件，调解成功率比上年提升14.1个百分点。

【政法队伍教育整顿】 2021年，区法院以党建引领凝聚队伍向心力，组织理论学习中心组集体学习、参观贝草夼地下交通站展馆等学习活动50余场次，督导各支部开展主题党日、党课300余场次，坚持“支部建在庭上”，联合皂河社区党总支建

2021年4月23日，区法院举办开门纳谏活动，邀请人大代表、政协委员、执法执纪监督员等到院座谈并征集意见建议　　（区法院　供图）

立诚信超市，党支部、党小组深入社区、爱心营地等开展志愿活动40余场次。推进政法队伍教育整顿，坚持刀刃向内、刮骨疗毒，组织全院干警“六必谈”（党委书记与党委政法委书记、政法各单位主要领导必谈；各级政法单位班子成员之间必谈；班子成员与中层干部、关键岗位干警必谈；中层干部与普通干警必谈；班子成员与主动向组织说明问题、曾接受处理、存在问题苗头的干警必谈；分管领导与群众反映问题、线索举报集中的干警必谈）274人次。坚决整治“顽瘴痼疾”，对违规违法办理减刑假释、违规经商办企业等突出问题进行全面摸排，针对审判流程监督管理、电子送达及司法确认程序等制定规范性文件15件次，组织审务督察和作风检查13次，邀请人大及社会各界代表、特邀监督员等旁听庭审、参与司法活动40余人次。

【司法能力建设】 2021年，区法院加强新形势下司法能力建设，组织审判业务培训近30场次，通过发改案件评查、组织岗位技能培训与业务竞赛等方式深化业务交流，推动司法能力提升。鼓励支持学术和案例研讨，优选典型案例拍摄“‘剧’说民法典”系列短视频，组织干警参与全国法院学术讨论会、环渤海区域法治论坛等，14篇次理论文章在市级以上学术论文评比中获奖，6件案例入选国家级、省级优秀案例，立案庭、民事审判二庭分别被授予“全省法院党建工作先进集体”“全省法院民商事审判工作先进集体”称号。

（王佳丽）

司法行政

【概况】 2021年，区司法局着眼法治环翠建设需要，精心谋划，主动作为，在普法宣教、公共法律服务体系建设、律师工作、参与化解涉法涉诉信访案件、法律援助、人民调解、社区矫正与安置帮教、司法鉴定、公证服务、司法远程视频提审会见、政法队伍教育整顿等领域开展工作，全面推进“七五”普法进程。年内，调处各类纠纷4417件，排除纠纷604件，预防纠纷564件，调解成功率99%；规范社区矫正执法工作，接收社区矫正对象324人，解除矫正对象308人；全区律师、公证、司法鉴定以及基层法律服务机构办理各类法律服务事项10001件。至年末，全区有国家级民主法治示范村（社区）4处、省级民主法治示范村（社区）3处。

【普法宣教】 2021年，区司法局聚焦青少年知法守法，以宣传民法典和新修订的《中华人民共和国未成年人保护法》为主要内容，5月5日，组织彩虹少年、困境少年及其家人，开展“青少年法治训练营”活动；9月1日，“青少年法治训练营”在环翠区新时代文明实践活动优秀项目评选活动中获一等奖；10月，依托星乐公园青少年运动主题设计和硬件配备，打造特色法治阵地，有机融合法治宣传元素，设置宪法、民法典、未成年人保护法和综合普法4大主题区域，直观展现《中华人民共和国未成年人保护法》等内容；12月3日，联合威海心丝带心理健康服务中心，在威海市温泉学校为适龄青少年开展宪法及预防性侵公益普法宣传活动。年内，组织全区所有在编在岗8000余人参加2021年度国家工作人员法治培训和考试，合格率99%；组织2200余人开展习近平法治思想专题培训，优秀率93%。组织开展安全生产法电视知识竞赛，联合众成清泰（威海）律师事务所举行5场民法典及相关司法解释系列公益讲座，利用微博、微信公众号等新媒体平台，集中进行宪法知识普及。组织全区9个镇（街道）开展“法治带头人”“法律明白人”选拔与培训工作，选拔230名“法治带头人”、692名“法律明白人”。至年末，全区有国家级民主法治示范村（社

2021年12月3日，区司法局在威海市温泉学校举行“宪法驻我心　法律伴我行”宪法日活动　（区司法局　供图）

区）4处（竹岛街道翠竹社区、嵩山街道牛角沟村、张村镇新柳社区、桥头镇碑鲁村）、省级民主法治示范村（社区）3处（竹岛街道海天社区、羊亭镇贝草夼村、桥头镇义河北村）。

【公共法律服务体系建设】 2021年，区司法局深化公共法律服务体系建设，加快整合法律服务资源，围绕法律援助惠民、人民调解和民、法律服务便民、安帮矫正安民、法治宣传育民五大服务主题，构建覆盖全业务、全时空的公共法律服务网络，增强群众获得感、幸福感、安全感。3月，区级公共法律服务中心完成“省级公共法律服务标准化试点”任务。年内，全区有基层法律服务所9家、基层法律服务工作者34人。基层法律服务工作者应聘担任企业法律顾问17家、村（社区）法律顾问28家，代理民商事诉讼案件478件、行政诉讼案件3件、非诉讼案件71件，咨询和代写法律文书685件，调解案件289件，仲裁案件43件，法律援助30件。

【律师工作】 2021年，全区有律师事务所23家、执业律师149人，办理诉讼类案件2675件、非诉讼类业务727件。组织4名律师参加“环翠区外贸企业服务群”，帮助涉外企业解决因新冠肺炎疫情影响导致的合同履行、劳动纠纷等问题；推进“十百千”工程，开展企业走访活动，落实法律服务代理机制，为中小微企业进行法治体检，助力打造法治化营商环境。

【涉法涉诉信访案件化解】 2021年，区司法局组织13家律师事务所的70余名律师进驻区法院诉讼服务中心，开展导诉服务。为立案群众提供法律咨询，协助办理网上立案，引导当事人通过法定途径解决纠纷。至年末，提供法律咨询2689次。

【一村（社区）一法律顾问】 2021年，全区29家律师事务所和基层法律服务所的61名律师、17名法律服务工作者为217个村（社区）担任法律顾问。年内，提供法律咨询12067次、开展法治宣传815次、为村（社区）治理提供法律意见1252件次、参与人民调解346件次。5月25日，市司法局党委书记、局长刘士侠到环翠区竹岛街道翠竹社区调研，强调村（社区）法律顾问是立足司法行政职能、服务基层群众的重要力量。

【一学校（幼儿园）一法律辅导员】 2021年9月，“2021年度环翠区一学校（幼儿园）一法律辅导员工作”启动。13家律师事务所的28名律师担任59所公立中小学、幼儿园的法律辅导员（非公立未覆盖法律辅导员），为各学校、幼儿园提供法律咨询、法律意见、法律援助、法治宣传等服务。

【法律援助】 2021年，区法律援助中心开展农民工维权和重点人群普法工作，为弱势群体维护合法权益保驾护航。受理法律援助案件1181件，办理刑事案件909件，其中认罪认罚674件、农民工法律援助案件222件，为当事人节省诉讼费253万元，挽回经济损失507万元。5月，承担威海市法律援助事项范围负面清单试点工作。6月，组织区法院、区检察院、区援助律师联合召开“认罪认罚及刑事辩护全覆盖”工作座谈会，在全市范围内首次落实认罪认罚阶段律师的阅卷权。重视案例编写工作，编写案例10余件，其中2件案例入围“山东省法律援助十佳案例”、2件案例分别被司法部和《大众日报》宣传推介。

【人民调解】 2021年，全区有调解员1029人、调委会260个，调处纠纷4417件，排除纠纷604件，预防纠纷564件，调处案件实现“零”上访。3月，在探索创新“诉—警—调”对接机制的基础上，搭建“诉—访—调”对接流转平台，出台《关于建立环翠区“诉—访—调”对接工作机制的实施意见》，创新提出“三规范”提升“诉—访—调”对接工作机制，打造“一站式”非诉讼矛盾纠纷调解中心，构建人民调解、行政调解、司法调解等多调联动工作机制，推进各类矛盾纠纷化解。8月，按照《环翠区人民调解员等级评定管理实施意见》，组织开展人民调解员等级评定工作，综合考量调解员业绩表现、社会影响等条件，对符合等级相应条件人员，经过申报、评定、公示等环节，评选出三级调解员4名、四级调解员35名。

【社区矫正与安置帮教】 2021年，区司法局通过印发明白纸、入矫宣告学习、组织考试问答、线上线下宣传等方式，推进《中华人民共和国社区矫正法》贯彻实施，提高社区矫正对象遵守法律法规意识。年内，全区接收社区矫正对象324人，解除矫正对象308人，在矫295人，在册安置帮教人员1115人。严格管理社区矫正对象，抓好报到登记、请假外出、思想汇报等环节，基层司法所工作人员每天对矫正对象进行信息化核查，填写督查台账，严防脱漏管。对接社会组织，通过政府购买社会服务模式，与威海心丝带心理健康服务中心合作，对所有矫正对象进行心理测试、建档立册，对存在心理问题的矫正对象采取跟踪矫治、因人施法的个性化辅导。为年内接收的324名矫正对象提供心理测试，进行个案心理辅导41例。根据司法部有关标准建设环翠区智慧矫正中心，构建线下智能矫正平台，通过采购自助矫正终端、升级硬件设施，利用信息化、现代化生物技术，实现报到登记、监督管理、教育帮扶、心理辅导等阶段的智能化管控；构建线上智慧监管平台，依托“山东省智慧矫正平台”、天网系统及矫务通等App，串联矫正对象、矫正工作人员、矫正小组成员，完成调查评估、日常管理等工作，实现对矫正对象的指尖监管、随时掌控。

【司法鉴定】 2021年，按照政法队伍教育整顿和司法鉴定行业突出问题专项治理工作要求，威明司法鉴定所针对年度考核和标准化检查中暴露的问题进行整改，要求鉴定人在执业活动中遵守法律、法规，遵守执业道德、执业纪律，整顿队伍树牢法律意识、规矩意识、程序意识，展示司法鉴定队伍风貌。至年末，威明司法鉴定所受理司法鉴定案件1121件。

2021年5月25日，市司法局主要负责人到竹岛街道翠竹社区调研

（区司法局　供图）

【公证服务】 2021年，环翠公证处有执业公证员3名，办理公证4441件，其中，国内公证1408件、涉外公证3018件、涉港澳台15件，公证数量比上年增长36%；办理“零”接触公证18件，接待来访5000余人次。

【司法远程视频提审会见】 2021年，区司法局为受新冠肺炎疫情影响下的公安、法院、纪检监察等部门监狱提审工作提供便利，通过远程视频会见系统提审监狱在押人员，协助省公安、法院、纪检监察部门与潍坊、烟台、青岛、山东女子、济南等监狱进行远程视频提审会见310次；拓宽远程会见使用范围，为监狱服刑人员家属提供远程视频会见210余次。

【政法队伍教育整顿】 2021年，区司法局推进政法队伍教育整顿工作，成立全区司法行政系统队伍教育整顿领导小组和教育整顿领导小组办公室，以学习教育为主线，运用领学与自学、线上与线下、书本与实践相结合的学习模式，深化警示教育，整治“顽瘴痼疾”，解决思想根源问题。年内，开展红色教育6次、业务培训8次、集中学习40次，召开警示教育大会、廉政报告会、廉政警示教育8场次，开展英模教育4次、谈心谈话144人次，不断转变纪律作风，提升执法司法公信力。

（丛林慧）

军　事

区人民武装部

【概况】 2021年，全区人民武装工作以习近平强军思想为统领，坚决贯彻上级决策部署，聚焦主责主业，大抓练兵备战，扭住基层基础重点，人民武装工作全面建设科学有序开展。年内，组织召开全区“十四五”民兵编组任务部署会，完成全区民兵编组任务；开展“一年两征”征兵工作，完成年度征兵任务；开展基层武装部建设达标考评活动，组织企业武装部、民兵连规范化建设试点，基层武装建设基础进一步夯实。

【思想政治建设】 2021年，区人武部注重理论武装，紧紧围绕“两个维护”，深入学习习近平强军思想，推动国防动员政策理论学习常态化。将党史学习教育作为重大政治任务同主题教育一体筹划推进，通过专题学习、集中教育和个人自学，巩固深化学习效果；推进“我为群众办实事”项目清单落地落实，做好“让党旗在民兵工作一线高高飘扬”活动延伸拓展，民兵预备役队伍举旗铸魂意识进一步增强。

【民兵组织整顿】 2021年，区人武部准确掌握“十四五”编兵需求，精准开展整组潜力数据收集，争取10家市属企业支持，完成基干民兵编组任务；按照“一队多装”要求，补充3大类6种物资装备。组织各分队采取多种形式开展军事训练，圆满完成演习保障、实兵演练、军事训练考核等任务；开展群众性岗位练兵比武活动，民兵教练员、专职武装干部、民兵干部组训能力大幅提升，在威海市岗位练兵比武活动中，取得1个第一名、3个第二名、1个第三名的好成绩。12月，区人武部代表威海市参加山东省2018年以来民兵工作落实情况检查验收，取得全省第三名。

【征兵工作】 2021年，区人武部主动适应“一年两征”新形势，将征兵工作纳入政府督察事项，定期通报征兵工作进度，督导各镇（街道）党（工）委书记亲自负责，开展征

2021年6月18日，区人武部在区民兵训练基地召开环翠区2021年度基干民兵点验大会 （区人武部　供图）

2021年3月16日，环翠区2021年度首批新兵在区民兵训练基地启运
（区人武部 供图）

2021年7月27日，区人武部在威海市公共交通集团有限公司召开企业民兵连正规化建设现场观摩会议
（区人武部 供图）

兵宣传发动，在威海市各区市率先完成兵役登记任务，兵役登记率100%。紧盯体格检查、政治考核、役前教育训练、集体定兵、廉洁征兵关键环节，确保征兵工作顺利展开。

【基层武装建设】 2021年，区人武部开展基层武装部星级建设达标活动，推荐嵩山街道、孙家疃街道2个基层武装部参加威海市首批基层武装部建设达标考评，均达到五星标准。11月，区人武部对其余7个镇（街道）基层武装部星级达标建设情况进行考评，张村镇武装部、竹岛街道武装部、环翠楼街道武装部3个基层武装部达到四星标准，羊亭镇武装部、温泉镇武装部、桥头镇武装部、鲸园街道武装部4个基层武装部达到三星标准。依托威海市公共交通集团有限公司、威海市水务集团有限公司、招商局金陵船舶（威海）有限公司等企业开展企业武装部、民兵连规范化建设，建成2个企业武装部、6个民兵连连部、10个特色“民兵岗”和“民兵车间”。

（刘晓刚）

双拥工作

【军民共建】 2021年，环翠区定期开展“情系驻地、爱洒环翠”主题活动，联合中国人民解放军九七〇医院威海医疗区、武警威海支队等开展社区义诊、环境卫生综合治理、义务理发、爱国主义教育、国防教育等活动20余场，惠及群众4万余人；鼓励驻区部队参与弱势群体帮扶及地方建设，协调区人武部、区干休所等投入资金用于地方建设及困难学生和退役军人走访慰问，共建军民鱼水深情。年内，在威海市军民共建模范村（社区）座谈及授牌仪式上，鲸园街道东山社区和嵩山街道小镇村五家疃村股份经济合作社获评“军民共建模范村（社区）”。

【拥军优属】 2021年，环翠区常态化开展走访慰问活动，春节、“八一”期间先后向驻军部队及25名荣立三等功以上现役军人家庭赠送慰问品、慰问金折款130余万元。开展社会化拥军活动，协调非鱼莫属餐饮管理有限公司、新新娘凯瑟琳婚纱2家军创企业走访7家“小、散、远”驻区官兵及5户参战老兵与困难退役军人，赠送慰问物资折款11万元。7月28日，区退役军人局举行“2021年救助驻威海部队困难官兵慰问金发放仪式”。

【拥政爱民】 2021年，全区驻军部队坚持从实际出发，因地制宜开展拥政爱民工作，适应新形势发展的需要，不断丰富和发展拥政爱民的内涵和形式，保证拥政爱民工作深入持久开展。年内，驻军各单位开展捐资助学、环境卫生整治、义务植树、义务献血、免费巡诊等活动。威海军分区为威海市长城爱心大本营助残培训"希望之家"赠送残疾人轮椅30台；海军某部抽调官兵，区人武部抽调退伍军人和基干民兵，分别承担北京交通大学威海校区、山东铝业职业学院、威海一中、威海二中、威海三中、威海艺术学校的学生军事训练教学工作，参加军训学生近5000人；"3·12"植树节期间，区人武部出动民兵植树2600余株；驻军各单位组织官兵参加威海市无偿献血"三免政策"（免费游览政府投资建设的公园、免费游览政府投资建设的景区、公立医院机构就诊免门诊诊查费）爱心联盟活动，无偿献血2.09万毫升；中国人民解放军九七〇医院威海医疗区协助相关部门维护退役军人及优抚对象切身利益，为10余名生活困难退役军人解决看病难问题；武警某部多次参与海上救援行动，救助各类海上险情39次，解救遇险群众34人。

【部队建设保障】 2021年，环翠区继承和发扬拥军优属优良传统，支持保障部队建设，解决部队后顾之忧。年内，环翠区为部队提供新冠肺炎疫情常态化防控物资，参与营房改造、环境绿化及门岗建设；为驻威海部队随军未就业家属发放补助金；妥善安置随军未就业家属就业，筑牢服务保障根基，为部队官兵解决后顾之忧。

【拥军故事挖掘】 2021年，区退役军人局持续深化双拥共建成果，深入挖掘拥军故事，与山东广播电视台合作，制作《书记话双拥》（全省第三期）电视专题宣传栏目，在山东广播电视台齐鲁频道播出，展现环翠区双拥共建丰硕成果。7月，区退役军人局推选出威海市"十佳兵妈妈"柳立莲，威海市"十佳好军嫂"王婕、姜海娟。

【优抚褒扬】 2021年，区退役军人局提升优抚对象服务质量和水平，本着让优抚对象安心、舒心、放心的原则，落实优抚对象定期抚恤工作。发放优抚对象抚恤定补资金、医疗补助资金、生日蛋糕、义务兵家庭优待金。年内，区退役军人局组织开展清明祭英烈和向烈士敬献花篮仪式，开展网上祭扫、代祭扫服务，在全社会营造"尊重英烈，敬重英雄"的浓厚氛围；开展"为烈士寻亲"活动，为17名烈士协调解决安葬地，为全区优抚对象办好事、办实事。开展中华人民共和国成立前和抗美援朝出国作战老退

2021年7月26日，区委主要负责人代表环翠区走访慰问中国人民解放军山东省威海军分区官兵 （区退役军人局 供图）

2021年8月1日，区退役军人局举行"2021年度威海十佳兵妈妈"表彰仪式 （区退役军人局 供图）

2021年9月30日，全区各单位代表参加“威海市向烈士敬献花篮仪式”　（区退役军人局　供图）

2021年6月17日，区退役军人局举办威海市暨环翠区“红色基因在传承——听老兵讲述英雄故事”活动　（区退役军人局　供图）

役军人信息采集工作，通过入户采集信息和拍摄视频相结合的方式，为363名老退役军人采集信息、建档立卡，制作光荣册。举办“红色基因在传承——听老兵讲述英雄故事”活动，邀请抗美援朝出国作战老兵讲述亲历战争故事。

（姜姗姗　刘晓刚）

人民防空

【概况】　2021年，区人防办严格执行上级部署要求，强化人防责任落实，利用“5·12”防灾减灾日、“5·24”防空防灾警报试鸣日、防空疏散演练等活动，有序组织开展人防知识宣传教育，普及防空防灾知识，提高群众应对突发情况和自救互救能力，营造全社会参与人防、关心人防、支持人防的良好氛围。

【人防宣传教育】　2021年，区人防办继续配合市人防办向辖区环翠楼、鲸园、竹岛、嵩山、孙家疃5个街道发放应急救援包。组织工作人员参加全省人防宣传教育工作视频会议，学习文登区人防专业队行动演练活动经验，参加威海市水务集团有限公司人防防护演练、威海市人防指挥部演练等演练活动，提升人防组织指挥、快速反应及协同作战能力，在全区营造人民防空学练氛围。

【人防应急建设】　2021年，区人防办为增强广大群众的国防观念和防空意识，在5月24日上午10：00至10：20利用广播和室外警报发放系统等组织对全区防空警报进行试鸣，全区所有防空警报器全部鸣响，检验了人民防空警报设备和控制系统的完好程度。区人防办提前部署告知，督促各行业部门、镇（街道）做好管辖范围内企业、群众的宣传，提醒广大市民注意收听、辨识，并保持正常的工作和生活秩序。同时，利用警报试鸣契机，区人防办联合区教育体育局组织在校学生开展防空疏散演练、防空防灾安全应急疏散演练暨安全教育讲座、“5·24”防空防灾主题班会等宣传教育活动，在全区中小学营造人民防空宣教氛围，增强在校师生的防空防灾意识，推动人防安全知识技能在学校得到普及，提升在校师生的应急、自救互救能力。

（常乔祉）

经济管理

宏观经济管理

【概况】 2021年，全区统筹推进新冠肺炎疫情常态化防控和经济社会发展，做好“六稳”工作、落实“六保”任务，经济运行稳中加固、稳中向好，实现“十四五” 良好开局。区发展改革局加强对全区18家冲击新目标企业的跟踪调度和联系服务，为企业争取市级冲击新目标奖励资金2808万元。年内，全区实现生产总值442.47亿元，按可比价格计算，比上年增长6.1%；三次产业结构调整为8.3∶30.4∶61.3；一般公共预算收入44.14亿元，增长5.81%；固定资产投资增长12.4%；货物贸易进出口总额增长18.7%；社会消费品零售总额增长17.9%；城镇和农村居民人均可支配收入分别增长7.8%和9.9%。

【环翠区获评省级2020年度县域经济高质量发展先进区】 2021年6月11日，省政府印发《关于2020年度县域经济高质量发展差异化评价结果的通报》，环翠区被评为高质量发展先进区，全省10个县（市、区）获评。

【《威海市环翠区国民经济和社会发展第十四个五年规划和二〇三五年远景目标纲要》印发实施】 2021年7月8日，《威海市环翠区国民经济和社会发展第十四个五年规划和二〇三五年远景目标纲要》印发实施，主要阐明区委、区政府战略意图，明确未来5年经济社会发展总体目标、主要任务和重大举措，擘画未来15年发展的宏伟蓝图，是政府履行职责的重要依据，是市场主体的行为导向，是全区人民共同的行动纲领。

【新旧动能转换重大工程】 2021年，全区以新旧动能转换重大工程为统领，聚焦重点领域，凝聚各级各部门的智慧和力量，研究制定《威海市环翠区新旧动能转换“五年取得突破”工作方案（2021—2022年）》，落实省“三个坚决”（坚决淘汰落后动能、坚决改造提升传统动能、坚决培育壮大新动能）行动方案以及省、市五年取得突破工作方案的重点任务，推进新旧动能转换取得新成效。年内，三角轮胎股份有限公司航空子午胎关键技术突破研究及产业化项目通过省新旧动能转换重大工程重大课题攻关项目结题验收，获得省级补助资金300万元；威海人生药业集团股份有限公司药用海藻多糖产业化制备关键技术开发项目列入2021年度拟支持的新旧动能转换重大产业攻关项目名单；山东环球渔具股份有限公司获批现代海洋产业领域省级支持高质量发展奖励资金200万元；威海化工机械有限公司入选山东省“十强”（新一代信息技术、高端装备、新能源新材料、智慧海洋、医养健康、绿色化工、现代高效农业、文化创意、精品旅游、现代金融）产业集群领军企业储备库；威海魏桥科技工业园有限公司董事长张艳红获评“山东省新旧动能转换综合试验区建设先进个人”。

【省、市、区三级重点产业项目】 2021年，环翠区有16个项目入选省级重点项目，其中3个省重大项目、4个省新旧动能转换优选项目、4个省补短板项目、1个省“双招双引”签约项目、4个省重点技改项目。年内，16个省级重点项目全部开（复）

工建设；52个市级重大项目全部开（复）工建设，其中25个项目投产或投入运营；82个区级重点产业项目中的32个项目投产或投入运营。

【无偿资金争取】 2021年，环翠区各级各部门分析上级政策，主动向上对接，争取到位各类无偿资金11.02亿元。其中，区发展改革局争取各类无偿资金1.39亿元，比上年增长0.7%，非普惠性资金额居全区首位，获得环翠区“无偿资金争取先进单位”称号。

【服务业政策扶持】 2021年6月18日，区发展改革局、区财政局联合印发《关于修改〈环翠区关于进一步加快服务业发展的扶持意见〉的决定》，重点扶持金融服务业、现代物流业、商务服务业等生产性服务业，商贸流通业、旅游业、文化产业、体育产业、社区服务业、康养服务业等生活性服务业，注重服务业企业市场主体培育，支持服务业新型业态和重点支撑领域发展。年内，家家悦集团股份有限公司董事长、总经理王培桓入选山东省服务业专业人才，通过专业人才引领产业发展方向，推动现代服务业高质量发展。

【科创平台】 2021年，区发展改革局助推企业加强创新能力建设，新增市级以上创新平台5家，分别为威海海鑫新材料有限公司省级企业技术中心，威海三元塑胶科技有限公司、威海龙港纸业有限公司2家市级企业技术中心，威海见生生物技术有限公司生物细胞、威海新元化工机械有限公司绿色催化与安全反应装备2家市级工程研究中心。

【对口支援和东西部协作】 2021年，环翠区按照“规定动作不掉队，自

2021年7月27日，环翠区与青海省门源县举行“威海·门源‘十四五’结对帮扶协议”签订仪式 （区发展改革局 供图）

选动作做到位”工作原则，推动对青海省门源县结对乡镇、重庆市忠县石宝镇对口支援以及重庆市云阳县巴阳镇东西部协作有序开展。年内，环翠区与帮扶地签订“十四五”期间框架协议5份，协调羊亭镇、威海市环翠区城市发展投资有限公司与云阳县巴阳镇及永利村签订镇镇、镇村、企村等帮扶协议3份，构建各层级全覆盖的帮扶体系。全区拨付援建资金763万元，重点支持石宝镇公共服务中心、巴阳镇饮水环境提升项目建设。组织开展社会帮扶，捐赠各类物资折款242.6万元，区内企业采购帮扶地各类农副产品价值157万元。发挥人才区位优势，精准实施智力支持，开展双向挂职6人次，举办各类培训班4期，培训380人次。

【社会信用体系建设】 2021年，全区推进信用体系融合发展，推动信用惠民便企，培育打造信用环翠品牌。实施信用体系建设顶层设计，研究制定《环翠区关于建设“三信共融”高质量社会信用体系的实施意见》等系列措施文件。完善信用体系建设运行机制，推行“区级—镇（街道）—村（社区）—网格”四级诚信运行机制。畅通指数平台辐射带动机制，建设环翠区“双报到”暨城市社区诚信指数管理平台。挖掘“信易+”创新应用，建立“信易+”守信激励模式，制定《环翠区“信易+”惠民便企应用清单》，逐步推出3000余项“信易+”项目。推进信用监管机制，在全区政府采购、市场准入、招标投标、评先选优等事项中使用信用承诺、信用核查，对33个单位、100余个行政管理事项、1万余个市场主体进行信用核实，签订信用承诺书3.7万余份，形成联合奖惩案例1439个、应用信用报告48例。打造信用建设示范点，从社区、学校、企业、机关、农村五大领域着手，筛选确定125个具有环翠特色的信用建设示范点，创新打造鲸园街道北门外社区“诚信主题街区”等一批特色鲜明、亮点突出的信用试点品牌。加大宣传力度，承办全市信用“五进”（城市社区）现场会，举办2021年度环翠区首届“契约化+信用”特色项目创投大赛等10余场主题活动；设计“信用环翠”徽标，创建“信用环翠”公众

2021年10月13日，环翠区举办“党建引领　以信促治——打造‘五位一体’社区治理共同体环翠区‘契约化+信用’特色项目创投大赛”

（区发展改革局　供图）

号，通过各级信用官网发布信用工作动态1000余条，通过新闻媒体发布信用宣传信息1800余篇，营造社会诚信氛围。

（刘子佳）

财　政

【概况】 2021年，全区实现一般公共预算收入44.14亿元，比上年增长5.81%。其中，税收收入完成40.55亿元，占一般公共预算收入91.86%，比上年提高2.88个百分点；主体税收收入完成25.24亿元，占税收收入62.24%，比上年下降0.33个百分点。年内，区财政局按照区政府集中采购目录限额标准实施采购，完成采购项目180宗，节约资金2201万元，节支率6.2%；严把工程造价关、评审质量关、跟踪管理关，围绕精致城市建设等方面，编制完成招标控制价99项，审减资金1.08亿元，审减率11.5%；引导企业用好政策红利，全区减税降费6.2亿元；落实上级关于新冠肺炎疫情常态化防控各项决策部署，加大疫情防控物资、医疗设备等保障力度，拨付新冠肺炎疫情防控资金3784万元，为全力打好疫情常态化防控“阻击战”提供有力保障。

【政策助力区域经济发展】 2021年，区财政局对2020年度区级扶持政策进行审核，落实区级扶持政策兑现工作，兑现企业2020年度扶持资金1.36亿元，加大扶持力度，缓解疫情对企业生产经营的不利影响。印发《重点税费政策汇编》《新旧动能转换税收优惠政策指南》等文件，通过“送政策上门服务企业”活动，向企业宣传、解读政策，引导企业用好政策红利。至年末，全区减税降费6.2亿元。制（修）订《环翠区关于加快工业和信息化产业发展的扶持意见》《环翠区关于扶持总部经济发展的意见》等各项扶持政策，修订完善《环翠区产业扶持资金管理暂行办法》，推进扶持资金使用效益提升，助推全区新旧动能转换更好更快发展。与上级对接沟通，开展惠企资金“一站式”服务平台政策宣传推广工作，通过企业交流平台、微信、走访企业等方式进行宣传推广，帮助企业用好融资平台，支持中小企业信贷，缓解企业融资困难。年内，全区有114家企业、22家银行在平台注册，办理企业贷款147笔，贷款总金额8.85亿元。部门与部门联动配合，筛选论证项目，开展各类项目申报工作，争取上级无偿资金1.46亿元。实施专业化招商、产业链招商、窗口招商、委托招商，收集并梳理招商信息，合力推动项目引进。把招才引智作为经济发展的突破口，支持建立政府、企业、高校、平台四方联动的引才聚才工作机制，完善普惠性与精准性相结合的政策体系，统筹推进各类人才队伍建设。

【保障和改善民生】 2021年，区财政局加强基础性、普惠性、兜底性民生保障建设，完成教育支出6.85亿元，支持发展教育事业。加大义务教育投入，保障教师工资以及中小学公用经费、公办普惠性幼儿园公用经费、校园安保、校车运营补助、中小学校建设及校舍维修改造等方面支出。完成医疗卫生与计生管理支出2.92亿元，支持基层医疗卫生服务能力提升三年行动，推动基层医疗服务能力提升。实行镇卫生院区级一元化管理，减轻基层医疗机构负担，保障城乡卫生院均衡发展。完成社会保障和就业支出4.32亿元，贯彻各项社会保障政策，保障就业创业政策稳固落实，强化人才队伍建设资金保障，提升居民社会保险缴费水平及保障水平，提高困难群众救助标准，减轻困难群众生活负担。

【财政预算绩效管理】 2021年，区财政局完善预算绩效管理制度，探索开展政府购买服务项目、全成本绩效管理领域的绩效评价。规范预算绩效管理流程，制定《2021年区级预算绩效管理工作要点》，健全完善事前绩效评估、事中绩效跟踪和事后绩效评价机制。加大绩效评价力度，围绕教育、医疗、农业农村、园区建设等重点领域开展重点绩效评价。推进预算绩效信息公开，区直部门（单位）按规定程序将绩效目标、绩效自评结果随部门预决算向社会同步公开。压减一般性支出，区直部门（单位）日常公用经费比上年年初预算压减10%，其中公务接待、因公出国（境）、会议、差旅、培训经费预算比上年年初预算压减30%。扩大直达资金范围，完善直达资金管理，提升直达资金质效。至年末，全区直达资金完成支出3.53亿元，主要用于特困救助、就业补助、义务教育、创业担保贷款等社会民生方面。

【财政管理改革】 2021年，区财政局按照强化统筹、激励发展，适度增强镇（街道）财政保障能力，促进区域协调发展的原则，建立和完善收入和财力稳定增长机制。筹措偿债资金，通过年度预算安排、盘活财政存量资金、企事业单位利用经营性收入等方式化解政府债务。争取新增政府专项债券，为区域重大项目建设提供资金支持。针对各部门（单位）差旅费、公务接待费等方面情况，开展3次专项检查，对检查中发现的问题，有针对性提出整改意见，确保各项资金依法、依规使用。对结转超过1年的资金，全部收回财政统筹用于重点支出；对结转不到1年以及当年预算安排的资金中预计难以实现支出的，按规定收回财政或调整用于其他亟须支持的项目，最大限度减少资金沉淀，全年收回存量资金9426万元。加强政府采购管理和重点项目投资评审，完成采购项目180宗，节约资金2201万元，节支率6.2%。通过严把工程造价关、评审质量关、跟踪管理关，围绕精致城市建设等方面，编制完成招标控制价99项，审减资金1.08亿元，审减率11.5%。

【政府债务管理】 2021年，全区地方政府债务余额67.48亿元（市级核定环翠区地方政府债务限额70.82亿元），其中一般债务43.55亿元、专项债务23.93亿元。年内，区财政局规范政府债务管理，强化债务风险防控，全区争取新增政府专项债券6.22亿元，主要用于园区、医院和莱荣高铁建设；争取到位再融资债券8.36亿元，用于偿还到期地方政府债券本金。

【内部控制】 2021年，区财政局根据《财政部关于开展2020年度行政事业单位内部控制报告编报工作的通知》要求，掌握各预算单位内部控制建设与实施情况，推进行政事业单位内部控制体系建设，对全区204个行政事业单位内部控制报告进行汇总编报，督促各单位贯彻落实《内部控制规范》，强化内部控制制度执行，将内部控制制度落实到每个岗位，落实到工作的全过程。

（潘伟杰）

税　务

【概况】 2021年，区税务局入库税收79.1亿元，比上年增长9.17%，增收6.64亿元。其中，完成税收地方级收入41.65亿元，增长9.56%，增收3.64亿元；完成税收和非税地方级收入43.7亿元，增长9.51%，增收3.8亿元。全年增值税、土地增值税、个人所得税分别入库32.1亿元、3.32亿元、6.48亿元，分别增长16.87%、72.34%、24.66%。年内，统筹一系列减税降费优惠政策落实，为4.49万人次减税降费6.2亿元。

【重点监管】 2021年，区税务局针对监管重点、难点、堵点，建立税收收入监管和分析指标体系，关注重点税种、行业、企业等税源变化情况，抓好增值税未开票收入、土地增值税清算节点的监管，对股权转让事项实施专业化管理，增值税、土地增值税、个人所得税分别入库32.1亿元、3.32亿元、6.48亿元，分别比上年增长16.87%、72.34%、24.66%；重点行业包括制造业、金融业、批发和零售业、房地产业、建筑业入库税收65.59亿元，比上年增收4.24亿元，增长6.92%。

【专项监管】 2021年，区税务局开展风险应对744户次，入库税款9027.73万元、滞纳金835.35万元。其中，房地产业、建筑安装业、金融业等重点行业专项风险管理收入4155.06万元。发现房地产开发企业预收售房款未及时预缴增值税、土地增值税，增加入库3400.25万元。对外地施工单位按规定要求在本地备案，实现建筑收入预缴增值税入库980万元。

【联动共治】 2021年，区税务局与相关职能部门对接，实现信息共享，推动税收共治。通过与财政部门联控联管，协调欠税企业筹措资金，清理欠税4850余万元；通过人民法院不动产强制执行与税务机关税费征缴协同联动，实现税收入库1.02亿元。

2021年10月21日，区税务局召开“一户一策”新模式推进会议

（区税务局　供图）

【减税降费政策落实】　2021年，区税务局成立政策执行领导小组，统筹一系列减税降费优惠政策落实，开展政策执行疑点问题整改“回头看”，实现研发费用加计扣除等优惠政策百分之百执行到位。年内，为4.49万人次减税降费6.2亿元，其中，2021年新出台政策减税降费2.79亿元，2021年展期实施政策减税降费2.85亿元，2020年出台政策在2021年的翘尾新增减税降费0.56亿元。

【依法治税】　2021年，区税务局优化内控平台建设，高质量完成疑点核实工作，办结率100%，居全市各区市前列。开展现金税费征缴专项整治，落实“首违不罚”（初次违法且危害后果轻微并及时改正的，可以不予行政处罚），整改疑点问题803条次，开展执法督查4期，整改问题101条次，搭建解决屡查屡犯问题责任体系，持续深化“三项制度”落实落地。

【“一户一策”】　2021年，区税务局制定《“一户一策”工作实施方案》，着眼精准服务与管理，创新“数据+服务”的“一户一策”新模式。依托税收大数据，按户全面、深入、动态分析纳税人特点和需求，按户归集纳税人纳税缴费事项，按户提供个性化、精准化的纳税缴费综合方案。构建“四责联动交互式”（“四责”：清单化明责、常态化督责、精准化评责、刚性化问责）运行模式，通过“四步走”（第一步是“延时办”，第二步是“网上办”，第三步是“线上办”，第四步是“预约办”）路径，绑定监管、复核责任到人，激发内部活力，防范化解风险，提升纳税遵从，为征管改革注入新活力。年内，召开专家顾问评审会5次，完成第一批规模以上企业风险分析识别、评审、推送工作53户，核实税款4002.96万元，入库181.07万元；核实133户规模以下企业税款4429.72万元，入库274.84万元。

【智慧办税】　2021年，区税务局率先推出“威您办”特色服务品牌，开创纳税服务新模式。以纳税人的需求为导向，以大众熟悉的微信公众号为载体，通过“帮办”“代办”，推动服务再提速，实现从“最多跑一次”到“一次都不跑”的跨越。年内，平台办理业务类事项16989件、咨询类事项5707件，办税服务厅进厅人数、窗口办理业务量分别比上年减少31.93%、28.31%，创新服务模式被新华网、“学习强国”学习平台等媒体平台宣传推介。

【纳税服务】　2021年，区税务局加强部门间协作共享，推出“企业开办、变更、注销”“不动产登记”“社保征缴”等事项“一事联办”，实现跨部门、多环节、多事项联合办理，通过“减材料、减流程、减时限、减跑动”，实现复杂事项快速办结，最大限度方便纳税人、缴费人。实施企业变更、注销事项“一链办理”，推动注销流程耗时缩短80%。年内，区税务局全面升级“纳税人之家”，提供精细化、智能化、个性化服务，打造集政策宣传、纳税辅导、咨询服务、权益保障、涉税监管等多功能一体化场所，设置税企恳谈室、云端处理区、云咨询辅导区、服务保障区等10大功能分区。升级“智能办税”，为纳税人提供网上预约服务，丰富“网上、掌上、自助、实体”等各类办税缴费渠道。推进维权服务中心和涉税诉求快速响应中心建设，统一调度全部涉税诉求，保障涉税诉求远程处理专线畅通。

（黄小怡）

国有资产监督管理

【概况】　2021年，区国有资产中心围绕“强化执行力，全面促提升”的工作总基调，全力抓推进、抓突破、抓落实。至2020年年末，30户区属国有企业资产总额511.16亿元，负债总额404.07亿元，净资产总额107.09亿元；资产负债率79.05%，与上年基本持平；当年实现营业收入37.11亿元，净利润-2.51亿元。

【国有企业制度建设】 2021年，区国有资产中心制定出台《环翠区区属国有企业合规管理指引》《对标行业一流管理提升行动实施方案》《环翠区区属国有企业章程制定管理办法》等9项规章制度，从强化企业合规管理、提升管理能力、规范投资行为、防范风险、发挥章程在公司治理中的作用、完善企业法人治理结构和授权放权力度等方面建章立制，促进企业高质量发展。

【国有企业常态审计】 2021年，区国有资产中心常态化审计总数由23户扩展到30户，实现审计范围的动态扩展、全面覆盖。抓好会计核算等共性问题整改，协调解决历史遗留问题及难点问题整改。

【平台搭建】 2021年，区国有资产中心根据环翠区“国企改革三年行动实施方案”部署，对接市国有资产监督管理委员会和浪潮集团有限公司，在全省县级国资监管部门率先完成国资国企在线监管系统建设并投入使用。系统的建成，全面提升环翠区国资监管能力和信息化管理水平，形成省、市、区上下联动的信息化监管大格局。

【国资国企薪酬改革】 2021年，区国有资产中心聘请中介机构，将国有企业工资总额申报清算纳入常态化审计工作，根据企业各项指标的审计结果，确定本年度工资增长比例和工资总额。各企业以提质增效为中心，以改革创新为动力，对员工实行定岗定编设计，最大限度地科学配置劳动用工，逐步提高员工薪酬。

【国有资产监督检查】 2021年上半年，区国有资产中心开展对全区行政事业单位在用房产、闲置房产、出租房产、公管房、土地、对外投资等资产的监督检查，对全区的相关数据进行统计梳理，确保国有资产安全完整。下半年，组织开展对行政事业单位2020年新增资产的督导检查，通过到各个单位财务科查看原始财务凭证及资产增加手续等资料，确定增加资产程序是否合规。抽查的单位新增资产流程均合规、账务处理按照规定执行。

【国有资产配置管理】 2021年，区国有资产中心将行政事业单位部分通用资产配置标准内置到“资产管理信息系统”中，利用大数据、人工智能自动审批，对超标配置资产的行政事业单位进行预警提醒，实现资产的合理配置和有效利用。

【国有资产专项报告】 2021年，区国有资产中心对全区国有资产管理情况进行调研，协调各镇（街道）及区自然资源局等部门，以翔实清晰的数据资料，从国有资产总体情况（2021年度国资国企的资产经营、监督管理、产业布局和国有资产处置和收益情况；行政事业性国有资产的资产负债情况；国有自然资源等国有资产综合情况）、国有资产管理工作开展情况、取得的经验、存在的问题以及下一步的工作安排等方面向区人大常委会进行专项报告。

【国有企业党组织建设】 2021年，区国有资产中心完成威海市梦海演艺有限公司、威海市文化艺术活动中心有限公司两家划转企业党组织整建制划转工作；督导威海通明照明工程有限公司党支部按期完成换届选举。至年末，全区国资系统纳新19名预备党员，储备36名入党积极分子，设立1个省级（孙宪党代表工作室）、1个区级（威海市环翠区城市发展投资有限公司党代表工作室）党代表工作室，发挥党代表服务群众的桥梁纽带作用。

【国资国企党史学习教育】 2021年6月25日，区国有资产中心在人民广场组织国资系统开展“红心永向党

2021年6月25日，区国有资产中心在人民广场举行“红心永向党 启航新征程”歌咏诵读会 （区国有资产中心 供图）

启航新征程”歌咏诵读会，庆祝中国共产党成立100周年。7月1日，组织国资系统党员干部收看“庆祝中国共产党成立100周年大会”实况直播，学习中共中央总书记习近平“七一”重要讲话精神。11月，进企业举办中共十九届六中全会精神专题报告会、专题学习班；分批组织党员干部到“十八里担架道”红色印记馆和贝草夼地下交通站展馆开展现场教学。

【党风廉政建设】 2021年6月，区国有资产中心组织党员干部参观“学党史 明纪律 促清廉”百年党纪漫画作品展。9月，组织全区国资系统250余名在职党员参加国企党员党风廉政建设知识线上测试，加强党员对党风廉政知识的了解及重要性的认识。11月，组织机关党支部全体党员到市群众艺术馆参观“清廉之路 你我同行”书画摄影展。

【安全生产】 2021年，区国有资产中心开展各类安全生产隐患排查155次，发现并整改各类隐患95处；开展安全生产专题培训8场次。11月9日“全国消防日”当天，区国有资产中心组织国资系统开展安全生产演练活动。年内，举办应急救援演练、消防、防坍塌及隧道逃生、冬季安全施工等演练活动30场。开展庆祝中国共产党成立100周年、安全生产专项整治三年行动、节假日期间的安全生产检查，实现辖属国有企业安全稳定。

（王晓宇）

2021年11月9日，区国有资产中心组织国资系统开展安全生产演练活动

（区国有资产中心 供图）

统 计

【概况】 2021年，全区统计工作提高监测预警、提升数据质量、提质统计服务，使统计工作更好地服务于经济社会发展大局。区统计局在全区626家“四上企业”（规模以上工业企业、资质等级建筑业企业、限额以上批发零售住宿餐饮企业、限额以上服务业企业）范围内，通过“双随机、一公开”抽取36家企业进行统计执法检查，规范原始记录统计台账，查处统计违法行为。加强基本单位名录库建设，筛选102家规模以上企业申报入库。在山东省1%人口抽样调查活动中，与相关部门对接合作，完成1708个住房单元、1763户的登记工作。年内，围绕全区中心工作，贴近主题主线，撰写统计信息62篇、统计约稿53篇，向各镇（街道）基层统计人员和企业统计人员发放《统计法律法规实务》手册500本、《统计法明白纸》500份。

【环翠区第七次全国人口普查公报】 环翠区第七次全国人口普查涉及8个镇（街道）、166个村（社区）。2020年，完成入户统计。经统计汇总，2021年6月10日，区统计局、区第七次全国人口普查领导小组办公室公布第七次全国人口普查国家标准时段2020年11月1日零时环翠区常住人口的主要数据（不含桥头镇）。

总人口。全区常住人口446193人。与2010年第六次全国人口普查的363889人相比，10年增加82304人，增长22.62%，年平均增长2.06%。

户别构成。全区有家庭户175540户、集体户3241户，家庭户人口437417人、集体户人口8776人。平均每个家庭户2.49人，比2010年第六次全国人口普查的2.59人减少0.1人。

性别构成。全区人口中，男性222102人，占49.78%；女性224091人，占50.22%。总人口性别比（以女性为100）99.11，与2010年第六次全国人口普查相比下降1.57个百分点。

年龄构成。全区人口中，0~14岁72638人，占16.28%；15~59岁290428人，占65.09%；60岁及以上83127人，占18.63%，其中65岁及以上57257人，占12.83%。与2010年第六次全国人口普查相比，0~14岁人口的比重上升4.53个百分点，

15～59岁人口的比重下降9.82个百分点，60岁及以上人口的比重上升5.29个百分点，其中65岁及以上人口的比重上升3.76个百分点。

教育程度。全区人口中，拥有大学（指大专及以上）文化程度101834人，拥有高中（含中专）文化程度97025人，拥有初中文化程度147122人，拥有小学文化程度63915人（以上各种受教育程度的人包括各类学校的毕业生、肄业生和在校生）。与2010年第六次全国人口普查相比，每10万人中拥有大学文化程度的由15621人上升为22823人，拥有高中文化程度的由23523人下降为21745人，拥有初中文化程度的由39513人下降为32973人，拥有小学文化程度的由14909人下降为14325人。与2010年第六次全国人口普查相比，全区人口中，15岁及以上人口的平均受教育年限由10.51年提高至11.27年。全区人口中，文盲（15岁及以上不识字的人）3982人，与2010年第六次全国人口普查相比，文盲人口减少838人，文盲率由1.32%降至0.89%，下降0.43个百分点。

城乡构成。全区人口中，居住在城镇414245人，占92.84%；居住在农村31948人，占7.16%。与2010年第六次全国人口普查相比，城镇人口增加125006人，农村人口减少42702人，城镇人口比重上升13.35个百分点。

【统计服务】 2021年，区统计局创新思路，研判形势提供预警信息，为区委、区政府准确把握宏观形势和科学决策提供重要参考依据。年内，整理编印年度统计资料《2020年威海市环翠区国民经济和社会发展统计公报》和《威海市环翠区统计年鉴（2020）》各1期；整理编印

2021年11月17日，区统计局联合区市场监管局到威海鹏飞信息技术有限公司开展跨部门“双随机”联合执法检查　　（区统计局　供图）

月份统计资料——威海2020《环翠区统计月报》11期。围绕全区中心工作，贴近主题主线，撰写统计信息62篇、统计约稿53篇。

【统计执法检查】 2021年，区统计局遏制统计造假，提高统计数据质量。年初制定《环翠区统计局2021年统计“双随机、一公开”执法检查计划》，在全区626家“四上企业”范围内，通过“双随机、一公开”抽取36家企业进行统计执法检查，督导企业加强统计基础建设，规范原始记录统计台账，查处统计违法行为。11月17日，区统计局联合区市场监管局对威海鹏飞信息技术有限公司等3家企业开展跨部门“双随机”联合执法检查，增进与其他执法部门的沟通交流，拓展统计执法检查方式，提高统计执法质效。

【统计法治宣传】 2021年，区统计局加大对基层统计人员和企业统计人员统计法律法规宣传，以“9·20”中国统计开放日和“12·8”《中华人民共和国统计法》颁布纪念

2021年9月20日，区统计局工作人员在环翠楼广场组织开展“赓续红色血脉　奋进统计未来”第十二届中国统计开放日活动　　（区统计局　供图）

日宣传活动为契机，宣传统计法律法规，利用电视节目、手机App、统计网站、法治宣传专栏等媒介，扩大统计法律法规的宣传力度，营造知法、懂法、守法的社会氛围，推进统计普法宣传教育工作开展。年内，向各镇（街道）基层统计人员和企业统计人员发放《统计法律法规实务》手册500本、《统计法明白纸》500份。

【基本单位名录库建设】 2021年，区统计局发挥职能作用，通过市场监管、税务等部门取得的翔实资料，对变更和注销单位进行核销，对有潜力入库的企业进行核查，充实准“四上企业”名录库和固定资产投资储备库建设。固定资产投资储备库包括纳入上报项目和未纳入上报项目两部分，实行“区级创建，镇（街道）级核实，共同管理，动态维护”原则，通过“区级下发总库—镇（街道）核实补充分库—区级汇总完善总库”的工作程序，充实完善基本单位名录库建设。定期进行准“四上企业”实地走访和项目摸查，形成动态监控机制，掌握全区企业的成长情况和投资项目的进展情况。通过走访调研、跟踪调度，核准企业信息，做实资料收集，筛选102家规模以上企业申报入库。新入库企业中，规模以上工业企业32家，资质内建筑业企业3家，限额以上批发零售住宿餐饮企业43家，具有资质的房地产企业7家，限额以上服务业企业17家。

【山东省1%人口抽样调查】 2021年，山东省1%人口抽样调查涉及环翠区9个镇（街道）、174个小区。为推进抽样调查工作开展，环翠区成立抽样调查领导小组办公室，区统计局与区卫生健康、公安、民政、住房城乡建设等部门对接合作，完成1708个住房单元、1763户的登记工作，登记的主要内容包括姓名、性别、民族、出生日期、受教育程度、迁移情况、工作情况、婚姻状况、生育状况、出生与死亡人口等相关指标。

（郑方圆）

审计监督

【概况】 2021年，区审计局发挥审计“经济体检”职能作用，开展预算执行审计、领导干部经济责任审计、自然资源资产离任审计、政府投资审计等审计项目22个，查出各类问题148个，查出违纪违规问题金额544万元。开展领导干部经济责任审计项目14个，查处管理不规范金额8.36亿元，提出审计建议33条。审核政府投资项目资金15.43亿元、项目预算控制价资金18.08亿元，提出审计建议49条，审减资金2.64亿元。

【预算执行审计】 2021年，区审计局重点对区财政局具体组织预算执行情况进行审计。对61个一级预算单位及下属48个单位2020年度预算执行等方面进行数据分析全覆盖，对区综合行政执法局等4个预算单位进行全面审计。重点审查财政预决算编制及执行、财政资金统筹盘活、预算绩效管理等方面，查处管理不规范金额1.36亿元，发现非金额类问题14个，推动被审计单位出台相关管理办法4项，提交信息专报8篇。为加强财政统筹能力，提升财政绩效管理水平，提高财政资金使用效益，8月18日，区人大常委会专题调研组到区审计局对2020年度区级预算执行和其他财政收支审计情况进行调研，对区审计局的相关工作予以肯定。

【领导干部经济责任审计】 2021年，区审计局确定领导干部经济责任审计计划和审计重点，创新组织形式，加大项目融合力度，抓实过程控制，提升审计质量。将经济责任审计与预算执行、专项审计等项目统筹融合，协同实施，做到不同类别审计项目的同步编组、同步进点、成果共享，避免重复审计，提高审计效

2021年8月18日，区人大常委会专题调研组到区审计局对2020年度区级预算执行和其他财政收支审计情况进行调研　（区审计局　供图）

2021年9月14日，区审计局项目组成员实地查看水库后期移民扶持等专项资金使用的效益情况 （区审计局 供图）

率。项目实施前结合被审计单位职能特点，从相关政策决策落实执行情况入手，细化审计实施方案编制，做到内容丰富、措施具体、目标明确，实现多渠道发现问题、多渠道披露问题、多渠道整改问题。审计实施过程中，对共性问题增强提炼总结力度，对全区范围内公务租车、信息系统建设等方面存在的问题撰写审计情况反映，区委区政府高度重视，促进相关问题从区级层面得到解决。年内，开展领导干部经济责任审计项目14个（其中任中审计项目11个，占78.57%），查处管理不规范金额8.36亿元，提出审计建议33条。

【自然资源资产离任审计】 2021年，区审计局围绕领导干部遵守相关法规政策、生态环境保护目标责任完成及履行自然资源资产管理和生态环境保护监督责任等方面，结合领导干部经济责任审计工作，开展温泉镇领导干部自然资源资产离任审计。突破传统审计手段，首次通过地理信息技术手段分析查找问题，扩大审计覆盖面，提升审计效果，引导领导干部树立绿色发展理念，促进领导干部履行自然资源资产管理和生态环境保护责任。12月7日，审计人员到现场查看威海市泉盛园林绿化工程有限公司租用山东旭华置业有限公司位于桃威铁路西、温泉路南、惠友路东3.24公顷土地利用现状。

【固定资产投资审计】 2021年，区审计局聚焦区委、区政府工作重点，对固定资产投资情况开展审计，依法履行投资监督职责，强化政府投资项目管理，规范政府投资操作流程；创新审计方式方法，加大重大项目、民生工程等项目的审计监督力度，在提高政府投资效益、规范政府投资行为等方面发挥重要作用。年内，区审计局审核政府投资项目资金15.43亿元，审核项目预算控制价资金18.08亿元，提出审计建议49条，审减资金2.64亿元。

【大数据审计】 2021年，区审计局围绕“科技强审”工作目标，推进大数据审计工作，成立电子数据审计科，加强数据团队建设，完善大数据工作机制，发挥数据分析对审计业务工作的支撑和服务。承接和参与“金审三期”（国家审计署审计信息化系统建设三项项目）试点工作，完成各项试点任务。与市审计局联动完成“三维实景建模技术在投资审计中的应用探索”的大数据攻关课题，在全省大数据审计重点攻关课题交流会议上作典型发言。

【审计整改】 2021年，区审计局重视审计发现问题的整改工作，坚持揭示问题与推动解决问题相统一，做好审计监督后半篇文章。建立健全审计整改工作制度，出台《威海市环翠区监督促进审计查出问题整

2021年12月7日，审计人员查看威海市泉盛园林绿化工程有限公司租用土地利用现状 （区审计局 供图）

改落实办法（试行）》和《威海市环翠区审计局审计查出问题整改工作规程（试行）》，以制度促整改，推动健全审计查出问题整改长效机制。全面梳理审计项目中发现的问题并针对未整改到位的事项形成审计整改清单，每月调度整改情况，形成审计整改常态化督查机制。强化审计整改结果运用，将审计查出问题整改情况列入区督查考核办公室年度目标管理考核体系，对列入本年度审计项目计划以及有审计整改任务的镇（街道）、部门、单位进行考核，推进审计整改工作落实到位。整改期内的19个审计项目查出问题148个，完成整改141个，整改完成率95.27%。推进审计整改情况公告制度，向社会公开2021年度区级预算执行和其他财政收支审计查出问题的整改情况，发挥社会力量对审计整改的监督作用，提高整改工作实效。

（于　晨）

价格管理

【概况】　2021年，全区物价管理工作聚焦价格服务，实行收费清单动态监管，加强价格监测预警，开展涉企收费检查。年内，区发展改革局处理“12345”政务服务便民热线群众反映事项转办单996件，受理各类价格认定案件84件、标的总额168万元；区市场监管局处理“12358”价格监管平台、“12345”政务服务便民热线转办及各种渠道投诉举报1224件，办结率100%。

【价格政策落实】　2021年，区市场监管局落实国家、省、市各类降费减负政策，开展清理规范转供电环节加价工作，组织召开政策提醒告诫会，建立转供电政策监管微信群，印发转供电电价政策明白纸1000余份，重点检查新冠肺炎疫情常态化防控期间支持企业复工复产涉企收费优惠政策、减免政策的落实情况，开展水务、电力、供气、供热等行业收费检查，杜绝涉企乱收费行为，确保涉企优惠政策落实到位。

【价格监测与监管】　2021年，区发展改革局做好政府指导价停车场收费标准备案，备案执行政府指导价停车场30个，现场查勘每个备案停车场。强化行政事业性收费事中事后监管，将全区涉及收费行为的44家行政事业性单位2020年收费情况整理上报价格监管平台，做好行政事业性收费年度统计报告，对全区47家行业协会（商会）等社会组织开展涉企收费规范清理行动。做好蔬菜等重要民生商品保供稳价，开展肉蛋价格预期调查和秋收玉米产销及价格调查，每周通过市发展改革委员会网站《价比三家》栏目提供60种生活必需品零售价格数据，制作《环翠价格监测》32期，通过山东省价格监测与决策支持系统上报压缩天然气价格88期，为市场调节和政府决策提供有效参考依据。

元旦、春节、“五一”、“十一”期间，区市场监管局对家家悦、大润发、万达等商超节日期间的价格行为进行检查，重点检查商超商品明码标价执行情况，以及促销活动是否存在价格欺诈等违法违规行为。对仙姑顶、华夏城旅游景区价格进行检查，重点检查景区收费公示及门票优惠政策落实情况、停车场收费公示、餐饮服务明码标价等价格行为。

【明码标价宣传】　2021年，区市场监管局印发《关于规范明码标价行为的政策提醒函》1万余份，利用市场检查、召开会议、开展活动之机，组织全局力量开展明码标价宣传活动。通过微信公众号发送明码标价政策提醒函，提高商家的标价意识和消费者的维权意识，维护市场价格秩序，营造公平、公开、合法的市场竞争环境。

【价格专项检查】　2021年，区市场

2021年3月9日，区发展改革局工作人员到刘公岛客运中心停车场实地查勘停车收费情况

（区发展改革局　供图）

监管局开展转供电、中介服务、涉企收费、义务教育、校外培训机构、医疗服务、停车领域和物业服务收费的“双随机”检查，对殡葬行业、房产中介、房地产企业、水电气暖等行业进行专项检查。9月—11月，配合教育机构、物业管理部门、住建部门开展校外培训机构、物业收费、房地产明码标价等专项检查，检查相关企业80余家，引导各行业规范收费行为，做到价格自律、合法经营。

【价格投诉举报处理】 2021年，全区消费者价格投诉主要集中在停车服务收费、物业管理、转供电价格等领域。年内，区发展改革局处理“12345”政务服务便民热线群众反映事项转办单996件，受理各类价格认定案件84件、标的总额168万元；区市场监管局处理“12358”价格监管平台、“12345”政务服务便民热线转办及各种渠道投诉举报1224件，办结率100%。

（刘子佳　郭　蕾）

市场监督管理

【概况】 2021年，全区市场监督管理工作抓改革、严监管、保安全、提质量，在筑牢食品、药品、特种设备、产品质量四大安全防线的基础上，做优知识产权营商环境，做强质量提升服务。年内，区市场监管局查办各类违法违规案件507起，受理调解“12315”消费者投诉举报专线、“12345”政务服务便民热线等各类投诉举报18419件，为消费者挽回经济损失360余万元。实施商标富农工程，强化地理标志商标保护工作，打击侵犯地理标志商标专用权行为，至年末，全区有地理标志证明商标3件（威海刺参、威海苹果、威海大花生），许可使用地理标志商标企业53家。强化食品药品违法案件查处，查办食品药品类案件186起，向公安机关移交涉嫌犯罪案件2起。立案查处食品药品违法、虚假宣传等案件328起，罚款309万元。压实企业冷链食品新冠肺炎疫情常态化防控主体责任，检查生产经营单位1082家次，查处进口冷链食品违法案件25起。

【市场监管执法】 2021年，区市场监管局将信用风险分类融入“双随机、一公开”监管，强化事中事后监管，在“双随机、一公开”专题中增加随机抽查实施细则，出台部门联合“双随机”监管实施方案及配套制度规范。年内，联合区人力资源社会保障局、区住房城乡建设局等16个部门开展各项联合执法检查35次，检查单位2831家，检查结果在国家企业信用信息公示系统公示。以监督抽检、专项整治、联合执法、投诉举报处置为主要稽查手段，严厉打击虚假宣传、商标侵权、制售假冒伪劣等违法行为，立案查处食品药品违法、虚假宣传等案件328起，罚款309万元。

【食品药品安全监管】 2021年，区市场监管局集中开展食品安全放心工程建设攻坚、食品安全“净网”行动、农村假冒伪劣食品专项整治行动。强化食品全链条监管，在食品生产、流通、餐饮等环节，重点监督检查和抽检。组织开展食品药品安全进企业、进社区活动40余次，举办校园食品安全、涉旅游食品安全等专题会议和大型培训10次；开展食品安全护佳节、散酒、农村食品、学校食堂等专项抽检3500批次，发现不合格71批次，合格率98%；对入市食用农产品实行“批批快检”，快检食用农产品17.63万批次，其中17批次不合格产品在销售前全部下架销毁。强化食品生产企业追溯体系建设，食品生产企业产品验证检验率、食品安全自查报告率、食品安全管理人员线上考试率均100%。全面推广使用农产品批发市场食品安全信息化追溯体系，要求入场的326家经营户全部亮码销售，实现农产品批批可追溯。开展化妆

2021年6月17日，区市场监管局执法人员在羊亭大集向群众宣传食品安全知识

（区市场监管局　供图）

品抽检11批次、医疗器械抽检3批次、药品监督抽检68批次，抽检不合格的药品立案查处，对生产经营者进行集中约谈，规范生产经营行为，从源头上预防药品安全问题发生。强化食品药品违法案件查处，查办食品药品类案件186起，向公安机关移交涉嫌违法犯罪案件2起。

【冷链食品监管】 2021年，区市场监管局先后开展冷链食品生产经营单位周检查、“断链”企业核查、“冷链三证”（追溯凭证、核酸检测证明、专业机构出具的消毒证明）上传情况抽查、进口冷链食品排查管控、福建入鲁冷链食品排查、口岸城市风险排查等专项行动，对进口冷链食品不落实提前24小时报备、不配合集中监管、不进入集中监管专仓检测消毒、不使用“山东冷链”、不索证索票、不分区存储、不亮码销售、不严格执行全省冷链食品新冠肺炎疫情常态化防控各项措施“八不”行为，做到发现一起、停业整顿一起、公开曝光一起。针对部分进口冷链食品经营者对全程追溯不重视、“山东冷链”不会用不愿用、新冠肺炎疫情常态化防控存在松懈麻痹思想等现象，采取定期集中培训、入户指导、发放明白纸等方式，加强宣传引导，压紧压实企业冷链食品新冠肺炎疫情常态化防控主体责任，检查生产经营单位1082家次，查处进口冷链食品违法案件25起。年内，全区进口冷链食品集中监管专仓入仓货物总量8309.33吨，核酸检测全部为阴性，实现进口冷链食品“彻检彻控”。专仓运行期间，开展应急演练7次，整改、完善、细化工作流程，把好新冠肺炎疫情“外防输入”关。

【进口非冷链货物监管】 2021年，区市场监管局制定《环翠区进口高风险非冷链集装箱货物检测和预防性消毒工作方案》，梳理完善工作流程5项，制作明白纸、流程图、企业指导手册等，对镇（街道）骨干进行代训，确保各级防控要求落实落地。加强新冠肺炎疫情常态化防控政策指导，组织开展23次培训，培训专班人员和企业管理人员552人次。强化应急处置，组织开展进口非冷链集装箱货物新冠肺炎疫情常态化防控应急处置演练4次，通过推演细化应急处置流程，提高应急处置能力；开展应急处置4次，其中外地非冷链货物协查3次、本地检测阳性样本1次。开展督导检查，采取“四不两直”方式，对使用进口高风险非冷链集装箱货物的生产经营单位开展检查，检查企业193家次，发现问题157项，全部整改完毕；开展消毒记录或证明抽查，检查相关生产经营单位309家次，发现问题企业3家，全部整改完毕。

2021年11月1日，区市场监管局执法人员检查第三方冷库中贮存的冷链食品 （区市场监管局　供图）

【商标管理】 2021年4月25日，区市场监管局组织全区40余家企业参加商标使用风险法律培训班，邀请商标注册代理机构从业专家授课，从“商标品牌保护”和“法律风险防控”两个专题板块阐述商标品牌保护对企业发展的重要性，以及在注册商标和使用注册商标中应该注意的事项，引导企业有效防控和规避风险。

【商品交易市场监管】 2021年，区市场监管局通过强化线上线下监管，督促农贸（期集）市场开办方落实市场主体责任。线下，督促在营流通、餐饮业户落实好进货查验和索证索票制度，禁止销售野生动物及其制品，检查相关业户8640家次。线上，检查网站、网店3221个，监测平台1个，要求网络交易平台对新增野生动物交易信息进行屏蔽，未发现区内电商企业通过网络售卖野生动物、野味及其制品的行为。

【消费者权益保护】 2021年，区市场监管局以鲸园街道北门外社区特色消费环境共治示范社区为范本，打造全省首个社区消费维权服务站，将消费维权基层治理体系纳入“五位一体”社区治理共同体的大格局中，得到省、市、区各级领导的肯定。年内，接待省级调研观摩10次、市级调研观摩4次、区级调研观摩4次。推进放心消费创建攻坚行动，全区创建放心消费示范单位516家，其中省级3家、市级7家、区级506家。推动“线下无理由退（换）货承诺”，全区200家单位首批承诺线下7天无理由退（换）货。扩大消费维权服务站布设，实现关口前移、接诉即改，布设消费维权服务站50家，调处消费纠纷2092起。应用威海市消费维权智慧微平台，实现“一键扫码”投诉，提升消费维权效率。

【特种设备安全管理】 2021年，区市场监管局办理新登记设备1043台（不包括液化石油气钢瓶），停用设备195台，注销设备135台，报废设备23台，启用设备41台，补正告知设备122台；新颁发特种设备作业人员证件463个，复审507个。至年末，全区登记在用特种设备7656台，比上年增加15.1%。开展安全生产专项整治行动8次，检查企业946家次，排查整治安全隐患904处，责令停用特种设备21台，下达特种设备安全监察指令书116份，立案14起，罚款9.5万元；督促指导134台桥式起重机完成“双限位”（同时安装两种不同形式的高度限位装置）装置，16台门式起重机加装“双限位”装置；加强老旧电梯评估，对评估发现的318部电梯在设备本体、日常维护等方面存在的1721处安全风险全面整改；推动公众聚集场所电梯安全责任险工作，公众聚集场所447部电梯投保率100%。强化信息化监管系统应用，对即将达到预警期设备的使用单位及时提醒，定检率100%；实施液化石油气钢瓶充装追溯全覆盖，全区5.3万只液化石油气钢瓶信息全部上传至“山东省液化石油气钢瓶管理系统”。举办培训班4期，组织3000余人次观看特种设备事故警示片、教育片，录制线上培训视频课件9期，通过微信公众号等方式推送，提高用户安全意识。

【质量监督管理】 2021年，区市场监管局强化产品质量监管，对危险化学品和危险化学品包装物及容器、食品相关产品等119家生产企业的15类重点工业产品开展日常监督检查，组织开展重点工业产品质量安全大排查大整治等各类专项整治20余次，检查相关生产企业80余家次，对5家企业的18项问题开展“回头看”检查。组织对危险化学品等20家重点工业产品生产企业开展专家检查，提高执法检查的专业性和精准性。对133批次生产领域产品、750批次流通领域产品进行抽检，处置不合格产品14批次。实施质量强区及品牌建设推进战略，7家企业获评山东省高端品牌培育企业。对20家质量管理体系认证企业和8家强制性认证企业进行检查，引导企业开展自愿性认证活动。至年末，全区增加质量、环境、职业健康管理体系首次认证企业55家，发放区级管理体系认证奖励扶持资金41万元，涉及企业45家。

2021年8月27日，区市场监管局执法人员检查威海燃气有限公司液化石油气地下储罐
（区市场监管局 供图）

【标准化建设】 2021年，区市场监管局强化标准引领，有针对性地引导具有主导优势的龙头企业、技术创新型企业开展标准化建设。区内企业主持制订国家标准2项，参与国家标准制（修）订3项，完成团体标准制（修）订4项。精心培育标准化项目，发挥项目示范作用，跟进在建的标准化试点项目，采取跟踪督导、邀请标准化专家上门指导等方式，帮助项目承担单位有序开展创建工作。年内，全区新增国家标准化试点3个，分别为山东威海信用体系建设标准化试点、威海市环翠区红色旅游服务标准化试点、威海市环翠区国家文教体育休闲用品（钓具）标准化试点。

【计量监管】 2021年，区市场监管局每月配合区综合行政执法局、公安环翠分局等部门，对全区9处早夜市开展计量器具联合检查行动，重点检查市场经营者所使用的电子秤是否合格、是否进行强检等情况，加强《中华人民共和国计量法》《集贸市场计量监督管理办法》等法律法规宣传。为集贸市场经营者提供计量器具上门检定服务，联合市产品质量标准计量检验研究院对区集贸市场等20个市场经营者的在用计量强检器具进行检定，检定1958台，其中合格1891台，不合格67台，对检定不合格的计量器具，监督经营者停用并立即整改，营造诚实守信、规范经营的市场计量环境。

【个体私营经济服务】 2021年，区市场监管局以“我为群众办实事”活动为抓手，助推个体私营企业高质量发展。开展“政银携手　百亿助小微”活动，为7家个体工商户和1家小微企业办理贷款420万元。组织44家个体私营企业参加劳动用工法律法规专项培训班，提高依法用工意识。举办“庆百年　颂党恩　跟党走”文艺汇演，组织党员到贝草夼地下交通站展馆等党性教育基地参观学习5次，组织党员参加新冠肺炎疫情常态化防控、扶困济困等活动7次，捐款捐物折款11万余元。开展“小个专”（小微企业、个体工商户、专业市场）领域党建引领行动，组织威高广场、小商品批发市场的个体工商户，创建23家专业市场（商业综合体）示范党组织，激活“小个专”发展活力。

（郭　蕾）

自然资源管理

【概况】 2021年，全区自然资源工作加强资源保护，落实新增建设用地指标32.81公顷，报批建设用地3个批次和1个单独选址，面积76.98公顷；供应各类土地30宗，面积134.67公顷，出让价款37.3亿元；完成批而未供土地处置33宗、面积47.44公顷，闲置土地处置13.39公顷。通过卫片执法检查、“大棚房”问题“回头看”等工作，立案查处破坏耕地违法案件8宗，涉及耕地面积3.51公顷。完成“环翠地理信息平台2.0”系统一期功能开发，实现出图作业自动化，解决坐标系不统一的历史遗留问题，缓解出图作业任务繁重与作业人员不足的矛盾。

2021年11月5日，区自然资源局召开桥头镇土地整治项目评审会

（区自然资源局　供图）

【耕地保护】 2021年1月25日，区自然资源局与区农业农村局联合印发《威海市环翠区耕地和永久基本农田保护“田长制”实施方案》，确定三级田长人员名单，压实三级田长职责，强化耕地和基本农田保护意识。组织实施桥头镇土地整治项目，项目分为黑石村等26个村土地整治项目和大贞村等22个村土地整治项目两个子项目。11月5日，土地整治项目通过设计与预算方案评审。

【建设用地管理】 2021年，全区土地征收报批并获得批复建设用地3个批次和1个单独选址，面积76.98公顷，其中新增建设用地32.81公顷，保障全区重点项目用地需求。完成土地征收成片开发方案编制，7月19日获省政府批复。

【土地供应和利用】 2021年，全区供应土地30宗，面积134.67公顷，出让价款37.3亿元。区自然资源局协调镇（街道）和规划等部门，开展批而未供和闲置土地处置工作，处置批而未供土地33宗、面积47.44公顷，处置闲置土地13.39公顷。

【国土变更调查】 2021年，全区2020年度国土变更调查涉及图斑2954个，重点审查新增耕地、林地和违法建设用地等图斑，环翠区在全市率先完成成果上报并通过国家核查。区自然资源局按上级要求开展第三次国土专项调查工作，完成耕地细化调查及耕地后备资源调查成果更新、城市开发边界及生态红线内土地利用现状调查、批准未建设的建设用地调查、永久基本农田调查、耕地质量等级调查评价和耕地分等定级调查评价、开发区内土地利用现状调查、自然保护区及国家公园内土地利用调查7项专项调查，建立环翠区第三次国土调查数据库，并做好第三次国土调查成果

2021年5月20日，区自然资源局召开全区城镇低效用地处置工作会
（区自然资源局　供图）

验收工作。8月24日数据库通过市级验收，10月25日通过省级验收，并作为县级代表在省级验收会作典型经验交流。

【民营企业土地房屋产权历史遗留问题化解】　区自然资源局作为环翠区解决民营企业土地房屋产权历史遗留问题工作专班牵头部门，自2020年至2021年年末，收集民营企业土地房屋产权历史遗留问题221个，经专班联席会议研究，确定进入解决名单企业83家。年内，区自然资源局牵头完成32家企业会签，并协调办理不动产证，完成数量居全市各区市首位。

【地质环境治理】　2021年，区自然资源局做好列入市级矿山地质环境三年行动计划并完成整治的50处矿山绿化收尾和后期管护，栽植苗木3000株。开展关闭矿山安全生产隐患大检查，设立长久警示、警戒标志牌。更新完善应急指挥、群测群防网络和预案体系，落实巡查、值班、预警预报、应急处置等制度，防范地质灾害事故发生。

【执法监察】　2021年4月25日，区委办公室、区政府办公室印发实施《关于加强自然资源管理健全共同责任机制的意见》，强化部门协调联动，建立耕地保护长效机制。通过开展卫片执法检查、耕地保护督察、“大棚房”问题“回头看”等工作，立案查处破坏耕地违法案件8宗，涉及耕地面积3.51公顷。年内，国家提取环翠区卫片图斑378个，面积344.17公顷，涉及新增违法占地建设图斑20个，均按程序依法作出处理。

【测绘管理】　2021年，区自然资源局完成辖区内6家测绘中介机构测绘资质年度检查和测绘资质复审换证核实工作，促进测绘资质单位规范化运营。完成全区28个测量标志点巡查管护，确保标志点使用效能。8月27日至9月2日，通过张贴海报、大屏幕滚动播放和门户网站宣传等形式开展“全国测绘法宣传日暨国家版图意识宣传周”活动，提高公众认识地图和使用地图能力。完成“环翠地理信息平台2.0”系统一期功能开发，实现出图作业自动化，解决坐标系不统一的历史遗留问题，缓解出图作业任务繁重与作业人员不足的矛盾。

【政策法规宣传】　2021年，区自然资源局利用“4·22”世界地球日、“5·12”全国防灾减灾日、“6·25”全国土地日、“12·4”宪法宣传日等时机，通过“送法下乡、党课授法”等形式，宣传《中华人民共和国土地管理法》《中华人民共和国矿产资源法》《中华人民共和国森林法》等自然资源领域法律法规。设立固定宣传点2处，进企业4家，入社区6次，发放宣传资料570余份，接受群众咨询120人次，滚动播放公益宣传片220小时。结合“信用中国”建设，通过在局办公楼设立廉政文化长廊、在温泉镇湿地公园设立自然资源法律广角和宣传看板、在农村悬挂“整治‘大棚房’和农村占用耕地建房”宣传标语等形式，推动自然资源普法工作全面开展。理顺行政复议和应诉工作流程，与法治部门和法律顾问进行沟通协调，按时组织答辩应诉，解决纠纷，化解矛盾。

（丛振宁）

海洋发展

综　述

【概况】 2021年，环翠区加快推进海洋经济提质增效、海洋科技创新驱动、海洋产业转型升级，全力建设海洋强区。远遥浅海科技湾区一期主体工程启用，一批高校院所、行业龙头相继落地。海洋渔业领域争取到位无偿资金5774.6万元，市级海洋产业重点项目由年初的32个增至54个，完成投资24.2亿元，占年度计划的103.6%。5个海洋生物与健康食品产业集群重点项目年内实际完成投资0.38亿元，累计完成投资1.13亿元。3个示范带动海洋生物与医药产业发展的海洋经济创新示范城市项目通过市级验收。年内，自然资源部与山东省人民政府签署共建国家海洋综合试验场（威海）协议，试验场上升为省部共建的重大工程，成为全国唯一一处省部共建打造的海洋综合试验场。

【海洋发展专题会议】 2021年3月8日，区委海洋发展委员会召开第五次全体会议，传达学习省委海洋发展委员会第四次全体会议精神、市委海洋发展委员会第三次全体会议精神，听取全区海洋渔船综合管控专班工作开展情况及下步打算，审议通过区委海洋发展委员会2021年工作要点，明确23项涉海重要事项。11月12日，区委海洋发展委员会召开海洋强区工作会议暨第六次工作会议，贯彻落实市委海洋强市建设工作会议精神，研究新形势下挖掘转化海洋优势、推动海洋创新转型发展的方向和举措，动员全区上下加快建设海洋强区。

【《威海市环翠区海洋强区建设三年行动计划（2021—2023年）》出台】 2021年12月16日，区委办公室、区政府办公室印发《威海市环翠区海洋强区建设三年行动计划（2021—2023年）》，加快海洋经济新旧动能转换，开拓海洋高质量发展新路径，提速海洋强区建设，争当海洋强省、海洋强市建设排头兵。

【海洋种业基地建设】 2021年，区海洋发展局加快推进海洋种业基地建设，威海百世海洋科技有限公司被评定为省级文蛤原种场，威海圣航水产科技有限公司通过国家级牙鲆原种场资格复查。开展首次海水养殖种质资源普查，实地走访并完成信息登记养殖企业及养殖户27个，准确掌握全区海洋养殖物种资源的开发、保护及利用情况。

【海洋牧场建设】 2021年，区海洋发展局推进实施刘公岛海洋生态型人工鱼礁项目，制造并投放钢制船礁6艘、大型生态构件礁324个。威海海恩蓝海水产养殖有限公司和威海蓝源水产有限公司省级海洋牧场示范区通过省级年度考评。

【海洋经济创新示范城市项目】 2021年，完成投资5452.64万元的山东威高骨科材料股份有限公司海洋贝类及海洋多糖的医用骨科新材料开发与产业链构建项目、投资4418.33万元的威海市食品药品检验检测中心海洋生物制品质量安全监测公共服务平台项目、投资8124.18万元的威海人生药业集团股份有限公司基于褐藻来源的岩源聚糖硫酸酯抗II型糖尿病海洋药物开发及产业链构建项目3个示范带动海洋生物与医药产业发展的

2021年5月12日，山东威高骨科材料股份有限公司“海洋贝类及海洋多糖的医用骨科新材料开发与产业链构建项目”通过市级验收

（区海洋发展局　供图）

海洋经济创新示范城市项目，并分别于5月、6月、10月通过市级验收。

【水产品质量安全管理】 2021年，区海洋发展局落实属地监管及生产经营者质量安全主体责任，层层签订水产品质量安全承诺书。加大水产品抽检力度，制定食用水产品抽检计划，抽检176批次，全部合格。推进水产品质量追溯体系建设，与中通联达（北京）信息科技有限公司签订合同，探索推行食用水产品承诺合格证制度。加快水产品“三品一标”（无公害水产品、绿色食品、有机水产品和水产品地理标志）建设，威海圣航水产科技有限公司、威海蓝源水产有限公司、威海裕隆水产开发有限公司、威海北海水产开发有限公司4家企业通过无公害认定，大菱鲆、牙鲆、鲽、海参、扇贝、鲈获批无公害水产品认定证书。

【远洋渔业】 2021年，全区派出28艘自有专业远洋渔船出海作业，从事远洋渔业项目7个，分别是：威海昌和渔业有限公司的太平洋公海金枪鱼延绳钓项目和印度洋公海金枪鱼延绳钓项目、威海荣玛渔业有限公司的东南太平洋公海鱿鱼钓项目和西南大西洋公海鱿鱼钓项目、威海市环海水产有限公司的东南太平洋公海鱿鱼钓项目和西南大西洋公海鱿鱼钓项目、威海世源远洋渔业有限公司的伊朗南部海域拖网项目。至年末，全区实现大洋性远洋渔业产量1.16万吨、产值1.5亿元。

海洋经济

【概况】 2021年，环翠区围绕海洋经济聚能整合、聚力创新、聚势谋远，实现海洋经济总产值232.91亿元。远遥浅海科技湾区招引项目38个，落地、签约15个。发力“蓝水工程”（布局海水淡化水作为新水源的大型供水工程），力促国家海水利用工程技术（威海）中心年末正式运营。推进总投资1.23亿元的5个海洋生物与健康食品产业集群重点项目建设。承担的市级海洋经济发展考核项目位居全市各区市首位。

【远遥浅海科技湾区建设】 2021年，环翠区成立远遥浅海科技湾区建设推进工作领导小组，统筹推进湾区建设各项工作。编制《远遥浅海科技湾区功能区划》，明确湾区创建海洋电子信息和智能装备创新园区的功能定位；确定“一场、六基地”总体功能结构，形成“六个一”（一场、一岛、一港、一园、一区、一

2021年11月18日，远遥浅海科技湾区一期主体工程举行启用仪式

（区海洋发展局　供图）

中心）的整体布局。9月，自然资源部与山东省人民政府共建国家海洋综合试验场（威海）协议签署，国家海洋综合试验场先后纳入自然资源部与省政府共建、海洋科学与技术试点国家实验室与市政府共建。远遥浅海科技湾区依托国家海洋综合试验场，打造集总部办公、科研孵化、装备测试等功能于一体的海洋科技创新核心区，蓝科大厦、蓝贝海洋科学中心、蓝创孵化区一期主体工程全面启用并提档升级。年内，与中国航天科技集团有限公司、北京中关村信息谷资产管理有限责任公司等单位对接，落地、签约高质量涉海项目15个。区政府与哈尔滨工业大学（威海）共建海洋智能装备研究中心，入驻企业15家。至年末，远遥浅海科技湾区形成海洋电子信息和海洋智能装备产业集群。

【海洋经济创新】 2021年，区海洋发展局发挥国家海洋试验场支撑带动作用，强化海洋信息产业系统性、前瞻性布局，加强海洋智能装备研发，支持企业提升装备自主化水平，实现关键技术产品产业化，构建海洋信息技术产业链条。依托国家海水利用工程技术（威海）中心，开展海水淡化及综合利用研究，推进中欧水处理及膜技术创新产业园建设，加快海水淡化专用膜及关键装备和成套设备自主研发，延伸产业链条，促进海水淡化装备产业集聚。编发《海洋发展简报》12期、《远遥浅海科技湾区周报》40期，引导各要素向海发展，推动海洋产业全面布局、持续发力，营造经略海洋氛围，服务海洋经济发展。年内，全区海洋渔业领域争取到位无偿资金5774.6万元，54个市级海洋产业重点项目完成投资24.2亿元，占年度计划的103.6%。

【海洋新兴产业】 2021年，威海光子信息技术产业研究院有限公司与哈尔滨工业大学（威海）船舶与光电研究所合作，实现激光水质检测产品市场化；威海西港游艇有限公司联合哈尔滨工业大学（威海）开展海空天一体化海洋观测技术与智能装备研发，构建海洋大数据分析处理、应用平台；中远造船海盾船舶岸电系统、船舶与海洋平台污水零排放处理系统等多套低碳环保新产品交付使用，智真海洋科技研发实现可在3000米深海底进行超深水油气勘探的机器人。年内，区海洋发展局发力“蓝水工程”，力促国家海水利用工程技术（威海）中心正式运营。

【海洋文化旅游产业】 2021年，环翠区打造的威海市首个海洋科技馆投入使用，举办中国（威海）国际海鲜美食节、半月湾国际沙滩音乐节等节庆和会展活动。整合开发海岸带旅游资源，统筹国家A级旅游景区、旅游产品和旅游平台建设，丰富滨海旅游业态，打造集观光旅游、文化体验、游艇钓具、休闲垂钓、海洋牧场、住宿餐饮等于一体的滨海休闲旅游度假目的地城区，打造北山街、半月湾等特色街区，推出滨海特色民宿聚集区，提升城市旅游吸引力。

【海洋生物与健康食品产业】 2021年，区海洋发展局落实《威海市海洋生物与健康食品产业集群高质量发展突破行动计划（2021—2022年）》工作要求，加快推动海洋生物与健康食品产业集群高质量发展，推进总投资1.23亿元的5个海洋生物与健康食品产业集群重点项目建设，年内实际完成投资3800万元，累计完成投资1.13亿元。依托省刺参产业技术体系威海综合试验站，组织实施良种推广与示范应用、生态综合养殖模式创新，开展生产一线实地调研、产业科技精准对接等活动，构建“创新团队+基层渔技推广+新型经营主体”新型服务模式，引领刺参产业科技转型升级。

海洋科技

【概况】 2021年，区海洋发展局依托全国唯一的省部共建国家海洋综合试验场（威海），推进远遥浅海科技湾区建设，打造具有重要国际影响力的山东半岛海洋科技创新中心。引进海洋无人装备与技术联合创新中心、威海激光通信先进技术研究院、国家海洋利用工程技术（威海）中心、国家海洋综合试验场（威海）、哈尔滨工业大学海洋智能装备研究中心、山东大学海洋科技创新中心等一批高水平科研机构签约入驻，为威海国际海洋科技城建设提供坚实支撑。威海普益船舶环保科技有限公司获批海洋工程协同创新中心，全区协同创新中心总数达到6处。促进海洋与渔业科技创新，深化基层渔业技术推广体系改革，引导开展海洋与渔业技术创新、技术推广和产业化，推进科技成果转化。环翠区海洋发展研究中心联合山东省海洋科学院申报2022年山东省农业重大技术协同推广计划。

【国家海洋综合试验场（威海）建设】 2021年，区海洋发展局编制国家海洋综合试验场（威海）建设方案。年内，完成气象场、潮位站建设；完成锚泊式测试平台坞修和海域布设，试验场坐底观测平台布放于指定海域；完成温盐链传感器的布放。开展3米水文气象浮标运行可靠性验证、山东省重大科技专项项目研制“白龙”浮标整体可靠性近海海试验证等波浪能、潮流能海上试验工作，提升国家海洋综合试验场（威海）测试能力。

【重点科创平台建设】 2021年，中国航天科技集团有限公司海洋无人装备与技术联合创新中心、中国航天科工集团有限公司威海激光通信先进技术研究院、中关村信息谷创新中心、国家海洋综合试验场（威海）、青岛海洋科学与技术试点国家实验室海上试验场、山东大学（威海）海洋科技创新中心、天津淡化所国家海水利用工程技术（威海）中心等一批高能级平台和行业龙头落地，集聚海洋科技创新发展势能，构建“技术研发、测试试验、成果转化、产品孵化、检验检测”于一体的海洋公共服务平台。9月24日，自然资源部与山东省人民政府签署共建国家海洋综合试验场（威海）协议，试验场上升为省部共建的重大工程，成为全国唯一一处省部共建打造的海洋综合试验场。依托国家海水利用工程技术（威海）中心，开展海水淡化及综合利用研究，实施海水淡化专用膜及关键装备和成套设备自主研发，延伸产业链条，促进海水淡化装备产业集聚。

【涉海企业科技发展】 2021年，区海洋发展局助推山东双轮股份有限公司申报山东省海水淡化特种泵技术创新中心、威海市宇王集团有限公司申报威海市产业领军人才项目并通过公示；组织威海圣航水产科技有限公司特派员申报水产养殖方向科技特派员创新创业共同体服务团；威海宝威新材料科技有限公司获评省级智能工厂；宝威新材料、山东环球渔具股份有限公司获批市级数字化车间/无人车间；宝威新材料、双轮股份入选省级智能化技术改造财政专项项目公示名单。威海西港游艇有限公司入选2021年度山东省首台（套）技术装备及关键核心零部件生产企业及产品名单；宝威新材料获批市级绿色工厂。双轮股份获批国家专精特新重点“小巨人”企业，威海创意游艇有限公司、威海普益船舶环保科技有限公司、名流环境科技股份有限公司3家企业获批2021年度山东省“专精特新”中小企业，威海银河生物技术有限公司、双轮股份、威海瑞阳船艇开发有限公司3家企业获批市级“专精特新”中小企业；普益船舶的山东省光电催化船舶烟气脱硫脱硝一体化工程技术协同创新中心获批山东省海洋工程协同创新中心；双轮股份、宝威新材料获批“山东省瞪羚企业”。

2021年9月24日，自然资源部与山东省人民政府举行国家海洋综合试验场（威海）共建协议签署暨揭牌仪式　　（区海洋发展局　供图）

【渔业技术推广】 2021年，全区以刺参苗种生态培育及高效安全养殖集成配套技术、鲆鲽鱼工厂化及循环水养殖技术、许氏平鲉大苗模式的繁育技术、花鲈工厂化苗种繁育技术4项技术作为主推技术，遴选威海圣航水产科技有限公司、威海北海水产开发有限公司、威海百世海洋科技有限公司、威海裕隆水产开发有限公司、威海乾盛水产养殖有限责任公司建设5处渔业科技示范基地，开展渔业新品种、关键技术等示范推广工作。环翠区海洋发展研究中心联合山东省海洋科学院申报2022年山东省农业重大技术协同推广计划。

【水生动物病害测报与重点疫病监测】 2021年，区海洋发展局做好水生动物病害测报与重点疫病监测，选定威海北海水产开发有限公司、威海圣航水产科技有限公司等7处病害测报点，对海参、扇贝、鲆鲽鱼等主要养殖品种进行病害监测。经监测，年内环翠区无水生动物病害与重点疫病。

海洋执法

【概况】 2021年，全区海洋综合管理工作推进依法行政，完善执法机制和措施，未发生海上新冠肺炎疫情输入，辖区伏季休渔秩序和渔业安全生产形势持续好转，涉外渔业管理、渔业资源修复水平稳步提升。年内，检查各类渔船910艘次，检查渔港230处次，立案处罚242起，罚款101.2万元。辖区内1处人工渔港、4处自然港湾全面实施港长制，中大型捕捞渔船停泊渔港实现驻港监管全覆盖。在全市率先完成全区170艘大马力渔船北斗卫星定位监控系统的升级改造。实行“国有企业+执法部门”联合管理，在远遥中心渔港率先推行渔港安全生产风险分级管控和隐患排查治理“双体系”建设，在合庆渔港首推“海上停车场”管理模式，渔船进出港报告率100%，被省农业农村厅发文推广。

【海洋渔船综合管控】 2021年，区海洋渔船管控工作专班贯彻落实国家和省、市关于渔船严管严控工作要求，围绕“管住渔船、不出问题”根本底线，紧盯“港、船、人”关键要素，严厉打击非法越界捕捞，清理取缔涉渔“三无”（无船名船号、无船舶证书、无船籍港）船舶。通过推行领导分包、渔船包保、督导检查、台账管理、依港管船、依技管船、有奖举报、以案释法等机制，落实渔船管控各项工作。开展职务船员见面谈话、联合执法巡查、加油车船整治等专项行动，严查涉渔违法违规行为，使全区渔港渔船规范可控，渔业生产安全平稳。

【渔港港长制全面推行】 2021年11月12日，区政府办公室印发《环翠区全面推行渔港港长制实施方案》，建立区、镇（街道）、渔港三级港长体系，对渔港港长设置、港长职责、领导小组办公室设置与职责、各部门职责等方面进行详细规定。至年末，辖区内1处人工渔港（远遥中心渔港）、4处自然港湾（靖子头港湾、合庆渔业港湾、远遥旁小码头、湾九里停泊点）全面实施港长制，中大型捕捞渔船停泊渔港实现驻港监管全覆盖。

【海上新冠肺炎疫情防控】 2021年，区海洋发展局严把渔港入口关，督导渔港经营公司做好进出渔港人员登记、体温检测、健康码查验等工作，禁止体温异常、健康码异常人员进入渔港。加强渔港技术防控手段的应用，落实渔船进出港报告制度，对454艘捕捞渔船船位进行24小时监控，防止渔船私自出海和船员私自上船。对入韩渔船、60马力以上渔船、远洋渔船实施管控；利用北斗和AIS避碰终端监控管理平台，对16艘入韩作业渔船、173艘60马力以上捕捞渔船进行跟踪监测，确保及时联系掌握情况。组织镇（街道）召开“反偷渡防输入”专题工作会议，落实属地责任、渔船包保责任，与公安部门开展联合防控，对船员、进出港人员进行身份审验，防止偷渡事件发生。配合公安、卫生健康、海警、交通、渔港公司等部门单位开展新冠肺炎疫情常态化防控应急处置演练2次，提高疫情应急处置能力。

【涉外渔业管理】 2021年，环翠区具有涉外作业能力的渔船125艘，其中取得入渔资格渔船14艘。区海洋发展局按规定组织合格渔船船东参加入渔资格抽签，召集相关船主开展涉外渔业法律法规和安全知识教育，增强渔民遵纪守法的自觉性。通过监控平台，24小时不间断监控具有涉外能力渔船12.63万艘次，电话警告劝离在韩国专属经济区3海里警戒线附近作业渔船101次，未发生越界捕捞和进入敏感水域作业行为。在捕捞作业期间，实时跟踪管理，处理申报出入渔及汇总上报每日产量，通报入渔1466艘次。

【渔业安全生产】 2021年，区海洋发展局开展安全生产警示、培训活动3次，培训200余人次；开展宣传教育活动5次，发放《渔船安全操作规范》《渔船防碰撞安全须知》《渔民海上安全建议书》《渔船有（受）限空间明白纸》《防一氧化碳中毒明白纸》《山东省规范海洋渔业船舶捕捞规定》等宣传材料6000余份，开展渔业安全生产专项整治三年行动、渔业安全隐患大排查大整治、渔业安全生产执法百日攻坚、涉渔“三无”船舶集中整治、渔业有序用电安全防范、渔业用电线路整治、有（受）限空间作业隐患等各类安全检查和专项整治行动，出动检查组418个次、检查人员1031人次，检查渔船910艘次，检查渔港230处次，发现并整改安全隐患99处。完善应急保障机制和应急管理制度，开展综合性演练4次、专项演练5次，在全市率先完成全区170艘大马力渔船北斗卫星定位监控系统的升级改造，实施渔业船员自救系统配套工程发放，发放安全手环76套。

（粟桂美）

农　业

综　述

【概况】 2021年，全区实现农林牧渔业总产值68.17亿元，按可比价格计算，比上年增长9.0%。其中，农业总产值3.28亿元，增长19.8%；林业总产值0.12亿元，增长15.1%；畜牧业总产值2.31亿元，增长48.3%；渔业总产值57.10亿元，增长8.0%；农林牧渔服务业总产值5.37亿元，增长9.6%。花生总产量2272吨，下降41%。果品总产量6.52万吨，增长12.3%，其中苹果5.82万吨，增长11.6%。农业机械总动力8.61万千瓦，增长0.25%，完成机耕作业面积1986.6公顷、机播面积1280公顷、机收面积1046.0公顷。

【农产品质量安全监管】 2021年，全区完成农产品定量检测120批次，抽检农药样品20批次、肥料10批次，果蔬药残快速检测1461个批次，小麦玉米检测4批次，配合省、市抽检68个批次，合格率100%。

【农业综合执法】 2021年，区农业农村局出动执法人员200余人次，检查农业投入品经营单位122家次、农产品生产基地30余家次，集中开展春季农资打假春雷行动、禁（限）用农药整治行动、土壤熏蒸用药专项整治行动，重点检查违规销售使用禁（限）用农药和假冒伪劣农药行为、执行农药查验及进销货台账制度、农产品生产基地如实进行生产记录、严格执行农药安全间隔期等，维护农资市场经营秩序，促进农业安全生产。

【脱贫成果巩固】 2021年，环翠区紧盯“两不愁三保障”（“两不愁”：不愁吃、不愁穿；“三保障”：教育保障、医疗保障、住房保障）和饮水安全等硬性指标，逐项逐条落实。教育保障方面，全区脱贫享受政策人员中有在校学生7人，其中2人为中职阶段在校生，5人为义务教育阶段适龄学生，全部正常接受教育，无失学、辍学现象。医疗保障方面，为脱贫享受政策人口及监测对象每人配备1名家庭签约医生，开展上门服务1500余次。全面落实医疗“六重保障”（基本医疗保险资助政策、大病保险倾斜支付政策、医疗机构

2021年12月18日，区农业农村局执法人员在羊亭镇农资经营店开展执法检查
（区农业农村局　供图）

减免政策、医疗救助托底保障政策、医疗商业补充保险政策、再救助政策）机制，为每名脱贫享受政策人口及监测对象代缴居民基本医疗保险，保障困难群体应保尽保。严格落实大病保险倾斜政策，有效防止因病返贫现象发生。住房安全保障方面，对所有脱贫户及监测对象住房情况实施动态监管，开展拉网式住房安全鉴定1次，保障其住房安全。投入20万元，实施“靓居工程”改造，确保脱贫群众及监测对象居住环境进一步提高。饮水安全保障方面，全区3个重点村、78个非重点村实现集中供水和水质检测全覆盖，全区农村居民自来水供应量、水质等指标全部达到《农村饮水安全评价标准》。

【脱贫成果巩固兜底政策】 2021年，环翠区坚持“提高标准、降低门槛、应保尽保”的兜底保障思路，新纳低保83人、新办特困41人，为全区农村低保对象发放低保金6686人次390.03万元，为农村特困对象发放保障金3824人次504.31万元，为经济困难老年人发放生活补贴4580人次41.98万元。落实残疾人保障政策，发放困难残疾人生活补贴7327人次98.71万元；发放重度护理补贴36887人次468.65万元。开展即时帮扶，对临时性、突发性贫困，根据即时发现全国防返贫动态监测系统，认定符合条件监扶对象3户3人，纳入各项帮扶政策保障范围，防止返贫现象发生。

【协作帮扶】 2021年，环翠区加大对枣庄市台儿庄区的协作帮扶力度，拨付台儿庄区财政协作帮扶资金360万元。6个结对镇（街道）与台儿庄区有关镇（街道）交流对接，以物资捐赠、资金援助的形式，为台儿庄区提供社会捐赠援助102.51万元，

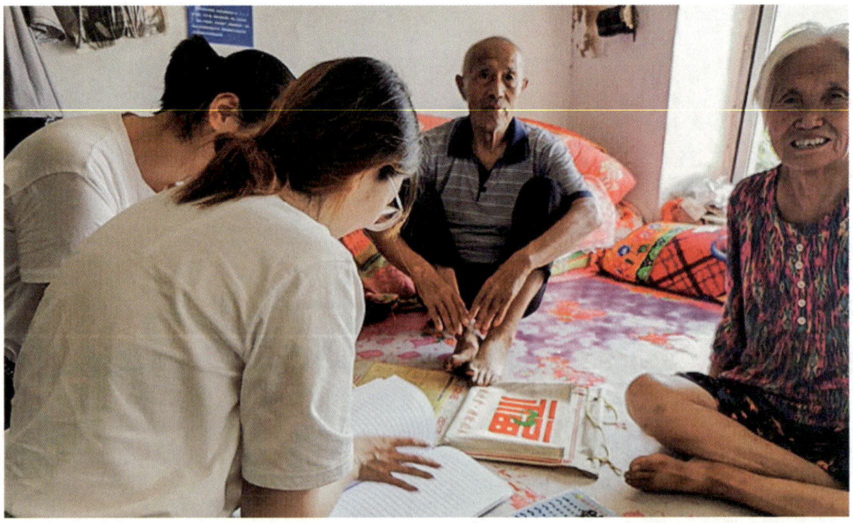

2021年9月2日，区农业农村局扶贫专职干部到脱贫户家里核查2021年度收入清单 （区农业农村局 供图）

召开联席会议1次，选派挂职干部和技术人才10人。组织引导辖区企事业单位到台儿庄区采购当地产品，购买台儿庄区产品价值10.88万元，通过消费协作助力台儿庄区经济社会发展。迪尚集团有限公司在台儿庄3家工厂累计投放订单贸易额3197.3万元，威海三阳服饰有限公司旗下的山东科宏纺织有限公司，与50家枣庄服装企业建立业务合作关系，新厂区开展生产线智能化改造，购置智能化设备400余台（套），投入改造资金1.5亿元，支援台儿庄区经济社会发展。

乡村振兴

【概况】 2021年，环翠区围绕市委、市政府工作部署，把推进城乡深度融合、实现乡村全域振兴作为主攻方向，强化执行力、全面促提升，乡村五大振兴（产业振兴、人才振兴、文化振兴、生态振兴、组织振兴）取得显著成效。产业振兴方面，在全市率先推出环翠“农村找房”App，建成全市首个以种质资源研发为主题的乡村产业振兴研究中心，成功创建省级现代农业产业园，规划投资5亿元的城乡融合示范项目全面开工。人才振兴方面，制定“英才汇翠”人才新政，促成6家产学研合作，引入高层次专家学者9人，担任“乡村振兴首席专家”，开展新型职业农民培训1700余人次，选派科技特派员96名、医疗专家288名、优秀教师413名下沉基层。文化振兴方面，新时代文明实践站覆盖率、区级以上文明村达标率、“一村（社区）一年五场戏”（文艺演出）工程覆盖率、综合性文化服务中心建成率、儒学讲堂覆盖率均为100%；组织创作以环翠乡村振兴故事为背景的电影《村头村尾》，在全国院线上映。生态振兴方面，投资1597.81万元完成12个村农村生活污水治理，投资480万元完成2580户农村清洁供暖改造，投资1275万元对10条、19.9千米农村公路实施改造升级；新建农村老年餐桌14处、省级示范标准村卫生室4所、市级示范标准村卫生室1所。组织振兴方面，注册成立100个党支部领办股份经济合作社，出台保障合作社发展10项措施，发

2021年7月28日，羊亭镇2021年度果蔬大棚产业项目

（区农业农村局　供图）

放奖励资金150万元，成立首期100万元的慈善农村信用基金，定期分档支持农村信用建设，制定《关于加强结对帮扶经济薄弱村工作的意见》进行对口帮扶，全区村级集体经济年收入全部达到5万元以上。

【省级乡村振兴“十百千”示范镇和示范村创建】 2021年，张村镇和张村镇刘家疃村、嵩山街道小镇村五家疃股份经济合作社、温泉镇张家山村、羊亭镇梅家沟村入选第二批山东省乡村振兴“十百千”（10个县、100个乡镇、1000个村）示范名单。至年末，全区2个镇（张村镇、羊亭镇）、6个村（张村镇王家疃村、刘家疃村，嵩山街道小镇村五家疃股份经济合作社，温泉镇张家山村，羊亭镇梅家沟村、贝草夼村）被认定为省级乡村振兴“十百千”示范镇和示范村。

【乡村振兴样板片区建设】 2021年，全区乡村振兴样板片区按照“近郊优势再放大、特色产业再精致、基础短板再提升”发展思路，依托2个市级样板片区（里口山近郊休闲样板片区、环翠轻户外运动小镇样板片区）和5个区级样板片区（玉皇顶文旅融合样板片区、宝石山高效生态农业样板片区、正棋山休闲样板片区、五渚河休闲样板片区、菱角湾城乡融合样板片区），谋划总投资6.7亿元的51个重点项目。同时，新规划3个区级片区（黄窠寺休闲观光样板片区、龙山湖高效生态农业样板片区、伟德山生态旅游样板片区），实现样板片区镇域全覆盖。在桥头镇重点启动城乡融合示范项目，推动精致化城乡融合发展先行区建设。

【乡村振兴产业项目】 2021年，环翠区坚持科学立项，将年度产业扶困项目纳入乡村振兴样板片区建设大盘子，统筹考虑、统一谋划，立足守城优势，着力发展以设施农业、休闲文旅为特色的近郊产业。加快注资项目重整，利用回收往年度部分注资类项目资金，整合2021年度财政衔接资金，投入496.4万元，如期完成羊亭镇2021年度果蔬大棚产业帮扶项目、桥头镇2021年玻璃温室工程建设项目2个年度产业项目建设任务，建成高标准农业大棚5个。坚持放活经营权，建成项目全部采用委托经营方式，由农业企业承租，收益率均在8%以上。严格资产收益管理，全区11个建成项目产生收益205.4万元，按照差异化原则分配脱贫享受政策人口及帮扶对象扶持资金115万元，人均项目收益超过1250元，划归村集体收益90.4万元。

【乡村振兴人才培育】 2021年，环翠区成立威海市环翠区农民教育培训工作领导小组，出台《环翠区新型职业农民认定管理办法（暂行）》，制定《威海市环翠区2021年高素质农民教育培训工作实施方案》，按照集中培训、实训实习、参观考察和跟踪服务“四位一体”的

2021年10月17日，环翠区举行2021年高素质农民培训开班仪式

（区农业农村局　供图）

培训原则，培育新型农业经营主体带头人154人、农业丝路先锋18人。威海晟仙俊美蝴蝶兰有限公司、威海爱山农业发展有限公司两家新型经营主体获评威海市第五批农民教育实训基地，环翠区福鑫源农业生态园、环翠区堡子顶家庭农场、环翠区甜宝家庭农场、威海陶缘谷休闲生态农业有限公司、威海秋歌生态农业科技有限公司、威海市宝丰果蔬专业合作社、环翠区长泰家庭农场、威海山里人家生态环境科技有限公司8家新型经营主体通过威海市农民教育实训基地复核。

现代农业

【概况】 2021年，全区耕地面积4989公顷，粮食总产量1.15万吨。其中，小麦收获面积602公顷，总产量3393吨；玉米收获面积1067公顷，总产量7680吨；花生总产量2272吨，比上年下降41%。蔬菜总产量3.50万吨，增长12.4%。果品总产量6.52万吨，增长12.3%，其中苹果5.82万吨，增长11.6%。

【标准化农业】 2021年，全区农业“三品一标”（无公害农产品、绿色食品、有机农产品和农产品地理标志）有效期内认证产品25个，其中无公害农产品认证3个、绿色食品认证21个、地理标志保护产品1个。认证产品包括苹果、大樱桃、猕猴桃、葡萄、桑葚、蟠桃、甘薯和花生等。认证产品注册商标品牌11个，包括“威盛”大樱桃、“羊亭欢乐谷”桑葚、“科地丰美”苹果、“福鑫源”大樱桃、“宝丽滢”猕猴桃、“里口山秋歌”葡萄、“堡子顶”大樱桃、“宝丰晶滢”桃、“红苹果”苹果、“山壮”鸡蛋、“福顶山”鸡蛋。标准化生产面积4532公顷，占全区食用农产品面积的85%以上。

【品牌农业】 2021年，全区新增市级农业产业化龙头企业3家（威海市蔬菜有限公司、威海市七彩生物科技有限公司、威海市大山前食品有限责任公司），市级知名农产品品牌1家（威海新元果业技术服务有限公司“科地丰美”不套袋苹果）。“BLUE DOLPHIN蓝海豚”牌苹果、“浦源”牌鱼露系列食品成功申报2021年省级知名农产品品牌。至年末，全区农业产业化龙头企业发展到22家，其中国家级1家、省级4家、市级17家；全区有知名农产品品牌9家，其中省级3家、市级6家。

2021年环翠区农业产业化龙头企业一览表

表6

序号	名　　称
	国家农业产业化龙头企业
1	家家悦集团股份有限公司
	山东省农业产业化龙头企业
2	威海市宇王集团有限公司
3	威海环山农牧投资有限公司
4	威海北海水产开发有限公司
5	威海浦源食品有限公司
	威海市农业产业化龙头企业
6	威海市粮食收储中心
7	威海市世荣进出口有限公司
8	威海绿苑园林工程有限公司
9	威海市望联种禽有限公司

续表6

序号	名　　称
10	山东威高四海酿造有限公司
11	威海博宇食品有限公司
12	威海秾芳园农业科技有限公司
13	威海壹贰叁肆玖农副产品配送有限公司
14	威海振威畜禽有限公司
15	威海喜盈门乳品有限公司
16	威海三昌食品有限公司
17	威海市亿霖果蔬有限公司
18	威海绿苑植物材料有限公司
19	威海市新元果业技术服务有限公司
20	威海市蔬菜有限公司
21	威海市七彩生物科技有限公司
22	威海市大山前食品有限责任公司

2021年环翠区知名农产品品牌一览表

表7

序号	名　　称
	山东省知名农产品品牌
1	威海市宇王集团有限公司“宇王”牌水产品
2	威海富盛食品有限公司“BLUE DOLPHIN蓝海豚”牌苹果
3	威海浦源食品有限公司“浦源”牌水产
	威海市知名农产品品牌
4	威海市环翠区山里红果蔬专业合作社“枝满头”牌蟠桃
5	威海市环翠区威盛大樱桃农民专业合作社“威盛”牌大樱桃
6	威海欢乐谷植物种植专业合作社“羊亭欢乐谷”牌桑葚
7	威海市宝丰果蔬专业合作社“宝丽滢”牌桃
8	环翠区福鑫源农业生态园“福鑫源”牌大樱桃
9	威海新元果业技术服务有限公司“科地丰美”牌苹果

【现代果业】 2021年，全区果品总产量6.52万吨，比上年增长12.3%，其中苹果5.82万吨，增长11.6%；桃种植面积68.63公顷，产量949.3吨；樱桃种植面积138.53公顷，产量1967.6吨。至年末，全区有现代模式苹果园86.67公顷，采用宽行密株、支架支撑、起垄栽培、行间生草、增施有机肥、水肥一体化、病虫害绿色防控等适应机械化、省工栽培技术，发挥示范带动作用，现代模式苹果园平均亩产4吨，比传统苹果园产量提高1倍，生产用工节省60%，优质果率85%。威海新元果业技术服务有限公司在全市率先探索免袋栽培绿色防控技术，被评为威海市十大免袋栽培基地企业。

【城郊休闲农业】 2021年，环翠区拥有以“吃住行游购娱，商养学闲情奇”为特色的农业、文化、旅游融合产业休闲观光农业园区25个。分别为：威海市环翠区福豪果品专业合作社、威海秋歌生态农业科技有限公司、威海山里人家生态环境科技有限公司、威海市宝丰果蔬专业合作社、山东蓝澳农业休闲观光有限公司、威海市环翠区威盛大樱桃农民专业合作社、环翠区福鑫源农业生态园、威海欢乐谷植物种植专业合作社、环翠区乔氏采摘观光园、威海新元果业技术服务有限公司、环翠区甜宝家庭农场、威海市环翠区月铭园蔬菜专业合作社、威海市南郊葡萄农民专业合作社、威海市宋家红土地股份农民专业合作社、威海市龙泰果蔬专业合作社、威海美丰蓝莓专业合作社、威海晟仙俊美蝴蝶兰有限公司、环翠区堡子顶家庭农场、威海陶缘谷休闲生态农业有限公司、环翠区长泰家庭农场、威海市环翠区康嘉园果品农民专业合作社、威海市仁义家庭农场有限公司、威海市华峰三优富士专业合作社、威海威翔家庭农场、威海市七彩生物科技有限公司。占地面积800公顷，拥有葡萄、草莓、苹果等采摘品种近20个。至年末，初步形成以观光、采摘、体验、休闲、垂钓、餐饮、文体娱乐为主要特色的环翠区城郊休闲农业和乡村旅游新格局。9月，张村镇王家疃村、羊亭镇贝草夼村被市农业农村局、市文化和旅游局授予“威海市2021相约乡村振兴路活动打卡地”称号。

年内，环翠区着力打造包含张村镇、羊亭镇、温泉镇、嵩山街道、桥头镇的环翠休闲农业旅游大品牌。其中，张村镇以打造全国知名的亲子部落为目标，依据资源分布与产业发展现状，以农业休闲、绿色种植、生态观光、民俗文化、观光旅游为主，以科技农业、山地运动、祈福养生、休闲娱乐为辅，重点打造产业融合示范区。羊亭镇以打造集绿色果蔬生产、科技农业、特色休闲采摘于一体的现代农业产业园为目标，依托现有威海市宝丰果蔬专业合作社、威海欢乐谷植物种植专业合作社、山东蓝澳农业休闲观光有限公司等农业园，引进先进生产技术与设备，打造成为绿色、高效的现代农业产业园。嵩山街道借力华夏城影响力，利用土地资源丰富的优势，发展以特色种植、休闲采摘为代表的现代休闲农业；依托环翠轻户外运动小镇，做大做强运动赛事品牌。温泉镇发挥毗邻崮山水库、正棋山等山水资源优势，发展以养生休闲产业为代表的现代休闲农业。桥头镇发挥伟德山区域苹果产业优势，发展现代苹果休闲旅游产业。

【农业技术服务】 2021年，区农业农村局通过政府网站、电视台、报纸、微信公众号、赶大集、科技下乡等多种方式，开展农业技术宣传、培训与普及。利用“下乡进村”专场培训、专题培训班、电视新闻结合科技大集同步报道等方式开展农技宣传、科技下乡90余次，指导农民700余人次；举办农业、种子、果树、土壤改良、病虫害防治等各类培训班9次，培训指导800余人次；发放《适合环翠区推广的农作物新品种》《环翠区2021年小麦春季管理技术意见》《环翠区2021年花生中后期管理技术意见》等技术明白纸3000余份。

【生产技术指导与推广】 2021年，区农业农村局着力对全区的果品、农业生产进行技术指导，引进、推广农作物新品种与配套技术30余个，引进苹果、桃、樱桃等果树新品种30余个。

【测土配方施肥技术】 2021年，区农业农村局组织技术人员采集农化土壤样品36个，化验864项次，采集墒情监测土样336个，全部化验完毕。在果品、蔬菜、花生、春玉米、夏玉米和冬小麦生产中，推广和普及应用测土配方施肥技术面积4333公顷、配方肥应用面积1640公顷。应用测土配方施肥技术效果显著，经全区测产考察，花生应用测土配方施肥技术较习惯施肥平均亩增产花生荚果16.47千克，亩节肥2.6千克，亩均节本增效122.22元，总节本增收515.16万元。

【病虫害防治】 2021年，区农业农村局做好农业重大有害生物应急防控演练工作。5月5日，在桥头镇江家口村召开小麦条锈病防控现场会，宣传推广使用高效、低毒和低残留农药，促进小麦穗期病虫害防治。

2021年5月5日，区农业农村局在桥头镇江家口村召开环翠区小麦条锈病防控现场会　　　　（区农业农村局　供图）

对小麦条锈病、茎基腐病、赤霉病开展拉网式普查，对易发地块进行全面监控。建立玉米草地贪夜蛾监测防控点50处。利用上级专项资金，采购发放小麦和玉米重大病虫害防控物资，包括250克/升吡唑醚菌酯乳油、430克/升戊唑醇悬浮剂、10%噻虫·高氯氟悬浮剂和12%甲维·螨腈悬浮剂，以及太阳能杀虫灯和诱捕器等，用于小麦、玉米等农作物重大病虫害的绿色防控，实行小麦、玉米绿色防控全覆盖。

【植物检疫】　2021年，区农业农村局加强苹果蠹蛾、果蔬害虫等外来危险检疫对象的阻截带建设和监测工作，建立疫情阻截带20处，投放性诱剂200余个。抓好农产品产地及调运检疫工作，在苗木生产期间，开具调运检疫证书，开展调运检疫5批次。

【农业机械管理】　2021年，全区有农业机械总动力8.61万千瓦，比上年增长0.25%；农用排灌动力机械2100台，增长133%；农用拖拉机5678台，增长73%。年内，完成机耕作业面积1986.6公顷、机播面积1280公顷、机收面积1746.7公顷。全区兑现农机购置补贴10.18万元。其中，补贴新购机具13台，受益农户11户；补贴报废机具1台，受益农户1户。年内，区农业农村局开展农机安全生产集中整治行动，加大安全宣传教育管理力度。组织下乡宣传6次，发放各种安全宣传资料2100余份，免费粘贴农机反光贴2900余份；开展春耕备耕、“三夏”（夏收、夏种、夏管）、“三秋”（秋收、秋种、秋管）等安全生产检查，针对检查发现的问题建立隐患排查台账，整改一个销号一个；开展农机事故应急演练1次，提高安全防范意识；对辖区内13家农机维修网点、农机配件商店、农机合作社每月进行1次安全生产检查，确保农机安全生产形势持续向好。

农村经济管理

【概况】　2021年，全区农村经济管理工作以促农民增收、保农村稳定为目标，做好农村土地承包管理，全区实行家庭承包经营农户16253户，承包耕地面积3912公顷。加速推进农村土地流转，全区土地流转面积1025公顷。深化农村集体经济组织产权制度改革，农村“三资”（农村集体资金、资产、资源）委托代理服务中心实现全覆盖，监管水平进一步提高。

【农村财物与集体资产管理】　2021年，区农业农村局推动“互联网+”向农村管理服务延伸，合理使用“环翠区农村大数据管理平台”，实

2021年8月17日，区农业农村局与交警开展农机驾驶安全联合执法行动　　　　（区农业农村局　供图）

施数字乡村振兴战略，整合“三资”管理、审批管理、产权交易和土地确权4个版块，搭建大数据指挥中心，配套开发手机App，实现管理规范、运行高效、使用便捷、“三资”安全。年内，加大农村财务审计力度，对71个村级集体经济组织及15个辖属企业的财务收支情况进行审计。

【新型农民经济组织】 2021年，区农业农村局规范和完善农村经营体制，发展新型农民经济组织，促进农民增收。年内，新增农民专业合作社55家、家庭农场77家。至年末，全区有农民专业合作社322家，其中县级以上示范社35家（国家级示范社2家、省级示范社2家、市级示范社11家、县级示范社20家）；家庭农场111家，其中县级以上示范场18家（省级示范场3家、市级示范场6家、县级示范场9家）。

畜牧业

【概况】 2021年，全区畜牧业总产值2.31亿元，比上年增长48.3%。肉类总产量3915.16吨，蛋类总产量6637.38吨，奶类总产量1695.9吨。至年末，生猪存栏2.82万头，生猪出栏3.56万头，蛋鸡存栏44.43万只，肉鸡出栏27.14万只，牛存栏0.10万头，羊存栏0.43万只。

【畜产品质量安全监管】 2021年，区畜牧兽医事业发展中心持续开展畜产品质量安全管理工作，巩固国家食品安全城市和山东省农产品安全城市建设成果。开展“瘦肉精”、生鲜乳、兽用抗菌药、自配料、生猪私屠滥宰、守护舌尖安全等专项行动，检查生产经营企业930家次，出动执法人员2714人次，指导培训1110人次。开展4次风险监测，抽检302批次蛋、奶等畜产品，抽检肉用畜尿液4562份，进行“瘦肉精”快速检测，检测结果全部合格。利用公众号、微信群等渠道加大畜产品质量安全宣传力度，印发《食品动物禁用兽药清单》等宣传材料180余份，印发、张贴到全区规模养殖场和专业户、兽药经营单位和饲料生产企业。开展“治违禁　控药残　促进畜产品质量提升”集贸市场集中宣传1次，全区从业人员集中培训4次。组织威海振威畜禽有限公司参加威海市第五届知名农产品展，提升品牌的知名度和美誉度。

【生猪稳产保供】 2021年，区畜牧兽医事业发展中心贯彻落实国家、省、市决策部署，加快生猪生产恢复发展，将目标任务明确到相关镇（街道）。组织实施《威海市环翠区2021年生猪奖励资金项目实施方案》，拨付环翠区春绿家庭农场4000元奖励资金。通过畜禽养殖微信群以及公众号等平台发布生猪、能繁母猪保险政策，让畜禽饲养者知晓养殖政策，提高养殖积极性。至年末，全区生猪存栏2.82万头，完成存栏任务128%；生猪出栏3.56万头。

【示范服务载体建设】 2021年，区畜牧兽医事业发展中心建设示范服务载体，推广绿色高效技术服务。在桥头镇培育建设威海振威畜禽有限公司试验示范基地，指导推广畜禽养殖源头减排关键技术、饲料中微生态制剂科学应用技术、畜禽养殖场异味除臭技术、蛋鸡场中兽药的科学使用技术、蛋鸡场中松针粉和菊花粉等饲料添加剂，改善鸡蛋风味技术，全区畜禽养殖进入健康、高效、优质的发展业态。

【畜牧兽医技术队伍建设】 2021年，区畜牧兽医事业发展中心根据现代畜牧业生产的需要，实践探索“专家—农技人员—科技示范基地（户）”的畜牧业科技成果转化应用模式，建立技术人员抓示范基地、示范户带动辐射户的技术推广机制。组织9人参加亚洲国际集约化畜牧展览会（青岛）、第36届（2021）山东

2021年11月9日，区畜牧兽医事业发展中心举办环翠区基层农技推广培训班
（区畜牧兽医事业发展中心　供图）

畜牧业博览会（济南），了解国内最新的畜牧兽医科技成果，为畜牧兽医技术队伍“充电”。

【畜牧兽医技术推广服务】　2021年，区畜牧兽医事业发展中心通过微信公众号、镇兽医站畜禽养殖群、电子屏、农村大集、进场入户发放明白纸、告知书等多种形式，开展畜牧兽医技术推广宣传。组织全区26家规模养殖场技术人员、17家动物诊疗机构、5家兽药经营单位、1家饲料生产单位、7名村级防疫员和区畜牧兽医事业发展中心30名工作人员，参加环翠区基层农技推广集中培训，组织采购各类书籍13种400余册，现场发放各类培训材料600余份。

【养殖污染整治】　2021年，区畜牧兽医事业发展中心督导全区所有养殖场（户）按照“一控两分三防两配套一基本”［“一控”：改进节水设备，控制用水量，压减污水产生量；“两分”：改造建设雨污分流、暗沟布设的污水收集输送系统，实现雨污分离，改变水冲粪、水泡粪等湿法清粪工艺，推行干法清粪工艺，实现干湿分离；“三防”：配套设施符合防渗、防雨、防溢流要求；“两配套”：养殖场（户）配套建设储粪场和污水储存池；“一基本”：粪污基本实现无害化处理、资源化利用］的原则配齐粪污收集、转运、利用设施、设备。指导养殖场（户）与周边种植户签订粪污消纳协议。至年末，全区畜禽养殖场（户）粪污处理设施装备配套率100%，畜禽粪污综合利用率92%。开展河湖、铁路周围畜禽养殖隐患排查整治、农业面源污染集中整治专项攻坚行动、生态环境突出问题集中整治攻坚行动等多项专项行动，排查养殖场247场次、专业户332户次，排查问题6处，均按时整改，完成销号。

【无疫区维护】　2021年，区畜牧兽医事业发展中心加强畜禽饲养管理，严把外引动物审批关口，强化无疫区易感动物和动物产品的监督检查。对申请输入易感动物或动物产品的货主，核查身份证件、规定动物疫病病原学检测报告、厂家资质等相关资料。接到动物落地报告后，及时到现场查证验物，指导养殖场（户）利用空圈舍做好隔离饲养。至年末，受理易感动物输入申请1批次、2.05万头（只），易感动物产品91批次、307.84吨。

【动物重大疫病防控】　2021年，区畜牧兽医事业发展中心投入13.2万余元，补充更新防疫物资，新购置注射器、喷雾器、诊断试剂等必需的防疫物资，保障镇防疫工作正常开展。向全区30家规模养殖场、46家养殖专业户发放《畜禽养殖场（户）重大动物疫病强制免疫告知书》。年内，全区注射高致病性禽流感“H5+H7”疫苗105.6万毫升，免疫家禽132.1万羽。注射猪口蹄疫疫苗4.27万毫升，免疫生猪4.04万头。注射小反刍兽疫疫苗0.67万头份，免疫羊0.45万只。注射牛、羊口蹄疫O型灭活疫苗1.54万毫升，免疫牛0.16万头、羊0.9万只。应免畜禽100%免疫。按照监测方案，化验检测口蹄疫150头份、化验鸡新城疫140羽份、高致病性禽流感530羽份；化验羊小反刍兽病30只份、羊布鲁氏菌452只份。通过实验室检测，口蹄疫、禽流感、小反刍兽疫的抗体水平均达国家规定水平。

【非洲猪瘟防控】　2021年，区畜牧兽医事业发展中心对全区生猪养殖场（户）全部落实网格化监管，以规模养殖场或行政村为单位，划定47个网格，明确监管人员，建立养殖监管和疫情巡查制度。出动1400余人次，巡查生猪养殖场（户）968场（户）次，排查生猪12.29万头次，未发现疑似非洲猪瘟疫情。落实车辆备案、调运管理，指导生猪运输车辆所有人通过微信小程序完成车辆信息填报，建立生猪运输台账，备案生猪运输车辆30辆。年内，监测生猪运输车辆非洲猪瘟环境拭子184份，结果全部阴性。制定

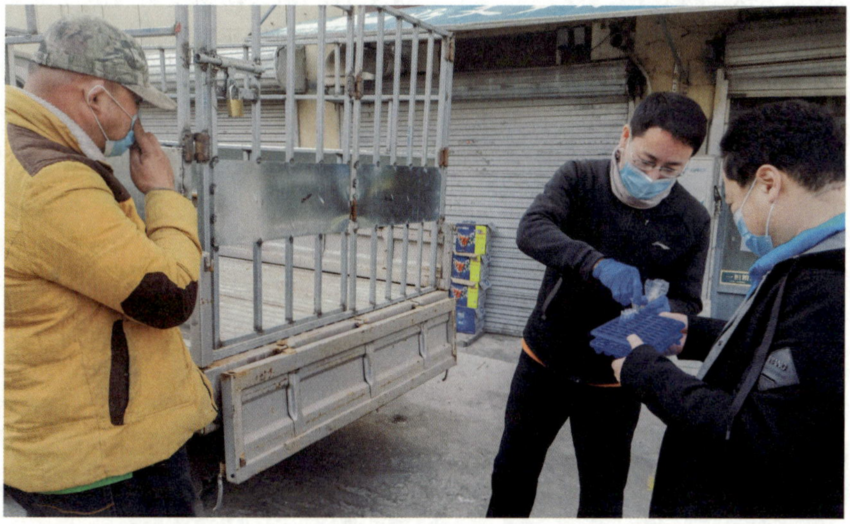

2021年1月27日，区畜牧兽医事业发展中心工作人员在大众路对生猪运输备案车辆进行采样　（区畜牧兽医事业发展中心　供图）

2021年9月28日，区畜牧兽医事业发展中心工作人员对动物诊疗机构进行业务指导　（区畜牧兽医事业发展中心　供图）

《2021年环翠区非洲猪瘟监测实施方案》，随机采集8个场（户）64份环境样品，全部阴性。

【动物诊疗机构监管】　2021年，区畜牧兽医事业发展中心落实动物诊疗行业安全生产责任，规范动物诊疗活动，1月和8月举办两期动物诊疗机构普法宣传培训班，与17家动物诊疗机构负责人签订《动物诊疗单位承诺书》和《安全生产责任状》。年内，对辖区内的动物诊疗机构进行4次监督检查，出动工作人员200余人次。

【动物及动物产品检疫】　2021年，区畜牧兽医事业发展中心按照产地检疫规程实施畜禽检疫，全区受理申报动物检疫率、到现场或指定地点检疫实施率和操作到位率均100%，有效预防和控制外源性动物疫病传入区内的风险，维护辖区动物及动物产品安全。至年末，检疫生猪1.9万头、禽类2557.78万羽；分销检疫动物产品307.84吨。

【病死畜禽无害化处理】　2021年，区畜牧兽医事业发展中心利用山东省畜禽无害化处理监管平台数据信息，督导养殖场（户）落实病死畜禽无害化处理主体责任，推进辖区病死畜禽无害化处理工作。年内，收集病死猪6295头、其他病死畜禽10.38吨，全部由威海天保生物科技有限公司转运至文登厂区进行无害化处理。消灭动物疫病内源性传染风险，控制病死畜禽流经其他渠道的风险，维护畜产品源头安全。

【品牌强农工程实施】　2021年，区畜牧兽医事业发展中心推广标准化健康养殖，巩固标准化示范创建成果，保持畜禽养殖的规模化、集约化、标准化水平，为桥头镇14家规模场定制规模场上墙制度、网格化管理监管牌等基础建设，提高桥头镇养殖场的标准化水准。全区26家规模场中，有标准化养殖场12家，其中国家级标准场2家（威海振威畜禽有限公司、威海正方蛋禽养殖场）、省级标准化场1家（山东望联种禽有限公司），全区规模养殖场标准化比例46%。2020—2021年，区畜牧兽医事业发展中心组织创建鲜鸡蛋绿色食品“山壮”品牌1个（威海振威畜禽有限公司）、“精致牧场”2个（威海振威畜禽有限公司、环翠区广源养殖场）、现代畜牧产业基地1家（环翠区华义猪场）、农牧循环一体化基地1家（威海振威畜禽有限公司）。

【畜禽种质资源普查】　2021年，区畜牧兽医事业发展中心印发《关于开展全区畜禽种质资源普查的实施方案》，按照方案组织各中心（站）以镇（街道）为单位，采取座谈、走访、调阅有关资料、现场核实等方式，开展畜禽和蜂遗传资源的群体数量和区域分布情况摸底、新发现畜禽遗传资源的发掘和普查等工作。桥头镇东洛后村，张村镇福德庄村、后双岛村，温泉镇小庄村、雅家庄村，嵩山街道华夏社区6个村（社区）存在畜禽遗传资源，有烟台黑猪、弗里斯兰马、美国标准马、吉林梅花鹿、羊驼和非洲黑鸵鸟6种品种资源，群体数量253头（只），其中散养227头（只）、集中饲养26头（只）。

（刘雅静　马希瑞　刘子佳）

工　业

综　述

【概况】 2021年，环翠区加快亿达（威海）新材料应用创新中心、魏桥（威海）铝精深加工产业园、联东U谷·威海科创智汇港等高端园区建设，18家冲击新目标企业整体保持稳步增长，净增规模以上工业企业31家，新增国家专精特新重点“小巨人”企业2家、省级制造业单项冠军企业1家、省级“绿色工厂”2家、“山东省瞪羚企业”3家、省“专精特新”企业6家、省高端品牌工业企业5家，山东威高骨科材料股份有限公司在上海证券交易所科创板上市，威海宝威新材料科技有限公司入选国家新一代信息技术与制造业融合发展试点示范名单，三角轮胎股份有限公司获评全省智能化改造标杆企业，威海新北洋数码科技股份有限公司、三角轮胎股份有限公司、威海宝威新材料科技有限公司3家企业入选省级智能工厂，威海宝威新材料科技有限公司入选全市首家无人车间，山东环球渔具股份有限公司、威海市海王旋流器有限公司、威海瑞沐精工科技有限公司、威海三元塑胶科技有限公司4家企业入选市级数字化车间。至年末，环翠区有规模以上工业企业144家，工业增加值比上年增长7.1%；完成工业总产值317.8亿元，增长10.9%。全区规模以上工业企业实现主营业务收入325.7亿元，增长11.9%；实现利润28亿元，下降16.5%。

【“4+3”制造业产业集群建设】 2021年，环翠区重点培育发展高端装备制造、新材料、生物医药、新一代信息技术四大新兴产业，改造提升纺织服装、食品制造、钓具三大传统产业的“4+3”制造业产业集群建设，完成工业总产值299.5亿元，比上年增长8.9%；实现主营业务收入303.7亿元，增长10.2%。

【数字经济】 2021年，区工业和信息化局推进“企业上云”，推动互联网、大数据与实体经济深度融合，完成上云企业396家，位居全市各区市前列；推进国家级“两化”（信息化、工业化）融合管理体系认定建设工作，至年末，全区14家企业通过认定，威海宝威新材料科技有限公司入选国家级新一代信息技术与制造业融合发展试点名单。

【5G基站建设】 2021年，环翠区推进5G基站建设和组网服务，形成大容量、高带宽、低时延、泛在的5G网络支撑服务体系，基本实现城乡重点地区5G网络覆盖和规模化商用。年内，全区新建5G基站242座，累计建设5G基站772座。

【骨干企业发展】 2021年，威海海鑫新材料有限公司获评省级制造业单项冠军；山东双轮股份有限公司、威海市海王旋流器有限公司2家工业企业获批国家专精特新重点“小巨人”企业；威海浦源食品有限公司、威海银兴预应力线材有限公司、三角轮胎股份有限公司、威海广泰空港设备股份有限公司、山东双轮股份有限公司5家工业企业获评省高端品牌企业；威海创意游艇有限公司、威海中远造船科技有限公司、威海丰润机械有限公司、名流环境科技股份有限公司、威海市银河光电设备股份有限公司、威海普益船舶环保科技有限公司6家企业获批省级“专精特新”企业，威海海鑫新材料有限公司、威海瑞阳船艇开发有限公司、威海银河生物技术有限公司、山东双轮股份有限公司、威海新元化工有限公司、威海天之卫网络空间安全科技有限公司、威海奥牧智能科技有限公司、威海市银河光电设备股份有限公司、威海瑞沐精工科技有限公司9家企业获批市级“专精特新”中小企业；威海威高医用材料有限公司、威海宝威新材料科技有限公司、山东双轮股份有限公司3家企业获评“山东省瞪羚企业”。年内，总投资130.06亿元的35个区级重点工业投资项目完成投资44.54亿元，占年度计划投资的114.5%。其中，新北洋数码智能工厂、宝威新材料智能工厂、威高骨科植入产品升级改造、中节能环保产业园、连城智谷产业园、沃达新材料、科建检验检测中心、威高四海食品研发、环球高自动化生产线、喜盈门智能化产业园扩建、怡和海洋激光环保检测设备研发生产、艾山生活垃圾焚烧厂扩建工程、森亿服装检测、鲜之郎海洋食品研发生产等项目部分投产或投入运营，形成新的经济增长点。

2021年环翠区重点工业项目一览表

表8

序号	项目名称	序号	项目名称
1	威海建设集团股份有限公司威建环保设备研发生产项目	13	山东环球渔具股份有限公司环翠钓具共享平台基地项目
2	威海市怡和专用设备制造有限公司海洋激光环保检测设备研发生产二期项目	14	威海艾山环境再生能源有限公司威海市生活垃圾焚烧厂扩建工程
3	威海广泰特种车辆有限公司高端空港装备及特种装备工厂项目	15	中科锐金材料股份有限公司医疗钛合金材料生产项目
4	威海市海王旋流器有限公司矿山智能装备制造项目	16	威海蓝杭新材料科技有限公司高档复合材料生产项目
5	威海宝丽化妆品有限公司高档化妆容器加工项目	17	威海市鸿安建筑集团有限公司鸿安新型建筑部件研发及生产配套项目
6	中节能（威海）环保科技产业园有限公司中节能环保产业园项目	18	威海方舟仿生科技有限公司科技创业园建设项目
7	威海温商智造工业科技有限公司连城智谷高端装备新材料产业园一期项目	19	威海盟联碳纤维制品有限公司盟联碳纤维制品制造项目
8	威海市环翠区国有资本运营有限公司、威海市环翠区城市发展投资有限公司亿达（威海）新材料应用创新中心项目	20	威海新北洋数码科技股份有限公司自助智能零售终端设备研发与产业化项目
9	威海市环翠区城市发展投资有限公司环晟环保建筑新材料生产研发基地项目	21	爱华海（威海）图文影像有限公司绿色图文影像新材料生产线项目
10	山东威高四海酿造有限公司食品研发生产项目	22	威海宝威科技新材料有限公司新材料智能工厂项目
11	威海沃达新材料有限公司沃达新材料项目	23	山东环球渔具股份有限公司高自动化生产线项目
12	威海顺迈华峰自动化科技有限公司自动化设备研发生产项目	24	山东威高骨科材料股份有限公司年产10万套新型脊柱钉棒及微创系统生产线升级改造项目

续表8

序号	项目名称	序号	项目名称
25	威海北途威科技有限公司碳纤维制品生产项目	31	威海龙惠环保科技有限公司纸塑制品生产项目
26	威海森亿服装整理有限公司森亿服装检测项目	32	威海集元电子科技有限公司压缩机永磁体配件生产项目
27	山东科建质量检测评价技术有限公司检验检测中心项目	33	威海市世一网业有限公司特种新材料项目
28	威海鲜之郎食品有限公司海洋食品研发生产项目	34	威海邦德散热系统股份有限公司邦德散热器系统数字化生产线二期项目
29	威海兴泰包装制品有限公司医用包装材料生产项目	35	威海喜盈门乳品有限公司喜盈门智能化产业园扩建项目（一期）
30	威海联东金岛实业有限公司联东U谷·威海科创智汇港项目		

【技术创新】 2021年，威海新北洋数码科技股份有限公司、山东环球渔具股份有限公司等18家企业58个项目列入省级技术创新项目计划；威海化工机械有限公司获评省级技术创新示范企业；威海西港游艇有限公司、威海市银河光电设备股份有限公司、威海宏程机电设备有限公司、威海震宇智能科技股份有限公司4家企业列入山东省首台（套）技术装备及关键核心零部件生产企业及产品名单。

【工业设计中心认定】 2021年，威海三方橡胶机械有限公司、威海海鑫新材料有限公司2家企业工业设计中心被认定为市级工业设计中心；威海三元塑胶科技有限公司、威海山花华宝地毯有限公司、威海市世一网业有限公司、威海瑞沐精工科技有限公司4家企业工业设计中心被认定为区级工业设计中心。至年末，全区有各级工业设计中心33家。其中，国家级1家、省级5家、市级15家、区级12家。

【智能制造和数字化车间】 2021年，区工业和信息化局以智能制造为抓手，提升全区智能化、数字化水平，建立以三角轮胎股份有限公司、威海宝威新材料科技有限公司、山东双轮股份有限公司等15家企业为重点的企业培育库，开展智能化改造企业培育。三角轮胎股份有限公司入选全省智能化改造标杆企业，同时，三角轮胎股份有限公司的“基于研产销数字化集成的高性能乘用车胎智能工厂”被认定为工业和信息化部2021年智能制造示范工厂和2021年山东省智能化改造标杆企业，为全市唯一获此2项殊荣的企业；三角轮胎股份有限公司的高性能乘用车胎智能工厂、威海新北洋数码科技股份有限公司的智能终端智能工厂和威海宝威新材料科技有限公司的宝威科技智能工厂获评省级智能工厂；威海宝威新材料科技有限公司的宝威科技碳纤维预浸布无人车

2021年3月3日，三角轮胎股份有限公司高性能乘用车胎智能工厂
（区工业和信息化局　供图）

间获评全市首家无人车间；威海市海王旋流器有限公司的高端流体控制设备数字化车间、威海瑞沐精工科技有限公司的数字化注塑车间、威海三元塑胶科技有限公司的精密模具数字化智造车间和山东环球渔具股份有限公司的环球渔具智能制造数字化车间列入威海市智能工厂和数字化车间名单。至年末，全区有国家级智能制造示范工厂1家、省级智能工厂3家、市级智能工厂3家、市级数字化车间（含无人车间）11家。

【绿色发展】 2021年，区工业和信息化局有序推进“碳达峰、碳中和”，全面统筹推进绿色制造体系建设，组织企业申报国家级、省级、市级绿色工厂，推动企业在绿色发展意识、绿色设计能力、管理制度建设、清洁生产水平和产品开发等方面持续优化提升。年内，山东双轮股份有限公司、威海龙港纸业有限公司2家企业获评省级绿色工厂，三角轮胎股份有限公司、威海震宇智能科技股份有限公司、威海宝威新材料科技有限公司3家企业获评市级绿色工厂。

新材料产业

【概况】 2021年，环翠区规模以上新材料及其制品企业有15家，实现主营业务收入36.9亿元、利润7597万元。其中，重点企业有威海海鑫新材料有限公司、威海银兴预应力线材有限公司、威海新元化工有限公司、威海宝威新材料科技有限公司等，主要产品包括新型化工材料、铝箔材料、碳纤维复合材料、预应力线材等。新材料产业重点加快产业转型升级、培育新的增长点，总体经济发展态势较好。年内，威海海鑫新材料有限公司入选“山东省制造业单项冠军”，获批市级“专精特新”中小企业；威海宝威新材料科技有限公司获评国家级新一代信息技术与制造业融合发展试点示范企业、国家级工业互联网试点示范企业、山东省瞪羚企业。

【威海海鑫新材料有限公司入选“山东省制造业单项冠军”】 2021年，威海海鑫新材料有限公司坚持把技术创新作为转型升级的核心动力和中心环节，加大科技投入，实施创新平台建设和产学研合作，与中南大学围绕新材料和智能装备领域，持续深化铝深加工领域新产品、新工艺研发，推动产品结构优化升级。先后承担省级创新项目2项，申请专利11项。被省发展和改革委员会认定为山东省企业技术中心，被省工业和信息化厅认定为山东省单项冠军示范企业。开发的新产品CTP印刷版基免除制版过程中化学显影、冲洗等工序，在制版过程中不产生废液、废气、废物，缩短制版周期，降低生产成本，满足绿色化版材发展需求，与乐凯、柯达、爱克发等世界一流影印企业达成战略合作伙伴关系，全球和全国市场占有率排名均位于前茅。年内，公司入选“山东省制造业单项冠军”。至年末，实现主营业务收入19.8亿元、利润1163万元。

【威海宝威新材料科技有限公司获评多项称号】 2021年，威海宝威新材料科技有限公司投资1.75亿元，在张村镇东鑫路50号新建“宝威科技智能工厂”。项目占地3.2公顷，建筑面积3.2万平方米，主要从事碳纤维预浸布装备及制品生产，年产量1000万平方米。至年末，A栋3条生产线投入生产，B栋竣工，开始安装设备。年内，公司获评国家级新一代信息技术与制造业融合发展试点示范企业、国家级工业互联网试点示范企业、山东省瞪羚企业、山东省智能工厂、威海市无人车间、威海市绿色工厂、威海市工业互联网试点示范企业等。至年末，实现主营业务收入1.3亿元、利润141万元。

【重点企业简介】 威海银兴预应力线材有限公司。2021年，威海银兴

2021年3月1日，威海海鑫新材料有限公司生产车间

（区工业和信息化局　供图）

预应力线材有限公司申请发明专利1项、实用新型专利3项，授权实用新型专利11项；主持制定《钢丝无酸洗拉拔预处理技术要求》（YB/T 4730-2019）行业标准，由工业和信息化部发布实施。4月，参与制定"液化天然气储罐用预应力钢绞线"国家标准；5月，被省市场监督管理局评定为"山东省高端品牌培育企业"；12月，研发的"跨海大桥预应力钢绞线""路面铺装预应力特种材料""预应力混凝土轨枕、轨道板用搓丝定尺螺旋肋钢丝"3项新产品获得山东省优秀创新成果一等奖，获得2021年度"中国交通运输协会科学技术奖"一等奖。至年末，实现主营业务收入6.5亿元、利润2279万元。

2021年2月25日，威海化工机械有限公司制造的卧式聚合反应釜

（区工业和信息化局　供图）

威海新元化工有限公司。2021年，威海新元化工有限公司生产的高性能氟硅橡胶产品具有耐高低温、耐油等特殊优点，解决现行耐油密封制品普遍存在的高低温涉油条件下变形、破裂、漏油问题，在航空航天、汽车、石油天然气、精密仪器、高端液压系统密封、电子电气元件封装等涉油密封领域取得良好的销售业绩。突破大型变压器用超低介电损耗氟硅橡胶产业化关键技术，单项产品销售量突破200吨，销售额突破5000万元，获评"中国氟硅行业创新型企业"；投资的"无醛环保水性黏合剂项目"，获批"山东省重大建设项目（储备类）"。至年末，实现主营业务收入1.7亿元、利润6092万元。

装备制造产业

【概况】 2021年，环翠区规模以上装备制造企业有27家，实现主营业务收入144.5亿元，比上年增长6.2%；实现利润14.6亿元，下降28.8%。涵盖通用设备制造业，专用设备制造业，汽车制造业，铁路、船舶、航空航天和其他运输设备制造业，电气机械和器材制造业5个行业大类。重点企业有山东双轮股份有限公司、威海广泰空港设备股份有限公司、威海市海王旋流器有限公司、威海化工机械有限公司、威海西港游艇有限公司等，产品主要涉及空港地面设备、泵类产品、高压反应釜、矿山设备、改装车、汽车零部件及配件、船舶等。年内，山东双轮股份有限公司被工业和信息化部认定为国家级专精特新"小巨人"企业，被省工业和信息化厅认定为"山东省瞪羚企业"、省级绿色工厂，被市工业和信息化局认定为市级"专精特新"中小企业；威海市海王旋流器有限公司获批国家专精特新重点"小巨人"企业。

【山东双轮股份有限公司获评多项称号】 2021年，山东双轮股份有限公司被工业和信息化部认定为国家级专精特新"小巨人"企业，被省工业和信息化厅认定为"山东省瞪羚企业"、省级绿色工厂，被市工业和信息化局认定为市级"专精特新"中小企业。公司"大型双吸离心泵节能与稳定运行关键技术研究与应用""反渗透海水淡化装置用泵关键技术研究及应用"2项科技成果入选威海市"十三五"重大科技成果。至年末，实现主营业务收入4.5亿元、利润2209万元。

【重点企业简介】 威海广泰空港设备股份有限公司。2021年，威海广泰空港设备股份有限公司打造智能化高端保障装备制造平台，重点发展以空港地面设备和旅客登机桥业务为主的空港装备，以消防装备业务和应急救援保障装备业务为主的消防救援装备，以大型固定翼无人机和多旋翼大载荷无人机为主的无人机装备，以移动生物安全实验室车（PCR）、CT检查车、卒中救护车、手术车等全系列移动医疗保障装备移动为主的医疗装备、以火灾报警控制系统、智能应急照明和疏散指示系统、智慧物联网消防平台和制氧设备为主的电力电子装备五大产业板块。至年末，实现主营业务收入30.79亿元、利润4.44亿元。

2021年3月2日，威海市海王旋流器有限公司生产的旋流器在世界级铜矿——卡库拉铜矿中应用　　（区工业和信息化局　供图）

威海化工机械有限公司。2021年，威海化工机械有限公司制造大型反应釜（含大釜产品、搅拌器/磁头、大釜配件、工序加工）产品1140台；获得专利4项，其中发明专利1项，获得环翠区“2021年度企业冲击新目标先进单位”“2021年度纳税先进单位”2项称号。至年末，实现主营业务收入6.2亿元、利润4617万元。

威海市海王旋流器有限公司。2021年，威海市海王旋流器有限公司生产销售旋流器及配套产品3万余台（套）；申请专利20余项，其中发明专利4项；高效洗砂、细砂回收工艺及一体装备开发项目获得中国砂石协会科学技术奖二等奖；被工业和信息化部评为国家级专精特新重点“小巨人”企业，完成2021年度“冲击新目标”任务。至年末，实现主营业务收入5.9亿元、利润8909万元。

生物医药产业

【概况】 2021年，环翠区规模以上生物医药企业有9家，实现主营业务收入28亿元、利润8.4亿元。重点企业有山东威高骨科材料股份有限公司、威海威高医用材料有限公司、山东华素制药有限公司、威海人生药业集团股份有限公司、威海华新药业集团有限公司等，主要产品涉及脊柱、创伤及关节骨科植入物，预灌封注射器等医疗器材，医用耗材，手术防护产品和疫情防护产品，维生素类、感冒类、高血压类、糖尿病类、中药类药品等。年内，威海威高医用材料有限公司获评“山东省瞪羚企业”。

【威海威高医用材料有限公司获评“山东省瞪羚企业”】 2021年，威海威高医用材料有限公司拥有感染防护、养老和妇婴护理及医疗配件3大系列产品。感染防护系列产品主要包括手术防护产品和疫情防护产品，其中手术防护产品主要有一次性使用产包、一次性使用介入手术辅助包、一次性使用无菌手术包、一次性使用手术衣、一次性使用转移垫、一次性使用医用护理垫等；疫情防护产品主要有医用外科口罩、防护口罩、医用一次性防护服、隔离衣、医用帽、医用隔离眼罩、医用隔离面罩等；养老和妇婴护理系列产品主要有护理垫、成人纸尿裤、成人拉拉裤、成人尿片、婴儿纸尿裤等。医疗配件围绕集团内部产品供应，主要有微计量调节器、涂胶纸、不干胶标签、印刷品等。年内，公司在疫情防护用品生产上表现突出，被省工业和信息化厅评为“山东省瞪羚企业”。至年末，实现主营业务收入3亿元、利润4978万元。

【重点企业简介】 山东威高骨科材料股份有限公司。2021年，山东威高骨科材料股份有限公司主要以中高端骨科植入物为主，同时充分覆盖经济型产品市场，在全国范围3000余家医院广泛应用，在国内骨科植入医疗器械领域的整体市场份额位居第一。其中，脊柱类产品市场份额位居国内厂商第一，创伤类产品市场份额位居国内厂商第二，关节类产品市场份额位居国内厂商第三。年内，公司申请专利37项，其中发明专利12项；申请国家重点科研项目——医用级聚氨酯热塑性弹性体和超高分子量聚乙烯树脂研发、器械制造及产业化，获得奖励35万元；申请威海市高端医疗器械项目——人工关节用超高分子量聚乙烯关键材料国产化及应用，获得资金100万元；“足踝外科精准微创治疗关键技术体系建立与推广应用”项目获得国家科学技术进步奖二等奖。至年末，实现主营业务收入16.7亿元、利润6.8亿元。

山东华素制药有限公司。2021年，山东华素制药有限公司成功申报威海市重点实验室，取得“两化”融合体系证书。年内，盐酸贝尼地平片仿制药一致性评价项目按进度推进，盐酸贝尼地平片（规格8毫克）完成补充研究并提交资料，处于国家药品审评认证中心技术审评中；盐酸贝尼地平原料药接收补充资料通知后，按计划进行补充研究；盐酸贝尼地平片（规格2/4毫克）完成工艺验证和药学研究；1-苄基-3-哌啶醇自产研究项目完成中试生产的工艺验证；启动格列吡嗪分散片的一致性评价研究项目。至年末，实现主营业务收入3.4亿元、利润7029万元。

山东威高海星医疗器械有限公司。2021年，山东威高海星医疗器械有限公司主要从事骨科医疗器械产品的生产、研发与销售。在关节领域，采用和一线进口品牌相同的进口原材料及进口表面处理和假体加工工艺，在中美专家的合作指导下，设计出更加符合亚洲人群解剖特征点假体尺寸及更精确高效的工具系统，位列国产品牌第三位。至年末，实现主营业务收入2亿元、利润165万元。

新一代信息技术产业

【概况】 2021年，环翠区规模以上新一代信息技术企业有10家，实现主营业务收入20.8亿元、利润－1373.4万元。涵盖电子信息、集成电路、软件及信息技术服务业三大领域。重点企业有威海新北洋数码科技股份有限公司、威海新北洋荣鑫科技股份有限公司、威海三元塑胶科技有限公司等，产品主要涉及计算机及自主终端设备、金融终端产品、电子元器件、汽车线束等。年内，威海新北洋数码科技股份有限公司智能终端智能工厂入选“省级智能工厂”，威海三元塑胶科技有限公司的精密模具数字化智造车间列入威海市智能工厂和数字化车间名单。

2021年1月3日，威海新北洋数码科技股份有限公司生产车间

（区工业和信息化局 供图）

【重点企业简介】 威海新北洋数码科技股份有限公司。2021年，威海新北洋数码科技股份有限公司累计生产各类自助终端产品13.46万台（套），其中物流领域产品产量占总产量的50%，智能微超领域类占总产量的30%。年内，公司取得全国食品和包装机械团体标准制定单位资质，智能终端智能工厂入选“省级智能工厂”。至年末，实现主营业务收入9.4亿元、利润－1230万元。

威海新北洋荣鑫科技股份有限公司。2021年，威海新北洋荣鑫科技股份有限公司主要从事金融行业相关机具产品的研发、生产和销售等业务，致力于成为领先的支票管理和货币处理设备及系统解决方案提供商。拥有智慧网点解决方案、纸币清分解决方案、硬币流通解决方案、银行柜面四大产品生产线，广泛应用于多家国有银行、股份制银行、城市商业银行和农村商业银行。至年末，实现主营业务收入3.4亿元、利润－1878万元。

威海三元塑胶科技有限公司。2021年，威海三元塑胶科技有限公司致力于大型精密橡塑制品和模具制造技术，以高分子、高性能材料为工作介质进行新型高精度、高强度加工的工程技术，集合气源处理、压力控制、流量控制、高分子材料高性能改性和加工技术。属于国家重点支持的高新技术领域的新材料产业。年内，公司的精密模具数字化智造车间列入威海市智能工厂和数字化车间名单，企业工业设计中心被认定为区级工业设计中心。至年末，生产精密注塑件产品5000余万件，实现主营业务收入1.98亿元、利润202.1万元。

纺织服装产业

【概况】 2021年，环翠区规模以上纺织服装企业有27家，实现主营业务收入33.8亿元、利润9053万元。重点企业有威海魏桥科技工业园有限公司、威海市山花地毯集团有限公司、山东汇泉工业有限公司等。

【重点企业简介】 威海魏桥科技工业园有限公司。2021年，威海魏桥科技工业园有限公司投资建设新型纤维绿色智能一体化项目，引进设备196台（套），其中进口设备60台（套）、国产设备136台（套），打造11万纱锭生产能力的智能纺纱生产车间，年产新型纤维1.1万吨。项目采用企业自主研发的智能I系统，建立独具魏桥特色的专家库、配料系统、无缝化纤维区域物流系统，实现全方位立体化的订单管理、实时成本分析和准确的成本核算、全流程的质量及设备在线检测与监控，全过程质量可追溯，达到生产全程智能化、控制系统智慧化、在线监测信息化、制造过程绿色化，实现“无人化”生产。年内，公司承担省级创新项目——莱赛尔纤维高支化项目的研究与开发，取得专利4项。至年末，实现主营业务收入5.8亿元、利润518万元。

威海市山花地毯集团有限公司。2021年，世界品牌实验室在北京发布第十六届“中国500最具价值品牌”排行榜，威海市山花地毯集团有限公司“山花”品牌以117.76亿元的品牌价值，连续13届入围该排行榜，为中国地毯行业唯一入围品牌。“山花”品牌凭借专业的地毯铺装系统解决方案，受到人民大会堂、北京冬奥会、联合国生物多样性大会、北京大兴国际机场、青岛胶东国际机场、上海外高桥、京东、美团、快手、小米等众多重点客户的一致认可。至年末，实现主营业务收入13.02亿元、利润4060万元。

山东汇泉工业有限公司。2021年，山东汇泉工业有限公司引进国际水准的服装吊挂自动生产线，生产服装150万件（套），产品主要包括风衣、西服、夹克、裤子等，出口美国、欧盟、日本、南美等国家和地区。国内业务方面，公司主要运营两大自主服装品牌：Valafranca（威朗法兰）和LUNDUNWU（伦敦雾），以高端商务系列服装为主，产品包括男女风衣、夹克、休闲装、防寒服等。3月，公司被山东省纺织服装行业协会评为山东纺织服装行业协会（2016—2020年）特殊贡献奖及五星级会员单位；12月，公司成为山东省工业设计协会理事单位。至年末，实现主营业务收入1.7亿元、利润801万元。

食品制造产业

【概况】 2021年，环翠区规模以上食品制造企业有11家，实现主营业务收入11亿元、利润1566万元。重点企业有威海喜盈门乳品有限公司、威海浦源食品有限公司、威海博宇食品有限公司等。年内，威海浦源食品有限公司通过科技部科技型中小企业复核，被农业农村部纳入“高质量发展基地管理体系”，被省市场监督管理局确定为“山东省高端品牌培育企业”；威海博宇食品有

2021年3月2日，威海魏桥科技工业园有限公司　（区工业和信息化局　供图）

限公司被省农业农村厅评定为“省级农业产业化联合体”。

【重点企业简介】 威海喜盈门乳品有限公司。2021年，威海喜盈门乳品有限公司4号智能化生产车间投入建设，整体智能化水平大幅度提升，整体产能、产品结构更加趋于完善。4号车间具有养味配制型中性奶产品、奔跑系列功能性饮料、养味果果果蔬汁类产品及养味调制乳四大类产品3条完整的智能化生产灌装线。养味配制型中性奶产品前处理阶段配有德国进口GEA防混阀阵，实现多条生产线同时全自动进出料液和物料品类及数量无误的精准化配料，提高产品标准化配料效率及准确率，经全自动UHT杀菌后，采用两台灌装效率为2.4万瓶/时的三合一、四合一智能化灌装机完成灌装，后段配有4台全自动顶淋式无死角高温蒸汽杀菌釜进行二次杀菌，完成生产后，匹配智能双工位码垛机器人及全自动航车以完成码垛及库房运转工序。奔跑系列功能性饮料配套有高速变距自动吹气成型冷却一体化制瓶机，在线直连超洁净五合一全自动灌装机，在冲、洗、两次消毒的工序下仍能完成2.4万瓶/时的灌装效率。至年末，实现主营业务收入1.9亿元、利润899万元。

威海博宇食品有限公司。2021年，威海博宇食品有限公司投资1000万元进行技术改造，确保环翠区唯一一家冷链防疫专仓的正常运转。年内，生产海洋冷冻食品2.2万吨，被省农业农村厅评定为“省级农业产业化联合体”。至年末，实现主营业务收入3.64亿元、利润320万元。

威海浦源食品有限公司。2021年，威海浦源食品有限公司通过科技部科技型中小企业复核，被农业农村部纳入“高质量发展基地管理体系”，被省市场监督管理局确定为“山东省高端品牌培育企业”；“鱼露”产品获2021年第十四届亚洲果蔬产业博览会金奖。至年末，实现主营业务收入5860万元、利润230万元。

钓具产业

【概况】 2021年，环翠区有钓具生产及配套企业259家，其中规模以上企业21家。实现主营业务收入28.9亿元、利润2.3亿元。重点企业有山东环球渔具股份有限公司、威海宝飞龙钓具有限公司、威海汉鼎渔具有限公司等，主要产品有钓鱼竿、鱼线轮、渔具配件、游艇、冲浪板五大类，全区构建规模体系庞大、规模效应明显、专业化分工完善的产业集群。年内，山东环球渔具股份有限公司入选市级数字化车间。

【重点企业简介】 威海宝飞龙钓具有限公司。2021年，威海宝飞龙钓具有限公司作为威海市钓具行业的先锋，响应党和国家号召，支援新疆建设，投资2000余万元，在新疆喀什地区疏勒县高新技术产业孵化园成立新疆宝飞龙户外体育用品有限公司以及新疆豪仕达户外体育用品有限公司，解决当地300余人就业问题，填补新疆地区钓具行业的空白。至年末，实现主营业务收入3373万元、利润262万元。

威海汉鼎渔具有限公司。2021年，威海汉鼎渔具有限公司拥有完整的产业供应链和现代化的品牌全资钓竿工厂，具备垂钓休闲运动全品类综合运营能力，产品覆盖垂钓品类近50个子类目，形成针对入门、进阶和高手的“魂”“战”“鼎”三大产品体系，其开创性产品“汉鼎一号”发展到第Ⅳ代，累计销售1200万余支。年内，由区政府和抖音电商联合在威海市汉鼎品牌产业园打造全国首个、也是唯一一个抖音渔具电商直播基地，总面积1156平方米，办公仓储、直播场景、选品中心、培训孵化、签约达人等一应俱全，基地入驻商家141家，涵盖

2021年3月1日，威海抖音电商直播基地开业

（区工业和信息化局 供图）

钓竿、鱼饵、鱼线、鱼漂、钓箱等渔具全品类产品。至年末，实现主营业务收入2.6亿元、利税483万元。

（王春辰）

产业园区

【中欧水处理及膜技术创新产业园】2021年，中欧水处理及膜技术创新产业园在膜技术创新更迭、膜产业集聚扩展上持续发力，形成以中国膜工业协会、欧洲膜学会、哈尔滨工业大学等精尖科研资源为支撑，以山东中欧膜技术研究有限公司、威海锦盛源环保科技有限公司等特色科技企业为主体的膜产业发展体系。包含材料、组件、工程等多种板块，涵盖产业链全部要素，为膜产业的集群化、特色化、高端化发展提供中坚力量。11月9日，第十八届中欧膜产业技术创新合作大会在园区举行，会议现场签署合作协议5项，吸引上万余人次线上收看同步直播，为产业要素集聚搭建坚实的推介桥梁。至年末，园区入驻企业27家，涵盖膜材料、膜组件、膜工程等板块要素，形成膜产业整体解决方案的全链条产业体系。

【桥头高技术产业园】2021年，桥头高技术产业园招商引资项目取得新突破，骨干企业规模膨胀取得新发展。3月31日，威海邦德散热系统股份有限公司数字化生产二期项目开工建设。4月2日，威海万泰磁电科技有限公司的项目成功签约落地。11月30日，威海喜盈门乳品有限公司4号、6号智能化车间项目建成投产。青正蓝海食品有限公司成功“升规纳统”（升级企业规格，使其纳入规模以上企业统计范围内）。至年末，桥头高技术产业园有各类企业16家，其中规模以上企业6家，实现产值7.8亿元、利税1.1亿元。

【魏桥（威海）铝精深加工产业园】魏桥（威海）铝精深加工产业园是由区政府与世界500强企业山东魏桥创业集团、山东省铝业协会联合打造的铝精深加工产业高端集聚区。园区占地47.5公顷，计划投资30亿元，围绕铝精深加工产业链，引进上下游关联企业，打造链条化、生态型、创新型、共享式高端产业园区。园区总体按照“产业共建、园区共用、成果共享”的模式，规划打造“北部、南部、西部、东部、外部”的园区功能布局，为园区企业提供研发、生产、展示、生活等“一站式”全周期服务。其中，北部主要规划建设专家高管公寓、职工公寓以及健身广场、中央配餐等生活配套和企业综合服务中心、企业展示中心等服务配套，配有76套高管公寓、140套职工公寓；南部主要规划建设标准型厂房、定制型厂房；西部主要规划建设检验检测中心、智能仓储物流等生产配套设施；东部主要规划建设科研中心、共享实验室等国际一流技术支持配套；外部与周边产业链上游企业威海海鑫新材料有限公司、威海龙港纸业有限公司等协同发展。至2021年年末，投资4亿元，在建厂房13万平方米，引进爱华海（威海）图文影像有限公司、中科锐金（山东）钛业科技有限公司等企业入驻园区。

（魏荣恩　刘惠婷　胡馨月）

建筑业

建筑行业监管

【概况】 2021年，全区有建筑业企业123家（不含市政类施工企业，除威海建设集团股份有限公司外），其中持有总承包资质企业53家、专业承包资质企业70家（含建筑工程、公路工程、电力工程、机电工程、水利水电工程、石油化工工程等）。持有一级资质总承包企业1家（水利水电工程施工总承包为威海水利工程集团有限公司），持有一级资质专业承包企业5家（地基基础工程专业承包为华东岩土工程集团有限公司、消防工程专业承包为威海三立建设工程有限公司、电子与智能化工程专业承包为山东捷讯通信技术有限公司、装饰装修工程专业承包为威海市丰源装饰工程设计有限公司和威海新线装饰工程有限公司）。在建工程工程质量验收合格率、安全监督覆盖率、起重机检测率均100%，负伤频率控制在2‰以下。

【建筑市场管理】 2021年，区住房城乡建设局落实工程建设领域工资支付实名制管理及发放制度，紧盯每月人工费支付节点，全方位畅通维权渠道，加强欠薪隐患摸排，做到工资及时足额发放。联合区人力资源社会保障局开展保障农民工工资支付行动4次，重点检查建筑工地市场行为，整治违法发包、转包、分包、挂靠、拖欠工程款等违法违规行为，打击保障农民工工资支付措施落实不到位、“三包一靠”（违法发包、分包、转包，挂靠）及其他违法违规行为企业，尤其是大型房地产企业外地分包公司违法违规行为，综合运用信用扣分、限制承接新工程、罚款等措施，依法依规从严惩处，在招投标、履约担保、资质审核、融资贷款、工程验收、商品房预售、市场准入、评先选优等方面，依法依规予以限制，形成“一处违规、处处受限”的高压态势。年内，对26家企业采取罚款、列入“黑名单”等处罚措施，罚款28.9万元，给予2家施工单位信用扣分，将14名“包工头”列入“慎用名单”。

【劳务用工管理】 2021年，区住房城乡建设局排查化解欠薪隐患问题289起，涉及1593人，协调发放工资2565万元。实行在施工现场显著位置设置农民工维权信息公示牌、在农民工安全帽和工地醒目位置张贴农民工维权联卡“双公示”制度，定期回访群体投诉案件，确保欠薪隐患控制在企业一线、化解在萌芽，遏制欠薪线索数量多、越级上访的趋势。通过召开保障农民工工资支付专题会议、“送法律”进工地等形式开展保障农民工工资支付宣传活动13次，发动工程项目参建企业管理人员及农民工1000余人次，督导企业落实主体责任，确保各项制度不折不扣地贯彻执行。

【建筑施工企业管理】 2021年，区住房城乡建设局严把建筑业企业资质事中事后监管，对区行政审批服务局反馈的29家新办理资质企业进行动态核查，优化全区建筑施工行业营商环境，促进建筑业企业健康发展。加大扶持本土建筑业企业力度，为到威海投资开发单位和环翠区优秀建筑施工企业牵线搭桥，为本土企业拓宽市场，培育本土建筑业企业做大、做强。推动中小企业与本地大企业开展合作，发挥中小企业特色优势和专业特长，与大企

2021年7月28日，区住房城乡建设局开展房屋建筑工地汛期防汛防台风排查
（区住房城乡建设局　供图）

业优势互补，实现抱团发展、集约经营，提升合作层次，共同拓宽业务渠道。

【安全生产】 2021年，区住房城乡建设局贯彻落实安全生产防范专项督导工作要求，实行"项目网格化、问题清单化、整改闭环化"管理模式，落实"企业安全生产主体责任、全员安全培训教育、监督检查、立案处罚"4项指标。年内，迎接全省安全生产专项督查、省质量安全辅助巡查等12次，开展11轮安全生产大排查，整治各类安全隐患问题1373个，实行"责任追究、信用惩戒、经济处罚"综合惩治，对安全生产责任落实不到位的12家企业记不良行为信用记录；对事故责任单位、存在安全事故隐患的10家企业罚款23.9万元，拆除超过使用期限未经评估合格的起重设备2台。持续推进安全生产风险分级管控体系和安全生产事故隐患排查治理体系建设，督导54家施工总承包企业进行安全生产制度完善和体系建设，全部建立企业安全生产主体责任清单；43家企业规范设置安全总监，43家企业完成双重预防体系建设，54家企业完成全员教育培训并发放培训证书；组织召开3次环翠区建筑施工领域安全生产警示教育会，受教育人员600余人次；组织开展消防应急演练、普法进工地活动10次，发放各类宣传材料1000余份；开展政企联动驻点督导工作，安排2名人员进驻威海市鸿安建筑集团有限公司，实地督导企业全面落实安全生产各项工作，坚决防范各类事故的发生，全区房屋建筑行业安全生产形势总体平稳。协同市住房城乡建设局在威海市里口山医院项目工地组织开展全市住建系统"安全生产月"启动仪式暨应急突发事件应急演练观摩活动，提高建筑业企业应急救援能力和水平。

建筑工程管理

【概况】 2021年，全区有在建项目105个，建筑面积682万平方米。为探索"互联网+工程管理"监管新模式，研发建立"建管通"App智能化管理平台，在项目主要出入口、施工现场起重设备处安装全景视频监控，对施工现场重点部位及可吸入颗粒物（PM_{10}）等扬尘数据实时监测。年内，全区105个在建项目需要实时监测82个施工标段，管控面积449万平方米。依托市级农民工工资支付监管平台，建立人脸识别、虹膜识别智能门禁打卡系统，落实施工现场实名制管理。至年末，全区在建项目全部开通"建管通"App智能化管理平台，实名制注册农民工61559人，发放工资15亿元。

【重点工程项目】 威海市里口山医院项目。位于羊亭镇义和路东、海峰路北，建筑面积13.3万平方米，计划投资8.63亿元，由2幢15层病房主楼和1幢4层门诊裙楼组成。由威海市环翠区城市发展投资有限公司建设，威海建设集团股份有限公司施工，山东富尔工程咨询管理有限公司负责监理。2021年，进行主体施工。

环翠区科创中心项目。位于羊亭镇海利达路西、海峰路北，建筑面积8.88万平方米，计划投资5.2亿元，由1幢3层后勤综合楼和1幢21层的科创中心主楼组成。由威海市环翠区城市发展投资有限公司建设，威海建设集团股份有限公司施工，山东宏达建设工程咨询有限公司负责监理，项目于2021年7月开工建设。至年末，进行主体施工。

【建筑工地环境综合治理】 2021年，区住房城乡建设局聚焦冬春季扬尘污染整治工作重点，将全区在建的105个项目按照工程进度和扬尘治理情况划分A、B、C等级，实施差异化建管；督导辖区企业严格落实"精致城市建设"扬尘治理要求及文明施工"6+2"规定（"六个百分百"和"两个全联网"，即工地周边

2021年7月26日，威海市里口山医院项目围挡

（区住房城乡建设局　供图）

100%围挡、物料堆放100%覆盖、出入车辆100%冲洗、施工现场地面100%硬化、拆迁工地100%湿法作业、渣土车辆100%密闭运输，视频监控和扬尘监测设备全联网），实施“七字”（挡、洗、洒、盖、清、硬、洁）标准，推动扬尘治理工作标准化、常态化。年内，整治扬尘问题462个，整修围挡4000余米，更新迎接国家卫生城市复审、全国文明典范城市创建围挡公益广告1000余幅，硬化、整修建筑施工道路、场区15万余平方米，覆盖、更换防尘网100万余平方米，喷洒生态环保抑尘剂5万平方米。开展建筑施工扬尘整治攻坚“回头看”行动，发现并整治扬尘治理问题139个，发布《建筑施工扬尘整治攻坚行动“回头看”工作动态》3期，全区通报17个整治效果差的项目和20家企业。完成国家级、省级环保督察迎检工作，实现建筑施工扬尘“零”投诉、“零”交办件。

【建筑工程质量管理】　2021年，区住房城乡建设局实行双交底工作机制。根据项目实际情况，制定详细的开工建设前交底告知书和装饰装修前交底告知书，告知监督流程和注意事项，减少随意变更图纸和不按图纸施工等行为。利用平板式电脑录入建设工程图审合格的电子图纸，监督人员可随时随地熟悉图纸；在现场验收抽查过程中，利用平板式电脑实时将现场情况与施工图纸进行比对，及时发现问题，提升工作效率。压实参建主体质量责任，推行“举牌验收”机制，对参建各方主体项目负责人履职情况进行监督检查，完善项目负责人追溯追责机制。年内，制定《环翠区建筑工程春季复工检查实施方案》，组织在建工地开展春季复工专项检查，发现并整改隐患31条；对区属9家监理企业开展工程监理企业资质动态核查，对企业组织机构、安全管理体系、工程检测设备、注册人员数量等进行现场检查，下发整改通知单2份，督导监理企业整改问题。

【建筑原材料监管】　2021年，区住房城乡建设局强化建筑原材料质量控制，组织技术力量对全区在建工程施工现场、混凝土搅拌站开展砂石原料、钢材等原材料进行抽检。抽检在建工程建筑材料410批，发现不合格建材3批，全部退场。

【混凝土搅拌企业管理】　2021年，区住房城乡建设局对商品混凝土开展规范化、常态化监管。每月不定期抽检各商砼企业原材料，抽检各类原材料90余批次；严格落实绿色生产与扬尘治理工作专人负责制，不定期对企业洒水降尘措施落实情况进行检查；组织商砼企业开展实验室检查，对原材料入场检验、生产拌制、产品出厂检验以及运输等环节实施质量管理。从检查情况看，大部分商砼企业管理规范，质保体系及各项制度基本完善，扬尘措施落实到位，原材料管理规范，实验室配置及运行情况良好，技术资料整理及时。

【建筑工程消防验收、备案和抽查】　2021年，区住房城乡建设局落实《建设工程消防设计审查验收工作细则》文件要求，贯彻“预防为主、防消结合”的方针，提升责任单位消防主体意识，确保建筑工程消防安全。3月31日，区住房城乡建设局邀请威海市建设工程勘察设计审查中心4名专家对建筑防火规范、消防验收、备案抽查难点等问题召开消防验收备案抽查专题培训会，针对日常消防验收、备案抽查过程中的难点、堵点问题进行解答。年内，出具验收凭证26份，备案文书77份。

【绿色建筑发展】　2021年，区住房城乡建设局启动建筑领域“碳达峰、碳中和”行动，推进绿色建筑整体高质量发展，在施工图审查阶段对绿色建筑设计专篇严格把关。年内，全区审查24个民用建筑项目施工图，建筑面积185.52万平方米，达到绿色建筑设计相关强制标准，执行率100%。引导推广高标准建筑形式，鼓励建设单位提升建设品质，指导建设项目参评高星级绿色建筑标识。区公共文化服务中心（一期）项目1号—2号楼，环翠区城中村改造项目鲁东、中阳地块1号—24号住宅楼获评“山东省绿色建筑二星级设计标识”。

【建筑新技术应用与推广】 2021年，区住房城乡建设局推动中德生态示范城市建设，引进德国被动式建筑技术，按照省级示范工程标准建设区公共文化服务中心（文化中心）、威海国际新材料创新中心6号—7号两个被动式超低能耗绿色建筑项目。至年末，完成项目主体及砌体抹灰施工，进入幕墙施工阶段。推广下凹绿地、透水铺装、雨水湿地等海绵城市措施技术应用，精致设计羊亭河湿地公园二期海绵城市公园，将其打造成生态宜游的雨水花园；推动应用光伏建筑一体化，新建的河北中学项目屋顶设计采用碲化镉薄膜光伏发电板，将其打造成可再生能源利用的绿色低碳循环校区。推动装配式建筑应用，贯彻执行省、市级装配式建筑有关政策标准，落实开发项目建设条件意见书规定，保障装配式建筑面积比例及装配率达到要求，实行住宅建筑全装修；鼓励建设高标准装配式建筑，推广应用预制楼梯、叠合楼板、预制内隔墙、建筑结构与节能一体化等装配式部品构件及技术；施工图审查阶段严格把关，确保新建项目装配面积比例及装配率满足要求，施工图设计符合规范标准。至年末，全区新开工装配式建筑面积23.64万平方米。

【新建住宅全装修工程监管】 2021年，区住房城乡建设局采取现场观摩交流的方式，提升全装修工程质量水平。4月27日，区住房城乡建设局在华夏中南熙悦项目组织召开全区住宅全装修现场观摩座谈会，区内在建全装修项目建设、设计、施工、监理和全装修等单位45人参加会议。通过实地参观、座谈交流的方式，推广全装修施工质量管理经验做法，强化过程管控，提高工程质量。完善“业主开放日活动”形式、内容，通过“零”距离开放工地、公开透明展示，让业主在房屋交付前了解房屋装修、施工质量、品质细节等情况，搭建建设单位与业主沟通的桥梁，构建公平和谐的交付关系。年内，组织建设单位向320户业主发出邀请，实际到访150户，提出涉及装修品质、工程质量、小区配套等方面建议和问题310余条。

【建筑工程招投标管理】 2021年，区住房城乡建设局通过“互联网+监管”的方式监督房屋建筑和市政工程项目招投标161项。依托公共资源交易平台进行线上全流程监管，通过标后评估、线上抽查等方式开展双随机检查。抽查项目95项，发现并整改问题8个。探索招投标改革，开展远程异地评标试点工作。7月23日，完成威海市首个省市一体化远程异地评标试点——里口山北山亲子林项目。

【重点建筑企业简介】 威海市鸿安建筑集团有限公司。2021年，公司承建盛唐碧水云天住宅项目、城建新苑贰号项目、五洲天鸽园二期项目、方舟仿生科技厂房项目、鸿安新型材料生产车间项目、金泓化工厂房搬迁项目、威海兰亭七彩阳光等项目。至年末，完成施工面积29万平方米，实现建筑业总产值3.4亿元、利税1180万元。

华东岩土工程集团有限公司。2021年，公司承揽中海华山东片区三地块房地产开发项目剩余桩基础分包工程，国际金融城北区A7、A8、A9、A10地块项目，广东揭阳520万立方米CFG桩基础，涝台河整治工程等项目。至年末，实现建筑业总产值6.1亿元、利税3189万元。

威海辰宇建设工程有限公司。2021年，公司承接山水绿城E11、E14—E16、E18号楼配电室及地下车库，绿扬河景东城126号—129号楼/S2商业、2号变配电室及地下车库，学府华园1号、2号、3号楼及地下车库，利辛县尚居·文竹园建设项目等工程。至年末，完成施工面积28万平方米，实现建筑业总产值1.95亿元、利税810万元。

（常乔社）

商贸服务业

综　述

【概况】 2021年，全区商贸企业采取灵活多样的经营方式和手段，提升优化服务，在做强自身品牌的同时，应对新冠肺炎疫情带来的影响，为区域经济发展和人民生活提供更加安全、周到、多元的服务。年内，全区社会消费品零售总额增长17.9%。其中限额以上单位社会消费品零售总额增长20.2%。在限额以上批发和零售单位商品零售额中，粮油、食品类增长23.4%，烟酒类增长14.3%，服装、鞋帽、针纺织品类增长5.1%，化妆品类增长9.9%，金银珠宝类增长28.4%，日用品类增长21.8%，文化办公用品类增长15.9%，石油及制品类增长8.3%，汽车类增长19.5%。规模以上服务业营业收入增长7.0%。其中，文化体育和娱乐业增长78.8%，租赁和商务服务业增长29.4%，居民修理和其他服务业增长14.1%，多式联运和运输代理业增长12.2%。至年末，全区有11家重点商贸企业，实现营业收入211.17亿元。

【特色街区打造】 属相街特色风貌街区。2021年，环翠区投入改造资金6500万元，完成属相街主街地面管线敷设、路面铺装、外立面改造、景观小品、绿化亮化、商亭等所有节点改造工程。年内，属相街入选山东省首批“夜间文化和旅游消费集聚区”，结合庆祝中国共产党成立100周年、国庆节等重大节日，与山东广播电视台、哔哩哔哩、威海市梦海演艺有限责任公司等合作，以“红色之旅”为主线，联合举办“环翠区繁荣夜间经济属相街主题活动月”开街活动、歌舞演出、亚洲国际超模山东赛区大赛、“环翠区第31届纳凉晚会”、属相街文创设计大赛等活动42场；举办主题灯光表演和影壁光影表演52场。通过各类活动的推广，展现全新亮相的“威海记忆+国潮元素”属相街形象，推动属相街夜间经济发展。

新威附路历史文化街区。2021年，环翠区通过增加街区景观指示牌、制作街区打卡地图、街区指南报、老化墙面改造等对街区细节进行优化完善，打造别具特色的网红打卡地。通过《齐鲁晚报》、《大众日报》、山东广播电视台、中央广播

2021年6月29日，属相街商家举行“环翠区繁荣夜间经济属相街主题活动月”开街活动

（区商务局　供图）

电视总台央视新闻等权威媒体和“威海1902”“中国威海环翠”“威海发布”等公众号对街区进行宣传推介。至年末，组织开展文化创意、非物质文化遗产、传统文化、爱心公益、节日庆祝、夜间演艺等11大类主题活动51场，大型活动8场，展馆研学参观活动135次。

孙家疃海滨特色街和半月湾休闲体验街。2021年，环翠区深挖渔家特色、民风民俗等海洋文化及油画艺术元素，结合街区定位，对街区墙面、电箱、管线、窨井盖等设施进行艺术化处理，提升街区形象，增强游客艺术体验效果。结合街区原有资源禀赋，持续加大业态招引与调整，鼓励海鲜、烧烤等大众化、中高端餐饮品牌入驻，逐步扩大“吃海鲜到山后”街区口碑影响力。结合信用“五进”，推进“诚信经营示范店”行动，将街区全体业户纳入诚信店铺体系，把食品安全、环境卫生、新冠肺炎疫情常态化防控等纳入店铺诚信考核，引导店铺形成诚信竞争良性循环，将街区打造成诚信经营、信用消费、信用惠民的“诚信经营示范街”。

【抖音电商直播基地】 2021年3月，抖音电商直播基地落户威海市汉鼎品牌产业园，是由抖音电商和环翠区政府联合打造的全国首个抖音渔具电商直播基地。基地入驻商家141家，涵盖钓竿、鱼饵、鱼线、鱼漂、钓箱等渔具全品类产品，线上交易额3.7亿元。基地举办的“DOU来钓鱼516”和“DOU来钓鱼916”两场活动，话题播放量59.9亿次，直播间观看总人次2.66亿次。

【新冠肺炎疫情常态化防控】 2021年，区商务局加强新冠肺炎疫情检查，对全区商超、农（集）贸市场、餐饮、非星级宾馆（床位50张以上）等领域进行新冠肺炎疫情常态化防控督导检查。年内，检查各类商超、农贸市场、餐饮、非星级宾馆（床位50张以上）140余次，检查企业近2500家次，督导整改问题200个。

【安全生产】 2021年，区商务局保障行业领域安全稳定，落实安全生产工作职责，组织召开全区商贸行业安全生产工作专题会议，制定印发安全生产工作通知文件37个，转发通知文件71个，报送工作情况320余件；持续组织开展安全生产大排查大整治等行动，加强元旦、春节、“五一”、国庆等重大节日和全国两会、庆祝中国共产党成立100周年等关键时段安全防范工作，派出272个督导检查组，检查商贸企业841家次，发现并督促整改隐患问题237个；组织开展餐饮业经营场所安装可燃气体报警装置，摸排餐饮经营单位1940家，其中燃气用户1703家，可燃气体报警装置安装率100%。

（邓晓媛）

商贸服务管理

【概况】 2021年，区商务局落实商贸流通领域行业管理，围绕成品油领域监管、再生资源回收站点整顿治理等工作，对再生资源回收站点实施整顿治理行动，开展为期4个月的成品油“自流黑”专项整治和成品油经营企业年检，规范商贸流通领域市场秩序，助力精致城市发展。

【再生资源回收行业整治】 2021年，区商务局通过对再生资源回收站点实施整顿治理行动，采取“抽检+集中检查”相结合的方式，规范再生资源回收站点的经营秩序和经营环境，建立健全再生资源回收站点的长效管理机制，解决再生资源回收站“脏、乱、差”问题，展现干净、有序、文明的经营形象。

【成品油监督管理】 2021年，区商务局根据市成品油监管领导小组的文件要求，重新修订印发《环翠区成品油监管领导小组组成人员》《环翠区成品油监管领导小组成员单位职责》，明确各责任单位职责。印发《关于开展2021年成品油“自流黑”专项整治行动的通知》，开展为期4个月的成品油“自流黑”专项整治和成品油经营企业年检，对全区成品油经营企业的各类证件、台账、发票、位置、地籍信息等方面开展全面检查。年内，35家成品油零售企业（加油站）参加年检，全部合格。

（邓晓媛）

物流业

【概况】 2021年，环翠区注重提升物流园区建设、不断提升服务效能，为全区人民生活提供便捷、高效服务。区发展改革局依据《关于修改〈环翠区关于进一步加快服务业发展的扶持意见〉的决定》，继续对现代物流企业进行扶持。年内，区发展改革局重点抓好丰航物流园、家家悦威海物流中心、威高物流园等物流园区建设。

【丰航物流园】 位于环翠区温泉镇，总投资5亿元，占地面积10公顷，

2021年8月1日，丰航物流园一角　　（区发展改革局　供图）

2021年6月22日，家家悦威海物流中心一角　　（区发展改革局　供图）

建筑面积6万余平方米。园区拥有高标准“丙二级”仓库6座，仓库配备液压式升降作业平台和8米作业棚，采用信息化立体式货架仓储管理模式，满足客户现代化物流服务需求。2021年，园区有运输车辆60余辆、外协车辆200余辆，拥有配套快递、快运及专线运输，专线辐射全国30个大中小城市。园区主要面向中、日、韩自贸产品，搭建电商贸易平台和丰航第三方海外仓平台，搭建三方交易平台和开仓展销直采平台，升级延伸物流服务链条，实现从产地到通关、保税、仓管、配送、展销、推广完整的产购销一体化服务。至年末，园区货物吞吐量50万吨。

【家家悦威海物流中心】 位于环翠区温泉镇，占地面积12公顷，建筑面积4.5万平方米。物流中心配备国际物流行业标准的拣选作业车、前移式高位叉车、电动叉车144部，配合高位立体货架进行商品的存储拣选，实现货物装卸搬运机械化，设有零拣及存储仓位4万个，库存容量100万件，配置商品品种1.8万个，常温物流日吞吐量高峰期15万件，生鲜物流日均吞吐量300吨。

【威高物流园】 位于环翠区羊亭镇，占地面积25.9公顷，建筑面积10万平方米。物流园按业务板块规划，分为物流中转分拨中心、电商物流中心、公共保税物流中心、医疗器械物流中心、商务展销中心、生活配套服务中心等。2021年，物流园建设3栋物流快递分拨仓库，引入山东顺心快运有限公司、山东京东快星供应链科技有限公司、韵达（威海）快运有限公司等物流快递企业入驻，为捷普电子（威海）有限公司、北京顶通物流有限公司等企业开展全天候第三方物流服务。利用威海临近韩国地理优势，开通公用型保税仓库业务，为进出口商提供便利，开通中韩跨境快递服务，满足中韩电商发件需求。年内，开展贸易代理业务，满足多家贸易商需求。

（刘子佳）

科技服务业

【概况】 2021年，威海创新园围绕“运营为王”理念，做优园区服务，提升运营质效。区科技局对《环翠区关于加快建设威海创新园的专项扶持意见》进行修改完善，扶持企业15家，兑现扶持资金845.98万元。推出16项服务措施，对接服务专业分中心企业70余次。年内，新增入驻企业56家，累计入驻企业216家，其中国家高新技术企业17家、国家科技型中小企业46家，实现税收收入1800万元，比上年增长25%；入选2021年度山东省省级数字经济园区。

【全省首个“外国专家驿站”打造】 2021年，经省科技厅批复，全省首个“外国专家驿站”总站设在环翠区威海创新园综合服务中心。“外国专家驿站”由威海市试点打造外国专家综合服务平台，按照“1+N”的建设模式，分批次、分阶段建设1个总站和N个分站。

【政策扶持】 2021年，区科技局对《环翠区关于加快建设威海创新园的专项扶持意见》进行修改完善，对各中心设定年度发展目标，将房租补贴与中心人才引进、院所招引、高企引培、纳税总额等方面挂钩，完成特定目标的中心可以享受最多延长两年房租补贴的优惠政策，未完成目标的中心按比例扣除补贴。至年末，扶持企业15家，兑现扶持资金845.98万元。

【园区服务】 2021年，区科技局探索海外高层次人才引进新模式，依托市科技局、区委统战部等渠道，在威海创新园综合服务中心设立威海市外国专家驿站环翠分站、威海市欧美同学会环翠基地，引进海归创新创业项目3个。整合综合服务中心人力资源、知识产权、科技成果转化等机构功能，制定免费服务清单。至年末，推出16项服务措施，提升中心服务能力，对接服务专业分中心企业70余次，组织园区企业开展政策解读、专项培训等各类活动18场。

【考核准入】 2021年，区科技局制定专业分中心运营评价办法及具体标准，年终考核分项赋分，前三名给予奖励，连续两年排名末位淘汰；严把入驻企业质量，聘请专家组对申请企业从产品品种、商业模式、创业团队、市场营销、创新性、落地性、发展前景与规划等方面进行评分，遴选56家优质企业入驻各中心。

【威海创新园】 2021年，威海创新园围绕“运营为王”理念，优化建设1处综合服务中心和11处专业分中心，提升运营发展质效。年内，园区入选2021年度山东省省级数字经济园区，落地威海激光通信先进技术研究院，新招引入驻山东航天海威激光通信技术有限公司、山东海科航天科技有限公司、山东利斯塔环保科技有限公司等企业56家。4月10日，海洋智能装备研究中心承办RoboMaster2021机甲大师高校联盟赛暨青年工程师论坛，吸引天津理工大学、山东科技大学等多所高校的20余支队伍、百余名大学生参赛；举办青年工程师论坛，邀请机器人及智能智造领域的专家学者交流学科发展现状和方向，介绍威海市智能制造产业布局，助力青年科技人才发展。9月23日，海洋智能装备研究中心协助中国航天科技集团有限公司科学技术委员会举办第二届太空与海洋专题技术研讨会暨“智汇环翠”高端海洋装备产业发展推进会，来自中国航天科技集团有限公司、中国人民解放军海军研究院等国内航天与海洋领域科研院所和高校的专家学者聚焦太空与海洋的融合创新开展深入交流。10月15日，海洋科技创新中心承办第一届山东省海洋微生物学学术研讨会，80余名学术代表参加会议，深入交流山东省海洋微生物学及其相关领域研究的进展。11月16日，工业互联网研究中心举行威海激光通信先进技术研究院启动仪式，研究院围绕深海探测、空间激光通信、海洋舰船激光通信等领域开展产学研合作，打造产业链、供应链、创新链一体化的激光通信设备产业化示范基地。

（王　磊）

楼宇经济

【概况】 2021年，环翠区挖掘中心城区资源优势，抓好楼宇经济建设，辐射带动中心城区周边合理解决闲置楼宇，发展链条经济。年内，全区有纳税过千万元楼宇30幢，总面积63.1万平方米，主要集中在环翠楼街道、竹岛街道和鲸园街道。至年末，全区有可利用楼宇资源66幢。其中，整体可利用楼宇12幢、部分闲置楼宇54幢。

【楼宇经济扶持政策】 2021年6月18日，区发展改革局、区财政局联合印发《关于修改〈环翠区关于加快楼宇经济发展的扶持意见〉的决定》。从鼓励改造提升楼宇、鼓励盘活闲置楼宇资源、鼓励打造特色专业楼宇、鼓励发展“亿元”“千万元”楼宇、鼓励提高楼宇服务质量、鼓励楼宇招引优质企业入驻6个方向展开扶持，助推全区楼宇经济发展。至年末，为32家企业兑现奖励金额33万元。

【楼宇经济信息管理系统】 2021年，环翠区开通楼宇经济信息管理系统，实现跨部门、跨系统的信息共享和互联互通，准确掌握全区楼宇资源和楼宇内重点企业相关经济数据发展变化情况。至年末，楼宇经济信息管理系统上报建成楼宇85幢、在建楼宇22幢、待建楼宇5幢，录入入驻企业965家。

（刘子佳）

住宿餐饮

【概况】 2021年，全区规模以上住宿企业有16家（含市管星级饭店6家），区辖星级旅游饭店1家。规模以上餐饮企业12家，星级饭店11家，星级饭店中有四星级饭店7家、三星级饭店3家、二星级饭店1家。年内，区文化和旅游局组织开展两期民宿管理人员培训班，助推里口山风景名胜区入选首批“山东省旅游民宿集聚区”创建单位。至年末，规模以上住宿业实现营业收入3.72亿元，增长17.2%；规模以上餐饮业实现营业收入8.7亿元，增长33.5%。

【民宿管理人员培训班】 2021年，区文化和旅游局与区民宿协会联合市场监管、消防救援、公安等部门，组织开展两期民宿管理人员培训班，对全区147家民宿企业150余名经营管理者开展行业培训。具体对民宿评定管理办法、消费纠纷应对处置办法、民宿消防和治安管理规定、提高安全隐患防范意识等方面进行讲解，规范民宿经营管理要求。

2021年环翠区星级饭店一览表

表9

序号	名　称	级　别	电　话	地　址
1	威海百纳中心大酒店	★★★★	0631-5222888	新威路58号
2	威海卫大厦	★★★★	0631-5285888	海港路82号
3	威海蓝天宾馆	★★★★	0631-5231670	环海路1号
4	威海海景花园大酒店	★★★★	0631-5262999	连林岛路9号
5	威海阳光大厦	★★★★	0631-5208999	统一路88号
6	威海塔山宾馆	★★★★	0631-5317777	塔山西路10号
7	威海抱海大酒店	★★★★	0631-3688888	海滨中路29号
8	银鹏大酒店	★★★	0631-5696000	火炬南路531号
9	威海电子宾馆	★★★	0631-5262500	环海路15号
10	玉龙湾大酒店	★★★	13561848268	环海路300号
11	清泉大酒店	★★	13963118086	公园路5号

【“山东省旅游民宿集聚区”创建】 2021年，区文化和旅游局加快实施乡村旅游精品工程，发展乡村旅游民宿，突出旅游民宿集聚效应，引导旅游民宿连点串线成片发展。立足里口山民宿体量较大、集聚发展的特点，将35栋民宿、6栋精品民宿与里口山国家AAAA级旅游景区旅游特色深度融合。10月，里口山风景名胜区入选首批“山东省旅游民宿集聚区”创建单位。

（宋雨露）

金融业

综　述

【概况】 2021年，区地方金融监管局提升金融服务水平，防范化解金融风险，助力金融服务实体经济。年内，金融业实现税收16.93亿元，比上年增长12%。至年末，全区有金融机构103家。其中，银行业金融机构24家，保险业金融机构45家，证券期货公司营业部17家，小额贷款公司3家，融资性担保公司1家，民间资本管理公司1家，基金管理公司8家，典当行4家；全区市级以上银行业金融机构本外币各项存款余额4449.06亿元，本外币贷款余额3595.79亿元，分别增长10.94%、19.81%。

【现代金融产业发展】 2021年，区地方金融监管局推动提升金融业服务发展水平，招引各类金融机构落户，聚焦政策落地，支持金融机构入驻环翠区，优化营商软环境，形成以青岛北路、新威路为纵线，以世昌大道为横线，辐射统一路和海滨路的金融中心区和黄金轴。金融中心区的地理位置优势有助于围绕地区经济发展规划和区域实际，改善金融服务水平，优化信贷资源配置，服务经济平稳快速增长。至年末，金融业实现税收16.93亿元，比上年增长12%。

【企业上市】 2021年，区地方金融监管局紧跟资本市场有利政策，组织企业参加各类培训宣传，建立健全推动企业上市协调工作机制，采取“一企一策”“一事一议”的办法，全力推进重点拟上市企业加快上市进程。6月30日，山东威高骨科材料股份有限公司在上海证券交易所科创板上市，正式登陆资本市场，募集资金总额15亿元，成为全市首家科创板上市企业。

金融监管

【概况】 2021年，区地方金融监管局依法对小额贷款公司、民间资本管理公司和融资担保公司等地方金融组织开展监管工作，督导其依法合规经营。通过网格化风险防控体系和企业信息双向推送机制，继续开展新注册企业监测，严防金融违规活动，形成常态化监测排查机制。年内，对7家地方金融组织进行审计。

【分级监管】 2021年，区地方金融监管局按照《山东省地方金融条例》以及地方金融组织监管办法、细则等文件要求，坚持非现场监管和现场检查相结合，加强对小额贷款公司、民间资本管理公司和融资担保公司等地方金融组织的监督管理，强化监测预警和风险排查，实现监管不留死角。4月，委托第三方中介机构对正常经营的7家地方金融组织进行审计，进驻各地方金融组织，现场查阅会计账簿、业务台账、管理制度等材料，对各地方金融组织进行全面审计，并根据审计报告对其存在的问题开展整改工作。8月，对正常经营的6家（威海齐东民间资本管理有限公司提交注销业务许可证）地方金融组织进行全覆盖检查，对于检查中发现的问题，进行限期整改。

【分类监管】 2021年，区地方金融监管局依法对审批、备案事项进行

2021年2月8日，区地方金融监管局在张村镇举行2021年防范非法集资宣传教育活动启动仪式 （区地方金融监管局 供图）

初审，把好行业准入关，加强对准入要素的审查，依法受理并转报地方金融组织变更高管、减资等依申请政务服务事项9项。对于经营合规性较差、支持实体经济作用较弱的地方金融组织，稳妥有序开展退出工作。年内，威海市百盛融资担保有限公司、山东仁合融资担保有限公司被省地方金融监督管理局注销融资担保公司业务许可证，威海市环翠区银通小额贷款有限公司退出地方金融组织，威海齐东民间资本管理有限公司注销业务许可证材料提报至省地方金融监督管理局。

【防范和打击非法集资】 2021年，区地方金融监管局通过网格化风险防控体系和企业信息双向推送机制，开展新注册企业监测，严防金融违规活动。形成常态化监测排查机制，排查新注册企业4623家，未发现存在非法集资隐患。对区内392家存量投资企业全面摸排，并根据问题情况制定应急预案或应对措施。开展养老领域涉嫌非法集资风险专项排查整治工作，全面摸排涉养老企业196家，邀请行业主管部门和属地镇（街道）依照《防范和处置非法集资条例》对问题企业持续关注，做好防范、监测和处置工作。年内，区地方金融监管局动员各级党组织、网格协管员、社区民警等宣传《防范和处置非法集资条例》及防范非法集资相关知识，营造自觉抵制非法集资的社会氛围。通过抖音等线上社交媒体发布防范非法集资宣传视频；在商务楼宇、金融机构电子屏上滚动播放打击非法集资宣传标语；在村（社区）、公交站点等地张贴宣传海报，发放宣传单页；邀请法律和金融专业人员到竹岛金融商圈、威高广场、学校、社区开展宣讲活动；结合“我为群众办实事”联系服务群众活动，入户发放防范非法集资宣传材料，提升群众金融风险防范意识。

金融服务

【概况】 2021年，区地方金融监管局落实上市奖补政策，为威海市商业银行股份有限公司、山东威高骨科材料股份有限公司拨付省、市、区三级上市补助资金762万元。综合运用贴息贴保、风险补偿、应急转贷等手段，为企业融资提供增信风险支持，抓好科技支行等惠企政策落实落地，为51家企业及11家银行机构申请市级贴息和风险补偿1357万元；发挥1亿元应急转贷基金作用，解决中小微企业“融资难、融资贵、续贷难”问题，为威海宝威

2021年12月23日，区地方金融监管局协调浦发银行与威海浦鲸智能设备有限公司对接融资意向 （区地方金融监管局 供图）

新材料科技有限公司办理1700万元应急转贷资金。年内，1家企业实现上市，7家企业挂牌。

【银企合作】 2021年，区地方金融监管局为企业和项目办实事、解难题。联合全区银行机构印发《环翠区金融政策及银行产品汇编》，通过联合各部门及镇（街道）实地走访、电话沟通、召开专场银企对接会等方式，多头摸排企业融资需求，缓解信息不对称问题。协调中国工商银行股份有限公司威海环翠支行、山东威海农村商业银行股份有限公司等金融机构为威海科尼利合环保科技有限公司、威海松龄诺可佳中药饮片股份有限公司等有融资需求的10余家企业提供“一对一”金融服务，达成融资意向近1亿元。年内，驻区银行为565家区内企业提供贷款35.43亿元。

【人才服务】 2021年，区地方金融监管局加快区域金融人才队伍建设，协调中国人民财产保险股份有限公司威海市环翠支公司为人才及所在企业提供高层次人才创业保险总保额2.1亿元，并为其申报保费补贴120万余元，为人才创新创业提供政策性金融保障。

【企业上市与融资】 2021年，区地方金融监管局聚焦高新技术企业、“专精特新”中小企业等重点企业，加强与相关部门的沟通对接，建立全区上市挂牌后备资源库，营造上市氛围，落实上市奖补政策，帮助企业协调解决土地、不动产、消防等历史遗留问题。6月30日，山东威高骨科材料股份有限公司在上海证券交易所科创板挂牌上市，证券代码为688161，公开发行股票4141万股，发行价格为每股36.22元，募集资金总额15亿元。至年末，全区有上市公司5家、新三板挂牌企业6家。

【区域性股权交易市场挂牌】 2021年，全区新增省内区域性股权交易市场挂牌企业7家。至年末，全区有省内区域性股权交易市场挂牌企业57家。

1月28日，山东中瀚信息技术股份有限公司收到齐鲁股权交易中心挂牌函，证券代码为306385。

3月23日，山东华威东方信息科技股份有限公司收到齐鲁股权交易中心挂牌函，证券代码为306518。

11月10日，威海云迪制药股份有限公司收到青岛蓝海股权交易中心挂牌函，证券代码为802728。

12月31日，威海自由光汽车销售服务有限公司收到齐鲁股权交易中心挂牌函，证券代码为307020。

12月31日，威海科尼渔具有限公司收到齐鲁股权交易中心挂牌函，证券代码为307021。

12月31日，威海市兴鲁农业生产资料有限公司收到齐鲁股权交易中心挂牌函，证券代码为307022。

12月31日，威海芯艺文化传播有限公司收到齐鲁股权交易中心挂牌函，证券代码为307023。

【威海证券期货投资者教育基地】 2021年6月23日，全国首家政府主导公益性证券期货投资者教育基地——威海证券期货投资者教育基地在环翠区金融商圈举行揭牌仪式。该基地是威海市首家省级证券期货投资者教育基地，也是全国首家以党建引领、政府主导、以公益性全民财商教育为特色的投资者教育基地。基地按照“由浅入深、条块结合、动静分离”的打造思路，分别设立综合服务区、证券市场发展历程回顾区、可容纳150人的教育大讲堂和投放以金融类书籍为主的阅览区，以及投资者教育产品展览区等十大功能区，通过开展现场学习、培训、交流、体验等系列完整的投资者教育活动，帮助参观者了解中国证券市场发展历程、熟悉证券市场法律法规、掌握证券投资知识、树立正确的投资理念、提高投资风险识别能力。

2021年6月23日，威海市环翠区金融商圈证券期货投资者教育基地揭牌仪式举行
（区地方金融监管局　供图）

银 行

【概况】 2021年，全区有银行业金融机构24家，为中国银行、中国农业银行、中国工商银行、中国建设银行、交通银行、农业发展银行、中国邮政储蓄银行、威海市商业银行、威海农村商业银行、中信银行、招商银行、中国民生银行、青岛银行、浦发银行、兴业银行、恒丰银行、齐商银行、光大银行、威海富民村镇银行、日照银行、烟台银行、蓝海银行、平安银行、齐鲁银行的分支机构。至年末，全区市级以上银行业金融机构本外币各项存款余额4449.06亿元，本外币贷款余额3595.79亿元，分别比上年增长10.94%、19.81%。

【中国银行股份有限公司威海环翠支行】 至2021年年末，中国银行股份有限公司威海环翠支行各项存款余额30亿元，较年初减少4336万元；各项贷款余额23.3亿元，较年初增加2616万元；实现利息收入6663万元、中间业务收入1049万元，完成账面利润3349万元。

【中国农业银行股份有限公司威海环翠支行】 至2021年年末，中国农业银行股份有限公司威海环翠支行各项存款余额23.1亿元，较年初增加3.23亿元；各项贷款余额24.1亿元，较年初增加4.06亿元；实现利息收入9386万元、中间业务收入1550万元，完成账面利润5711万元。

【中国工商银行股份有限公司威海环翠支行】 2021年，中国工商银行股份有限公司威海环翠支行拓展普惠金融业务，发放贷款1.8亿元，为制造业客户提供融资支持服务，增强金融服务的普惠性；结合推动乡村振兴发展、巩固拓展脱贫攻坚成果办实事，通过“银行+农担+农户”的模式，为小企业客户发放“惠农贷”600万元，解决农户融资难、融资贵等问题；探索融资新品种，为客户提供房抵e分期业务、个人消费经营组合贷等个人融资服务，满足客户的融资需求；提升存款立行意识，推进存款业务发展。在网点开辟“军人绿色通道”，定期上海岛、下连队开展金融服务；设立社保卡服务示范网点，推出真诚暖心服务，打造老年人身边的银行，为群众减负赋能办实事。至年末，各项存款余额61.28亿元，较年初增加5.81亿元；各项贷款余额54.34亿元，较年初增加2.25亿元；实现利息收入16397万元、中间业务收入3336万元，完成账面利润17093万元。

【中国建设银行股份有限公司威海环翠支行】 2021年，中国建设银行股份有限公司威海环翠支行新开立对公账户502户，较年初新增274户。年内，为威海市环翠区城市发展投资有限公司申报信用额度1.9亿元，实现投放8274万元；为威海口腔医院完成资本性投入，二期投入105.5万元。支持绿色产业发展，实现绿色贷款投放5900余万元。对金猴集团威海鞋业有限公司、威海海鑫新材料有限公司等优质客户进行评级增级。至年末，各项存款余额49.22亿元，较年初增加6.57亿元；各项贷款余额29.74亿元，较年初增加1.41亿元；实现利息收入17652万元、中间业务收入1035万元，完成账面利润9235万元。

【交通银行股份有限公司威海环翠支行】 2021年，交通银行股份有限公司威海环翠支行改善负债结构，结构调整初见成效。围绕重点项目清单，筛选符合授信导向的项目落地。实施客户和产品分类管理，做到精准营销。夯实“好客交行”服务品牌，注重提升客户体验，以标准化、规范化、特色化的消费者保护服务促进业务发展。至年末，各项存款余额28.82亿元，较年初增加17.56亿元；各项贷款余额5亿元，较年初增加4.06亿元；实现利息收入6750.53万元、中间业务收入60.42万元，完成账面利润2147.49万元。

【威海蓝海银行股份有限公司】 至2021年年末，威海蓝海银行股份有限公司各项存款余额327.49亿元，较年初增加46.43亿元；各项贷款余额288.07亿元，较年初增加66.43亿元；实现利息收入31.71亿元、中间业务收入609.56万元，完成账面利润61534万元。

保 险

【概况】 2021年，全区有中国平安财产保险股份有限公司威海中心支公司、中国人民财产保险股份有限公司威海市分公司、中国太平洋财产保险股份有限公司威海中心支公司、中国人寿保险股份有限公司威海分公司、太平人寿保险有限公司威海中心支公司等保险业金融机构45家。

【中国人民财产保险股份有限公司威海市分公司】 2021年，中国人民财产保险股份有限公司威海市分公司为全市650家大中型企业、700余艘船舶以及进出口贸易行业、工业生产行业、交通运输业、建筑业、医疗事业、教育事业、农业等提供风险保障9027亿元，处理各类理赔案件7.05万件，缴纳各类税收11181万元（含代收代缴车船使用税），公司保费规模、风险保障规模、理赔规模及税收贡献均位居威海财产保险行业首位。公司拥有先进、完善的保险产品体系，涵盖社会生产及人民生活的多个领域，能满足客户多样化、高品质的保险需求。至年末，完成保额9027亿元，理赔5.5亿元。

【中国太平洋财产保险股份有限公司威海中心支公司】 2021年，中国太平洋财产保险股份有限公司威海中心支公司健全专业化经营管理模式，塑造诚信、敬业、进取的“太平洋保险”品牌。针对新旧动能转换项目，为其提供工程保险、财产保险、责任保险等全方位的险种保障。对于涉及首台（套）重大技术装备和新材料首批次应用的企业，推荐企业申报首台（套）/新材料项目，协助企业办理相关手续，并配套首台（套）重大技术装备保险、新材料首批次应用综合责任保险等新兴业务，为企业在资金、技术、安全等方面提供保险保障。至年末，为低碳环保类消费品企业提供产品质量安全责任保障1294万元，为船舶企业提供污染损害责任保障5100万元，为农牧类企业提供保障1233万元；完成保额2498.81亿元，理赔1.68亿元，实现账面利润2285.43万元。

【中国人寿保险股份有限公司威海分公司】 2021年，中国人寿保险股份有限公司威海分公司承保全市城乡居民大病保险149.32万人，提供风险保障5972.84亿元；承保城镇职工大病保险104.64万人，提供风险保障2092.84亿元；“银龄安康工程”参保60.34万人次，提供风险保障78亿元。至年末，完成保额5919.19亿元，理赔6.50亿元，实现账面利润2913.19万元。

证　券

【概况】 2021年，全区有中泰证券股份有限公司威海分公司、海通证券股份有限公司威海高山街证券营业部、中信证券（山东）有限责任公司威海文化东路证券营业部、中国中金财富证券有限公司威海青岛北路证券营业部等证券公司营业部以及期货公司17家。

【中泰证券股份有限公司威海分公司】 2021年，中泰证券股份有限公司威海分公司秉持金融行业服务实体经济初心，坚持以客户为中心的经营理念，深入开展财富管理转型，推进综合金融拓展服务。年内，中泰证券股份有限公司威海分公司借助公司总部赋能，实现区域突破，深化与当地政府的合作，增强政府联动机制，使辖区股权业务和债券业务实现质的突破，与多家企业达成初步合作意向和财务顾问协议。至年末，实现交易额4227亿元、营业收入1.63亿元、净利润6470万元，缴纳地方税收1600万元。

【海通证券股份有限公司威海高山街证券营业部】 2021年，海通证券股份有限公司威海高山街证券营业部紧抓传统经纪业务，重点加强对创新业务的拓展。通过私募落地、产品销售代销和券结类公私募产、提高私募佣金水平等方式提升收入。至年末，实现交易额1755.32亿元、营业收入4010万元、净利润603.96万元，缴纳地方税收437.44万元。

【中国中金财富证券有限公司威海青岛北路营业部】 2021年，中国中金财富证券有限公司威海青岛北路营业部配合山东证券监督管理局、威海市金融消费者协会开展“3·15金融消费者权益保护活动”“5·15全国投资者保护宣传日活动”“打击场外配资活动”“防范非法证券宣传月活动”“金融知识普及月活动”“2021年世界投资者周”“北京证券交易所投教活动”“防范非法集资宣传活动”等各项投资者教育活动。至年末，实现交易额646.34亿元、营业收入4526.38万元、净利润2299.81万元，缴纳地方税收215.63万元。

担保与民间融资机构

【概况】 2021年，全区有融资性担保公司1家，为威海齐东融资担保有限公司；有民间融资机构2家，为威海市环翠区金蚂蚁民间资本管理有限公司、威海齐东民间资本管理有限公司（注销待批）。年内，山东仁合融资担保有限公司、威海市百盛融资担保有限公司注销。至年末，融资性担保公司在保客户216家，在保责任金额7.93亿元，民间融资机构累计对外投资13.72亿元，实现营业收入7920万元。

【威海齐东融资担保有限公司】 2021年，威海齐东融资担保有限公司坚持稳健经营、持续发展、经营信用、管理风险、追求卓越、回报社会的宗旨，实行规范化经营、流程化管理、品牌化营销、创新型发展，建设综合型融资担保品牌。至年末，在保客户216家，在保责任金额7.93亿元。

【威海市环翠区金蚂蚁民间资本管理有限公司】 2021年，威海市环翠区金蚂蚁民间资本管理有限公司持续为小微企业提供资金支持，重点开展应急转贷业务，规范应急转贷操作，在银企间架起融资桥梁。同时减费让利，助力小微企业度过新冠肺炎疫情难关。至年末，累计对外投资142万元，实现营业收入61.77万元。

【威海齐东民间资本管理有限公司】 2021年，威海齐东民间资本管理有限公司注销业务许可证材料提报至省地方金融监督管理局，待审批注销。至年末，累计对外投资13.71亿元，实现营业收入7859万元。

小额贷款公司

【概况】 2021年，全区有在营小额贷款公司3家，为威海市环翠区宏源小额贷款有限公司、威海市环翠区信元小额贷款有限公司、威海齐东小额贷款有限公司。年内，威海市环翠区银通小额贷款有限公司、威海信悦小额贷款有限公司、威海邦信小额贷款有限公司3家小额贷款公司退出地方金融组织。至年末，在营3家小额贷款公司累计投放贷款7.65亿元，实现营业收入3332.18万元。

【威海市环翠区宏源小额贷款有限公司】 2021年，威海市环翠区宏源小额贷款有限公司对小微企业加大放款力度，为中小型企业和个人提供贷款融资咨询、财务管理顾问及企业发展规划等一系列全方位服务。至年末，累计投放贷款1.09亿元，实现营业收入519万元。

【威海市环翠区信元小额贷款有限公司】 2021年，威海市环翠区信元小额贷款有限公司发放贷款16笔，惠及农业、贸易、电商、养老服务等各行业，帮助辖区内企业复工复产，对因新冠肺炎疫情影响受困的企业提供全方位融资服务。至年末，累计投放贷款5143万元，实现营业收入234.18万元。

【威海齐东小额贷款有限公司】 2021年，威海齐东小额贷款有限公司为符合国家政策导向且具有发展潜力和创新型的中小企业、高新科技企业及诚信的个人、个体经营户、“三农”产业提供方便、快捷、专业的贷款融资和理财服务。公司坚持企业化管理，市场化运作，按经济规律经营，探索解决个人和中小型企业资金难的问题。至年末，累计投放贷款6.03亿元，实现营业收入2579万元。

（孙晶怡）

旅游业

综　述

【概况】 2021年，全区旅游工作立足人居品牌和滨海生态资源优势，全力推动休闲旅游业快速发展，打造“一核引领　两翼驱动　全域提升”的旅游发展新格局。年内，全区有省级旅游度假区2家、区属国家AAA级以上旅游景区7家、省级以上工业旅游示范点9家、省级工业旅游示范基地1家、省级旅游强镇8个、省级旅游特色村13个、省级农业旅游示范点18个。至年末，重点收费旅游景区接待游客133.25万人次，实现营业收入5790.06万元。

【乡村旅游提档升级】 2021年，区文化和旅游局紧扣乡村振兴主题，大力推进景区化村庄培育，推动乡村旅游提档升级。4月21日，羊亭镇贝草夼村、嵩山街道五家疃村、温泉镇张家山村、张村镇王家疃村获评首批山东省景区化村庄；12月22日，桥头镇信河北村、张村镇刘家疃村、张村镇姜家疃村获评第二批山东省景区化村庄，省级景区化村庄数量达到7家。张村亲子研学小镇获评首批山东省精品文旅小镇，羊亭镇贝草夼村获评山东省乡村旅游重点村。加快实施乡村旅游精品工程，大力发展乡村旅游民宿，突出旅游民宿集聚效应，引导旅游民宿连点串线成片发展。根据里口山风景名胜区现有民宿35栋、精品民宿6栋的总体情况，立足民宿体量较大、集聚发展的特点，整合资源，组织申报“山东省旅游民宿集聚片区”创建资格。10月22日，省文化和旅游厅印发《山东省旅游民宿集聚区创建单位名单》，里口山风景名胜区获得山东省旅游民宿集聚区创建资格。

【旅游行业管理】 2021年，区文化和旅游局完善投诉处理机制，受理投诉300余件，均在规定时限内处理完成。开展安全生产检查，出动检查组120余个、700余人次，检查全区涉旅企业600余家次，及时督导企业限期整改检查发现的问题。“安全生产月”期间，在景区、涉旅企业悬挂安全生产横幅、设置安全生产月展板、LED屏滚动播放安全生产相关知识。与50家涉旅企业签订安全生产责任书，督促涉旅企业抓好安全生产制度落实和日常防范，重点对涉旅企业安全生产主体责任清单、员工全员培训、应急预案和应急演练情况以及隐患排查、旅行社租用车辆、责任险投保、星级饭店消防安全、卫生防疫等规章制度的落实情况加强日常督导检查，保护消费者合法权益。

【旅游行业服务】 2021年4月16日，区文化和旅游局联合区消防救援大队，对全区80余家涉旅企业进行消防安全培训，提升涉旅企业的消防安全意识和消防安全应急防护处置应变能力。

2021年环翠区区属AAA级以上旅行社一览表

表10

名　称	级　别	地　址
山东两岸国际旅行社有限公司	AAAA	青岛中路66-6号
威海环球国际旅行社	AAA	公园路24号
威海顺安国际旅行社有限公司	AAA	海滨北路海港大厦10楼1012室
威海华运国际旅行社有限公司	AAA	东城路86号A1222室
威海海之旅旅行社有限公司	AAA	渔港路79-9号
威海丽景国际旅行社有限公司	AAA	金线顶路90号204室
山东长颈鹿国际旅行社有限公司	AAA	海滨北路129-9号
威海海洋国际旅行社有限公司	AAA	新威路37号三和置业710室
山东全彩国际旅行社有限公司	AAA	新威路-11北洋大厦1203室
威海馨悦国际旅行社有限公司	AAA	海滨北路111号10楼1007室
威海海天假期国际旅行社有限公司	AAA	海滨北路116号

（宋雨露）

旅游资源

【概况】 2021年，全区有旅游景区（点）10余处。其中，华夏城景区为国家AAAAA级旅游景区，仙姑顶景区、海滨生态风情带·“侨乡号”游轮、里口山风景名胜区为国家AAAA级旅游景区。自然资源以海、岛、滩、湾、泉、山为特色，有43千米海岸线，沿线沙滩细腻绵延，海水碧蓝清澈，有葡萄滩海水浴场、半月湾海水浴场等，有褚岛、日岛、黑岛等大小海岛17个，有宝泉汤、温泉汤2处优质地下温泉，有里口山、正棋山、猫头山等山地风景区。人文资源以秦汉文化、民俗文化、道教文化、甲午文化、英租文化为代表。

2021年环翠区属国家AAA级以上旅游景区一览表

表11

名　称	级　别	获批日期
华夏城景区	AAAAA	2017年2月
仙姑顶景区	AAAA	2010年5月
海滨生态风情带·“侨乡号”游轮	AAAA	2014年6月
里口山风景名胜区	AAAA	2021年12月
伴月湾风景区	AAA	2015年11月
羊亭河湿地公园	AAA	2020年1月
威海市裕红祥丝绸文化博物馆	AAA	2020年9月

【华夏城景区】 国家AAAAA级旅游景区，位于城区西部，东临大海，西枕龙山，群峰苍翠连绵，富含浪漫山海神韵，是一处古典与现代结合，自然与科技融为一体的新型生态旅游度假胜地。“一步一画卷，一城览千年。”在这里可以踏青、赏花、登山、戏水，欣赏风景；可以发现、探索、体验华夏五千年悠久文明；可以领略、感受舞蹈、武术等中国传统艺术的魅力，夜晚设有360°山水实景演出《神游传奇》秀。景区包括会跑的实景演艺——《神游传奇》秀、生态教育长廊、华夏生态文明馆、高空5D玻璃桥、威海神游海洋世界、威海人民防空教育馆、民俗文化馆、龙山花谷、文化谷、禹王宫。其中，华夏生态文明馆于2021年7月17日开馆，建筑面积1.6万平方米，外观为红色中式古建筑风格，馆内分为地球呐喊、矿坑历险、威海之翼、飞跃华夏等项目。场馆采用“情景沉浸、实景漫游”式的“新奇特”技术手段，将观展与体验相结合，再现华夏城由矿坑废墟变绿水青山，又由绿水青山转为金山银山的生态修复过程，利用华夏城生态修复的成功案例，更好地诠释“绿水青山就是金山银山”的理念。

【仙姑顶景区】 国家AAAA级旅游景区，集自然风光、神话传说、道家文化于一体。仙姑顶是巍峰山脉主峰，海拔375米，位于望岛社区西北部，距威海市中心不足5千米，是现代城市中为数不多的生态绿洲。2020年4月28日，景区以“仙姑顶玉文化旅游区”的新形象重新对外开放，以仙姑文化、玉文化和福文化作为景区主题，从辽宁省鞍山市引进2000余吨优质岫玉，依托道家文化和民间传说，由高师名匠精工细雕，制作近千件大型玉雕艺术品，是全国玉石总量最多、单体玉雕最大的旅游风景区。景区内还分布有五行门、通灵元玉、三多桥、如意湖、万寿广场、玉福广场、仙禄广场、乾坤玉道、通灵玉道元宝台、九龙壁、仙姑神殿等景观。

【海滨生态风情带·“侨乡号”游轮】 国家AAAA级旅游景区，位于威海市区海滨沿线，包括幸福公园、威海公园、悦海公园、“侨乡号”游轮。

幸福公园。位于市中心威海湾畔，全长1566米，平均宽度138米，占地面积20公顷。始建于1983年，原为海滨公园，此后经过多次改造。2004年11月，市政府对海滨公园进行扩建。2006年7月，海滨公园更名为幸福公园；10月，对游人开放。公园自北向南分为海韵、海阅、海赋、海情、海翔5大景区，是集旅游、休闲、商业、餐饮、娱乐为一体的综合性开放式公园。公园绿化自北向南分为木瓜园、桂花园、紫薇园、白蜡园、玉兰园5大园区，并栽有抗海风、耐盐碱的黑松、榉树、栾树、白蜡等树种。公园根据各个分区的含义和功能特点设置4座大型主题雕塑、42座中外名人雕塑以及《四条屏》《生命的启示》等雕塑小品。

威海公园。位于市中心南部，面向威海湾，总面积67.6公顷，是一道集交通、游览、娱乐、休闲于一体，海滨特色鲜明、艺术内涵丰富、人文与自然有机融合的海滨风景线。公园以碧海蓝天为背景，以海洋文化为主题，由北向南，沿海岸线的带状区域依次布局5个主题景区：供儿童游乐的海伢景区，情侣驻足的海恋景区，以文化活动、娱乐休闲为主的中心文化广场，畅想大海、抒发情怀的海颂景区和表现海洋科技的海慧景区。公园由护岸、道路、绿化、灯光等部分组成，其中，护岸全长3265.3米，采用以斜坡为主、圆筒、台阶与之结合的3种结构形式，兼具防护与观光双重功能。绿地面积36.1万平方米，铺装面积7.74万平方米。公园采用多种光源和高新技术产品，通过路灯照明、泛光照明、轮廓照明、内透光照明等多种形式，形成交相辉映、五彩斑斓的海滨夜景。以威海公园为主体的海滨南路环境绿化美化工程获2001年中国建筑工程“鲁班奖”。

悦海公园。位于威海公园南，海上公园北，海滨路以东，东与刘公岛隔海相望，地块形状呈陆地向海面延伸的一个半岛状，南北长1.3千米，东西向最宽处150米，占地面积15.4公顷，绿化面积8.84万平方米。公园以休闲、健身、家园为设计主题，设计构思重点体现以人为本、生态环境、节能环保、突出特色的理念和休憩功能，力求体现功能上的综合性、生态上的自然性、风格上的地方性和经济上的合理性。公园分为休闲运动区、主广场中心区、科普游憩区及海上游乐区。休闲运动区在公园最北侧，设逻辑乐园、娱乐空间、休闲广场，满足不同层次人群的需求；主广场中心区设置整个公园的中心——悦海广场，富有“归航”主题意义的灯塔位于中心位置；科普游憩区以增加科普知识及参与趣味活动为主，设有潮汐广场，以展现与海洋有关的潮汐现象为主要景观，并以趣味形式提示生物进化过程，将自然现象与生物进化生存的紧密关系以寓教于乐的方式展现在公园中；海上游乐区位于公园最南端，结合避风港设置游艇码头，考虑远期水上巴士的应用，在靠近现有避风港处设计观鸟平台，游人可近距离与游艇、渔船、摩托艇、帆船等吸引来的海鸟亲密接触，形成人与自然和谐共处的画面。

“侨乡号”游轮。由山东侨乡集团股份有限公司投资1亿元打造完成，游轮长95.8米，宽15.8米，分上下4层，载客量478人，游轮融合海上观光、娱乐休闲、迎日祈福等多种元素，选取两条最能体现威海特色、观景角度最佳、沿途风景最美的航线。一条是“畅游威海湾”金牌航线，沿途可依次看到“定远号”纪念舰、标志性建筑“幸福门”、幸福公园、侨乡城市广场、金线顶、刘公岛、日岛、东山宾馆等景观，感受独特历史文化魅力。途中穿插脱口秀、魔术、歌舞等表演节目，船尾体验区有现场制作贝雕、品尝特色西点等活动；另一条特色航线是“夜游威海湾”，途经地点及演出内容与白天航线相同，游客能够领略威海湾夜景，体验甲板烧烤、歌舞狂欢等特色活动。

【伴月湾风景区】 国家AAA级旅游景区，位于孙家疃街道环海路，景区礁奇岛多，山拥水裹，林秀海碧，滩平沙细，森林覆盖率68%，负氧离子含量5万个/立方厘米，空气纯净清新，环境优美宜人。景区内建有一条投资10亿元、长10千米的环海景观大道，漫步在大道上，可以欣赏葱郁繁茂的森林、波澜壮阔的大海、如锦似绣的沙滩和无处不有的奇岩，仿佛置身于世外桃源般的仙境，景色迷人，令人神往。梭鱼台、铃铛石、蟒眼滩、猫头山、靖子头、龙王庙等传统民俗旅游景点，犹如玉带明珠，点缀成江山锦绣，展示着伴月湾风景区的独特魅力和深厚的文化底蕴。服务驿站、观景台、停车场等配套设施齐全，帆船基地、游艇等健身项目应有尽有，绿色骑行、环海健步走、龙王庙会、休闲垂钓、渔家乐等娱乐活动丰富多彩，是休闲、旅游、度假的风景胜地。连续多年举办国际铁人三项比赛，吸引越来越多的国内外游客游玩观光。

【羊亭河湿地公园】 国家AAA级旅游景区，以羊亭河两岸为主体，从贝草夼村一直延伸到孙家滩村河桥，东西长10余千米，湿地面积近40公顷。两岸打造的景观形式多样，绿化物种丰富，水系生态保护完好，芦苇茂盛，蛙声悠扬，野鸭成群，白鹭啾鸣，自然生态和谐之美展现得淋漓尽致。各种花卉随着温度气候变化竞相开放，4月—5月有郁金香、牡丹、高山杜鹃，5月—6月有樱花，7月—8月有荷花，9月—11月有粉黛乱子草、矢羽芒。三季有花，四时花不同。公园设有动物园、亲鸟园、戏水区、儿童运动场、儿童游乐场等多处游玩场所，让游客体验亲子互动的乐趣和探索自然的奇妙。

【威海市裕红祥丝绸文化博物馆】 国家AAA级旅游景区、山东老字号、省级非物质文化遗产保护单位、威海市科普教育基地、“丝绸中国”四星级示范店，是一家集陈列、展览、收藏、研究、研学、社会教育、优秀传统工艺传承及文创文旅产品销售等于一体的综合性现代化丝绸博物馆。丝绸博物馆馆内设有：丝绸与文化展区、柞蚕放养过程展区、威海老纺车展区、柞蚕制种标本展区、桑蚕生长标本展区、熨斗梭子演变展区、威海老木丝织机展区、省级非物质文化遗产项目——古法纩丝区、丝绸检测仪器展区、科普研学区、文创文旅产品区、锦绣文化区12个展区，系统展示威海的山蚕文化。在这里，不仅能了解古代北方海上丝绸之路贸易繁荣的兴盛历程，目睹从养蚕、到纩丝、再到织绸的全过程，还可以动手操作威海古老的纩丝机，体验草木染的乐趣，领略古代丝绸工艺的风采，感受丝绸技艺的魅力，探究胶东丝绸文化内涵，增强对华夏文明的认同感和自豪感。

（宋雨露）

旅游宣传推介

【概况】 2021年，区文化和旅游局组织20余家旅游企业开展旅游宣传推介活动。4月30日，在孙家疃·哈雷驿站举办“千里山海·自在威海”哈雷摇滚音乐会；5月19日，在仙姑顶旅游景区举办“游幸福环翠　走红色足迹”5·19中国旅游日暨庆祝中国共产党成立100周年活动启动仪式；6月2日，组织省内外多家旅行社管理人员在威海海洋智能装备研究中心举办环翠区文旅资源推介会。

【“中国旅游日”宣传】 2021年5月19日，区文化和旅游局在仙姑顶旅游景区举办“游幸福环翠　走红色足迹”5·19中国旅游日暨庆祝中国共产党成立100周年活动启动仪式，主要包括文明旅游宣传、旅游惠民活动、文艺展演等活动。活动现场设立旅游宣传服务站，向市民、游客宣传文明旅游知识，发放宣传手册，引导市民、游客文明旅游、低碳消费、爱护环境、安全出游；在景区电子屏播放旅游活动宣传视频及标语；开展“打击‘黑车’‘黑导’”等宣传活动，为市民和游客提供旅游咨询服务，鼓励市民、游客文明出行。

【2021半月湾国际沙滩音乐节】

2021年7月16日—25日，2021半月湾国际沙滩音乐节在孙家疃半月湾如期举行，以打造“城市新节日”为宗旨，以“百年华彩、城市有节”为主题，先后举办“流行风”“醉摇滚”“国潮乐”等10场主题音乐文化演出。音乐节通过“最威海是环翠”App、区融媒体中心环翠综合频道、山东卫视闪电新闻手机台，以及威海市区的城市大屏进行4屏直播。2021年是半月湾国际沙滩音乐节的第五年，作为集音乐文化、艺术表演、美食优惠于一体的惠民文化盛事，从夜经济开发、运营、品牌输出等多个维度出发，寻找契合威海文化发展和旅游的消费属性，精细化提升区域示范效果，引导半月湾商圈消费环境和品牌价值升级。

【编印环翠旅游攻略和手绘地图】

2021年，区文化和旅游局汇集区内重点文旅场所，串联华夏城景区、里口山风景名胜区、羊亭河湿地公园、环翠轻户外运动小镇等核心文旅产业资源，编制《文旅环翠旅行手册》《文旅环翠手绘地图》，印发至星级酒店、A级旅游景区、旅行社等文旅场所，让游客第一时间掌握环翠旅游信息，丰富游客休闲内容，拓宽旅游要素宣传渠道。

（宋雨露）

里口山风景名胜区管理

【概况】 2021年，里口山管理服务中心以里口山为主区域成功申报“山东省旅游民宿集聚区创建单位”“山东省精品文旅小镇”；管辖区域内刘家疃村、姜家疃村入选第二批山东省景区化村庄名单，王家疃河被山东省河长制办公室评为“省级美丽幸福示范河湖”；12月下旬，里口山风景名胜区获评国家AAAA级旅游景区。至年末，里口山风景名胜区接待游客238.39万人次，比上年增长36.14%；实现旅游收入1.34亿元，增长65.84%。

2021年7月16日—25日，2021半月湾国际沙滩音乐节在孙家疃半月湾举行

（区文化和旅游局　供图）

【里口山风景名胜区总体规划报批】

2021年1月26日，省自然资源厅组织专家组对里口山风景名胜区总体规划进行评审。3月末，里口山管理服务中心根据专家组意见，完成景区总体规划调整工作并上报省自然资源厅。4月20日，省自然资源厅收取省住房和城乡建设厅、省文化和旅游厅、省水利厅、省生态环境厅、省农业农村厅、省交通运输厅等部门意见，将里口山风景名胜区总体规划上报至省政府。10月14日，里口山管理服务中心完成面积69.02平方千米的里口山风景名胜区总体规划编制工作，通过省城乡规划委员会审批。2022年1月8日，经省政府审核，正式批复《威海市里口山风景名胜区总体规划（2020—2035年）》。

【国家AAAA级旅游景区创建】

2021年，里口山管理服务中心参照国家AAAA级旅游景区八大标准，细化完善国家AAAA级旅游景区实地验收方案，对景区停车场、旅游公厕、景观节点等软（硬）件设施进行维护提升，完善标识系统、环境卫生、智能化监控系统等116项，优化细节事项8类30条。5月，里口山管理服务中心向山东省文化和旅游厅提报国家AAAA级旅游景区验收申请；8月下旬，省专家组对里口山风景名胜区国家AAAA级旅游景区创建情况进行暗访；10月，里口山管理服务中心根据省文化和旅游厅要求，提交相关补充材料；12月，里口山风景名胜区国家AAAA级旅游景区经省文化和旅游厅批复通过。

【产业项目推进】 2021年，里口山管理服务中心引进那天·乌托邦、

2021年12月21日，那夭·乌托邦外景（里口山管理服务中心 供图）

里口山·威海之心驿站、庆膳和等一批文旅产业项目，新打造4处民宿和3处农家乐，对接威海汉鼎渔具有限公司、威海魏桥科技工业园有限公司等产业项目意向投资主体，推进里口山区域招商引资及项目建设。

【公益服务】 2021年，里口山管理服务中心组织开展新时代文明实践主题活动72场，举办民俗剪纸、技能培训、中医讲堂、健身大赛、纳凉晚会等多种形式的文娱活动，丰富群众的精神文化生活。运用微信公众号、短视频等新媒体弘扬主旋律，传播正能量，在“里口山风景名胜区”微信公众号发表文章124篇，总阅读量2.5万人次。

【新冠肺炎疫情常态化防控】 2021年，里口山管理服务中心统筹辖区村“两委”、网格员、志愿者、中心全体工作人员，按照分片包干制度，组建5个防控工作组，开展应急演练4场次，对4个村2791人开展全面排查并建立排查档案。向村民发放新冠肺炎疫情健康科普手册900余份，利用“村村通”广播、微信、宣传栏等宣传载体全天候、全方位宣传，使村民了解新冠病毒科学防控知识。在里口山风景名胜区设立4个监测点，对进出景区的车辆和人员进行登记检测，登记车辆83760辆次，检测人员12.31万人次。

2021年6月17日，王家疃村开展“剪纸传瑰宝，党徽映初心”民俗剪纸技艺体验活动

（里口山管理服务中心 供图）

（马赛赛）

经贸合作

国外招商引资

【概况】 2021年，区商务局持续提升外资总量，优化外资结构，稳住外资基本盘，推动实际使用外资量稳质优。组织企业参加威海与日本经贸文化和旅游交流线上推介会、跨国公司领导人青岛峰会、韩国（山东）进口商品博览会、山东与世界500强连线等国际性交流活动，搭建对外交流平台。至年末，全区实际使用外资20476万美元，比上年下降13.7%。

【外商投资管理】 2021年，区商务局强化为企服务理念，组织300余家外资企业注册山东省稳外贸稳外资服务平台，畅通企业诉求渠道，实现外资企业全覆盖；加强惠企政策宣传，组织5次服务大使线上讲堂活动，向150余家次外资企业宣传社保、税费、金融等政策，帮助企业及时享受政策红利，优化外商投资环境。年内，组织全区295家外资企业报送外商投资信息报告（年度报告），通过信息报告，系统掌握外商投资企业的生产经营情况等，加强外商投资企业事中事后监管，优化全区外商投资服务体系。

【外资项目引进】 2021年，区商务局紧盯世界500强、行业领军等重点资源，推动阿普塔恒煜（威海）医疗器材有限公司生产项目完成并购，落地到账外资5383万美元。组织SAP集团、阿普塔集团等60余家跨国公司、行业领军企业负责人参加第二届跨国公司领导人青岛峰会及威海交流对接会，威海与日本经贸文化和旅游交流线上推介会，韩国（山东）进口商品博览会，山东与世界500强连线欧盟、北美、韩国专场等高层次交流活动，推动总投资1500万美元的SAP山东创新赋能中心等项目现场签约。至年末，全区新引进外资项目50个，其中总投资1000万美元以上项目12个，分别是山东美特瑞环保科技发展有限公司、威海高领贸易有限责任公司、威海威俊国际贸易有限公司、威海海樊智能制造有限公司、威海聚玺机械制造有限公司、威海华汾国际贸易有限公司、威海典叁国际贸易有限公司、威海万润达光电有限公司、山东艾克发展供应链有限公司、威海百星精密电子有限公司、阿普塔恒煜（威海）医疗器材有限公司、威海锦汇户外用品有限公司。

国际经济合作

【概况】 2021年，环翠区备案设立境外企业（机构）3个，中方协议投资额1.5亿美元；对外承包工程合同额4.6亿美元，比上年下降42.9%，完成营业额5.5亿美元，下降1.1%；派出各类劳务人员1593人，增长6.1%。

【境外承包工程】 2021年，威海国际经济技术合作股份有限公司、威海建设集团股份有限公司2家企业开展境外承包工程业务。年内，受国外新冠肺炎疫情因素影响，对外承包工程合同额呈下滑趋势，新签合同额1000万美元以上项目11个。

【境外企业投产】 威海纺织集团进出口有限责任公司于2018年6月获

2021年环翠区境外投资新签工程项目一览表

表12

序号	工程项目名称	国家（地区）	合同额（万美元）
1	RAMCO超市购物中心改扩建	多哥	1479
2	塞内加尔教育部塞久地区公立中学项目	塞内加尔	3114
3	塞内加尔火电厂分包项目	塞内加尔	1687
4	世行统计学校项目一标段	刚果（布）	1703
5	马岛C3沟渠清淤项目	马达加斯加	3452
6	科特迪瓦北方道路项目	科特迪瓦	8900
7	穆龙达瓦旅游度假酒店项目	马达加斯加	1217
8	卢阿拉巴省345千米土路项目	刚果（金）	3600
9	肯盖供水项目	刚果（金）	1422
10	欧佐内供水二期工程	刚果（金）	3987
11	马岛RN12A国道项目LOT1	马达加斯加	3698

批在缅甸设立迪尚集团（缅甸）有限公司，建设服装加工生产工业园区，至2021年年末累计投资5581万美元，建筑面积15万平方米，入驻缅甸尚宏医疗科技有限公司等15家企业，投产缅甸迪华丽服装有限公司、缅甸迪信达服装有限公司等4家工厂。至2021年年末，实现贸易额6000万美元。

对外及对港澳台贸易

【概况】 2021年，区商务局全力贯彻落实各级稳外贸政策，组织217家次企业参加线上线下RCEP解读会、外贸政策宣讲会、电商培训会等各类活动。年内，全区实现货物贸易进出口总额217.3亿元，增长18.7%。其中，出口175.1亿元，增长5.1%；进口42.2亿元，增长30.5%。从贸易方式看，一般贸易进出口159.6亿元，增长23.0%，占全区的73.4%；加工贸易进出口56.1亿元，增长13.1%，占全区的25.8%；其他贸易进出口1.6亿元，增长9.1%，占全区的0.8%。

【出口市场结构】 至2021年年末，全区企业与200个国家和地区有贸易往来。对韩国、日本、欧盟、美国四大传统市场出口120.5亿元，比上年增长9.9%，占全区出口的69.0%。其中，对欧盟出口36.3亿元，下降14.5%，占全区出口的20.9%；对日本出口29.4亿元，增长9.0%，占全区出口的16.8%；对韩国出口27.5亿元，增长33.5.4%，占全区出口的15.7%；对美国出口27.3亿元，增长45.2%，占全区出口的15.6%。

【市场开拓】 2021年，区商务局利用省、市会展平台，组织威海洪博贸易有限公司、威海新新羊绒服装有限公司等28家次企业参加日本国际潮流展、中国香港贸易发展局国际采购汇、首届国际消费品博览会等国际性展会。

【“RCEP”国际贸易】 2021年，环翠区“RCEP”（区域全面经济伙伴关系）成员中有进出口实绩企业931家，与14个国家有贸易往来，完成货物贸易进出口94.4亿元，比上年增长16.2%。其中，出口67.7亿元，增长14.2%；进口26.7亿元，增长21.9%。主要出口商品为纺织服装、汽车线束、渔具等；主要进口商品为合成橡胶、天然橡胶、铝矿砂等。

【服务贸易主体培育】 2021年，区商务局探索服务贸易创新发展新模式，参与新一轮深化服务贸易创新发展试点，发挥威海国际经济技术合作股份有限公司、威海倍佳贸易有限公司等重点企业的引领作用，对文旅、物流、仓储、设计等区内优势产业企业进行挖掘，培育新的增长点。至年末，全区2021年服务贸易数据库进出口额7.8亿美元，培育山东润锦国际货运代理有限公司、山东东白国际物流有限公司、威海华发国际货运代理有限公司、山东畅晟国际物流有限公司4个服务贸易主体，服务进出口总额位居全市各区市前列。

【贸易促进】 2021年，区贸促会协助市贸促会开展国际渔具博览会、中国威海国际户外休闲产业博览会、跨国公司领导人青岛峰会、外贸优品展等大型展会；以2021境外驻华机构齐鲁行活动为契机，同韩国岭湖南政府（中国）通商事务签订《通商合作备忘录》，推动中外优势产业集群及企业之间的务实合作，威海广泰空港设备股份有限公司与加拿大驻山东省商务处达成协助企业开拓加拿大市场的合作意向；家家悦集团股份有限公司与泰国、日本代表处达成高档商品进驻商超平台的合作意向，助力企业开拓国际市场。与日中经济贸易中心、韩国贸易协会、韩国国庆尚南道政府山东代表处、广东威海商会等10余家商（协）会和国际经贸机构建立联系，为环翠区企业构建外联渠道。与国内外商（协）会、企业联系互动，开展多种形式经贸交流合作。参加省、市贸促会国际商事法律服务及FTA（自由贸易协定）原产地证件等业务知识培训活动，提升FTA原产地证办理、海外商事法律服务的专业化水平，为企业在国际商贸方面提供更精准的服务。

2021年环翠区重点企业进出口情况一览表

表13

序号	企业名称	进出口（万元）	增幅（%）
1	三角轮胎股份有限公司	336829	15.13
2	威海纺织集团进出口有限责任公司	230716	－39.58
3	山东环晟供应链管理有限公司	84065	671.25
4	威海倍佳贸易有限公司	67564	42.29
5	威海裕罗电器装配有限公司	63560	－7.29
6	威海博宇食品有限公司	48968	32.38
7	威海市纺织服装进出口有限公司	42817	94.81
8	威海亿美运动器械有限公司	25089	23.94
9	山东魏桥智信实业有限公司	20240	40.31
10	威海邦德散热系统股份有限公司	20026	44.94
11	威海市金猴进出口贸易有限公司	19794	－17.96
12	威海山花华宝地毯有限公司	18175	－11.43
13	威海丰国电子有限公司	16118	－21.07
14	威海思来进出口有限公司	15852	0.40
15	威海市农盛农副产品有限公司	14986	7.06
16	易华通供应链管理有限公司	14951	－4.26
17	山东创意集团有限公司	14690	2.06倍
18	威海威高物流控股有限公司	14115	30.53倍
19	威海凯华进出口有限公司	13768	28.28
20	威海中远造船科技有限公司	13047	104.74

（邓晓媛　许浩然）

国内经济合作

【概况】 2021年，环翠区围绕北京、长江经济带、粤港澳大湾区等重点区域，到北京、上海、西安、深圳、南京、重庆等地区开展招商推介及项目对接活动300余次，对接中国航天科工集团有限公司第二研究院、上海CDP集团、上海SAP公司研究院、西安羚控电子科技有限公司、西安航空制动科技有限公司、深圳市中美创兴资本管理有限公司、重庆猪八戒网络有限公司、重庆迪马工业有限责任公司等多家企业洽谈合作项目。年内，根据《关于环翠区招商服务中心招商体制机制改革的意见》要求，原区招商服务中心实施体制机制改革，组建成立区投资促进中心，承担招商引资工作。至年末，完成内资实物工作量10.1亿元。

【招才引智】 2021年，区贸促会对接集聚清华大学、同济大学、湖南大学顶尖技术团队的青岛国际院士港，围绕氢燃料电池在船舶领域应用开展深入交流，达成从核心材料、电堆到燃料电池的开发集聚人才链的合作意向。多次与哈尔滨工业大学汽车学院院长刘清河为首的教授团队交流座谈，在氢能源船舶动力参数及控制技术方面给予技术引导，于11月签订产学研合作框架协议。采用“互联网+短视频”、走出去、请进来等多元化方式，对接西安电子科技大学、华中科技大学、佳木斯大学、中山大学等科技类院校人才资源，强化招才引智工作。到广州、深圳打造粤港澳大湾区双招窗口，设立人才交流培训基地，吸引大湾区优秀项目和人才到环翠区，为环翠区提供人才定制化培训和人才智库合作，储备人才资源。

【招大引强】 2021年，环翠区引进一批符合产业发展方向、牵动性强的大项目、好项目，实现招商引资质量和效益双提升。全区引进中国航天科技集团有限公司投资海洋无人装备与技术联合创新中心项目、中国航天科工集团有限公司投资激光通信先进技术研究院项目、魏桥纺织股份有限公司投资威海魏桥新型纤维绿色智能一体化制造项目3个世界500强和中国500强投资项目，大项目支撑效应凸显，为高质量发展注入动能。

【经济合作】 2021年，环翠区紧扣培育壮大七大产业集群、十条产业链的战略目标，加强对产业政策、产业链条、产业分布的研究，在科学论证的基础上精准制定产业招商路线图，形成以新一代信息技术、新医药与医疗器械、先进装备与智能制造、碳纤维等复合材料、海洋生物与健康食品、时尚与休闲运动产品、康养旅游为主的七大产业集群集聚发展。开展多形式特色化招商活动，围绕以新材料、高端装备制造为引领的“4+3”制造业产业集群，以现代商贸、现代金融为先导的“2+3”现代服务产业体系，强化产业链招商，深挖区发展改革局、区工业和信息化局等行业主管部门资源潜力，依托现有产业基础，进行延链、补链、强链招商。聚焦高端、新兴产业，发挥环翠区船舶、游艇生产基地的优势，深挖项目线索；聚焦易得国际易货交易（山东）有限公司等电商公司，以全区百家电商企业为突破口，互通互融，拓展新的招商空间。至年末，到北京、上海、南京、深圳、广州、青岛等地外出招商70余次，对接企业600余家，参加世界互联网大会、中国—欧盟投资贸易科技合作洽谈会、中国数字经济博览会、第二届跨国公司领导人青岛峰会威海交流对接会等。

【商务合作】 2021年，全区接待北京高能时代环境技术股份有限公司、中国钢研科技集团有限公司、费森尤斯奥美德集团等重点客商50批100余人次。加强与上海、北京等地商会的沟通联系，发挥各类商会组织

2021年7月16日，第二届跨国公司领导人青岛峰会威海交流对接会集中签约仪式举行
（区商务局　供图）

2021年10月12日，区投资促进中心接待中国钢研科技集团有限公司一行考察环翠区 （区投资促进中心 供图）

在信息收集、资源对接方面的优势，与上海企业家协会、健一会等商会协会、科研院所等建立招商合作关系。

【内资项目引进】 2021年，环翠区引进威海盈创金属成形科技有限公司金属构件轻量化制造项目、威海联东金岛实业有限公司联东U谷·威海科创智汇港项目、威海魏桥科技工业园有限公司威海魏桥新型纤维绿色智能一体化制造项目、中科锐金（山东）钛业科技有限公司中科锐金医疗钛合金材料生产项目、威海兴泰包装制品有限公司兴泰医疗器械包装新材料生产项目、威海鸿宇新材料科技有限公司鸿宇新材料项目、威海市世一网业有限公司世一网业特种复合材料项目、舒海商务管理（威海）有限公司舒海创新创业综合商务服务平台项目、威海方圆大酒店有限公司星级度假疗养基地项目、威海祥和文化艺术传播有限公司祥和文化艺术中心项目、威海激光通信先进技术研究院激光通信技术研究项目、智真海洋科技（威海）有限公司海洋装备智能制造项目、海洋无人装备与技术联合创新中心项目、桃河影业（山东）有限公司一战华工主题电影拍摄项目、一正轩（威海）文化产业有限公司一正轩文化项目、瑞丽数字科技（威海）有限公司威海瑞丽星园项目16个内资项目。其中过亿元项目5个，分别是联东U谷·威海科创智汇港项目、威海魏桥新型纤维绿色智能一体化制造项目、中科锐金医疗钛合金材料生产项目、兴泰医疗器械包装新材料生产项目、世一网业特种复合材料项目。

【重点项目建设】 2021年，联东U谷·威海科创智汇港、远遥慢堡旅游综合体、一正轩（威海）文化产业有限公司3个项目落地并开工建设。

联东U谷·威海科创智汇港项目。由北京联东投资（集团）有限公司总投资30亿元，其中一期计划投资7亿元，建设16栋厂房，位于雍江街北张村镇人生药业东地块，占地9.2公顷，建筑面积8.5万平方米，项目以智能制造、电子信息、生物技术、新能源等为主导产业，打造集生产制造、成果转化、企业总部等功能于一体的都市型产业集聚地。10月24日，项目主体封顶。

远遥慢堡旅游综合体项目。由远遥（北京）文化传播有限公司计划投资1亿元，选址孙家疃街道葡萄滩海水浴场旁，改建原有纽约国际婚纱摄影基地，以住宿、餐饮为切入点，打造一处集威海城市文化休闲娱乐于一体的商业旅游综合体。至年末，注册春海里（威海）酒店管理有限公司，项目开工建设，进行装修改建。

一正轩（威海）文化产业有限公司项目。位于鲸园街道，由北京客商王绍凯投资3000万元，购买威海市百货大楼集团股份有限公司位于花园中路的仓库（含负一层，共7层）进行建设。该项目建成后将成为环翠区完善文旅产业链条、构建高端艺术品收藏交流的平台。将负一层打造成为书画苑，一层作为商业网点招商出租，二层以上为北京首旅酒店。至年末，公司完成注册，进行装修改造。

（邓晓媛 张 向 许浩然）

城乡建设

城市规划

【概况】 2021年，规划环翠分局依法推进控制性详细规划调整，推进经营性用地和工业用地出让，出具用地出让规划示意图22份，用地面积86.3公顷。推进建设项目设计方案联合审查，审批规划建筑设计方案211项。完成建设项目选址技术审查1项，用地面积5公顷；建设用地规划技术审查23项，用地面积83.4公顷；建设工程规划技术审查127项，建筑面积231.1万平方米。核发建设工程竣工规划核实合格证66份，建筑面积198.8万平方米。年内，王家岭地块、范家埠东地块、翠海明珠周边地块、孙家疃街道北山路两侧地块、老港区地块、张村镇姜南庄社区地块、张村镇张村河北侧地块及景和家园二期控制性详细规划调整方案经市国土空间规划委员会审议通过。

【王家岭地块、范家埠东地块控制性详细规划调整方案】 2021年，为加快推进拆迁改造，改善城市面貌，规划环翠分局对王家岭地块进行控制性详细规划调整。该地块位于宫松岭路北、统一路东，用地面积3.26公顷，其中棚户区改造地块用地面积0.75公顷，规划以居住用地为主。为推进土地出让和棚户区改造，优化用地布局和交通路网体系，提升土地集约节约利用水平，对范家埠东地块进行控制性详细规划调整，该地块位于嵩山街道珠海路北、范家埠东，规划用地面积9.53公顷，规划以居住用地、公园绿地为主。3月16日，市国土空间规划委员会2021年第1次会议审议通过王家岭地块、范家埠东地块控制性详细规划调整方案，5月20日获市政府批复。

【老港区控制性详细规划调整及概念性方案】 2021年，为提升老城区城市功能，打造海港公园，配套建设城市客厅——滨水休闲运动综合体，规划环翠分局对老港区地块进行控制性详细规划调整。该地块位于海滨北路与昆明路交叉口东侧，用地面积13.25公顷，地处威海市城区中心的核心位置，是环翠楼至刘公岛轴线上的重要节点。10月13日，市国土空间规划委员会2021年第4次会议审议通过老港区控制性详细规划调整及概念性方案。

【姜南庄社区地块、张村河北侧地块及景和家园二期控制性详细规划调整方案】 2021年，为推进部分长期闲置区域开发实施，解决历史遗留问题，结合现实政策和周边区域建设情况，规划环翠分局对姜南庄社区地块进行控制性详细规划调整，该地块位于张村镇西南部，西临庐山路、南临昌华路、东临昆仑路，用地面积26.0公顷。为全面解决张村旧村改造景和家园项目历史遗留问题，对张村河北侧地块及景和家园二期进行控制性详细规划调整。张村河北侧地块位于环翠路西，用地面积4.93公顷；景和家园二期位于沈阳中路南、昌华路东，用地面积5.28公顷。12月15日，市国土空间规划委员会2021年第5次会议审议通过姜南庄社区地块、张村河北侧地块及景和家园二期控制性详细规划调整方案。

【低效用地规划整治】 2021年，为加快低效用地整治、完善配套设施、提升区域整体环境，规划环翠分局对张村镇翠海明珠周边地块进行控制性详细规划调整。该地块位于张村镇影视城东侧，临近世昌大道与环翠路，用地面积25.59公顷。为促进公共设施共建共享、提高规划可实施性，对孙家疃街道北山路两侧地块进行控制性详细规划调整。该地块用地面积15.31公顷。9月15日，经市国土空间规划委员会2021年第3次会议审议通过张村镇翠海明珠周边地块、孙家疃街道北山路两侧地块控制性详细规划调整方案。11月8日，获市政府批复。年内，规划环翠分局稳步推进12宗低效用地规划整治工作，针对土地征收工作专门成立工作专班，抽调相关部门工作人员集中办公，常态化开展工作。至年末，收回土地95.73公顷，拆除建筑物11.32万平方米。

【城乡规划审批管理】 2021年，规划环翠分局按照建设项目规划许可审批流程，做好规划技术审查工作，完成建设项目选址技术审查1项，用地面积5公顷；建设用地规划技术审查23项，用地面积83.4公顷；建设工程规划技术审查127项，建筑面积231.1万平方米。核发建设工程竣工规划核实合格证66份，建筑面积198.8万平方米。推进建设项目设计方案联合审查，简化办事流程，提高审批效率。至年末，审批规划建筑设计方案211项，其中居住项目49项、商业及公共设施项目43项、工业仓储项目41项、既有住宅加装电梯项目66项、建筑外观改造项目12项。持续推进“拿地即开工”审批，在土地出让期间，对唯一意向单位，配合相关部门启动“拿地即开工”审批模式。山东光焱新材料科技有限公司光焱新材料生产项目于7个工作日取得用地规划许可证、工程规划许可证、不动产权证、施工许可证“四证”。

（张　磊）

精致城市建设

【概况】 2021年，环翠区以高质量发展、高品质生活、高标准环境、特色化发展为基本内涵，推进城市有机更新，推进九华路北延及隧道贯通、平度路（望岛工业园—青岛路）续建、威石路绿化等重点项目建设，完成修（改）建道路52.03千米，升级、改造绿化面积27.8万平方米，敷设各类管网18.23千米，新（改）建东窑东街、花园新村等5座公厕，新（改）建10处港湾式公交停靠站，新（改）建11处游园，实施12个老旧小区改造工程，推动城市硬件提档升级。

【特色精致街区打造】 2021年，区住房城乡建设局将特色精致街区打造作为提升城市品质、塑造城市形象、完善城市功能、活跃城市经济的重要切入点，协同威海市环翠区城市发展投资有限公司和属地镇（街道）精心打造以“生肖文化和卫城印象”为主题的属相街，以“威海1902时光记忆”为主题的新威附路。6月29日，属相街开街，与环翠楼广场、威高广场形成活跃城市夜经济的新引擎，夜晚的主题灯光秀吸引大量市民休闲、观光，成为威海新晋夜景、夜游目的地和文旅新IP。新威附路聚集文创咖啡、特色酒吧等11大类、65家文化业态商户，成为威海网红打卡的“新宠”，国庆节期间，中央广播电视总台综合频道《晚间新闻》对新威附路特色街区进行宣传报道，扩大环翠区的知名度和影响力。

【城镇精致建设】 2021年，区住房城乡建设局实施城市有机更新改造，结合市民需求和环翠区实际，推进九华路北延及隧道贯通、平度路（望岛工业园—青岛路）续建、威石路绿化等52项重点项目建设，完成修（改）建道路52.03千米，升级、改造绿化面积27.8万平方米，敷设各类管网18.23千米，新（改）建东窑东街、花园新村等5座公厕，新（改）建改造10处港湾式公交停靠站；优化半月湾公园及14处环海路观景平台，将“步道、景观、灯光、

2021年6月29日，属相街夜间灯光秀　　（区住房城乡建设局　供图）

风光”有机结合，通过亮化灯光及文创小品的加持，打造炫丽、时尚、浪漫海岸灯光秀，形成独具特色的“北纬37°最美海岸线”；以“醉·蔚海”为主题，以“山、海、城”为元素，在统一南路望海、星乐公园之间建设长975米的钢结构架空栈道和玻璃观景台，通过彩绘环翠楼、幸福门、灯塔等威海标志性建筑和历史人物，为城市增添靓丽的“艺术视角”。

【城市双修】 2021年，区住房城乡建设局开展背街小巷、断头路、海绵城市等专项整治及沿海岸线修复、户外广告、基础设施、绿化环卫、城市交通等城市双修工作，制定《2021年环翠区城市双修项目工作计划表》；实行项目“月调度”机制，11月下旬，组织开展实地督导检查，评估项目完成情况，确保城市双修工作取得实效。年内，投资1.06亿元，建设实施31项城市双修建设工程，其中，建设整治背街小巷1处、断头路1条、海绵城市项目8个，推进完成沿海岸线修复1处、户外广告改造项目1个、基础设施项目6个、绿化环卫项目8个、城市交通项目5个。

（常乔祉）

美丽乡村建设

【概况】 2021年，环翠区根据“生产发展、生活宽裕、乡风文明、村容整洁、管理民主”美丽乡村建设具体要求，以打造全域美丽乡村、推进“五大振兴”为目标，全面提高美丽乡村示范村创建质量，提升美丽乡村创建水平。年内，落实人居环境长效管护经费236万元，创建“美丽庭院”示范户1229户、精品户604户；投资1800余万元，创建省级示范村2个、市级示范村5个；实施“两清三化”行动，盘活农村闲置房屋1600栋，清理残垣断壁211处，整治低效农业用地188.67公顷。

【“美丽庭院”示范户创建】 2021年，环翠区落实人居环境长效管护经费236万元，发动各镇（街道）开展“美丽庭院”示范户创建进村入户宣传教育411场次，发放宣传材料7.42万份，发动群众投工投劳19105人次，营造“共建共享、人人有责”的浓厚氛围。至年末，全区创建“美丽庭院”示范户1229户、精品户604户。

【示范村创建】 2021年，全区投资1800余万元，创建省级示范村2个（温泉镇下江家村、嵩山街道五家疃村）、市级示范村5个（羊亭镇黄埠屯村、埠前村，温泉镇前亭子夼村、东七夼村，桥头镇桥头村）。至年末，全区有省级示范村13个、市级示范村31个。

【“两清三化”行动】 2021年，区农业农村局全面开展“两清三化”行动，推动农村“闲资源”变成“活资产”，实现农村增活力、农业增效益、农民和集体增收益。年内，全区盘活农村闲置房屋1600栋、整治低效农业用地188.67公顷；清理农村生活垃圾9081吨、水塘287口、沟渠379千米、畜禽粪污等农业废弃物2918吨、残垣断壁211处；对全区105个行政村的所有低效闲置资源进行全覆盖摸底，建立资源数据库。根据利用现状，分类为盘活、流转待盘活、待流转待盘活等不同类别制作台账，同步上线环翠“农村找房”App，实现闲置资源全流程线上动态监管和一键查询。

（刘雅静）

房地产开发

【概况】 2021年，环翠区房地产开发投资59.37亿元，比上年增长2.9%；房地产新开工建筑面积65.72万平方米，下降28.1%；房地产项目竣工面积128.95万平方米，下降18.6%；商品房销售面积62.18万平方米，增长0.4%。至年末，环翠区有房地产企业83家。其中，二级开发资质企业4家、三级开发资质企业14家、四级开发资质企业22家、暂定开发资质企业43家。

【房地产行业管理】 2021年9月，区住房城乡建设局针对恒大·海上帝景、恒大·御龙天峰延期交房和项目停工问题，成立环翠区解决恒大风险防范化解处置工作专班，由区委副书记任组长，专班下设综合协调、资产清查及资金专户、工程建设推进、工资保障、舆情和信访稳控5个工作组。工作专班围绕“保复工、保交付、保稳定”原则，增强各方信心，化解恒大项目风险，推动项目复工建设，维护业主权益及社会稳定。

【城市建设领域矛盾纠纷化解】 2021年，区解决城市建设领域矛盾纠纷问题领导小组创新举措，化解城市建设领域矛盾纠纷。8月30日，远遥旧村改造项目纠纷化解完成。至年末，全区78个问题项目、4.71万户存在办证难问题，全部进入不动产分户程序。

【既有住宅加装电梯】 2021年3月，根据《威海市既有建筑增设电梯实施意见（试行）》的通知，区住房城乡建设局重新启动加装电梯工作，按照每部总造价的40%给予补贴，上限不超过20万元，实施期限为2021年4月6日至2022年12月31日，实施条件调整为增设电梯所在单元房产证面积三分之二的业主且人数占比三分之二以上的业主参与表决、且参与表决人数四分之三以上的业主书面签署同意意见。至年末，全区有26部电梯竣工，其中12部手续齐全，被列入全市按市级标准补助的20部电梯范围内。

（常乔社）

2021年11月15日，改造后的金凤苑小区　（区住房城乡建设局　供图）

住房保障和房产管理

【概况】 2021年，环翠区5个续建的棚改项目有序推进。其中，温泉镇冶口、嵩山街道闫家庄2个项目完成房屋分配。完成12个老旧小区的改造任务；为全区693户脱贫享受政策人口和监测帮扶对象住房逐户开展危险性鉴定，保障农村脱贫人口住房安全；全面完成农村房屋安全隐患排查整治工作，排查农村房屋3.1万户，其中488户存在隐患的房屋全部整治完成；完成省政府下达的37户住房租赁补贴年度指标任务。

【棚户区改造】 2021年，区住房城乡建设局继续推进温泉镇冶口，嵩山街道闫家庄，羊亭镇大西庄、港头、于家夼5个棚户区改造项目。9月7日，温泉镇冶口完成房屋分配；11月28日，嵩山街道闫家庄完成房屋分配。至年末，剩余3个项目回迁楼竣工，进入室外配套施工阶段。

【老旧小区改造】 2021年，环翠区投资1.1亿元，对金凤苑小区、海源丽舍小区、陶家夼平原小区、气象局小区、中信小区、万福山庄、戚谷疃北区、前进社区、滨海园B区、青年楼建筑楼、水产小区、宅库花园小区12个老旧小区进行改造整治，改造面积43万平方米，改造楼宇120幢，项目内容包括小区道路改造、楼体维修、雨污管网改造、转供电改造、二次供水改造、绿化提升改造、公共活动场地改造、室外安防设施和健身设施整修等，直接受益群众4103户。

【农村住房安全隐患排查整治】 2021年，区住房城乡建设局按照《环翠区农村房屋安全隐患排查整治工作实施方案》要求，实施农村房屋安全隐患排查整治工作。7月，完成农村房屋安全隐患排查工作，排查农村房屋3.1万户，其中隐患房屋488户。年内，隐患房屋全部整治完成，相关台账全部录入农村房屋安全信息采集系统。通过政府购买服务的方式，聘请山东华侨建筑设计有限公司对全区693户脱贫享受政策人口和监测帮扶对象住房逐户开展危险性鉴定。

【公租房管理】 2021年，区住房城乡建设局办理黄金顶公租房退租39户、配租34户，受理申请审核、复审108户；每季度核查承租户使用情况，防止私自转借、转租、转让、调换使用，按时收取房租。年内，联合物业公司定期进行消防设施设备的检查，加强燃气使用安全宣传，利用收取房租时机，向承租户宣传用气、用电安全，发放安全用气明白纸600余份。

【住房保障】 2021年，区住房城乡建设局为符合条件的保障对象发放住房租赁补贴46户，完成省政府下达的37户住房租赁补贴年度指标任务。开展“三进三到位”（进校园、进企业、进社区，政策宣传到位、办理服务到位、政策落实到位）政策宣传活动。组织各镇（街道）在社区、工业园区运用横幅、标语等形式对申请新就业无房职工阶段性租赁补贴进行宣传，通过电视台等新闻媒体对申请条件、提交材料、申请程序进行解答。至年末，发放住房保障服务指南宣传册7000余份。

【城市房屋租赁管理】 2021年，区

住房城乡建设局加强商品房租赁管理，完善优化租赁登记备案办理流程，开展商品房屋租赁政策宣传，提高租赁政策的知晓度，维护商品房屋租赁双方当事人的合法权益，对违法建筑物进入租赁市场的一律不予受理，化解租赁矛盾纠纷。至年末，受理商品房屋租赁登记备案162份。

【直管公房管理】 2021年，区住房城乡建设局围绕全区直管公房历史遗留问题多、理顺难的实际情况，进行档案整理，查漏补缺，完善档案，实行动态管理，防止失管漏管问题发生。加强安全使用管理，遇有恶劣天气，加大巡查力度，开展安全隐患排查，对存在安全隐患的公房及时进行维护维修，保障人民群众生命安全和财产不受损失。完善准入退出机制，规范租住管理制度，禁止转租转借或利用公房进行非法活动，对不再符合条件的承租人，督促其退出公房，保证公共资源得到有效使用。

【“红色物业”建设】 2021年，区住房城乡建设局重新修订完善《环翠区物业服务项目星级管理考核办法》，召开“环翠区2020年度‘红色物业’星级管理表彰大会”，对2020年考评为三星级以上的22个物业项目表彰挂牌，发放奖补资金109万元。在环翠楼街道东北村等8个小区试点推广“先服务后收费、满意后再缴费”服务模式；在鲸园街道北门外社区、竹岛街道塔山社区探索社区领办、居民自治等模式，构建以市场化为主体，社区领办、合作社自营、居民自办为补充的物业服务新格局。年内，全区174个符合业委会组建条件的小区全部成立业委会及党组织，并制定出台业委会组建及运行、印章使用、定期报告等制度，培训360余人次，用制度规范业委会组建和运行，促使业委会规范履职。建立“12345”政务服务便民热线月统计分析机制，每季度以政务督查形式下发至各镇（街道），加大诉求处置力度。组织152支“红色物业”志愿队开展各类活动762次，用好“红色物业”联席会议、“镇（街道）吹哨、部门报道”等机制，调动镇（街道）、居委会、业委会、物业企业等各方力量，妥善解决群众“小、急、难”问题，打造“社区+业主+物业”共建共治新格局。11月4日，全国“红色物业”建设高质量发展现场会在威海市召开，4个住宅小区现场观摩点中3个观摩点在环翠区，祥云物业入选省住房城乡建设厅品牌建设典型示范案例，东北村小区等10个住宅项目入选省住房城乡建设厅“质量标杆”项目。

（常乔社）

市政基础设施建设

【概况】 2021年，区市政园林中心推进市政设施建设提速、维护提档、服务提效3项重点，打造民生工程、系统工程。实施13项市政道路工程，推动4条道路开展海绵城市改造、4条道路开展污水管网改造、2条道路开展非机动车道彩色防滑路面摊铺；维修沥青路面3.2万平方米，整修人行道1.6万平方米，改造公交车站点10处，摊铺抗车辙沥青5000平方米；聘请西安长大公路工程检测中心检测辖区内27座桥梁，确保桥梁运行状况良好；高效高质做好城市防汛、清雪防滑工作，加大安全生产检查整改力度，开展安全检查50余次，整改安全隐患70余处。至年末，受理答复“12345”政务服务便民热线案件1057件，处置数字城管案件2387件，案件处置率100%。

【市政道路建设改造】 2021年，区市政园林中心实施望岛河南路（青岛路—海滨路）、渔港路（青岛路—海滨路）、高山街（文化路—统一路）、杏花街（区融媒体中心—区人力资源社会保障局）等13项市政道路工程，新（改）建道路5.17千米，摊铺沥青路面4.03万余平方米，施划道路标线9000余平方米，安装隔

2021年6月8日，菊花顶路实施非机动车道彩色防滑路面铺装

（区市政园林中心　供图）

离护栏200余米。完成望岛河南路（海滨南路—青岛中路）、平度路断头路打通工程、文化路南延隧道工程建设。年内，区市政园林中心按照“调蓄防洪，涵养水源”的城市建设理念，对望岛河南路、渔港路、杏花街、高山街4条市政道路进行海绵城市建设改造，铺设透水砖1.3万余平方米。投资290万元，在望岛河南路、渔港路、潍县街、青岛路4处路段敷设污水管道730米。对文化路（西北山路—菊花顶路）、菊花顶路（文化路—北山路）2条道路非机动车道摊铺彩色防滑路面，长2260米，面积7840平方米，提高交通资源利用效率。

2021年8月5日，区市政园林中心实施I-Pave灌入式抗车辙沥青

（区市政园林中心　供图）

【市政精细化管养】 2021年，区市政园林中心完善市政道路管养常态化巡查整改机制和预防性养护机制，做到阶段整治与长效管理相结合，实现“动态管养”。针对出现的道路病害，做到以最短的时间、最优的方案、最高的效率处理，保障道路安全畅通。至年末，维修沥青路面3.2万平方米，整修人行道1.6万平方米，修补路缘石、绿带石8000余米，整修各类检查井1400余次、挡车石620余次、护栏260余米，灌缝1.2万米。

【公交港湾建设】 2021年，区市政园林中心应属地街道办事处及市民要求，缓解道路交通压力，在刘公岛路打造2处港湾式公交停靠站，在峰北路打造5处港湾式公交停靠站，在统一南路和望海街改造3处公交站点铺装，在新威路威高广场改造1处公交停泊站积水点。

【市政道路病害治理技术改革】 2021年，区市政园林中心排查研究辖区内道路情况，引入新工艺I-Pave灌入式抗车辙沥青，对红绿灯交叉口进行提升改造。该新工艺在威海首次试点使用，在昆明路与统一路交叉口、青岛路与沧口路交叉口、青岛路与平度路交叉口3处实施，改造面积5000平方米。

【桥梁维护管理】 2021年，区市政园林中心组织威海市环翠区通达市政工程有限公司、威海威畅市政工程有限公司对管辖的31座桥梁进行巡查养护，发现并解决问题。其中对竹岛大润发天桥和鲸园小学天桥锈蚀部位进行表面处理，将构件表面的氧化皮、锈斑、铁屑和固体污染物等彻底清除后喷刷防锈漆；切除、更换锈蚀严重构件；对松动的桥面理石板进行加固。年内，打磨除锈、喷漆、防锈底漆、面漆2500平方米，切割、安装镀锌方管240米，更换铁板240平方米，整修大理石板120平方米。聘请西安长大公路工程检测中心检测辖区内27座桥梁，检测报告桥梁运行状况良好。至年末，更换灯管200支、镇流器120个、应急灯30盏、电缆700米。

【城市路灯管理】 2021年，区市政园林中心开展全区路灯箱变检查，记录损坏、老化、外接电等情况，检修高压侧断路器、变压器接地是否良好以及清洁变压器配件上灰尘。发现问题立即安排人员维修，全程跟踪维修情况并检查验收，确保路灯设施完好率95%以上，路灯亮灯率98%以上。至年末，喷涂灯杆700基，更换监控系统7套，清理接线井1800个，改造箱变接地体40个。

【城市防汛】 2021年，区市政园林中心对辖区内的桥涵、河道、暗沟、涵洞、排水管网、道路设施、照明设施、高墙险崖等所有防汛设施进行全面检查，清理雨水斗、检查井5500座、沟涵3000余米，疏通雨水管道1.3万余米、清淤1400立方米。排查整治海滨路威高广场公交站点管道堵塞、新威路威高广场公交站点积水等11处隐患。妥善应对处置6月至9月中旬集中降雨天气，市区未出现明显积水内涝情况。

【清雪防滑】 2021年，区市政园林中心贯彻落实“绿色、环保、高效”理念，按照“以雪为令、随下随清、

2021年12月17日，区市政园林中心开展清雪防滑作业

（区市政园林中心　供图）

雪中路通、雪停路畅”的标准，推行“机械清雪为主，人工清雪为辅，适当撒布融雪剂”方式，做到措施到位、值守到位、保障到位，实现清雪工作科学化、精细化、生态化。年内，参加清雪1000余人次，出动清雪车辆400余辆（台）次，为市民营造干净、整洁、畅通的出行环境。

【安全生产】 2021年，区市政园林中心按照“科学严谨、依法依规、实事求是、注重实效”和“四不放过”（原因未查明不放过、责任人未处理不放过、有关人员未受到教育不放过、整改措施未落实不放过）原则，完善市政园林重点领域、重要部位“打非治违”工作机制，严格压实企业安全生产主体责任。年内，组织安全生产培训5次，营造良好的安全生产氛围；加大安全生产检查、整改力度，采取定期检查与随机抽查相结合、综合检查与专项检查相结合的方式方法，开展50余次安全检查，整改安全隐患70余处，保障市政园林行业安全生产形势持续稳定。

（王维美）

公路交通

【概况】 2021年，全区公路交通工作以交通基础建设和新冠肺炎疫情常态化防控为基本点，组织区级城建重点工程及为民实事计划项目建设，完善改革农村公路养护管理体制，推进农村公路创新化、信息化建设，守牢农村公路安全生产底线，压实新冠肺炎疫情常态化防控责任。年内，完成区级城建重点工程及为民实事项目各1项，开展道路交通安全“大排查大整治”、“两路两车”（国省道、县乡道；面包车，中、重型货车）、“平安行·你我他”、铁路沿线环境综合整治行动等安全生产活动，完成新冠肺炎疫情常态化防控“点对点”接送和交通联防工作。

【区级城建重点工程】 2021年，环翠区投资1275万元，对国道228—羊汪线、北小城—孙家滩、海峰路（贝草夼—润河路）、港头—国道228、和兴路—曲家河、北上夼进村路、里口山路（福德庄—王家疃）、姜南庄—前双岛、西七夼—台下、柳林—小庄10条19.9千米的农村公路进行改造。项目于5月末开工，10月末竣工。

【智慧桥梁建设】 2021年，区交通事务发展中心承办为民实事项目1项，对全区部分农村公路桥梁进行智能化建设。投资90万元，对辖区内北埠村大桥、报信河桥、埠上村中桥、柴里中桥等20座农村公路大

2021年9月15日，张村镇里口山路（福德庄—王家疃）竣工

（区交通事务发展中心　供图）

中桥安装传感器系统，将桥梁运行信息接入智能管理平台，实现桥梁运行实时化、可视化监控。12月，项目完成调试并正式运行。

【新冠肺炎疫情常态化防控交通联防】 2021年8月，南京机场新冠肺炎疫情暴发后，为阻止新冠肺炎疫情传播，区委新冠肺炎疫情防控指挥部确定由区交通事务发展中心牵头负责烟威高速双岛高速收费站卡口的执守工作，带领从43个部门选派的70名机关干部24小时参与卡点一线执勤，对车辆及人员进行检查审核。市领导闫剑波、贾瑞霭等先后对卡口值守情况进行督导检查。值守期间，检测车辆4.8万余辆次，检测人员10.7万余人次。

【新冠肺炎疫情常态化防控“点对点”接送】 2021年，区交通事务发展中心统筹做好新冠肺炎疫情常态化防控“点对点”接送工作。年内，区交通保障组出动3744车次，接送人员1.6万余人次，全程实现“疫情零输入，工作零差错，工作人员零感染”目标，保障机场分流点、高铁、客运码头及其他指定地点接送工作长期有序运转。

【铁路沿线环境综合整治】 2021年，区交通事务发展中心牵头负责研究制定环翠区铁路沿线环境综合治理实施方案和政策措施，协调解决铁路沿线环境综合治理重大问题，健全完善铁路沿线环境综合治理长效机制，开展铁路沿线环境综合治理工作。年内，牵头化解历时9年的青荣城际铁路K268+533雅家庄桥第11孔桥下安保区堆积建筑物及生活垃圾历史遗留问题，消除铁路运行过程中的重大安全隐患；牵头协调沟通威海昱威纺织有限责任公司，在对历史遗留的纠纷线索进行梳理考证后，协调青荣城际铁路相关部门、属地镇（街道）召开现场会议，对接区发展改革局、区司法局、区税务局等相关部门，11月12日完成整改。

【交通安全专项行动】 2021年，区交通事务发展中心持续开展各项交通安全专项行动。开展道路交通安全“大排查大整治”工作，督导问题隐患整改2100余处。推进道路交通“两路两车”专项整治工作。对全区178千米的国省道、县乡道进行全面排查，摸排并整改安全隐患90处。其中，国省道隐患53处、县乡道隐患37处。开展道路交通安全“平安行·你我他”专项行动，实地联合督查15次，召开专题会、调度会及培训会16次，印发各类文件、通知20份。开展交通安全宣传活动，组织各镇（街道）、各成员单位及辖区208个交通安全劝导站开展劝导8.1万余次，发放宣传手册490余份、宣传单1.2万余份、交通安全标志购物袋5600个，引导群众加强安全防范。

2021年8月7日，烟威高速双岛收费站新冠肺炎疫情常态化防控卡口值守
（区交通事务发展中心　供图）

【农村公路安全生产】 2021年，区交通事务发展中心开展自然灾害、安保设施普查及道路、桥梁技术状况评定。完成435.6千米农村公路自然灾害排查、安保设施排查，以及104.7千米县乡道、62座桥梁技术状况评定工作。

【农村公路管理养护体制改革】 2021年，区交通事务发展中心推进环翠区农村公路管理养护体制改革，牵头起草《威海市环翠区深化农村公路管理养护体制改革实施方案》，明确相关镇（街道）和责任部门在农村公路管理养护方面的责任。推进实施农村公路路长制工作，指导各镇（街道）建立镇级路长制组织架构，安装路长制信息公示牌56个。

【农村公路养护技术创新】 2021年，区交通事务发展中心开展农村公路养护技术创新工作，将高速公路微表处预防性养护技术引入环翠区农村公路的养护中，通过结合农村公路实际，对相应技术指标进行调整，公路养护成本降低三分之二。年内，利用该技术改造惠河路、海峰路、

2021年10月15日，区交通事务发展中心采用微表处预防性养护技术的昆仑路建成竣工　　（区交通事务发展中心　供图）

和兴路至曲家河社区路段、丽山路、昆仑路、景山路6条农村公路20万平方米，节省资金800万元。

（李　庆）

城市管理

【概况】 2021年，区综合行政执法局将城市精致化管理工作纳入年度重点工作，排查整治生活垃圾、建筑垃圾、岸滩垃圾、探头经营、占道经营等各类问题2193处；整治无主破损、无审批手续等各类不规范户外广告设施173处；整治环山路S201环境问题136处；整治非建设类围挡33处；完成9类、18项海岸带综合整治修复工作，解决各级反馈问题160个；排查房屋违法建设、安全隐患问题196起，整改拆除173处、11万平方米；拆除存量违建76处、7.6万平方米，拆除新增在建违建3处、272平方米；在全区设置季节性惠民摊点41处1020个，引导果农规范经营。

【城市容貌整治攻坚行动】 2021年，区综合行政执法局开展城市容貌攻坚行动，制定《环翠区城市容貌整治攻坚行动方案》，牵头组织各镇（街道）、各相关单位对全区容貌环境问题进行排查整治，排查整治生活垃圾、建筑垃圾、岸滩垃圾、探头经营、占道经营等各类问题2193处，提升辖区容貌环境水平。

【全国文明典范城市创建】 2021年，区综合行政执法局多次召开各镇（街道）执法中队专题工作会议，要求各执法中队按照全国文明典范城市创建工作内容定期开展相应整治工作。班子成员分包镇（街道），每日下基层督导整治，指导解决疑难问题；局机关工作人员分组派遣至中队，充实一线执法力量，发动全员参与创城工作。11月9日，制定《关于开展全国文明典范城市容貌整治专项行动方案》，以容貌问题清理、占道经营纠查、户外广告设施整治、规范非机动车停车秩序为工作重点，督导各镇（街道）执法中队进行全面排查，做到边查边改，立行立改。年内，自查整改各类问题1000余处；对照处置创城考察点评测卡和创城组发现问题200余处，均限期完成整改。根据《环翠区重点工作“网格大巡查”工作方案》要求，区综合行政执法局结合群众满意度调查、文明典范城市创建、环保督察等阶段性重点任务，聚焦全区各类容貌环境突出问题，牵头制定《环翠区综合行政执法局市容市貌巡查方案》。12月21日，联合区住房城乡建设局、区市政园林中心、区环境卫生中心进行暗查，发现并整改各类问题110余处。

2021年6月18日，区综合行政执法局开展早夜市燃气安全检查

（区综合行政执法局　供图）

【户外广告管理】 2021年，区综合行政执法局通过指导户外广告管理企业、责任人自主聘请具备专业资质的第三方进行安全检测，配合执法部门的定期督导检查，落实安全监管责任。在全市率先构建企业自治、行业自律、社会监督和政府监督“四位一体”的社会共治新格局，增强户外广告设施安全监管的系统性、整体性、协调性。年内，检测130处户外广告设施，均出具安全检测报告。督导各镇（街道）加强日常巡查管理，督促产权人或使用人及时修复更新出现破损、倾斜、残缺、污损、褪色等问题的户外广告设施。严格查处未经审批私设户外广告设施的违法违规行为，消除安全隐患，整治无主破损、无审批手续等各类不规范户外广告设施173处。

【设置季节性惠民摊点】 2021年，区综合行政执法局为方便果农自产自销时令果蔬、解决流动摊贩沿街售卖问题，按照“疏堵结合、以疏为主”的工作原则，针对城乡接合部区域管理短板，实地调研、科学选址，在全区设置季节性惠民摊点41处1020个。印制发放1万余份《致广大市民和临时摊点经营朋友的一封信》，详细告知经营注意事项及摊点经营位置，引导果农规范经营。

【环山路沿线环境综合整治】 2021年，区综合行政执法局制定印发《关于进一步开展环山路沿线环境整治的通知》，牵头组织相关镇（街道）、部门开展排查整治。年内，自查并整治裸露土地、乱堆物料等各类问题43处，整治率100%；开展实地督查，督办并整改新问题93处，至7月末，整治工作完成。

【非建设类围挡整治】 2021年，区综合行政执法局开展非建设类围挡整治行动。成立整治工作专班，联合各镇（街道）对用于积存建筑垃圾、遮挡空地等用途的非建设类围挡进行实地排查，按照“轻重缓急”的工作思路逐一制定整治计划、措施。通过“周调度、月通报”机制，督导各镇（街道）严格按照整改方案的要求和时间节点，高质量完成整治任务，彻底清除“遮羞围挡”“僵尸围挡”。至年末，整治非建设类围挡33处。

【海岸带综合整治修复】 2021年，区综合行政执法局将海岸线整治修复工作与打造精致城市攻坚突破相结合，对辖区沿海岸线周边区域内环境脏乱差等问题进行全面排查造册、全程跟踪督办、市区双达标销号，通过“项目清单化、清单责任化、责任实效化”高效、高标准推进，聚焦环境秩序精准发力，集中开展“规范摆放、文明作业”整治行动，提升养殖区域环境秩序。年内，全区有9类、18项海岸带综合整治修复工作，其中投资建设类4项、执法监察类6项、环境综合整治8项，全部按计划完成，解决各级反馈问题160个。

【城乡环卫一体化】 2021年，区综合行政执法局利用数字村居管理机制实现城乡环卫一体化常态管控，建立全覆盖采集机制，确保问题及时发现、及时派遣、及时处置；建立“双考核”机制，实行对各相关镇（街道）、采集公司“双考核”的管理机制，对漏采案件实施扣罚，将考核结果纳入全区城市精细化管理考核，每月通报。年内，城乡环卫数字村居平台派遣案件29250余件，印发核实漏采通知18次，扣罚5320元。开展实地巡查印发通知115次、问题754个。在市级考核中，成绩位居同平台第二名。

【餐饮油烟整治】 2021年6月16日，区综合行政执法局按照生态环境突出问题集中攻坚整治行动的安排，根据《威海市油烟整治专项行动方案》部署，制定印发《环翠区油烟整治专项行动方案》，组织开展整治工作。对群众举报的油烟扰民问题，通过招投标委托专业检测公司进行油烟排放检测185次，检测结果均达标排放。指导各镇（街道）执法中队对餐饮服务企业进行摸排，摸排餐饮服务企业1544家并建立台账，发现并整改未安装使用油烟净化设备、油烟净化设备长期未清洗等问题139个。年内，区综合行政执法局成立环保案件处置工作专班，做好省级环保督察案件办理，主要领导靠前指挥、协调调度，分管领导深入一线进行业务指导，打好环保督察攻坚战。对涉及区综合行政执法局的案件现场核实，委托专业机构对省级环保交办件中涉及油烟扰民问题的饭店进行检测45次，均符合排放标准。至年末，督导办理油烟扰民、环境容貌及违法建设等方面交办件72件。

【城市房屋违法建设和违规审批专项清查】 2021年3月25日，区综合行政执法局牵头制定《环翠区城市房屋建筑违法建设和违法违规审批专项清查工作实施方案》，召开专题会议，沟通协调相关部门、镇（街道）开展清查工作。6月26日，环翠区完成城市房屋清查工作第一阶段的摸排工作，全区排查既有房屋建筑17044栋、建筑面积2676.40万平方米；排查在建房屋建筑502栋、建筑面积519.1万平方米。年内，督导各镇（街道）相关部门建立问题台账，排查房屋违法建设、安全隐患问题196起，整改拆除173处11万平方米。

【违法建设整治】 2021年，区综合行政执法局将违法建设纳入城市精细化考核，每月定期调度各镇（街道）违法建设整治进展情况，查处新增违建，加强与规划等职能部门沟通衔接，依法查处违法建设，形成执法合力。年内，拆除存量违建76处7.6万平方米、拆除新增在建违建3处272平方米。

【铁路沿线环境综合整治】 2021年，区综合行政执法局组织相关镇（街道）开展铁路沿线环境综合整治工作，制定《关于铁路沿线安全生产大排查大整治行动实施方案》，建立问题清单，通过日调度、不定期现场督导、召开“双段长”（地方段长、铁路段长）座谈会等方式，落实铁路沿线环境问题安全隐患防范工作。年内，完成83处隐患问题整治，配合铁路部门协调温泉镇及区市政园林中心，对环翠区两处（青荣城际线K258 + 600—K258 + 800、K267 + 100—K267 + 300）公铁并行路段的防护设施签订公（道）铁并行防护设施安全管理协议和移交协议。

【清雪防滑】 2021年，区综合行政执法局结合往年清雪工作经验，修订完善清雪实施方案，发布《环翠区清雪防滑操作技术细则》《环翠区2021年冬季清雪工作实施方案》，做到“两个细化、两个落实”[细化清雪范围，落实部门、属地责任；细化道路、村（社区）分工，落实责任到人]。年内，完成全区230条道路的分类工作，落实清雪责任人200余人，完成区直48个部门的分片包干工作，细化清雪工作各项要求。11月，区综合行政执法局协调威海市环翠区城市发展投资有限公司，对老海港原有设施完成改造，设置1处积雪倾倒点，满足不同类型车辆清运需求，确保城区积雪清运快捷安全。

【法制审核】 2021年，区综合行政执法局查处各类案件61件，办结48件，收缴罚款13万元。为确保重大执法案件合理合法，维护当事人的合法权益，区综合行政执法局召开执法案件专题讨论会议2次。所有案件全部依法依规进行法制审核，按照重大行政执法决定法制审核要素清单，对行政执法主体、程序、案件事实、证据、适用法律、裁量基准、执法文书制作等多个方面进行审核。

【便民服务与优化营商环境】 2021年，区综合行政执法局为政务服务中心窗口办理的845件行政许可事项做好相关审核勘验及事中事后监管工作，出具现场勘验表100余份，其中户外广告19份、临时占地90余份。每周通过政务服务云平台，逐项整理汇总临时占道许可信息4500余条，推送至各镇（街道）执法中队，提供周末节假日巡查检查参考，规范临时占道经营秩序。接受群众现场及电话咨询1600余人次，为群众答疑解惑，协调解决难点热点问题，通过开展利企便民服务、化解矛盾纠纷、避免经济损失、规避违规失信行为等工作，为群众办实事60余件。在商贸企业开展临时占地促销活动时，结合新冠肺炎疫情常态化防控、中高考和机关事业考试、大风强降水恶劣天气等情况，通过现场勘验源头把关、事中事后跟踪监管的方式，落实新冠肺炎疫情常态化防控、考场环境保障、安全检测、应急处置、事故预防工作，避免出现影响城市容貌、噪声扰民、违规审批导致疫情与安全隐患等问题。

（赛宗耀）

生态环境保护

河湖湾管理

【概况】 2021年，区生态文明建设协调中心深入推进河湖湾长制工作从“有名有责”向“有能有效”转变，持续开展美丽河湖建设、河湖湾日常巡查检查、清“四乱”专项行动等工作，为群众创造清水绿岸、鱼翔浅底的河湖湾生态环境，助力打造“精致城市·幸福威海”首善之区。至年末，区级河湖湾长巡查269次、镇（街道）级河湖湾长巡查1945次、村（社区）级河湖湾长巡查9346次，印发《督办通知》25期，督导整改问题72个。

【职能设置】 2021年，根据《关于深化区级事业单位改革试点实施方案》要求，为进一步加强生态文明建设，建立和完善河、湖、湾“三长合一”工作机制，成立威海市环翠区生态文明建设协调中心，为区政府直属正科级公益一类事业单位，承担河长制、湖长制、湾长制实施中的组织协调、调度督导，总体推进河湖湾有关工作。

【河湖湾日常巡查】 2021年，区生态文明建设协调中心对全区30条河流、23座水库、5处海湾的区、镇（街道）、村（社区）三级河湖湾长进行重新调整理顺，原则上同一水系的“三长”均由1人承担，实行河湖湾一体管理。全区有区级河湖长7名、镇（街道）级河湖长44名、村（社区）级河湖长113名；区级湾长7名、镇（街道）级湾长6名、村（社区）级湾长17名。按照“内部挖潜、注重实效”原则，抓住各级河湖湾长“关键少数”，督促其严格按照规定的频次和要求，定期对所负责的河湖湾进行巡查。制定印发《关于强化河湖长履职尽责推动河湖问题隐患排查整治的通知》《关于做好环翠区湾长制信息系统应用工作的通知》等文件，对落实河湖湾长制工作提出明确具体要求，做到每月对镇（街道）、村（社区）级河湖湾长巡查情况进行通报。年内，区级河湖湾长巡查269次、镇（街道）级河湖湾长巡查1945次、村（社区）级河湖湾长巡查9346次。

2021年9月9日，环翠区湾长制管理信息系统培训会在孙家疃街道召开
（区生态文明建设协调中心　供图）

【美丽河湖建设】 2021年4月，区生态文明建设协调中心会同里口山管理服务中心按照《山东省省级美丽幸福示范河湖评定标准及评分细则》，开展王家疃河创建省级美丽幸福示范河湖工作。10月末，王家疃河通过省专家组组织的现场验收，成功创建省级美丽示范河湖。年内，区生态文明建设协调中心结合全区30条河道的实际情况，制定3年美丽幸福河湖建设达标计划，其中2021年9条、2022年11条、2023年10条；将羊亭河、望岛河、海峰河等9条河道对照“河畅、水清、岸绿、景美、文化”5个方面的要求，组织现场验收，全部达标；参加市级精致河湖评选活动，王家疃河、五渚河2条河道成功评选为市级精致河湖。

【河湖湾清“四乱”】 2021年，区生态文明建设协调中心以《中华人民共和国水法》《中华人民共和国环境保护法》等法律法规，以及中共中央办公厅、国务院办公厅《关于全面推行河长制的意见》《关于在湖泊实施湖长制的指导意见》等重要文件为依据，重点对“四乱”（围垦湖泊，未依法经省级以上人民政府批准围垦河道，非法侵占水域、滩地，种植阻碍行洪的林木及高秆作物等“乱占”问题；河湖非法采砂、取土等“乱采”问题；乱扔乱堆垃圾，倾倒、填埋、贮存、堆放固体废物，弃置、堆放阻碍行洪的物体等“乱堆”问题；河湖水域岸线长期占而不用、多占少用、乱占滥用，违法违规建设涉河项目，河道管理范围内修建阻碍行洪的建筑物、构筑物等“乱建”问题等河湖湾管理保护）突出问题持续开展专项清理整治行动。由区生态文明建设协调中心负责，采取“四不两直”方式不定期对全区河湖湾进行巡查，对于发现的问题，以《督办通知》方式“点对点”印发至相关镇（街道），督导限期整改到位。年内，印发《督办通知》25期，督导整改问题72个。

（蔡浩林）

环境综合治理

【概况】 2021年，生态环境分局深入开展生态环境保护工作，区域环境质量持续改善，空气质量达到国家二级标准，细颗粒物（$PM_{2.5}$）平均浓度25微克/立方米，优良天数比例91.2%，重污染天数为“零”，重点河流及近岸海域水环境质量均达到功能区标准要求，土壤及辐射环境质量稳定，未发生一般以上环境污染和生态破坏事故。

【环翠区生态环境委员会工作会议】 2021年，区生态环境委员会召开2次会议。

3月25日，区生态环境委员会办公室组织召开生态环境保护工作会议。会议落实“党政同责、一岗双责、失职追责”和“管发展、管生产、管行业必须管环保”的责任机制，印发《环翠区区直和省、市驻区有关部门、单位生态环境保护责任清单》。

8月17日，区生态环境委员会第二次全体会议暨全区湾长制会议召开，区委书记徐明主持会议并讲话。会议传达市生态环境委员会第二次全体会议精神，听取《环翠区生态环境委员会2021年度工作要点》和《2021年威海市环翠区湾长制工作要点》，议定分别以区生态环境委员会办公室和区湾长制办公室名义印发执行。会议要求委员会各成员单位提高政治站位、履职尽责，提升生态环境治理能力和水平。

【大气污染防治】 2021年，生态环境分局引导环翠区企业安装高效废气处理设施，缓解因钓具、家具等涂装企业较多而带来的空气质量恶化压力。7月—9月，生态环境分局开展工业企业污染问题整治专项行动，检查涉有机气体及无组织排放企业261家，发现并整改问题60处。

2021年3月25日，区生态环境委员会办公室召开生态环境保护工作会议
（生态环境分局　供图）

2021年11月1日，生态环境分局组织非道路移动机械抽检

（生态环境分局　供图）

检查钓具企业167家，引导小微钓具企业进驻环球钓具共享平台基地。编制重污染天气应急减排清单，指导134家涉有机废气排放企业制定重污染天气"一厂一策"应急减排方案，根据天气预警信息第一时间通知相关单位共同做好重污染天气应对工作。按照《关于做好非传输通道城市35蒸吨/小时以下燃煤锅炉淘汰工作的通知》要求，开展35蒸吨/小时以下燃煤锅炉淘汰工作，4台35蒸吨/小时以下燃煤锅炉（威海热电集团有限公司2台35蒸吨/小时、1台25蒸吨/小时、1台20蒸吨/小时燃煤锅炉）按期淘汰。检查35家加油站三级油气回收情况，减少油气污染。按照省生态环境厅《关于下达2021年度山东省实施强制性清洁生产审核企业名单的通知》要求，威海京富机械有限公司和威海市山花地毯集团有限公司实施清洁生产审核，并通过生态环境部门审核评估验收。落实机动车检测线日常管理工作，对全区12家机动车检测线进行全覆盖检查，发现7家存在不同程度的问题，并督导其整改到位。持续推进非道路移动机械管理工作，抽检228台非道路移动机械并依法处理，至年末，全区2598台非道路移动机械完成环保编码喷涂。

【扬尘整治】　2021年，生态环境分局根据无人机航拍情况，将89处疑似扬尘点位整治任务分解到属地镇（街道），每周调度整改情况，一体协调推进扬尘源动态清"零"。根据物联网移动车载信息，协调区环境卫生中心、相关镇（街道）及时清扫高污染路段，对路段周围污染源进行排查整治，快速精准治理市区道路扬尘污染。与区住房城乡建设局等部门共同发力，综合整治散煤销售点、预拌混凝土企业及洗砂场，明确行业环保标准，限期完成环保设施整治提升，助力行业规范经营和绿色发展。

【水污染防治】　2021年8月，生态环境分局牵头制定《2021年威海市环翠区湾长制工作要点》并以区湾长制办公室名义印发，将湾长制办公室工作正式移交区生态文明建设协调中心。年内，生态环境分局对重点河流实行周巡查、周调度工作机制，组织人员徒步排查五渚河、羊亭河全流域，协调解决五渚河污水管网泄漏和羊亭镇非点源污染问题。牵头排查环翠区入河排污口，完善管理台账，落实入河排污口整改工作。印发并执行《威海市环翠区入海排污口整治工作方案》，按照"取缔一批、合并一批、规范一批"的要求，完成全区70个入海排污口排查整治工作，并对18处入海排污口编码、规范命名、设置标志牌；印发并执行《环翠区海洋生态环境问题排查整治方案》，开展海洋生态环境问题大排查大整治行动，排查并整改113件海洋生态环境问题。

【噪声污染防治】　2021年，生态环境分局严格审批产生噪声的建设项目，在建设项目管理上，执行环境影响评价材料中噪声污染防治措施要求。开展"送法入企"活动，向涉噪声企业宣传《中华人民共和国环境噪声污染防治法》，提升企业噪声污染防治意识。开展声环境治理，全区夜间22时至次日6时禁止除抢险抢修等特殊作业外的夜间施工。高考、中考及在校学生学业水平等级考试期间，对可能影响考生休息和考试正常进行的噪声源严格管控，为广大考生营造安静舒适的学习、考试和休息环境。

【农村水环境治理】　2021年，生态环境分局推进乡村生态振兴，改善农村人居环境质量，印发并执行《环翠区农村黑臭水体治理工作方案》，完成农村黑臭水体治理工程并通过区级、市级验收。编制《环翠区农村饮用水水源地环境保护规划》，划定集中式及分散式农村饮用水水源地保护区或保护范围。为优化畜禽养殖区域布局，编制完成《环翠区畜禽养殖禁养区划定方案》，划定环翠区禁养区范围。所前泊水库、农村集中式饮用水水源地一级保护区和农村分散式饮用水水源地保护范围内，禁止建设养殖场；崮山水库、农村集中式饮用水水源地二级保护区禁止建设有污染物排放的养殖场。年内，全区12个行政村完成农村生活污水治理，1个行政村完成巩固提升。至年末，全区62个行政村完成农村生活污水治理，农村污水处理设施运行率100%。

【土壤污染防治及固体废物、辐射管理】 2021年，全区20处地块通过专家土壤评审。年内，生态环境分局与区直有关部门调查核实疑似污染地块情况，确定环翠区无疑似土壤污染地块，对无土壤污染地块建立动态更新制度。对威海市环保科技服务有限公司、山东华素制药有限公司、威海新元化工有限公司等5家土壤污染重点监管企业开展专项执法，出动执法人员30余人次，向企业反馈整改问题10余条。印发并执行《环翠区非法开采地下水专项清理整顿工作方案》，对地下水开采情况进行检查，清理整顿非法开采现象。对新申请辐射许可证的企业进行现场审查并出具审查意见，新增发证18家。对全区所有放射源、射线装置及非密封放射性物质工作场所及269家危险废物产生企业，开展拉网式排查，向企业反馈整改意见并督促整改到位。对医疗废物产生和集中处置单位进行检查，强化医疗废物产生、贮存、运输、处置全过程监管，确保安全处置医疗废物。

【项目审批与管理】 2021年，生态环境分局审批建设项目77个，审核并备案企业自行验收监测报告56个，出具土地招拍挂环保意见9份。开展高污染高耗能项目排查工作，建立生态环境管理台账。开展排污许可证登记与审核，至年末，全区1099家企业完成登记，其中对48家企业简化管理、19家企业重点管理，完成500家企业环评手续核查。

【生态环境执法】 2021年，生态环境分局落实《排污许可管理条例》等相关要求，全面推行排污许可“一证式”管理，建立基于排污许可证的排污单位监管执法体系和自行监测监管机制。全面推进环境移动执法系统建设使用，实现执法全员信息化、全业务信息化和全流程信息化。推进企业智慧电能控制系统和自动在线监控设施的安装、运维，运用“互联网+监管”，依托用电监控、污染源在线监控系统等现代科技手段，提高非现场监管覆盖范围和环境执法效率。坚持“时间快，内容实，程序对”原则抓生态环境领域信访问题处理，查处“12345”政务服务便民热线、“12369”环境保护举报热线等各类平台转办的生态环境信访案件1870余起，办结率100%，群众满意度98.3%。开展“散乱污”企业集中排查整治，排查26家“散乱污”企业并进行限期整治。其中，列入淘汰取缔的7家、整改提升的19家。对55家企业开展“双随机”抽查，完善双随机系统数据库。至年末，立案查处环境违法企业30家，制作行政处罚案卷290余份，罚款174.4万元，对1家环境违法企业启动生态环境损害赔偿。

【生态环境应急演练】 2021年，生态环境分局为提高应对突发环境事件的快速响应和处置能力，控制、减轻和消除突发环境事件的风险和危害，保障人民群众生命健康和财产安全，维护环境安全，督促全区94家企业完成突发事件环境应急预案的编制及备案。督促企业开展突发环境事件应急演练，参加各类演练10余次。

【生态环境保护督察】 2021年，环翠区在省级生态环境保护督察期间接收并办理生态环境保护督察件240件。6月，参照省环保督察信访案件交办机制，威海市开设为期两个月的信访投诉举报热线，期间环翠区接收并办理生态环境领域信访投诉案件215件。8月—10月，第二轮中央生态环境保护督察期间，环翠

2021年4月14日，生态环境分局执法人员参加无人机操作培训

（生态环境分局　供图）

区接收并办理交办件31件（其中5件与高新区合办）。边督边改解决居民区内经营单位噪声扰民问题，案例《扰民工作室迁出居民区》被《大众日报》报道。11月，生态环境分局开展各级环境保护督察问题“回头看”工作，聚焦问题整改清“零”。

【环境保护宣传教育】 2021年，生态环境分局强化《中华人民共和国固体废物污染环境防治法》宣传，防范危险废物环境风险。组织全体工作人员、各镇（街道）网格员及危险废物经营企业观看生态环境安全警示教育片。开展“送法入企”活动，对日常监管中常见环境违法行为及处罚措施等内容进行梳理总结，通过“提醒式”执法，引导企业主动知法、懂法、守法，提升企业经营管理者和职工严格守法、依法经营观念。生态环境分局在“六五”环境日到普陀路小学开展环保主题宣传活动，到竹岛街道兴竹社区和桥头镇教里村开展群众走访活动，进行生态环境问卷调查，宣传秸秆禁烧、生活垃圾无害化处理等环保知识。

（张　霄）

水资源保护

【概况】 2021年，全区水资源保护工作围绕水库移民、小型水库安全管理、水资源管理等方面，争取上级扶持项目12个，争取无偿资金1419.39万元，比上年增长156.2%。对全区37家企业开展取用水摸排工作，排查整改超许可、取水许可证过期未延续等问题8处，通过取用水管理专项整治信息系统认定54眼农村灌溉井和125眼农村饮水井。争取上级奖励资金30万元，实施山东威海卫酒业集团威海有限公司水平衡测试及节水节能项目。年内，全区获批水土保持方案35处，收缴水土保持补偿费190余万元；通过森林抚育、退化林修复等措施治理水土流失面积689公顷；完成水土保持规划编制并获区政府批复。

【节水宣传】 2021年，区水利局联合区直各部门开展节水宣传。到嵩山街道向阳社区开展“节水中国你我同行”宣讲活动，普及水情知识，讲解节水妙招，宣传“信用+节水”政策，引导群众保护河湖，珍惜水资源；协助山东威海卫酒业集团威海有限公司完成水平衡测试及节水节能项目并争取上级奖励资金30万元；竹岛街道同心路社区和鲸园街道鲸园社区获评“省级节水型社区”。

【水利安全】 2021年5月，区水利局调整全区水利防汛抗旱指挥部成员名单，印发《环翠区水利防汛抗旱应急预案》，调整更新小型水库安全度汛“三个责任人”（行政责任人、技术责任人、巡查责任人）及大坝安全责任人名单，落实“三个责任人”46名、库管员23名，对“三个责任人”开展履职培训。依托河（湖）长制，构建区、镇（街道）、村（社区）三级湖长组织体系，全区设区级湖长4名、镇（街道）级湖长13名、村（社区）级湖长31名，对小型水库进行日常巡查检查，做到问题早发现、早反馈、早处理。投资100余万元，储备无人机、移动发电机组、探照灯、编织袋、木桩、安全绳、救生衣、雨衣、木桩、铁丝、土工膜、铁锹、冲锋舟等40余种防汛应急物资。建立区、镇（街道）、村（社区）三级防汛应急抢险队伍30支780人，邀请防汛专家开展防汛应急知识培训3期，在冶口水库、泊于水库举办防汛抢险应急演练，在桥头镇开展山洪险情、抢险自救以及相应的逃生技巧等应急宣传教育，普及水利行业防灾减灾知识，提升群众防灾减灾意识和应对突发事件避险自救能力。

【防汛工程保障】 2021年，区水利局投入158万元，对12座小型水库进行提档升级；对鉴定为三类坝的埠前、雨夼水库实施除险加固工程。立足防汛工程运行安全，派出检查组262组次，出动检查人员712人次，采取实地检查的方式对全区水利工程持续排查。年内，第6号台风“烟花”和历次强降雨期间，派出检查组到各镇（街道）实地检查水库、塘坝运行和山洪灾害防御责任落实等情况，对部分水库、塘坝提前预泄，降低水位，组织各镇（街道）提前调集人员和防汛物资，实现全区安全度汛。

【防汛措施保障】 2021年，区水利局申请区级资金，委托具有相应资质的单位对全区雨量水位站、视频监控等山洪灾害防治非工程措施进行维护。依托智慧水利监测预警管理系统，准确掌握雨量、水位信息，随时查看水库溢洪情况。依托威海市山洪灾害监测预警平台，严密防御山洪灾害，对27个山洪灾害重点村、81名山洪灾害预警防御人员更新调整，将人员信息录入平台，及时接收山洪灾害预警信息。在防范第6号台风“烟花”期间，发布山洪灾害预警信息12条。严肃汛期值班与信息报送工作，严格执行24小时值班和领导带班制度，参与区应急局联合值班，确保汛情、险情早发现、早报告、早处置。

【农村饮水安全】 2021年，区水利局完成桥头镇23个村的农村规模化供水管线敷设工作。通过政府采购方式，按照每月2次的频率对全区所有的水处理设备进行日常巡检，发现问题及时维修，保证设备正常运行。按照不低于25项的检测指标要求，完成全区102个村龙头水及106个村直饮水的水质检测，确保群众喝上安全水、放心水。通过取用水管理专项整治信息系统认定54眼农村灌溉井和125眼农村饮水井。开展全区农村供水工程问题大排查大整改工作，排查整改问题60处。按照《威海市水务局关于加快推进县级农村供水公司相关事宜的通知》要求，出台《环翠区农村供水公司组建方案》，指导羊亭镇、温泉镇、桥头镇分别成立镇级农村供水公司，落实办公场地和人员，实现农村自来水公司化管理。至年末，发放《农村饮水安全知识手册》《关于进一步携手巩固提升农村饮水安全保障服务水平的倡议书》等宣传资料2万份，制作《缴纳水费与提倡饮用直饮水》两期农村饮水安全宣传专题片在区融媒体中心环翠综合频道滚动播放，安装各类宣传展板100块，提升农村群众饮水安全意识。

【水库移民扶持】 2021年，环翠区有水库移民2505人。年内，全区发放移民后期扶持资金129.82万元；投资565.96万元，实施大中型水库移民扶持项目4个。为村民铺筑道路2.2万平方米，新建200立方米蓄水池1座、净水站3处、漫水桥1座、蔬菜大棚1座，拆除旧排水沟337.18立方米，新建排水沟砌筑石挡墙224.78立方米。

【河（湖）长制】 2021年，区水利局投资64.8万元，开展全区河湖水资源、水域岸线、水污染、水环境、水生态、水旱灾害防御和日常管理现状调查，结合河湖功能定位、区域经济社会发展水平和可能达到的预期效果，编制“一河（湖）一策”方案。印发《全区涉河湖建设项目排查整治专项行动工作方案》，对列入河湖名录的河库管理范围内的拦河坝、管道、排水口等水利工程进行排查，排查整改问题44处。建立“河长湖长+检察长+警长”联动工作机制，推动全区行政执法、刑事司法和检查监督有机衔接，严厉打击各类涉水违法行为。

（缪洪波）

森林资源保护

【概况】 2021年，全区森林资源保护工作以建设“绿色环翠”为目标，开展造林绿化工作，退化林修复和低效林改造400.3公顷，栽植各类苗木25.6万株。围绕提升森林质量，实施森林抚育工程，全区完成森林抚育2000公顷。至年末，完成森林资源管理“一张图”数据库更新、数据统计分析与成果报告编制，数据成果通过国家核查，3.01公顷补偿地块被纳入湿地保护体系。

【林地调查】 2021年，区林业发展中心完成全区森林资源管理“一张图”年度更新工作。以2019年“林地一张图”为基础，对辖区2020年1月1日至12月31日因森林经营、非森林经营活动和自然灾害损害引起的变化情况进行调查，完成森林资源管理“一张图”数据库更新、数据统计分析与成果报告编制，数据成果通过国家核查。2020年，全区林地面积2.01万公顷，其中公益林总面积1.35万公顷、商品林总面积0.66万公顷，全区森林覆盖率41.67%。

【林地管理】 2021年，区林业发展中心推进林长制工作，建立健全上有区级林长统筹，下有村级林长落实，护林员、监管员“双管齐下”

2021年8月28日，区林业发展中心工作人员进行林地调查现场勘查

（区林业发展中心　供图）

的林长制工作体系。至年末，全区有各级林长327名。其中，区级林长6名（总林长2名，由区委书记、区长担任；副总林长4名，由区人大常委会主任、区政协主席、区委副书记、分管副区长担任）、镇级林长58名、村级林长263名，设立监管员106名、护林员164名。年内，区林长制办公室调整区级林长的管辖范围，更换林长制公示牌。区林长制办公室和区检察院联合建立“林长+检察长”协作配合工作机制，并印发《关于建立“林长+检察长”协作配合工作机制的意见》。

【自然保护地】 2021年，区林业发展中心合理开发和利用湿地资源，根据《湿地保护管理规定》，实行湿地占补平衡制度。在建设项目确需占用湿地的情况下，严格按照“先补后占、占补平衡”的原则，制定占补平衡方案，实现湿地资源可持续发展。年内，全区3.01公顷补偿地块被纳入湿地保护体系。

【造林绿化】 2021年，全区完成退化林修复和低效林改造400.3公顷，其中退化防护林修复266.7公顷、低效林改造133.6公顷，栽植黑松、侧柏等苗木25.6万株。全面推进里口山植被恢复提升工程，采取专群结合的方式，组织专业队伍参与林区植被恢复提升工程，完成373.3公顷补植提升，栽植黑松、黄栌等苗木18.9万株；组织发动社会各界志愿者1.5万余人栽植黑松、侧柏、大叶胡枝子等各类苗木17万株。

【义务植树】 2021年3月12日，区绿化委员会办公室组织区委、区人大常委会、区政府、区政协四套班子领导和市区两级机关干部、社区志愿者5000余人，在仙姑顶区域周边开展义务植树活动，栽植黑松、黄栌、侧柏、红叶石楠等苗木10万余株。

【森林抚育】 2021年，区林业发展中心利用年度中央财政森林抚育补贴资金，在里口山林场、仙姑顶林场、张家山林场、嵩山林场、艾山林场、棉花山林场开展森林抚育2000公顷，提高森林林分结构质量。

2021年8月20日，里口山植被恢复仙姑顶区域补植后现状

（区林业发展中心 供图）

【森林防火】 2021年，区林业发展中心召开森林防火工作会议，印发《关于印发镇街林业安全生产（森林防火）工作责任清单的通知》《关于切实加强元旦春节及全省两会期间林业行业安全生产及森林防护工作的通知》等文件，对各重点时期森林防火工作进行部署。完善区、镇（街道）、村（社区）三级森林防火责任体系，纳入工作考核；组织各镇（街道）开展隐患大排查大整治行动582人次。出动宣传车1000余台次，发送资料20万余份、手机短信76.5万条，安装警示牌、横幅3000余处，为村（社区）和卡点提供喇叭300余个，通过微信、微博、电视等平台推送和播报工作动态200余条；各值守巡查力量联防联动，网格化管控，严防火种进山。年内，全区新建防火通道58.92千米，新增风力灭火机25套，清理重点林区、重点路段可燃物0.24万公顷。举行全区性灭火比武演练1次、区域性演练16场次。林区划分网格98个，配备管理员98名，227名森林防灭火专业队员和414名巡护人员分包网格展开流动巡查。区、镇（街道）两级监控中心、专业队、卡点实行24小时值班，严格把控进山人员，严防野外用火。

【林业有害生物防治】 2021年，全区林业有害生物发生面积17521公顷，其中，松材线虫病发生面积7780公顷，其他林业有害生物（松墨天牛、悬铃木方翅网蝽）均为轻度发生。年内，清理病死树2.48万株；分区实施打孔注药，对12.79万株松树注射药剂，进行精准防护；开展3次飞机施药防治传媒昆虫作业，累计作业面积28280公顷，通过连续两年飞机施药防治，媒介昆虫密度大幅下降，取得一定防治效果。

（张　森）

园林绿化

【概况】 2021年，区市政园林中心不断推动城市园林绿化工作稳步发展，投资2300万元，新建、改造游园11处，改造游园总面积6.02万平方米，其中望海公园、羊亭河湿地公园二期入选“威海市优秀口袋公园”项目；投资4463万元，对环海路沿线重要节点实施景观提升和环境整治；实施为民实事项目，在海源公园增设两处直饮水设备，修复秀水园破损篮球场635平方米。

【精品游园建设】 2021年，区市政园林中心遵循“见缝插绿、因地制宜”原则，督导全区游园建设，满足群众的休憩、游玩、健身需求。投资2300万元，新建、升级改造润河社区小游园、桥头镇彭家埠村游园等11处游园，新建、改造游园总面积6.02万平方米。年内，望海公园和羊亭河湿地公园二期景观绿化提升工程2个项目入选“威海市优秀口袋公园”项目。

桥头镇彭家埠村游园。位于村委南侧，总面积1900平方米，投资50万元。设有健身步道、棋牌桌及各类健身器材，设置休息坐椅，打造集游憩、康体、娱乐为一体的多彩生活园。5月竣工并开放。

胶州路游园——拾信园、怡境园。2021年，区市政园林中心在胶州路改建口袋公园2处，对绿化升级、场地铺装、健身场地、健身娱乐设施等进行整治，塑造多彩多元的活动场地，为居民创造更幸福的生活环境。其中，拾信园位于黄山社区青岛中路49号楼南，改造面积1350平方米，9月竣工并对外开放；怡境园位于黄山社区青岛中路70号楼西，改造面积1240平方米，8月竣工并开放。

润河社区小游园。位于润河社区中心位置，紧邻中心广场，地块北高南低，总面积1300平方米，投资50万元。在场地内相对平坦区域设置休闲廊架、游乐健身场地、林下棋牌场地，满足居民休闲、健身、游乐的需求。8月竣工并开放。

望海公园（续建）。位于统一南路以西、胶州路以北、环山路以东的三角地块。为引领威海跑步运动新风尚，投资2400万元，将该地块打造成环翠首个风格突出、符合城市风貌、充满活力的可全年龄段参与的跑步主题专类公园。根据功能需求，分为入口区、热身广场区、松林休闲区、云亭观海区、早春华林区、芝樱花海区、停车场7个功能区。公园由“彩虹跑道”将7个功能区串联，“彩虹跑道”可形成5条环路，分别为激情红、生态绿、海洋蓝、欢乐橙、活力黄，每条跑道长度不同，地势有平有缓有陡，适合不同人群根据自身体力和爱好，选择适宜跑道进行锻炼。沿路设有跑

2021年9月29日，改造完成的拾信园　　（区市政园林中心　供图）

2021年9月10日，建设完成的望海公园（续建）

（区市政园林中心　供图）

步道标识、标语，周边景色丰富多样，让人们在绿意葱茏的生态绿道中感受跑步的快乐。9月竣工并开放。

东山路游园。位于东山路、重庆街十字路口西北角处，游园面积800平方米，投资40万元。场地内现状林下空间闲置，景观功能缺失，将现状场地改造为一处游园，增加休闲、健身设施。9月末竣工并开放。

羊亭河湿地公园二期（续建）。西起丽山路，东至双城路，面积5万平方米，总投资3200万元，分段对公园景观进行提升。在公园建设中采用雨水花园的设计理念，利用透水铺装收集雨水，涵养地下水；通过合理的滨水空间设计，不仅为游客提供亲水体验，还为鸟类等动物提供栖息觅食环境，使人与自然的关系更加和谐。公园自东向西设置活力舞台、荷塘月色、梅岭雪乡、绿茵翠谷、杉林花海5个分区，打造活力舞台、马褂木林、滨河栈道、阳光草坪、林下花境等多个景观节点。10月竣工并开放。

【游园养护管理】 2021年，区市政园林中心全面普查各绿地、游园的公共设施，完善绿地、游园内的禁烟区域、禁止遛狗区域等标识牌，增设各类标识牌、提示牌50余处，完成环境卫生整治78处。每日对辖区游园内垃圾桶、健身器材、坐椅、雕塑等800余个公共设施消毒2次，保持环境干净、整洁，为市民安全游园创造条件。

【滨海步道建设】 2021年，区市政园林中心继续推进滨海步道工程建设，牵头对环海路沿线重要节点实施景观提升和环境整治，包括新建环海路猫头山段步道、改造海源公园停车场、整治靖子码头、提升半月湾公园及环海路14处观景平台，通过以点成线，打造环海路优美、自然的海岸线景观。投资150万元，新建环海路猫头山段步道工程。步道总长200米，修建木栈道90米、石板步道110米，新建观景平台1处，栽植地被灌木640平方米，铺草坪190平方米。8月竣工并开放。投资480万元，实施海源公园停车场改造项目。利用林下空间和西侧活动广场拓展停车位，优化园内交通组织。改造原面包砖路面为马牙石铺装，新修1条渔民作业生产专用通道，增设花箱、景观坐椅、果皮箱、监控设施、庭院灯等，提升公园品位和档次。改造后，海源公园林荫固定停车位由48个增加到177个，新增临时停车位123个，总数300个。6月竣工并开放。投资290万元，实施靖子码头环境整治绿化工程。工程位于环海路靖子湾，绿地总面积1万余平方米。结合现场实际情况整治挡墙修复、护坡绿化、道路绿化、墙面美化、停车场建设、泄洪沟整治等。在沿路拐角写生点位置建设观景平台，采用贴近周边建筑及环境风格的钉子石及船型防腐木小品，刻画靖子港湾的宁静，维护原有码头风情面貌，塑造质朴传统的渔港生产景观环境。9月竣工并开放。投资3543万元，对滨海步道沿线14处观海平台和半月湾公园进行景观提升，通过公园、平台、雕塑、装置等设施的精心、创意布置，打造滨海步道网红打卡线路。从视线角度、海岸线位置、客流量不同对14处观景平台进行分类景观设计，结合油画、海洋、猫头山等本地文化元素进行特色打造。优化平台使用细节，平台铺装统一更换为防滑的自然面黄锈石块，平台边缘设计两步台阶，阻止车辆进入平台，达到人车分流效果；人流量大的平台设计为两层平台，增加平台游客承载量；在人流量最大的10号观景平台，配套建设集装箱样式的公厕服务驿站，满足游客休息、如厕等需求。采用傅中望教授设计的《动力铁三》雕塑作为主题雕塑，布置在公园内较空旷的场地，打造公园亮点。10月竣工并开放。

【监督考核机制】 2021年，区市政园林中心坚持日巡查、周督办、月通报的工作制度，每日定期对辖区绿化管护情况进行实地检查考核，监督考核情况与养护经费拨付直接挂钩，自3月—11月分别对威海市环翠园林工程有限公司、山东绿苑环境科技集团有限公司开展9次考核通报，纠正管护质量不高的问题，促进管养水平提升。至年末，受理答复“12345”政务服务便民热线案件438件，处置数字城管案件703件，案件处置率100%。

（王维美）

环境卫生

【概况】 2021年，区环境卫生中心强化环卫精细化管理和城乡垃圾分类工作，推出为民实事，新（改）建公厕5座，购置环卫作业车辆9部，实现城区道路深度保洁率100%、生活垃圾无害化处理率100%、城乡垃圾分类全覆盖。接收“12345”政务服务便民热线、数字城管等各类案件1134件，结案率100%，满意度100%。

2021年7月7日，区环境卫生中心在城区主次干道推行深度保洁示范路组合作业模式
（区环境卫生中心　供图）

【道路保洁】 2021年，区环境卫生中心采用“机械洗扫为主、人工保洁为辅、快速保洁为补充”的城区道路保洁模式，对135条449万平方米主次干道每日机械化清扫3~4次、洒水4~5次，人工不间断巡回保洁。宝泉路、环海路、东山路等52条主次干道完成省级深度保洁示范路验收，135条主次干道全部达到省级深度保洁示范路标准，城区道路深度保洁率100%。加强人工普扫管理力度，强调“横到边、纵到底”，对所辖绿化带、过街天桥等区域全面清理、清刷，循环清刷人行道板；强化巡回保洁，实现路面可见垃圾滞留时间不超过5分钟、突发污染30分钟处置到位。

【垃圾分类】 2021年，环翠区新增97个垃圾分类村（社区），实现城乡垃圾分类全域覆盖。新增智能回收设备23套，设置大件垃圾集中收运点200个，投放垃圾分类桶19356个，建设垃圾分类标准房、标准亭16处。探索“垃圾分类＋”模式，构建垃圾分类良性发展工作机制，打造北门外、渔港路、花园、大桥等亮点社区，涵盖基础“四分法”（可回收垃圾、有害垃圾、厨余垃圾、其他垃圾）、“垃圾分类巴士”、智能垃圾分类房等特色。5月，推出“绿色生活环保联名卡”，可银行卡提现，实现银行卡与智能回收箱互联互通。年内，全区日收运可回收物7吨以上，年回收量3000余吨，智能分类用户7万余人，环翠区垃圾分类相关做法作为典型在全省范围内推广。

【垃圾清运】 2021年，区环境卫生中心推行“常规清运+应急处置+夜间保洁”清运机制，开展垃圾桶专项整治活动，强化日常维护及巡回保洁，实现“车走场清”“车走桶净”；在东南村、杏花村等老旧小区试行“车车对接”模式，优化设备利用率，清运周转时间缩短50%。年内，更换破损垃圾桶1049个，清运各类生活垃圾14万吨。

【公厕管护】 2021年，区环境卫生中心投资172.5万元，新（改）建东窑东街、花园新村、塔山中学和戚家庄等5座公厕，环翠区建设于20世纪八九十年代的26座公厕全部实现升级改造。辖区内72座公厕全部实现标准化建设管理，持续推行“六无六洁”（六无：无痰涕纸屑、无蝇蛆粪迹、无尿碱污垢、无泥土积水、无积尘蛛网、无堵塞臭味；六洁：墙壁洁、门窗洁、地面洁、隔板洁、便槽洁、厕所周围5米洁）保洁标准，按照“一客一清洁”要求加强消毒保洁频次，所有公厕24小时免费开放，免费提供厕纸、洗手液，配备无障碍设施、第三卫生

2021年10月23日，区环境卫生中心在老旧生活小区试行“车车对接”作业模式
（区环境卫生中心　供图）

2021年7月20日，花园社区试点运行“垃圾分类巴士”收运模式

（区环境卫生中心　供图）

间、烘手机等便民设施。年内，紫藤花园公厕获评全市第三届精致城市示范项目。

【清雪防滑】 2021年，区环境卫生中心修订完善《冬季清雪工作实施方案》，成立清雪防滑领导小组，下设机械清雪突击队4支、人工清雪突击队7支、人工强化作业组6个，保障小组5个以及人工作业网格160个。推行“机械清雪”“绿色清雪”作业模式，规范融雪剂使用管理，配备大型清雪设备30余台，其中专业设备16台；加强与区综合行政执法局、交警等部门的沟通协调及外雇车辆的应急储备，多方合力，确保“除雪保畅通”快速高效有序完成。

【环境卫生精细化管理】 2021年，区环境卫生中心助力国家卫生城市复检和全国文明典范城市创建工作。树立“边界”意识，对内弱化与社区、物业的边界，做到“应管尽管”，将环境卫生保障扩大至可视范围；对外强化与其他区的边界意识。年内，区环境卫生中心成立道路保洁、垃圾清运、公厕管理3支巡查队伍，发挥“主管科室＋一线部门＋应急巡查员”三级应急处置机制作用，全天候不间断巡查，发现问题即时反馈整改。对管辖范围开展拉网式排查，重点解决卫生死角问题，自查问题900余个，全部按期整改到位。配合区精致城市领导小组办公室调度镇（街道）41次。

（吕聪颖）

科学技术

综　述

【概况】 2021年，全区科技工作全面推行创新驱动发展战略，深耕科技创新平台，夯实企业创新主体，加速创新要素集聚，推动区域创新活力倍增，为经济社会发展提供有力科技支撑。年内，全区修订《环翠区关于推进科技创新的扶持意见》《环翠区关于加快建设威海创新园的专项扶持意见》，登记重要科技成果10项，其中，获国家科学技术进步奖二等奖1项；组织实施各级各类科技计划70余项，其中新获批省级以上科技计划项目5项；完善全区科研开发服务体系，指导企业建设科技创新平台，新增省级技术创新中心1家、省级新型研发机构3家、省级技术转移服务机构2家；推进科技交流与合作，推进校地合作，加速创新成果转化应用，招引威海激光通信先进技术研究院、海洋无人装备与技术联合创新中心等科研机构，签订产学研合作项目45项，全区技术合同成交额达到20.3亿元；开展高新技术企业培育和发展工作，引导有科技含量的中小企业开展创新活动，全区有97家企业通过高新技术企业认定，231家企业通过国家科技型中小企业评价。

【《环翠区关于推进科技创新的扶持意见》修订】 2021年6月18日，区科技局与区财政局联合印发《关于修订〈环翠区关于推进科技创新的扶持意见〉的决定》，新修订的扶持意见从产学研合作、高新技术发展、创新平台、科技企业孵化载体、知识产权、科技发展计划、科技服务机构、重大科技专项8个方面，对办理工商注册、在环翠区纳税的具有独立法人资格、财务制度健全的企事业单位、科研机构、民办非企业单位，及专利列入环翠区统计的专利权人进行扶持，激发全社会科技创新的积极性和主动性。

【《环翠区关于加快建设威海创新园的专项扶持意见》修订】 2021年6月18日，区科技局与区财政局联合印发《关于修订〈环翠区关于加快建设威海创新园的专项扶持意见〉的决定》，新修订的扶持意见延长扶持年限、设定年度运营目标、给予创新创业项目资助，从运营保障、招才引智、招院引所、金融支持和公共研发服务平台5个方面吸引优质企业、高质量项目和高端人才集聚威海创新园，为威海创新园高质量发展持续注入新动能、新活力。

【国家科学技术进步奖二等奖项目】 2021年，山东威高骨科材料股份有限公司与中国人民解放军陆军军医大学第一附属医院、复旦大学附属华山医院、西南大学开展技术合作，对传统足踝外科开放手术的问题及精准微创手术遇到的困境进行合作攻关，进行成果创新转化，完成的“足踝外科精准微创治疗关键技术体系建立与推广应用”项目，被科技部评为国家科学技术进步奖二等奖。该项目建立终末期关节病及复杂骨折精准治疗技术，针对植入假体的材料单一和适配度低的问题，项目团队攻克多种材料复合工艺难题，研制出全球首个个性化3D打印距骨假体，实现踝关节生物学功能重建，建立系列微创关节融合、精准导航与经皮微创手术治疗终末期关节病及复杂骨折，促进患者实现快速重返运动的目标。

【科技计划】 2021年，环翠区新立项实施区级以上各类科技计划31项，其中获批省级科技计划项目5项、市级科技计划项目16项、区级科技计划项目10项。通过实施计划，提高企业研发经费投入，对重大关键技术和高端产品研发，在点上攻克核心技术、线上拥有创新链条、面上提升创新水平。全区规模以上工业企业研究与试验性发展经费投入10.54亿元，占地区生产总值比重2.8%。

2021年环翠区新增省级科技计划项目一览表

表14

序号	项目名称	项目类别	承担单位
1	工业企业网络安全加固解决方案	山东省科技型中小企业创新能力提升工程	威海天之卫网络空间安全科技有限公司
2	基于磁性液体的电磁式海洋波浪能发电技术	山东省科技型中小企业创新能力提升工程	山东众志军创电子科技有限公司
3	鲆鲽鱼类种质资源创新利用与良种产业化	山东省科技型中小企业创新能力提升工程	威海圣航水产科技有限公司
4	水下构筑物射流清洗机器人系统研发	山东省科技型中小企业创新能力提升工程	威海浦鲸智能设备有限公司
5	用于轮胎模具清洗的便携式激光清洗机	山东省科技型中小企业创新能力提升工程	威海光子信息技术产业研究院有限公司

2021年环翠区新增市级科技计划项目一览表

表15

序号	项目名称	承担单位
1	威海市高性能轮胎技术创新中心	三角轮胎股份有限公司
2	青岛大学威海创新研究院	青岛大学威海创新研究院
3	威海市激光与光电信息技术产业研究院	威海市激光与光电信息技术产业研究院
4	威海创新园海洋智能装备研究中心	威海蓝湾海洋工程装备研究院有限公司
5	山东大学（威海）海洋科技创新中心	环翠区人民政府、山东大学（威海）
6	威海市航空设备技术创新中心	威海广泰空港设备股份有限公司
7	威海市海洋生物资源军用食品技术创新中心	威海市宇王集团有限公司
8	反渗透海水增压与能量回收一体机关键技术研究及产品开发	山东双轮股份有限公司
9	南极磷虾小分子肽规模化生产技术研究及应用	威海市宇王集团有限公司
10	超高性能轮胎全电磁感应加热直压硫化智能制造成套技术及装备	三角轮胎股份有限公司
11	碳纤维预浸布智能化生产集成制造系统	威海宝威新材料科技有限公司

续表15

序号	项目名称	承担单位
12	翻修股骨柄系统	山东威高骨科材料股份有限公司
13	无色透明聚酰亚胺树脂及其薄膜的研发及产业化	威海新元科盛新材料有限公司
14	预灌封注射器用配件研发	威海恒煜医疗器材有限公司
15	污水管道带水在线检测及清淤机器人关键技术研发	威海浦鲸智能设备有限公司
16	中欧水处理及膜技术创新产业园	中欧水处理及膜技术创新产业园

2021年环翠区新增区级科技计划项目一览表

表16

序号	项目名称	承担单位
1	高效节能系列单位立式泵研发及产业化	山东双轮股份有限公司
2	鱼露分段分仓发酵减盐工艺研发	威海浦源食品有限公司
3	基于人工智能的双能X射线矿物分选机研发	威海市海王旋流器有限公司
4	高性能休闲游艇复合材料配比成型及型线设计关键共性技术研发	威海西港游艇有限公司
5	多孔中空柔性尼龙56地毯长丝熔纺技术研究	威海山花华宝地毯有限公司
6	丰田卡罗拉吸音性主地毯的研发	山东鸿祥汽车内饰件股份有限公司
7	新材料新结构新工艺实现先进碳纤维制品产业升级项目	威海亿美运动器械有限公司
8	自吸组合式搅拌系统的系统性、大型化的研发	威海化工机械有限公司
9	国产化系统金融应用软件开发	威海新北洋荣鑫科技股份有限公司
10	超高强度特种耐油硅橡胶开发	威海新元化工有限公司

科研开发服务体系

【概况】 2021年，环翠区完善全区科研开发服务体系，指导企业建设科技创新平台，推动科技企业孵化器提质升级。年内，全区新增省级技术创新中心1家、省级新型研发机构3家、市级技术创新中心1家、市级重点实验室4家、市级工程技术研究中心2家、省级技术转移服务机构2家；科技企业孵化器新孵化培育国家高新技术企业18家，新入库国家科技型中小企业75家；科技创新孵化器入驻项目49个，新培育高新技术企业11家，新增国家科技型中小企业14家。至年末，全区有国家级科技平台1家、省级科技平台26家、市级科技平台51家；国家级科技企业孵化器1家，国家备案众创空间1家，省级科技企业孵化器5家；在孵企业实现主营业务收入7750万元，比上年增长59%；纳税101万元，增长50%。

【创新平台建设】 2021年，区科技局按照《环翠区区级工程技术研究中心管理办法》，搭建合作平台，鼓励骨干企业与高校院所合作设立联合研究中心，整合集聚科技资源，探索共建试验、研发检测平台。年内，环翠区新增省级技术创新中心1家（山东双轮股份有限公司山东省海水淡化流体装备技术创新中心）、省级新型研发机构3家（威海光子信息技术产业研究院有限公司、山东中欧膜技术研究有限公司、威海天之卫网络空间安全科技有限公司）、省级技术转移服务机构2家（大连理工大学科技园有限公司威海分公司、山东惠知诚远知识产权运营服务股份有限公司）、市级技术创新中心1家（威海天之卫网络空间安全科技有限公司威海市工业互联网安全技术创新中心）、市级重点实验室4家[山东中欧膜技术研究有限公司与哈尔滨工业大学（威海）威海市水资源环境与膜技术应用重点实验室、威海天航信息技术有限公司威海市无人机技术研发与应用重点实验室、山东华素制药有限公司威海市高端降压药物重点实验室、威海普益船舶环保科技有限公司威海市特殊微界面技术重点实验室]、市级工程技术研究中心2家（威海光子信息技术产业研究院有限公司轮胎模具激光清洗工程技术研究中心、威海天航信息技术有限公司威海市无人机技术研发与应用工程技术研究中心）。至年末，全区有国家级工程技术研究中心1家；省级技术创新中心2家、省级新型研发机构4家、省级工程技术研究中心10家、省级重点实验室3家、院士工作站4家、省级技术转移服务机构3家；市级技术创新中心4家、市级重点实验室9家、市级工程技术研究中心33家、市级新型研发机构4家、市级创新创业共同体1家。

【政策解读暨实务培训】 2021年7月21日，区科技局在威海创新园举办“2021年科技创新及创新园建设政策解读会议”，各镇（街道）、科技企业孵化器、威海创新园分中心等8家机构负责人及部分企业人员参加会议，培训内容包括政策解读、分享交流及相关工作安排。区科技局工作人员逐条解读2021年环翠区科技创新扶持政策及加快创新园建设扶持政策，让孵化机构和企业深入了解政策，运用政策解决当前困难。

【科技企业孵化器建设】 2021年，环翠区科技企业孵化器新孵化培育国家高新技术企业18家，新入库国家科技型中小企业75家。至年末，全区有国家级科技企业孵化器1家，国家备案众创空间1家，省级科技企业孵化器5家；在孵企业240家，孵化国家高新技术企业47家、国家科技型中小企业138家。

【国家级科技企业孵化器】 2021年，环翠区科技创新孵化器入驻项目49个，新培育高新技术企业11家，新增国家科技型中小企业14家，授权知识产权224项，指导4家企业获融资1750万元，山东中瀚信息技术股份有限公司在齐鲁股权交易中心挂牌。至年末，在孵企业实现主营业务收入7750万元，比上年增长59%；纳税101万元，增长50%。

【孵化器管理】 2021年，区科技局修订在孵企业考核办法等管理制度，优化在孵企业考核，严格企业准入、退出标准，加大项目引进和淘汰力度。规范孵化载体服务行为，指导海裕城孵化器通过国家级科技企业孵化器年度评价；组织孵化器参加省级绩效评价，威海银凯特智慧信息技术企业孵化器有限公司获得“山东省品牌孵化器”称号。至年末，全区清退考核不合格企业16家，加速“腾笼换鸟”，推动孵化行业健康发展。

【孵化器活动】 2021年，区科技局组织科技型中小企业申报、高新技术企业火炬统计年报填报、科技云平台填报、银企对接会、技术合同备案等活动，组织各类创新创业活动28场，提升在孵企业对各类政策的了解及资源的对接能力。10月20日，区科技局联合威海创新园及孵化器举办“驻环翠 创活力”创业沙龙。沙龙以创业“资”源为主题，梳理介绍创业过程中常见的政策补贴、政策资金、基金、投融资等内容，通过威海创新园品牌服务为企业精准匹配需求，解决创业难题。

科技交流与合作

【概况】 2021年，区科技局推进科技交流与合作，强化与高校院所之间的联系，探索产学研新模式，推进校地合作，加速创新成果转化应用。融入远遥浅海科技湾区建设，推动威海激光通信先进技术研究院、威海海洋无人装备与技术联合创新中心等科研机构落地；调动高校、机构资源，走访企业40余家，对接高校专家50余人次，签订产学研协议45项；签约共建威海激光通信先进技术研究院，举办第十八届中欧膜产业技术创新合作大会；高效利用属地资源，举办环翠区哈尔滨工业大学（威海）校地合作发展推进会，推进哈尔滨工业大学（威海）与威海广泰空港设备股份有限公司共建山东省空港地面设备技术创新中心。

【威海激光通信先进技术研究院】 2021年5月，在威海市政府、中国航空科工集团第二研究院、哈尔滨工业大学（威海）签订战略合作协议的基础上，环翠区政府联合中国航空科工集团第二研究院二十五所

2021年5月，威海激光通信先进技术研究院合作协议签约仪式举行

（区科技局　供图）

（北京遥感设备研究所）、哈尔滨工业大学（威海）签约共建威海激光通信先进技术研究院，以空间激光通信技术为支撑，打造海洋激光通信研发创新聚集地。9月，研究院完成事业单位法人注册。11月16日正式启动。

【海洋无人装备与技术联合创新中心】 2021年，由中国航天科技集团有限公司、威海市人民政府、哈尔滨工业大学以协议形式联合成立的海洋无人装备与技术联合创新中心正式落地，为环翠区现代海洋信息产业的发展注入崭新力量。研究院主要任务为集合中国航天科技集团第九研究院、第十一研究院、哈尔滨工业大学本部等单位科研资源，围绕海洋高端装备无人机、无人船、无人潜航器等海上装备和天基海洋环境监测与测绘应用等方面，开展科研技术攻关及产业化研究，打造从研发测试到生产应用的海洋高端装备产业链。7月，研究院揭牌。

【威海激光与光电子信息技术研究院】 2021年4月20日，威海激光与光电子信息技术研究院揭牌仪式举行，并举办全国激光清洗院士论坛活动，邀请姚建铨院士、长江学者顾而丹等专家学者32人及中科院、天津大学、广东工业大学、河北大学等28家科研机构参加。至年末，研究院常驻人员23人，孵化产业化公司3家，开展研发项目5项，实现成果转化收益445万元。年内，先后获批省级新型研发机构、市级激光清洗工程技术研究中心，与威高集团山东高创医疗器械国家研究院达成联合共建实验室协议。

【产学研合作】 2021年，区科技局坚持点面并举，通过“走出去、请进来”方式，持续深化产学研合作，加强与环翠区产业技术关联度较高、科研实力较强的“211”和“985”高校对接合作，促进全区先进制造、新材料、生物医药等领域的技术研发与成果转化。年内，依托哈尔滨工业大学（威海）科技处、环翠区首高科技术转移中心、大连理工大学威海技术转移中心、省科学院威海创新服务中心等机构，走访科技型企业和高新技术企业、“冲击新目标”入库企业、规模以上企业40余家，人才需求7项，推进高校院所专家对接企业50余人次，签订45项产学研合作项目，合同总金额2300余万元。举办哈尔滨工业大学（威海）·环翠区校地融合发展推进会，会上签约项目4项；组织企业与哈尔滨工业大学（威海）专家双向互访，举办环翠区企业走进哈尔滨工业大学（威海）等对接活动，促成威海广泰空港设备股份有限公司、威海震宇智能科技股份有限公司等企业与信息科学与工程学院、船舶与海洋工程学院等合作；助力哈尔滨工

2021年4月20日，威海激光与光电子信息技术研究院揭牌仪式举行

（区科技局　供图）

业大学（威海）与威海广泰空港设备股份有限公司联合共建山东省空港地面设备技术创新中心，合作金额500万元，打造空港设备行业内唯一一处综合技术创新平台，并举办威海广泰·哈尔滨工业大学（威海）技术创新中心揭牌仪式。

【中欧膜产业技术创新合作大会】 2021年11月9日，第十八届中欧膜产业技术创新合作大会在环翠区举行，大会由山东省科学技术厅、威海市人民政府、欧洲膜学会、哈尔滨工业大学（威海）联合主办，威海市科学技术局、环翠区人民政府、中欧膜技术研究院、青岛农业大学联合承办，现场签署合作协议5项，上万余人次通过线上收看同步直播。

高新技术及其产业发展

【概况】 2021年，环翠区有计划、有针对性地开展高新技术企业培育和发展工作，引导有科技含量的中小企业开展创新活动，为高新技术产业发展提供后备资源。年内，全区有97家企业通过高新技术企业认定，231家企业通过国家科技型中小企业评价。

【科技型企业培育】 2021年，区科技局围绕人工智能、云计算、大数据、5G等前沿领域不断集聚创新资源，定向引进、定点培养，持续跟踪保障服务，力促相关领域优质企业项目、高端人才落地发展，纳入市级新兴产业“金种子”繁育库企业23家，数量居全市各区市首位；协助10家科技型中小企业申请省中小微企业竞技行动扶持资金300万元，同步宣传成果贷及科技支行贴息支持、研发费用加计扣除及后补助、创新券以及创新人才等系列政策，完成10批次科技型中小企业申报工作，入库企业达到437家，比上年增长78.7%；指导企业有序开展项目研发、知识产权储备、研发费归集等工作，协助开展融资对接活动，引导企业应用新技术、新材料，开展工艺流程再造和车间智能化改造，提升企业科技创新实力，完成3批次高新技术企业申报工作，高新技术企业新认定70家，总数达到207家；引导企业加强技术创新迭代，提高竞争力，不断发展壮大，山东威高骨科材料股份有限公司在上海证券交易所科创板上市，三角轮胎股份有限公司、威海广泰空港设备股份有限公司、威海市海王旋流器有限公司、山东环球渔具股份有限公司、威海新北洋荣鑫科技股份有限公司5家企业入选山东省科技领军企业榜单。

【高新技术企业】 2021年，全区有山东环球渔具股份有限公司、威海新北洋数码科技股份有限公司、威海震宇智能科技股份有限公司、威海博宇食品有限公司、威海市世一网业有限公司、威海三元塑胶科技有限公司、山东中欧膜技术研究有限公司等97家企业通过高新技术企业认定，其中新认定70家。至年末，全区高新技术企业达到207家。

2021年环翠区新认定高新技术企业一览表

表17

序号	企业名称	序号	企业名称
1	山东壹联软件技术有限公司	9	威海佳和电子股份有限公司
2	山东视见信息科技股份有限公司	10	威海新智慧电子有限公司
3	威海海腾电子有限公司	11	威海美合生物科技有限公司
4	山东博派生物科技有限公司	12	威海辰星电子有限公司
5	山东新翰驰机电设备有限公司	13	威海中易碳素制品有限公司
6	威海细硬峰渔具有限公司	14	威海市图尚精密模具有限公司
7	威海诺曼底船舶技术有限公司	15	威海广业自动化科技有限公司
8	山东云奔智能科技有限公司	16	威海市鸿飞复合材料有限公司

续表17

序号	企业名称	序号	企业名称
17	赛奎鹰智能装备（威海）有限责任公司	44	威海山鼎精密机械有限公司
18	威海平和复合材料制品有限公司	45	威海众城钢结构技术服务股份有限公司
19	威海时空云图信息技术有限公司	46	威海正伟包装有限责任公司
20	威海银河生物技术有限公司	47	威海博晟电子有限公司
21	山东履信思源防伪技术有限公司	48	威海莱林精密机械有限公司
22	威海众成电子有限公司	49	威海双翼环保科技有限公司
23	威海溯源信息科技有限公司	50	威海星辰自动化设备有限公司
24	威海博宇食品有限公司	51	弘镁热能科技（山东）有限公司
25	威海锦盛源环保科技有限公司	52	威海行雨化工机械有限公司
26	威海埠崎机械股份有限公司	53	威海创惠环保科技有限公司
27	威海云数数据科技有限公司	54	威海市研拓复合材料科技有限公司
28	威海天航信息技术有限公司	55	威海华达电子有限公司
29	威海凯恩新材料有限公司	56	威海富顺复合材料有限公司
30	山东鼎泰智能科技有限公司	57	威海昌达橡塑制品有限公司
31	威海凯特液压技术有限公司	58	威海天狮博渔具有限公司
32	威海瑞沐精工科技有限公司	59	威海步特户外用品有限公司
33	智真海洋科技（威海）有限公司	60	山东格物智能科技有限公司
34	威海普瑞斯渔具有限公司	61	山东德实环保科技有限公司
35	威海市远际户外用品有限公司	62	威海民盛体育用品有限公司
36	石中剑（威海）渔具有限公司	63	山东中锶信息技术有限公司
37	威海润达户外用品有限公司	64	威海华瓷新材料有限责任公司
38	威海市世一网业有限公司	65	威海见生生物技术有限公司
39	威海名盾警用装备有限公司	66	山东中欧膜技术研究有限公司
40	威海铭威耐磨科技有限公司	67	威海华兴电气设备有限公司
41	威海薪源电子科技股份有限公司	68	威海吕氏进出口有限公司
42	威海怡海渔具有限公司	69	山东晤松电子科技有限公司
43	威海至尊碳纤维制品有限公司	70	威海盛卡林户外用品有限公司

【国家科技型中小企业】 2021年，全区有威海震宇智能科技股份有限公司、威海奥牧智能科技有限公司、山东履信思源防伪技术有限公司、威海银创微电子技术有限公司、威海浦源食品有限公司等231家企业通过国家科技型中小企业评价。至年末，全区有国家科技型中小企业437家。

2021年环翠区新增国家科技型中小企业评价入库企业一览表

表18

序号	企业名称	序号	企业名称
1	复鑫科技投资有限公司	25	威海市杰世游艇有限公司
2	山东中锶信息技术有限公司	26	威海米袋网络科技有限公司
3	山东亿恒智能科技有限公司	27	威海华飞渔具有限公司
4	威海和晟电子科技有限公司	28	威海海元渔具有限公司
5	威海翼慷网络科技有限公司	29	正和智慧科技（威海）有限公司
6	威海天赐电子有限公司	30	山东群伟机器人科技有限公司
7	威海通和科技创新有限公司	31	威海天泽建筑材料有限公司
8	威海奕坤纺织品有限公司	32	威海景盛安全技术咨询有限公司
9	威海市耀龙电动门有限公司	33	威海青正蓝海食品有限公司
10	威海市铭远环保科技有限公司	34	山东惠知诚远知识产权运营服务股份有限公司
11	威海中斗数据开发研究院有限公司	35	威海万事达信息技术有限公司
12	威海火凤凰图文传媒有限公司	36	威海麦高医疗设备有限公司
13	威海卫达环保科技有限公司	37	威海氢氚动力设备有限公司
14	威海诚塬环境科技有限公司	38	威海泰斯特智能科技有限责任公司
15	威海诗航软件科技有限公司	39	威海汉马电机有限公司
16	威海千江月网络科技有限公司	40	威海铭天体育用品有限公司
17	威海元泰精工机械有限公司	41	威海天狮博渔具有限公司
18	威海云奕智能科技有限公司	42	威海广业自动化科技有限公司
19	山东易联特能源科技有限公司	43	山东海康网络工程有限公司
20	威海正森新材料科技有限公司	44	威海东电能源科技有限公司
21	威海山鼎精密机械有限公司	45	威海三信线缆有限公司
22	威海西川新材料科技有限公司	46	威海白羽医疗设备有限公司
23	威海海滨渔具有限公司	47	威海华美瑞通风机设备有限公司
24	威海冠通数码办公设备有限公司	48	威海普瑞斯渔具有限公司

续表18

序号	企业名称	序号	企业名称
49	威海泰一信息科技有限公司	77	威海沃欧船艇制造有限公司
50	山东同域网络安全技术有限公司	78	威海晟龙明科机电设备有限公司
51	山东全息三维科技有限公司	79	山东安瑞兴软件科技有限公司
52	威海艾铂特户外用品有限公司	80	威海双隆建材科技有限公司
53	威海凯恩新材料有限公司	81	威海思彭医疗器械有限公司
54	威海光子信息技术产业研究院有限公司	82	威海市图尚精密模具有限公司
55	威海蚂蚁赋能广告传媒有限公司	83	威海国超渔具有限公司
56	威海市粤能环保科技有限公司	84	威海仲丽复合材料有限公司
57	威海市珍瑞碳素制品有限公司	85	威海博泰精密机械有限公司
58	威海唯佳网络有限公司	86	威海怡海渔具有限公司
59	威海栖桐科技发展有限公司	87	威海兴友精密塑胶有限公司
60	山东博奥电力设备股份有限公司	88	威海昕升电子有限公司
61	威海路坦制药有限公司	89	威海金光包装印刷材料有限公司
62	威海银河生物技术有限公司	90	威海富顺复合材料有限公司
63	威海益丰农业科技有限公司	91	威海市研拓复合材料科技有限公司
64	威海泓方金属复合材料股份有限公司	92	山东晤松电子科技有限公司
65	威海创意游艇有限公司	93	威海雨霖纤维制品股份有限公司
66	威海东星塑料模具有限公司	94	山东省圣达地理信息测绘工程有限公司
67	威海立达尔机械股份有限公司	95	威海爱羽体育用品有限公司
68	山东吉升昌门窗幕墙有限公司	96	威海祥锦包装材料有限公司
69	山东阿凡提智能科技有限公司	97	山东法恩斯医药科技有限公司
70	即刻启飞航空科技（山东）有限公司	98	威海莱林精密机械有限公司
71	威海正哲新材料有限公司	99	威海东方化工染料有限公司
72	威海彬凯环保科技有限公司	100	威海泷泰新材料科技有限公司
73	弘镁热能科技（山东）有限公司	101	威海正伟包装有限责任公司
74	威海伟鑫金属制品有限公司	102	威海伙伴复合材料有限公司
75	威海浩弘数控机械有限公司	103	威海恒力户外用品有限公司
76	山东泉峻信息工程有限公司	104	威海双翼环保科技有限公司

续表18

序号	企业名称	序号	企业名称
105	威海凯特液压技术有限公司	133	威海华洋药业有限公司
106	威海智信光电科技有限公司	134	威海煊东信息科技有限公司
107	山东思瑞信息科技有限公司	135	威海睿诺安防工程有限公司
108	山东新元建筑规划设计有限公司	136	威海博晟电子有限公司
109	威海德旭船舶有限公司	137	威海盛卡林户外用品有限公司
110	威海黑默丁格智能科技有限公司	138	威海明辉量具有限公司
111	国咨（山东）科技服务有限公司	139	威海捷力电梯工程有限公司
112	威海硕科微电机有限公司	140	威海盛泰威精密模具有限公司
113	威海市世一网业有限公司	141	威海卓创软件科技有限公司
114	威海亿恒信息技术有限公司	142	威海名盾警用装备有限公司
115	威海步特户外用品有限公司	143	威海创智信息技术有限公司
116	念仁（山东）智能科技有限公司	144	威海迪威碳纤维制品有限公司
117	威海市逸华智能科技有限公司	145	山东新派科技有限公司
118	山东云奔智能科技有限公司	146	威海永旺不锈钢制品有限公司
119	威海玉泉渔具有限公司	147	威海市昌华包装制品有限公司
120	山东华威东方信息科技股份有限公司	148	威海允祯未来服装有限公司
121	威海鼎和信息科技股份有限公司	149	威海泽森户外用品有限公司
122	威海协盈机电设备有限公司	150	贝草奋水处理科技（威海）有限公司
123	威海华达电子有限公司	151	威海卡尔玛德医疗科技有限公司
124	山东隆济时节能科技股份有限公司	152	威海铁鹰数控有限公司
125	山东领成信息科技股份有限公司	153	威海佳和电子股份有限公司
126	威海聚丰精密模具有限公司	154	威海佐伦鞋材有限公司
127	威海博嘉智能科技有限公司	155	威海伦博智能科技有限公司
128	威海九鼎金属制品股份有限公司	156	威海行雨化工机械有限公司
129	山东景汇园林工程有限公司	157	威海民盛体育用品有限公司
130	山东康义环保技术有限公司	158	威海景航机械有限公司
131	威海华瓷新材料有限责任公司	159	悦享（威海）信息科技服务有限公司
132	威海德运不锈钢制品有限公司	160	威海柏尔特机械有限公司

续表18

序号	企业名称	序号	企业名称
161	山东安可信息科技集团有限公司	189	威海东椿电子有限公司
162	威海永成工业设备有限公司	190	威海智造服装有限公司
163	威海讯享嘉美信息技术有限公司	191	威海市远大电器制造有限公司
164	威海细硬峰渔具有限公司	192	威海吕氏进出口有限公司
165	威海湛威新能源科技有限公司	193	山东鲁济名师教育科技股份有限公司
166	威海博通阀门有限公司	194	威海天诚户外用品有限公司
167	山东大地房地产土地估价有限公司	195	威海众城钢结构技术服务股份有限公司
168	威海知明机械科技有限公司	196	山东英诺威自动化技术有限公司
169	威海博宇食品有限公司	197	威海常康医疗器械有限公司
170	威海瑞能电力工程有限公司	198	威海华诺液压技术有限公司
171	威海华兴电气设备有限公司	199	威海千士智能科技有限公司
172	威海成洋户外用品有限公司	200	山东峻垚信息技术服务有限公司
173	威海薪源电子科技股份有限公司	201	威海宝丽化妆品有限公司
174	威海市宝洋渔具有限公司	202	威海萌霖电子有限公司
175	山东沃鲸信息科技有限公司	203	山东奥源科技创新有限公司
176	威海兰赫仪表科技有限公司	204	威海冠羽体育用品有限公司
177	威海欧斯朗钓具有限公司	205	威海经典文化传媒有限公司
178	威海中易碳素制品有限公司	206	威海龙誉网具有限公司
179	山东恒阳电子股份有限公司	207	威海信诚渔具有限公司
180	威海至尊碳纤维制品有限公司	208	山东庆禹工程设计有限公司
181	威海新智慧电子有限公司	209	威海创诚机械设备有限公司
182	威海三昌食品有限公司	210	威海华实塑料有限公司
183	威海渔道户外用品有限公司	211	威海君子风包装科技有限公司
184	威海启歌网络科技有限公司	212	威海胶源机械设备有限公司
185	云影智能科技（威海）有限公司	213	威海旭宸户外用品有限责任公司
186	威海华盛软件服务有限公司	214	威海泰卓复合材料有限公司
187	威海怀信生物科技有限公司	215	威海市锋达五金制品有限公司
188	威海市天目电子科技有限公司	216	威海翔悦户外用品有限公司

续表18

序号	企业名称	序号	企业名称
217	威海众成电子有限公司	225	威海新科机械设备有限公司
218	威海大安智能工程安装有限公司	226	威海一山包装材料有限公司
219	威海威派建材有限公司	227	威海市旭东印刷有限公司
220	威海市鸿飞复合材料有限公司	228	威海威尚户外用品有限公司
221	威海禾和智慧科技有限公司	229	威海市利安电子有限公司
222	威海德尚钓具有限公司	230	威海景亨机械股份有限公司
223	威海埠崎机械股份有限公司	231	威海一木钓具有限公司
224	威海润达户外用品有限公司		

【高科技企业发展扶持】 2021年，区科技局实施“三联三服”走访企业，帮助企业争取各级创新政策扶持，通过送政策上门、召开新闻发布会及推送工作群消息等多种途径，向高科技企业推广科技创新政策，指导企业申报上级各类科技计划项目。年内，指导威海天之卫网络空间安全科技有限公司、威海圣航水产科技有限公司、山东众志军创电子科技有限公司、威海光子信息技术产业研究院有限公司、威海浦鲸智能设备有限公司5家企业获批2021年第一批山东省科技型中小企业创新能力提升工程项目；协助威海宝威新材料科技有限公司、威海宝飞龙钓具有限公司、威海市世一网业有限公司、威海新元化工有限公司等19家企业获批山东省科技成果转化贷款10770.9万元；助力企业争取无偿资金7575.16万元，帮助威海新北洋数码科技股份有限公司、威海新元化工有限公司等126家企业争取研究开发财政补助资金1045万元。

（胡馨月）

教 育

综 述

【概况】 2021年，环翠区有义务教育阶段学校36所（十二年一贯制学校1所、九年一贯制学校4所、初中11所、小学20所），在校学生58021人，在编教职工3565人，小学、初中入学率100%，全区省级规范化学校占比84.3%。有幼儿园66所，在园幼儿18040人，教职工2626人，省级一类及以上幼儿园占比92.6%，学前教育普惠率98.3%。有中等职业学校2所，在校学生1028人。年内，全区教育工作以“强化执行力 全面促提升”为主基调，实施内涵提升行动计划，加大改革创新力度，统筹推进“双减”、教育教学、队伍建设等重点工作，在传承优势的基础上实现新突破。印发《环翠区深化新时代教育督导体制机制改革的实施意见》，确定6大方面20条措施，督促指导各有关部门、各镇（街道）和学校执行教育法律法规、落实教育方针政策、履行教育职责、规范办学行为、提高教育质量。实施校园建设扩容提质工程，装修幼儿园5所、学校2所，完成33所公办学校和幼儿园暑期校舍升级改造工程、6所学校9幢单体楼抗震加固及消防改造，建设福泰中学一期和明湖路学校二期。落实国家“双减”政策，将学科类民办校外培训机构由129所压减至21所。

【教育经费】 2021年，全区教育经费总投入13.02亿元（不含2020年结余），其中国家财政性教育经费投入7.74亿元，占比59.45%。教育经费总支出13.5亿元（人员经费支出7.16亿元，占比53.04%；公用经费支出6.25亿元，占比46.3%；其他支出0.09亿元，占比0.66%），其中国家财政性教育经费支出7.97亿元（人员经费支出5.5亿元，占比69%；公用经费支出2.47亿元，占比31%）。生均一般公共预算公用经费支出中，普通初中3007.13元，小学2061.45元；生均公共财政预算教育事业费支出中，普通初中13653.92元，小学8866.14元（公用经费分别为2715.66元、2192.96元，日常公用经费分别为2121.78元、1553.5元）。

【教育资助】 2021年，环翠区发放各类教育资助金677.1万元，惠及7551人次。其中，发放中职助学金36.4万元，惠及364人次；发放中职免学费313.17万元，惠及1898人次；发放高中助学金2.2万元，惠及22人次；发放义务教育非寄宿生生活补助74.15万元，惠及2678人次；发放义务教育寄宿生生活补助0.69万元，惠及12人次；发放农村乘班车补助12.69万元，惠及423人次；发放“爱心一日捐”资助54.1万元，惠及446人次；发放残疾生生活补助76.4万元，惠及184人次；发放学前减免保教费20.78万元，惠及82人次；发放学前政府助学金86.52万元，惠及1442人次。

【校园建设】 2021年，环翠区加大教育投入，优化办学条件，投资4.5亿元，用于解决中小学大班额问题及校舍升级改造。其中，投资2.4亿元解决中小学大班额问题，续建福泰中学一期、明湖路学校二期，两校9月1日竣工，新增校舍面积5.88万平方米，新增学位6200个；投资3.73亿元，开工建设武夷路学校小学部（又名环翠区业余竞技体育运动学校），规划35个教学班，年内完成投资7600万元；投资1.19亿元，开工建设河北中学，规划64个教学班，年内完成投资3800万元；投资9500万元，用于校舍抗震加固及消防改造，计划在2021、2022两年暑期进行，年内完成投资4000万元；投资3000万元，对33所区直中小学校及幼儿园进行装修及绿化改造；投资2600万元，对泉乐坊幼儿园、名流幼儿园、祥云幼儿园、望岛名郡幼儿园、龙泽府幼儿园进行装修改造。

【招生考试】 2021年，环翠区组织高等教育自学考试2次，上半年4248人报考11884科次，下半年3559人报考9496科次。组织成人高等教育考试1次，8548人报考24963科次。组织教师资格考试（笔试）2次，上半年6892人报考13096科次，下半年8602人报考17946科次。组织研究生考试报名1次，2356人报名。组织面向初中学校的学业水平考试，5646人参加中考；11918人参加会考，其中初三5898人、初二6020人。

【开门办学】 2021年，环翠区以区域、学校、社区“三位一体”推动家庭教育改革，促使家庭教育工作由碎片化走向集约化。印发《关于进一步加强中小学家庭教育工作的实施意见》，召开环翠区中小学家庭教育现场推进会，汇编《环翠家话》家庭教育典型案例集。建立“班级、年级和校级”三级家长委员会，列出家委会开展工作的“正面清单”和问题底线“负面清单”。开发家庭教育校本课程，推行线上、线下双轨并行的育人模式，通过视频、微课等家庭教育资源，不断丰富学习内容。将家庭教育纳入镇（街道）、村（社区）教育服务体系，设置51个体验学习点位，组建476名教师志愿者团队，免费开放190节公益课程，内容涵盖心理调适、养生保健、隔代教育、家庭园艺等，定期为社区家庭教育指导机构提供公益性家庭教育讲座。

教师队伍建设

【概况】 2021年，环翠区贯彻落实《山东省人民政府办公厅关于进一步加强中小学教师队伍建设有关问题的意见》，制定实施“内涵提升三年行动计划”，加强教师队伍建设。至年末，环翠区有在编教职工3565人、纳入政府集中管理编外教师201人，民办中小学校自聘教职工460人。其中，正高级教师17人、高级教师663人、一级教师1490人。

【内涵提升三年行动计划】 2021年，区教育体育局制定“内涵提升三年行动计划”，通过公开招标，与上海方略致远教育科技有限公司合作，提升校长的课程领导力、教师的课程建设力，深化课程教学改革，达成3个层面的目标：通过开展校长培训，提升校长的课程规划能力、课程资源开发能力、课程实施能力、课程评价能力；通过开展教师培训，提升教师的课程与教学实施能力，学科拓展性课程开发、实施能力；针对学校，开展课程建设行动研究指导，申报省、市课题，提炼经验成果，在省、市产生一定的专业影响和示范作用。至年末，实施方案经过反复研讨、修改，形成初稿，为项目启动做好准备。

【名师工作室建设】 2021年，环翠区改革名师工作室届满考核方式，采取总结、过程性自评、培训展示相结合的方式，对第二届名师工作室进行届满考核，并推广3年研究成果。组建第三届名师工作室10个，聘请第二届名师工作室主持人为顾问，继续围绕“深度教学”，对内常态化开展有书共读、项目研究与培训活动，对外有计划进行公开展示、成果发布及“双助”（农村义务教育阶段中小学校长助力培训工程和骨干教师助力培训工程）服务。名师工作室“一个主持人带动一个工作室，一个工作室建设一个优势学科”，区级名师工作室成员同时担任协作区或校级名师工作室主持人，促进本协作区或本校优势学科建设，实现“加入一人，带动一片”的辐射引领作用。年内，全区推荐66名骨干教师参加市级教学能手、学科带头人评选，65人通过，通过率98.5%，位居全市各区市第一。

【教师素质提升】 2021年，区教育体育局聚焦课程领导与建设、强课提质、课后托管服务等教育议题，有针对性地开展各级各类培训。8月—12月，开展“互联网+教师专业发展”远程研修、新教师培训、学科全员培训。10月，组织学科教研员、初中业务副校长到江苏南通参加业务领导力提升培训。11月，组织初中业务校长论坛，巩固培训质效；组织全区中小学教师观看第八届教育创新年会，更新教育理念，开阔教师视野。以师德师风建设提升年为抓手，推进作风建设，提升中小学、幼儿园教师师德师风水平。围绕治理教师违规组织或参与有偿补课、体罚学生、违规收受礼品礼金及“树师德、正师风”专项治理等，加强师德师风整治力度，印发各类文件10个，各中小学、幼儿园组织师德师风培训学习130余次，4000余名教师参与。组织开展“树典型、爱英模、学先进”评选活动，评选“环翠最美教师”10名、“环翠区教书育人楷模”10名、“优秀教师”100名、“师德标兵”100名；市级“师德标兵”17人，倪红梅被评为“2020威海最美教师”，鞠伟、刘仿齐被评为“威海市教书育人楷模”。

【教师招聘】 2021年，环翠区组织3批次教师招聘活动，其中2批次引进重点高校优秀毕业生，1批次面试前置公开招聘中小学、幼儿园教师，招聘教师235名。招聘教师中具有硕士研究生学历61人、大学学历142人，大学及以上学历占比86.38%。

【职称评审聘任】 2021年，环翠区中小学教师申报高级教师职称164人、一级教师职称247人，较上年分别增加21人、32人。延续“321”(指在农村学校工作30年、20年、10年以上且符合职称申报条件的人员，不受单位岗位结构比例限制）政策，保障农村学校教师职称评审权益。通过享受“321”政策，45人申报高级教师职称，17人申报一级教师职称。针对2020年度享受“321”政策职称评审通过的80名教师，与区人力资源社会保障局协商，设置特设岗位予以聘任，不占单位相应常设岗位。办理新入职、区外调入、转正定级人员聘任手续，其中新入职教师242人、区外调入9人、转正定级224人。

【城乡教师交流轮岗】 2021年8月，环翠区印发《关于开展2021—2022学年度城区中小学教师赴农村学校支教工作实施意见》《关于开展2021年城乡学校部分学科岗位竞聘的工作意见》，通过对口支援、支教和设岗竞聘等多种形式，引导教师参加交流轮岗。年内，校长和教师224人参与交流轮岗，其中骨干教师61人，占比27.23%，优化区域教师队伍结构，推动城乡教育一体化发展。

【“信用同心圆”工程】 2021年，区教育体育局按照区委、区政府部署要求，参与区域“五位一体”社区治理工作。以“信用进校园”为切入点，加强与家庭、社区、镇（街道）联动，实施“信用同心圆”工程，打造“家—校—社”共建诚信生态圈的协同育人格局，在学校与社区间延伸互动信用体系。开展教师“双报到”活动，报到教师4931人。各中小学、公办幼儿园到社区开展志愿服务活动200余次，增进学校与社区间信用融合。

基础教育

【概况】 2021年，环翠区通过扩量增质、幼小衔接推进、游戏质量提升融合驱动，推进学前教育由规范管理向内涵发展转变。义务教育阶段学校坚持“五育并举、全面发展”的教育理念，整体推进“素质教育四项行动3.0”，守住国家课程主阵地，把握教育高质量发展方向；坚持“争创全国义务教育优质均衡发展县”目标导向，深化协作区均衡内涵发展研究，推动教育教学资源共建共享，提升城乡一体化发展水平；推动为民实事贴地实施，提升教育服务水平；规范办学顶层设计，促进“双减”政策落地实施。

【学前教育】 2021年，环翠区扩增普惠性学前教育资源，新建幼儿园2所（碧和府幼儿园、泉乐坊幼儿园)，增加普惠性学位450个。新投入使用幼儿园3所（青葵宝宝幼儿园、水缘金座幼儿园、祥云幼儿园)，增加普惠性学位810个。普惠性幼儿园覆盖率98.3%，公办幼儿园覆盖率71.2%，居全市各区市前列。推进幼小衔接实践研究，印发《环翠区幼儿园与小学科学衔接实施方案》，25所小学和40所幼儿园组建25个园校研究共同体，建立联合教研机制，23个幼小衔接实验项目获评“威海市幼小衔接实验项目阶段性成果”。4月2日，承办威海市实施幼小衔接实验工作推进会，区教育体育局以“坚持问题导向，实施双向联动，区域整体推进幼小衔接的探索实践”为题分享幼小衔接推进路径。10月21日，承办山东省幼小科学衔接现场推进会，副区长尹振山以《建构“342”支撑体系 打造幼小衔接整区推进的环翠样板》为题作典型发言，典型经验《环翠区三变三提升，构建幼小衔接整区推进实践路径》被“山东教育发布”公众号、山东教育信息网推送，典型案例《四变四提升 构建幼小衔接整区推进的环翠范式》被收入《山东省幼小科学衔接优秀案例汇编》。恒大幼儿园、明辰幼儿园、东骏阅山幼儿园、玉兰幼儿园4所幼儿园通过省级一类幼儿园认定。年内，环翠区省级一类及以上幼儿园占比92.6%，其中省级示范幼儿园占比54.4%。区教育体育局获评“山东省实施学前教育三年行动计划先进单位”，环翠区首批通过山东省县域学前教育普及普惠督导评估，并被推荐参加全国学前教育普及普惠县认定。落实教育部“安吉游戏”推广要求，确定望岛幼儿园、威海湾九里幼儿园、恒大幼儿园、温泉镇中心幼儿园、明辰幼儿园5所幼儿园为“安吉游戏”试点园。鲸园实验幼儿园、望岛幼儿园、威海湾九里幼儿园、张村镇中心幼儿园、羊亭镇中心幼儿园5所幼儿园与北京师范大学签订提升保教质量培训协议。5篇游戏活动案例获评“山东省幼儿园游戏活动优秀案例”，获奖数量居全市各区市首位。立项中国教育研究会课题16项。获评威海市学科带头人、教学能手、教科研先进个人21人。机关幼儿园、望岛幼儿园、张村镇中心幼儿园3所幼儿园获评“威海市教科研先进集体”。

【中小学义务教育】 2021年，全区小学招生6913人，比上年下降5.66%；在校小学生34058人，增长4.04%；小学毕业生6184人。初中招生6157人，与上年持平；在校初中学生23963人，增长5.86%；初中毕业生5008人。除经残疾人教育专家委员会鉴定不具备接受教育能力的，全区适龄儿童入学率100%。年内，全区以“素质教育四项行动3.0”为载体，以教学成果推广应用为切入点，开展“教学质量提升年”活动，发挥教科研支撑作用，提高教育教学质量。在课程建设方面，打破学段、学科间壁垒，开发幼小、小初衔接课程和主题情境拓展课程，评选优秀校本课程32项、优秀拓展课程21个，12项优秀课程设计案例、2项乡村教育教学改革优秀案例在省级评选中获奖。在课堂教学方面，印发各学科《基于单元整体教学理念的课堂教学实施细则》《体育学科教学质量评价实施细则》，为教师提供实践路径指引。组织常态课达标验收458节，组织“开学第一课”设计评比，评出一等奖193个；组织第十四届同研成果评选，评出一等奖226个。70人次执教省、市级公开课，74人次在省、市级学科研讨会上作经验交流，73人获优课评比一等奖，获奖比例居全市各区市第一。威海市实验小学《启智养正，立德树人》、威海市第七中学《心理健康教育工作实施方案》、威海市锦华小学《“四园劳动”德育实施方案》被评为2021年山东省普通中小学校优秀德育实施方案；威海市实验小学《启智养正，立德树人》德育实施方案被教育部评选为落实《中小学德育工作指南》典型案例。威海市新苑学校《小豆子，折射知行劳动“大学问”》被评为山东省中小学校“学习新思想，做好接班人”主题活动优秀工作案例，威海市北竹岛小学被评为“山东省中医药试点学校”，区教育体育局获评2021年威海市中小学优秀自制教具展评活动团体奖和优秀组织奖。

【劳动教育】 2021年，环翠区中小学贯彻《环翠区关于加强新时代劳动教育的实施意见》，构建“课程谱、实践场、评价轴”育人模块，整体设计生活劳动、生产劳动和服务性劳动3类课程，打造家庭、学校、社区“三维+”劳动教育实践场景，探索实施学生管理、教师发展、家校共育的综合素质评价轴，提升学生劳动素养。在市中小学劳动教育现场会上，区教育体育局作经验交流发言。千山路小学《依托“田园基地”，深耕“劳动教育”》经验做法被收入《威海市中小学劳动教育现场会资料汇编》；千山路小学、码头小学、北竹岛小学、实验小学、锦华小学、孙家疃小学、新苑学校、望海园中学、第十中学劳动教育案例被评为市中小学优秀劳动教育案例；新苑学校《整合，让劳动浸润德智体美》、古寨中学《欢乐劳动，我心“薯”你》获评2021年山东省中小学劳动教育优秀典型案例；《威海市环翠区营造劳动教育新生态》区域层面劳动教育经验在《山东教育报》头版发表。

【教育科研】 2021年，环翠区推广应用国家级教学成果，强课提质取得成效。申报课程领导力、情境教育、作业设计、区域教学改进4个国家级教学成果的推广与应用项目，将其纳入“十四五”区域研究总课题《“双减”背景下区域整体推进课程与教学改进的实践研究》，该课题通过山东省教育科学规划办公室立项。区教育体育局遴选20所实验学校组建项目研究团队，开展行动

2021年11月18日，环翠区“强课提质”背景下基础教育国家级优秀教学成果推广应用阶段成果展示活动在环翠中学举行 （区教育体育局 供图）

研究。11月，在环翠中学、古寨中学、塔山小学、北竹岛小学开展4个项目的阶段成果展示活动，展示15所学校的阶段成果，出版专著《区域优势学科建设的实践与探索》。利用《环翠教育》“成果推广”专栏、“环翠教体”微信公众号、环翠区国家级优秀教学成果推广应用教科研动态专刊等平台，推介典型做法，使教学成果推广应用成为全区强课提质新的增长点。环翠区教学成果推广工作经验被《威海市教科研动态》《威海教育》以专刊的形式向全市推广。

【信息化应用】 2021年，区教育体育局加强人工智能建设，提升师生信息化素养，强化大数据应用，推动教研工作由经验型向实证化转轨，形成具有区域特色的创客教育范式。3月5日，召开“环翠区极课大数据应用交流研讨会”，指导学校开展基于数据的精准讲评、面向知识点达成度的高效教研、云错题集同类题的自动整理、优质微课自主学习资源推送。打造技术支撑、多媒体融合、学科特点鲜明的课堂教学，形成基于大数据的师生成长基本模型，初步建构大数据支撑下指向学科核心素养的课堂教学模式、精准教研模式。在“全国实证范式教研背景下的说课大赛”中，环翠区7名教师获一等奖，6名教师获二等奖；在山东省教育信息化交流展示活动中，环翠区获一等奖4个、二等奖4个，6人被推荐参加全国教育信息化交流展示活动。74名教师通过省级推荐参加全国新媒体新技术教学应用研讨会暨第十四届全国中小学创新课堂教学实践观摩活动。区教育教学研究中心被评为“2021年度全国青少年人工智能活动特色单位”。在青少年科技创新大赛市级比赛中，环翠区获一等奖47个、二等奖37个、三等奖24个，一等奖获奖总数居全市各区市第一名。在山东省中小学生信息化素养评选活动中，威海市12件作品入围省级比赛，其中环翠区占10件，有4件作品代表山东省入围国家级比赛。

特殊教育

【概况】 2021年，区教育体育局继续实施“威海市第二期特殊教育提升计划”，形成教育、编办、财政、卫生健康、残联等部门组成的工作协调机制，沿用以普通学校随班就读为主体、以送教上门为辅助、以远程教育为补充的特殊教育体系。至年末，全区义务教育阶段接收特殊教育儿童少年165人，其中在市特殊教育学校就读6人、在市儿童福利院特教班就读13人、在普通中小学校随班就读127人、送教上门19人。

【融合教育】 2021年，环翠区优先采用普通学校随班就读方式，安排适龄残疾儿童少年到普通学校接受义务教育。发挥孙家疃小学、望海园中学2个特殊教育资源中心的引领作用，加强普通中小学校资源教室建设，为有需求的学生提供特殊教育资源教室设施设备。6月，环翠区参加山东省特殊教育随班就读示范校评选工作，通过现场汇报、实地观摩、随班听课、材料查阅等方式，完成省专家组的实地测评工作。威海市望海园中学和威海市第七中学被评为“山东省残疾儿童随班就读示范校”。

【师资保障】 2021年，环翠区依托区域5大协作区实现师资共享，各协作区配置巡回指导教师、资源教师、康复教师。将特需儿童少年特殊教育培训纳入教师培训规划，新教师、在职教师培训课程中均有一定比例的特殊教育内容。开展教师心理健康指导培训，教师整体心理教育能力得到提升。选派骨干教师进行业务支持、就读指导、信息咨询等，加强专、兼职教师教学研讨力度，提升特殊教育服务质量。

【经费保障】 2021年，环翠区按照不低于义务教育10倍的标准拨付残疾学生生均公用经费，小学阶段每生每年9100元，初中阶段每生每年1.11万元。给予残疾幼儿、中小学学生交通费、学习用品和生活费补助，每生每年不低于4000元，为家庭经济困难的残疾学生提供免费教育。年内，发放残疾学生公用经费167.99万元、生活补助64.4万元。

民办教育

【概况】 2021年，环翠区民办教育机构有中等职业学校2所，中小学校3所、幼儿园26所，学科类民办校外培训机构129所。各校外培训机构按照《环翠区校外培训机构管理办法》，将证照、课程、师资、制度等信息公示在场所显要位置，落实合同签订、收费时长、授课时间等规范要求。下半年，国家“双减”政策实施，全区学科类民办校外培训机构由129所压减至义务教育阶段12所、高中阶段9所。

【义务教育阶段民办学校管理】 2021年，环翠区义务教育阶段民办学校有威海大光华学校、威海市第二实验小学、威海环翠中学。区教育体育局对民办中小学、幼儿园实行与公立学校、幼儿园一体化管理，同步进行教学、安全、卫生等各项督查管理。根据《山东省规范民办义务教育专项工作实施方案》《山东省规范公办学校举办或者参与举办民办义务教育学校专项工作方案》要求，对民办学校基本办学条件开展摸底调研，由区教育工作领导小组牵头召开区级协调会议，制定具体改革方案；完成民办义务教育学校名称清理规范工作，威海环翠国际中学更名为威海环翠中学，威海大光华国际学校更名为威海大光华学校；开展财务行为专项检查治理，召开全区民办义务教育学校财务管理工作专题会议，3所学校进行自查并形成报告，完成账户备案工作。

【校外培训机构督查管理】 2021年，区教育体育局针对审批1年以上的校外培训机构开展2020年度检查，以及暑期规范办学、安全管理、教材使用专项督查；联合市场管理、人力资源社会保障、消防救援等部门开展"双随机、一公开"专项检查，促进校外培训机构规范办学。持续开展校外培训机构治理工作，联合镇（街道）开展2次摸排汇总，根据群众举报，联合镇（街道）、公安，开展查纠20余次，下发停办通知书30余份。针对群众诉求，协商处理退费求助30余起。

【"双减"政策落实】 2021年，区教育体育局对校外培训机构实施规范有序的监管行动，坚持疏、堵、导原则，重点开展学科类培训机构停批、压减工作，联动开展现有机构的审批登记、转型注销等工作，引导开展资金监管、家长宣传等工作。至年末，全区学科类民办校外培训机构由129所压减至义务教育阶段12所、高中阶段9所，没有新批学科类校外培训机构。

职业教育

【概况】 2021年，环翠区有中等职业学校2所（威海市海诚商业学校、威海市常春藤外国语学校）。威海市海诚商业学校开设航空服务、计算机应用、会计事务、市场营销、社会文化艺术5个专业，在校学生969名，教师63名；威海市常春藤外国语学校开设商务英语1个专业，在校学生59名，教师18名；两校"双师型"（教师同时具备教师任职资格和工程技术人员职务任职资格）教师比例分别为69%和90%。

【威海市海诚商业学校】 2021年，威海市海诚商业学校推进职业教育改革，以"学校发展我成长"为目标，采取多种形式和渠道培养、培训教师，落实教师评价方案。"升级改造农村经济综合管理专业""航空服务专业教学做一体化实训基地建设""探索建设中小学职业体验中心"3个"职业教育创新发展高地建设"重点突破项目完成90%以上。其中，航空服务专业教学做一体化实训基地中的航空模拟舱、地面安检系、化妆实训室、形体训练大厅和茶艺室等主体工程投入试用，产教融合型实训基地、占地300平方米的阳光大棚投入使用。申报的"空姐是这样炼成的"和"育君子兰，品君子风"体验中心通过市教育局、市发展和改革委员会认定，成为市级中小学职业体验中心。年内，该校招生338人，毕业282人，其中91人升入本（专）科职业院校继续就读，191人就业，就业率67.7%。

【威海市常春藤外国语学校】 2021年，威海市常春藤外国语学校继续与威海泛海国际货运代理有限公司、威海明信进出口有限公司分别签订跟岗实习和顶岗实习计划，根据人才需求，实施学校和企业共同完成"订单式"人才培养目标。与山东大学（威海）机电学院共同组建智能车实验室。联合山东大学（威海）海洋学院定期举办"守护海蓝，保护江豚"系列海洋科普活动。与哈尔滨工业大学（威海）国际教育学院合作，沟通中外合作办学项目及专业衔接、学生升学通道等事宜，并成为哈尔滨工业大学（威海）国际项目优秀生源基地。年内，该校招生20人，毕业17人，毕业生全部升入国内外本（专）科学校就读。

（李俊瑶）

文 化

综 述

【概况】 2021年，环翠区推进文化强区建设，激发文化创造活力，助推新旧动能转换。围绕庆祝中国共产党成立100周年主题，举办2021中国（威海）合唱节暨环翠区第48届“5·23”歌咏会、“红色旋律 时代交响”音乐会、庆祝中国共产党成立100周年文艺演出等文化活动1000余场，推出主题影片《村头村尾》、全国诗歌作品集《诗意环翠》、现代京剧《郭永怀》等一批红色题材文艺作品。挖掘推荐13个重点文化产业项目列入2021年市级重点文化产业项目安排、14个在建文旅项目纳入市级重点文旅项目库、4个项目进入市级文旅项目招商手册。组织繁荣夜间经济属相街主题活动月、华夏生态文明展开放活动，助力打造威海城市文化新地标。举办第五届国际沙滩音乐节，代表威海市参加第二届国际文化旅游博览会，启动中国油画小镇市场化运营，促进文化旅游经济创新发展。

【公共文化服务体系建设】 2021年，环翠区加大区级文化场馆、镇（街道）文化活动场所、村级综合文化服务中心三级公共文化设施建设力度。推进图书馆、文化馆新馆建设，图书馆新馆进入内部设计方案优化、设备施工进场准备、中心书房装修及家具招投标阶段；文化馆新馆完成内部功能区域划分和专家论证。在孙家疃街道打造全市首家儿童友好型城市书房，为3~16岁儿童提供专门阅读服务。推荐张村镇王家疃村、羊亭镇润河社区、桥头镇桥头村、嵩山街道小镇村五家疃股份经济合作社4个村（社区）参加市级公益创投项目，依托温泉镇亿和社区、环翠楼街道东北村社区等5个项目实施地，引导文化类社会组织开展公共文化服务活动100余场。为11个城市书房上架60余种200余册党史、党建类书籍，为83处基层服务点上架2套党史学习教育指定书籍。建成村级综合文化服务中心217个，全区覆盖率100%，设立农家书屋、基层服务点等100余处。结合群众需求，延长中心城区6个城市书房开放时间

2021年12月24日，名师公益讲座合唱发声法培训在市文化艺术中心举行
（区文化和旅游局　供图）

至22点。组建环翠区志愿阅读推广人团队，到城市书房、中小学校、社区、农家书屋举办阅读推广活动60场，流动图书车进学校、社区、企业服务60场，非遗进社区培训80余次，带动4000余人参与。按需推送公共文化服务，在文化馆和图书馆尼山书院开展名师公益讲座、蓓蕾艺术培训、名师公益讲堂、国学公益课程等公益培训和公益讲座600余场。区文化馆开展声乐、合唱、曲艺、小品等线上、线下培训500余场，受益人群2万余人。举办“山海相约”——百位中国画名家学术邀请展、海岸线五人国画展、庆祝中国共产党成立100周年暨中国画名家巡回威海作品展、“笔底—众生”——油画肖像写生作品展等文化展览活动30余场。

2021年8月28日，2021威海国际艺术云交流活动启动暂天和美术馆开馆仪式举行　　（区委宣传部　供图）

【文化创意产业】　2021年，环翠区挖掘推荐13个重点文化产业项目列入2021年市级重点文化产业项目，全区形成市级重点在建文旅产业项目14个，总投资80亿元，年内竣工投产5个。至年末，全区打造国家级文化产业示范基地（园区）1家（华夏文化旅游集团股份有限公司）、省级重点文化产业园区1家（威高民俗文化邨）、省级重点文化产业项目3个（艺甸园写生基地、华夏演艺创新提升项目、中国海洋非物质文化遗产文创基地项目）、省级重点文化企业1家（华夏文化旅游集团股份有限公司）、省级文化创意集市1个（威海佳润文化传播有限公司）。引导文创企业创新发展，助推威海继弘文化创意有限公司和威海市裕红祥丝绸文化博物馆创作的文创产品获得“第三届山东省文化和旅游商品创新设计大赛”银奖、铜奖和优秀奖，文化企业呈现出良好发展态势。加大对文化核心领域、项目的扶持力度，对新评定的国家A级旅游景区、拍摄环翠主题影视作品、高档次展览活动、非物质文化遗产项目、新引进的艺术家和艺术机构等62家企业给予资金扶持，兑现资金584.66万元。持续打造区域文化产业品牌，启动中国油画小镇市场化运营，引进艺术机构12家，推进与深圳文化产权交易所有限公司等产业项目合作，天和美术馆、北海美术馆、蓝湾艺术中心相继投入使用。举办2021“蓝墨水的上游”全国青年油画风景邀请展、中国（威海）非客观艺术邀请展等学术交流活动60场，及“彩翼计划”油画体验、公益培训、儿童美育等艺术普及推广活动140余场。

【非遗保护】　2021年，环翠区推进中华优秀传统文化创造性转化、创新性发展工作，加大文化遗产展示利用力度，开展非遗文化进村（社区）活动163场，培训群众4890人。在威高民俗文化邨举办庆祝中国共产党成立100周年暨中国文化和自然遗产日主题活动，拉近非遗文化与群众距离。评选出第六批区级非遗代表性传承人7名（李江玉、马骋、徐安明、宋文武、原天枢、廖桂清、闫静）。至年末，全区列入非遗保护名录项目省级5个、市级18个、区级40个。吉呈轩非物质文化遗产保护有限公司、尹派宫式八卦拳研究会获评“山东省非物质文化遗产传承教育实践基地”，吉呈轩公益文化空间、威高民俗文化邨获评“山东省非遗旅游体验基地”，中国海洋非遗文创基地入选“山东省非遗保护十大亮点工作”。

【文物保护】　2021年6月28日，区文化和旅游局加挂环翠区文物局牌子，区文物局局长由区文化和旅游局副局长兼任。同月30日，区文化和旅游局增设文物管理科。环翠区有不可移动文物86处，主要类型为西式建筑老洋房，乡土色彩古民居、家庙祠堂，大集体时代的大礼堂、学校旧址，明清海防的烟墩遗址等，其中以英租威海卫时建造的老洋房最具特色。年内，环翠区成立文物保护领导小组和工作专班，制定文物安全大检查、违法违规大整治、能力素质大提升、工作作风大转变4

个专项实施方案，签订文物安全责任书，安装文物安全责任公示牌，实现文物安全责任落实到人。开展文物安全百日攻坚行动，对文物遗址开展自查、巡查、整改，对出现磨损、风化问题的文物制定修缮方案，开展修缮工作。依托革命旧址打造革命文化展馆，挖掘打造贝草夼地下交通站、十八里担架道、刘德顺故居和红色东南乡展馆，作为革命文化传播阵地，并结合中国共产党成立100周年开展党史学习教育，参与活动1.1万余人。支持非国有单位建设非国有博物馆，10月，威海市裕红祥丝绸文化博物馆在省文化和旅游厅备案，成为全区首家非国有博物馆。挖掘张村镇谷家宗祠、嵩山街道宋广葫芦和剪纸展室等乡土文化遗产，多次组织群众参观学习，开展研学活动120余场。

【山东省首批文化和旅游消费示范区创建】　环翠区于2018年8月获得山东省文化和旅游消费示范区创建资格，创建工作连续4年写进《政府工作报告》。创建期间，投入资金650万元，其中省级资金150万元、区级资金500万元，用于活动开展和优惠券发放。自2018年起，环翠区依托中国非物质文化遗产日、中国旅游日等时间节点，组织策划各类文旅产品展销活动20余场，发放消费券32批次，直接拉动消费1356.4万元，间接拉动消费5000余万元。2021年，环翠区发动24家商户上线省级平台，上线商品216件，发放消费券40.2万元，拉动消费164.44万元。12月15日，环翠区成功创建山东省首批文化和旅游消费示范区。

【第二届国际文化旅游博览会】　2021年9月16日—20日，第二届国际文化旅游博览会（简称文博会）在济南举办。该届文博会以“庆祝建党百年　共享盛世文旅”为主题，集中展示全省乃至全国文化和旅游产业融合发展新成就。环翠区作为威海市唯一代表入驻文博会，以“崛起的文化艺术之城”为主题，打造“读环翠”“赏环翠”“品环翠”3个板块180平方米的展厅，通过视频介绍、实物展示、互动体验、网络直播等多种形式，多维度展示“山、海、湖、河、院”文旅发展构思。围绕中国油画小镇，设置油画公益课与绘画体验区；每日邀请1名锡镶、锔瓷等非遗传承人现场进行技艺展示。文博会期间，环翠区展厅接待参观群众3万人次，在山东广播电视台、《大众日报》等20余家媒体发表稿件60余篇，线上交易和意向订单金额突破百万元。环翠区获“第二届国际文化旅游博览会优秀展示奖”，区委宣传部获“第二届国际文化旅游博览会优秀组织奖”。

【文化交流合作】　2021年，因受新冠肺炎疫情影响，环翠区文化交流活动少于往年。到大连、北京、广东、上海、浙江、陕西等地开展文旅招商活动，对接招商线索13条，青岛华威国际旅行社威海分社、威海祥和文化艺术中心2个项目投入运营，在建心海美术馆项目，签约一战华工主题电影拍摄、中国游艇研究院、北京天九通航3个项目，在谈高科技电影拍摄园区及国际影视城、威海松辽游艇及配套、海底数据中心实验场、海樊智能制造4个项目，接待实地考察投资商5批次。

（宋雨露）

文学艺术

【概况】　2021年，区文联团结引领全区文艺工作者，开展文学艺术创作和新时代文明实践文艺志愿轻骑兵进基层结对共建活动，成立环翠区文艺志愿服务队9支协会分队，与9个镇（街道）结对共建，发挥专业优势，面向基层开展“送戏下乡”、文艺培训等文艺志愿服务活动，丰富基层文化生活。为庆祝中国共产党成立100周年，区作家协会举办全

2021年9月16日，第二届国际文化旅游博览会环翠区展厅

（区委宣传部　供图）

国诗歌作品征集活动，编辑出版诗歌作品集《诗意环翠》；区音乐舞蹈家协会组织参与“永远跟党走”2021中国（威海）合唱节暨环翠区第48届“5·23”歌咏会；区摄影家协会组织举办摄影展，出版协会会员摄影集；区书法家协会举办“永远跟党走”书法篆刻展，出版书法篆刻作品集；区戏剧家协会与CCTV爱华春晚工作站联合举办文艺汇演，并在人民广场举办“永远跟党走——红色传承戏曲演唱会”。

2020年12月27日，“京韵颂昇平——2021威海市迎新年京剧晚会”在市群众艺术馆海洋剧场举行（区委宣传部　供图）

【文学活动与创作】 2021年，区作家协会举办庆祝中国共产党成立100周年全国诗歌作品征集活动，编辑出版诗歌作品集《诗意环翠》。组织作家收集整理、创作、编辑完成《故事中的威海》中的环翠区、市直部分作品，共计15万字。兆良的诗集《没心没肺》、苏军的诗集《用沧海》、钟岩松的文艺评论集《气象》、刘爱玲的中短篇小说集《遗失与灿烂》年内出版，其中《遗失与灿烂》入选山东省作家协会“文学鲁军新锐文丛”第四辑。阿华的组诗《红荷湿地》获“红荷湿地杯”首届全国诗歌大赛三等奖。何学滔的闪小说《我是一个兵》获第二届“重宇杯”世界华文闪小说大赛优秀奖。苏军的组诗《云门外，红颜在》获“云门酱酒杯”全国酒文化诗歌大赛优秀奖。中篇小说《月亮出来亮汪汪》《空白页》、短篇小说《无解》、报告文学《种桃种李种春风》《铁血铸魂卫家国》、小小说《鱼太贵了》、闪小说《春暖花开》、诗歌《以后》《花名》先后在《清明》《山东文学》《中国诗人》等刊物发表。助力“枫桥式派出所”创建工作，定期组织作家到张村派出所采风创作。开展“家·年·话”读书分享活动和2021文学沙龙，为作家和阅读爱好者提供学习和交流平台。

【京剧活动与创作】 2020年12月27日，区京剧家协会举办“京韵颂昇平——2021威海市迎新年京剧晚会”，多名国家级、省级专业演员和威海市国家一级演员、知名票友参加演出。2021年，区京剧家协会组织开展京剧广场演出活动，先后在人民广场、幸福门广场演出20余场次，下乡演出30余场次。5月—6月，举办《吕伟京胡讲座》《打击乐在京剧伴奏中的作用》等讲座，邀请京胡演奏名家吕伟、专业鼓师戚本友讲授梅派、张派的演奏技巧及演唱风格，提升环翠京剧水平。6月，举办“威海市首届少儿京剧票友大赛”，30名小选手参加决赛，擦亮“中国京胡之城”文化品牌。8月，举办“威海市第三届京剧票友大赛”，全市50余名选手参赛。

【音乐舞蹈活动与创作】 2021年，区音乐舞蹈家协会组织、参与文化活动130场次。5月，组织参与“永远跟党走”2021中国（威海）合唱节暨环翠区第48届“5·23”歌咏会。7月—8月，组织举办第31届广场纳凉晚会8场次，开展“永远跟党走”环翠区群众文化展演季社会文艺团体专场、村（社区）专场和教育专场活动3场次。8月—10月，开展“一村（社区）一年五场戏”文艺小分队进基层活动105场次，覆盖105个行政村。9月，举办“放歌祖国”——威海市第七届青年歌手比赛暨环翠区专场比赛；指导环翠区广场舞团队参加“我们的中国梦——文化进万家”威海市2021优秀广场舞展演活动，获优秀展演团队奖（最高奖）。

【摄影活动与创作】 2021年，区摄影家协会会员创作的摄影精品获得国内外摄影比赛奖项60余个。邹峰的作品《龙腾虎跃》获第十二届“孔子故乡中国山东”国际网络摄影大赛二季度三等奖；杨松的作品《生态威海锦绣华夏》入选“庆祝中国共产党成立100周年山东省美术书法摄影剪纸作品展”；宫举卫的作品《大自然的诗意》获“水润齐鲁幸福河湖”摄影作品征集活动一等奖；杨潇的作品《风雪同舟》获2021年第二届国际老年大学艺术大赛（中国赛区）摄影类优秀奖；阮丰植的作品《放飞梦想》获2021年“百年瞬间”庆祝中国共产党成立100周年全国摄影大赛人像类铜奖；吕涛的作品《胶东大集》入选“山东省庆祝中国共产党成立100周年摄影展”；宋林继的作品《救助藏原羚》入选“希望的田野——脱贫攻坚　共享小康全国摄影展”，在中国国家博物馆展出60天，《自然与科技之光》《白唇鹿与长江》入选“2021世界文化遗产在中国摄影展”；孙秀芹的作品《苇花深处有人家》获第十一届“金鹤奖”全国艺术摄影大赛生态类优秀奖。组织会员参加文艺志愿服务活动。7月，走进“十八里担架道”红色印记馆和贝草夼地下交通站展馆开展采风活动；9月，到桥头镇涧北村为30户困难老人免费拍摄照片；12月12日，举办中国共产党成立100周年摄影展，出版协会会员摄影集。

2021年6月13日，“永远跟党走——红色传承戏曲演唱会”在人民广场举行（区委宣传部　供图）

【美术活动与创作】 2021年，区美术家协会发展会员9名，会员潘汝杰和陈淑敏取得中国美术家协会会员资格。组织参与艺术普及活动，会员陶洪涛与尼山书院合作，开设美术培训公益课70余节；协助中国油画小镇实施“彩翼计划”公益活动，组织美术类体验培训课14节、公开课5场次；开设社会骨干油画人才培训班22期。举办画展，提升社会影响力，开展“美丽威海我的家”2021少儿绘画大赛、异域艺境——俄罗斯功勋艺术家精品油画展、“汉海情缘”汉中陕南画派研究会中国画作品展、开明画院首届名家作品邀请展等活动20场次。为提升会员专业水平，成立“十七亩工作式美术馆”研讨会，举办半月湾写生交流活动、北京画院李江峰高研班、中国共产党成立100周年“胶东印迹”威海画家采风活动等各类创作交流活动10场次。为会员提供多渠道展示自我的机会，举办“抹不去的痕迹——孙野个展”、姜靖水彩作品展等个人作品展12场次。

【书法活动与创作】 2021年7月，区书法家协会举办“永远跟党走”庆祝中国共产党成立100周年书法篆刻展，出版书法篆刻作品集。依托新时代文明实践中心、威海崇圣书院、戚家庄老年服务中心3处教育培训示范基地，开设书法进社区、公益培训班、“崇圣评书沙龙”等公益活动28场次，百余人从中受益。邀请全国书法名家、杭州艺术学院教授刘东芹到威海授课，讲解篆书偏旁记忆和书写方法。鼓励会员参加书法展示、展览、展评活动，提升专业水平。在第六届山东省农民书画艺术作品展上，会员刘畅、刘永华、丛培军、刘连宽、李双、周兴宝、范洪彦的作品入展，其中刘畅的作品获优秀奖，区美术家协会副主席张奇玲的作品入选“2021齐鲁军旅书家联展”。开展文艺志愿服务活动，走进公安派出所、村（社区）、学校、企业开展书法培训展示活动29场次，提升基层书法爱好者书写水平。

【戏剧活动与创作】 2021年，区戏剧家协会注重培育、引领文艺团体成长壮大。到乡村、社区组织辅导排练活动46场次；引导、帮助3个草根吕剧团登记注册，成为正式文艺演出团队。组织开展广场演出、村（社区）文艺活动、慰问演出等600余场次。5月13日，与CCTV爱华春晚工作站联合举办庆祝中国共产党成立100周年文艺汇演；6月13日，在人民广场举办“永远跟党走——红色传承戏曲演唱会”。

【曲艺活动与创作】 2021年，区曲艺家协会组建文艺志愿者小分队，到部队、学校、农村等地开展义务演出21场次，增设吉成轩小剧场活动基地，多次开展培训和演出。4月，在仙姑顶景区举办仙姑顶大型庙会演出。5月—7月，邀请专家对会员进行艺术培训15场次。7月，组织开展环翠区第四届曲艺小品大赛。9月，举办“仙姑顶杯”才艺大奖赛，组织海选、决赛比赛4场次。

【剪纸活动与创作】 2021年，区剪纸协会成立市群众艺术馆公益传承小组，负责非遗展厅的剪纸传承工作，每周二、周六定期开展活动。与区老年大学合作开设剪纸培训班，定期组织创作，并组织优秀学员服务社区剪纸公益活动。承接新时代文明实践中心“百年历程，红色传承”桥头村非遗剪纸传承项目，定期到桥头镇开展公益培训课程，装裱并展览优秀学员作品，传承剪纸技艺。4月8日，成立新时代文明实践“巧手坊工作室”，开展“弘扬雷锋精神，共建文明家园”志愿服务活动、“蒲公英大篷车”志愿服务系列工作、“深入生活扎根人民”新时代文明实践文艺志愿轻骑兵进基层结对共建活动、“永远跟党走”剪纸艺术展等活动26场次。邀请全国知名剪纸艺术家黄再林开设剪纸提升系列培训课程，提升专业剪纸人员的技艺水平。

（姜　铭）

群众文化

【概况】 2021年，环翠区按照天天有节目、周周有演出、月月有活动的目标，高质量开展群众文化活动。举办2021中国（威海）合唱节暨第48届“5·23”歌咏会、第31届广场纳凉晚会等品牌文化活动，不断提升大众审美素养和城市文化内涵。举办第31届广场纳凉晚会启动仪式及专场演出10场、文艺小分队进基层送演出活动105场、“一村（社区）一年五场戏”演出1100场，放映公益电影2604场，举办非遗展览活动4场，促进群众文化活动常态化开展。

【2021中国（威海）合唱节暨环翠区第48届“5·23”歌咏会】 2021年5月18日，2021中国（威海）合唱节暨环翠区第48届“5·23”歌咏会开幕式在威海大剧院举行。5月18日—22日，举办社会文艺团体合唱比赛、中小学合唱比赛、机关合唱比赛、村（社区）合唱比赛等专场比赛8场；同月23日，举办全市优秀合唱团体基层合唱展演；同月25日，举办2021中国（威海）合唱节暨环翠区第48届“5·23”歌咏会展演。该次合唱节有131支团队4500余人参与演出，演出人员来自区直机关单位、镇（街道）、村（社区）、学校、社会文艺团队等各个领域和行业。合唱节期间，举办2期合唱指挥大师班，近100名合唱团队指挥接受专业指导和培训。活动情况通过“最威海是环翠”“今日头条”“抖音”“快手”等平台进行图文、短视频宣传，人民网、搜狐网、中华网、齐鲁壹点、闪电新闻、齐鲁晚报网等媒体对活动情况进行报道。其中10场合唱比赛、基层展演等歌咏活动通过“最威海是环翠”App全程直播，160万人次通过线上、线下观看歌咏会实况。

【第31届广场纳凉晚会】 2021年7月—11月，环翠区举办第31届广场

2021年5月25日，“永远跟党走”2021中国（威海）合唱节暨环翠区第48届“5·23”歌咏会展演在市群众艺术馆海洋剧场举行

（区文化和旅游局　供图）

2021年7月15日，环翠区第31届纳凉晚会启动仪式在属相街举行

（区文化和旅游局 供图）

纳凉晚会。7月15日晚，“永远跟党走”环翠区第31届广场纳凉晚会启动仪式在属相街举行。广场纳凉晚会以幸福门广场为主会场，以各镇（街道）文化广场为分会场，举办专场演出10场、纳凉晚会100余场，观众3万余人次。

（宋雨露 崔向华）

媒 体

【概况】 2021年，区融媒体中心依托移动端宣传主阵地，探索融媒体助推基层社会治理新路径。年内，自办电视频道1套，自办新闻、文化、生活和娱乐类栏目8个，运营新媒体平台12个，用户近80万人，总浏览量逾6亿次。6月，在山东省县级融媒体技术平台应用培训会议上，区融媒体中心作典型交流发言。8月，中共中央宣传部专家组到区融媒体中心进行全国县级融媒体中心建设专题调研。

【栏目创新】 2021年，区融媒体中心在原有自办栏目《环翠新闻》《有聊》《传承》《教体视界》《消费时尚》《养生有道》《花样旅行团》《我爱威海话》和《文化大舞台》等基础上，探索新形式，创设新栏目。5月8日，跨平台文旅短视频栏目《这里是威海》首次播出，栏目以“最威海是环翠”App、快手平台和电视频道为主要传播渠道，展示威海鲜为人知的自然风光。全年制作播出24期，总时长34小时。同月28日，融媒体跨屏栏目《有聊》推出周五特别节目《贴心面对面》，以跟踪拍摄的形式，纪录基层社会治理的细节过程，展示基层社会治理成效，引导居民参与社会治理。全年播出24期，每期13分钟。10月15日，全新融媒体栏目《社区大家谈》开播。栏目以主持人与社区书记现场访谈、线上线下互动交流的形式，围绕“五位一体”社区治理共同体建设主题，结合工作案例，交流创新举措。每期栏目同步推出1场线上直播、1期电视栏目、1张宣传海报、1条宣传推广短视频、1条网络长视频，至年末播出2期。

【对外宣传】 2021年，区融媒体中心在中央广播电视总台发稿3篇，在山东广播电视台发稿35篇，在威海广播电视台发稿总篇数和总得分均位列全市各区市第一名。《蔬果百科》等多个原创系列视频被“学习强国”全国学习平台采用；摄制的“强国实播”《望得见山水 记得住乡愁——里口山休闲样板片区》，被“学习强国”山东省学习平台推荐至全国平台，作为优秀作品展播；双语非遗短视频《人当如丝洁无瑕》被中央广播电视总台“国际在线”海外平台账号采用；《清廉之路——打卡十八里担架道》获中国广播电视大奖电视社教专题二等奖；《集中隔离点日记：分离是为了更好地团聚》获中国广播电视大奖2019—2021年度广播电视节目奖电视纪录片类三等奖；公益广告《选择》获2021年山东省庆祝中国共产党成立100周年公益广告一等奖；媒体融合直播作品《看老手艺如何化残为美》获山东省媒体融合作品评选二等奖；《看老手艺如何化残为美》等6件作品在山东新闻奖县（市）级媒体专项奖评选中分获二等奖、三等奖。

【媒体融合发展】 2021年，区融媒体中心坚持移动优先，优化考核办法，采编岗位的考核指标由主观评价向以点击量、转发量、用户量等为代表的客观指标过渡，推动采编人员运用全媒体手段开展工作。年内，“中国威海环翠”微信公众号发布信息1648条，单条信息最高阅读量41.2万；“最威海是环翠”App发布信息37813条，最大点击量32.2万；抖音号发布信息630条，点击量过百万作品17条，过500万作品8条，单部作品最高阅读量2049万；头条号发布信息7053条，单部作品最高阅读量579.5万；快手号发布信息826条，点击量过百万作品21条，最高单条点击量近700万；“环翠发布”微博号发布信息9076条，点击量过百万作品30条，最高单条阅读量576万，在2021年度政务微博影响力排名中位列山东十大党政新闻发布微博第三名。

【“智慧社区”手机平台打造】 2021年，区融媒体中心依托“一县一端”技术平台，开发“智慧社区”综合服务手机模块，助力社区治理工作。“智慧社区”手机平台以社群交流、居民自治为基础，结合社区公共服务，解决微信群沟通联系的短板问题。其中“我为家园提建议”功能，可实现社区问题居民线上提、线上讨论、自治解决，做到“小事不出社区，大事不出街道”；实现社区办理业务网上预审、预约；公共服务、重要信息直接推送到居民手机，改变楼道单元门贴纸的传统方式；通过手机组织社区活动，实现报名、时长统计、积分累积兑换、同步直播一端完成。“智慧社区”手机平台被山东广播电视台官方微博进行全方位报道，向全省100余家融媒体中心推介。至年末，“智慧社区”手机平台被全区100余个社区推广使用，入驻居民1.2万余人，发布各类动态信息1万余条，解决居民建议、意见1000余条，省内20余个区（县）跟进复制，推广试用。

【“两中心”融合服务】 2021年，区融媒体中心依托“最威海是环翠”App，开发“两中心”融合一体化智能终端，实现新时代文明实践指导中心与融媒体中心平台线上线下实体化融合，通过大数据、人脸识别等技术手段为居民特别是没有智能手机的老年群体参加志愿活动提供便利。将志愿服务线上平台移植到“最威海是环翠”App平台，同步为文明实践站（所）提供党史学习教育、典型风采等云教学、云直播功能服务，使融媒体中心成为新时代文明实践指导中心的技术支撑平台和云媒资库，新时代文明实践指导中心成为融媒体中心的新闻素材基地和流量入口，更好地服务基层群众。

【赛事活动】 小小朗读者朗诵大赛。2021年4月27日至5月29日，区融媒体中心举办“百年强华夏 少年诵中国”2021威海市小小朗读者朗诵大赛。活动以庆祝中国共产党成立100周年为主题，通过朗诵中华优秀传统文化、红色文化和社会主义先进文化等主旋律作品，鼓励少年儿童知史爱党、知史爱国。活动历时1个月，分初赛、复赛和决赛3个阶段，近200名选手参赛。

中国（威海）合唱节暨环翠区第48届“5·23”歌咏会。2021年5月18日—25日，“永远跟党走”2021中国（威海）合唱节暨环翠区第48届“5·23”歌咏会举行，活动首次交由区融媒体中心组织实施。区融媒体中心通过融媒技术创新赛制，所有比赛场次均引入iPad电子评分，并发起网络投票，提升歌咏会影响力。

庆祝中国共产党成立100周年文艺演出。2021年6月28日晚，“永远跟党走”环翠区庆祝中国共产党成立100周年文艺演出在望海园中学礼堂举行。演出分为“历史记忆”“踏寻足迹”“基因传承”和“时代风华”4个篇章，以歌舞、朗诵、讲述、合唱为主要表现形式，展现环翠区在中国共产党领导下取得的非凡成就、发生的巨大变化。

生态文明展开放仪式。2021年7月17日上午，生态文明展开放仪式在华夏生态文明馆举行，活动分为开放仪式和入馆参观两个阶段。生态文明展是宣传习近平生态文明思想的平台，是环翠区乃至威海市生态文明建设成果的展示窗口。区融媒体中心发挥媒体融合传播效应，挖掘典型事迹，讲好生态文明建设中的环翠故事。

第九届社区文化节。2021年7月26日至9月25日，环翠区举办第九届社区文化节。活动包括文艺展演，声乐、舞蹈、戏曲、语言、器乐类复赛和总决赛暨颁奖典礼，吸引千余名社区居民参赛。区融媒体中心利用“最威海是环翠”App进行现场

2021年5月25日晚，“永远跟党走”2021中国（威海）合唱节暨环翠区第48届“5·23”歌咏会展演在市群众艺术馆举办　（区融媒体中心　供图）

直播，扩大活动影响力，使文化节成为沟通社区群众、展现基层文化成果的舞台。

红色印记展馆集中开放。2021年9月28日，环翠区红色印记展馆集中开放活动在温泉镇张家山村环海铁工厂展馆举行。活动采取1个主会场与3个分会场（张村镇、羊亭镇、鲸园街道）视频连线的方式进行，4会场联动见证环海铁工厂展馆、“十八里担架道”红色印记馆、贝草夼地下交通站展馆及威海起义展馆的集中开放，推进党史学习教育。

乡村研学综合实践基地启动仪式。2021年10月21日上午，“畅游山海　寻梦田园”乡村振兴城乡深度融合示范项目暨乡村研学综合实践基地启动仪式在桥头镇举行。活动以文艺演出和启动仪式相结合，展现桥头镇全域振兴重点项目。

（崔向华）

地方志

【概况】 2021年，区委党史研究中心、区地方史志研究中心编纂《环翠年鉴（2021）》，该年鉴作为全省唯一一部县级地方综合年鉴推荐参评中国年鉴精品工程；出版威海市首部齐鲁名镇志——《温泉镇志》。区委党史研究中心推进基层志编修工作，出版2部部门志、2部街道志，基层志编修工作经验做法被省委、市委党史研究院主要领导，区政府主要领导批示，并在全市推广。

【《环翠年鉴（2020）》获第八届全国地方志优秀成果（年鉴类）一等奖】 2021年12月31日，在第八届全国地方志优秀成果（年鉴类）评审中，《环翠年鉴（2020）》获全国县级综合年鉴一等奖，这是《环翠年鉴》首次获得国家级一等奖项。该届评审活动是由中国地方志指导小组、中国地方志学会组织开展的，面向公开出版的2020年卷各级各类年鉴，在各地各部门评选推荐基础上，经专家小组评审与第八届全国地方志优秀成果（年鉴类）评审活动领导小组办公室复审、领导小组终审，综合评选出一批优秀年鉴，全省仅2部县级年鉴获一等奖。

【《环翠年鉴（2021）》参评中国年鉴精品工程】 2021年，《环翠年鉴（2021）》作为年度全省唯一一部县级地方综合年鉴推荐申报中国年鉴精品工程，8月通过省级专家评审，9月由省委党史研究院推荐报送至中国年鉴精品工程办公室，参与中国年鉴精品工程评审。至年末，通过中国地方志指导小组办公室组织的专家3轮评审。

【齐鲁名镇志——《温泉镇志》出版】 《温泉镇志》采用纲目体编纂，记述温泉镇有建置以来至2019年12月境内政治、经济、文化、民生等方面的发展变化，重点突出温泉镇的特色温泉旅游资源、辖区重点企业、红色历史文化等。该书33.7万字，经天津古籍出版社终审定稿，于2021年7月出版发行。该书是威海市首部入选“齐鲁名镇名村志文化工程”的志书。

【基层志编修】 2021年，区委党史研究中心每月召开1期基层志编修知识培训班，通过专家授课、轮流领学等方式提升编修队伍修志能力。加强对各编修单位的业务指导，年内，召开志书评审会20余场，出版《环翠区林业志》《环翠区民政志》《孙家疃街道志》《环翠楼街道志》4部基层志书，《环翠区推动全域基层志编修工作的探索与实践》经验做法被省委、市委党史研究院主要领导，区政府主要领导批示，并在全市推广。

（李琳琳）

档　案

【概况】 2021年，区档案馆围绕全区重点工作和党史学习教育，提升基础业务水平，推动档案业务建设规范化、标准化发展。重点接收、征集区域内重大活动、地方特色等各类专题档案，构建门类齐全的档案资源体系。加强家庭档案创建工作和档案馆新馆建设，家庭档案创建经验在全市家庭档案现场会上推广。年内，接待查档人员358人次，提供档案资料586卷（件）次。

【家庭档案创建】 2021年，区档案馆将家庭档案与文化传承、家风教育等相结合，在全区范围内推进家庭档案创建工作。印发《威海市环翠区家庭建档工作实施方案》和《环翠区家庭档案服务手册》，选取老党员、先进模范、抗击新冠肺炎疫情一线医护人员等家庭群体，打造家庭档案示范户60余户，拍摄家庭档案照片5000余张，制作《家庭档案　家的记忆》专题宣传片。11月11日，全市家庭档案工作现场会在环翠区召开，家庭档案展同步举办，区档案馆在现场会上作典型经验交流发言。

【党史学习教育】 2021年，区档案馆通过挖掘馆藏“红色档案”资源，为全区党史学习教育贡献档案力量。6月8日，举办“山东大学（威海）党性教育基地”授牌仪式，开展“建党百年·为党书信”主题活动，从1000余名学生党员写给党的手写书信中精选210封入馆收藏；到山东省图书馆开展党史学习教育暨图书捐赠活动，捐赠《生命的召唤》《威海卫轶事》等书籍45册；录制微党课视频，被区委组织部推荐参加“威海市第四届‘永远跟党走’微视频观摩交流活动”；编发《党史知识简报》16期。

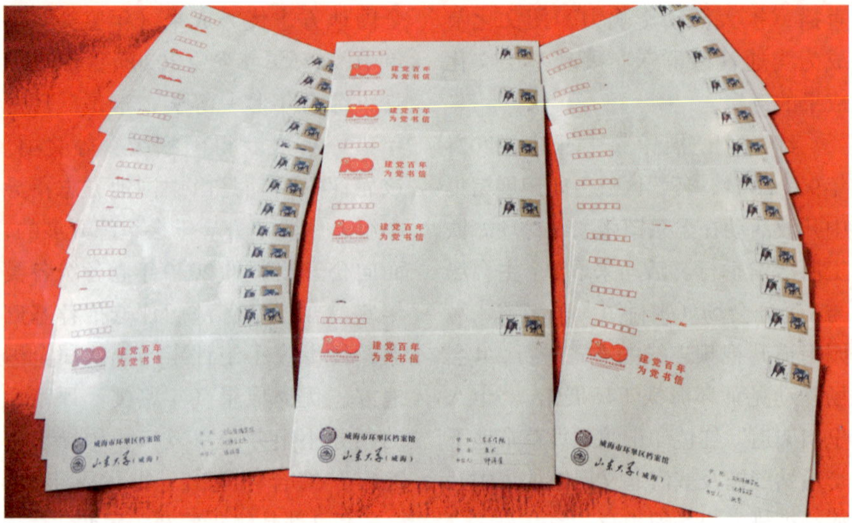

2021年6月8日，区档案馆开展“建党百年·为党书信”主题活动，从来信中选取精品入馆收藏（区档案馆　供图）

【档案业务指导】 2021年，区档案馆对涉及机构改革单位档案处置情况进行全面分析，走进栖霞街特色商业步行街改造专班指导档案业务，集中走访威海魏桥科技工业园有限公司等企业，提出具体工作方案，解决各单位在档案整理过程中遇到的问题，指导新冠肺炎疫情防控和精准扶贫档案管理工作。《以档案精细化管理助推脱贫攻坚》和《脱贫攻坚档案实例》两个案例获省档案服务脱贫攻坚优秀案例，《做强档案服务全链条　激发乡村振兴新动能》获评省经济科技档案信息资源开发利用示范案例，相关经验在全省推广。

【档案资源体系建设】 2021年，区档案馆重点接收、征集区域内重大活动、地方特色等各类专题档案，构建门类齐全的档案资源体系。面向社会发出“红色传家宝”档案资料征集公告；接收全区6名造血干细胞捐献者档案资料366件；在全国范围内征集庆祝中国共产党成立100周年活动剪纸130余幅；征集威海抗击新冠肺炎疫情医护人员捐赠的抗疫资料及部分家庭档案。11月25日—26日，召开精准扶贫和新冠肺炎疫情防控专题档案接收入馆工作部署会议，指导各单位开展档案数字化工作，接收入馆精准扶贫和新冠肺炎疫情防控档案4000余件、照片300余张，项目、建档立卡1400余卷。

【档案信息化建设】 2021年，区档案馆将档案信息化与档案接收整理等工作同步进行，提升档案管理水平和服务效率。年内，完成文书档案数字化19663条16.62万页；拷贝全部馆藏电子数据并送往省档案备份中心备份；优化升级区档案一体化平台，完成精准扶贫和新冠肺炎疫情防控档案两个模块的开发工作。6月，“威海市环翠区档案信息一体化智能研究平台”项目获评2020年度山东省档案优秀科技成果三等奖。

【档案公共服务能力建设】 2021年，区档案馆通过接待查档、举办展览、编辑出版书籍等方式为社会提供档案服务。全年接待查档人员358人次，提供档案资料586卷（件）次。利用馆藏资源，编纂出版《我们的家》《百年征程：建党百年全国优秀剪纸作品集》《老威海方言》3部图书。举办“为建党百年‘剪’彩”剪纸艺术展览，展出全国知名剪纸艺术家剪纸作品100余幅。联合区纪委监委，在“清风环翠”微信公众号推出“严守党纪”“修身齐家”等系列微展9期。在中国档案网、山东档案信息网等网站发表信息260余篇。报送的《“小老道”的传奇故事》获省委宣传部“红动齐鲁·我心向党”山东省第三届红色故事讲解大赛优秀红色故事奖。

【新档案馆建设】 2021年，区档案馆坚持高标准、高质量推进新档案馆设施设备安装、功能布局设计等工作。完成档案库房装具及附属设施的招标工作、密集架地面开槽和用电图纸的设计工作；联合区大数据中心，完成信息化建设部分的论证和一期招标工作；完成各功能分区平面布局、专业区域强（弱）电的论证工作；修改完善主题展览设计大纲等。

（许经彩）

卫生健康

综　述

【概况】 2021年，环翠区有各级各类卫生机构399所，其中，二级医院10所、一级医院5所、专科疾病防治机构1所、卫生院4所、村卫生室82所、社区卫生服务中心5所、社区卫生服务站15所、体检中心2所、门诊部43所（其中普通门诊部23所、口腔门诊部13所、医疗美容门诊部3所、中医门诊部4所）、诊所232所。各类卫生机构实有床位1801张，其中医院实有床位1697张。医疗卫生机构有专业技术人员4249人，其中执业医师及执业助理医师1816人。年内，环翠区将新冠肺炎疫情常态化防控作为重点工作，统筹疫情防控和卫生健康各项工作，提升医疗服务水平，传承发展中医药，探索多元化监管新模式，加强“一老一小”健康保障。通过第九次国家卫生城市复审、第二次全国基层中医药工作先进单位复审，获得省级以上集体荣誉13个、个人荣誉9个，市级集体荣誉21个、个人荣誉64个，收到表扬信387封、锦旗423面。

2021年环翠区公立医疗卫生机构基本情况表

表19

单位名称	在职职工（人）	副高级以上职称（人）	中级职称（人）	门诊量（万人次）	业务收入（万元）	地址	负责人
威海卫人民医院	958	133	373	43.02	46727.81	青岛北路70号	许德峰
威海口腔医院	373	38	180	21.65	12900.00	统一南路268号、海港路76号	于华强
环翠区妇幼保健院	98	9	28	8.60	2184.98	统一南路268号	于华强
威海市结核病防治所	16	3	4	0.89	137.93	和平路47号	刘友波
环翠楼社区卫生服务中心	49	6	17	4.98	290.70	和平路93号	于春晓
竹岛社区卫生服务中心	56	4	15	8.50	407.58	南竹岛小区C3-6号	曲志斌
鲸园社区卫生服务中心	73	3	15	9.30	444.30	花园北路35号东	李海玲
嵩山社区卫生服务中心	49	1	6	5.62	160.93	嵩山街道山水绿城4号	丛大林

续表19

单位名称	在职职工（人）	副高级以上职称（人）	中级职称（人）	门诊量（万人次）	业务收入（万元）	地址	负责人
孙家疃社区卫生服务中心	100	4	33	4.37	846.27	孙家疃街道永兴路	许　伟
张村镇卫生院	193	7	40	11.25	2647.02	张村镇政府驻地	刘向阳
羊亭中心卫生院	115	5	18	4.96	898.94	羊亭镇政府驻地	李新刚
温泉镇卫生院	129	2	35	5.70	1261.95	温泉镇政府驻地	纪伟彬
桥头镇卫生院	106	5	20	3.67	224.18	桥头镇政府驻地	孙华卫

【群众满意度提升】 2021年，区卫生健康局开展提升群众医疗卫生服务满意度工作，改善群众就医体验。印发《2021年环翠区进一步改善医疗服务加强行风建设不断提升群众医疗卫生服务满意度工作方案》，成立群众满意度测评队伍，建立群众满意度回访样本数据库，收集有效数据23万余条。定期对各医疗机构基本医疗服务群众满意度回访情况进行电话抽查，抽查回访电话1500个，收集群众意见、建议63条。对照《2021年威海市环翠区卫生健康系统优化流程改善服务任务考核评分表》，定期组织专家对13所公立医疗卫生机构就诊、收费、检查、住院等12项服务项目开展现场督导检查，对发现问题要求医疗机构立即整改，不能立即整改的，明确整改时限。10月，联合区医保局印发《2021年“千人大走访暖心工程”活动工作方案》，开展“千人大走访暖心工程”活动，以面对面走访群众的方式，收集意见、建议，回应民生诉求，改善群众就医体验。出动走访人员1218人次，走访4804户1万余人次，发现基层业务能力、服务态度、基层医疗机构设置、慢病管理等方面问题126个，其中解决问题100个，因政策原因未解决问题14个，仍在研究解决12个。12月4日，印发《关于在全区卫生健康系统开展“提升群众医疗满意度攻坚月”活动的通知》，出动暗访人员80余人次，暗访医疗卫生机构61所次，反馈问题85个，均落实整改。在山东省2021年基本医疗服务群众满意度调查中，环翠区获得92.60分，名列136个县（市、区）第40名。

【全民健康信息平台建设】 2021年，环翠区推进全民健康信息平台建设，以全员人口、电子病历、健康档案、基础资源4大资源库为基础，建立统一规范的电子健康档案，实现全人群、全生命周期健康诊疗记录。推广普及居民电子健康卡，实现全区公立医疗机构一卡通行。通过“健康威海服务号”微信公众号，实现手机端预约挂号、诊间支付、结果查看等多种医疗服务功能。威海卫人民医院在全国首次实现电子医保诊间支付功能。羊亭中心卫生院、温泉镇卫生院、张村镇卫生院通过远程影像会诊系统实现影像诊断，区域影像中心为基层提供远程影像诊断1.2万人次，满足基层群众多样化就医需求。

新冠肺炎疫情常态化防控

【概况】 2021年，环翠区处于“外防输入、内防反弹”的常态化新冠肺炎疫情防控状态。区委统筹疫情防控和经济运行工作领导小组和区卫生健康系统贯彻上级各项疫情防控要求、部署，按照“立足于有、关口前移”的思路，落实“四方”（属地、部门、单位、个人）责任，加大管控和督导检查力度。强化重点场所、重点单位、重点人群防疫措施的落实，指导相关行业特别是一线职业人员严格执行戴口罩、新冠病毒疫苗接种、消毒等防护要求，确保各项防控措施落实到位。年内，全区集中隔离14610人次，核酸检测“应检尽检”人群73.98万人次、境外到威海人员22877人次、国内中高风险地区到威海人员86618人次，接种新冠病毒疫苗116.85万人次；流调排查新冠肺炎确诊病例1例、新冠肺炎复阳病例1例、新冠肺炎阳性检测者1例，均在2小时内报告突发事件相关信息。

【排查随访】 2021年，环翠区面对涉疫风险地区海量核查数据，制定出台随访应急支援工作方案，组织公安系统、镇（街道）结对协作，根据全国疫情变化，启动139个地市的随访排查工作，全部信息实现“省内24小时、省外48小时清零”要求，保持数据动态清“零”。至年末，排查国内中高风险区域到威海人员数据36.5万余条，随访人员14万余人次。

【到威海人员疫情防控】 2021年，环翠区落实“点对点”接返制度，出动车辆2123车次，从威海、烟台、青岛3个机场分流点及其他指定地点“点对点”接回人员11740人次。面对境外输入防控压力，环翠区启用入境人员集中隔离点1处（顺沁苑宾馆），由医疗、公安、镇（街道）系统工作人员30余人对集中隔离点居住提供服务保障，确保境外到威海人员的全链条闭环管理。

【海上输入疫情防控】 2021年，环翠区落实常态化渔船管控措施，抓实归港渔船检查，重点检查船舶涉外接触、渔（船）民健康记录等风险隐患，检查船舶1533艘次、渔（船）民2535人次。在伏季休渔结束前，组织相关部门、属地镇（街道）、渔港公司开展专项督导检查。开海当日，组织相关部门对出海船舶进行逐项检查，对达到出海标准的217艘渔船允许出海。

【境外人员疫情防控】 2021年，环翠区为企业急需的外籍人才入境提供全程服务。根据集中隔离点语种需求，派遣韩语翻译2批4人次，完成随车翻译、驻点翻译、旅客入住以及沟通翻译等工作。制定环翠区《关于在威外籍人士新冠疫苗接种工作实施方案》，建立外籍入境人员信息台账，有序开展外籍人员新冠病毒疫苗接种工作。至年末，为外籍人员接种疫苗369人次。

【公共场所疫情防控】 2021年，环翠区实行相关部门分行业检查、镇（街道）对辖区范围全面排查、区公共场所防控组联合督导、区领导暗访的“四重督导检查”和“日调度、日督导、日通报”机制，以“四不两直”方式，每日开展督导检查，对发现问题以通报形式反馈有关部门、镇（街道），并及时开展“回头看”。年内，检查各类公共场所16128家次，开展联合督导检查190余次，发现并督导整改问题2964处，对20余家商超、餐饮场所开展约谈4次。督促区内大型商超等企业设立专职防疫引导员140余名，招募发动志愿者500余人，佩戴醒目标识，在入口处落实测温验码措施，并在场所内巡逻，提醒劝导人们遵守防疫要求，做好个人防护。

【常态化疫情管控】 2021年，区卫生健康局流调排查新冠肺炎确诊病例1例、新冠肺炎复阳病例1例、新冠肺炎阳性检测者1例，均在2小时内报告突发事件相关信息。对涉及的密接、次密接、一般接触者及重点人群，均第一时间开展流行病学调查，并给出相应管控建议。根据区市场监管局的安排，对其推送的相关食品生产企业、餐饮单位，以及农副产品批发市场和水产品批发市场等场所，进行人员、环境、食品采样检测，采集从业人员标本320份、环境标本5576份、食品外包装标本7179份、肉类标本4625份、水产品类标本2907份、其他食品类标本733份，检测结果全部阴性。开展各类会议、活动疫情防控方案及应急预案审核工作，审核各类会议、活动疫情防控方案及应急预案55份。配合区教育体育局，对全区中小学、幼儿园、校外培训机构的复学复课条件进行核验，派专业技术人员驻校开展“一对一”指导并建立长期巡查巡诊工作制度，派6名专业技术人员参加初中学业水平考试、高中学业水平考试、事业单位招聘考试考点疫情防控工作。协助区民族宗教事务局，对全区5所宗教活动场所进行疫情防控指导。

【校园疫情防控】 2021年，环翠区建立健全“一对一”驻校医生、绿色诊疗通道、巡查巡诊等8项校园联防联控机制，制定完善疫情防控工作方案、预案20余项，梳理完善相对封闭管理、健康监测等校园常态化防控措施30余项，不断规范各项校园防控机制。成立7个巡查巡诊组和9个疫情防控联合检查组，对全区中小学校、中职学校、幼儿园、校外培训机构、体育健身场所开展拉网式督导检查11轮次，发现问题275个，均做到现场反馈、跟踪整改。落实假期健康监测、外出人员审批等制度，摸排师生离威返威情况，做到“日报告，零报告”动态管理。持续按照“每次5%比例、间隔7天一次”进行核酸检测，全区中小学、职业学校完成12轮抽检，幼儿园完成8轮抽检，抽检学生52750人次、教师4303人次。

【医疗卫生机构疫情防控和督导检查】 疫情防控。2021年，环翠区组建9个分包小组，每日对辖区内各级各类医疗卫生机构进行疫情防控督导检查，检查各类场所2022处次，发现问题2727处，均现场指导整改完毕。各医疗卫生机构落实各项疫情防控政策及预检分诊、首诊负责制，按照闭环管理要求，引导“十大症状”（发热、干咳、乏力、嗅味觉减退、鼻塞、流涕、咽痛、结膜炎、肌痛和腹泻）患者到设有发热门诊的医疗机构就诊，并回访、记录就诊情况。加强病房病区和住院患者陪护管理，落实不探视、不陪护、确有必要“一人一陪护”等制度，病房病区均安装门禁或派人24小时值守，对患者和陪护人员进行出入登记管理，限制出行路线，实行封闭管理。规范医疗废物处置，各公立医疗机构与威海市环保科技服务有限公司签订医疗废物转运协议。根据院感四级巡查制度要求，各医疗机构每半月开展院间互查，院感质控中心每月抽查巡查，将院感防控措施落实落地。

督导检查。2021年，区卫生健康局重点督查医疗机构首诊负责制、院感防控、预检分诊、转诊流程是否规范，以及上级督查问题整改落实情况，对易发生疫情传播的薄弱环节和关键问题重点排查、巡回督导。对民营医疗机构及核酸检测、新冠病毒疫苗接种、集中隔离点机构开展监督检查，立案查处疫情防控措施落实不到位民办医疗机构65所，责令关闭整顿疫情防控隐患较高的民办医疗机构8所。督导检查美容、美发、洗浴等公共场所1800余家，立案查处13家，下达卫生监督意见书200余份。发挥卫生监督协管网格单位优势，对复工复产、复商复市单位进行跟踪巡查。

【疫情防控期间医疗保障】 2021年，环翠区各医疗机构根据新冠肺炎疫情防控要求，梳理医疗救治应急处置机制，完善疫情防控期间急危重症患者就诊应急处置预案，畅通绿色通道，在做好个人防护、核酸检测、缓冲隔离等措施的前提下开展正常的诊疗服务，做到分类救治、急危重症优先。年内，全区新增3辆负压救护车，转运新冠确诊患者、无症状感染者、疑似患者、密切接触者，以及经研判有高风险的人员1000余人次。

【集中隔离点服务管理】 2021年，环翠区设立入境人员集中隔离点1处（顺沁苑宾馆）、境内人员集中隔离点2处[如家酒店（鲸园街道店）、海日大酒店]，增设备用集中隔离点7处[麓山居酒店、开元曼居酒店、尚庭海酒店、银座佳驿酒店、如家酒店（属相街店）、喆啡酒店、银鹏酒店]。按照集中隔离场所设置规定，相关部门对启用和备用的集中隔离酒店的建筑、消防、环保等进行指导验收，对工作人员实行全封闭管理，实行24小时值班值守。落实卫生防疫措施，保障隔离人员与工作人员分流，避免交叉感染。至年末，接待隔离人员14610人次，消毒面积275万余平方米，清理医疗废弃物32.22吨。

【核酸检测】 2021年，环翠区落实重点人群“应检尽检”核酸采集工作。根据行业主管部门摸排统计的人员信息调配检测资源，设立9处常态化核酸检测采样点，对于人员较多且相对集中的单位由属地医疗卫生机构进行上门采样。至年末，检测“应检尽检”人群73.98万人次；对入境人员及疫情重点地区到威海人员，按照规定的时间节点、频次、采样标准进行核酸检测，检测境外到威海人员22877人次、国内重点地区到威海人员86618人次。检测结果均为阴性。

【新冠病毒疫苗接种】 2021年，环翠区投资171.5万元，在9个镇（街道）分别设置1处新冠病毒疫苗临时接种点。至年末，全区接种新冠病毒疫苗116.85万人次，其中接种第一剂48.84万人、第二剂48.80万人、第三剂19.21万人。疫苗接种信息全部纳入全省免疫规划信息管理系统，数据和健康山东大数据对接，确保接种信息在健康码中显示。

【进口冷链食品疫情防控】 2021年，环翠区提升进口冷链食品集中监管专仓工作效能，细化工作流程，入仓货物总量8309.33吨。执行“动态摸排、定期检测、应检尽检”工作机制，落实“应检尽检”要求，完成35轮核酸检测，检测相关从业人员10.86万人次、环境标本3.87万份、食品标本27.66万份。指导辖区生产经营单位注册使用“山东冷链”系统，规范预约申报，防范进口冷链食品输入风险。至年末，辖区内注册使用“山东冷链”系统的生产经营单位2206家，录入商品1399批次。加大对辖区内销售、使用进口冷链食品经营单位的日常督导检查力度，开展各类专项行动6次，出动执法人员2164人次，检查单位1082家次，查获“八不”（不落实提前24小时报备、不配合集中监管、不进入集中监管专仓检测消毒、不使用“山东冷链”、不索证索票、不分区储存、不亮码销售，以及不执行全省冷链食品疫情防控措施的其他行为）行为隐患25起，全部责令停业整顿并公开曝光。

【进口非冷链货物疫情防控】 2021年，环翠区对进口非冷链货物业户建立定期培训制度，培训企业414家次。建立“4+9”双向排查机制，由4个主管部门和9个镇（街道）分工协作，每日登录非冷链系统，认领督办进口货物监管预警信息，确保企业注册率、报备率每日达到

100%。年内，全区在非冷链系统注册直接从事货物进口企业279家，报备业务单量8160单，消毒集装箱4999次、货物外包装35.04万件。排查从事非冷链消毒、装卸人员275人，核酸检测6778人次。加强进口货物抽检工作，对来自高风险国家的高风险货物每批必检。全年抽检货物302批次，采集样本6898份。组织开展应急演练5次、涉疫货物协查应急处置4次和阳性货物处置1批次。

医疗卫生体制改革

【概况】 2021年，环翠区深化医疗卫生体制改革，组织区医疗卫生体制改革领导小组成员单位参加全国、全省医改电视电话会议，推广福建省三明市医改经验，均衡布局优质医疗资源，持续推进环翠医院集团建设和公立医院高质量发展，加强医防融合，推动卫生健康工作从以治病为中心转向以健康为中心，解决群众看病难、看病贵问题。

【镇卫生院区级一元化管理】 2021年5月，环翠区印发《镇卫生院实行区级一元化管理的意见》，将镇卫生院财政保障主要来源由区、镇两级二元化管理，调整为区级一元化管理，在人员经费、运行经费保障方式及资金渠道保持不变的前提下，将业务用房维修改造、设备购置和基础设施建设纳入区级财政保障，减轻基层负担。

【公立医院高质量发展】 2021年，环翠区提升公立医院主体地位，引导公立医院从规模扩张转向提质增效发展。发挥威海卫人民医院区级龙头医院的带动作用，实施二级公立医院绩效考核，完善考核指标和方式方法，加大公立医院高质量发展的外部推力。威海卫人民医院和威海口腔医院2所区级公立医院运行平稳，改革监测指标控制成效明显，门（急）诊人次由57.3万上升到64.67万，出院人次由2.92万上升到3.2万，门诊均次费用由381.7元降低到348.9元、平均住院时间由9.75天下降到9.25天。

【环翠医院集团建设】 2021年，环翠区整合全区医疗卫生资源，组建以威海卫人民医院为龙头、基层医疗卫生机构为成员的紧密型县域医共体（环翠医院集团）。实行“一体化管理、中心化运营”，设立医疗业务、人力资源、财务、医保等管理中心，建成医学影像、远程心电、远程会诊等共享诊断中心，成立医疗、院感、护理等专业医疗质量控制中心，实现资源共享。推行“县招镇管村用”，各医疗卫生机构人员由牵头医院统一管理、统一使用、统一调配，实现医共体人员统筹使用、上下联动。从区级医疗机构选派优秀业务骨干担任镇卫生院业务院长，将镇卫生院作为牵头医院分院，开展技术、管理、人才队伍联创活动。组建专家服务队定期到基层坐诊，拓展基层特色科室和专科建设，促进基层医疗卫生机构管理和服务能力提升。借助“基层首诊、双向转诊、上下联动”的渠道作用，区级医院与基层医疗卫生机构双向转诊患者3828人次，逐步实现“小病不出镇，大病不出县”。借助医共体县、乡、村三级网络，推行“中医日间病房”，拓展中医药在常见病、多发病及慢性病防治中的应用。强化基层医疗卫生机构保健作用，促进医疗与预防、保健相互衔接。

医疗服务

【概况】 2021年，区卫生健康局继续加强业务骨干和基层业务人员培训，改善中医医疗服务环境。通过“请进来和走出去”方式，与北京大学第一医院、北京同仁医院、北京朝阳急救中心等知名医院、知名专家合作，定期邀请妇产科、足踝外科等专家到环翠区坐诊、手术。推进基层医疗卫生机构与山东省立医院影像中心、威海卫人民医院等医院的远程诊疗合作和双向转诊。组织开展大型医院巡查活动，实施“推动医疗服务能力高质量发展攀登计划”，加强重点学科和胸痛中心、卒中中心、创伤中心建设，推进公立医院综合改革和绩效考核，打造一批影响力强、口碑好的特色专科，提升诊疗服务水平。

【医疗质量与服务管理】 2021年，环翠区重点加强医疗质量监管，落实医院感染四级巡查制度。健全医疗技术临床应用管理体系，强化日常监管，对限制类医疗技术备案管理、组织领导、制度建设、培训授权等情况进行检查督导，督导医疗卫生机构200余次。结合新冠肺炎疫情常态化防控，开展实验室病原微生物、医院感染预防控制、医疗废弃物等专项督导检查167处次，反馈并指导整改问题2727条，未发生医院感染安全事件。开展抗菌药物使用管理、医院感染预防控制等培训30余期1500余人次，覆盖医疗卫生机构399所。

【中医药服务】 2021年，环翠区持续改善中医医疗服务环境，升级改造张村镇卫生院、竹岛社区卫生服务中心、温泉镇卫生院3处“国医堂”基础设施，“国医堂”面积增加至5100余平方米，比改造前增加近1倍。实施中医适宜技术惠民工程，发放艾灸礼包1.4万个，免费艾灸体验4万余人次。规划设置环翠区中医医院，扩大中药颗粒医保目录覆盖范围，实施“中医日间病房”医保结算管理模式，结算1571例，节省患者自付资金127万元、医保资金84万元。8月26日，环翠区通过“全国基层中医药工作先进单位”复审，连续10年保持“全国基层中医药工作先进单位”称号。9月10日，邀请省卫生健康委员会中西医结合指导处处长贾青顺到环翠区开展中医药政策专题讲座。11月18日，召开全区中医药工作推进大会，研究部署“十四五”期间中医药重点工作。孙家疃社区卫生服务中心获“省级中医药文化知识角”称号，北竹岛小学获评全省首批“‘中医药伴我成长’——中医药文化进校园试点学校”。

【公共卫生应急服务】 2021年，环翠区继续完善公共卫生应急组织体系和工作机制，健全公共卫生应急工作协作机制。投入150万元，增加3辆负压救护车，提升医疗卫生应急转运保障能力。组织医护人员和特种车辆驾驶员开展专项应急知识培训班3场次，培训人员185人次。确定威海卫人民医院为区级紧急医学综合救援基地，升级改造院前急救调度指挥系统，增加车载终端子系统，提升急救指挥效率。定期组织医疗机构开展卫生应急培训200余次，提升卫生应急综合管理水平和规范处置能力。组织开展全员核酸检测应急演练，开展重大活动医疗应急保障20余次，加强人员密集公共场所卫生应急急救器材配备，在华夏城景区、羊亭河湿地公园、威高广场等公共场所配备20台自动体外除颤仪。

2021年环翠区20台自动体外除颤仪安装点位情况表

表20

序号	安装地点	具体位置
1	区政务服务大厅	文化中路59号政务服务大厅1楼导办台
2	区人力资源社会保障局服务大厅	世昌大道3-3号海裕城E座2层
3	华夏城景区	华夏城景区医务室门口
4	仙姑顶景区	仙姑顶景区医务室门口
5	“侨乡号”游轮	“侨乡号”游轮1楼设备间
6	羊亭河湿地公园	羊亭河湿地公园游客中心1楼医务室
7	环翠楼公园	环翠楼公园游客服务中心大厅东侧
8	家家悦超市张村店	张村镇长江街29号家家悦超市1楼楼梯口
9	家家悦超市中心店	昆明路45号1楼扶梯西侧
10	大润发超市侨乡店	海滨北路128号1楼超市入口
11	万达广场	仙姑顶路120号万达广场2号门服务台
12	华联商厦	新威路58号1楼总服务台
13	威高广场	新威路17号威高生活汇1楼服务台
14	振华商厦	新威路89号1楼总服务台
15	振华奥特莱斯	东城路86号1楼总服务台

续表20

序号	安装地点	具体位置
16	白马义乌商贸城	火炬南路531号1楼总服务台
17	威海市农副产品批发市场	市场服务中心综合楼B区1楼中间大门右侧
18	环翠楼街道东北村社区（属相街）	公园路附12号1楼大门外西侧
19	鲸园街道朝阳社区	花园中路附50号1楼社工站
20	区图书馆	区图书馆新馆1楼中心城市书房

【医防融合】 2021年，环翠区开展慢性病管理试点工作，探索“‘三高’（高血压、高血脂、高血糖）共管、‘六病’（冠心病、脑卒中、肾病综合征、眼底病变、周围神经病变、周围血管病变等并发症）同防、医防融合”服务模式，强化诊间建档、随访，以重点人群为切入点提升基本公共卫生服务质效。依托威海卫人民医院打造“三高中心”，以“三高之家”“三高基地”“三高中心”为主体，构建高血压病、糖尿病、高脂血症三级协同、医防融合、中西医并重的一体化综合防治服务模式，建立医防融合慢性病管理服务机制。至年末，建成“三高中心”1处、“三高基地”9处、“三高之家”23处。

【医疗统计】 2021年，环翠区落实国家、省、市卫生健康委员会加强卫生健康统计数据质量控制工作要求，完成统计督察整改报告报送。按期调度399所医疗卫生机构完成国家卫生健康信息直报系统月报、年报，并进行数据质量控制。组织开展全区医院病案首页直报工作，督促镇（街道）医疗卫生机构做好季报报送，为统筹区域医疗卫生资源和制定地区卫生健康发展政策提供依据。

基层卫生

【概况】 2021年，环翠区强化基层医疗能力建设，提升区级财政投入保障力度，镇卫生院由区、镇财政二元化保障调整为区级财政一元化管理。依托紧密型县域医共体建设，整合全区医疗卫生资源，提升基层医疗卫生服务能力，开展优质服务基层行活动，通过持续推进专家下村巡诊、家庭医生签约等方式，为群众就医提供便利。

【基层卫生服务能力建设】 2021年，环翠区根据新冠肺炎疫情常态化防控需求，建设9处基层医疗卫生机构发热哨点诊室。完成82所村卫生室标准化建设，羊亭镇大北山村卫生室、张村镇姜南庄村卫生室2所村卫生室提升为省级标准村卫生室，孙家疃街道靖子社区卫生室、温泉镇东（西）峀村卫生室、羊亭镇黄埠屯中心卫生室、张村镇刘家疃村卫生室4所村卫生室提升为市级标准村卫生室。投资618.75万元，为张村、桥头、孙家疃等7所基层医疗卫生机构购置数字X射线摄影机、胃肠镜、麻醉机等医疗设备，为41所一般村卫生室配备智慧随访设备，为9所中心村卫生室购置血液分析仪、自动体外除颤仪等医疗设备。开展优质服务基层行活动，孙家疃社区卫生服务中心、张村镇卫生院、羊亭中心卫生院、温泉镇卫生院4所基层医疗卫生机构达到国家推荐标准，竹岛社区卫生服务中心、鲸园社区卫生服务中心、桥头镇卫生院3所基层医疗卫生机构达到国家基本标准。威海卫人民医院投资58万元，帮助羊亭中心卫生院、温泉镇卫生院改造医院大楼和病房，重建手术室，优化服务环境，推进环翠医院集团基层单位建设与发展。1月，温泉镇卫生院建成镇（街道）首家标准化层流净化手术室，手术量从多年为“零”提升到每月近20台，病床使用率由20%提高到80%。11月，羊亭中心卫生院通过国家胸痛救治单元认证，成为威海市唯一一家通过该项认证的基层医疗卫生机构，至年末，成功抢救10名患者。

【基层卫生人才队伍建设】 2021年，区卫生健康局继续与山东医学高等专科学校合作，签约引进28名本地应届毕业生，接收77名实习生到环翠区医疗机构实习。与佳木斯大学合作，成立佳木斯大学附属第三医院威海分院，佳木斯方面派遣儿童康复专家团队到分院从事诊疗、带教并负责儿童康复业务的开展，提升环翠区小儿康复服务能力。在孙家疃社区卫生服务中心设立佳木斯大学附属第三医院（黑龙江省小儿脑性瘫痪防治疗育中心）实习基地，7月，接收首批康复专业实习生10人。建立基层紧缺医务人员招聘绿色通道，采取免笔试直接面试的方式，为基层医疗机构招募90余名医务人员。助力新冠肺炎疫情常态化防控，开展医学服务志愿者招募活动，吸引80名在读及择业期未就业大学生报名。活动结束后，举办威海籍大学生研学活动，5所对接高校的30名大学生志愿者报名参加，其中5人参加基层编外人员招聘考试并被录用。

【专家下村巡诊】 2021年，环翠医院集团从牵头医院选派优秀业务骨干担任镇卫生院业务院长，做活做强镇级卫生院。开展医疗专家下村巡诊活动，推动优质医疗资源下沉。威海卫人民医院、威海口腔医院、区妇幼保健院组建医疗专家巡诊团队下村巡诊，实现105个行政村巡诊全覆盖。至年末，派出专家288人次，服务群众4000余人次。组织基层医疗卫生机构人员下沉到村卫生室和服务点巡诊，时间安排为每周3次、每次半天，并为行动不便居民提供代购药品服务。

【医养结合】 2021年，环翠区出台康养服务业扶持政策，为7处医养结合机构兑现扶持资金126.93万元，提升医养结合服务能力。投资45.25万元，为60~80周岁老年人投保银龄安康意外伤害保险。为80周岁以上老年人发放高龄津贴和长寿补贴166.01万元。依托威海卫人民医院老年病科，试点开展“安宁疗护”工作（为疾病终末期或老年患者在临终前提供身体、心理、精神等方面的照料和人文关怀等服务，控制痛苦和不适症状，提高生命质量，帮助患者舒适安详、有尊严地离世），为24名老年人提供“安宁疗护”服务。组织创建“全国示范性老年友好型社区”，环翠楼街道东北村社区成功创建威海市首批“全国示范性老年友好型社区”。

【家庭医生签约服务】 2021年，环翠区组建101个家庭医生服务团队，走进社区、农村、学校、企业、机关，上门集中建档签约，开展基本公共卫生延伸服务和爱心服务。5月中旬，利用“世界家庭医生日”举办义诊活动。在为居民提供基础服务包的基础上，结合实际设计中医、康复、健康查体等个性服务包，根据不同人群的多样化需求，提供上门、预约、电话咨询等服务。至年末，签约10.18万余人。

疾病防控

【概况】 2021年，全区疾病预防与控制工作以新冠肺炎疫情常态化防控为重点，开展新冠病毒疫苗接种管理，地方病防治，结核病、艾滋病双重感染防控以及严重精神障碍患者管理服务等工作。整合区域协查和流调溯源力量，成立9支96人的整建制疾控（公卫）流调队、147支412人的疫情处置基层流调队。加强疾控中心标准化建设，在原有3个生物安全二级实验室的基础上，改造增加1个负压生物安全二级实验室。为2000名40~69岁居民开展胃癌筛查，查出阳性病例6例。开展儿童龋病预防治疗，为6671名学生建立口腔健康档案，为4429名适龄儿童开展窝沟封闭。在威海华海口腔医院建成环翠区首个成人接种门诊，提供HPV疫苗、流感疫苗等多种成人疫苗接种。

【传染病疫情报告管理】 2021年，区卫生健康局完善传染病疫情监测网络，加强传染病疫情报告质量控制，疫情报告及时率和准确率99%以上，漏报率控制在2%以内。年内，无甲类传染病报告，报告乙类传染病13种、丙类传染病5种。法定传染病报告发病5986例，报告发病率563.09/10万，比上年（610.30/10万）下降7.74%。报告发病数居前4位的病种是：手足口病（1296例）、流行性感冒（677例）、梅毒（345例）、肺结核（253例），无死亡病例报告。

【艾滋病防控】 2021年，环翠区加强艾滋病重点人群监测，规范检测服务，检测各类人群21.8万人次，新增治疗59例，治疗覆盖率93.9%。加强与抗病毒治疗定点医院的沟通合作，开展感染者依从性（按医嘱服药）教育与转介工作（由区疾控中心将自愿服药的艾滋病感染者转介到威海市胸科医院），提高抗病毒治疗覆盖率。加强社会动员，扩大全人群尤其是重点人群的艾滋病防治知识宣传。

【慢性病防控】 2021年，环翠区继续依托省级慢性非传染性疾病综合防控示范区建设，开展慢性病综合防控。3月—5月，开展“中国居民心血管病及其危险因素监测”项目，对张村镇、嵩山街道1300名18岁以上常住居民，进行肥胖、高血压、糖尿病、血脂异常、心脑血管等疾病筛查、危险因素状况统计及分布特点调查。10月，与市疾控中心联合开展“三减”（减盐、减油、减糖）超市大赢家活动，现场参与500余人次。11月—12月，在4所幼儿园、3所中学、3个社区选取500人，进行重点人群口腔健康状况调查。持续开展“健康口腔”活动，收集整理氟斑牙患者信息。开展儿童龋病预防治疗，为6671名学生建立口腔健康档案，为4429名二年级学生开展窝沟封闭。12月，开展肺癌病例危险因素调查项目，参与者70人。加强死因、肿瘤、脑卒中、冠心病监测管理，审核各类慢性病报告卡2万余张。每月开展农村居民胃癌筛查，筛查2000例，查出阳性病例6例。

【寄生虫病防控】 2021年，区卫生健康局结合辖区疟疾发病实际情况，加强流动人口管理和监测。与威海建设集团股份有限公司、威海市联桥国际合作集团有限公司、威海国际经济技术合作股份有限公司等主要劳务输出单位建立定期信息沟通机制，对相关单位境外务工人员实行归国后定期追踪随访，电话随访归国务工人员9人。年内，对“三热病人”（发热在38.5℃以上的临床诊断为疟疾、疑似疟疾、不明发热原因者）进行血检448人、复检血片73张，复检率16.29%。报告恶性疟疾病人1例，为境外输入性病例，按要求上报疫情并做好病例的治疗、流行病学调查及疫点处置工作。

【地方病防控】 2021年，环翠区完成年度碘缺乏病防治项目，开展碘缺乏病健康教育。9月22日、23日，分别在桥头镇和鲸园街道采集8～12周岁儿童尿样、盐样各80份，孕妇尿样、盐样各104份，进行尿碘和盐碘检测。检测结果表明，环翠区小学生的尿碘中位数为161.60微克/升，碘营养状况处于偏高水平；孕妇的尿碘中位数为109.5微克/升，碘营养水平偏低。小学生碘盐合格率76.39%，孕妇碘盐合格率95.24%。8月，在家家悦超市开展碘盐、非碘盐分区销售情况调查项目，调查4家门店，完成调查问卷25份。12月，从9个镇（街道）采集水样170份，开展全区生活饮用水碘含量调查。检测结果，中位数小于40微克/升的村（社区）190个，40～100微克/升的村（社区）2个，没有大于100微克/升的村（社区）。

【结核病防治】 2021年，全区各医疗机构报告肺结核患者和疑似患者710例，重卡患者（在一年内，由同一个医疗机构或者不同医疗机构重复报告的患者）143例，转诊率100%；转诊到位427例，追踪到位127例，总体到位率98.22%。年内，登记治疗肺结核病人253例，其中病原学阳性患者160例、病原学阴性患者67例、结核性胸膜炎26例。开展结核病与艾滋病双向筛查，确诊253例肺结核患者，对其中252例进行艾滋病病毒筛查，筛查率99.6%，未发现艾滋病病毒初筛阳性患者。登记培养（对疑似患者痰液进行培养结核杆菌检查）可疑结核病患者613例，其中筛查耐多药（结核菌耐2种以上抗结核药）结核病可疑者138例。

【手足口病监测】 2021年，环翠区报告手足口病普通病例573例，无死亡病例。其中，鲸园街道49例、环翠楼街道107例、竹岛街道94例、孙家疃街道28例、张村镇141例、羊亭镇50例、温泉镇70例、桥头镇13例、嵩山街道21例。采集粪便标本121份，其中EV71（肠道病毒71型）阳性1份、Cox A16（柯萨奇病毒A16型）阳性7份、其他肠道病毒阳性113份。

【霍乱与病毒性腹泻监测】 2021年5月—10月，腹泻病门诊开诊期间，全区医疗机构登记报告腹泻病人2933例，快检霍乱弧菌461例，快检率15.71%，快检结果全部为阴性。年内，全区检测病毒性腹泻病例45例，其中轮状病毒阳性6例、诺如病毒阳性2例，其余37例为阴性。

【自然疫源性疾病监测】 2021年，环翠区对报告的肾综合征出血热病例11例、布病病例6例、发热伴疑似病例138例进行个案调查，对死亡病例撰写调查报告，将布病调查结果通报动物疫控中心，开展联防联控。

【消毒与病媒生物监测】 2021年，区卫生健康局对辖区内有床位的医疗机构进行医院感染危险因素检测，检测单位19家。其中，具备物理因素监测的医疗机构6家，物理性指标检测329个点，合格214个点。对5家托幼机构的登记、消毒隔离制度及岗位责任落实等情况进行督导检查，纠正4家托幼机构不规范问题4处。采集和检测样品97份，合格87份，合格率89.69%。做好幼蚊成蚊密度、幼虫密度及蝇类密度监测工作，5月—10月，监测居民户、医院、公园、工地等幼虫滋生地662处，查看盛水容器295个，其中显示阳性容器22个，主要是库蚊、按蚊、伊蚊幼虫。

【严重精神障碍患者管理服务】 2021年，环翠区对严重精神障碍患者每月面访1次，与相关部门通报失访、危险性评估三级以上的患者信息，降低严重精神障碍患者肇事肇祸风险。至年末，全区严重精神障碍患者在册1723人，为483名患者办理救治救助卡，进行免费治疗。

【实验室建设】 2021年，区疾控中心基因扩增实验室检测新冠肺炎核酸样本10.85万人份，免疫球蛋白G、免疫球蛋白M各6717人份。12月，环翠区新建分子生物实验室75平方米、血清学实验室20平方米。完成水质检测207份4472项，盐碘检测174份174项，尿碘检测180份180项，消毒餐具检测50份200项，消毒卫生检测380份380项，幼儿园消毒检测98份98项，艾滋病检测1183份、梅毒检测392人份、丙肝抗体检测346人份等疾病防控常规检测任务。检测人员参加省、市级实验室能力提升培训班28人次，组织内部培训8期150人次。接受上级部门质量控制考核32项，成绩均为合格。

【免疫规划】 2021年，环翠区2~3周岁儿童八苗全程接种率97.63%，适龄儿童首针麻疹类疫苗接种及时率94.97%。组织预防接种新入职人员培训班、预防接种全员培训班和6期新冠病毒疫苗接种培训班，培训人员658人。年内，环翠区成立由预防医学、急诊、呼吸、心脑血管、神经、内科等专业80名专家组成的疑似预防接种异常反应前期评估和调查诊断专家组，组织召开预防接种异常反应调查诊断会议2次，对待定病例进行调查诊断，确保新冠病毒疫苗接种安全性。

【健康教育】 2021年，环翠区随机抽取4个镇（街道）16个村（社区）800个家庭进行入户调查，完成2021年度居民健康素养调查工作。结果显示，全区居民健康素养平均水平为29.8%。落实《“健康山东2030”规划纲要》控烟工作要求，开展2021年环翠区青少年烟草流行监测和控烟干预工作，对4所学校初二至高三12个班级528名青少年进行烟草问卷调查和控烟干预。利用各种媒介，开展形式多样的健康教育。组织卫生日系列宣传活动10次，通过讲座、发放健康科普知识折页和小册子等形式开展宣传活动，受众3000人次，发送相关科普宣传短信35万条；在国家级媒体发布健康教育稿件1件，在市级媒体发布稿件8件；与区融媒体中心合作录制疫苗接种相关科普访谈节目12次，解答新冠病毒疫苗、流感疫苗等疫苗接种问题；通过微信公众号和网站等媒介定期进行疾病预防控制科普知识宣传和疫情健康提示。

2021年10月12日，区卫生健康局在威海市城里中学开展青少年烟草流行监测问卷调查 （区卫生健康局　供图）

【食品卫生】 2021年，环翠区印发《2021年威海市环翠区食品安全风险监测方案》。全区食品中化学性污染物及有害因素监测、微生物及其致病因子监测完成常规监测和专项监测146份样品，涉及食品流通、餐饮等环节食品7大类30小类。报告食源性疾病病例4096例，无疑似食源性异常病例报告。转送威海市立医院主动监测样本204份，阳性菌株31份；参与食源性疾病事件流行病学调查41起，无危重及死亡病例。

卫生监督

【概况】 2021年，环翠区印发《环翠区卫生健康监督守正创新年活动实施方案》，开展“我为群众办实事”“守正创新年”活动，促进队伍建设与工作创新，提升监管能力。构建信用体系监管机制，制定《环翠区卫生健康局关于民营医疗机构信用积分管理实施细则》，对全区89所民营口腔医疗机构、12所民营医疗美容机构开展量化分级，将职业卫生监督纳入信用监管，通过公布红黑名单、扣除信用积分、取消政府专项补助等手段，提升民营医疗机构自我管理水平。年内，受理并办理上级转办单、“12345”政务服务便民热线、群众举报投诉213件。立案查处188件。其中，医疗与传染病违法案件115件、餐饮具集中消毒违法案件3件、职业卫生违法案件16件、公共卫生违法案件45件、饮用水违法案件1件、学校违法案件1件、放射诊疗案件7件。

【医疗卫生监督】 2021年，环翠区开展医疗卫生监督检查395户次、传染病防治监督检查718户次、消毒产品经营单位监督检查16户次，监督覆盖率均100%。以聘用非卫生技术人员、超范围执业、医疗诈骗、虚假宣传、乱收费等突出问题为线索，对城乡接合部、城中村等重点区域和零售药店、推拿按摩店、生活美容店、集市等重点场所，联合市场监管、公安、新闻媒体等开展联合执法行动5次，下达卫生监督意见书86份，立案查处47起，其中2起涉嫌犯罪案件移交公安部门。完成89所民营口腔医疗机构、12所民营美容医疗机构量化分级，对5所评为A级的口腔医疗机构、1所评为A级的医疗美容机构进行宣传，对不合格单位督导整改使其达标。

【公共场所卫生监督】 2021年，环翠区对全区1543家宾馆、洗浴、游泳、商超、美容美发等公共场所开展日常监督检查，监督覆盖率100%，下达卫生监督意见书208份，立案查处45起。完成“双随机、一公开”监督检查、洗浴场所新冠肺炎疫情防控专项监督检查，开展游泳场所卫生专项整治活动，强化“四小场所”（小理发店、小美容店、小浴池、小旅馆）卫生监督，配合国家卫生城市复审迎检工作，检查公共场所业户679家，发现存在问题单位175家，下达卫生监督意见书并责令立即整改。落实公共场所业户卫生检测全员化工作，对辖区业户下达公共场所卫生检测及报告公示的通知，对未进行检测、公示报告的单位下达监督意见书120余份，责令立即整改。

【学校与生活饮用水卫生监督】 2021年，环翠区印发《环翠区开展全区小区现制现售水卫生专项监督检查工作实施方案》，对36所中小学、66所幼儿园、8家现制现售水经营单位、1家集中式供水单位、34家二次供水单位、7家涉水产品经营单位进行日常监督检查，监督覆盖率100%，下达卫生监督意见书92份，办理饮用水卫生行政处罚案件1起、学校卫生行政处罚案件1起。与区教育体育局、区市场监管局联合组成核验小组，采取查阅资料、随机访谈、现场连线、观看演练视频、实地查看等方式，核验幼儿园防控体制机制建立、方案制定、措施落实和安全管理等情况。对核验中发现的问题现场反馈，提出整改建议。委托第三方检测机构对全区36所中小学的72台直饮水设备进行抽样检测，检测结果均符合卫生标准。

【职业卫生监督】 2021年，区卫生健康局组织开展形式多样的“职业病防治法宣传周”活动。4月22日，联合市卫生健康委员会、市妇幼保健院，到威海那啦砂布纸有限公司、威海柳永砂布纸有限公司，免费为2家小微企业70名员工进行职业健康体检；同月28日，邀请职业卫生专家为威海新江友渔具有限公司、威海市海王旋流器有限公司职工开展职业健康知识培训。4月—10月，区卫生健康局组织职业健康百名专家进企业开展科普讲座10场，受众2030人次。对辖区2家职业健康检查机构、1家职业病诊断机构、100余家涉及职业病危害因素用人单位、1家职业卫生技术服务机构及53家放射诊疗机构进行日常监督检查；制定《环翠区职业卫生分类分级监督执法试点实施方案》，开展职业卫生分类分级监督执法试点工作，完成用人单位职业卫生分类分级201家，其中甲级单位23家、乙级单位41家、丙级用人单位137家，完成用人单位职业卫生分类分级复核103家、放射卫生监督检查53户次，下达卫生监督意见书100余份，立案查处16起。对全区5146家涉及职业病危害因素用人单位和接触职业病危害的劳动者基本情况进行入厂调查，并完成系统录入工作。制定《威海市

2021年6月1日，区卫生健康局召开职业卫生分类分级培训会

（区卫生健康局　供图）

环翠区健康企业建设活动实施方案》，开展健康企业创建工作。山东天弘质量检验中心有限公司、威海国济美年大健康体检中心有限公司获得“威海市健康企业”称号。

【放射卫生监督】 2021年，区卫生健康局对威海市立医院、孙家疃社区卫生服务中心开展放射诊疗设备放射防护监测，监测设备4台，其中医用电子加速器1台、X射线透视机1台、数字X线摄影机1台、全景牙科机1台。现场开展3家非医疗机构放射防护监测，监测设备10台，其中X射线工业探伤机8台、核仪表2台。至年末，监督检查辖区53家放射诊疗机构，实现放射诊疗执法全覆盖，下达监督意见书50余份，立案查处7起。

【计划生育监督】 2021年，区卫生健康局开展计划生育监督检查22户次。根据国家卫生健康监督信息报告系统2021年计划生育“双随机”监督任务要求，对辖区母婴保健机构进行监督检查。结合“蓝盾行动”产前诊断（筛查）技术实施方案，组织专项检查组对辖区产前诊断相关工作开展调查。以专项监督检查为契机，通过咨询威海市卫生健康综合执法支队、调取计划生育相关部门资料等方式，清理、整顿违法违规机构，落实监管责任，未发现违法违规行为。

【“双随机、一公开”监督检查】 2021年，区卫生健康局印发《2021年环翠区随机监督抽查计划实施方案》，抽取公共场所、医疗机构、生活饮用水、学校卫生、职业卫生、消毒产品等216家业户，开展监督检查，发现问题立案查处19件。联合第三方检测机构，对8家消毒产品生产经营单位、3家消毒餐饮具经营单位、10所中小学校直饮水、30家农村小型集中式供水及住宿、洗浴游泳、美容美发、集中空调等189家重点场所的多种产品、多项指标进行监督检测，合格168家，不合格21家。对不合格单位采取立案查处、采样复检和跟踪督导等措施，保障新冠肺炎疫情常态化防控期间防控措施到位、卫生质量达标。

妇幼保健

【概况】 2021年，环翠区人口监测与家庭发展工作聚焦优化生育政策，实施一对夫妻可以生育三个子女政策及配套支持措施，在加强人口监测、完善生育支持体系、促进婴幼儿照护发展、深化服务管理改革等方面取得成效。年内，实施新生儿遗传代谢性疾病免费筛查1983人、产前筛查1256人、无创DNA检测159人、产前超声诊断2人、羊水穿刺260人。开展免费婚前、孕前医学检查2673人，为624名农村妇女免费发放叶酸3510瓶，为6382名适龄妇女免费开展“两癌”（宫颈癌、乳腺癌）筛查。为21581名0~6岁儿童开展眼睛保健和视力检查，建立视力健康档案，检查覆盖率97.27%。开展0~3岁婴幼儿科学养育指导服务，提升婴幼儿家庭科学养育能力。依托辖区助产机构及镇卫生院、社区卫生服务中心，为2588户常住新生儿家庭免费发放《0~3岁婴幼儿科学养育》和《0~3岁婴幼儿分龄阅读指南》图书，提升婴幼儿优育能力。将辖区常住0~3岁婴幼儿纳入系统管理并提供入户随访、儿童保健及养育指导服务。环翠区被国家卫生健康委员会命名为2018—2020年全国计划生育优质服务先进单位。

【计划生育政策落实】 2021年，环翠区各项计划生育奖励扶助政策惠及31953人次，发放资金3033万元。全区有计划生育特殊家庭728户1020人。区卫生健康局建立动态信息管理制度，掌握辖区计划生育特殊家庭变化情况，投入资金1099.14万元，跟踪落实特别扶助、一次性临时救助、辅助生育、住院护理补贴、代缴养老保险和代缴医疗保险6项经济扶助政策和免费健康查体、联系人服务、绿色就医通道、家庭医生签约服务、节日走访慰问5项服务政策，全区4546人次享受经济扶助政策和服务政策。常态化推进失独家庭政府购买服务项目，投入资金78万余元，依托“12349”居家服务平台，为214户60周岁（含60周岁）以上和失能、半失能失独家庭提供政府购买服务。

【婴幼儿照护服务】 2021年，环翠区完善全面三孩政策配套措施，推进托育机构建设，构建“示范机构引领、医育资源结合、社区服务为主、家庭托育为补充”的托育机构发展模式。建成托育机构22家，其中独立注册托育机构16家、幼儿园注册托育机构6家，建成省级示范型托育机构1处（威海市优宝托育中心）。在区妇幼保健院成立区级婴幼儿照护指导中心，指导全区婴幼儿照护工作。提升婴幼儿照护多元化投入，建设母婴便民服务设施50处，基本实现公共场所母婴便民服务设施全覆盖。探索建立家庭托育服务模式，为婴幼儿提供家庭氛围，满足不同家庭的多元化托育服务需求，促进托育服务能力提质扩容和均衡分布。12月，环翠区被省发展改革委员会、省卫生健康委员会确定为省级家庭托育试点区。

爱国卫生

【概况】 2021年2月28日，区爱国卫生运动委员会（简称区爱卫会）举行爱国卫生攻坚行动启动仪式。3月4日，在大世界步行街举行爱国卫生攻坚行动宣传活动，现场发放“四害”（苍蝇、蚊子、老鼠、蟑螂）防治等宣传材料3000余份、灭“四害”材料1000余份。持续推进人居环境改善，爱卫会成员单位组织机关、企事业单位开展内外环境整治活动，发动村（社区）群众开展家庭卫生大扫除，清理农村卫生死角和乱堆乱放现象。4月15日，区爱卫会在骆驼公园举行“环翠区第33个爱国卫生月宣传活动”，发放宣传资料800余份。投资9万余元，购买灭鼠药物4.5吨，免费发放至各镇（街道）。

【国家卫生城市复审】 2021年，环翠区完成第九次国家卫生城市复审工作。为迎接复审，环翠区从市场监管、商务、综合行政执法、环卫等10个部门分别抽调1名业务骨干组建复审迎检工作专班，排查问题近3000处，督导各镇（街道）全部完成整改。发挥属地管理和部门职责，注重背街小巷、老旧小区、拆迁（待建）工地、城中村等薄弱环节和农（集）贸市场、小餐饮店、小作坊、流动摊贩等重点场所的环境卫生治理和长效管理。加强健康宣传教育，设置宣传迎审标语3300余处、健康教育宣传栏335处；“健康环翠”等公众号发布国家卫生城市复审信息10余条，发送短信77万条。

2021年3月4日上午，环翠区爱国卫生攻坚行动宣传活动在大世界步行街举行 （区卫生健康局　供图）

【卫生单位创建】 2021年，环翠区组织张村镇创建国家级卫生乡镇，通过省级初审。年内，区交通事务发展中心创建为省级卫生单位；桥头镇大院村等11个村创建为省级卫生村；威海市南山小学、嵩山街道向阳社区、张村镇永兴园孙显芳家庭、山东天弘质量检验中心有限公司等4所学校、9个社区、27个家庭、2家企业创建为“健康细胞”（健康社区、健康单位、健康学校、健康家庭）；市级无烟机关（单位）、无烟医院和无烟学校创建，全区达到全覆盖。

【健康中国行动环翠行动】 2021年10月，区政府印发《关于贯彻健康中国行动推进健康环翠建设的实施意见》。11月，健康中国行动环翠推进委员会办公室印发《关于印发〈健康环翠行动（2020—2022年）的通知〉》，全面推进健康环翠行动。针对重大疾病和一些突出问题，聚焦重点人群，开展健康知识普及行动、合理膳食行动、全民健身行动、控烟行动、心理健康促进行动等15项专项行动，强化政府、社会、个人责任，建立健全健康教育体系，引导群众树立正确健康观，形成有利于健康的生活方式、生态环境和社会环境，促进以治病为中心向以健康为中心转变，提高人民健康水平。

（王　雪　梁　凯）

体　育

综　述

【概况】　2021年，环翠区以增强体质、提升健康水平为目标，开展全民健身运动，建设全民健身设施，提升竞技体育水平。年内，举办区级以上较大型体育活动6次、全民健身活动200余场，参与群众近2万人次；在第十四届全国运动会上，环翠区培养输送的9名运动员代表山东省参加比赛，获得金牌4枚、银牌2枚，金牌总数居全市各区市首位；销售体育彩票6875万元。

【体育设施建设】　2021年，环翠区投资100万元，为58个村（社区）增设、更换健身器材434件。其中，3月—8月，为22个村（社区）增设健身器材147件；11月—12月，为36个村（社区）增设、更换健身设施41套287件。

【裁判员培养】　2021年，环翠区申报国家级裁判员2人、一级裁判员5人、二级裁判员75人。选派裁判员近100人次参加市级、省级、国家级比赛执裁工作，均按要求完成执裁工作任务。

【体育彩票销售】　2021年，全区销售体育彩票6875万元，超额完成全年6016万元的目标任务，三大主力玩法超级大乐透、即开、竞彩销量分别比上年增长18.28%、56.26%、77.80%，增幅居全市各区市前列，即开型体育彩票销量首次居全市各区市第一。

竞技体育

【概况】　2021年，环翠区组团参加第十四届全国运动会、山东省足球锦标赛、威海市第六届运动会等体育赛事，均取得较好成绩。其中，选派9名运动员代表山东省参加第十四届全国运动会，获得金牌4枚、银牌2枚，金牌总数居全市各区市首位。组队参加威海市第六届运动会，金牌总数、团体总分分别居全市各区市第一名、第二名。

【第十四届全国运动会】　2021年9月15日—27日，第十四届全国运动会在陕西省举行。环翠区选派9名运动员代表山东省参加比赛。激流回旋运动员任烨、橄榄球运动员唐铭琳、男子4×200米接力赛运动员蒋俊鹏、铁人三项运动员袁媛获得冠军，BMX小轮车运动员苗润鹏带伤夺得银牌，傅艺佳获得男女混合4×400米接力赛银牌。环翠区运动员获得金牌4枚、银牌2枚，金牌总数居全市各区市首位。

【山东省足球锦标赛】　2021年4月—6月，山东省足球锦标赛分别在烟台、威海、东营举行，比赛设男女甲组、男女乙组、男女丙组6个组别。环翠区承担威海市足球项目“市队县办”任务，组建6支足球队参加比赛，夺得男子乙组第5名、男子丙组第5名、女子乙组第7名、女子丙组第7名、男子甲组第9名、女子甲组第9名。

【威海市第六届运动会】　2021年3月—10月，威海市举办第六届运动

2021年7月4日，威海市第六届运动会手球比赛在文登区体育公园举行
（区教育体育局　供图）

会。环翠区选派645名运动员参加16个项目专业组比赛，角逐近8个月，获得金牌总数位居全市各区市第一名，团体总分位列全市各区市第二名。3月19日—21日，环翠区7名运动员参加柔道比赛，获得金牌4枚；同月26日—28日，环翠区5名运动员参加拳击比赛，获得金牌4枚；同月26日—28日，环翠区13名运动员参加国际式摔跤比赛，获得金牌5枚；4月17日—18日，环翠区49名运动员参加射箭比赛，获得金牌18枚；同月24日—25日，环翠区32名运动员参加武术（套路、散打）比赛，获得金牌10.5枚；5月14日—17日，环翠区36名运动员参加乒乓球比赛，获得金牌17枚；7月3日—5日，环翠区46名运动员参加手球比赛，获得金牌18枚；同月22日—25日，环翠区36名运动员参加橄榄球比赛，获得金牌13枚；8月20日—23日，环翠区93名运动员参加足球比赛，获得金牌36枚；同月22日—25日，环翠区48名运动员参加排球比赛，获得金牌23枚；同月26日—30日，环翠区55名运动员参加篮球比赛，获得金牌21.5枚；同月28日—29日，环翠区29名运动员参加铁人三项比赛，获得金牌6枚；9月27日—30日，环翠区66名运动员参加游泳比赛，获得金牌33枚；10月21日—22日，环翠区29名运动员参加帆船（帆板）比赛，获得金牌1.5枚；同月24日—28日，环翠区18名运动员参加网球比赛，获得金牌4枚；同月24日—29日，环翠区51名运动员参加田径比赛，获得金牌20枚。

【山东省第十一届全民健身运动会射箭比赛】 2021年7月17日—18日，由省体育局主办，省射箭运动协会、市体育局、区教育体育局、羊亭镇政府承办的山东省第十一届全民健身运动会射箭比赛在羊亭学校举行，来自全省16个地市37家射箭俱乐部、学校、社会团体的400余名运动员参加比赛。赛事分为成人组、青少年组两大组别，设置个人、混双、团体等27个小项。东道主羊亭学校派出50余人代表全市参加青少年组3个弓种的比赛，获得金牌4枚、银牌5枚、铜牌3枚。

群众体育

【概况】 2021年，环翠区举办全民健身活动200余场，参与群众近2万人次，被国家体育总局评为“2017—2020年度全国群众体育先进单位”，被山东省体育局评为“山东省第十一届全民健身运动会先进单位”，被威海市体育局评为“‘十三五’体

2021年9月17日，环翠区第十一届全民健身运动会五人制篮球比赛在祥云健身广场举行
（区教育体育局　供图）

2021年4月29日，伴海社区居民参加趣味运动会

（区教育体育局　供图）

育事业发展突出贡献单位”。

【品牌赛事】 2021年1月1日，“与新年相约　与健康同行”新年登高徒步大会启动仪式在祥云消防主题文化公园举行，近300名徒步爱好者在古陌岭山间步道持杖行走，以登高的方式开启新的一年；同日，“冬泳日”活动在幸福公园环翠区冬泳基地举行，200余名冬泳爱好者有序跃入海中，在冰水中迎接新年。5月16日，2021“我要走”全国徒步联动日威海站（全国主会场）活动在里口山健身步道举行，来自全国各地2000余名户外活动爱好者参加活动。健身爱好者们从福德庄中心广场出发，经广福寺、姜家疃水库、里口山健身步道回到福德庄中心广场，全程13千米。

【环翠区第十一届全民健身运动会】 2021年1月—12月，环翠区第十一届全民健身运动会举行，设置篮球、网球、广播体操、足球、象棋、徒步、门球、舒筋拉力操、乒乓球、羽毛球、棒垒球、八段锦、武术等42个线上、线下活动项目，线上活动以录制视频、手机平台等形式参与，参与人数近5000人次。

【社区运动会】 2021年，环翠区以社区运动会为平台，推动全民健身，实现全民健康。按照因地制宜、小型多样、就近就便的原则，在全区举办社区运动会100余场，参与群众5000余人。年内，环翠区被列为省级社区运动会试点单位；在全省“全民健身最美社区”评选中，伴海社区获评威海市唯一一个“2021年山东省全民健身最美社区”称号。

【社会体育指导员培训】 2021年，环翠区举办三级社会体育指导员培训班8期，培训三级社会体育指导员和社会体育骨干300余名。组织50名三级社会体育指导员、11名二级社会体育指导员、1名一级社会体育指导员分别参加市二级社会体育指导员、省一级社会体育指导员和国家级社会体育指导员培训班，并全部通过测试。

【体育组织建设】 2021年，环翠区有镇（街道）体育总会9个、村（社区）级体育总会217个，实现镇（街道）、村（社区）体育总会全覆盖。为进一步健全群众体育组织，环翠区引导具有一定专业技能和组织能力的组织成立体育协会、俱乐部，至年末，全区有体育协会18家、俱乐部11家。

（李俊瑶）

社会生活

居民生活

【概况】 2021年，环翠区统筹推进新冠肺炎疫情常态化防控和经济社会发展，全力做好“六稳”工作、落实“六保”任务，加快推进幸福城区建设，改善居民生活，增进民生福祉。全区居民人均可支配收入51995元，比上年增长8.5%；全体居民人均消费支出35880元，增长9.0%。全区居民消费价格比上年上涨0.8%。

【收入与消费】 2021年，全区居民人均可支配收入51995元，比上年增长8.5%。其中，城镇居民人均可支配收入55816元，增长7.8%；农村居民人均可支配收入24829元，增长9.9%。全体居民人均消费支出35880元，增长9.0%。其中，城镇居民人均消费支出38639元，增长8.2%；农村居民人均消费支出16269元，增长12.4%。

【物价】 2021年，全区居民消费价格比上年上涨0.8%。在消费八大项中，食品烟酒类价格上涨1.3%，衣着类下降2.1%，居住类上涨0.6%，生活用品及服务类下降0.2%，交通和通信类上涨4.6%，教育文化和娱乐类下降0.2%，医疗保健类下降1.1%，其他用品和服务类下降2.9%。

（刘艺洁）

精神文明建设

【概况】 2021年，环翠区学习贯彻中共中央总书记习近平关于加强社会主义精神文明建设的重要指示精神，增强“四个意识”、坚定“四个自信”、做到“两个维护”，弘扬社会主义核心价值观，群众思想觉悟、道德水准、文明素养和社会文明程度得到提升，城乡环境面貌、社会公共秩序、公共服务水平、群众生活质量得到改善。年内，发现并整改公共设施、公共秩序等方面问题9999处，招募118名公共文明引导志愿者，助力威海争创全国文明典范城市。全区注册志愿服务队伍635支，实名注册志愿者7.6万余人，开展文明实践活动6000余场次。

【全国文明典范城市创建】 2021年，环翠区成立全国文明典范城市创建工作专班，实行区级领导包镇（街道）、区直部门包村（社区）制度；开展全天候、高密度、全覆盖的拉网式检查，发现并整改公共设施、公共秩序等方面问题9999处；在“中国威海环翠”“文明环翠”微信公众号开设《文明实践在环翠》专栏，围绕未成年人思想道德建设、市容环境提升等工作发表新闻稿件200余篇，招募118名公共文明引导志愿者参与创建工作，助力威海争创全国文明典范城市。

【志愿服务建设】 2021年，环翠区推动新时代文明实践指导中心与融媒体中心“两中心”融合发展，将“志愿环翠”网站迁移至“最威海是环翠”App文明实践板块，开设实践动态、点单派单等专栏，打造“群众点单—中心派单—志愿队伍接单—群众评单”的闭环模式，为基层群众提供“点对点”服务。印发《2021年“新时代文明实践”志愿服务主题月活动方案》，策划满足群众需求的活动方案，动员志愿者参与，做到月月有活动，推动志愿服务活动常态化开展。全区注册志愿服务队伍635支，实名注册志愿者7.6万余人，开展学习习近平新时代中国特色社会主义思想、社会主义核心价值观教育、政策宣讲等文明实践活动6000余场次。在9处新时代文明实践所、227处新时代文明实践站全部配备学雷锋志愿服务站，打造15分钟志愿服务圈，在9个镇（街道）打造11处“雷锋驿站”，为辖区志愿者和居民提供手机充电、政策咨询等服务，传播志愿服务精神。围绕“厚德环翠　志愿同行”品牌，结合群众需求打造“蒲公英大篷车”“文艺志愿轻骑兵”等文明实践品牌项目409个。举办“新时代文明实践”优秀项目评选大赛，给予优秀项目一定资金补助，鼓励志愿服务发展。

（马　骏　邢潇心）

就业创业

【概况】 2021年，环翠区实施稳就业保就业战略，通过搭建交流平台，开展就业活动，落实相关扶持政策，推动创业带动就业，全区就业形势稳定。年内，城镇新增就业5278人，其中失业人员再就业1184人、就业困难人员再就业548人，城镇登记失业率2.05%，高校毕业生就业率90%以上；受理劳动人事争议案件1184起，办结欠薪案件682起。

【就业创业扶持】 2021年，环翠区受理审核线上就业登记9678笔、失业登记1958笔，为企业提供用工1756人。引导企业入驻“威海市就业服务平台”，注册企业644家，发布用工岗位信息15912个。组织8场专场招聘活动和全区重点企业用工交流暨人力资源对接洽谈会，帮助企业缓解用工难题。落实相关扶持政策，激发就业创业积极性。年内，为35家企业吸纳的61名就业困难人员发放社会保险补贴41.56万元，为1259名灵活就业的就业困难人员发放社保补贴585.94万元，发放失业动态检测费3.84万元；发放稳岗补贴326.06万元，惠及936家企业；发放技能提升补贴179.81万元，惠及1364名职工；组织开展高校毕业生聚集计划，为307家企业1474名高校毕业生发放生活津贴1975.2万元，为31名高校毕业生发放购房补贴47.8万元，为3人发放住房补贴2.88万元。开展青年见习活动，为9家企业43名高校毕业生发放见习补贴22万元。为13家企业62人发放小微企业社保补贴49.7万元。发放一次性创业补贴680.5万元、一次性场所租赁补贴13.5万元、创业担保贷款8707万元（其中环翠区经办1459万元）、一次性创业岗位开发补贴0.6万元。至年末，全区2处创业孵化基地（威海大鹰电商孵化器、九日中韩创业园）通过市人力资源和社会保障局认定，孵化器总面积2.37万平方米，入驻企业140余家；推荐4名海外留学创业人才申报“来鲁创业大赛”，对全日制高等院校在校学生开展创业培训617人。

【职业技能提升】 2021年，环翠区推行“互联网+技能培训”模式，鼓励企业自主开展线上理论和公共防疫知识培训，开展职业能力培训5724人次。其中，创业培训617人、就业技能培训4616人、金蓝领培训234人、新型学徒制培训257人。发放“以工代训”和培训、鉴定补贴1270万元，其中包括2020年“金蓝领”培训及鉴定补贴104.29万元，2020年企业职工岗位技能培训、农村转移劳动力和失业人员培训及鉴定补贴37.15万元。发放创业培训补贴37.02万元、就业技能培训及鉴定补贴502.26万元。7家企业开展稳岗扩岗“以工代训”，培训56人次，获得补贴2.8万元。补发2020年稳岗扩岗“以工代训”补贴687.7万元。

2021年5月25日，区人力资源社会保障局委托威海大姐职业培训学校举办失业职工技能培训班　（区人力资源社会保障局　供图）

【招才引智】 2021年，环翠区全面做好招才引智工作，引进青年人才2858名，其中博士6名、硕士252名、本专科毕业生2600名。实名登记来鲁留学人员18名、海外留学人员来鲁创业4名；推荐申报并获批威海市首席技师2名、威海市突出贡献技师2名；完成50名“环翠技术标兵”评选工作，新增高级工以上技能人才494名；完成21家技能人才自主评价企业备案申报工作。与清华大学、燕山大学等30余所高校开展人才交流合作，组织企业到哈尔滨、青岛、济南等地参加招聘活动16场次。5月—6月，组织山东百盟信息技术有限公司、威海倍佳贸易有限公司等5家企业参加“2021年海聚山东”线上系列活动，直接面向海外留学人员招聘人才。7月6日，组织16家企业参加“韩国留学人才云上对接会”。组织高层次人才对接交流活动14场，鼓励企业、中介机构、社会组织及自然人等社会力量参与高层次人才引进工作。发挥乡村振兴首席专家制度优势，征集乡村振兴首席专家65名。其中，姜国勇被推选为2021年度威海市优秀乡村振兴首席专家，里口山近郊休闲样板片区成为威海市乡村振兴首席专家制度推广示范片区。依托威海圣航水产科技有限公司、环翠区教育教学研究中心两家服务乡村振兴继续教育基地，培训乡村专业技术人员3716人次。搭建基层与专家资源对接交流平台，依托威海创新园等6所专家服务基地开展专家对接服务基层活动150余场次，邀请专家300余人次。

【人才服务】 2021年，环翠区面向60名威海籍在外人才发布《致威海籍在外广大人才的一封信》，通报威海市2020年经济社会发展和人才工作情况。常态化开展山东惠才卡、威海英才卡等人才卡申请工作，发放惠才卡80余张、英才卡70余张，组织持卡人开展高层次人才创新创业经验分享活动。推荐3家企业参加2021年度留学人员企业一次性创业资助资金申报项目，其中山东利斯塔环保科技有限公司通过评审并获资金补贴10万元。推荐5人申报2021年度威海市有突出贡献的中青年专家，威海市海王旋流器有限公司孙吉鹏、威海圣航水产科技有限公司宋宗诚、威海新北洋荣鑫科技股份有限公司刘丙庆、环翠区教育教学研究中心吕华宇4人获评。推荐5人申报2021年度威海市产业紧缺人才，三角轮胎股份有限公司朱可辉、家家悦集团股份有限公司杨敏、威海蓝海银行股份有限公司陈晔3人获评。推荐国家电网威海供电公司耿博、威海吉大新能源汽车研究院有限公司考什・卡斯滕申报技能类泰山产业领军人才。组织威海新元化工有限公司王琳琳、威海市商业银行股份有限公司迟考勋、三角轮胎股份有限公司付宏勋和姜宁、威海广泰空港设备股份有限公司赵元亮申报并获得“企业博士（后）集聚计划”在站生活补贴35万元。组织三角轮胎股份有限公司姜宁、威海市商业银行股份有限公司迟考勋、山东百盟信息技术有限公司付立军、威海新元化工有限公司王琳琳、山东双轮股份有限公司赵睿杰、威海震宇智能科技股份有限公司李骜申报并获得博士后在站生活津贴36万元。组织三角轮胎股份有限公司、山东双轮股份有限公司申报并获得威海市博士后项目配套奖励资助16万元。组织威海市商业银行股份有限公司申报并获得威海市博士后重点项目资助资金5万元。

【劳动权益保障】 2021年，区人力资源社会保障局接待涉及劳动者权益保障来电、来访6400余人次，通过各类渠道办结欠薪案件682起，其中立案查处106起，案件按期结案率100%。对用人单位遵守劳动保障法律法规情况开展监察，联合相关部门开展清理整顿人力资源市场秩序、用人单位工资支付、劳动派遣用工、女职工权益保护等“双随机”检查17次，检查用人单位364家；审查322家用人单位劳动保障书面材料，

2021年7月7日，区劳动监察大队工作人员在远遥中心渔港码头走访渔船船东
（区人力资源社会保障局 供图）

评选劳动保障法律法规落实到位A级单位206家、B级单位116家，对23家连续两年评A级、被上级表彰单位评定为红名单企业。针对渔船用工，每月对注册职业中介机构开展一次全面检查，全年现场检查345家次、暗访278家次。在渔港码头等区域蹲守排查8次，走访港区周边旅馆、港区内部经营者、渔船船东及船员35家次，搜集、处理职业中介机构涉嫌违法违规线索。

【劳动人事争议调解仲裁】 2021年，环翠区坚持劳动人事争议案件处理“快调、快审、快结”原则，建立多元化解机制，加大“一裁终局”工作力度。年内，受理案件1184起，按期结案率100%。其中包括集体争议案件6起，涉及人员223人。加强基层调解能力建设，推动“互联网+调解”服务平台全域覆盖，建立人民调解、仲裁调解、司法调解“三调联动”工作机制，为劳动者及用人单位提供高效便捷的争议处理渠道。贯彻落实《威海市打造金牌劳动人事争议调解组织实施方案》，推进全区打造金牌劳动人事争议调解组织工作，选拔培养对象，将矛盾纠纷化解在基层，维护劳动人事关系和谐与社会稳定。

【农民工工资支付保障】 2021年，环翠区在全市率先建立“三主一辅”［人力资源社会保障部门主责劳动关系欠薪、行业部门主责本领域欠薪、镇（街道）主责其他非劳动关系欠薪，司法部门辅助配合］工作格局，维护农民工合法权益。印发《环翠区保障农民工工资支付问题专项整治工作方案》，实行《在建工程项目日常考勤数据通报约谈及处理处罚制度》，组织约谈17次，约谈项目91个次，处理处罚项目2个。推行镇（街道）“工长制”，每个镇（街道）明确1名分管负责人作为辖区农民工“工长”，压实根治欠薪属地管理主体责任。组织联合检查5次，排查在建项目26个，日常巡查化解隐患问题118个。自11月起，开展根治欠薪冬季专项行动，至年末，排查在建项目工地48家次、校外培训机构129家次，调处案件14起、欠薪隐患69起，为328名农民工追回劳动报酬271.16万元。全年为856名农民工追回劳动报酬1060.5万元。

（曹雅楠　孙成成　马楷征　于　芳）

2021年3月22日，区劳动人事争议仲裁院举办劳动用工领域热点难点座谈会

（区人力资源社会保障局　供图）

社会保障

【概况】 2021年，全区社会保障工作贯彻落实优化营商环境等部署要求，通过“政策找人”专项行动、社保政策宣传等方式提升参保率。年内，全区征缴养老、医疗、失业、工伤、生育五大社保基金23.42亿元，落实各项社会保险待遇。其中，养老保险基金收入15.19亿元，医疗（生育）保险基金收入7.30亿元，工伤保险基金收入5009万元，失业保险基金收入4344万元。

【养老保险】 2021年，全区城镇职工养老保险参保12.12万人，基金收入14.23亿元，基金支出16.15亿元，为4.92万名离退休职工发放养老金15.51亿元。6月，根据省人力资源社会保障厅《关于2021年调整退休人员基本养老金的通知》，调整全区企事业单位退休人员养老保险待遇，补发2021年1月至6月调资。其中，企业退休职工44346人调资3594.68万元，人均135元；机关事业单位退休职工3320人调资392.16万元，人均197元。全区居民养老保险参保24027人，基金收入9637万元，为13435名享受居民基本养老保险待遇的参保人员发放养老金7470万元。根据市人力资源社会保障局《关于提高居民基本养老保险基础养老金标准的通知》，自2021年7月1日起，威海市居民基本养老保险基础养老金标准由每人每月154元提高至162元。继续推进被征地农民养老保险工作，落实竹岛街道戚家庄社区，温泉镇柳林社区、江家寨社区、小庄村、冶口社区，张村镇和徐疃社区、桃园社区、东夼村股份经济合作社、新柳社区，羊亭镇港头村、义和社区、大北山村、朱家圈社区等39个村（社区）的养老保障资金3992.83万元。年内，环翠区为318名重度残疾人代缴居民社会养老保险9.54万元，为249名低保对象和特困群体代缴居民社会养老保险7.47万元，为159名建档立卡困难人口代缴居民社会养老保险4.77万元，为23名年满55周岁的重度残疾人提前办理养老保险待遇登记，为12名年满60周岁且未领取国家规定的基本养老保险待遇的建档立卡、低保特困人员办理登记。

【医疗（生育）保险】 2021年，环翠区职工基本医疗保险参保14.25万人，基金收入5.74亿元，基金支出5.32亿元。年内，全区1521人领取生育保险待遇，生育保险基金支出1263万元。全区完成长期护理保险基金收入1268万元，基金支出266万元，228人享受长期护理保险待遇。为188人进行生活自理能力鉴定，其中，24人鉴定为大部分护理依赖，38人鉴定为完全护理依赖，7人鉴定为医疗专护。年内，环翠区居民基本医疗保险参保16.25万人，基金收入1.56亿元。7月1日起，落实市医保局、市卫生健康委员会联合印发的《关于开展城乡居民高血压、糖尿病门诊治疗保障和健康管理专项行动的通知》，完善城乡居民高血压、糖尿病（简称两病）门诊治疗保障政策，扩大纳入“两病”门诊治疗保障人群范围，适度提高“两病”门诊治疗保障待遇水平，拓宽“两病”门诊用药范围，将符合条件的村卫生室、社区卫生服务站纳入定点服务机构范围，促进“两病”治疗保障与健康管理有机结合。1月11日起，落实威海市《关于进一步完善大病保险制度的意见》，扩大职工大病保险保障范围，提高参保人员享受大病保险特药保障待遇。参保人员享用大病保险特药费用起付标准仍为2万元，2万元（含）以上部分补偿比例由60%提高到80%，一个医疗年度内每人最高补偿额度由20万元提高到40万元；将参保人员治疗戈谢病、庞贝氏病和法布雷病3种罕见病的特效药品费用纳入大病保险保障范围，对患上述3种罕见病且符合待遇享受规定条件的参保人员，使用山东省确定特效药品的费用实行单独支付政策。

【工伤保险】 2021年，环翠区参加工伤保险单位6319家，参加工伤保险职工88927人，工伤保险基金收入5009万元，基金支出4512万元。受理职工工伤申请1178件，工伤认定744件。年内，组织伤残鉴定12次，办理劳动能力鉴定427件，发放鉴定书854件。根据市人力资源社会保障局《关于加强工伤康复早期介入工作有关问题的通知》，进行康复查体14人，确认康复治疗8人。

【失业保险】 2021年，环翠区参加失业保险单位7680家，参加失业保险职工7.88万人，失业保险基金收入4344万元，基金支出4893万元。根据《山东省人力资源社会保障厅、山东省财政厅、国家税务总局山东省税务局关于2021年社会保险缴费有关问题的通知》，阶段性降低失业保险费率政策2021年4月30日到期后，延续实施1年至2022年4月30日，继续执行单位比例0.7%、个人比例0.3%。

【社会保险基金监管】 2021年，区人力资源社会保障局对2019年后社会保险基金管理及使用进行风险排查并参加省级抽查，核查6.5万余人，收回多发服刑人员养老金3297.85元。继续开展企业职工提前退休问题专项核查，核查整改2020年提前退休业务。经核查，人力资源社会保障部下发的82条核查数据全部符合要求。在全区范围内开展社会保险基金安全“警示教育月”活动，组织社会保险基金非现场监督，安排专人定期监控处理社会保险基金监管系统疑点信息，分类处理疑点数据，收回多发失业金2.77万元。年内，区医保局组织1000余

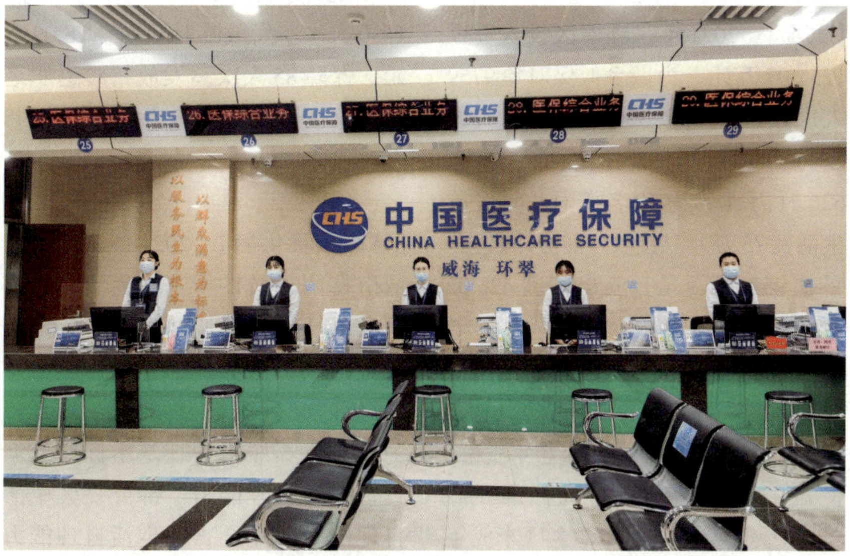

2021年12月20日，环翠区医保服务窗口　　（区医保局　供图）

人次对全区定点医疗机构进行全覆盖检查，针对发现问题，按照《医疗保险服务协议》相关规定进行处理，行政处罚1家，协议处理37家，暂停医保协议12家，追回医保基金159.41万元，罚款0.28万元。

【医疗保障服务】 2021年，区医保局按照医保经办服务标准化示范窗口建设要求，聚焦服务环境、服务能力、服务行为、服务效能、服务评价5个方面，提升医保经办服务标准。对医保服务窗口进行升级改造，实现布局和功能优化整合；推进医保经办业务“网上办”“掌上办”，实现16项业务全省通办、7项业务跨省通办。12月，区医保服务窗口获评山东省第二批医保经办服务标准化窗口。聚焦基层医保服务空缺，推进医保服务下沉，至年末，全区建成各类医保工作站30个，217个村（社区）实现医保帮办代办服务。

（张鲁宁　邹巍巍　初斋林）

民　政

【概况】 2021年，环翠区投入资金1251.07万元，为城乡低保对象9759人次发放低保金624.36万元，为城乡特困人员4493人次发放保障金626.71万元，为50名孤困儿童发放生活费75万元。接收“慈心一日捐”善款957.59万元，支出善款423.02万元，惠及困难群众1068人。养老服务业快速发展，全区有养老机构24家，各类养老床位3798张。年内，建成5处社区食堂和14处老年餐桌，覆盖9个镇（街道）；高标准开展“护童成长”试点工作，全区未成年人救助保护工作做法获评全省民政工作优秀创新案例；环翠区获评“全省城市和谐社区建设示范单位”称号。

【机构调整】 2021年1月，根据《关于深化区级事业单位改革试点实施方案》，环翠区社区建设指导中心由原为区委直属正科级事业单位、区委组织部代管，划归区民政局，成为区民政局所属副科级公益一类事业单位。其职责范围包括：社区建设工作的组织、指导、协调等；社会组织培育孵化、等级评估等；发展和培育社会组织，整合社区资源；社会工作人才队伍建设；配合相关部门开展志愿者队伍建设工作。

【困难群体保障】 2021年，区民政局按时发放困难群体保障资金，救助保障困难群众。城市居民最低生活保障标准由每人每月787元调整为866元，农村居民最低生活保障标准由每人每月588元调整为667元。全年保障城乡低保对象9759人次，发放低保金624.36万元。发放困难残疾人生活补贴98.71万元，保障7327人次；发放重度残疾人生活补贴468.65万元，保障3.69万人次。发放困难老年人补贴41.98万元，保障4580人次。发放临时救助金28.09万元，保障85人次。发放精减退职老职工40%救济金8.89万元，保障48人次。

【特困人员供养】 2021年，环翠区城市特困人员供养基本生活标准由每人每月1024元调整为1169元，农村特困人员供养基本生活标准由每人每月765元调整为900元。城乡特困人员供养照料护理基本标准依据具备生活自理能力、部分丧失生活自理能力、完全丧失生活自理能力情况，分别为每人每年3627元、6045元、12089元。全年保障城市特困人员669人次，发放保障金122.41万元；保障农村特困人员3824人次，发放保障金504.3万元。整合资源，将94名农村集中供养特困人员搬迁到区万福苑老年公寓，在居住环境、资金保障、服务管理方面率先实现城乡集中供养一体化，改善特困人员生活条件。为220户分散供养特困老年人进行适老化环境改造，更换硬件设施，安装智能设备，改善居家生活环境。开展“春风万家”行动，对分散供养特困人员，根据其自愿选择的助餐、助洁、助医等项目，开展政府购买居家服务，按照生活不能自理、部分自理和能自理3种标准，每人每月分别提供60小时、45小时和15小时居家服务。年内，为2543人次提供服务44523小时。在全省特困人员供养救助培训会上，环翠区作经验交流发言。

【未成年人救助保护】 2021年，全区保障散居孤儿7人、重点困境儿童1人、事实无人抚养儿童30人、受艾滋病影响儿童12人，发放生活费75万余元。散居孤儿抚养生活费标准每人每月1650元，事实无人抚养儿童生活费标准参照散居孤儿保障水平，每人每月1650元，重点困境儿童抚养生活费标准每人每月1540元，享受城乡低保救助的困境儿童，采取补差方法发放生活费。高标准开展“护童成长”试点工作，在区民政局社会救助和社会事务科加挂“儿童福利科”牌子，设立环翠区未成年人救助保护中心，9个镇（街道）设立未成年人救助保护站，全区217个村（社区）全部设立儿童之家，实现“区—镇（街道）—村（社区）”三级未成年人救助保护服务机构全覆盖。培育27家儿童服务类社会组织，鼓励其深入镇（街道）、村（社区）开展专业儿童服务。全区未成年人救助保护工作做法获评省民政工作优秀创新案例。

【慈善救助】 2021年，全区通过“慈心一日捐”活动接收善款957.59万元，支出善款423.02万元，惠及困难群众1068人。其中，冠名基金、定向捐款救助困难群众544人，支出善款104.52万元；救助遇困高考新生2人，支出善款0.7万元；救助大病困难群众522人，支出善款317.8万元。设立全市首只“慈善农村信用基金”，动员企业将部分捐赠资金定向用于乡村振兴、农村信用体系建设，探索慈善助力乡村振兴路径。对开展“信用超市”建设并达标的行政村按照集体经济年收入进行奖补，为74个行政村发放奖补基金44.5万元。区慈善总会在2021年社会组织等级评估中获评AAAAA等级。

【养老服务】 2021年，环翠区养老服务业快速发展，老年公寓项目完成综合验收，近20年历史遗留问题得以解决。全区有各类养老机构24家、各类养老床位3798张，建设镇（街道）养老服务中心5处。依托环翠楼街道养老服务中心试点开展家庭养老床位工作，由专业养老机构进行签约改造。年内，环翠楼街道17个社区106户老年人家庭中完成签约改造20户。新建社区食堂5处（孙家疃街道育海社区食堂、张村镇魏桥社区食堂、羊亭镇新阳社区食堂、桥头镇滨河社区食堂、温泉镇明珠社区食堂）、农村老年餐桌14处（温泉镇邹家庄老年餐桌、西七夼老年餐桌、汤河北老年餐桌，嵩山街道小镇村五家疃老年餐桌、小镇村西庄老年餐桌，桥头镇报信老年餐桌、马井泊老年餐桌、彭家埠老年餐桌，羊亭镇贝草夼老年餐桌、杜家庄老年餐桌、北上夼老年餐桌、南小城老年餐桌、上炉老年餐桌、下炉老年餐桌）。

【社会组织管理】 2021年，全区214家社会组织参加2020年度网上年检。区民政局处理涉及社会组织不稳定因素信访件满意率100%。年内，区民政局联合区发展改革局，对全区行业协会、商会等社会团体乱收费行为进行专项整顿，未发现乱收费行为。

2021年9月，桥头镇滨河社区食堂 （区民政局 供图）

【基层社会治理】 2021年，环翠区推进党组织领导下的村（社区）自治机制，区民政局配合组织部门完成村（社区）“两委”换届选举；开展村务公开“阳光工程”示范点建设，搭建村民说事、议事、主事平台，完善村民决策机制。加强社区服务能力建设，开展社区骨干大练兵活动，实行社区工作人员交流轮岗制度，提高社区工作人员能力素质。鼓励相关人员参加全国社会工作者职业水平考试，40人通过全国社会工作者职业水平考试，全区社会工作者持证总人数500人。围绕“五位一体”社会治理共同体打造，培育“社区通”小巷管家1.4万名，为管家队伍制作统一标识牌、工具包，推行管家定岗定责机制，引导小巷管家规范有序参与社区治理。培育发展社区社会组织，9个镇（街道）全部建立社会工作站和社区社会组织联合会，全区备案社区社会组织1240个。加快推进“信用进社区”工作，指导各社区把信用建设与志愿服务、商圈管理、社会组织、重点工作等融合，将信用建设触角延伸至社区治理各个角落。各社区开展志愿服务活动1300余场次，参与者2.1万余人次。与700余家商户签订诚信经营承诺书，发放诚信经营宣传材料5.5万余份。在北门外、东北村等优秀社区基础上，发掘鲸园街道古陌社区、环翠楼街道海城社区、孙家疃街道安海社区等不同类别诚信精品社区。开展第三届党建引领精致社区建设暨公益创投活动，投资45万元，扶持28个社会组织参与公益创投项目32个，开展活动562次，服务居民19681人次，激发社会组织参与社会治理的活力。

【婚姻、收养登记】 2021年，环翠区办理内地居民结婚登记4493对、离婚登记1634对，补办婚姻登记8对。办理涉外、涉华侨、涉港澳台居民结婚登记17对、离婚登记2对。规范收养登记，办理收养登记14例，在全市首次委托专业社会组织开展收养评估，保障被收养人的合法权益。

【惠民殡葬】 2021年，环翠区火化遗体6262具，根据惠民殡葬政策，免除其中4872人火化费用584.64万元。建成树葬区1处（环翠区殡葬事务服务中心安福苑）、镇（街道）级公墓1处（嵩山街道范家埠公墓）。推行节地生态安葬，倡导树葬、草坪葬、花坛葬等安葬方式。11月，环翠区在区殡葬事务服务中心安福苑举行首届公益生态树葬集体活动，倡树殡葬新风尚。

（许　琳）

社会治理

【概况】 2021年，区社会治理服务中心聚焦“12345”政务服务便民热线、网格化服务管理、数字城管等服务平台，完成相关案件处置工作，推进基层社会治理现代化水平提升。年内，处置各类诉求信息43.3万件；“网格化+吹哨报到”全响应工作机制被市委、市政府列为比学赶超活动典型经验，并被市“学党史、办实事”现场推进会、全市市域社会治理现代化工作现场推进会予以推广。

【机构调整】 2021年1月，环翠区整合区社会治安综合治理中心（区网格化治理中心）、区城市管理服务中心、区民生热线服务中心及区社区

2021年9月10日，区社会治理服务中心召开“12345”政务服务热线专题培训会议
（区社会治理服务中心　供图）

建设指导中心网格化相关职能，组建区社会治安综合治理服务中心，加挂区网格化服务管理中心、区“12345”政务服务热线中心牌子，主要承担社会治安综合治理、网格化服务管理、城市管理服务、“12345”政务服务便民热线服务等职能。8月12日，更名为区社会治理服务中心，为区委直属正科级事业单位。

【群众热线诉求办理】 2021年3月，环翠区印发《群众热线诉求工作机制》，对群众热线从受理转办、诉求办理、分析研判、督办考核等方面予以规范，对承办单位进行清单式指导。年内，受理、转办群众热线诉求91748件，比2020年、2019年分别增长11.65%、55.24%。针对群众集中反映问题、不满意问题、责任单位有争议问题等，采取系统督办、现场督办、书面督办等方式进行解决，现场核查督办248次，发送系统督办单78件、纸质督办单27件，印发督办工作专报2期、考核通报10期。根据热线受理情况、部门办理情况，结合全区重点工作，综合分析研判热点、难点问题，为领导决策和部门工作开展提供依据。至年末，整理上报《领导参阅》14期、《群众热线诉求处置一周工作动态》47期、《群众热线诉求处置舆情周报》29期、领导接访材料100余份。

【网格化服务管理】 2021年，环翠区印发《关于进一步深化网格化治理暨吹哨报到全响应机制的实施意见》，从巡查上报、受理分流、协同办理、考核评价、分析研判5个方面制定常态巡查、责任清单制等13项工作机制；建立基层社会治理专家引领机制，从社区、机关企事业单位、社会组织等机构遴选33名基层社会治理经验丰富人员组成专家库，就社会治理难点问题开展集体会诊。建立周通报、月研判工作机制，发布通报32期，抽查网格员949人次。创新“一哨即办、三哨分流”的“四哨工作法”，将镇（街道）各渠道收集的群众诉求作为哨源，根据处置难易程度，分成“常规哨”“联合哨”“攻坚哨”和“重点哨”。镇（街道）以“哨”为令，部门闻

2021年7月27日，区社会治安综合治理服务中心召开各镇（街道）网格员座谈会
（区社会治理服务中心　供图）

“哨”而动，推动各类服务管理资源向网格下沉，全面收集、快速解决群众诉求。年内，网格员上报巡查走访网格日志98.3万篇、网格事件30.2万件，事件处置率100%。分级分层组织网格员知识技能竞赛，镇（街道）通过闭卷考试、临场竞赛等形式，组织各类比赛15场次，692人参与。区社会治理服务中心从各镇（街道）选拔9支代表队参赛，采用“1+9”（1个主会场，9个分会场）模式面向社会全程直播。选拔3名选手参加市级网格员知识技能竞赛，全部获奖。

【数字城管案件处置】　2021年，区社会治理服务中心采取观摩调研、培训学习、现场办公等方式，对标先进，分析差距，制定解决措施，提升城管案件处置效率。年内，开展各类观摩学习调研活动13次、业务培训及座谈会4次、难点案件现场办公130余件次。针对重点案件前置管控、案件处置不达标返工等问题，建立工作预警制度和返工案件跟踪分析制度，发布各类工作提醒函60期、返工案例分析150件，为案件处置部门提供改进措施和指导意见。至年末，数字城管接收市级平台派遣案件43481件、区级应处置案件40141件，处置率100%，按期结案率99.89%。

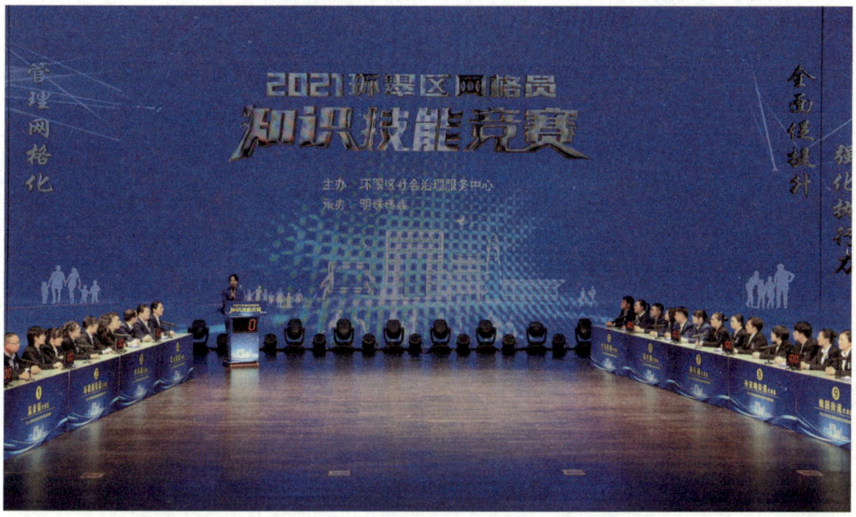

2021年10月13日，区社会治理服务中心在市群众艺术馆举办“2021环翠区网格员知识技能竞赛”
（区社会治理服务中心　供图）

【社会信息收集管理】　2021年，区社会治理服务中心结合工作部署，先后10次向信息员发布信息提醒，引导信息员捕捉摸排预警信息，为各类矛盾纠纷提前发现、提前处置提供信息支撑。至年末，信息员报送各类有价值信息2698条，其中重要信息4条。

（张春晖）

民族宗教

【概况】　2021年，区委统战部贯彻落实党的民族宗教工作基本方针和政策，完善民族宗教工作体制机制，以铸牢中华民族共同体意识为主线，开展民族团结进步示范创建工作、民族宗教政策法规学习月、民族团结宣传月等活动，构筑民间信仰场所爱国主义教育新阵地，维护民族宗教领域和谐稳定。至年末，创建省级民族团结进步示范单位2处、省级民族团结进步示范岗位1处；创建市级民族团结进步示范单位4处、市级民族团结进步和美家庭2个、市级民族团结进步示范岗位1处。区委统战部（区民族宗教事务局）获评“山东省民族宗教系统先进集体”，为威海市唯一。

【省级领导调研民族工作】　2021年6月24日、8月11日，省委常委、统战部部长张江汀，省民族宗教事务委员会党组书记白山先后到环翠区省级民族团结进步示范学校——千山路小学，调研铸牢中华民族共同体意识试点、国家级民族团结进步创建工作。

【全市宗教工作现场观摩】 2021年5月27日，威海市宗教工作基层基础建设座谈会暨宗教干部培训班分别在羊亭镇、竹岛街道、嵩山街道开展现场观摩教学，推广环翠区宗教工作基层基础建设和民间信仰场所规范管理先进经验。

【民族宗教政策法规学习】 2021年6月，区委统战部开展“党在心中·与法同行”民族宗教政策法规学习月活动，重点学习《中国共产党统一战线工作条例》《山东省民族工作条例》《宗教事务条例》《山东省宗教事务条例》《宗教教职人员管理办法》等13部民族宗教方面的政策法规和制度。组织开展送法下乡、政策咨询、知识讲座等活动200余场，受众8000余人，发放宣传材料2万余份，提升全区民族宗教工作法治化水平，提高群众民族宗教政策法规意识。

【民族团结进步创建】 2021年，环翠区以铸牢中华民族共同体意识为主线，通过开展民族团结进步宣传月活动，推进城市民族工作品牌创建工作。9月，区委统战部组织“花开威海石榴红　团结奋进心向党”民族团结进步宣传月活动，开展共庆传统节日、共绘衍纸画、共讲民族团结故事、身边民族团结故事交流会、看民族团结电影等宣传活动30余场次，解答群众咨询200余人次，张贴宣传标语及横幅1000余条，发放宣传材料5000余份，覆盖党员群众1万人次，营造民族团结进步良好氛围。至年末，创建省级民族团结进步示范单位2处（环翠楼街道南山社区、温泉镇双泉城社区）、省级民族团结进步示范岗位1处（山东汇泉工业有限公司技术部培训岗）；创建市级民族团结进步示范单位4处（威海市福泰小学、环翠楼街道南山社区、温泉镇双泉城社区、张村镇怡沁园社区）、市级民族团结进步和美家庭2个（鲸园街道古北社区安顺杰、长征社区龙光）、市级民族团结进步示范岗位1处（山东汇泉工业有限公司技术部培训岗），7处市级民族团结进步示范单位、和美家庭、示范岗位同时获“红石榴”品牌荣誉。

（张钦雯）

2021年9月8日，鲸园街道东山社区开展“中华民族一家亲”活动

（区委统战部　供图）

残疾人事业

【概况】 2021年，全区残疾人工作落实各项惠残助残政策，服务残疾人。1575名重度残疾人享受居民医疗保险补贴，318名重度残疾人免缴居民养老保险，14名鳏寡孤独残疾人享受家政服务，为123名残疾人实施白内障复明手术、155名精神残疾人享受服药救助，新办残疾人证833个，安置295名残疾人就业，为580名残疾人办理社区食堂优惠就餐卡。

【残疾人保障】 2021年，环翠区确定100户残疾人家庭作为帮扶对象，按照每户每年2000元的标准，发放20万元帮扶资金。按照每人每年300元的标准，为318名重度残疾人代缴居民养老保险9.54万元；按照未成年人每人每年200元、成年人每人每年450元的标准，为1575名参保重度残疾人发放居民医疗保险补贴67.43万元；为14名老无所养、鳏寡孤独残疾人购买家政服务，发放服务资金3.98万元；将2940名重度残疾人纳入重度残疾人护理补贴保障范围，将559名低保残疾人纳入困难残疾人生活补贴保障范围；为23名参加居民养老保险达到缴费年限且年满55周岁的重度残疾人办理领取养老金手续；为100户残疾人家庭发放春节救助慰问金12万元。

年内，环翠区推行公共场所无障碍设施建设，城市新建道路和道路改造均铺设盲道，银行、邮政等

2021年5月14日，区残联联合威海市爱援祥公益服务中心在幸福门广场举办“巩固残疾人脱贫成果　提高残疾人生活质量——第31次全国助残日公益活动盛典”　（区残联　供图）

公共服务机构均设置无障碍设施，为残疾人出行提供方便。实施残疾人无障碍设施进家庭项目，为桥头镇143户困难残疾人家庭安装坡道、扶手，提供坐便椅、轮椅、手杖、手环、盲杖等。全区残疾人享受与老年人同等就餐和通信费补贴优惠政策，为580名残疾人办理社区食堂优惠就餐卡；为3536名残疾人发放电话机，给予每户每月10元通信费补贴。

【残疾人康复】 2021年，环翠区实施精神残疾人医疗救助、辅助器具适配、重度肢体残疾人居家康复等重点康复项目，抓好项目规范化管理，提升康复服务质量。为155名精神残疾人提供服药救助；为591名视力、听力、肢体残疾人提供辅具适配服务，发放护理床等辅具748件；为123名白内障患者实施复明手术；安排229名0~17岁智力障碍、脑瘫、孤独症儿童，到定点专业机构进行康复训练。宣传推广“山东省残疾人家庭医生签约服务一点通”，融合基层卫生医疗、社会组织和公益助残等各方力量，做好残疾人社区康复工作，签约残疾人4353名。

【残疾人就业】 2021年，全区149家企业安置295名残疾人就业。区残联培育石磨艾绒工艺品加工坊和长城爱心大本营两处辅助性就业机构，吸纳34名智力障碍、重度肢体残疾人从事石磨艾绒制作和紫砂壶制作工作；开展残疾人职业技能培训，34名残疾人参加石磨艾绒制作技能培训，22名残疾人参加国画、油画、书法、缝纫等技能培训，2名残疾人参加盲人按摩技能培训。

【助残活动】 2021年“全国助残日”和“残疾预防日”期间，区残联开展走访慰问、户外宣传、健康义诊等系列助残活动，多渠道、多形式宣传残疾预防知识和残疾儿童康复救助政策。在汇聚慈善力量助力乡村振兴的“居然之家杯9·5公益挑战赛”中，区残联联合长城爱心大本营以及爱心企业，融合慈善助残、乡村振兴、精致城市等元素，营造慈善氛围，引领残疾人走出家门、融入社会。10月15日，区残联举办第四届“助残圆梦　爱在威海”残疾人公益书画展，售出参展作品价值72432元。

【残疾人之家建设】 2021年，“如康家园”残疾人之家采用“平台+服务”形式，聚焦16周岁以上智力障碍、精神和重度肢体残疾人群体，为其提供辅助性就业、日间照料、社区康复、技能培训、文体活动、助残服务等基本服务。作为全省“如康家园”建设试点区，环翠区2021年在全市率先建成并运营2处（温泉镇、竹岛街道）残疾人“如康家园”，举办培训班4期，帮助34名智力障碍、重度肢体残疾人实现辅助性就业。10月16日，山东省东部片区“如康家园”建设现场观摩活动在威海举行，中国残疾人联合会党组成员、副主席、副理事长程凯带队到环翠区调研“如康家园”建设情况，并给予肯定。

【助力乡村振兴】 2021年，区残联针对帮扶村桥头镇报信村83名残疾人的康复和生活需求，打造50平方米综合康复室，改建6.5米无障碍通道。联合社会爱心组织捐赠价值1万元建设用砖，帮助完善大棚基础设施建设。捐赠信用商品1宗，用于信用超市的正常运转。完善村庄信用档案，建立村庄信用体系，340余人完成兑换，获得积分6800分。

（曲科熔）

红十字会

【概况】 2021年，区红十字会将红十字人道领域业务融入“五位一体”社区治理工作，推进“博爱家园”建设，通过开展应急救护培训、人道救助、志愿服务、为社区配备应急救护用品等工作，搭建红十字会联系服务群众的桥梁。年内，建成“博爱家园”3处，1人成功捐献造血干细胞，1人捐献遗体。

【党组设立】 2021年5月27日，区红十字会根据《中共威海市环翠区委关于设立中国共产党威海市环翠区红十字会党组的通知》，设立中国共产党威海市环翠区红十字会党组，党组织关系隶属区委。

【“博爱家园”建设】 2021年，区红十字会把“博爱家园”建设作为强基工程重要举措，以有组织、有队伍、有阵地、有活动、有制度、有项目“六有”标准，首批建成环翠楼街道东北村社区、鲸园街道朝阳社区、竹岛街道海天社区3处“博爱家园”，成为全省第一批城市社区“博爱家园”示范点。整合党群服务中心、便民服务中心等资源，发挥“博爱家园”主阵地作用，以制度化促进“博爱家园”活动规范化开展。参与城市社区网格化管理和组团式服务，为社区配备自动体外除颤仪、应急包、医疗箱、血压计、轮椅、拐杖，以及口罩、体温计、消毒液、酒精等用品，保障应急救援器材到位。立足“五位一体”治理模式，将红十字会工作与社区治理融合，建设社区“博爱家园”活动室、博爱图书馆、健康小屋、博爱义仓、博爱科普馆等系列活动场所，成立

2021年5月12日，区红十字会举行“王杰同志赴济南捐献造血干细胞欢送仪式” （区红十字会 供图）

“红十字志愿服务队”，开展“线上+线下”急救知识普及、便民志愿服务、帮扶救困等特色志愿服务活动20余场。

【应急救护培训】 2021年，区红十字会常态化开展应急救护知识进社区、进农村、进学校、进机关等活动，打造“红十字救在你身边”品牌。年内，对全区66所幼儿园1475名工作人员进行应急救护知识培训；10月22日，指导环翠中学成立全市首个学生应急救护社团——威海市环翠中学急救志愿服务自主社团；11月25日，到环翠楼街道东北村社区开展应急救护知识培训；12月17日，到市委党校为全区科级干部进修班学员普及应急救护知识。

【造血干细胞捐献】 2021年5月12日，中国电信股份有限公司威海分公司员工王杰到济南捐献造血干细胞，成为环翠区第9例、威海市第87例造血干细胞成功捐献者。9月17日，在第七个“世界骨髓捐献者日”到来之际，区红十字会开展造血干细胞血样采集活动，完成131份造血干细胞血样采集，推动无偿献血、造血干细胞血样采集入库工作。

【遗体和器官捐献】 2021年6月，环翠楼街道塔山社区1名老人捐献遗体和眼角膜，成为全区第4例遗体捐献者、第10例器官捐献者。年内，区红十字会在威海卫人民医院和威海口腔医院等显要位置，悬挂捐献器官、遗体（角膜）宣传看板，动员更多人关注、参与遗体和器官捐献工作。

（刘佳慧）

镇（街道）

环翠楼街道

【概况】 环翠楼街道位于环翠区城区中部，东至威海湾，西至奈古山接高新区，南至同心路接竹岛街道，北至昆明路接鲸园街道，面积4.48平方千米，是区委、区政府驻地。街道办事处驻鸿武社区，辖17个城市社区，户籍人口40582人。辖区有中学1所、小学2所、幼儿园6所，医院1所、社区卫生服务机构3所。2021年，环翠楼街道实现税收13.76亿元，比上年增长21.34%；一般公共财政预算收入7.19亿元，增长23.63%；固定资产投资2.66亿元，下降39.07%。

【党建工作】 基层党组织建设。2021年，环翠楼街道党工委完成17个社区“两委”换届，推选“两委”干部105人，培训“两委”班子新成员5期150余人。理顺基层组织架构，30家企业中18家独立组建党支部，5家成立实体性联合党支部，7家成立2个功能型联合党支部，“两新”组织实体性党支部覆盖率76.67%。深化评星定级机制，提名申报五星党支部5个，挖掘、推广优秀支部工作法5个。东北村社区党总支获评“山东省先进基层党组织”，海城社区党委获评“威海市先进基层党组织”。推进“红色物业”建设，在18个小区落实“红色物业”工作标准，业委会组建率、业委会党组织覆盖率和物业企业党组织覆盖率均100%，东北村社区成为“红色物业”高质量发展专家座谈会观摩点。环翠楼商圈党群服务中心党委获评“山东省‘两新’组织党建工作示范点”。

党员队伍建设。2021年，环翠楼街道党工委落实“三会一课”制度，各基层党组织组织党员集中观看《长津湖》《村头村尾》等影片，开展主题党日活动1013次、党课608次。年内，发展正式党员17名、预备党员24名、入党积极分子57名。开展联系服务群众活动，三季度牵头走访居民1.2万余户，整改问题105条。严肃换届纪律，组织开展集体谈话3场次、“一对一”重点谈话40人次，累计谈话102人次。严格规范党代表推选流程，组织辖区71个党支部开展各级党代表推选工作。

党风廉政建设。2021年，环翠楼街道党工委严守职责定位，规范基层权力运行，召开党工委会议3次，专题研究党风廉政工作，将党风廉政建设与街道中心工作同部署、同落实。强化政治监督，推进干部作风建设，印发《环翠楼街道纪工委重点工作监督执纪督查方案》，对国家卫生城市复审迎检、渔船管控、干部作风等关键工作进行监督检查，发布督查专报3期，通报4人次。下达执行党纪处分5份，约谈200余人次，通报批评9人次，谈话提醒1人次。开展清廉教育，打造廉政舆论宣传阵地，组织参观“学党史　明纪律　促廉洁”百年党纪漫画作品展；开展“警钟长鸣十二时”廉政宣讲；观看《费尽心机　欲壑难填》《用权失范终自戕》《警钟长鸣——严肃换届纪律教育警示录》等警示教育专题片；参观里口山“十八里担架道”红色印记馆、贝草夼地下交通站展馆等爱国主义教育基地，从正反两方面强化纪律意识，筑牢拒腐防变思想防线。新建塔山社区、海城社区两处“清廉之角”，在属相街显示屏滚动播放廉政漫画，在环翠楼公园广场开设廉政漫画展，营造风清气正的廉政氛围。

【项目建设】 2021年，环翠楼街道

2021年6月29日，环翠区“繁荣夜间经济属相街主题活动月”启动

（环翠楼街道　供图）

实施重点产业项目7个，总投资26.09亿元。其中，新建项目4个（威海创新园大数据智能科技中心项目、威海数字经济创新中心项目、威高口腔医疗服务中心项目、华海口腔项目），续建项目3个（栖霞街特色商业步行街改造项目、属相街卫城大院文旅综合体项目、威高广场嘉禾天地升级改造项目）。抓住跨境电商发展契机，利用中韩自贸区等优势政策，协助企业办理跨境电商业务，新增跨境电商企业10家，完成进出口总值10.28亿元。将环翠楼商圈党群服务中心作为联系服务企业的重要载体，与北京交通大学等高校签订合作协议3份，服务市立医院创新平台、文远创客联合实验室2个项目签约，协助辖区1047家企业在全国中小企业信贷平台进行注册认证并发布融资需求；实施“青鸟计划”，组织全季酒店等企业到威海职业学院等院校招聘企业管理服务人才，招引各类人才256人。

【精致城市建设】 2021年，环翠楼街道以精致城市建设为契机，加强环境整治和社区建设。西城路农贸市场、水产批发市场等重点区域卫生死角、乱堆乱放、“僵尸车”等问题得到改善。拆除历史复杂、居民反响强烈的文峰三街北侧60余年的临时建筑约800平方米。拆除文峰一街5号楼南侧二层挡土墙及附属建筑，恢复护坡，解决塌方隐患。完成前进社区老旧小区改造，改造建筑面积13万平方米，惠及群众1161户。改造升级南山社区文峰四街平房区域环境卫生、公厕、污水排放等，拆除公厕7座，新建公厕2座，新修污水管道5处，硬化路面300平方米。完成文峰四街雨水管道、顺河街213号楼南污水管道改造，解决雨水直排、污水外溢等问题。整治提升统一路隧道北出口至世昌大道330米路段，粉刷墙面，彩绘墙体，统一更换道路两侧门市房门头。

【“繁荣夜间经济属相街主题活动月”启动】 2021年，改造后的属相街以繁荣夜间经济主题活动月为契机，引入非遗业态，创新信用融合，成为网红打卡地，日均客流量较改造前增加80%以上，获评全省诚信消费满意示范街区。在6月29日至7月末环翠区“繁荣夜间经济属相街主题活动月”期间，属相街举办主题灯光表演、歌舞表演、集市等丰富多彩的活动，通过空间移步换景、创新信用融合，营造人、景、文、旅、商深度融合沉浸式消费体验。年内，属相街成为首批山东省夜间文化和旅游消费集聚区。

【财金中心项目竣工】 2021年8月5日，财金中心项目竣工。项目位于世昌大道39号（世昌大道与人防路交会处），包括3幢大楼，总投资2.5亿元，总建筑面积50495平方米。项目以金融产业、星级酒店、高端商

2021年8月5日，财金中心项目竣工　　（环翠楼街道　供图）

2021年11月4日，东北村社区“全国示范性老年友好型社区”挂牌
（环翠楼街道　供图）

务办公等楼宇经济为核心业态，打造威海金融中心。至年末，中国太平洋保险（集团）股份有限公司人寿保险入驻运营，兴业银行威海分行进入装修阶段，泰康人寿保险股份有限公司、平安人寿保险股份有限公司等项目在洽谈中。

【栖霞街改造工程】　栖霞街是环翠区城区也是威海市中心城区唯一保留的百年老街。2021年，栖霞街改造工程进入实施阶段。4月16日，工作专班成立；5月5日，工作专班临时党支部成立；6月14日，一期工程产生的土堆清运结束；同月16日，地块一房屋拆除完毕；7月20日，举行产权置换公开选房；8月6日，地块二房屋开始拆除；12月3日，地块一摘牌开始基础施工。至年末，拆除房屋面积3.61万平方米。

【东北村社区获评“全国示范性老年友好型社区”】　2021年，东北村社区从老年人视角出发，满足老年人多元化需求。升级改造党群服务中心，增设电梯、老年活动空间，为高龄老人安装卫生间及楼道扶手，在29个楼道安装87台物联网感烟器，为100余户老人家庭安装电路灭弧装置，消除老旧住宅火灾隐患，打造适老化人居环境。开展适老化服务，以项目化方式，开展DIY手工制作、文艺演出等活动；与社区卫生服务中心合作，为每位老人签约家庭医生；每周一下午，为高龄独居老人、失独老人送一顿晚餐。发挥老年人余热，提升老年人生活品质，动员老年人参与编写社区大事记、征集老物件；引导老年人开展楼道蜘蛛网整治、特色楼道打造等工作；组建老年居民“卫城顾问团”，参与属相街改造。10月，东北村社区被国家卫生健康委员会、全国老龄工作委员会评为首批“全国示范性老年友好型社区”。

（刘　辰）

竹岛街道

【概况】　竹岛街道位于环翠区城区中部，东部濒临黄海，西与张村镇接壤，南接嵩山街道、经开区皇冠街道，北至塔山接环翠楼街道，面积23.6平方千米。街道办事处驻观海社区，辖26个城市社区，有6个集体经济组织，户籍人口88804人。辖区有初中3所、小学4所、幼儿园13所，医院10所、社区卫生服务机构1所。2021年，竹岛街道实现一般公共预算收入7.18亿元，比上年下降1.98%；完成固定资产投资36亿元，增长17%；外资到账2188万美元，下降43.9%；进出口总额47.91亿元，增长14.9%。

2021年竹岛街道各集体经济组织基本情况表

表21

序号	集体经济组织名称	党组织书记	理事长	集体经济收入（万元）	人均纯收入（元）
1	山东望岛集团公司	卢剑钊	卢剑钊	1936.41	27233
2	戚家庄社区股份经济合作社	刘　玮	刘　玮	300.00	23440
3	南竹岛社区股份经济合作社	戚本德	戚本德	359.44	21101
4	陶家夼社区股份经济合作社	陶建军	陶建军	529.00	36564
5	戚家夼社区股份经济合作社	戚务忠	戚务忠	489.00	20227
6	侨乡北竹岛关爱互助中心	李文琛	李文琛	–	–

【党建工作】 基层党组织建设。2021年，竹岛街道党工委对需要研究谋划的党建制度规定、工作计划、重点工作和重大活动进行分类指导，严格评查考核；把党建工作与各项业务工作同时部署，同时实施，同时检查。落实“三会一课”制度，采取现场检查、调阅党务工作记录簿和会议记录等方式，加强“三会一课”制度落实情况检查督导，严格党员考察及培养流程。完成26个社区和6个集体经济组织党组织班子理顺和换届工作，选举产生167名社区“两委”成员，“两委”成员专科以上学历比上届提升28%，平均年龄由41岁降低到39岁，实现学历、年龄“一升一降”。按照全区实施“红色物业”工程相关部署要求，加强社区物业党建联建，所有住宅小区均完成“红色物业”相关工作，实现党组织全覆盖，翠竹社区和保利凯旋花园党建引领物业项目被评为市级“红色物业”示范项目。按要求开展主题党日、组织生活会、“三会一课”、联席会议等组织生活活动，认领“共享花园”“融安家园”“暖在园中”“爱家无忧”等社区党建项目47个，提高社区党组织凝聚力。

党员队伍建设。2021年，竹岛街道党工委规范发展党员工作流程，全程记录发展党员“5个阶段、25个步骤”，在确定入党积极分子、确定党员发展对象、接收预备党员、预备党员转正4个环节严格实行票决制度。全年发展党员33名、入党积极分子70名。加强党员队伍建设，成立“初心讲堂”宣讲团，开展党史学习教育宣讲活动30余场。组织社区诗歌爱好者汇编党史学习教育诗词100余首，实现家门口学党史。

党风廉政建设。2021年，竹岛街道党工委强化街道“两委”干部和党员廉政教育，每月开展1次党规党纪和廉洁自律教育，各社区、集体经济组织开展党风廉政宣传教育活动200余场次，开展“学论述　正家风”系列活动30余场次。创新廉政教育方式，协助区纪委监委举办“学党史　明纪律　促清廉”百年党纪漫画作品展，组织街道80余人次参观学习。在海源社区、渔港路社区、星乐公园打造3处“清廉之角”，营造崇廉尚洁氛围。运用监督执纪“第一种形态”，对机关、社区干部谈话提醒、通报20余人次。

【招商引资及项目推进】 2021年，竹岛街道实现外资到账2188万美元，其中富力星光天地项目2023万美元、中韩跨境电商产业园项目115万美元、瑞丽数字科技（威海）有限公司50万美元；完成内资实物工作量1.7亿元，其中富力星光天地项目1.4亿元、伊思德酒店项目2000万元、舒海创新创业综合商务服务平台项目1000万元。对接服务项目11个，其中总投资7276万元的威海瑞丽星园、伊思德酒店、中韩跨境电商产业园3个项目投产。实施区级重点产业项目16个，总投资167亿元。至年末，投产6个项目（威海城建集团有限公司城建大厦项目、威海华新药业集团有限公司华新广场商业综合体装修改造项目、艾丽斯酒店装修项目、威海长信医疗科技有限公司医疗孵化中心项目、威海君际酒店管理有限公司威海君际酒店装修改造项目、望岛工业园老厂房改造升级项目）。引进天安人寿保险股份有限公司威海中心支公司、恒安标准人寿保险有限公司威海中心支公司2家金融保险机构，升级优化中信金融特色楼宇，辖区内金融机构总数达到49家，其中市级以上金融机构42家。

【精致城市建设】 2021年，竹岛街道将精致城市建设作为贯穿全年工作任务，投资4100万元，改造金凤苑小区、中信小区等5个老旧小区住宅楼28幢，受益群众近万人。结合胶州路市场改造，新建拾信园、怡境园2处口袋游园，改造面积2950平方米，辖区小游园、口袋游园总数57处。投资210万元，对7个小区进行智慧化改造，提升居民生活品质。打造观海小区南停车场，新增停车位351个，解决新威附路停车

2021年11月10日，竹岛街道“初心讲堂”宣讲团走进观海社区

（竹岛街道　供图）

难题。

【精神文明建设】 2021年，竹岛街道开展“初心讲堂”红色宣讲团进社区活动32场，受众2000余人；基层党组织书记围绕中共中央总书记习近平“七一”重要讲话、中共十九届六中全会精神开展基层宣讲17场。通过“今日竹岛”微信公众号发布稿件773篇，“学习强国”学习平台发布稿件225篇（全国学习平台35篇、山东学习平台190篇）；国家级媒体发布稿件15篇，省级媒体发布稿件50余篇，市级媒体发布稿件210余篇，增强社会主义核心价值观引领能力。年内，竹岛街道评选区级好人5名（唐英俊、宋文英、王茂申、赵秀武、戚秀娟）、威海好人2名（宋文英、张栋欣）、山东好人1名（王艳敏）。打造具有竹岛特色的网红打卡地，辖区新威附路历史文化街区、金线顶公园被中央广播电视总台、山东广播电视台报道。

【新威附路历史文化街区】 新威附路历史文化街区东至海滨路，西至新威路，南至海平街，北至陶瓷路，南北长870米，占地15.6公顷。历史上，此地诞生过威海卫第一个党小组、第一家船厂、第一家陶瓷厂，是一条拥有历史文化底蕴的老街。竹岛街道挖掘威海卫第一个党小组活动旧址、陶瓷厂、宽仁院、船厂旧址等历史文化积淀，与文创咖啡、特色酒吧、服装定制、创意美食等现代文化融合，聚集文化业态商户60余家，使街区逐步转向文化展示与体验、游览、购物、餐饮、休闲娱乐多元化发展，老城古街孕育出时尚活力，成为网红打卡地。2021年，六角亭等亮点景观工程改造提升完成，街区标识和相关文创产品制作完成。陶瓷厂园区内引入吉呈轩省级非遗传统锔艺文化，格莱美、STAM、捷捷、后街多家特色酒吧，以及其他特色文化业态10家。

2021年7月20日，新威附路历史文化街区　（竹岛街道　供图）

【总部经济党群服务中心】 2021年，竹岛街道建成总部经济党群服务中心（简称中心），总面积700余平方米，服务辖区市管国企、纳税500万元以上企业87家。联合辖区商务大厦、蓝海国际等15座商务楼宇，成立楼宇联盟，实现资源共享。中心横向联结市区两级机关单位35家、学校15所、国企21家、会计师事务所16家、律师事务所15家、医院6所，纵向延伸47个楼宇网格、282个楼宇管家等党组织服务链条，构建系统集成式服务网络。中心以日常工作服务和活动为载体，为员工提供党群、政务、经济、文化、志愿、特色6项服务，借助活动开展，建立服务、活动、走访、协商、共建5项机制，构建起全方位、立体式的基层党建“综合体”。位于恒远国际大厦4层的“来小竹”渡空间项目，主要为企业提供从项目洽谈到项目选址落地全过程服务，成为赋能企业的中转站。吸引世界第三大独立软件供应商、全球第二大云公司SAP集团威海创新赋能中心项目筹备组入驻，新引进瑞丽数字科技（威海）

2021年12月20日，竹岛街道总部经济党群服务中心　（竹岛街道　供图）

有限公司，大项目数量达到10个。

（苗　瑜）

鲸园街道

【概况】 鲸园街道位于环翠区城区北部，辖区东起东山宾馆，西至西北山路与高新区为邻，南至昆明路与环翠楼街道相接，北至棉花山脉与孙家疃街道交界，面积6.46平方千米，是市委、市政府驻地。街道办事处驻戚谷疃社区，辖16个城市社区，有3个集体经济组织，户籍人口74624人。辖区有中学1所、小学5所、幼儿园10所，医院3所、社区卫生服务机构7所。2021年，鲸园街道完成税收7.46亿元，比上年增长6.65%；一般公共预算收入4.35亿元，增长7.39%；固定资产投资12.52亿元，增长50.07%；实际到账外资102万美元，增长920%；外贸进出口总额16.14亿元，增长40.6%。

2021年鲸园街道各股份经济合作社基本情况表

表22

序号	合作社名称	党组织书记	理事长	集体经济收入（万元）	人均纯收入（元）
1	戚谷疃社区股份经济合作社	陈洪亮	陈洪亮	314.34	29239
2	戚东夼社区股份经济合作社	常爱英	常爱英	164.45	39655
3	庙墉社区股份经济合作社	王泰兴	王泰兴	64.70	23960

【党建工作】 基层党组织建设。2021年，鲸园街道党工委规范支部建设，制定基层党组织考核管理办法、党支部规范化建设责任清单，16个社区开展互评互比、量化考核，提升支部凝聚力。完成16个社区“两委”换届选举工作，选举产生社区“两委”成员107人，实现学历和年龄“一升一降”，完善“社区党委—网格党支部—楼道党小组”组织架构。探索推行社会组织党员分类管理办法，推出社会组织党员分类管理试点2个（鲸园街道社会组织服务中心党支部、威海市善若社会工作研究与服务中心党支部），由点及面抓实社会组织党员分类管理。创新“两新”组织党建工作，率先成立“外卖骑手”党支部，实现党建引领外卖物流行业高质量发展。培育威胜大厦、万福邻里市集红色示范市场2处，发挥党员先锋带头作用，解决摊位秩序乱、市场周边停车难等问题。开展主题党日活动10余次，筑牢“两新”组织发展平台。强化“两新”组织领域“红色引擎”引领力，持续释放“红色动能”。“12349”养老服务中心党支部获评市级“红色引擎”党建工作示范点。开展基层党建重点任务“百日提升”行动，检查16个社区及部分“两新”组织工作档案，督导社区诚信体系建设、小巷管家队伍建设、“鲸治微基金”等工作，提升全域基层党建工作。

党员队伍建设。2021年，鲸园街道党工委开展党史学习教育专题学习2次、理论学习中心组学习12次、班子成员讲党课40余次。推出“游园树下讲长征”“重走长征路”等特色党史学习教育项目，开展“我心中的党史”等宣传50余场；依托“鲸园直播间”线上平台，开展“直播间里讲党史”120余次、云直播宣讲2次，营造党史学习教育氛围。挖掘红色资源，打造威海起义展馆，设计红色研学路线，传承红色基因。建设街道党工委党校（党员教育中心），形成“街道党校—社区微党校—红色教育基地”三级党员教育体系。开展社区“两委”干部培训、街道党员轮训等各类培训6期，微党课大赛、“创意长征”等党员教育活动20余场，1000余人次参训。开展“寻访红色印迹”爱国主义教育基地行、“乡音传党音”主题晚会等专题活动20余场，将党员学习教育与多元活动相结合，推动党史学习教育走实走深。全年发展党员18名、预备党员29名、入党积极分子63名。推荐“两优一先”，产生省级优秀党务工作者1名，市级优秀党员1名、先进基层党组织2个，区级优秀党务工作者6名、优秀党员9名、先进基层党组织11个。

党风廉政建设。2021年，鲸园街道党工委排查机关和社区干部岗位廉政风险点，签订党风廉政建设责任书53份，制订党风廉政建设责任清单18份，召开党工委专题会议3次、扩大会议3次，强化党员干部纪律意识。加强重要节假日纪律建设，对违规收送礼品礼金、公款吃喝、公车私用、公款旅游等“四风”问题开展检查5次。重点抓好责任目标考核与失职行为责任追究，把抓党风廉政建设作为街道干部政绩考核、评先选优重要标准，结合干部作风大改进活动，开展机关、社区日常工作纪律检查38次，发布督查考核通报4期，通报批评10人。

【招商引资与项目建设】 2021年，鲸园街道依托威海创客大街高科技发展定位，助力创客大街提档升级，清退企业23家，引进威海易嘉建设发展有限公司、山东绿云文化传媒有限公司、威海金话筒教育信息咨询服务有限公司等企业26家，带动大街整体税收提升。打造威海工业设计公众服务与创新平台，引进上、下游企业3家，承接华为产品设计订单。配合京威联合创新中心项目，做好对接服务，引进山海清洁能源科技项目。协助威海震迅船务有限公司办理“坤和油77”油船项目手续，7月投入使用。跟进一正轩书画苑项目，协助企业解决消防验收、审批办理等问题，实现内资到账1200万元。联合威海市环翠区国有资本运营有限公司引进威海聚玺机械制造有限公司，注册资本4000万美元，实现外资到账3015万美元。

【精致城市建设】 2021年，鲸园街道继续推进精致城市建设。改造升级古陌早市，规划早市摊位360余个，安装栏式货架900余米，设置车辆控制岗，实施错峰入市，设立早市服务中心，安装监控18个、噪声监测设备10套。推进戚谷疃北区、万福山庄老旧小区改造工程，完成供水、道路硬化、污水管网改造、护栏安装等硬件改造，增设智能门禁、路面监控等。在16个社区安装防腐木坐椅100个、公共晾衣竿26处，完成古北“诚信苑”、东山小游园2处游园建设。

【诚信项目建设】 2021年，鲸园街道建立健全诚信红灰榜制度，实施“37°信用市场子项目”、“和信睦邻”社区互助项目、“诚信小先锋”夏令营、“远亲不如近邻”、鲸彩诚信故事直播、“信用学校”信用融合项目6个街道级诚信项目，开展“粒米成箩”“浓情百家粽”等街道级活动20余次、社区级活动340余次，开展街道级“信易+超市”“信易+医疗”“信易+商户”“信易+红色物业”应用场景4个、社区级“信易+”应用场景269个，运用社区诚信指数给予守信主体更多便利优惠。

【自治基金筹集】 2021年，鲸园街道创新探索“鲸治微基金”，通过社区党支部委员会、社区居民委员会、社区自组织、社会工作者、社区共建单位“五社联动”，以居民自发捐款、共建单位赞助等方式筹集自治金73050元，用于邻里互助、公益服务、环境改善等。年内，支出4万元实施邻里自治项目17个，解决楼道美化、设施维护等问题20余个。

【群众诉求快速响应机制】 2021年2月，鲸园街道整合群众诉求平台，正式建立网格化治理暨“吹哨报到”全响应中心，创新推行“一站式受理、一平台分流、一哨式处置、一事一督办”的“四个一”工作法。将各渠道收集的群众诉求作为“哨”源，街道以“哨”为令，部门闻“哨”而动，构建起条块联动、接诉即办的群众诉求快速响应机制，解决群众反映的堵点、难点、痛点问题。年内，全响应中心受理各类事项81976件，案件处置率100%，群众满意度97.46%。

【“红色物业”助力社会治理】 2021年，鲸园街道在北门外、鲸园社区试点社区党组织领办公益性物业企业，首创“1+4+N”（在社区党委的核心领导下，居委会、业委会、物业、智库4方发力，发动党员、居民骨干、志愿者组建N支“鲸管家”服务队）物业自治服务体系，试点小区投诉率下降30%，物业费收缴率提高40%。成立“红色物业”党建联盟基地，培育花园、北门外老旧小区“红色物业”示范点2处，建设古陌早市等物业服务中心3处，老

2021年7月15日，改造后的古陌早市　　（鲸园街道　供图）

2021年3月19日，鲸园街道网格化治理暨“吹哨报到”全响应中心

（鲸园街道　供图）

旧小区“红色物业”覆盖率100%。先后完成北港、东山等5个小区物业企业有序退出，探索公开招标选聘物业企业机制，以樱花小区为试点，参照社区“两委”换届模式，组织业主现场表决，保障业主自主权。以“鲸管家”“红色物业”品牌为统领，完善物业双向考评机制，1200余幢老旧居民楼全部实现以星定级，营造互联互动的“红色物业”氛围。

（高　雅　庞毅敏）

孙家疃街道

【概况】 孙家疃街道（环翠北海省级旅游度假区）位于环翠区城区北部，东、北两面临海，东望刘公岛，西接高新区，南与市区毗山相连，被誉为“市区后花园”，面积18.58平方千米。街道办事处驻北海社区，辖8个社区，有11个股份经济合作社，户籍人口17155人。辖区有中学1所、小学2所、幼儿园4所，社区卫生服务中心1所。2021年，孙家疃街道完成一般公共预算收入1.2亿元，比上年下降19.94%；固定资产投资7.43亿元，增长9.1%；进出口总额11.94亿元，增长4.3%；外资到账210万美元，下降58%。

2021年孙家疃街道各股份经济合作社基本情况表

表23

序号	合作社名称	党组织书记	理事长	集体经济收入（万元）	人均纯收入（元）
1	远遥社区股份经济合作社	毕可贤	毕可贤	660.30	21501
2	外窑社区股份经济合作社	夏　斌	夏　斌	102.20	20086
3	里窑社区股份经济合作社	苗延康	苗延康	145.98	20042
4	孙家疃社区股份经济合作社	孙学成	孙学成	375.21	20169
5	靖子社区股份经济合作社	苗喜华	苗喜华	302.64	20129
6	山东社区股份经济合作社	吕廷恩	吕廷恩	188.26	20119
7	沙窝社区股份经济合作社	李树京	李树京	775.76	21080
8	王家村社区股份经济合作社	王华杰	王华杰	428.70	20182
9	陈家疃社区股份经济合作社	宫本胜	宫本胜	69.26	20063
10	合庆社区股份经济合作社	刘宏军	刘宏军	985.04	20139
11	黄泥沟社区股份经济合作社	乔文涛	乔文涛	175.79	20070

【党建工作】 基层党组织建设。2021年，孙家疃街道党工委在做实党建基础工作、推进“五位一体”社区治理共同体建设、推进科技类企业党组织建设等方面取得新突破。开展基层党建“百日提升”“支部争星、党员争先”等活动，运用党支部堡垒指数评价标准，分类梳理社区、合作社、“两新”组织党建工作重点任务，推动三星级以下党支部全面清“零”。构建社区党建新格局，创新安海社区“小游园”等社区治理模式，培育“幸福靖海 红帆领航”党建品牌，实施“党建+信用”等7大项目，开展“海上党旗红”等活动18次。完成18个小区业委会党组织建设工作，业委会党组织覆盖率和物业企业党支部覆盖率均达到100%。开展“红色管家”“红色联盟一家亲”等物业联建活动60余次、联席会议30余次，形成“党建红盟”工作合力。成立威海倍佳贸易有限公司党支部等“两新”党组织4个，覆盖非公有制企业7家、社会组织1家，非公有制企业党组织覆盖率75%。创新远遥浅海科技湾区党建思路，把支部建在项目上，成立科技领域党支部2个。

党员队伍建设。2021年，孙家疃街道党工委建立社区、社工、社会组织“三社”联动机制，探索党员量化积分与诚信指数互通互兑模式，实现“三会一课”参会率由62%提升至70%。发挥街道党校阵地作用，结合党史学习教育，开设党课51场，组织党员参观红色教育基地26次。全年发展党员10名、预备党员42名、入党积极分子75名。

党风廉政建设。2021年，孙家疃街道纪工委开展集体谈话提醒2次，党工委书记主讲廉政专题党课2次。开展党政主要负责人同班子成员、班子成员同分管部门负责人廉政谈话2轮，运用监督执纪“第一种形态”主动约谈11人、谈话提醒41人。严格执纪问责，办结党员干部违法违纪案件2起。对街道班子成员进行抵制餐饮浪费廉政谈话1次，对财务及后勤等负责人开展集中谈话1次。组织班子成员和股份经济合作社、社区负责人参观“学党史 明纪律 促廉洁”百年党纪漫画作品展。投资10万余元在“喂，海！”公园和健身广场打造“廉洁之角”2处。

【重点项目】 2021年，孙家疃街道加大服务保障力度，加快项目建设步伐，推进总投资11.19亿元的7个重点产业项目。蓝创楼宇、方圆大酒店项目投入运营；蓝贝海洋科学中心、蓝科大厦项目竣工；海宴台二期项目主体完工；海洋无人装备与技术联合创新中心项目基础装修完工；威海激光通信先进技术研究院项目举行揭牌仪式，部分投入运营。

【基础设施建设】 2021年，孙家疃街道投资1065万元，改造水产小区、青年楼、建筑楼，建设1000平方米的养老服务中心1处，完成育海、靖海社区服务中心装修改造及艺海社区服务中心装修。在半月湾公园3.8万平方米区域实施绿化提升、景观打造等工程；在半月湾海滩及周边区域进行灯光艺术优化；将自然风光与油画艺术融合，改造提升环海路观景平台14处。维修破损沥青路面、水泥路面400余处，维修更换破损污水井盖、雨水箅子及配套设施230处，维修损坏垃圾桶440余处，清理非法小广告及宣传广告条幅350余处，维修更换公益广告400余处，维修景观灯43处。

【海岸带综合整治】 2021年，孙家疃街道狠抓海岸带环境清理整治，建立长效管护机制，提升沿海岸线风貌。针对辖区内养殖区域秩序混乱、历史遗留问题突出等情况，组建工作专班，明确6处重点区域责任人、责任单位，集中开展环境卫生整治，出动2400人次，清运垃圾3100余吨，并在渔港码头等区域设置分割栏网888米、大门21套，督导养殖户分类、定点、有序摆放养殖器具，规范养殖秩序。会同市政园林等部门，对靖子头约1万平方米区域进行改造，加固修复破损墙体1000平方米，恢复岸线自然景观，发挥自然景观及艺术文化资源优势，

2021年9月15日，升级改造后的环海路观景平台 （孙家疃街道 供图）

重点打造“喂，海！”公园、“哈雷驿站”等，构建层次丰富、特色鲜明的沿海岸线景观。制定《孙家疃街道海岸线综合整治工作方案》，明确班子成员、股份经济合作社、养殖户等各方主体责任义务，建立联查联控、恶劣天气处置等8项工作机制，统筹城管办公室、物业公司、专业清理队伍等各方力量，每日对养殖码头、海岸沙滩、环海路周边等重点区域进行巡查管护，发动志愿者队伍10余支1500余人次参与沿海岸线保护志愿行动，实现沿海岸线长效管护。

【民生实事】 2021年，孙家疃街道从改善居民居住环境、解决群众“急难愁盼”问题入手，提升居民幸福指数。结合全国文明典范城市创建及国家卫生城市复审工作，加大市容环境整治力度，处置环境卫生、城市管理等方面问题4000余件，城市形象显著提升。落实生态环保督察问题整改，5件中央生态环保督察转办件及17件市级生态环保督察转办件全部办结，20件省级生态环保督察转办件办结17件，3件在继续办理中。建立“12345”政务服务便民热线处理联审联批等制度，高质量办结各类问题2900余件。开展联系服务群众大走访活动，走访居民约1万户，收集、处理各类问题150余个。

【威海激光通信先进技术研究院】 2021年11月16日，威海激光通信先进技术研究院举行启动仪式，正式运营。该研究院由威海市政府、哈尔滨工业大学（威海）、中国航天科工集团第二研究院二十五所、环翠区人民政府联合共建，地址位于北海大厦，使用面积5000平方米，重点围绕空间激光通信、深海探测、海洋舰船激光通信等领域，开展相关技术、设备研发及产业化工作。

【儿童友好小镇建设】 2021年，孙家疃街道立足优势资源，打造环翠区首个儿童友好小镇，构建“1+N+X”服务模式，为辖区儿童提供优质居住环境和社会自然环境。“1”即打造1处儿童友好小镇特色样本，建成覆盖全域的“15分钟儿童友好生活圈”；“N”即创建N个儿童友好实践基地，依托油画、科技两大优势产业，打造天和美术馆、云创科教、“小桔灯”儿童阅读实践基地等儿童友好实践基地，开展各类主题活动；“X”即成立X个儿童友好服务项目，在辖区8个社区分别成立“儿童友好服务站”及儿童议事会，优化儿童友好服务职能，形成6大类23项特色品牌活动。

【天和美术馆】 天和美术馆位于统一北路西、益海路北，是全市重点文化产业项目，也是中国油画小镇益海路艺术核心区的重要板块，总建筑面积1.7万余平方米，主要从事艺术品展览展示、拍卖鉴赏、学术交流研讨、培训教育及艺术衍生品设计研发、包装销售等。2021年，举办2021威海国际艺术云交流、“蓝墨水的上游”全国青年油画风景论坛暨邀请展、中国（威海）十一家油画作品邀请展、第二届中国（威海）非客观艺术邀请展、跨越——中国（威海）2021—2022油画及水

2021年10月19日，“小桔灯”儿童阅读实践基地内的“悦”读区
（孙家疃街道　供图）

2021年10月16日，第二届中国（威海）非客观艺术邀请展在天和美术馆举行
（夏颖涵　摄）

墨作品交流展等系列活动。

（王一妃）

嵩山街道

【概况】 嵩山街道位于环翠区城区南部，东与经开区相邻，西与羊亭镇相连，南与温泉镇、临港区接壤，北依竹岛街道，面积31.18平方千米。街道办事处驻阅山社区，辖6个村、8个社区，有14个股份经济合作社，户籍人口17025人。有义务教育阶段九年一贯制学校1所、小学1所、幼儿园4所、社区卫生服务中心1所。2021年，嵩山街道实现工业总产值10.05亿元，比上年增长34.77%；完成固定资产投资26.40亿元，增长1.18%；实现外资到账3289万美元，增长49.50%；实现税收1.2亿元，下降32.96%；完成一般公共预算收入8963万元，下降30.64%。

【党建工作】 基层党组织建设。2021年，嵩山街道党工委召开党工委会议58次、基层党建重点工作推进会议4次、基层组织督导会议5次，现场督导3次，研究推进村（社区）“两委”换届选举、党史学习教育等基层党建重点任务20余项。以“五位一体”社区治理为抓手，推行党群共建、联席议事制度，11个商住小区实现业委会党组织全覆盖，进驻报到党员1900余人、社区自组织120家。新建“两新”党组织4个，覆盖14家非公有制企业，非公有制企业党组织覆盖率87.5%。促成省委党校教研基地、市委党校现场教学基地落地华夏城景区，常态化开展教学合作和党建联建项目。成立威海创新园科创中心党委。

党员队伍建设。2021年，嵩山街道党工委举办新任村（社区）“两委”干部培训交流会、支部书记业务培训班、后备力量培训班、党员培训等17期，参训1600余人次。党工委书记讲党课2次，班子成员到基层讲党课90余次，参加学习2000余人次。将党史学习教育融入党员日常教育活动中，组织“三重三亮”（重温入党誓词、重忆入党经历、重温入党初心，亮党员身份、亮工作标准、亮担当作为）活动200余次、党史学习教育专题学习50余次，集中宣誓、外出培训等特色活动20余次，提升党员综合素养。全年发展党员3名、预备党员25名、入党积极分子51名。

2021年嵩山街道各股份经济合作社基本情况表

表24

序号	合作社名称	党组织书记	理事长	集体经济收入（万元）	人均纯收入（元）
1	宅库社区股份经济合作社	戚红亮	戚红亮	236.74	20553
2	河北社区股份经济合作社	王吉虎	王吉虎	284.91	16500
3	张家疃社区股份经济合作社	戚长松	戚长松	36.22	16090
4	夏家疃社区股份经济合作社	–	夏振峰	37.16	13605
5	北葛拉社区股份经济合作社	丛树柱	丛树柱	55.43	17765
6	谷家洼社区股份经济合作社	谷元强	谷元强	401.38	19169
7	高家庄社区股份经济合作社	王建松	丛培智	103.50	19928
8	岳家庄社区股份经济合作社	岳　永	岳　永	55.88	19563
9	徐家疃社区股份经济合作社	于建军	于建军	330.53	18117
10	范家埠社区股份经济合作社	刘昌平	刘昌平	123.46	21500
11	五家疃村股份经济合作社	王　威	王　威	89.36	17578
12	北七夼村股份经济合作社	刘鹏程	刘鹏程	16.70	13520
13	西庄村股份经济合作社	王钟林	王钟林	75.33	19524
14	台下村股份经济合作社	徐少岩	王建宝	127.61	13403

党风廉政建设。2021年，嵩山街道党工委贯彻全面从严治党要求，依托区级党风廉政建设教育基地，开展廉政教育930人次。在高家庄小游园等公共区域打造“清廉之角”3处，营造倡廉反腐氛围。推进“阳光村居”建设，打造“阳光范家埠”试点，公开党务、村务、财务，提升基层治理效能。综合运用监督执纪“四种形态”，开展谈话提醒、批评教育5人次，与重点岗位干部、村（社区）书记等开展廉政谈话420人次，集中述廉述责1次。给予1名党员党内警告处分、2名党员开除党籍处分。

【“双招双引”】 2021年，嵩山街道实施重点产业项目7个（威海市世一网业有限公司特种新材料项目、山东正矩供应链管理有限公司智慧冷链物流与供应链创业孵化中心项目、威海欧利多国际贸易科技有限公司中欧贸易服务平台项目、威海创梦京典网络传媒有限公司网红孵化基地项目、华夏文化旅游集团股份有限公司华夏城产业提升二期项目、环翠轻户外运动小镇项目、威海宏达置业有限公司服饰创意设计中心项目），总投资32.86亿元，投产5个（山东正矩供应链管理有限公司智慧冷链物流与供应链创业孵化中心项目、威海欧利多国际贸易科技有限公司中欧贸易服务平台项目、威海创梦京典网络传媒有限公司网红孵化基地项目、华夏文化旅游集团股份有限公司华夏城产业提升二期项目、环翠轻户外运动小镇项目）。培育正矩智慧物流楼宇经济，引进企业26家。新增威海市世一网业有限公司和威海博宇食品有限公司等高新技术企业4家，实现技术合同交易额100万元。威海创新园新一代信息技术科创中心招引入驻企业4家，实现税收1525万元，首次突破千万元。培育上市后备企业4家、基金入库项目企业3家，储备支行2家、挂牌企业1家。开展校地合作9项，签署产学研协议4项。

【高效生态农业】 2021年，嵩山街道通过对闲置土地进行系统化整治，调整优化农业结构，壮大现代农业规模。2月起，开展辖区内撂荒地排查整治工作；5月，撂荒地全部整治完成投入复耕。由村集体统一流转、收储闲置土地并引入社会资本，发展高效生态农业。引入久青园艺，打造集苗木观赏与苗木供给于一体的高端苗木园艺基地。新增台下采摘园、沃德农业等高效农业项目。其中，采摘园项目占地4公顷，主要种植草莓、桑葚等经济作物；沃德农业占地4.67公顷，主要从事农作物种子及粮食作物生产，打造高效生态农业园区。8月，完成2021年实际种粮面积核定工作，为7个村（社区）227户发放种粮补助金6894.83元。10月，培训高素质农民10人、科技示范主体5户、省级“丝路先锋”2人，田间地头现场培训及参观学习20次。11月，回收农药废弃物及反光膜2.3吨。年内，不定期对生产基地产品进行农药残留速测，检测260个样本，全部合格。

【民生工程建设】 2021年，嵩山街道实施7项城建重点工程和5项为民实事。7项城建重点工程：华夏城景区产业提升项目道路新建、伴山雅阁西道路及管网改造、山水绿城2号路工程、山水绿城2号路管网工程、山水绿城2号路亮化工程、阅山路二期续建工程，新（改）建道路2235米，硬化面积3.2万平方米，敷设雨污管网587米；实施宅库花园老旧小区改造。5项为民实事：修复破损道路1.6万平方米，增补绿化2800平方米，改造雨污管网1780米，提升小区内休闲公园1处，增加照明设施48处，并配备智慧化设施，惠及居民282户。实施华夏山海城公交场站项目，新建公交调度站1处、港湾式公交站点6处，协调威海市公共交通集团有限公司调整线路2条，周边居民无需换乘即可直达市区。

【村级建置调整改革】 2021年，嵩山街道在全市率先探索实施村级建置调整改革，将环翠轻户外运动小镇乡村振兴样板片区的4个行政村（五家疃、台下、西庄、北七夼）合并成1个行政村，命名小镇村，分别成立五家疃村、台下村、西庄村、北七夼村股份经济合作社。发挥新任“两委”班子积极性，实施“两清三化”行动，建立包括169栋民房、20.33公顷土地、7处集体资产的“闲置资源”数据库，落地清雅居民宿等产业项目8个，吸引游客1.2万余人次，带动村集体年增收50余万元。

【珠海路南低效用地处置】 2021年，嵩山街道启动面积209.73公顷的珠海路南区域低效用地规划整治。嵩山街道与山东土地集团（环翠）有限公司合作，整体打包土地收储和产业导入，推动区域征迁工作；抢抓国土空间规划调整机遇，推动产业规划、区域控规、空间规划“同步走”，推动区域规划编制。完成范家埠工业园、徐家疃工业园整体征迁，腾退低端、落后产能企业206家，拆除破旧厂房、简易结构房屋等地上建筑10.5万平方米。

【威海激光与光电子信息技术研究院揭牌】 2021年4月20日，威海激光与光电子信息技术研究院在威海创新园新一代信息技术科创中心揭牌，

2021年4月20日，威海激光与光电子信息技术研究院在威海创新园新一代信息技术科创中心揭牌 （嵩山街道 供图）

市政府副市长张伟，区委书记徐明，区委常委、副区长孙军及市、区相关部门负责人出席揭牌仪式；组织召开全国激光清洗研讨会，制定全国激光清洗标准，起草激光清洗产业白皮书。研究院设立院士专家工作委员会、工程技术中心，吸引落实高层次人才29人，储备高级外聘专家库专家19人，实现科研、管理、市场综合联动。围绕固体激光器技术、激光应用技术开展技术研发与攻关项目5个，相关研究成果形成专利16项（其中发明专利9项）、软件著作权2个。对具备产业化条件的项目和成熟度好的产品导入产业化运营阶段，注册成立产业公司3家，引入合作公司1家，平台及下属企业实现销售收入450万元。

【华夏城产业提升二期项目投产】 华夏城产业提升二期项目包括华夏生态文明馆、生态文明培训中心。2021年7月，华夏生态文明馆正式开放。该馆投资3.5亿元，占地2.09公顷，建筑面积1.2万平方米，采用情景沉浸、实景漫游形式，呈现“山水情怀”“生命共同体”“两山实践”“精致威海”4大板块，成为展示威海生态文明建设成果的窗口。8月，华夏生态文明培训中心投入使用，投资5.9亿元，占地3.6公顷，建筑面积5.7万平方米，有客房约700间、多功能厅40余个，可同时接待5000余人。山东华夏集团有限公司与中科院生态环境研究中心、省委党校合作开发的培训课程，被列入省委组织部贯彻落实习近平新时代中国特色社会主义思想改革攻坚教学案例，华夏生态文明培训中心被列入省委党校教研基地。

（王 哲）

张村镇

【概况】 张村镇位于环翠区西部，东接嵩山街道，西与高新区初村镇相邻，南邻羊亭镇，北与高新区田和街道接壤，面积49平方千米。镇政府驻华锦社区，辖4个村、15个社区，有15个股份经济合作社，户籍人口34281人。有初中2所、小学4所，公立医院1所、村（社区）卫生服务机构9所。2021年，张村镇完成生产总值38.56亿元，比上年增长9.4%；固定资产投资33.4亿元，增长39.4%；外贸进出口总额31.47亿元，增长36.1%；税收11.4亿元，增长11%；一般公共预算收入6.54亿元，增长12.54%。

【党建工作】 基层党组织建设。2021年，张村镇党委召开基层党建“百日提升”专题部署会议，细化党建“百日提升”台账，明确责任分工。完成4个村、15个社区“两委”换届选举，成立物业行业联建党支部2个、业委会党支部35个，设立“红盟议事厅”15个，召开“红盟议事会”353次，解决小区物业问题近3000个，成功申报市级“红色引擎”物业项目3个。莱海社区党总支获评市级2021年度“红色引擎”党建示范点。依托威海环翠省级旅游度假区园区企业党委，对联合党支部进行“保姆式”培育管理，召开非公有制企业党组织覆盖部署会议2次，组织非公有制企业党务培训2次，新建独立党组织10个、实体性联合党组织18个，涵盖非公有制企业94家，全镇“两新”组织党组织覆盖率70.19%。

党员队伍建设。2021年，张村镇党委强化党员教育管理，印发《张村镇“再续百年路 奋进新征程”庆祝中国共产党成立100周年主题系列活动实施方案》，为143名党龄50年以上中共党员颁发“光荣在党50年”纪念章；组织镇党委理论学习中心组集体学习12次，开展党员轮训6场、党务工作者培训2次、党组织书记专题培训5次，开展“我为群众办实事”“我来讲党课”等系列主题活动，培训党员1376名。年内，发展党员26名、预备党员56名、入党积极分子124名。每月定期对党组织和党员进行评比考核，排查整顿党员违规违纪问题，处置党员3名，约谈党组织1个。通过“双报到”“大走访”，组织550名党员干部带领1390名“小巷管家”联系服务群众，查摆整改问题289条。

党风廉政建设。2021年，张村镇党委梳理2017年、2019年两轮市委巡察“回头看”反馈未完成事项，调度未完成原因及下步打算。落实中央八项规定精神，在重要节假日开展检查13次。严肃换届选举纪律，全程参与里口山风景名胜区4个村换届选举，参与社区换届15场。查处各类违纪行为，处理党员违规问题3起，其中函询1起、立案2起。运用“第一种形态”约谈9人次，组织任前谈话11人次。通过“张村在线”微信公众号推送各类文章19篇；发放廉政宣传册12期360本。召开村（社区）纪检委员会议4次，教育规范纪检干部履职尽责。集中召开党员干部警示教育会议6次，与会700余人次。各村（社区）开展廉洁宣讲活动360余次。

2021年张村镇各股份经济合作社基本情况表

表25

序号	合作社名称	党组织书记	理事长	集体经济收入（万元）	人均纯收入（元）
1	柳沟社区股份经济合作社	谷源祥	谷源祥	994.29	26910
2	黄家皂社区股份经济合作社	程　铭	程　铭	362.13	26419
3	皂南台社区股份经济合作社	张祖刚	张祖刚	1076.75	29788
4	皂西台社区股份经济合作社	张忠臣	张忠臣	264.16	31238
5	和徐疃社区股份经济合作社	徐克贵	徐克贵	906.66	27886
6	皂东塘社区股份经济合作社	张　钢	张　钢	342.06	31196
7	前峰西社区股份经济合作社	周大伟	周大伟	392.55	25987
8	皂河北社区股份经济合作社	张传全	张传全	447.40	29372
9	张村社区股份经济合作社	曲建敏	刘永昌	40.39	25527
10	桃园社区股份经济合作社	张光前	张光前	119.36	21619
11	姜南庄社区股份经济合作社	谷厚锋	谷厚锋	228.08	27138
12	东莱海村股份经济合作社	谷沅崇	谷沅崇	497.14	32800
13	西莱海村股份经济合作社	丛文滋	丛文滋	215.19	25446
14	东夼村股份经济合作社	郭学军	毕可英	73.47	24000
15	后双岛村股份经济合作社	丛忠义	李　双	204.69	21400

【招商引资与项目建设】 2021年，张村镇加大产业链、供应链、创新链招商力度，完成市级集中签约项目1个（威海魏桥新型纤维绿色智能一体化制造项目）、区级集中签约项目4个（中科锐金医疗钛合金材料生产项目、金融服务机器人研发生产项目、碳纤维预浸布生产项目、金属构件轻量化制造项目），对接招商引资项目26个，其中落地在建项目11个，总投资额65亿元。年内，实施重点产业项目17个，总投资额68.2亿元，其中6个项目全部或部分投产，包括新建项目1个（威海市生活垃圾焚烧厂扩建工程）、续建项目5个（新北洋自助智能零售终端设备研发与产业化项目、威高骨科骨科植入产品扩产项目、环球高自动化生产线项目、宝威新材料智能工厂项目、集元电子压缩机永磁体配件生产项目）。

【现代服务业发展】 2021年，张村镇坚持优先发展现代服务业，实现批发业销售额12.6亿元，增长20%；实现零售业销售额2.9亿元，增长25%。实施威海韬世和企业管理咨询有限公司威海韬世和科技孵化园、山东恒涵国际贸易有限公司跨境电商产业基地2个重点服务业项目，总投资额2.6亿元，总建筑面积5.2万平方米。年末，山东恒涵国际贸易有限公司跨境电商产业基地项目投入运营。

2021年10月12日，改造后的滨海园B区　（张村镇　供图）

【土地资源利用】 2021年，张村镇加强土地资源科学规划和合理利用。开展土地征收工作，推动7宗15.23公顷国有土地收回盘活。推动土地出让工作，17宗79.57公顷国有土地出让，16宗74.73公顷土地挂牌；完成1宗1.59公顷闲置土地处置；推进低效用地开发利用，完成环翠路北、世昌大道东地块2宗17.48公顷国有土地挂牌出让。加强土地资源管理，查处违法用地，加大对乱占耕地建房等土地违法问题的监督、巡查、管理力度，整治柳沟东山、双岛林场、王家疃村、广福寺、海鑫南大土堆、三元塑胶停车场、和徐疃老村蓝航工地和环球青年中心8处违法占地行为。

【基础设施建设】 2021年，张村镇投资371万元，升级改造镇域3条道路人行道板，包括淮河街北侧（普陀路—火炬路）、东鑫路（沈阳路—天目路）、昆仑路北侧（昌华路—沈阳路）。投资2244万元，敷设羊亭镇至张村镇（张村段）、九华路、天目路、创新东路污水管网7.5千米、自来水管网1千米。投资90万元，补建新北洋西侧绿地，打造局部景观节点，绿化面积6000平方米。

【民生项目建设】 2021年，张村镇实施民生项目8个。投资100万元，改建和兴社区党群服务中心，提升公共服务能力；投资716万元，装修改造环翠省级旅游度假区医院（南、北院区）6200平方米，优化医疗服务；投资15万元，打造“诚信廉洁公园”，拓展文体服务范畴；投资50万元，在魏桥社区设立1处社区食堂，强化养老服务；投资40万元，改造一品南山公园公厕，优化生态环境；投资460万元，改造老旧小区滨海园B区，改造面积9000平方米，惠及居民228户；投资103万元，增设4个路口、升级改造2个路口交通信号灯；投资50万元，搭建智慧广播平台。

【4个村划归里口山管理服务中心代管】 2021年7月，与张村镇合署办公的里口山管理服务中心开始独立办公，负责里口山风景名胜区生态环境保护、资源开发利用、产业发展、招商引资，以及规划建设、村庄管理服务、乡村振兴、护林防火和安全生产保障等辅助工作。王家疃村、刘家疃村、姜家疃村、福德庄村划归里口山管理服务中心代管，4个行政村的股份经济合作社一并移交。

【里口山风景名胜区管理】 2021年，里口山管理服务中心党委开展党员学习教育、党风廉政建设等学习43次，开展志愿服务活动18次，组织支部党员到所包村开展宣讲活动7次，参与村“两委”换届选举工作。对农村党群服务中心公开栏、民情地图、党员活动室等“形象窗口”进行优化提升，新增公开栏2处、LED电子屏2处，增设党员活动服务角4处、网格民情地图4处。结合基层党组织堡垒指数和党员先锋指数考核，每月定期对党组织和党员进行评比考核，对农村党员实行“五星十级”考评，推进农村后备力量“大起底、大培养、大吸纳”工作，成立乡村后备力量培育中心党支部，开展党员“选苗、育苗、墩苗”培育提升行动，培育高中及以上文化程度、40周岁以下的后备干部8人。发展预备党员3名、入党积极分子8名。召开党风廉政建设专题工作会议2次，组织开展党风廉政谈话2次，组织副科级以上领导干部与分管领域人员签订党风廉政建设责任书，落实中央八项规定。年内，里口山管理服务中心对4个村进行环境综合整治，开展卫生大扫除，清理垃圾80余吨，划出373个停车位，解决机动车乱停乱放问题。完成32

处采石场复绿整治工作，整治面积70万平方米。刘家疃村、姜家疃村入选第二批山东省景区化村庄名单，王家疃河被评为“省级美丽幸福示范河湖”，里口山风景名胜区获批国家AAAA级旅游景区。按照“一村一品”原则，通过大棚水果生产、旅游带动、入股分红、资产租赁等生产经营模式，激活农村集体经济增长新动能。成立2个综合性合作社，实现农村党建领办合作社覆盖率100%。9月，里口山森林消防分队成立，配备专业防火人员15名。辖区建有防火通道6条，总长度17千米；建成防火检查站8处、智能卡口46处、大型林业监控2处、总蓄水量700立方米的蓄水罐22处、围网10千米。

2021年里口山各股份经济合作社基本情况表

表26

序号	合作社名称	党组织书记	理事长	集体经济收入（万元）	人均纯收入（元）
1	王家疃村股份经济合作社	李向君	李向君	89.32	25422
2	姜家疃村股份经济合作社	郭建敏	郭建敏	74.40	19200
3	刘家疃村股份经济合作社	刘杰增	刘杰增	125.68	20000
4	福德庄村股份经济合作社	陈善友	陈善友	339.08	22600

【福泰中学投入使用】 2021年9月1日，福泰中学投入使用。福泰中学位于张村镇庐山路南、黄家皂路西，作为环翠区2021年87项为民实事项目之一，福泰中学规划76个初中教学班、3800个学位，规划用地面积10.09公顷，规划总建筑面积50457平方米，计划总投资3.2亿元，工程分两期施工。一期项目于2020年9月开工，2021年8月8日竣工，包括教学楼4幢、实验楼1幢、艺术楼1幢、图书馆1幢、2067平方米餐厅、400米标准塑胶操场1处。二期项目包括体育馆、报告厅和部分室外设施，将根据土地征收情况择机开工建设。至年末，有10个教学班、31名教职工、462名在校学生。

【中医诊疗区打造】 2021年，张村镇在改造提升环翠省级旅游度假区医院基础上，打造中医特色南院区，缓解辖区群众看病难问题。改造后，环翠省级旅游度假区医院南院区以中医康复为特色，设立中医门诊、中医康复区及针推治疗中心，打造以中医体质辨识、全面调治为特色的中医诊疗区。新增床位41张，增设电梯，配备康复医学优秀专业人才，引进一系列康复设备，打造环翠区首家“智能化康复中心”。

（魏荣恩　马赛赛）

2021年8月8日，福泰中学一期项目竣工　　（张村镇　供图）

羊亭镇

【概况】 羊亭镇位于环翠区西南部，东临嵩山街道，西与高新区双岛湾科技城接壤，南临临港区汪疃镇，北接里口山风景名胜区，面积71.96平方千米。镇政府驻羊亭村，辖25个村、8个社区，有31个股份经济合作社，户籍人口23854人。有义务教育阶段九年一贯制学校2所、幼儿园4所，医院1所、村（社区）卫生服务机构33所。2021年，全镇实现财政收入3.64亿元，比上年增长15.1%；规模以上工业企业生产总值49.72亿元，增长12.9%；利税6.74亿元，增长29.5%；利润4.2亿元，增长17.3%；一般公共预算收入3.65亿元，增长15.1%；固定资产投资32.86亿元，增长3.8%；完成技改投资7.3亿元。

2021年羊亭镇各股份经济合作社基本情况表

表27

序号	合作社名称	党组织书记	理事长	集体经济收入（万元）	人均纯收入（元）
1	河南村股份经济合作社	姜忠泽	姜忠泽	10.71	17720
2	南郊村股份经济合作社	杜善昭	杜善昭	39.52	16000
3	小城庄村股份经济合作社	陈丕智	陈丕智	12.78	14500
4	北小城村股份经济合作社	李　勇	–	50.48	16000
5	上炉村股份经济合作社	王霄飞	王霄飞	18.34	15729
6	梅家沟村股份经济合作社	梁振涛	谷艾芹	14.51	19987
7	南江疃村股份经济合作社	丛培献	丛培献	15.22	17800
8	北江疃村股份经济合作社	刘　勇	刘　勇	56.93	17800
9	贝草夼村股份经济合作社	王恩茂	王恩茂	27.47	15397
10	羊亭村股份经济合作社	田卫东	刘海昌	75.96	16810
11	北上夼村股份经济合作社	王敦胜	王敦胜	13.04	15020
12	于家夼村股份经济合作社	丛培立	丛培立	105.67	20050
13	大北山村股份经济合作社	李海楠	李海楠	52.88	16600
14	港头村股份经济合作社	姜永进	姜永进	58.09	18270
15	义和村股份经济合作社	谢林君	郭卫卫	15.65	17780
16	孙家滩村股份经济合作社	罗晓峰	孙朝阳	584.53	11500
17	鹿道口村股份经济合作社	孙立同	孙立同	17.60	18000
18	杜家庄村股份经济合作社	李庆端	李庆端	14.68	15640
19	宋家疃村股份经济合作社	徐　超	宋修科	10.32	16300
20	黄埠屯村股份经济合作社	王艳太	王新太	12.27	16000
21	南小城村股份经济合作社	田军威	田军威	27.90	14958
22	下炉村股份经济合作社	王祖祥	王祖祥	10.28	15311
23	王家夼村股份经济合作社	王永泉	李宏强	12.42	15000
24	阮家口村股份经济合作社	阮树涛	阮树涛	23.92	14971

续表27

序号	合作社名称	党组织书记	理事长	集体经济收入（万元）	人均纯收入（元）
25	中阳村股份经济合作社	徐文之	徐文之	11.38	20020
26	朱家圈村股份经济合作社	朱新梁	朱新梁	10.37	21082
27	王家河村股份经济合作社	王晓生	王吉庄	42.38	15510
28	曲家河社区股份经济合作社	王国润	王国润	290.15	22080
29	北观村股份经济合作社	徐士国	徐士国	43.32	16600
30	大西庄村股份经济合作社	李玮峰	李玮峰	31.56	18320
31	半壁山村股份经济合作社	孙林林	孙林林	21.73	14274

【党建工作】 基层党组织建设。2021年，羊亭镇党委召开党务工作专题党委会8次，通过“线上+线下”方式开展党委班子专题读书会3次、专题学习7次。以每月例会、片区党总支为抓手，加大考核评价力度，推动工作落实。实施“农村党员一片红”计划，推行干部设岗定责、党员认领项目，吸纳培育退役军人、股份经济合作社骨干等农村后备干部，开展农村干部“赋能计划”，发动14名农村“两委”干部参加专科学历教育培训，推动班子新成员提高履职能力。发挥党建联盟引领作用，成立宝石山高效生态农业样板片区党总支，吸纳涉农企业3家、农民专业合作社3个。发挥先进示范支部引领作用，探索构建“党建+信用”乡村治理新模式，推广南郊村、上炉村发展模式。针对黄埠屯、下炉两个软弱涣散村，制定“后进变先进”典型培育方案，列出清单开展整顿工作。推进“两新”组织党建全覆盖，发动55家企业成立14个联合党支部，54名企业党员转入联合党支部，非公有制企业实体性党组织覆盖率由21.78%上升到77.89%。

党员队伍建设。2021年，羊亭镇党委发挥镇级党校作用，分层次、分专题举办乡村振兴、党建实务、社会治理培训班，提升党员干部素质能力。组织党员开展党史学习教育专题学习24场，举办主题党日宣讲6期，参与人员5500余人次；组织50余个支部900余名党员到贝草夼地下交通站展馆参观学习，接受红色文化熏陶。推进“党员联系服务群众365”活动，联户党员撰写联户日志1605篇，填写黄、橙、红“三色事项”办理卡1381张，开展志愿服务200余次，解决为民实事1300余件。年内，发展党员33名、预备党员67名、入党积极分子152名。

党风廉政建设。2021年，羊亭镇党委处置侵害群众利益的不正之风和腐败问题线索12起，立案5起，“关怀式”教育6次，诫勉谈话4人，谈话提醒1人，批评教育3人，通报批评1次。带头执行中央八项规定，开展纠正“四风”监督检查，运用明察暗访、集中抽查、受理举报等方式，加大公车封存、重点场所检查力度。在人流量集中的羊亭河湿地公园和西海社区建立“清廉之角”，创新村（社区）纪检委员季度例会形式，组织各村（社区）纪检委员在羊亭镇廉政广场参观廉洁漫画展，寓教于乐。

【招商引资与项目建设】 2021年，羊亭镇签约并推进兴泰医用包装材料生产项目、光焱医用新材料生产项目、西安羚控复合翼蜂巢无人机和飞行模拟器项目3个项目，实施重点产业项目17个，完成投资18.5亿元，开工面积19.9万平方米。亿达（威海）国际新材料创新中心、中节能环保新材料产业园、高端装备新材料产业园竣工，与37家企业签订合作协议。中欧水处理及膜技术创新产业园入驻企业34家，年产值1.5亿元。中德生态示范城与德国商会上海总部签约，联合外国专家驿站、威海市外商协会，组织14名外国专家考察生态示范城核心区，引进5名德籍人才。威高四海酿造食品研发生产项目、鲜之郎海洋食品研发生产项目、森亿服装检测项目、沃达新材料项目4个项目投产。年内，羊亭镇投资100万余元，在中欧水处理及膜技术创新产业园区探索智慧园区治理模式，实现园区治理“线上+线下”360°无死角覆盖，被列为市级政法智慧管理中心观摩点；“一中心三园区”（国际新材料创新中心，中欧水处理及膜技术创新产业园、中

2021年11月10日，建设中的“一中心三园区” （羊亭镇 供图）

节能环保新材料产业园、高端装备新材料产业园）实现高标准建设，入选首批市级创新创业共同体。2月，羊亭科技产业小镇被省政府命名为首批省级特色小镇。

【服务效能提升】 2021年，羊亭镇统筹镇域优势资源，提升政府服务效能。协助21家企业完成高新技术企业认定工作，完成4家企业1034万元技术交易合同认定，新增校地合作项目12个、科技成果转化项目9个，签订产学研协议6个。协助企业完成专科以上青年人才认定工作，其中专科以上220人、硕士21人；乡村振兴产业研究中心姜国勇教授获评威海市优秀乡村振兴首席专家；威海市海王旋流器有限公司董事长孙吉鹏获评威海市有突出贡献的中青年专家。新增校地合作项目12个、科技成果转化项目9个。指导11家企业完成省上市后备企业培育系统注册，协助威海豪仕达碳纤科技有限公司、威海宝飞龙钓具有限公司、威海市银河光电设备股份有限公司等企业完成银行融资、股权融资，其中股权融资金额1000万元以上。协助8家企业申报环翠区制造业技术改造补助，获补助资金173万元。成立环翠区中德生态产业服务中心，开展“生态城之夜”推广活动、中德国际科创论坛、中德工业4.0国际合作对接会等活动，代表全国26个生态城，在德国能源署生态城网站进行推广。

【休闲农业】 2021年，羊亭镇重点打造宝石山高效生态农业样板片区，建设乡村振兴产业研究中心、半壁山扶贫产业大棚、农副产品加工中心、蔬菜种苗产业研发基地、南郊葡萄园5个农业项目。完成1个省级美丽乡村（梅家沟村）、4个市级美丽乡村（宋家疃村、半壁山村、南郊村、大北山村）验收及南郊村省级美丽乡村申报。挖掘辖区农业旅游资源，促进休闲农业发展。北上夼村成立威盛大樱桃农民专业合作社，鼓励村民栽植大樱桃，优化栽培技术，北上夼大樱桃通过“无公害产品认证”并获得“一村一品”称号。该村多次举办“北上夼樱桃采摘文化节”，吸引万名游客进村采

2021年7月9日，蔬菜种苗产业研发基地 （羊亭镇 供图）

摘，旅游业比上年增收30余万元。半壁山村占地面积5000余平方米水库初步成型，吸引游客踏青垂钓。黄埠屯村被纳入宝石山高效生态农业样板片区整体规划，打造“会客田园·耕读村落”服务品牌，260平方米农家休闲中心主体建设完成。贝草夼村旅游公司突出“红色旅游”亮点，依托贝草夼地下交通站展馆，新增民宿、茶社、水上娱乐等项目，入选“2021年度全省乡村旅游重点村”。梅家沟村推进民宿旅游项目开发，建设梅艺馆、滨水栈道、祈福亭、祈福钟等休闲设施，打造梅家沟特色文化景观。年内，羊亭镇制作“羊亭镇全域旅游图”和“乐游羊亭”小程序，设计“红色文旅”“亲子研学”“水果采摘”等趣味休闲线路，用流量经济助推乡村振兴发展。

2021年9月8日，羊亭河湿地公园栖息的白鹭　（羊亭镇　供图）

【环境整治】　2021年，羊亭镇建立数字城管平台，依托平台整改环境卫生问题1897处、区数字城管平台移交环境卫生问题4313处。网格化摸排村（社区）及周边企业545家，发现284家企业存在问题，取缔散乱污企业44家，整改隐患199家，限期整改41家。撤销垃圾桶点10个，更新分类垃圾桶1574个；投资12.25万元，配备铁制炉灰桶350个，增设厨余垃圾桶，实现生活垃圾全部分类。为王家河、北观、北小城、河南、孙家滩、义和6个村（社区）敷设污水管网，建设小型污水处理设施3处（河南村、义和社区、埠前村）；为义和、河南、朱家圈、北小城、鹿道口5个村（社区）820户居民实施清洁取暖改造。清理进村路两侧养殖户11家，整治乱堆杂物70余处，沿街增设停车位30个，硬化拓宽道路800米，改善区域生态环境质量。修建半壁山、埠前—宋家疃防火通道，将各村串点成线，打通宝石山高效生态农业样板片区发展通道；升级改造防火通道、绿化景观节点1万平方米，沿途设置骑行休息站2处，配备休闲坐椅等设施。开展宝石山高效生态农业样板片区环境综合整治，对黄埠屯、半壁山、宋家疃等村庄进行墙体彩绘。对180户“美在我家”示范户进行提档升级，提升“美在我家”创建水平。

【生态文明建设】　2021年，羊亭镇按照“海绵城市”理念，以羊亭河为轴线框架开展大规模生态修复工程。采用下凹式绿地、透水铺装等技术，提高雨水收蓄能力和利用率。发挥河道水系“海绵”功能，重点打造全长10千米、占地100公顷的羊亭河湿地公园。该公园湿地率达到43%，透水铺装面积10万余平方米。在核心区推广绿色建筑技术，将自然通风采光、太阳能辐射等节能手段与建筑节能技术相结合，减少建筑物能耗，完成二星级标准绿色建筑27万平方米，重点建设区公共文化服务中心、亿达（威海）新材料应用创新中心2处被动式建筑示范点，其中建筑面积5.6万平方米的区公共文化服务中心是全省单体面积最大的被动式建筑。

【科技兴农】　2021年7月，羊亭镇发挥良种优势，与青岛农业大学、中国农业大学等院校合作，在半壁山村打造集现代农业技术、新品种种植开发、生态农业于一体的乡村振兴产业研究中心。中心由青岛农业大学教授姜国勇领办，重点开展科研、育种、育苗等农业产业化研究，结合农村闲置土地流转，选取优质粮食作物、果蔬作物进行推广。年内，蔬菜种苗产业研发基地引进无土栽培技术进行西红柿新品种示范实验，引进日本、以色列优质风味西红柿品种中玉2号和夏日阳光，示范种植具有自主知识产权的研发品种紫色水晶、黄香玉，并利用互联网管控技术实施水、肥、气、热自动化控制——自动给水、自动温控、自动施肥，提高经济效益。

温泉镇

【概况】　温泉镇地处环翠区城区南部，东与东部滨海新城接壤，南邻临港区，西、北毗邻经开区，镇域面积66.6平方千米。镇政府驻双泉城社区，辖19个村、13个社区，有29个股份经济合作社，户籍人口28889人。有义务教育阶段学校2所、幼儿园8所，医院2所、村（社区）卫生服务机构13所。2021年，温泉镇实现财政收入3.28亿元，比上年下降1.95%；实现一般公共预算收入2.01亿元，下降1.80%；实现税收2.01亿元，下降1.8%；规模以上工业企业实现总产值14.78亿元，下降5.1%；完成固定资产投资14.24亿元，下降12.36%；实际到账外资97万美元。

2021年温泉镇各股份经济合作社基本情况表

表28

序号	合作社名称	党组织书记	理事长	集体经济收入（万元）	人均纯收入（元）
1	郑家村股份经济合作社	江先学	江先学	25.88	14016
2	前亭子夼村股份经济合作社	姜连蓬	姜连蓬	65.91	25000
3	堂子村股份经济合作社	王华荣	王华荣	20.62	14400
4	马夼村股份经济合作社	王馨平	刘昌民	11.34	14000
5	东七夼村股份经济合作社	丛荣友	丛荣友	26.62	12000
6	邹家庄村股份经济合作社	邹德刚	邹德刚	138.15	10350
7	雨夼村股份经济合作社	刘新龙	刘新龙	52.66	17602
8	西七夼村股份经济合作社	唐延军	唐延军	23.87	12800
9	小南山村股份经济合作社	刘鹏程	–	14.27	14600
10	小庄村股份经济合作社	江民政	江民政	107.18	29060
11	林家庄村股份经济合作社	孙彩玲	孙彩玲	17.02	9500
12	双寺夼村股份经济合作社	于海明	于海明	68.40	13508
13	林家院村股份经济合作社	林乐勤	林乐勤	303.40	28100
14	刘家台村股份经济合作社	刘增永	刘增永	172.01	26000
15	温泉汤村股份经济合作社	邹德明	邹德明	193.27	17000
16	东崮村股份经济合作社	邹国涛	邹国涛	14.06	7600
17	西崮村股份经济合作社	于晋章	于晋章	25.72	8100
18	张家山村股份经济合作社	张华刚	张华刚	104.66	13000
19	下江家村股份经济合作社	江长清	江长清	45.36	12000
20	河西村股份经济合作社	徐海燕	徐海燕	143.45	16380
21	罗家村股份经济合作社	宋炎桦	罗明亮	33.07	18000
22	后亭子夼村股份经济合作社	刘增虎	张华豹	73.06	19000
23	冶口社区股份经济合作社	丛荣洲	丛　军	86.54	19800

续表28

序号	合作社名称	党组织书记	理事长	集体经济收入（万元）	人均纯收入（元）
24	汤河北社区股份经济合作社	姚昶东	姚昶东	69.89	16000
25	虎山社区股份经济合作社	宋修芳	宋修芳	282.26	29059
26	柳林社区股份经济合作社	刘　凯	刘　凯	413.10	30000
27	雅家庄村股份经济合作社	张　文	张　文	10.89	17694
28	栾家店村股份经济合作社	邵昌伟	邵昌伟	91.24	13119
29	江家寨社区股份经济合作社	丛培江	丛培江	1101.67	30000

【党建工作】 基层党组织建设。2021年，温泉镇党委主持召开党建专题会、村（社区）重点工作推进会15次，履行管党治党责任。落实双重组织生活，督促班子成员履行“一岗双责”，结合联系服务群众和干部作风大改进行动，解决群众实际问题928项。培养年轻干部，为19个村储备党支部书记、“两委”成员等40周岁以下后备干部57名。加强干部培训，组织后备干部专题培训会2次，组织8名“两委”干部参加区级“赋能计划”培训。结合软弱涣散村党组织提升工作，投资50万元建设300平方米党群服务中心。

党员队伍建设。2021年3月，温泉镇党委为提升党员素质、增强支部凝聚力，以“做合格基层党员，实现乡村振兴”为主题，组织全镇“两委”干部集中学习，其他党员通过观看直播进行轮训学习，轮训党员1904人。6月，开展庆祝中国共产党成立100周年活动，组织30名新党员到张家山村环海铁工厂展馆举行入党宣誓活动。利用本地红色教育资源，以实地参观学习的方式，推动党史学习教育入脑入心。年内，发展党员44名、预备党员65名、入党积极分子84名，全镇7个3年以上未发展党员村全部清“零”。

党风廉政建设。2021年，温泉镇党委召开党风廉政建设专题会议2次，制定全面从严治党主体责任清单，明确责任内容和完成时限。开展党风廉政建设工作监督检查，狠抓履职不力、管理不严、纪法意识淡薄等问题，约谈村级干部及机关干部122人次。每周不定期明察暗访，组织纪检监察干部监督检查村（社区）党员干部“四风”情况、履行中央八项规定精神情况。根据查办案件线索，督促各党支部开展警示教育。通过每季度召开村（社区）纪检委员工作会议、不定期进村开展党风廉政建设检查，对纪检委员加强培训、指导。在廉洁文化广场和清风苑小游园打造“廉洁文化学习角”，营造廉政氛围。

【招商引资及项目建设】 2021年，温泉镇以雅家庄村地块、河西村北地块、工友厂区地块、温泉汤社区南地块等为依托，引进内外资项目，做优做活新业态。雅家庄村地块投资协议签订，完成土地摘牌，项目进入土地、规划手续办理阶段；河西村北地块、温泉汤社区南地块投资协议签订，工友厂区地块招商工作仍在进行。年内，温泉镇有重点产业项目5个（海诚商业学校项目、丰航物流园二期项目、新大东物流园项目、泉乐坊项目、松鹤居老年公寓项目），总投资23.76亿元，建筑面积29.5万平方米。其中，海诚商业学校项目、丰航物流园二期项目、新大东物流园项目竣工；泉乐

2021年9月28日，温泉镇廉洁文化学习角　　（温泉镇　供图）

坊项目A区A1—A5主体封顶，B、C、D区完成室外配套设施施工，进入招商阶段；松鹤居老年公寓项目室内门窗及地暖安装、外墙涂料工程完工，进入室外配套设施施工阶段。

【基础设施建设】 2021年，温泉镇继续优化生态环境，打造宜居生活空间。投资380万元，绿化升级改造301省道，改造面积1.2万平方米。投资30万元，改造张家山公交站点景观，改造面积1100平方米。投资80万元，恢复双福路、刘家台、张家山等规模化绿化，恢复绿化面积8200平方米。投资140万元，完成明湖路学校东侧、林湖路南侧绿化施工，绿化面积1.1万平方米。投资80万元，恢复五渚河温泉明珠段污水改造地段绿化。投资80万元，对镇域内虎山路、温泉路、双福路、各连村路路段及公园广场内路灯、景观庭院灯、电缆等设施进行限电改造，维修路灯260余基、抢修电缆1200米。投资396万元，硬化环山路润丰玻璃段辅路及道路附属工程，总面积3200平方米。投资150万元，完成疏港路工友岗、虎山路与温泉路交叉路口拓宽改造工程，缓解两处路段交通拥挤状况。投资1304万元，硬化云顶阳光项目周边道路。投资30万元，完成前亭子夼村、刘家台社区等规模化供水和道路恢复工程，施工面积3300平方米。投资120万元，修复工友路、温泉路、虎山路、马夼村等破损沥青路面，施工面积6600平方米。投资20万元，施划湖滨路、双福路、明湖路、惠友路、江家寨立交桥周边、温泉学校等道路标线。投资100万元，完成柳河路南箱涵1座。投资125万元，完成兴邦化工东侧辅路工程。

2021年9月3日，冶口社区居民在棚改现场排队选房　（温泉镇　供图）

【乡村振兴】 2021年，温泉镇核定种粮面积219.47公顷，完成粮食播种目标任务。开展特色农业申请，双寺夼村获评省级乡土产业名品村，威海双福农业专业合作社获评威海市第九批市级农民专业合作社示范社，环翠区大裕家庭农场获评第六批家庭农场市级示范场，威海双福农业专业合作社和威海市小山前农场有限公司获评农业生产性服务市级示范组织。继续打造三大片区，壮大村庄产业发展。五渚河生态样板片区：邹家庄区域引入社会资金发展七彩虫园艺项目，打造生态观光、园艺研学基地，通过举办活动带动文旅产业发展；双寺夼村以党支部领办合作社为抓手，发展甘薯产业；郑家村吸引社会资金发展中草药种植；后亭子夼村发展碧根果种植。正棋山休闲样板片区：张家山村以樱桃谷辐射带动实施西庄综合文旅项目，分块分颜色种植不同作物，发展植物大地艺术，改造现有河道，增加亲水空间，对区域进行整体提升；下江家村利用原办公用房打造电商基地。环翠轻户外运动小镇样板片区（温泉区域）：西七夼村和雨夼村依托气候、土壤等资源优势，发展中药材种植项目，栽种艾蒿、白术等中草药。

【居住环境改善】 冶口棚户区改造项目计划投资5亿元，安置居民518户，建设回迁楼12幢、办公楼1幢、幼儿园1所，2019年5月动工。至2021年年末，12幢回迁楼全部竣工，居民全部回迁。投资8亿元，建设柳岸茗邸、云顶阳光、万象一品、泉乐坊等商住项目，建筑面积30万平方米。至年末，柳岸茗邸项目6幢楼完成主体施工，进入配套施工阶段；云顶阳光项目完成主体施工、配套施工及装饰装修；泉乐坊项目住宅部分全部交房，商用部分A区完成主体结构施工，B、C、D区完成主体施工、配套施工及装饰装修；万象一品项目一期完成主体施工、配套施工及装饰装修，二期完成主体施工。

（张　晶）

桥头镇

【概况】 桥头镇位于环翠区东南部，东邻荣成市埠柳镇，西接临港区草庙子镇和文登区文登营镇，南连荣成市崖西镇，北与经开区泊于镇交界，西北与温泉镇接壤，总面积111.24平方千米。镇政府驻桥头村，辖51个村和1个社区，有51个股份经济合作社，户籍人口28884人。辖区有高中1所、初中1所、小学1所、幼儿园1所，有镇卫生院1所、一体化管理中心卫生室13所。2021年，全镇实现税收3246万元，比上年下降45.7%；一般公共预算收入3246万元，下降45.75%；规模以上工业总产值11.64亿元，增长32.4%；固定资产投资3.24亿元，增长74.5%；外贸进出口额6.76亿元，增长64.8%；地方财政收入5553万元，下降27.8%。

2021年桥头镇各股份经济合作社基本情况表

表29

序号	合作社名称	党组织书记	理事长	集体经济收入（万元）	人均纯收入（元）
1	桥头村股份经济合作社	鞠　强	鞠　强	77.58	16326
2	埠上村股份经济合作社	–	梁厚海	66.88	16660
3	信河北村股份经济合作社	林卫东	林卫东	17.52	16967
4	义河北村股份经济合作社	鞠远洪	鞠远洪	14.18	16698
5	大院村股份经济合作社	刘玉莎	刘玉莎	5.15	15040
6	福禄庄村股份经济合作社	孟庆军	孟庆军	54.31	15546
7	雅格庄村股份经济合作社	韩　兵	韩　兵	20.10	14348
8	教里村股份经济合作社	王丽君	王丽君	5.41	19502
9	孟家庄村股份经济合作社	梁新建	梁新建	22.16	16020
10	江家口村股份经济合作社	–	刘玉民	50.85	21253
11	产里村股份经济合作社	殷炳清	殷炳清	57.84	19892
12	东龙山村股份经济合作社	–	林卫宁	10.21	18123
13	西龙山村股份经济合作社	林治松	林治松	7.42	17830
14	黑石村股份经济合作社	宋文山	宋文山	10.67	17896
15	柴里村股份经济合作社	梁述强	梁述强	12.35	16653
16	新建村股份经济合作社	齐志银	齐志银	23.92	15595
17	宋家店村股份经济合作社	刘玉福	刘玉福	6.03	16935
18	河西庄村股份经济合作社	吕广明	吕广明	40.89	16464
19	观里东村股份经济合作社	夏清丽	夏清丽	7.32	15629
20	观里西村股份经济合作社	夏元任	夏元任	50.97	17050
21	盘川夼村股份经济合作社	刘英军	鲁晓欣	5.24	14487
22	姚家圈村股份经济合作社	邹　磊	邹　磊	10.77	18045

续表29

序号	合作社名称	党组织书记	理事长	集体经济收入（万元）	人均纯收入（元）
23	西洛后村股份经济合作社	夏吉新	夏吉新	12.95	16716
24	东洛后村股份经济合作社	吕立新	吕立新	31.71	17552
25	大贞村股份经济合作社	鞠洪波	鞠洪波	53.57	14913
26	刘家泊村股份经济合作社	刘新金	刘新金	5.22	15907
27	徐家庄村股份经济合作社	梁永波	梁永波	11.44	14627
28	西贞村股份经济合作社	–	张君晓	5.47	14519
29	洛西村股份经济合作社	–	吕卫东	40.28	16020
30	前宅库村股份经济合作社	孙常波	孙常波	17.12	15369
31	后宅库村股份经济合作社	吕宝森	吕宝森	8.54	14138
32	所前泊村股份经济合作社	刘淑玲	刘淑玲	58.65	17204
33	黄金庄村股份经济合作社	梁春文	梁春文	5.88	15908
34	南台村股份经济合作社	梁文章	梁文章	6.05	14473
35	北子城村股份经济合作社	–	谢文杰	14.67	14501
36	南子城村股份经济合作社	李建华	李建华	16.56	16040
37	涧北村股份经济合作社	梁敬毅	梁敬毅	40.32	14710
38	东涧村股份经济合作社	曲　文	曲　文	12.15	15629
39	碑鲁村股份经济合作社	刘艳军	刘艳军	14.27	17868
40	报信村股份经济合作社	刘　彬	刘　彬	9.32	16549
41	马井泊村股份经济合作社	邓永志	邓永志	10.70	16535
42	彭家埠村股份经济合作社	林荣斋	林荣斋	10.56	16103
43	北墩前村股份经济合作社	–	李　华	21.62	13770
44	邓家店村股份经济合作社	鞠贺龙	鞠贺龙	8.77	15079
45	西山后村股份经济合作社	–	刘建明	6.50	14209
46	方吉村股份经济合作社	宋晓梅	宋晓梅	21.08	15323
47	董家夼村股份经济合作社	丛军滋	丛军滋	13.41	17231
48	后于家村股份经济合作社	宋文壮	宋文壮	8.97	17889
49	东于家村股份经济合作社	宋振军	宋振军	18.58	17273
50	中于家村股份经济合作社	宋　朋	宋文涛	5.51	15755
51	西于家村股份经济合作社	蔡新娟	蔡新娟	5.11	15262

【党建工作】 基层党组织建设。2021年，桥头镇开展党史学习教育各类专题学习80余场次。镇党委注重党建规范化建设，统筹100万元实施基层党建“百日提升”工程，规范公开栏、宣传栏、民情地图等，梳理村级档案26项，规范管理制度38条，明确公开事项44条。整顿报信村、北子城村软弱涣散党组织，通过结对帮扶、选派第一书记强化队伍建设，两村热线反馈问题比上年减少50%，集体经济收入均实现翻倍增长。

党员队伍建设。2021年，桥头镇党委规范发展党员工作，选配4名机关干部作为义河北、洛西、报信、黄金庄村网格员，充实党员队伍，提高队伍素质。挖掘153名后备力量充实人才库，解决村干部后备力量短缺问题。年内，3年以上未发展党员的12个村均发展新党员。至年末，全镇发展党员23名、预备党员35名、入党积极分子98名。

党风廉政建设。2021年，桥头镇党委加强廉政学习教育，打造“清廉之角”，拓宽党风廉政教育阵地。针对区委巡查发现的共性问题36项，制定整改措施94项。盯住关键环节，开展专项整治，加大案件审查工作力度。接收群众信访件20件，接待来访群众30人次；诫勉谈话2人，提醒谈话28人，批评教育2人，党内警告9人，开除党籍4人。

【招商引资】 2021年，桥头镇依托区位优势和产业特点，完善产业链条，壮大产业规模。引进总投资2亿元的万泰磁电项目，重点跟进嘉士通电商食品加工及冷链云仓建设项目、汽油式船用发动机项目。协调发展改革、自然资源、住房城乡建设、生态环保、人民防空等多个部门，办好万泰磁电项目土地、规划、建设等开工手续，促使项目早日开工建设。

【特色农业】 2021年，桥头镇种植春玉米237.67公顷、夏玉米442.21公顷、小麦442.21公顷、花生409.67公顷、甘薯76.35公顷、蔬菜93.3公顷，有苹果园1066.67公顷。东涧村被确定为桥头镇首个农业科技示范基地，示范规模76公顷。全镇有果农4800余户，苹果年均产量5万余吨，年产值3亿元以上，有现代化苹果储存冷风库22座，储存量22万吨。

【民生工程建设】 2021年，桥头镇投资2400万元，完成23个村（方吉、黑石、柴里、东龙山、西龙山、东洛后、西洛后、观里东、观里西、姚家圈、盘川夼、大贞、前宅库、徐家庄、西贞、刘家泊、洛西、东涧、涧北、南子城、福禄庄、北子城、后宅库）的规模化供水工作，敷设供水主管网18千米。投资232万元，为14个村（洛西、南子城、黄金庄、桥头、埠上、孟家庄、东龙山、西龙山、新建、教里、后宅库、洛西、西贞、姚家圈）1128户安装碳纤维电暖器，实施清洁供暖改造，桥头镇51个村清洁供暖改造任务全部完成。投资1100万元，为8个村（东龙山、西龙山、新建、后宅库、埠上、教里、前宅库、孟家庄）改造污水设施。

【乡村振兴】 2021年，桥头镇持续加强美丽乡村建设，加快推进乡村振兴。在打造2个（信河北、义河北）市级美丽乡村精品示范村、6个（福禄庄、大院、方吉、东于家、中于家、西于家）市级美丽乡村示范村基础上，投资950万元，完成1个（南子城）省级美丽乡村和3个（彭家埠、北墩前、黄金庄）市级美丽乡村建设任务。在产业振兴上，推进环翠区乡村振兴城乡深度融合示范项目建设，土地整理工程全面开工；环翠区乡村研学综合实践基地项目、蓝天生态教育实践基地项目、锡镶艺苑项目等进入建设阶段；国家冷凉植物示范推广基地项目新调整的九大功能区初步建设完成。在生态振兴上，整改旱厕20处，清理“四大堆”（柴草秸秆堆、生活垃圾堆、畜禽粪便堆、建筑垃圾堆）和乱堆乱放问题900余处，完成1128户清洁供暖改造，推进8个村污水改

2021年9月12日，南子城村陌上乡居家庭农场 （桥头镇 供图）

2021年7月23日，“永远跟党走”献礼中国共产党成立100周年暨桥头镇夏季纳凉晚会启动仪式举行（桥头镇 供图）

造项目，建设2处小游园，打造“厚德环翠·美在我家”示范户1206户、精品户367户、示范村6个。

【新文化名片打造】 2021年，桥头镇对农村文体活动实施“菜单式”管理，举办送戏下乡等文化活动129场，参与群众10万余人次。以志愿者为主体、以志愿服务活动为载体，打造镇、村两级志愿服务体系，组建志愿服务队伍68支。整合理论宣讲、文化教育、健身体育、环境卫生、便民服务5类群众诉求，结合“九小服务平台”（小提案、小热线、小网格、小报纸、小喇叭、小讲堂、小微信、小走访、小舞台），集中提供服务项目60余个。全镇实名注册志愿者8000余人，占常住人口40.07%，开展志愿服务活动2400余次，服务群众2.8万人次。北墩前村成立“刺绣作坊”，孟家庄村成立“剪纸艺术团”，群众自发组成业余京剧团5个，票友近200人。“刺绣”“剪纸”“京剧”逐渐成为桥头镇新的文化名片。

【万泰磁电项目签约】 2021年4月2日，万泰磁电项目参加全区集中签约仪式，项目正式落地。万泰磁电项目由威海万泰磁电科技有限公司投资建设，计划投资2亿元，占地3.73公顷，建筑面积2.8万平方米，主要生产电机、电磁阀、电控及液压部件等产品。项目分两期建设，达产后年可生产高效电机15万台，年产值1亿元，税收800万元，被列入全省新旧动能转换优选项目。

【环翠区乡村振兴城乡深度融合示范项目暨环翠区乡村研学综合实践基地项目启动】 2021年10月21日，环翠区乡村振兴城乡深度融合示范项目暨环翠区乡村研学综合实践基地项目在桥头镇所前泊村启动。乡村振兴城乡深度融合示范项目总投资5亿元，分两期实施。一期投资2.7亿元，依托全域土地治理改造提升农业生产基础设施和打造国家级环翠区综合实践教育基地。二期投资2.3亿元，建设农业文旅、乡村民宿、现代农业产业园和优质农副产品仓储、物流基地等。环翠区乡村研学综合实践基地项目总投资1亿元，占地13.93公顷，整合周边闲置民房、土地、水库等资源，规划打造综合实践教育基地主营区和智慧农耕实践园。综合实践教育基地主营区占地1.2公顷，主要建设教学区、宿舍区、餐厅等，可同时满足1000名学生研学需要；智慧农耕实践园占地12.73公顷，规划智慧大棚、百草园、百花园、百蔬园、百谷园、水田区6大区域。至年末，环翠区乡村研学综合实践基地项目更名为环翠区中小学生综合实践基地，完成原敬老院房屋拆迁工作。智慧农耕实践园完成土地流转，智慧大棚完成基础建设。

（王正宝）

人物　荣誉

区级领导人简介

新任区级领导人

张　刚　中共威海市环翠区委书记、党校校长。山东荣成人。1972年10月出生。1992年7月参加工作。1991年12月加入中国共产党。山东省委党校在职干部研究生班经济管理专业毕业，省委党校研究生学历。1990年9月至1992年7月，在山东大学威海分校经济系财政学专业学习。1992年7月至1993年11月，任威海市接待处科员。1993年11月至1997年12月，任威海市委办公室科员（其间：1994年9月至1996年12月，在山东省委党校业余本科班经济管理专业学习）。1997年12月至2001年2月，任威海市委办公室副主任科员。2001年2月至2003年4月，在威海市委党校青年领导干部培训班学习（其间：2002年1月至2003年4月，挂职任荣成市成山卫镇党委副书记）。2003年4月至5月，任乳山市政府市长助理（副县级）。2003年5月至2005年3月，任乳山市人民政府党组成员、市长助理（副县级）。2005年3月至2007年1月，任乳山市人民政府党组成员、市长助理（副县级），乳山银滩旅游度假区工委副书记、管委常务副主任。2007年1月至2月，任中共乳山市委常委、市长助理、市人民政府党组成员，乳山银滩旅游度假区工委副书记、管委常务副主任。2007年2月至11月，任中共乳山市委常委、宣传部部长（其间：2004年9月至2007年6月，在山东省委党校在职干部研究生班经济管理专业学习）。2007年11月至2011年11月，任中共乳山市委常委、纪委书记（其间：2010年3月至5月，在山东省委党校第22期县委领导干部进修班学习）。2011年11月至12月，任中共乳山市委常委。2011年12月至2013年1月，任中共乳山市委常委、组织部部长。2013年1月至2015年10月，任威海经开区工委委员、管委副主任，人事劳动局（组织部、统战部）局长（部长）。2015年10月至2016年12月，任威海经开区工委委员、管委副主任、组织部（统战部、人力资源社会保障局）部长（局长）（机构更名）。2016年12月至2019年1月，任威海市金融工作办公室（地方金融监管局）党组书记、主任（局长）（其间：2018年3月至7月，在山东省委党校第二十八期中青年干部培训班学习）。2019年1月至2021年1月，任威海市地方金融监管局（市金融办公室）党组书记、局长（主任）（机构改革）。2021年1月至12月，任威海市自然资源和规划局党组书记、局长。2021年12月起，任中共威海市环翠区委书记、党校校长。

于晓东 中共威海市环翠区委副书记，区人民政府党组书记、区长。山东即墨人。1981年3月出生。2003年7月参加工作。2000年12月加入中国共产党。济南大学文学院汉语言文学专业毕业，大学学历，公共管理硕士。1999年9月至2002年7月，在青岛教育学院环境科学系环境管理与监测专业学习。2002年9月至2004年7月，在济南大学文学院汉语言文学专业学习（其间：2003年7月至2004年7月，任山东省学生联合会执行主席）。2004年8月至2006年5月，任乳山市大孤山镇党委科员（其间：2004年12月至2006年5月，借调乳山市委办公室工作）。2006年5月至12月，任乳山市委办公室科员。2006年12月至2010年1月，任乳山市夏村镇党委委员、人武部部长。2010年1月至2011年1月，任乳山市夏村镇政府副镇长。2011年1月至11月，任乳山市夏村镇党委副书记、台依村党支部书记。2011年11月至2012年9月，任乳山市崖子镇党委副书记、镇长。2012年9月至2013年11月，任威海市副县级后备干部班学员（其间：2012年11月至2013年10月，挂职任威海市城乡建设委员会正科级干部）。2013年11月至2015年2月，任威海市经济合作局党委委员、副局长（其间：2012年3月至2014年6月，在山东大学政治学与公共管理学院公共管理硕士专业学习）。2015年2月至2016年6月，任威海市商务局党委委员、经济合作局副局长（其间：2015年9月至2016年1月，在山东省委党校中青年干部培训班学习）。2016年6月至12月，任威海市商务局党委委员、经济合作局副局长，荣成市委常委、副市长（挂职）。2016年12月至2019年5月，任中共威海市文登区委常委、统战部部长，区政府党组成员。2019年5月至2021年2月，任威海市政府办公室党组成员、副主任。2021年2月至12月，任中共威海市环翠区委副书记。2021年12月至2022年1月，任中共威海市环翠区委副书记，区人民政府党组书记、副区长、代区长。2022年1月起，任中共威海市环翠区委副书记，区人民政府党组书记、区长。

于晓光（女） 中共威海市环翠区委副书记（正县级）。黑龙江双城人。1978年4月出生。2006年7月参加工作。1999年11月加入中国共产党。山东大学历史文化学院中国古代史专业毕业，研究生学历，历史学博士。1996年9月至2000年6月，在山东大学历史文化学院档案系档案学专业学习。2000年9月至2003年6月，在山东大学历史文化学院历史学系专门史专业学习。2003年9月至2006年6月，在山东大学历史文化学院历史学系中国古代史专业学习。2006年7月至2007年8月，任山东省旅游局办公室（政策法规处）试用期干部。2007年8月至2014年9月，任山东省旅游局办公室（政策法规处）主任科员。2014年9月至11月，任山东省旅游局综合协调处主任科员。2014年11月至2016年8月，任山东省旅游局综合协调处副处长。2016年8月至2017年11月，任山东省旅游发展委员会综合协调处副处长（其间：2015年9月至2017年11月，挂职任沂源县副县长）。2017年11月至2020年5月，任山东省旅游推广中心主任。2020年5月至2021年7月，任山东省文化和旅游厅对外交流与合作处（港澳台办公室）处长（主任）。2021年7月至8月，任山东省文化和旅游厅对外交流与合作处（港澳台办公室）处长（主任），中共荣成市委副书记（其间：2021年3月至7月，在中央党校第4期中青年干部培训班学习）。2021年8月至12月，任中共荣成市委副书记（正县级）。2021年12月起，任中共威海市环翠区委副书记（正县级）。

张　勇 中共威海市环翠区委常委，区纪委书记，区监委主任。山东文登人。1970年7月出生。1992年7月参加工作。1993年6月加入中国共产党。北京物资学院经济系劳动经济专业毕业，大学学历，公共管理硕士。1988年9月至1992年7月，在北京物资学院经济系劳动经济专业学习。1992年7月至1994年8月，任威海高新区物资供应公司干部（其间：1992年8月至1994年8月，借调威海高新区劳动人事局帮助工作）。1994年8月至1998年6月，任中共威海市委组织部科员。1998年6月至2001年2月，任中共威海市委组织部副主任科员。2001年2月至10月，任中共威海市委组织部干部科副科长。2001年10月至2004年11月，任中共威海市委组织部干部科副科长、主任科员。2004年11月至2007年8月，任中共威海市委组织部干部监督科科长。2007年8月至2008年8月，任中共威海市委组织部干部教育科科长。2008年8月至2009年7月，任中共威海市委工业工委纪工委书记、委员。2009年7月至2014

年2月，任中共威海市纪委派驻第五纪检组（第五监察室）副组长（副主任）（其间：2007年3月至2009年12月，在北京航空航天大学公共管理学院公共管理专业学习）。2014年2月至2016年12月，任中共威海市纪委第四纪检监察室主任。2016年12月至2018年1月，任中共荣成市委常委，市纪委书记。2018年1月至2021年12月，任中共荣成市委常委，市纪委书记，市监委主任（机构改革）。2021年12月至2022年1月，任中共威海市环翠区委常委，区纪委书记，区监委副主任、代主任。2022年1月起，任中共威海市环翠区委常委，区纪委书记，区监委主任。

王　志　中共威海市环翠区委常委、组织部部长、统战部部长。山东荣成人。1983年2月出生。2008年7月参加工作。2005年1月加入中国共产党。中国海洋大学管理学院企业管理专业毕业，研究生学历，管理学硕士。2001年9月至2005年8月，在中国海洋大学旅游学系旅游管理专业学习。2005年8月至2006年9月，任贵州省铜仁市德江县煎茶中学教师。2006年9月至2008年7月，在中国海洋大学管理学院企业管理专业学习。2008年7月至2010年9月，任威海高新区投资贸易促进局科员。2010年9月至2011年7月，任威海高新区初村镇政府镇长助理（副科级）。2011年7月至2012年11月，任威海高新区初村镇党委组织委员。2012年11月至2013年10月，任威海高新区初村镇政府副科级干部（其间：2012年10月至2013年10月，挂职任威海市经济和信息化委员会产业政策科科长、信访科科长）。2013年10月至2015年5月，任威海市经济和信息化委员会经济运行办公室主任科员。2015年5月至2016年5月，任威海市考核办公室主任科员。2016年5月至2019年5月，任中共威海市委组织部组织员办公室副主任。2019年5月至7月，任中共威海市委组织部组织员办公室主任（机构改革）。2019年7月至2020年11月，任中共威海市委组织部组织一科科长、组织员办公室主任。2020年11月至2021年12月，任中共威海市委组织部组织一科科长。2021年12月起，任中共威海市环翠区委常委、组织部部长、统战部部长。

周永前　中共威海市环翠区委常委，区人武部上校部长。山东荣成人。1973年5月出生。1991年12月参加工作。1994年4月加入中国共产党。中央党校大学法律专业毕业，中央党校大学学历。1991年12月至1992年7月，任某集团军某旅某连战士。1992年7月至11月，任某集团军某团某队学员。1992年11月至1994年9月，任某集团军某旅某连班长。1994年9月至1996年7月，任广州通信学院载波专业学员。1996年7月至1998年6月，任某军某师某营某连排长。1998年6月至9月，任某集团军某师某营某连副连长。1998年9月至2000年5月，任某集团军某旅某营某连副连长。2000年5月至2001年2月，任济南军区某团某连副连长。2001年2月至2002年1月，任济南军区某团某连连长。2002年1月至2004至6月，任济南军区某团某连政治指导员。2004年6月至2006年2月，任济南军区某团司令部某股副营职参谋。2006年2月至2007年2月，任济南军区某团司令部某股政治协理员。2007年2月至2008年1月，任济南军区某团司令部某股副营职参谋。2008年1月至2009年1月，任济南军区某团某营营长。2009年1月至2011年3月，任济南军区某团某处处长。2011年3月至2012年3月，任威海军分区某部某科科长。2012年3月至2015年3月，任威海军分区某部某科科长。2015年3月至2017年6月，任临沂市兰山区人武部部长。2017年6月至2021年3月，任威海市环翠区人武部部长。2021年3月至12月，任威海市环翠区人武部上校部长。2021年12月起，任中共威海市环翠区委常委，区人武部上校部长。

刘永胜　中共威海市环翠区委常委，区人民政府党组成员、副区长。山东威海人。1976年7月出生。1996年8月参加工作。1999年6月加入中国共产党。山东省委党校经济管理专业毕业，省委党校大学学历。1994年9月至1996年7月，在西南交通大学经济与运输管理系财务会计专业学习。1996年8月至2001年3月，任威海市环翠区桥头镇财政所科员（其间：1998年4月至7月，在环翠区委党校第五期青年干部培训班学习）。2001年3月至2002年5月，任威海市环翠区桥头镇党政办公室科员。2002年5月至2005年3月，任威海市环翠区委办公室科员。2005年3月至2006年12月，任威海市环翠区草庙子镇党委委员（其间：2003年9月至2005年12月，在山东省委党校干部业余本科班经济管理专业学习）。2006年12月至2009年2

月，任威海市环翠区委督查室主任。2009年2月至2010年2月，任威海市环翠区委办公室副主任。2010年2月至2013年9月，任威海市环翠区委办公室副主任、考核办公室主任。2013年9月至2014年2月，任威海市环翠区委办公室副主任（正科级）。2014年2月至2015年5月，任威海环翠省级旅游度假区党工委副书记、管委副主任，张村镇党委副书记、镇长。2015年5月至2016年12月，任威海市环翠区张村镇党委副书记、镇长。2016年12月至2017年2月，任威海市环翠区财政局党组书记。2017年2月至2021年12月，任威海市环翠区财政局党组书记、局长。2021年12月至2022年1月，任中共威海市环翠区委常委提名候选人，区人民政府副区长提名候选人，区财政局局长。2022年1月起，任中共威海市环翠区委常委，区人民政府党组成员、副区长。

郑　磊　中共威海市环翠区委常委、区委办公室主任。山东诸城人。1984年12月出生。2007年9月参加工作。2008年10月加入中国共产党。山东大学威海分校新闻传播学院汉语言文学专业毕业，大学学历，文学学士。2003年9月至2007年7月，在山东大学威海分校新闻传播学院汉语言文学专业学习。2007年9月至2009年2月，任威海市环翠区民政局科员（其间：2007年9月至2008年1月，在威海市环翠区羊亭镇政府挂职；2008年2月至2009年2月，借调至中共威海市环翠区委组织部远教中心）。2009年2月至2011年6月，任中共威海市环翠区委组织部组织科科员。2011年6月至2013年9月，任中共威海市环翠区委组织部组织科副科长。2013年9月至2014年3月，任中共威海市环翠区委组织部组织科副科长、“两新”工委副书记。2014年3月至2015年5月，任中共威海市环翠区委组织部组织科科长、“两新”工委副书记。2015年5月至2016年12月，任中共威海市环翠区委组织部副部长、“两新”工委副书记。2016年12月至2017年11月，任中共威海市环翠区委组织部副部长、组织员办公室主任。2017年11月至2018年4月，任中共威海市环翠区委组织部副部长、组织员办公室主任、老干部局局长。2018年4月至2019年3月，任中共威海市环翠区委组织部副部长、组织员办公室主任、老干部局局长、“两新”工委书记。2019年3月至2020年6月，任中共威海市环翠区委组织部副部长、老干部局局长、“两新”工委书记。2020年6月至2021年4月，任中共威海市环翠区委组织部分管日常工作的副部长，区委老干部局局长，“两新”工委书记（其间：2020年9月至11月，在威海市中青年干部培训班学习）。2021年4月至6月，任中共威海市环翠区委组织部分管日常工作的副部长，“两新”工委书记。2021年6月至12月，任威海市环翠区委办公室主任。2021年12月至2022年1月，任中共威海市环翠区委常委提名候选人、区委办公室主任。2022年1月起，任中共威海市环翠区委常委、区委办公室主任。

邹　杰　威海市环翠区人大常委会党组成员、副主任。山东威海人。1968年10月出生。1983年12月参加工作。1987年6月加入中国共产党。中央党校工商管理专业毕业，中央党校大学学历。1983年12月至1990年1月，任威海市人民政府（县级）办公室科员（其间：1985年9月至1988年10月，在威海市职工中专行政管理专业学习）。1990年1月至1991年8月，任威海市环翠区政府办公室行政科科长（1991年4月，录为干部）。1991年8月至1992年9月，任威海市环翠区政府办公室副科级秘书、行政科科长。1992年9月至1998年1月，任威海市环翠区孙家疃镇副镇长（其间：1993年10月至1997年6月，在山东省高等教育自考经济管理专业学习）。1998年1月至2000年2月，任威海市环翠区孙家疃镇党委副书记（其间：1997年10月至1999年5月，在哈尔滨工业大学政治经济学专业学习）。2000年2月至2003年7月，任威海宾馆党委书记、经理。2003年7月至2008年1月，任威海市环翠区审计局党组书记、局长。2008年1月至2011年1月，任中共威海市环翠区纪委副书记，区监察局党组书记、局长（其间：2007年8月至2009年12月，在中央党校函授学院本科班工商管理专业学习）。2011年1月至2014年1月，任威海市环翠区人民政府党组成员，区政府办公室党组书记、主任（其间：2008年9月至2011年6月，在山东省委党校在职干部研究生班法学理论专业学习）。2014年1月至8月，任威海市环翠区里口山风景名胜区管委会副主任（副县级），区人民政府党组成员，区政府办公室党组书记、主任。2014年8月至2016年4月，任威海市环翠区人民政府党组成员，区政府办公室党组书记、主任（副县级）。2016年4月至2021年12月，任威海市环翠区总工会党组书记、主席（副县

级）。2021年12月至2022年1月，任威海市环翠区人大常委会副主任提名候选人，区总工会党组书记、主席（副县级）。2022年1月起，任威海市环翠区人大常委会副主任、党组成员。

陈英欣 威海市环翠区人大常委会党组成员、副主任。山东威海人。1968年7月出生。1987年2月参加工作。1988年11月加入中国共产党。山东省委党校在职干部研究生班经济管理专业毕业，省委党校研究生学历。1987年2月至1988年3月，任威海市（县级）委办公室机要员。1988年3月至1990年11月，任中共威海市环翠区委宣传部干事。1990年11月至1994年6月，任威海市环翠区羊亭镇团委书记（其间：1988年9月至1991年7月，在山东大学威海分校汉语言文学专业学习）。1994年6月至1999年2月，任威海市环翠区环翠楼街道办事处党委宣传委员（其间：1993年8月至1995年12月，在中央党校函授学院经管专业学习）。1999年2月至2000年2月，任威海市环翠区环翠楼街道办事处党委组织委员、副科级信访助理员。2000年2月至2001年12月，任威海市环翠区环翠楼街道办事处纪委书记、组织委员、副科级信访助理员。2001年12月至2004年2月，任威海市环翠区孙家疃镇党委副书记、纪委书记（其间：1999年9月至2002年7月，在山东大学法律专业学习；2003年8月至12月，在山东省人事厅现代项目管理培训班学习）。2004年2月至2006年5月，任威海市环翠区孙家疃镇党委副书记、人大主席。2006年5月至2009年2月，任威海市环翠区孙家疃镇党委副书记、镇长。2009年2月至2010年4月，任威海市环翠区鲸园街道办事处党委书记、人大联络办公室主任。2010年4月至2011年1月，任威海市环翠区鲸园街道党工委书记、人大联络办公室主任（机构更名）（其间：2007年9月至2010年6月，在山东省委党校在职干部研究生班经济管理专业学习）。2011年1月至12月，任威海市环翠区鲸园街道党工委书记。2011年12月至2014年11月，任威海市环翠区发展和改革局党组书记、局长，物价局局长。2014年11月至2015年3月，任威海市环翠区发展和改革局党组书记、局长，物价局局长（主持里口山工作）。2015年3月至4月，任威海市环翠区里口山风景区党工委副书记。2015年4月至2017年7月，任威海市环翠区里口山风景区管委会党工委副书记、主任（副县级）。2017年7月至2018年1月，任威海市环翠区政协党组成员，里口山风景区管委会主任（副县级）。2018年1月至2019年10月，任威海市环翠区政协党组成员、常委，里口山风景区管委会主任（副县级）。2019年10月至2021年12月，任威海市环翠区政协党组成员、常委。2021年12月至2022年1月，任威海市环翠区人大常委会副主任提名候选人，区政协党组成员、常委。2022年1月起，任威海市环翠区人大常委会党组成员、副主任。

刘　斌 威海市环翠区人民政府党组成员、副区长，公安环翠分局党委书记、局长。山东荣成人。1970年9月出生。1990年10月参加工作。1995年8月加入中国共产党。山东省委党校在职干部研究生班法学理论专业毕业，省委党校研究生学历，法学学士。1987年9月至1990年6月，在威海市职业中等专业学校机电专业学习。1990年10月至1991年4月，任威海北洋电器集团公司职工。1991年4月至1992年2月，任威海市公安局环翠分局城里派出所民警。1992年2月至1996年5月，任威海市公安局环翠分局治安科民警（1993年12月转干）。1996年5月至2000年3月，任威海市公安局环翠分局鲸园派出所副所长（其间：1993年4月至1996年6月，在省高等教育自学考试专科班文秘专业学习）。2000年3月至2002年7月，任威海市公安局环翠分局竹岛派出所政治指导员（其间：1997年10月至2002年6月，在省高等教育自学考试本科班公安管理专业学习）。2002年7月至2004年2月，任威海市公安局环翠分局鲸园派出所所长。2004年2月至3月，任威海市公安局环翠分局党委委员、鲸园派出所所长。2004年3月至10月，任威海市公安局环翠分局党委委员、政工科科长。2004年10月至2005年10月，任威海市公安局环翠分局党委委员、政工科科长、副主任科员。2005年10月至2008年12月，任威海市公安局环翠分局党委委员、政工科副科长（副科级）（机构升格）。2008年12月至2009年10月，任威海市公安局环翠分局党委委员、政工科科长。2009年10月至2010年9月，任威海市公安局环翠分局党委委员、政工室主任（机构更名）。2010年9月至2014年10月，任威海市公安局环翠分局党委委员、副局长。2014年10月至2016年4月，任威海市公安局治安支队支队长（副县级）。2016年4月至2020年11月，任威海市公安局文登分局局长（副县级）（其间：2015年9月

至2018年6月，在山东省委党校在职干部研究生班法学理论专业学习）。2020年11月至12月，任威海市文登区人民政府副区长提名人选，威海市公安局文登分局局长（副县级）。2020年12月至2021年12月，任威海市文登区人民政府副区长，威海市公安局文登分局局长（副县级）。2021年12月起，任威海市环翠区人民政府党组成员、副区长，公安环翠分局党委书记、局长。

王文萍（女） 威海市环翠区人民政府党组成员、副区长。陕西西安人。1972年9月出生。1994年8月参加工作。1998年10月加入中国共产党。山东省委党校档案文秘专业毕业，省委党校大学学历。1991年9月至1994年7月，在西安联合大学语言学专业学习。1994年8月至10月，任威海环翠省级旅游度假区管委会科员。1994年10月至2004年2月，任威海环翠省级旅游度假区管委会（张村镇）科员（机构合并）（其间：2000年9月至2002年12月，在省委党校干部业余本科班档案文秘专业学习；2003年9月至2004年1月，在环翠区委党校青年干部培训班学习）。2004年2月至2006年12月，任威海市环翠区桥头镇党委委员。2006年12月至2013年7月，任中共威海市环翠区纪委常委、信访室主任。2013年7月至2015年3月，任威海环翠省级旅游度假区党工委委员、纪工委书记、综治办公室主任，张村镇党委委员、纪委书记。2015年3月至2016年12月，任威海市环翠区张村镇党委副书记（正科级）。2016年12月至2019年1月，任威海市环翠区竹岛街道党工委副书记、主任。2019年1月至2021年2月，任威海市环翠区嵩山街道党工委书记。2021年2月至3月，任威海市环翠区人民政府副区长提名人选，嵩山街道党工委书记。2021年3月至5月，任威海市环翠区人民政府党组成员、副区长，嵩山街道党工委书记。2021年5月起，任威海市环翠区人民政府党组成员、副区长。

崔军强 威海市环翠区人民政府党组成员、副区长。山东文登人。1984年9月出生。2006年8月参加工作。2004年4月加入中国共产党。山东省委党校在职干部研究生班经济管理专业毕业，省委党校研究生学历。2002年9月至2006年7月，在江西财经大学信息管理学院计算机科学与技术专业学习。2006年8月至2007年4月，任文登市交通局大水泊交管所工作人员。2007年4月至2008年8月，任文登市交通局办公室工作人员。2008年8月至2011年11月，任文登市机关事务管理局工作人员（其间：2010年6月至2011年11月，挂职任文登市葛家镇党委委员）。2011年11月至2013年1月，任文登市葛家镇党委宣传委员（其间：2012年9月至2013年1月挂职任文登市发展和改革局副局长）。2013年1月至9月，任文登市大水泊镇党委副书记。2013年9月至12月，任共青团文登市委员会副书记、党组副书记（主持工作）。2013年12月至2014年3月，任共青团文登市委员会书记、党组书记。2014年3月至2015年4月，任共青团威海市文登区委员会书记、党组书记（区划更名）。2015年4月至2016年12月，任威海市文登区文登营镇党委书记、人大主席，文登经济开发区工委委员。2016年12月至2019年1月，任威海市文登区文登营镇党委书记，文登经济开发区工委委员（其间：2014年9月至2017年6月，在山东省委党校在职干部研究生班经济管理专业学习）。2019年1月至2021年12月，任威海市文登区高村镇党委书记。2021年12月起，任威海市环翠区人民政府党组成员、副区长。

邹 伟 威海市环翠区人民政府党组成员、副区长，威海环翠省级旅游度假区党工委书记、管委会副主任，张村镇党委书记。山东威海人。1976年10月出生。1997年11月参加工作。2000年8月加入中国共产党。山东省委党校业余本科班经济管理专业毕业，省委党校大学学历。1995年9月至1997年7月，在山东广播电视大学财务会计专业学习。1997年11月至2002年1月，任威海市环翠区计划委员会科员。2002年1月至2003年7月，任威海市环翠区发展计划局科员（机构更名）。2003年7月至12月，任威海市环翠区信息中心副主任。2003年12月至2008年1月，任威海市环翠区物价局物价检查所副所长[其间：2002年9月至2004年12月，在山东省委党校业余本科班经济管理专业学习；2005年9月至2006年9月，在哈尔滨工业大学（威海）学习韩国语；2006年9月至12月，在韩国京东大学韩国语培训]。2008年1月至2010年2月，任威海市环翠区服务业办公室主任（其间：2008年11月至2009年11月，挂职任威海市服务业办公室副主任）。2010年2月至2013年12月，任威海市环翠区发展和改革局党组成

员、副局长。2013年12月至2016年12月，任威海市环翠区竹岛街道党工委副书记、主任。2016年12月至2019年1月，任威海市环翠区科技局党组书记、局长。2019年1月至6月，任威海市环翠区发展和改革局党组书记、局长。2019年6月至2021年1月，任威海环翠省级旅游度假区党工委书记、管委会副主任，张村镇党委书记，里口山风景区党工委书记、管委会副主任（主持里口山工作），区发展改革局党组书记、局长。2021年1月至6月，任威海环翠省级旅游度假区党工委书记、管委会副主任，张村镇党委书记，里口山风景区管理服务中心党工委书记、副主任（主持里口山工作）。2021年6月至12月，任威海环翠省级旅游度假区党工委书记、管委会副主任，张村镇党委书记。2021年12月至2022年1月，任威海市环翠区人民政府副区长提名候选人，环翠省级旅游度假区党工委书记、管委会副主任，张村镇党委书记。2022年1月起，任威海市环翠区人民政府党组成员、副区长，威海环翠省级旅游度假区党工委书记、管委会副主任，张村镇党委书记。

于　超　威海市环翠区政协党组成员、副主席，区总工会党组书记、主席。山东乳山人。1975年3月出生。1994年7月参加工作。1994年6月加入中国共产党。山东省委党校经济管理专业毕业，省委党校大学学历。1991年9月至1994年7月，在山东信息工程学校计算机技术及应用专业学习。1994年7月至1998年6月，任威海市环翠区委办公室机要科机要员。1998年6月至2001年12月，任中共威海市环翠区委组织部干部科科员。2001年12月至2003年5月，任中共威海市环翠区委组织部副主任科员。2003年5月至9月，任中共威海市环翠区委组织部副主任科员、干部科副科长。2003年9月至2004年4月，任中共威海市环翠区委组织部副主任科员、干部教育科科长、干部科副科长。2004年4月至2007年3月，任中共威海市环翠区委组织部副主任科员、办公室主任。2007年3月至2010年2月，任中共威海市环翠区委组织部副主任科员、干部科科长（其间：2005年9月至2008年6月，在山东省委党校干部业余专科班经济管理专业学习）。2010年2月至2014年2月，任中共威海市环翠区委组织部副部长（其间：2008年9月至2010年12月，在山东省委党校干部业余本科班经济管理专业学习）。2014年2月至2016年4月，任中共威海市环翠区委组织部副部长、老干部局局长。2016年4月至2021年2月，任威海市环翠区人民政府党组成员，区政府办公室党组书记、主任。2021年2月至12月，任威海市环翠区人民政府党组成员，区政府办公室党组书记、主任。2021年12月至2022年1月，任威海市环翠区政协副主席提名候选人，区人民政府党组成员，区政府办公室主任。2022年1月起，任威海市环翠区政协党组成员、副主席，区总工会党组书记、主席。

宋　崴（女）　威海市环翠区政协副主席。山东威海人。1972年3月出生。1989年8月参加工作。2018年3月加入中国民主促进会。省高等教育自学考试法律专业毕业，在职大学学历。1986年9月至1989年7月，在西安市卫生学校助产专业学习。1989年8月至1992年9月，任威海市立医院妇产科护士。1992年9月至1999年3月，任威海市环翠区计划生育委员会科员（其间：1993年9月至1995年7月，在南京人口管理干部学院人口与计划生育管理专业学习；1998年4月至7月，在环翠区委党校第五期青年干部培训班学习）。1999年3月至2001年8月，任威海市环翠区妇联科员。2001年8月至2003年9月，任威海市环翠区妇联办公室副主任。2003年9月至2004年2月，任威海市环翠区妇联基层工作部部长。2004年2月至2007年3月，任威海市环翠区农业综合开发办公室副主任（其间：2001年11月至2005年6月，在省高等教育自学考试法律专业学习）。2007年3月至2010年2月，任威海市环翠区妇联副主席。2010年2月至2016年4月，任威海市环翠区监察局副局长。2016年4月至12月，任威海市环翠区监察局副局长、行政监察举报中心主任。2016年12月至2019年1月，任威海市环翠区司法局局长。2019年1月至2021年12月，任威海市环翠区医保局局长。2021年12月至2022年1月，任威海市环翠区政协副主席提名候选人，区医保局局长。2022年1月起，任威海市环翠区政协副主席。

毕建鹏　威海市环翠区政协副主席，区司法局局长。山东荣成人。1971年3月出生。1993年7月参加工作。无党派。烟台大学法律系法学专业毕业，大学学历，法学学士学位。1989年9月至1993年7月，在烟台大学法律系法学专业学习。1993

年7月至1994年7月，任威海市环翠区法院市区法庭书记员。1994年7月至1997年1月，任威海市环翠区法院环翠楼法庭助理审判员。1997年1月至2000年10月，任威海市环翠区法院环翠楼法庭审判员。2000年10月至2002年3月，任威海市环翠区法院羊亭法庭副庭长。2002年3月至2007年3月，任威海市环翠区法院民三庭副庭长（其间：2000年7月至2002年6月，在山东大学研究生课程进修班学习）。2007年3月至2012年5月，任威海市环翠区法院执行局执行三庭庭长。2012年5月至2013年11月，任威海市环翠区法院民事审判第三庭庭长。2013年11月至2015年3月，任威海市环翠区法院民事审判第三庭庭长、副科级审判员。2015年3月至2016年12月，任威海市环翠区人民政府法制办公室副主任（主持工作）。2016年12月至2019年1月，任威海市环翠区政府法制办公室副主任（主持工作）、主任科员。2019年1月至2021年12月，任威海市环翠区司法局局长。2021年12月至2022年1月，任威海市环翠区政协副主席提名候选人，区司法局局长。2022年1月起，任威海市环翠区政协副主席，区司法局局长。

职务变动 区级领导人

孙青松（女） 威海市环翠区政协党组书记、主席。山东威海人。1970年8月出生。1995年7月参加工作。1994年12月加入中国共产党。山东省委党校在职干部研究生班经济管理专业毕业，省委党校研究生学历，学士学位。1991年9月至1995年7月，在山东轻工业学院无机材料系硅酸盐工程专业学习。1995年7月至1996年8月，任威海市环翠区田村镇政府干部。1996年8月至1998年12月，任威海高新区田村街道办事处干部。1998年12月至1999年4月，任威海高新区田村街道办事处副主任。1999年4月至2001年3月，任威海高新区田村街道党委委员、副主任。2001年3月至2004年1月，任威海高新区卧龙街道党委委员、副主任、社会事业科科长。2004年1月至2005年5月，任威海高新区怡园街道党委副书记、副主任（正科级）、纪委（政法委）书记。2005年5月至12月，任威海高新区怡园街道党委副书记、纪委（政法委）书记。2005年12月至2006年11月，任威海高新区怡园街道党委副书记。2006年11月至2010年6月，任威海高新区怡园街道党委副书记、主任（其间：2005年9月至2008年6月，在山东省委党校在职干部研究生班经济管理专业学习）。2010年6月至2011年7月，任威海高新区怡园街道党工委副书记、主任（机构更名）。2011年7月至2013年10月，任威海高新区怡园街道党工委书记。2013年10月至11月，任中共威海市环翠区委常委。2013年11月至2016年12月，任中共威海市环翠区委常委、宣传部部长。2016年12月至2017年1月，任中共威海市环翠区委常委、区纪委书记提名人选。2017年1月至12月，任中共威海市环翠区委常委、区纪委书记。2017年12月至2018年1月，任中共威海市环翠区委常委、区纪委书记，区监委主任提名人选。2018年1月至2021年2月，任中共威海市环翠区委常委、区纪委书记，区监委主任。2021年2月至3月，任威海市环翠区政协党组书记、主席提名候选人，区监委主任。2021年3月起，任威海市环翠区政协党组书记、主席。

孙　军 威海市环翠区人大常委会党组书记、主任。山东乳山人。1971年11月出生。1993年7月参加工作。1993年7月加入中国共产党。大学学历，公共管理硕士学位。1989年8月至1990年7月，在聊城师范学院数学系数学专业学习。1990年7月至1993年7月，在烟台师范学院生物系生物教育专业学习。1993年7月至1994年7月，任乳山县（市）职业中等专业学校教师。1994年7月至1996年2月，任乳山市第一中学教务处干事。1996年2月至1999年5月，任中共乳山市委组织部干事。1999年5月至2002年1月，任中共乳山市委组织部干部科副科长（其间：2000年6月至2001年12月，在乳山市委党校周末英语培训班学习）。2002年1月至2003年8月，任中共乳山市委组织部干部科科长。2003年8月至2004年2月，任乳山市农村党员干部现代远程教育中心主任（副科级）、市委组织部干部科科长。2004年2月至2005年3月，任乳山市农村党员干部远程教育中心副主任（机构升格）、市委组织部干部科科长。2005年3月至2007年4月，任中共乳山市委组织部副部长。2007年4月至2010年4月，任中共乳山市委组织部副部长、老干部局局长（其间：2007年3月至2009年5月，在中国人民大学公共管理硕士专业学习，2009年6月获公共管理硕士学位）。2010年4月至2011年12月，任中共

乳山市委组织部副部长、机构编制委员会办公室主任（其间：2010年3月至6月，在威海市委党校第十八期干部培训班学习）。2011年12月至2013年10月，任乳山市委办公室主任。2013年10月至2016年12月，任乳山市人民政府党组成员、副市长。2016年12月至2019年1月，任中共威海市环翠区委常委、宣传部部长。2019年1月至2021年2月，任中共威海市环翠区委常委、宣传部部长，区委教育工委书记。2021年2月至3月，任中共威海市环翠区委常委、宣传部部长，区委教育工委书记，区人民政府党组副书记、副区长提名人选。2021年3月至12月，任中共威海市环翠区委常委，区人民政府党组副书记、副区长。2021年12月至2022年1月，任威海市环翠区人大常委会主任提名候选人，区委常委，区人民政府党组副书记、副区长。2022年1月起，任威海市环翠区人大常委会党组书记、主任。

刘光辉 威海市环翠区人大常委会二级巡视员。山东文登人。1963年7月出生。1981年11月参加工作。1986年8月加入中国共产党。山东农业大学经济管理专业毕业，省业余大学学历。1981年11月至1985年5月，任威海市毛纺厂工人（其间：1982年9月至1984年7月，在山东省济宁纺织中专学校毛纺织染整专业学习）。1985年6月至1986年9月，任威海市（县级）纺织工业公司化纤筹建处技术负责人。1986年9月至1988年6月，在山东大学干部专修科法律系涉外经济法专业学习。1988年6月至12月，任威海市纺织实业有限公司职员。1988年12月至1989年8月，任威海市纺织实业有限公司开发部主任。1989年8月至1990年7月，任威海市丝绸公司实业公司副经理。1990年7月至1992年5月，任威海市环翠区羊亭镇副镇长。1992年5月至1993年12月，任威海市环翠区经济技术开发区管委会党委委员、副主任。1993年12月至1994年9月，任威海环翠省级旅游度假区管委会党委委员、副主任（机构更名）（其间：1994年4月至8月，在威海市委党校第九期中青年干部培训班学习）。1994年9月至1995年3月，任威海环翠省级旅游度假区管委会党委委员、副主任，招商局局长。1995年3月至1996年11月，任威海市环翠区泊于镇党委副书记、镇长。1996年11月至2000年1月，任威海市环翠区泊于镇党委书记（其间：1996年8月至1999年7月，在山东农业大学本科班经济管理专业学习）。2000年1月至2002年4月，任威海环翠省级旅游度假区管委会党委书记、主任（副县级），张村镇党委书记。2002年4月至2003年1月，任威海环翠省级旅游度假区管委会党工委书记（机构更名）、主任（副县级），张村镇党委书记。2003年1月至2004年2月，任中共威海市环翠区委常委，威海环翠省级旅游度假区管委会党工委书记、主任，张村镇党委书记。2004年2月至2006年12月，任中共威海市环翠区委常委、威海环翠省级旅游度假区管委会主任、张村镇党委书记。2006年12月至2007年1月，任中共威海市环翠区委常委、威海环翠省级旅游度假区管委会主任。2007年1月至2009年1月，任中共威海市环翠区委常委，区人民政府党组成员、副区长。2009年1月至2010年12月，任中共威海市环翠区委常委，区人民政府党组副书记、副区长。2010年12月至2011年2月，任中共威海市环翠区委副书记。2011年2月至2012年2月，任中共威海市环翠区委副书记、威海市环翠区政协主席。2012年2月至2014年1月，任中共威海市环翠区委副书记（正县级）。2014年1月至2月，任威海市环翠区人大常委会第一副主任（正县级）候选人。2014年2月至2016年2月，任威海市环翠区人大常委会党组书记、第一副主任（正县级）。2016年2月至2022年1月，任威海市环翠区人大常委会党组书记、主任。2022年1月起，任威海市环翠区人大常委会二级巡视员。

戚务海 威海市环翠区人大常委会二级调研员。山东威海人。1963年11月出生。1980年11月参加工作。1987年8月加入中国共产党。山东大学党政干部基础科专业毕业，在职大专学历。1980年11月至1982年11月，在威海市城建勘测队工作。1982年11月至1989年8月，在威海市税务局工作（其间：1986年10月至1988年10月，在山东大学党政干部基础科专业学习）。1989年8月至1994年9月，任威海市环翠区崮山镇副镇长。1994年9月至1996年11月，任威海环翠省级旅游度假区计财局局长。1996年11月至2001年2月，任威海市环翠区温泉镇党委副书记、镇长。2001年2月至12月，任威海市环翠区温泉镇党委书记、人大主席，韩国工业园管委会主任。2001年12月至2004年2月，任威海市环翠区温泉镇党委书记、韩国工业园管委会主任。2004年2月至2006年12月，任威海市环翠区温泉镇党委书记、韩国工业园管委会主

任、区人民政府区长助理（副县级）。2006年12月至2009年2月，任威海市环翠区人民政府区长助理（副县级），区劳动和社会保障局党组书记、局长。2009年2月至2010年2月，任威海市环翠区人民政府党组成员、区长助理（副县级），区劳动和社会保障局党组书记、局长。2010年2月至2011年12月，任威海市环翠区人民政府党组成员、区长助理（副县级），区人力资源社会保障局局长（机构改革）。2011年12月至2013年7月，任威海市环翠区人民政府党组书记、区长助理（副县级），区审计局党组书记、局长。2013年7月至2015年5月，任威海市环翠区人民政府党组成员（副县级），区审计局党组书记、局长。2015年5月至2016年12月，任威海市环翠区人民政府党组成员（副县级），区发展和改革局党组书记。2016年12月至2017年2月，任威海市环翠区人大常委会党组成员、副主任提名人选。2017年2月至2022年1月，任威海市环翠区人大常委会党组成员、副主任。2022年1月起，任威海市环翠区人大常委会二级调研员。

刘玉波　威海市环翠区人大常委会三级调研员。山东文登人。1964年10月出生。1984年12月参加工作。1986年1月加入中国共产党。山东省委党校经济管理专业毕业，省委党校大学学历。1984年12月至1989年1月，任文登县草庙子乡政府财政所会计。1989年1月至1992年9月，任文登市草庙子镇财政所副所长。1992年9月至1994年7月，任文登市草庙子镇团委书记。1994年7月至1995年3月，任威海市环翠区草庙子镇团委书记（区划调整）。1995年3月至1998年6月，任威海市环翠区草庙子镇党委宣传委员（其间：1992年8月至1995年6月，在中央党校函授学院大专班政治专业学习；1995年9月至1997年12月，在山东省委党校业余本科班经济管理专业学习；1996年3月至6月，在环翠区委党校第四期领导干部进修班学习）。1998年6月至1999年2月，任威海市环翠区草庙子镇党委委员、纪委书记。1999年2月至2000年2月，任威海市环翠区草庙子镇副镇长。2000年2月至2001年12月，任威海市环翠区草庙子镇党委副书记、副镇长。2001年12月至2005年2月，任威海市环翠区竹岛街道党委副书记、主任。2005年2月至2006年5月，任威海市环翠区孙家疃镇党委副书记、镇长。2006年5月至12月，任威海市环翠区环翠楼街道党委书记。2006年12月至2007年11月，任威海市环翠区桥头镇党委书记。2007年11月至2009年2月，任威海市环翠区桥头镇党委书记、人大主席。2009年2月至12月，任威海市环翠区卫生局党委书记、局长。2009年12月至2014年8月，任威海市环翠区卫生局党委书记、局长，威海市中医院党委副书记。2014年8月至2015年6月，任威海市环翠区卫生和计划生育局党委副书记、局长（副县级）。2015年6月至2016年12月，任威海市环翠区卫生和计划生育局党委书记、局长（副县级）。2016年12月至2017年2月，任威海市环翠区人大常委会党组成员、副主任提名人选。2017年2月至2022年1月，任威海市环翠区人大常委会党组成员、副主任。2022年1月起，任威海市环翠区人大常委会三级调研员。

连业礼　威海市环翠区政协二级巡视员。山东荣成人。1961年9月出生。1980年1月参加工作。1986年11月加入中国共产党。山东干部函授大学业余本科班经济管理专业毕业，省业余大学学历。1980年1月至1983年11月，任荣成县水产供销公司业务员。1983年11月至1985年8月，任荣成县水产局企管科会计。1985年8月至1987年8月，在中央农业干部学院厦门水产学院学习。1987年8月至1988年3月，任荣成县水产局企管科办事员。1988年3月至1990年11月，任中共荣成县委组织部干事、企干科副科长。1990年11月至12月，任中共荣成市委组织部副科级组织员、企干科副科长。1990年12月至1993年12月，任中共荣成市委组织部副科级组织员、干部科副科长。1993年12月至1998年5月，任中共荣成市委组织部副科级组织员、党政干部科科长（其间：1994年7月至1997年6月，在山东干部函授大学业余本科班经济管理专业学习）。1998年5月至1999年11月，任中共荣成市委组织部副部长。1999年11月至2002年1月，任中共荣成市委组织部副部长、组织员办公室主任。2002年1月至2003年3月，任中共荣成市委组织部副部长、老干部局局长（其间：2002年5月至11月，在威海市委党校中青年干部培训班学习）。2003年3月至2004年2月，任中共荣成市委组织部副部长、主任科员。2004年2月至2006年7月，任中共荣成市委组织部副部长、经济开发区党委书记。2006年7月至12月，任中共荣成市委组织部副部长、大天鹅自然保护区党委书记。2006年12月至2008年5月，任

中共威海市环翠区委常委、纪委书记。2008年5月至2011年12月，任中共威海市环翠区委常委、组织部部长。2011年12月至2012年2月，任威海市环翠区政协党组书记。2012年2月至2021年2月，任威海市环翠区政协党组书记、主席。2021年2月起，任威海市环翠区政协二级巡视员。

张元波 中共威海市环翠区委常委，区人民政府党组副书记、副区长。山东荣成人。1981年12月出生。2004年7月参加工作。2004年11月加入中国共产党。山东大学威海分校经济系工商管理专业毕业，大学学历，公共管理硕士学位。2000年9月至2004年7月，在山东大学威海分校经济系工商管理专业学习。2004年7月至2005年7月，任文登市小观镇政府科员（其间：2004年8月至2005年7月，在中共文登市委组织部帮助工作）。2005年7月至2008年6月，任中共文登市委组织部组织科科员。2008年6月至11月，任中共文登市委组织部组织科副科长（其间：2008年5月至11月，在中共威海市委组织部帮助工作）。2008年11月至2010年2月，任中共威海市委组织部研究室科员。2010年2月至2012年9月，任中共威海市委组织部研究室副主任科员（其间：2008年3月至2011年1月，在中国人民大学公共管理学院公共管理专业学习，2011年1月获公共管理硕士学位）。2012年9月至2013年11月，任中共威海市委组织部人才工作科副科长。2013年11月至2015年5月，任中共威海市委组织部人才工作科主任科员。2015年5月至2017年7月，任威海市知识分子工作领导小组办公室主任（其间：2015年8月至2016年6月，在中共山东省委组织部人才工作处帮助工作）。2017年7月至2019年5月，任威海市人才工作办公室副主任。2019年5月至11月，任中共威海市委组织部人才工作一科科长（机构改革）。2019年11月至2021年12月，任中共威海市环翠区委常委、组织部部长。2021年12月至2022年1月，任中共威海市环翠区委常委，区人民政府副区长提名候选人。2022年1月起，任中共威海市环翠区委常委，区人民政府党组副书记、副区长。

沈燕萍（女） 中共威海市环翠区委常委、宣传部部长，区委教育工委书记。山东青岛人。1971年11月出生。1992年7月参加工作。1997年5月加入中国共产党。省高等教育自考会计专业毕业，在职大专学历。1990年9月至1992年7月，在山东省烟台财政学校财会专业学习。1992年7月至2001年12月，在威海市环翠区鲸园街道办事处历任财务科出纳、团委书记、居民办公室主任（其间：1993年4月至1995年10月，在省高等教育自考会计专业学习；1994年7月至1997年7月，在山东财政学院会计学专业学习；1998年4月至7月，在环翠区委党校第五期青年干部培训班学习）。2001年12月至2006年12月，任威海市环翠区草庙子镇党委委员、妇联主席。2006年12月至2007年11月，任威海市环翠区草庙子镇副镇长。2007年11月至2010年2月，任威海市环翠区竹岛街道党委委员、纪委书记。2010年2月至4月，任威海市环翠区环翠楼街道党委副书记。2010年4月至2011年12月，任威海市环翠区环翠楼街道党工委副书记（机构更名）。2011年12月至2013年7月，任威海市环翠区环翠楼街道党工委副书记、主任（其间：2012年9月至2013年7月，任威海市环翠区嵩山街道筹建组副组长）。2013年7月至2016年12月，任威海市环翠区嵩山街道党工委书记、人大联络办公室主任。2016年12月至2017年2月，任威海市环翠区人民政府党组成员、副区长提名人选。2017年2月至2021年2月，任威海市环翠区人民政府党组成员、副区长。2021年2月至3月，任中共威海市环翠区委常委，区人民政府党组成员、副区长。2021年3月起，任中共威海市环翠区委常委、宣传部部长，区委教育工委书记。

尹振山 中共威海市环翠区委常委、政法委书记，区法学会会长。山东莱西人。1972年1月出生。1993年7月参加工作。1995年5月加入中国共产党。山东省委党校在职干部研究生班经济管理专业毕业，省委党校研究生学历。1991年9月至1993年7月，在山东大学威海分校中文系文书秘书专业学习。1993年7月至1996年6月，任威海市环翠区外经委办公室秘书。1996年6月至1998年8月，任威海市环翠区委办公室秘书（其间：1995年9月至1998年7月，在山东经济学院经济管理专业学习）。1998年8月至2000年3月，任威海市环翠区委办公室秘书科副科长。2000年3月至2001年12月，任威海市环翠区委办公室督查科科长。2001年12月至2002年4月，任威海市环翠区委办公室副主任科员。

2002年4月至2004年2月，任威海市环翠区委督查室主任。2004年2月至2006年12月，任威海市环翠区委办公室副主任、区委督查室主任。2006年12月至2009年3月，任威海市环翠区委办公室副主任、区考核办公室主任。2009年3月至2011年1月，任威海市环翠区张村镇党委副书记、人大主席。2011年1月至2013年9月，任威海市环翠区竹岛街道党工委副书记、主任。2013年9月至2015年5月，任威海市环翠区环翠楼街道党工委书记、人大联络办公室主任。2015年5月至2016年12月，任威海市环翠区财政局党组书记、局长。2016年12月至2017年2月，任威海市环翠区人民政府党组成员、副区长提名人选，财政局局长，威海市城乡综合管理办公室党委书记、主任，威海市城管执法环翠分局（大队）局长（大队长）。2017年2月至7月，任威海市环翠区人民政府党组成员、副区长，威海市城乡综合管理办公室党委书记、主任，威海市城管执法环翠分局（大队）局长（大队长）（其间：2014年9月至2017年6月，在山东省委党校在职干部研究生班经济管理专业学习）。2017年7月至2021年5月，任威海市环翠区人民政府党组成员、副区长。2021年5月至12月，任威海市环翠区人民政府党组成员、副区长，区红十字会会长。2021年12月至2022年1月，任中共威海市环翠区委常委提名候选人，区人民政府党组成员、副区长，区红十字会会长。2022年1月起，任中共威海市环翠区委常委、政法委书记，区法学会会长。

林青松　威海市环翠区政协党组副书记、副主席。山东文登人。1968年7月出生。1992年7月参加工作。1992年1月加入中国共产党。新疆大学政治系思想政治教育专业毕业，大学学历，学士学位。1988年9月至1992年7月，在新疆大学政治系思想政治教育专业学习。1992年7月至1994年2月，任威海市环翠区委党校教师。1994年2月至1996年4月，任威海市环翠区人武部政工科干事。1996年4月至1998年12月，任中国人民解放军威海市环翠区人武部政工科正连职干事。1998年12月至1999年5月，任中国人民解放军威海市环翠区人武部政工科副营职干事。1999年5月至2001年2月，任中国人民解放军威海市环翠区人武部政工科副科长。2001年2月至2004年2月，任中国人民解放军威海市环翠区人武部政工科科长。2004年2月至9月，转业待分配。2004年9月至12月，任中共威海市环翠区信访局科员（其间：2004年5月至12月，在中共威海市环翠区委组织部组织科帮助工作）。2004年12月至2005年10月，任中共威海市环翠区委组织部组织科科员。2005年10月至2007年3月，任中共威海市环翠区委组织部组织科副科长。2007年3月至8月，任中共威海市环翠区委组织部干部科副科长。2007年8月至2008年1月，任中共威海市环翠区委组织部干部科副科长、干部教育科科长。2008年1月至2010年2月，任中共威海市环翠区委组织部组织员办公室副主任、干部科副科长、干部教育科科长。2010年2月至2011年12月，任威海市环翠区交通局党组成员、副局长。2011年12月至2013年9月，任中共威海市环翠区委政法委副书记。2013年9月至2016年4月，任中共威海市环翠区委政法委副书记、维稳办公室主任。2016年4月至2017年4月，任威海市环翠区园林局党组书记、局长。2017年4月至2018年4月，任威海市环翠区住房城乡建设局党委书记、局长。2018年4月至2019年10月，任威海市环翠区住房城乡建设局党组书记（党组织调整）、局长。2019年10月至2021年1月，任威海市环翠区人民政府党组成员、副区长，威海市环翠区住房城乡建设局党组书记、局长。2021年1月至12月，任威海市环翠区人民政府党组成员、副区长。2021年12月至2022年1月，任威海市环翠区政协副主席提名候选人，区人民政府党组成员、副区长。2022年1月起，任威海市环翠区政协党组副书记、副主席。

邓　洁（女）　威海市环翠区政协副主席，区工商联主席。山东威海人。1968年5月出生。1992年7月参加工作。2007年8月加入九三学社。北京林业大学水土保持系水土保持专业毕业，大学学历，农学学士学位。1988年9月至1992年7月，在北京林业大学水土保持系水土保持专业学习。1992年7月至2001年10月，历任威海市环翠区水利局技术员、工程师。2001年10月至2005年3月，历任威海市环翠区水利局农水科科长、技术工作站站长。2005年3月至2008年1月，任威海市环翠区抗旱防汛指挥部办公室副主任。2008年1月至2012年2月，任威海市环翠区水利局副局长（其间：2006年9月至2009年6月，在北京林业大学水土保持学院水土保持与荒漠化防治专业学习；2008年3月至6月，在威海市委党校第十六期中

青年干部培训班学习）。2012年2月至2016年4月，任威海市环翠区政协副主席、区水利局副局长。2016年4月至2019年1月，任威海市环翠区政协副主席、区林业局副局长。2019年1月至2021年12月，任威海市环翠区政协副主席、区自然资源局副局长。2021年12月至2022年1月，任威海市环翠区政协副主席，区工商联主席提名候选人，区自然资源局副局长。2022年1月起，任威海市环翠区政协副主席，区工商联主席。

隋良杰（女） 威海市环翠区政协二级调研员。山东乳山人。1968年6月出生。1990年7月参加工作。无党派人士。山东师范大学思想政治教育专业毕业，大学学历，学士学位。1983年9月至1986年7月，在文登师范学校学习。1986年9月至1990年7月，在山东师范大学思想政治教育专业学习。1990年7月至1997年4月，任威海市职业中专教师。1997年4月至2000年9月，任威海市职业中专学生工作处副主任。2000年9月至2001年1月，任威海市职业中专学生工作处主任。2001年1月至2002年1月，在威海市委党校青年干部培训班学习。2002年1月至12月，挂职威海市环翠区草庙子镇政府副镇长。2002年12月至2003年1月，任荣成市人民政府副市长。2003年1月至2007年12月，任荣成市人民政府副市长、市政协副主席。2007年12月至2016年12月，任威海市环翠区人民政府副区长。2016年12月至2017年1月，任威海市环翠区政协副主席提名人选，区人民政府副区长。2017年1月至2月，任威海市环翠区政协副主席提名人选，区人民政府副区长，区工商联主席。2017年2月至2021年12月，任威海市环翠区政协副主席，区工商联主席。2021年12月至2022年1月，任威海市环翠区政协副主席。2022年1月起，任威海市环翠区政协二级调研员。

黄福涛 威海市环翠区政协二级调研员。山东荣成人。1963年11月出生。1980年11月参加工作。1985年6月加入中国共产党。西安政治学院法律专业毕业，在职大学学历。1980年11月至1982年9月，任烟威警备区某守备团战士。1982年9月至1984年7月，在济南陆军学校无线电报务专业学习。1984年7月至1986年2月，任济南军区某守备团某连电台台长（正排职）。1986年2月至1988年5月，任烟台陆军预备役师某步兵团某连副连长。1988年5月至1991年5月，任烟台陆军预备役师某步兵团某连连长。1991年5月至8月，任济南军区某守备团司令部某股正连职参谋。1991年8月至1994年2月，任济南军区某守备团司令部某股副营职参谋（其间：1990年9月至1993年7月，在通信指挥学院通信指挥专业学习）。1994年2月至1996年3月，任济南军区某海防团司令部某股股长。1996年3月至1997年3月，任济南军区某海防团某营营长。1997年3月至2000年2月，任山东省威海军分区司令部某科正营职参谋。2000年2月至2004年1月，任山东省威海军分区司令部某科科长（其间：2000年9月至2003年6月，在西安政治学院法律专业学习）。2004年1月至2009年9月，任威海市环翠区人民武装部部长。2009年9月至2017年2月，任威海市环翠区政协党组成员、副主席。2017年2月至2022年1月，任威海市环翠区政协党组副书记、副主席。2022年1月起，任威海市环翠区政协二级调研员。

张华龙 威海市环翠区政协三级调研员。山东威海人。1962年6月出生。1985年7月参加工作。1991年5月加入中国共产党。中央党校函授学院本科班经济专业毕业，中央党校大学学历。1982年9月至1985年7月，在烟台师范学院化学系化学专业学习。1985年7月至1986年4月，任威海二中教师。1986年4月至1990年3月，任威海市（县级）招生办公室干事。1990年3月至1992年3月，任威海市环翠区人事局干事。1992年3月至1994年3月，任中共威海市环翠区委组织部干事。1994年3月至1995年1月，任中共威海市环翠区委组织部办公室副主任（其间：1992年8月至1994年12月，在中央党校函授学院本科班经济专业学习）。1995年1月至1996年11月，任中共威海市环翠区委组织部办公室主任、副科级组织员。1996年11月至1998年6月，任威海市环翠区初村镇党委副书记。1998年6月至2001年12月，任威海市环翠区初村镇党委副书记、人大主席。2001年12月至2003年9月，任威海市环翠区环翠楼街道党委副书记、主任。2003年9月至2007年3月，任威海市环翠区一轻黄金公司党委书记、经理，建材公司经理，二轻机电公司党委书记、经理。2007年3月至4月，任威海市环翠区轻纺工业管理办公室主任，一轻黄金公司党委书记、经理，建材公司经理，二轻机

电公司党委书记、经理。2007年4月至2008年1月，任威海市环翠区轻纺工业办公室党委书记、主任，一轻黄金公司经理，建材公司经理，二轻机电公司经理。2008年1月至2011年12月，任威海市环翠区审计局党组书记、局长。2011年12月至2012年2月，任威海市环翠区政协党组成员。2012年2月至3月，任威海市环翠区政协党组成员、副主席。2012年3月至2014年8月，任威海市环翠区政协党组成员、副主席，区委统战部部长。2014年8月至2015年8月，任威海市环翠区政协党组成员、副主席，区委统战部部长，区社会主义学校校长。2015年8月至2022年1月，任威海市环翠区政协党组成员、副主席。2022年1月起，任威海市环翠区政协三级调研员。

离任区级领导人

王　坤　中共威海市环翠区委书记（副厅级）、党校校长。山东滕州人。1971年3月出生。1992年9月参加工作。1997年12月加入中国共产党。山东师范大学生物系生物学专业毕业，大学学历，学士学位。1988年9月至1992年9月，在山东师范大学生物系生物学专业学习。1992年9月至1997年3月，任山东省畜牧局办公室科员。1997年3月至2000年2月，任山东省畜牧局办公室副主任科员。2000年2月至2001年11月，任山东省畜牧局办公室主任科员。2001年11月至2005年12月，任山东省人民政府办公厅秘书三处主任科员。2005年12月至2008年7月，任山东省人民政府办公厅秘书三处副处长（其间：2006年4月至2007年4月，挂职中共诸城市委副书记）。2008年7月至12月，任山东省人民政府办公厅秘书三处副处长、省对口支援北川灾后恢复重建工作领导小组办公室综合组副组长。2008年12月至2009年11月，任山东省人民政府办公厅秘书三处副处长、省对口支援北川灾后恢复重建工作领导小组办公室综合组组长（副处级）。2009年11月至2013年9月，任山东省人民政府办公厅秘书三处副处长，省对口支援北川灾后恢复重建工作领导小组办公室综合组组长（正处级）。2013年9月至2017年6月，任山东省人民政府办公厅机关党委专职副书记。2017年6月至10月，任山东省人民政府督查室副主任（正处级）。2017年10月至2019年5月，任山东省人民政府督查室主任（副厅级）。2019年5月至7月，任山东省人民政府办公厅督查室主任（副厅级）。2019年7月至8月，任中共威海市环翠区委书记（副厅级）。2019年8月至2021年1月，任中共威海市环翠区委书记（副厅级）、党校校长。

徐　明　中共威海市环翠区委书记、党校校长。山东文登人。1970年1月出生。1989年7月参加工作。1989年7月加入中国共产党。山东省委党校在职干部研究生班经济管理专业毕业，省委党校研究生学历。1987年9月至1989年7月，在烟台师范学院地理系地理专业学习。1989年7月至1990年11月，任文登第二中学教师（其间：1990年5月至11月，在文登市委办公室帮助工作）。1990年11月至1993年6月，任文登市委办公室科员。1993年6月至1995年7月，任文登市委办公室行政科副科长。1995年7月至1996年12月，任文登市委办公室行政科科长（其间：1993年9月至1996年7月，在山东省经济管理干部学院业余本科班经济管理专业学习）。1996年12月至1998年6月，任文登市委办公室副科级秘书、行政科科长。1998年6月至2002年1月，任文登市委保密委员会办公室主任、市委办公室行政科科长。2002年1月至8月，任文登市委办公室副主任、行政科科长，保密办公室主任。2002年8月至11月，任文登市委办公室副主任、行政科科长。2002年11月至2003年3月，任文登市委办公室副主任。2003年3月至2004年3月，任文登市委办公室副主任、档案局局长。2004年3月至2007年1月，任文登市龙山路街道办事处党工委书记（其间：2005年9月至12月，在威海市委党校第十三期中青年干部培训班学习）。2007年1月至12月，任文登市苘山镇党委书记、文登工业园管理委员会主任（其间：2004年9月至2007年6月，在山东省委党校在职干部研究生班经济管理专业学习）。2007年12月至2008年4月，任文登市苘山镇党委书记、人大主席，文登工业园管理委员会主任。2008年4月至6月，任威海工业新区工委委员，苘山镇党委书记、人大主席，文登工业园管委会主任。2008年6月至2009年9月，任威海工业新区党工委委员、管委副主任，苘山镇党委书记、人大主席，文登工业园管委主任。2009年9月至2010年1月，任威海工业新区党工委委员、管委副主任，苘山镇党委书记。2010年1月至2011年11月，任威海工业新区

党工委委员、管委副主任。2011年11月至12月，任中共乳山市委常委。2011年12月至2012年8月，任中共乳山市委常委，市人民政府党组副书记、副市长。2012年8月至12月，任中共乳山市委常委，市人民政府党组副书记、副市长，乳山市工业工作委员会委员、书记。2012年12月至2014年12月，任中共乳山市委常委、副市长、党组副书记，乳山幼师党委书记，乳山市工业工作委员会委员、书记。2014年12月至2016年4月，任中共乳山市委常委、副市长、党组副书记（正县级），乳山市工业工作委员会委员、书记。2016年4月至12月，任中共乳山市委副书记（正县级）。2016年12月至2017年2月，任中共威海市环翠区委副书记，区人民政府党组书记、副区长、代区长。2017年2月至2021年1月，任中共威海市环翠区委副书记，区人民政府党组书记、区长。2021年1月至3月，任中共威海市环翠区委书记、党校校长，区人民政府党组书记、区长。2021年3月至12月，任中共威海市环翠区委书记、党校校长。

邢海波 中共威海市环翠区委副书记，区人民政府党组书记、区长。山东海阳人。1971年12月出生。1995年7月参加工作。1993年6月加入中国共产党。烟台大学机械工程系机械设计与制造专业毕业，大学学历，经济学硕士学位。1991年9月至1995年7月，在烟台大学机械工程系机械设计与制造专业学习。1995年7月至1996年4月，任威海市环翠区温泉镇经委科员。1996年4月至11月，任威海市环翠区温泉镇团委书记。1996年11月至1998年6月，任威海市环翠区政协办公室秘书。1998年6月至2001年2月，任威海市环翠区草庙子镇党委宣传委员（其间：1997年9月至12月，在环翠区委党校第四期青年干部培训班学习）。2001年2月至2002年12月，任中共威海市委组织部干教科主任科员。2002年12月至2004年11月，任中共威海市委组织部干教科副科长、主任科员。2004年11月至2008年7月，任中共威海市委组织部新型办公室主任、组织科副科长（其间：2001年6月至2005年6月，在中国人民大学国民经济管理系国民经济学专业学习，2005年6月获经济学硕士）。2008年7月至2010年2月，任中共威海市委组织部组织科科长、新型办公室主任。2010年2月至12月，任中共威海市委组织部组织科科长。2010年12月至2012年9月，任中共威海市委组织部副调研员、组织科科长。2012年9月至12月，任中共威海市委组织部副调研员、组织二科科长（科室更名）。2012年12月至2015年4月，任中共乳山市委常委、组织部部长。2015年4月至2016年4月，任中共乳山市委常委、组织部部长、统战部部长［其间：2015年3月至5月，在省委党校第三十一期县（市、区）委领导干部进修班学习］。2016年4月至2018年12月，任中共威海市环翠区委常委，区人民政府党组副书记、副区长。2018年12月至2019年10月，任中共威海市环翠区委常委，区人民政府党组副书记、副区长，区行政审批服务局党组书记。2019年10月至2021年2月，任中共威海市环翠区委副书记。2021年2月至3月，任中共威海市环翠区委副书记，区人民政府区长提名候选人。2021年3月至12月，任中共威海市环翠区委副书记，区人民政府党组书记、区长。

荣传伟 中共威海市环翠区委常委、政法委书记，区法学会会长。山东文登人。1970年1月出生。1994年7月参加工作。1997年6月加入中国共产党。成都科技大学环境工程专业毕业，大学学历，学士学位。1990年8月至1994年7月，在成都科技大学环境工程专业学习。1994年7月至2001年12月，历任威海市环翠区环卫局科员、垃圾清运队副队长、督察科副科长。2001年12月至2004年2月，任威海市环翠区环卫局党委委员、副局长。2004年2月至2006年8月，任威海市环翠区羊亭镇党委副书记。2006年8月至12月，任威海市环翠区羊亭镇党委副书记、总工会主席。2006年12月至2009年3月，任威海市环翠区羊亭镇党委副书记。2009年3月至2010年7月，任威海市环翠区羊亭镇党委副书记、镇长。2010年7月至2013年7月，任威海市环翠区羊亭镇党委书记、人大主席。2013年7月至2014年2月，任威海市环翠区羊亭镇党委书记。2014年2月至2016年12月，任威海市环翠区人民政府党组成员、副区长。2016年12月至2017年1月，任中共威海市环翠区委常委提名人选、政法委书记，威海市环翠区人民政府副区长。2017年1月至2月，任中共威海市环翠区委常委、政法委书记，区人民政府副区长。2017年2月至2021年4月，任中共威海市环翠区委常委、政法委书记［其间：2018年3月至6月，在山东省委党校第三十七期县（市、区）委领导干部进修班学习］。2021年4月至12月，任中共威海市环翠区委常委、政法委书记，区法学会会长。

甄　峰　中共威海市环翠区委常委、区人武部政委。山东枣庄人。1973年10月出生。1991年12月参加工作。1993年5月加入中国共产党。西安政治学院机关政工专业毕业，大学学历。1991年12月至1993年9月，任第一通信总站某营战士。1993年9月至1995年7月，在电子技术学院济南分院通信专业学习。1995年7月至1996年9月，任济南军区宁阳油料仓库正排职干事。1996年9月至1998年7月，在西安政治学院机关政工专业学习。1998年7月至10月，任济南军区宁阳油料仓库副政治指导员。1998年10月至1999年9月，任济南军区济南军材仓库副连职干事。1999年9月至12月，任济南军区济南军材仓库某连连长。1999年12月至2001年5月，任济南军区济南军材仓库政治处正连职干事。2001年5月至2002年12月，任联勤第九分部政治部组织科正连职干事。2002年12月至2005年1月，任联勤第九分部政治部组织科副营职干事。2005年1月至2006年4月，任联勤第九分部政治部通信站政治教导员。2006年4月至2008年1月，任联勤第九分部政治部组织科正营职干事。2008年1月至2013年3月，任联勤第九分部政治部组织科科长。2013年3月至2017年6月，任济南军区平邑武器仓库政委。2017年6月至2018年1月，任威海市环翠区人武部政委。2018年1月至2021年12月，任中共威海市环翠区委常委、区人武部政委。

林　莅　中共威海市环翠区委常委、区纪委书记，区监委主任。山东文登人。1982年5月出生。2005年7月参加工作。

2005年6月加入中国共产党。哈尔滨工业大学管理学院技术经济及管理专业毕业，在职研究生学历，工商管理硕士学位。2001年9月至2005年6月，在烟台大学电子信息科学与技术专业学习。2005年7月至2007年9月，历任威海市环翠区张村镇经贸局办公室科员、党政办公室科员。2007年9月至11月，任中共威海市环翠区委组织部干部科科员。2007年11月至2008年3月，任威海市环翠区桥头镇政府副科级信访助理员。2008年3月至4月，任威海市发展和改革委员会科员。2008年4月至2010年7月，任威海市发展和改革委员会国民经济综合科副科长。2010年7月至2011年1月，任威海市发展和改革委员会发展规划科副科长。2011年1月至2015年12月，任威海市发展和改革委员会农经科科长（其间：2009年9月至2011年7月，在哈尔滨工业大学技术经济及管理专业学习，2011年7月获得工商管理硕士学位）。2015年12月至2016年12月，任威海市发展和改革委员会国民经济综合科科长（其间：2013年7月至2016年7月，挂职青海省门源县开展援青工作）。2016年12月至2019年10月，任威海市发展和改革委员会党组成员。2019年10月至2021年2月，任中共威海市环翠区委常委、统战部部长（其间：2020年10月至2021年1月，在省委党校第九期中青年干部培训班学习）。2021年2月至3月，任中共威海市环翠区委常委、统战部部长，区纪委书记，区监委主任候选人。2021年3月至12月，任中共威海市环翠区委常委、区纪委书记，区监委主任。

周佳俊　中共威海市环翠区委常委、统战部部长，羊亭镇党委书记。山东荣成人。1984年10月出生。2006年7月参加工作。2004年11月加入中国共产党。山东省委党校在职干部研究生班法学理论专业毕业，省委党校研究生学历，经济学学士。2002年9月至2006年6月，在南京林业大学经济管理学院国际经贸系国际经济与贸易专业（国际商法）学习。2006年7月至2007年12月，任威海市环翠区草庙子镇政府科员。2007年12月至2009年3月，任中共威海市环翠区纪委科员。2009年3月至2011年12月，任中共威海市环翠区纪委信访室副主任。2011年12月至2013年7月，任威海市环翠区温泉镇党政办公室副主任（副科级）。2013年7月至2015年3月，任威海市环翠区温泉镇党委组织委员（其间：2012年3月至2014年11月，挂职任温泉镇邹家庄村党支部书记）。2015年3月至2016年4月，任威海市环翠区温泉镇党委委员、副镇长（其间：2012年9月至2015年6月，在山东省委党校在职干部研究生班法学理论专业学习）。2016年4月至12月，任威海市环翠区温泉镇党委副书记。2016年12月至2017年7月，任威海市环翠区温泉镇党委副书记、镇长。2017年7月至2018年5月，任威海市环翠区温泉镇党委副书记、镇长（主持温泉镇全面工作）。2018年5月至2020年6月，任威海市环翠区羊亭镇党委书记。2020年6月至2021年2月，任威海市环翠区羊亭镇党委书记、市新旧动能转换办公室挂职副主任（其间：2020年9月至11月，在威海市中青年干部培训班学习）。2021年2月至3月，任中共威海市环

翠区委常委、羊亭镇党委书记。2021年3月至12月，任中共威海市环翠区委常委、统战部部长，羊亭镇党委书记。

苏卫军 威海市环翠区人民政府党组成员、副区长，市公安局党委委员、副局长，公安环翠分局党委书记、局长。山东荣成人。1971年6月出生。1990年12月参加工作。1994年5月加入中国共产党。山东省委党校经济管理专业毕业，省委党校大学学历，农业推广硕士。1990年12月至1992年7月，任荣成市玻璃厂工人（其间：1989年9月至1991年7月，在青岛化工学院专科班管理工程专业学习）。1992年7月至1995年4月，任荣成市公安局上庄派出所科员。1995年4月至1996年12月，任荣成市公安局黄山派出所科员。1996年12月至1999年1月，任荣成市公安局指挥中心科员。1999年1月至9月，任荣成市公安局石岛分局科员。1999年9月至2004年4月，任荣成市公安局石岛巡逻警察队队长（其间：1999年9月至2001年12月，在山东省委党校业余本科班经济管理专业学习）。2004年4月至2005年1月，任荣成市公安局交巡警大队八中队中队长。2005年1月至2010年1月，任荣成市公安局荣安派出所所长。2010年1月至2012年8月，任荣成市公安局党委委员、副局长，石岛公安分局局长。2012年8月至2013年6月，任荣成市公安局党委副书记、石岛分局局长。2013年6月至12月，任乳山市公安局党委书记、局长、督察长。2013年12月至2016年4月，任乳山市人民政府党组成员，乳山市公安局党委书记、局长、督察长（其间：2011年6月至2014年6月，在烟台大学农业技术推广专业学习，2014年6月获农业推广硕士学位）。2016年4月至2017年2月，任威海市公安局环翠分局党委书记、局长。2017年2月至2019年10月，任威海市环翠区人民政府党组成员，公安环翠分局党委书记、局长。2019年10月至2020年12月，任威海市环翠区人民政府党组成员、副区长，公安环翠分局党委书记、局长。2020年12月至2021年12月，任威海市环翠区人民政府党组成员、副区长，市公安局党委委员、副局长，公安环翠分局党委书记、局长。

先进人物

国家级先进人物

戚恩雨 威海市公安局环翠分局党委委员、一级高级警长。1961年6月出生。1979年11月参加工作。1984年1月加入中国共产党。2021年6月，被中共中央授予“全国优秀共产党员”称号。

省部级先进人物
（按授予时间先后排序）

王 静（女） 威海市望海园中学校长。1973年12月出生。1993年7月参加工作。2002年6月加入中国共产党。2021年4月，被山东省教育厅授予“山东省特级教师”称号，被中华全国总工会授予“全国五一劳动奖章”。

张旭阳 威海大田工业装备有限公司机械加工车间班长。1994年12月出生。2016年7月参加工作。2016年12月加入中国共产党。2021年4月，被中华全国总工会授予“全国五一劳动奖章”。

刘晓芳（女） 威海市山花地毯集团有限公司副董事长、总经理。1973年10月出生。1993年9月参加工作。2007年5月加入中国共产党。2021年4月，被中华全国妇女联合会授予“全国巾帼建功标兵”称号。

丛翠霞（女） 环翠区鲸园街道北门外社区党委书记、居委会主任。1969年9月出生。1988年10月参加工作。2009年6月加入中国共产党。2021年2月，被中共山东省委组织部授予“城市社区榜样”称号；6月，被中共山东省委、山东省人民政府授予“山东省优秀党务工作者”称号。

徐 凯 中共环翠区委办公室保密委员会专职副主任。1983年8月出生。2007年12月参加工作。2011年6月加入中国共产党。2021年6月，被中共山东省委、山东省人民政府授予“山东省脱贫攻坚先进个人”称号。

梁永江 环翠区环翠楼社区卫生服务中心副主任。1976年10月出生。1996年8月参加工作。2011年12月加入中国共产党。2021年6月，被中共山东省委授予“山东省优秀共产党员”称号。

岳秀华 环翠区税务局四级高级主办。1964年7月出生。1989年7月参加工作。1988年12月加入中国共产党。2021年8月，被国家税务总局给予“（脱贫攻坚）公务员三等功”奖励。

施坤涛 环翠区海洋发展研究中心高级工程师。1978年11月出生。2006年8月参加工作。2011年7月加入中国共产党。2022年1月，被中共山东省委、山东省人民政府授予“山东海洋强省建设突出贡献奖先进个人”称号。

刘晓波 威海市望岛小学校长。1968年10月出生。1989年8月参加工作。1994年11月加入中国共产党。2022年1月，被中共山东省委、山东省人民政府授予“山东省生态环境保护先进个人”称号。

王 威 环翠区嵩山街道五家疃村股份经济合作社党支部书记、理事长。1974年11月出生。1994年6月参加工作。2007年6月加入中国共产党。2022年1月，被山东省人民政府授予“2021年度齐鲁乡村之星”称号。

市厅级先进人物
（按授予时间先后排序）

丛新永 环翠区司法局公证律师管理科科长。1974年4月出生。1995年8月参加工作。2021年1月，被山东省司法厅授予“山东省司法行政系统先进个人”称号。

李 波（女） 环翠区卫生健康局医政医管科科长。1982年9月出生。2009年7月参加工作。2005年5月加入中国共产党。2021年1月，被山东省卫生健康委员会授予“2019—2020年全省卫生健康统计工作先进个人”称号。

周　琳（女）　中共环翠区委宣传部副部长。1980年1月出生。2001年8月参加工作。1999年10月加入中国共产党。2021年1月，被山东省人力资源和社会保障厅、山东省文学艺术界联合会授予“山东省文联系统先进个人”称号。

彭志成　环翠区人大常委会委员、农村城建环保委员会副主任委员。1966年3月出生。1984年12月参加工作。1987年7月加入中国共产党。2021年2月，被中共威海市委、威海市人民政府授予“重点工作攻坚突破先进个人”称号。

林　健　环翠区孙家疃街道办事处副主任。1984年2月出生。2010年7月参加工作。2016年5月加入中国共产党。2021年2月，被中共威海市委、威海市人民政府授予“攻坚克难基层好干部”称号。

周红军　环翠区市场监督管理局党组成员、副局长。1970年3月出生。1988年12月参加工作。1992年10月加入中国共产党。2021年2月，被山东省市场监督管理局授予“山东省市场监管系统先进个人”称号。

刘春晓　环翠区人民检察院第一检察部一级检察官。1975年4月出生。1996年4月参加工作。2008年3月加入中国共产党。2021年3月，被山东省人民检察院授予“2020年度全省生态环境联勤联动执法工作表现突出个人”称号。

杜青芸（女）　环翠区人民检察院第一检察部一级检察官。1987年9月出生。2011年8月参加工作。2021年3月，被山东省人民检察院授予“山东省检察机关扫黑除恶专项斗争优秀个人”称号。

江　波　环翠区税务局二级主办。1969年5月出生。1991年12月参加工作。2001年6月加入中国共产党。2021年3月，被山东省妇女联合会授予“山东省五好家庭”称号。

褚衍文　环翠区人民法院二级法官。1983年5月出生。2011年8月参加工作。2019年12月加入中国共产党。2021年4月，被山东省高级人民法院授予“全省法院人民法庭工作先进个人”称号。

方　静（女）　威海市新苑学校副校长。1981年2月出生。1999年8月参加工作。2021年4月，被山东省教育厅授予“山东省特级教师”称号。

王文凭（女）　环翠区公共就业和人才服务中心培训科副科长。1986年9月出生。2010年9月参加工作。2009年11月加入中国共产党。2021年4月，被山东省人力资源和社会保障厅授予“2020年度‘双一流’高校毕业生来鲁就业工作突出个人”称号；5月，被山东省人力资源和社会保障厅授予“2020年度在全省高层次人才服务工作中表现突出个人”称号。

夏振翔　华夏文化旅游集团股份有限公司董事长。1981年12月出生。2003年8月参加工作。2021年4月，被中共山东省委组织部、中共山东省委宣传部、山东省财政厅、山东省人力资源和社会保障厅联合授予第五批“齐鲁文化之星”称号。

李文轩　威海广泰空港设备股份有限公司总经理。1970年12月出生。1990年7月参加工作。2021年4月，被山东省总工会授予“山东省五一劳动奖章”。

王美英（女）　环翠区国有资产服务中心主任。1976年3月出生。1994年7月参加工作。1997年6月加入中国共产党。2021年5月，被山东省扫黑除恶专项斗争领导小组授予“山东省扫黑除恶专项斗争先进个人”称号。

于同毅　环翠区财政局党组书记、局长。1986年2月出生。2008年7月参加工作。2007年5月加入中国共产党。2021年5月，被中共威海市委授予“威海市抗击新冠肺炎疫情先进个人”称号。

谢　添（女）　威海口腔医院护理部副主任。1987年1月出生。2011年8月参加工作。2008年6月加入中国共产党。2021年5月，被中共威海市委授予“威海市抗击新冠肺炎疫情先进个人”称号。

岳善峰　环翠区卫生健康局副局长。1971年4月出生。1992年7月参加工作。1998年7月加入中国共产党。2021年5月，被中共威海市委授予“威海市抗击新冠肺炎疫情先进个人”称号。

仪庆春　威海卫人民医院重症医学科主任。1980年2月出生。2005年8月参加工作。2020年2月加入中国农工民主党。2021年5月，被中共威海市委授予“威海市抗击新冠肺炎疫情先进个人”称号。

孙玲玲（女）　威海卫人民医院普外一科护士长。1989年10月出生。2013年9月参加工作。2011年6月加入中国共产党。2021年5月，被中共威海市委授予“威海市抗击新冠肺炎疫情先进个人”称号。

夏明杰（女）　威海卫人民医院心内一科护士长。1988年1月出生。2011年7月参加工作。2009年12月加入中国共产党。2021年5月，被中共威海市委授予“威海市抗击新冠肺炎疫情先进个人”称号。

宫玫洁（女）　威海卫人民医院重症医学科副护士长。1986年10月出生。2009年3月参加工作。2018年10月加入中国共产党。2021年5月，被中共威海市委授予“威海市抗击新冠肺炎疫情先进个人”称号。

于佳卉（女）　威海卫人民医院神经外科副护士长。1982年8月出生。2007年3月参加工作。2021年5月加入中国共产党。2021年5月，被中共威海市委授予“威海市抗击新冠肺炎疫情先进个人”称号。

宋　艺（女）　威海卫人民医院普外二科副护士长。1987年8月出生。2012年8月参加工作。2021年5月加入中国共产党。2021年5月，被中共威海市委授予“威海市抗击新冠肺炎疫情先进个人”称号。

胡远涛　环翠区综合行政执法局党组书记、局长。1974年1月出生。1998年7月参加工作。1997年3月加入中国共产党。2021年5月，被中共威海市委授予“威海市抗击新冠肺炎疫情先进个人”称号。

张积超　环翠区工业和信息化局党组书记、局长。1983年6月出生。2007年7月参加工作。2003年12月加入中国共产党。2021年5月，被中共威海市委授予“威海市抗击新冠肺炎疫情先进个人”称号。

许　伟　环翠区孙家疃社区卫生服务中心主任。1977年12月出生。1997年9月参加工作。2003年6月加入中国共产党。2021年5月，被中共威海市委授予“威海市抗击新冠肺炎疫情先进个人”称号；6月，被中共威海市委授予“威海市优秀共产党员”称号。

王　永　威海卫人民医院院副院长。1966年5月出生。1989年7月参加工作。1995年6月加入中国共产党。2021年6月，被中共威海市委授予“威海市优秀共产党员”称号。

肖窈窈（女）　环翠区人民法院民事审判二庭副庭长。1985年5月出生。2010年8月参加工作。2009年10月加入中国共产党。2021年6月，被中共威海市委授予“威海市优秀共产党员”称号。

杨亚辰　环翠区海洋发展局党组书记、局长。1972年11月出生。1993年7月参加工作。1997年5月加入中国共产党。2021年6月，被中共威海市委授予“威海市优秀共产党员”称号。

丛龙辉　环翠区环境卫生服务中心车辆维修保养部主任。1974年9月出生。1994年9月参加工作。2006年6月加入中国共产党。2021年6月，被中共威海市委授予“威海市优秀共产党员”称号。

刘增虎　威海市泉盛环卫有限公司经理。1981年4月出生。2000年10月参加工作。2008年7月加入中国共产党。2021年6月，被中共威海市委授予“威海市优秀共产党员”称号。

施润平　环翠区市场监督管理局党组成员、二级主办，区委“两新”工委副书记，区个体私营企业协会党委书记。1969年2月出生。1989年3月参加工作。1991年11月加入中国共产党。2021年6月，被山东省市场监督管理局授予“全省市场监管系统个体私营企业党建工作表现突出个人”称号，被中共威海市委授予“威海市优秀党务工作者”称号。

王贝贝（女）　环翠区孙家疃街道中国油画小镇艺术园区党委书记。1986年2月出生。2011年8月参加工作。2007年11月加入中国共产党。2021年6月，被中共威海市委授予“威海市优秀党务工作者”称号。

徐　超　环翠区羊亭镇党委委员、副镇长。1985年5月出生。2009年8月参加工作。2011年12月加入中国共产党。2021年7月，被山东省人力资源和社会保障厅、山东省民族宗教事务委员会联合授予“山东省民族宗教系统先进个人”称号。

侯金龙　威海市公安局环翠分局刑事侦查大队教导员。1977年6月出生。2001年8月参加工作。2005年6月加入中国共产党。2021年8月，被山东省公安厅记个人二等功。

王友福　环翠区残疾人联合会理事长。1971年8月出生。1992年7月参加工作。2001年12月加入中国共产党。2021年10月，被山东省人民政府残疾人工作委员会授予“‘十三五’期间全省残疾人工作表现突出个人”称号。

李晓莉（女）　环翠区档案馆馆长。1967年9月出生。1984年11月参加工作。1996年11月加入中国共产党。2021年10月，被山东省档案馆授予“全省档案宣传工作先进个人”称号。

苗晟惠（女） 环翠区档案馆信息技术科科长。1988年1月出生。2010年9月参加工作。2008年5月加入中国共产党。2021年10月，被山东省档案馆授予“全省档案宣传工作先进个人”称号。

李明洁（女） 环翠区环境卫生服务中心基建科科长。1969年12月出生。1990年7月参加工作。2001年6月加入中国共产党。2021年10月，被山东省总工会授予“2021年度齐鲁最美环卫职工”称号。

孙 芳（女） 环翠区民政局婚姻登记处主任。1978年4月出生。1996年7月参加工作。2000年7月加入中国共产党。2021年10月，被山东省第七次全国人口普查领导小组办公室、山东省统计局授予“山东省第七次全国人口普查先进个人”称号。

辛红鸿（女） 环翠区嵩山街道办事处民生保障服务中心副主任。1988年3月出生。2015年9月参加工作。2011年1月加入中国共产党。2021年10月，被山东省第七次全国人口普查领导小组办公室、山东省统计局授予“山东省第七次全国人口普查先进个人”称号。

于平平（女） 环翠区嵩山街道办事处统计站科员。1986年11月出生。2007年3月参加工作。2021年10月，被山东省第七次全国人口普查领导小组办公室、山东省统计局授予“山东省第七次全国人口普查先进个人”称号。

段冬冬（女） 环翠区嵩山街道办事处统计站科员。1987年12月出生。2008年7月参加工作。2021年10月，被山东省第七次全国人口普查领导小组办公室、山东省统计局授予“山东省第七次全国人口普查先进个人”称号。

王 群（女） 环翠区嵩山街道蔚海社区党支部书记、居委会主任。1985年9月出生。2004年12月参加工作。2016年9月加入中国共产党。2021年10月，被山东省第七次全国人口普查领导小组办公室、山东省统计局授予“山东省第七次全国人口普查先进个人”称号。

邢 君（女） 环翠区嵩山街道阅山社区党支部书记、居委会主任。1979年2月出生。1997年8月参加工作。2019年12月加入中国共产党。2021年10月，被山东省第七次全国人口普查领导小组办公室、山东省统计局授予“山东省第七次全国人口普查先进个人”称号。

吕巧兰（女） 环翠区孙家疃街道办事处民生保障服务中心主任。1974年1月出生。1994年7月参加工作。1997年8月加入中国共产党。2021年10月，被山东省第七次全国人口普查领导小组办公室、山东省统计局授予“山东省第七次全国人口普查工作先进个人”称号。

宁庆阳 环翠区孙家疃街道办事处科员。1987年10月出生。2011年11月参加工作。2018年9月加入中国共产党。2021年10月，被山东省第七次全国人口普查领导小组办公室、山东省统计局授予“山东省第七次全国人口普查工作先进个人”称号。

李平平（女） 环翠区孙家疃街道伴海社区党总支书记、居委会主任、工作站站长。1982年2月出生。2001年3月参加工作。2005年11月加入中国共产党。2021年10月，被山东省第七次全国人口普查领导小组办公室、山东省统计局授予“山东省第七次全国人口普查工作先进个人”称号。

苗丽琴（女） 环翠区孙家疃街道安海社区党总支书记、居委会主任、工作站站长。1973年11月出生。1993年10月参加工作。2016年9月加入中国共产党。2021年10月，被山东省第七次全国人口普查领导小组办公室、山东省统计局授予“山东省第七次全国人口普查工作先进个人”称号。

孙伟亮 环翠区孙家疃街道育海社区党委书记、居委会主任、工作站站长。1982年6月出生。2005年9月参加工作。2010年12月加入中国共产党。2021年10月，被山东省第七次全国人口普查领导小组办公室、山东省统计局授予“山东省第七次全国人口普查工作先进个人”称号。

丛爱丽（女） 环翠区温泉镇滨城社区党支部书记、居委会主任。1983年10月出生。2002年9月参加工作。2017年11月加入中国共产党。2021年10月，被山东省第七次人口普查领导小组办公室、山东省统计局授予“山东省第七次全国人口普查先进个人”称号。

韩 悦（女） 环翠区温泉镇柳和社区副主任。1990年9月出生。2012年8月参加工作。2019年12月加入中国共产党。2021年10月，被山东省第七次人口普查领导小组办公室、山东省统计局授予“山东省第七次全国人口普查先进个人”称号。

冯鲁威 威海市祥云实业有限公司董事长、总经理。1963年10月出生。1982年11月参加工作。1984年12月加入中国共产党。2021年10月，被山东省退役军人事务厅授予“山东省退役军人创业之星”称号。

黄树礼 中国邮政储蓄银行股份有限公司威海市分行风险管理部副总经理。1968年1月出生。1985年10月参加工作。1991年2月加入中国共产党。2021年11月，被山东省退役军人事务厅授予“山东省退役军人就业之星”称号。

姜林洲 环翠区孙家疃街道办事处科员。1985年12月出生。2003年12月参加工作。2007年8月加入中国共产党。2021年11月，被山东省退役军人事务厅授予“2021年度全省退役军人事务系统‘弘扬网络正能量’技能比武优秀个人”称号。

刘昭良 环翠区林业发展中心森林防火科负责人。1980年12月出生。1997年12月参加工作。2000年6月加入中国共产党。2021年11月，被山东省自然资源厅授予“山东省自然资源系统‘七五’普法先进个人”称号。

丛振宁（女） 环翠区自然资源局科员。1978年1月出生。1996年10月参加工作。1998年7月加入中国共产党。2021年11月，被山东省自然资源厅授予“2021年度《山东自然资源年鉴》编纂工作表现突出个人”称号。

王　燕（女） 环翠区卫生健康综合执法大队计划生育监督科负责人。1989年12月出生。2015年9月参加工作。2021年11月，被山东省卫生健康委员会授予“山东省卫生监督执法办案能手”称号。

戚春晓（女） 环翠区环翠楼街道大桥社区党总支书记。1975年3月出生。2006年11月参加工作。2007年11月加入中国共产党。2021年12月，被山东省妇女联合会授予“山东省最美基层妇联人”称号。

李林峰 环翠区教育体育局综合服务科科长。1983年5月出生。2009年8月参加工作。2015年12月加入中国共产党。2021年12月，被山东省教育厅授予“校园安全先进个人”称号。

耿青伟 环翠区孙家疃街道办事处副主任。1984年12月出生。2009年8月参加工作。2008年5月加入中国共产党。2021年12月，被山东省自然资源厅授予“全省工作突出的自然资源咨询员”称号。

史春娜（女） 环翠区竹岛街道海天社区退役军人服务站站长。1969年2月出生。1989年7月参加工作。2009年1月加入中国共产党。2021年12月，被山东省退役军人事务厅授予“全省百名优秀服务标兵”称号。

江本海 里口山风景名胜区管理服务中心林业与环境保护部部长、环翠区应急管理局党委委员。1968年4月出生。1984年6月参加工作。1994年7月加入中国共产党。2021年12月，被山东省人力资源和社会保障厅、山东省应急厅授予“山东省应急管理系统先进个人”称号。

史　帅（女） 环翠区互联网信息中心网络安全和信息化协调科科长。1988年9月出生。2012年8月参加工作。2009年6月加入中国共产党。2021年12月，被中共山东省委宣传部、中共山东省委网络安全和信息化委员会办公室等17个单位联合授予“国家网络安全宣传周山东省活动表现突出个人”称号。

李雨浓（女） 环翠区地方金融服务中心科员。1994年6月出生。2016年8月参加工作。2021年12月，被山东省地方金融监督管理局授予“山东省金融辅导工作表现突出个人”称号。

徐慧英（女） 环翠区人民法院诉讼服务中心科员。1980年8月出生。2002年8月参加工作。2022年1月，被山东省高级人民法院授予“全省法院诉讼服务示范先进个人”称号。

刘永涛 环翠区机关事务服务中心服务科副科长。1982年11月出生。2000年12月参加工作。2004年7月加入中国共产党。2022年1月，被山东省精神文明建设委员会授予“山东好人”称号。

于明明（女） 威海市城里中学教师。1982年4月出生。2006年7月参加工作。2022年1月，被山东省教育厅授予“普通中小学学籍管理工作先进个人”称号。

江　军 威海市翠竹小学校长。1972年1月出生。1991年7月参加工作。1998年6月加入中国共产党。2022年2月，被山东省教育厅授予“山东省安全工作先进个人”称号。

陶雪婷（女） 中共环翠区委统战部办公室科员。1993年6月出生。2018年8月参加工作。2013年5月加入中国共产党。2022年2月，被中共山东省委统战部授予“全省统战信息工作优秀信息员”称号。

集体荣誉

2021年区委、区政府获得省部级表彰的荣誉称号一览表

表30

荣誉称号	获奖单位	授予单位	获奖时间
2020年度信访工作“三无”县（市、区）	环翠区	中共山东省委、山东省人民政府	2021年4月
信访工作“三无”县（市、区）	环翠区	国家信访局	2021年4月
县域经济高质量发展先进区	环翠区	山东省人民政府	2021年6月
全国第四批节水型社会建设达标县（市、区）	环翠区	水利部	2021年7月
山东省人才工作先进单位	环翠区	中共山东省委、山东省人民政府	2021年7月
山东省JM融合突出贡献集体	环翠区	中共山东省委、山东省人民政府	2021年12月

2021年区委、区政府获得市厅级表彰的荣誉称号一览表

表31

荣誉称号	获奖单位	授予单位	获奖时间
首批省级文化和旅游消费示范县（市、区）	环翠区	山东省文化和旅游厅	2021年12月
全省深化小型水库管理体制改革样板县（市、区）	环翠区	山东省水利厅	2021年12月

2021年部门（单位）获得省部级表彰的荣誉称号一览表

表32

荣誉称号	获奖单位	授予单位	获奖时间
山东省第一批省级特色小镇	威海市环翠区羊亭镇	山东省人民政府	2021年1月
人民法院扫黑除恶专项斗争先进集体	威海市环翠区人民法院刑事审判庭	最高人民法院	2021年5月
山东省先进基层党组织	威海市环翠区环翠楼街道东北村社区党总支	中共山东省委	2021年6月
山东省先进基层党组织	威海市环翠区羊亭镇党委	中共山东省委	2021年6月
山东省脱贫先进集体	威海市环翠区水利局	中共山东省委、山东省人民政府	2021年6月

续表32

荣誉称号	获奖单位	授予单位	获奖时间
集体一等功	威海市公安局环翠分局治安大队	公安部	2021年7月
节约型机关	中国共产主义青年团威海市环翠区委员会	财政部、国家发展改革委员会、中共中央直属机关事务管理局、国家机关事务管理局	2021年8月
全省建党100周年安保维稳工作表现突出集体	威海市环翠区羊亭镇	中共山东省委、山东省人民政府	2021年8月
2017—2020年度全国群众体育先进单位	威海市环翠区教育和体育局	国家体育总局	2021年9月
全国示范性老年友好型社区	威海市环翠区环翠楼街道东北村社区	国家卫生健康委员会、全国老龄工作委员会办公室	2021年10月
全国检察宣传先进单位	威海市环翠区人民检察院	最高人民检察院、检察日报社	2021年10月
全国模范司法所	威海市环翠区嵩山街道司法所	司法部	2021年10月
2021年度《中国退役军人》宣传工作先进单位	威海市环翠区退役军人事务局	退役军人事务部	2021年10月
“新时代乡村阅读季”之“我爱阅读100天”活动全国百强	威海市环翠区文化和旅游局	中共中央宣传部、农业农村部、国家乡村振兴局	2021年10月
“新时代乡村阅读季”之“我爱阅读100天”活动全国百强	威海市环翠区乡村振兴局	中共中央宣传部、农业农村部、国家乡村振兴局	2021年10月
“档案话百年”征文活动优秀组织奖	威海市环翠区档案馆	国家档案局	2021年11月
全国中小学中华优秀传统文化传承学校	威海市千山路小学	教育部	2021年11月
全国中小学中华优秀传统文化传承学校	威海市实验中学	教育部	2021年11月
全国工会职工书屋示范点	威海市环翠区税务局	中华全国总工会	2021年11月
全国妇联系统先进集体	威海市环翠区妇女联合会	人力资源和社会保障部、中华全国妇女联合会	2021年12月
全国科普日优秀组织单位	威海市环翠区科学技术协会	中国科学技术协会	2021年12月
全国人力资源社会保障系统优质服务窗口	威海市环翠区劳动监察大队	人力资源和社会保障部	2021年12月
平安山东建设先进集体	威海市环翠区人民检察院12309检察服务中心	山东省人民政府	2021年12月

2021年部门（单位）获得市厅级表彰的荣誉称号一览表

表33

荣誉称号	获奖单位	授予单位	获奖时间
省级优秀综治（网格化服务管理）中心	威海市环翠区环翠楼街道综治中心	中共山东省委政法委员会	2021年1月
2019—2020年全省卫生健康统计工作先进单位	威海市环翠区卫生健康局	山东省卫生健康委员会	2021年1月
山东省卫生先进单位	威海市环翠区温泉镇滨城社区	山东省爱国卫生运动委员会	2021年1月
山东省卫生先进单位	威海市环翠区温泉镇友和社区	山东省爱国卫生运动委员会	2021年1月
山东省市场监管系统先进集体	威海市环翠区市场监督管理局	山东省人力资源和社会保障厅、山东省市场监督管理局	2021年2月
山东省教育强镇筑基试点校	威海市第七中学	山东省教育厅	2021年3月
全省首批教育强镇筑基改革试点乡镇	威海市环翠区张村镇	山东省教育厅	2021年3月
第六届全民阅读先进典型——书香机关	威海市环翠区教育和体育局	中共山东省委宣传部	2021年4月
第六届全民阅读书香之乡（镇、街道）	威海市环翠区张村镇	中共山东省委宣传部	2021年4月
全省重点水利工程建设“争进度、赛质量、比担当”决胜攻坚劳动竞赛先进集体	威海市环翠区水利局	山东省总工会、山东省水利厅	2021年4月
首批山东省景区化村庄	威海市环翠区羊亭镇贝草夼村	山东省文化和旅游厅	2021年4月
首批山东省景区化村庄	威海市环翠区嵩山街道五家疃村	山东省文化和旅游厅	2021年4月
首批山东省景区化村庄	威海市环翠区温泉镇张家山村	山东省文化和旅游厅	2021年4月
首批山东省景区化村庄	威海市环翠区张村镇王家疃村	山东省文化和旅游厅	2021年4月
首批山东省精品文旅小镇	威海市环翠区张村镇	山东省文化和旅游厅	2021年4月
山东省工人先锋号	威海市环翠区环境卫生服务中心垃圾清运大队	山东省总工会	2021年4月
山东扫黑除恶专项斗争先进集体	威海市环翠区人民检察院	山东省扫黑除恶专项斗争领导小组	2021年5月
2020年度体育彩票工作先进单位	威海市环翠区教育和体育局	山东省体育局	2021年5月
山东省智慧社区	威海市环翠区嵩山街道蔚海社区	数字山东省建设专项小组	2021年5月
全省百家红色退役军人服务站	威海市环翠区退役军人服务中心	山东省退役军人服务中心	2021年5月

续表33

荣誉称号	获奖单位	授予单位	获奖时间
全省法院党建工作先进集体	威海市环翠区人民法院立案庭	山东省高级人民法院	2021年6月
全省法院民商事审判工作先进集体	威海市环翠区人民法院民事审判二庭	山东省高级人民法院	2021年6月
集体二等功	威海市公安局环翠分局张村派出所	山东省公安厅	2021年6月
山东省学前三年行动计划先进单位	威海市环翠区教育和体育局	山东省教育厅	2021年6月
2019—2020年度山东省无偿献血表现突出集体	威海市环翠区卫生健康局	中共山东省委宣传部、中共山东省委机关工委、共青团山东省委、山东省卫生健康委员会、山东省教育厅、山东省红十字会	2021年6月
首批省级“两新”组织党建工作示范点	威海市环翠区环翠楼街道商圈	中共山东省委非公有制经济组织和社会组织工作委员会	2021年7月
山东省科普示范学校	威海市望海园中学	山东省科学技术协会	2021年7月
山东省中小学“知史爱党·知史爱国”学习展示活动优秀组织单位	威海市环翠区融媒体中心	中共山东省委宣传部、山东省教育厅、共青团山东省委、山东省广播电视局	2021年7月
山东省民族宗教系统先进集体	威海市环翠区民族宗教事务局	山东省人力资源和社会保障厅、山东省民族宗教事务委员会	2021年7月
山东省首批残疾儿童随班就读示范校	威海市第七中学	山东省教育厅	2021年8月
2020年度全省市场监管系统和公安机关知识产权保护工作成绩突出集体	威海市环翠区市场监督管理局	山东省市场监督管理局、山东省公安厅	2021年9月
全省档案宣传工作先进集体	威海市环翠区档案馆	山东省档案馆	2021年10月
“红动齐鲁·我心向党”山东省第三届红色故事讲解大赛优秀红色故事	威海市环翠区档案馆	中共山东省委宣传部	2021年10月
山东省第十一届全民健身运动会先进单位	威海市环翠区教育和体育局	山东省体育局	2021年10月
山东省第七次全国人口普查先进集体	威海市环翠区环翠楼街道	山东省第七次全国人口普查领导小组办公室、山东省统计局	2021年10月
山东省第七次全国人口普查先进集体	威海市环翠区统计局	山东省第七次全国人口普查领导小组办公室、山东省统计局	2021年10月

续表33

荣誉称号	获奖单位	授予单位	获奖时间
山东省第七次全国人口普查先进集体	威海市环翠区鲸园街道	山东省第七次全国人口普查领导小组办公室、山东省统计局	2021年10月
山东省第七次全国人口普查先进集体	威海市环翠区嵩山街道	山东省第七次全国人口普查领导小组办公室、山东省统计局	2021年10月
山东省第七次全国人口普查先进集体	威海市环翠区孙家疃街道	山东省第七次全国人口普查领导小组办公室、山东省统计局	2021年10月
山东省全民健身最美社区	威海市环翠区孙家疃街道伴海社区	山东省体育局、山东广播电视台	2021年10月
首批山东省旅游民宿集聚区创建单位	威海市环翠区张村镇	山东省文化和旅游厅	2021年10月
山东省非遗旅游体验基地	吉呈轩公益文化空间	山东省文化和旅游厅	2021年10月
山东省非遗旅游体验基地	威高民俗文化邨	山东省文化和旅游厅	2021年10月
首批省级夜间文化和旅游消费集聚区	威海市环翠区环翠楼街道属相街	山东省文化和旅游厅	2021年11月
山东省和谐社区建设示范单位	威海市环翠区鲸园街道	山东省民政厅	2021年11月
山东省节水型社区	威海市环翠区鲸园街道鲸园社区	山东省住房和城乡建设厅、山东省发展和改革委员会、山东省工业和信息化厅、山东省水利局	2021年11月
山东省自然资源系统“七五”普法工作先进集体	威海市环翠区自然资源局	山东省自然资源厅	2021年11月
2021年省重点项目督导服务平台运营运维工作先进集体	威海市环翠区发展和改革局	山东省发展和改革委员会	2021年12月
第七批全省民族团结进步示范区示范单位	威海市环翠区环翠楼街道南山社区	中共山东省委宣传部、中共山东省委统战部、山东省民族宗教事务委员会	2021年12月
第七批全省民族团结进步示范区示范单位	威海市环翠区温泉镇双泉城社区	中共山东省委宣传部、中共山东省委统战部、山东省民族宗教事务委员会	2021年12月
山东省社区社会组织创新发展基地（社区级）	威海市环翠区环翠楼街道西门外社区	山东省民政厅	2021年12月

续表33

荣誉称号	获奖单位	授予单位	获奖时间
山东省社区社会组织创新发展基地（社区级）	威海市环翠区环翠楼街道东北村社区	山东省民政厅	2021年12月
山东省卫生先进单位	威海市环翠区交通事务发展中心	山东省爱国卫生运动委员会	2021年12月
山东省中医药文化进校园试点学校	威海市北竹岛小学	山东省卫生健康委员会、山东省教育厅	2021年12月
山东省甲骨文特色学校	威海市鲸园小学	山东省教育厅	2021年12月
山东省社区社会组织创新发展基地	威海市环翠区鲸园街道社区社会组织联合会	山东省民政厅	2021年12月
山东省社区社会组织创新发展基地	威海市环翠区嵩山街道	山东省民政厅	2021年12月
省级文明社区	威海市环翠区鲸园街道戚谷疃社区	山东省精神文明建设委员会	2021年12月
省级文明村	威海市环翠区桥头镇方吉村	山东省精神文明建设委员会	2021年12月
“全国科普日”优秀组织单位	威海市环翠区科学技术协会	山东省科学技术协会	2021年12月
第四批省级美丽乡村示范村	威海市环翠区桥头镇南子城村	山东省农业农村厅	2021年12月
山东省科普社区	威海市环翠区嵩山街道蔚海社区	山东省大数据中心	2021年12月
第三批省级医养结合示范乡镇（街道）	威海市环翠区环翠楼街道	山东省卫生健康委员会	2021年12月
第三批省级医养结合示范乡镇（街道）	威海市环翠区竹岛街道	山东省卫生健康委员会	2021年12月
第二批山东省景区化村庄	威海市环翠区桥头镇信河北村	山东省文化和旅游厅	2021年12月
第二批山东省景区化村庄	威海市环翠区张村镇刘家疃村	山东省文化和旅游厅	2021年12月
第二批山东省景区化村庄	威海市环翠区张村镇姜家疃村	山东省文化和旅游厅	2021年12月
全省乡村旅游重点村	威海市环翠区羊亭镇贝草夼村	山东省文化和旅游厅	2021年12月
山东省美丽乡村示范村	威海市环翠区羊亭镇贝草夼村	山东省农业农村厅	2021年12月
山东省美丽乡村示范村	威海市环翠区羊亭镇北上夼村	山东省农业农村厅	2021年12月
山东省美丽乡村示范村	威海市环翠区羊亭镇梅家沟村	山东省农业农村厅	2021年12月

续表33

荣誉称号	获奖单位	授予单位	获奖时间
山东省第二批医保经办服务标准化窗口	威海市环翠区医疗保险事业中心综合服务窗口	山东省医疗保障局	2021年12月
山东省应急管理系统先进集体	威海市环翠区应急管理综合行政执法大队	山东省人力资源和社会保障厅、山东省应急管理厅	2021年12月
山东省青年安全生产示范岗	威海市环翠区竹岛街道办事处安全生产委员会	共青团山东省委、山东省应急管理厅	2021年12月
山东省金融辅导工作表现突出基层单位	威海市环翠区地方金融监督管理局	山东省地方金融监督管理局	2021年12月
2021年度财政信息工作优秀单位	威海市环翠区财政局	山东省财政厅	2022年1月
全省法院诉讼服务示范先进集体	威海市环翠区诉讼服务中心（法官事务服务中心）	山东省高级人民法院	2022年1月
山东省工业和信息化系统先进集体	威海市环翠区工业和信息化局	山东省人力资源和社会保障厅、山东省工业和信息化厅	2022年1月
山东省法治政府建设先进集体	中共威海市环翠区委全面依法治区委员会办公室	中共山东省委全面依法治省委员会办公室	2022年1月
山东省乡村振兴示范村	威海市环翠区嵩山街道五家疃村股份经济合作社	山东省发展和改革委员会、中共山东省委组织部、中共山东省委宣传部、中共山东省委政法委员会、中共山东省委农业农村委员会办公室、山东省人力资源和社会保障厅、山东省自然资源厅、山东省住房和城乡建设厅、山东省农业农村厅、山东省生态环境厅	2022年1月
全省扫黄打非工作先进集体	威海市环翠区文化和旅游局	山东省文化和旅游厅	2022年1月
全省基层广播电视和网络视听统计工作优秀集体	威海市环翠区文化和旅游局	山东省文化和旅游厅	2022年1月
第二批山东省乡村振兴示范县乡村	威海市环翠区羊亭镇梅家沟村	山东省发展和改革委员会	2022年1月
山东省级特色小镇	中国油画小镇·孙家疃	山东省人民政府办公厅	2022年2月
全省统战宣传工作先进单位	中共威海市环翠区委统战部	中共山东省委统战部	2022年2月
全省统战信息工作先进单位	中共威海市环翠区委统战部	中共山东省委统战部	2022年2月

2021年部门（单位）获得威海市委、市政府表彰的荣誉称号一览表

表34

荣誉称号	获奖单位	授予单位	获奖时间
干事创业基层好班子	威海市环翠区张村镇党委	中共威海市委、威海市人民政府	2021年2月
威海市抗击新冠肺炎疫情先进集体	威海市环翠区市场监督管理局	中共威海市委	2021年5月
威海市抗击新冠肺炎疫情先进集体	威海市环翠区疾控中心	中共威海市委	2021年5月
威海市抗击新冠肺炎疫情先进集体	威海卫人民医院	中共威海市委	2021年5月
威海市抗击新冠肺炎疫情先进集体	威海市环翠区竹岛社区卫生服务中心	中共威海市委	2021年5月
威海市抗击新冠肺炎疫情先进集体	威海市环翠区温泉镇	中共威海市委	2021年5月
威海市先进基层党组织	威海市环翠区财政局机关党总支	中共威海市委	2021年6月
威海市先进基层党组织	威海市环翠区发展和改革局机关党总支	中共威海市委	2021年6月
威海市先进基层党组织	威海市环翠区环翠楼街道海城社区党委	中共威海市委	2021年6月
威海市先进基层党组织	威海市环翠区科学技术局机关党支部	中共威海市委	2021年6月
威海市先进基层党组织	威海市环翠区桥头镇南子城村党支部	中共威海市委	2021年6月
威海市先进基层党组织	威海卫人民医院党委	中共威海市委	2021年6月
威海市先进基层党组织	威海市环翠区集中隔离医学观察点管理办公室党支部	中共威海市委	2021年6月
威海市先进基层党组织	威海市环翠区孙家疃社区卫生服务中心党支部	中共威海市委	2021年6月
威海市先进基层党组织	威海市环翠区温泉镇张家山村党支部	中共威海市委	2021年6月
威海市先进基层党组织	威海市环翠区温泉镇党委	中共威海市委	2021年6月
威海市先进基层党组织	威海市环翠区竹岛街道金融商圈党委	中共威海市委	2021年6月

附　录

重要文件

2021年中国共产党环翠区委员会文件一览表

表35

印发日期	文号	文件标题
2021年3月26日	威环发〔2021〕1号	中国共产党环翠区委员会　环翠区人民政府关于全面推进乡村振兴加快农业农村现代化的实施意见
2021年12月6日	威环发〔2021〕10号	中国共产党环翠区委员会　环翠区人民政府关于印发《威海市环翠区贯彻落实第二轮山东省生态环境保护督察组督察反馈意见整改方案》的通知

2021年环翠区人民政府文件一览表

表36

印发日期	文号	文件标题
2021年1月3日	威环政发〔2021〕1号	关于印发《威海市环翠区重大行政决策程序规定》的通知
2021年3月9日	威环政发〔2021〕2号	关于禁止野外用火的通告
2021年3月22日	威环政发〔2021〕3号	关于公布区政府领导同志工作分工的通知
2021年6月18日	威环政发〔2021〕4号	环翠区2021年招商引资奖励办法
2021年7月8日	威环政发〔2021〕5号	关于印发《威海市环翠区国民经济和社会发展第十四个五年规划和二〇三五年远景目标纲要》的通知
2021年8月10日	威环政发〔2021〕6号	关于印发《2021年度环翠区持续优化营商环境改革创新行动方案》的通知

续表36

印发日期	文号	文件标题
2021年10月21日	威环政发〔2021〕8号	关于印发《健康中国行动环翠推进健康环翠建设的实施意见》的通知
2021年7月16日	威环政字〔2021〕384号	关于调整威海市环翠区行政许可等事项划转清单的意见
2021年7月16日	威环政字〔2021〕385号	关于下达2021年消防工作目标任务的通知

2021年中国共产党环翠区委员会办公室文件一览表

表37

印发日期	文号	文件标题
2021年1月7日	威环办发〔2021〕1号	中国共产党环翠区委员会办公室　环翠区人民政府办公室印发《关于深入推进城市安全发展的实施方案》的通知
2021年2月8日	威环办发〔2021〕2号	中国共产党环翠区委员会办公室　环翠区人民政府办公室印发《关于激励干部担当作为实施容错纠错的办法（试行）》的通知
2021年3月17日	威环办发〔2021〕3号	中国共产党环翠区委员会办公室　环翠区人民政府办公室印发《关于做好全区村（社区）“两委”换届工作的实施意见》的通知
2021年4月12日	威环办发〔2021〕5号	中国共产党环翠区委员会办公室　环翠区人民政府办公室印发《关于“五位一体”打造社区治理共同体的实施意见》的通知
2021年4月21日	威环办发〔2021〕6号	中国共产党环翠区委员会办公室印发《关于深化干部作风大改进行动持续开展“不担当不作为乱作为”问题专项整治活动的实施方案》的通知
2021年4月25日	威环办发〔2021〕7号	中国共产党环翠区委员会办公室　环翠区人民政府办公室印发《关于加强自然资源管理健全共同责任机制的意见》的通知
2021年5月10日	威环办发〔2021〕10号	中国共产党环翠区委员会办公室　环翠区人民政府办公室印发《全区海洋与渔业系统干部队伍纪律作风教育整顿工作方案》的通知
2021年6月29日	威环办发〔2021〕11号	中国共产党环翠区委员会办公室　环翠区人民政府办公室印发《环翠区关于建设“三信共融”高质量社会信用体系的实施意见》的通知
2021年7月29日	威环办发〔2021〕14号	中国共产党环翠区委员会办公室印发《环翠区共青团基层组织改革试点全域推进工作方案》的通知
2021年11月19日	威环办发〔2021〕15号	中国共产党环翠区委员会办公室　环翠区人民政府办公室印发《环翠区党政机关办公用房管理办法》的通知
2021年12月16日	威环办发〔2021〕16号	中国共产党环翠区委员会办公室　环翠区人民政府办公室印发《威海市环翠区海洋强区建设三年行动计划（2021—2023年）》的通知

2021年环翠区人民政府办公室文件一览表

表38

印发日期	文号	文件标题
2021年6月30日	威环政办发〔2021〕1号	威海市环翠区推进政务服务“双全双百”工程落实方案
2021年11月2日	威环政办发〔2021〕2号	关于印发《环翠区全面推行渔港港长制实施方案》的通知
2021年1月12日	威环政办字〔2021〕1号	关于印发《环翠区推进工业互联网加快发展实施方案》的通知
2021年3月31日	威环政办字〔2021〕5号	关于印发《环翠区人民政府聘任招商顾问管理暂行办法》的通知
2021年4月26日	威环政办字〔2021〕8号	关于印发《环翠区深化农村公路管理养护体制改革实施方案》的通知
2021年5月31日	威环政办字〔2021〕9号	关于印发《环翠区加快推进政务服务“跨省通办”和“全省通办”实施方案》的通知
2021年8月16日	威环政办字〔2021〕15号	关于进一步加强全区应急预案管理推进应急预案体系建设的通知
2021年9月18日	威环政办字〔2021〕17号	关于印发《环翠区入海排污口整治工作方案》的通知
2021年9月18日	威环政办字〔2021〕18号	关于公布《环翠区人民政府2021年度重大行政决策事项目录》的通知
2021年9月29日	威环政办字〔2021〕19号	关于印发《环翠区应急物资储备体系建设规划（2020—2030年）》的通知
2021年10月22日	威环政办字〔2021〕20号	关于印发《环翠区农村餐桌建设指导意见》的通知
2021年10月30日	威环政办字〔2021〕21号	关于印发《环翠区农村饮用水水源地环境保护规划》的通知
2021年10月30日	威环政办字〔2021〕22号	关于印发《环翠区畜禽养殖禁养区划定方案（2021—2025年）》的通知
2021年11月5日	威环政办字〔2021〕22号	关于印发《环翠区药品安全事件应急预案》的通知
2021年12月29日	威环政办字〔2021〕26号	关于调整《环翠区人民政府2021年度重大行政决策事项目录》的通知

规范性文件

威海市环翠区人民政府关于禁止野外用火的通告

（威环政发〔2021〕2号 2021年3月9日）

为有效预防和遏制森林火灾发生，保护森林资源，维护生态平衡和公共安全，根据《森林防火条例》《山东省实施〈森林防火条例〉办法》《中华人民共和国治安管理处罚法》等法律法规有关规定，结合我区实际，特通告如下。

一、每年的2月1日至6月30日为森林高火险期，环翠区严禁一切野外用火。

二、环翠区域范围内全部林区均为森林高火险区域，未经环翠区人民政府批准，严禁任何组织和个人进入林区进行作业。

三、禁火期间，经批准进入森林高火险区域的组织和个人严禁开展以下活动：

（一）严禁上坟烧纸、烧香、燃放烟花爆竹；

（二）严禁烧荒、烧地堰、焚烧农作物废弃物料、投放空中移动火源以及燃放孔明灯；

（三）严禁私自进山野炊、吸烟、烤火、祭祀等活动；

（四）严禁在高火险区内修筑工程设施；

（五）严禁从事《森林防火条例》等法律法规禁止的行为。

四、在禁火期进入林区的车辆和个人，应当自觉接受森林防火检查，并自觉履行森林防火义务。

五、在林区、林缘处经营宾馆、饭店、娱乐场所及各种旅游观光项目的单位和个人，以及工矿企业等应当按照规定配备必要的防火设施、器材，设置森林防火警示宣传标志，及时消除火灾隐患。

六、各镇人民政府、街道办事处按属地管理责任，严格执行通告内容。

七、违反通告的单位和个人，将根据《森林防火条例》《山东省实施〈森林防火条例〉办法》的有关规定给予行政处罚；违法行为人属国家工作人员的，依法追究行政责任；违反治安管理的，由公安部门依据《中华人民共和国治安管理处罚法》规定给予治安管理处罚；构成犯罪的，依法追究刑事责任。

本通告自2021年3月9日起执行，有效期至2026年3月8日。

报警电话：119、110

区森林防火指挥部办公室电话：5222317

区自然资源局电话：5166119

竹岛街道电话：5160119

鲸园街道电话：5182119

孙家疃街道电话：5125119

嵩山街道电话：5552119

张村镇电话：5782119

羊亭镇电话：5772119

温泉镇电话：5372119

桥头镇电话：5521281

环翠区“亩产效益”评价改革工作实施方案（2021年修订版）

（威环政办字〔2021〕7号 2021年4月15日）

为深入贯彻落实《山东省人民政府关于开展“亩产效益”评价改革工作的指导意见》（鲁政字〔2019〕235号）、《威海市人民政府关于开展“亩产效益”评价改革工作的实施意见》（威政字〔2020〕12号）有关要求，加快建立以质量和效益为导向的工业企业分类综合评价机制，实施资源要素差别化配置政策，进一步推动新旧动能转换和高质量发展，结合我区实际，制定本实施方案。

一、综合评价办法

（一）评价范围

全区规模以上工业企业，以评价年度统计部门年报名单为准；年销售收入500万元以上的规模以下工业企业，原则上占地超过3亩的企业全部纳入评价（电力、热力、燃气及水的生产和供应业企业除外）。其中：对规模以上集团公司的评价，集团公司下属子公司是规模以上工业企业的，可以并入集团公司参加评价；集团公司下属子公司是规模以下工业企业的，不并入集团公司，单独进行评价；集团公司包含一产、二产、三产的，只对二产工业相关指标进行评价。

（二）评价指标和权重

对规模以上工业企业和规模以下工业企业分别设定评价指标和权重，各指标值取企业上年度全年数据。

1.规模以上工业企业评价指标及权重：单位用地税收（30分）、单位能耗销售收入（10分）、研发经费投入强度（10分）、单位污染物排放销售收入（10分）、全员劳动生产率（10分）、税收增幅（4分）、销售收入增幅（2分）、研发经费投入增幅（4分）、工业总产值增幅（10分）、加分项（10分）。

2.规模以下工业企业评价指标及权重：单位用地税收（80分）、加分项（20分）。

（三）指标基准值

各项评价指标的基准值，参考上一年度工业企业该项指标平均值的2倍确定。

（四）计算方法

企业综合评价得分为各单项指标数据得分之和。单项指标得分=该指标上年度数据÷该指标基准值×该指标权重分。

单项指标最高分不超过该项指标权重分，最低为0分。企业某项指标为负值或空缺的，该项指标得分为0分。企业确无污染物排放的，单位污染物排放销售收入赋满分。

（五）分类排序和比例

根据企业年度综合评价得分，分规模以上、规模以下两类，按得分高低顺序分为A、B、C、D四类。如企业综合评价得分相同，优先按评价年度税收实际贡献由高到低排名；如税收实际贡献也相同，则按评价年度销售收入由高到低排名。

1.A类为优先发展类，主要是指资源占用产出高、经济效益好、转型升级成效明显，符合新旧动能转换重点方向，综合评价得分排名前20%（含）的企业。

2.B类为支持发展类，主要是指资源占用产出较高、经营效益较好，对区域经济社会发展具有较强的带动和支撑作用，综合评价得分排名20%～85%（含）之间的企业。

3.C类为提升发展类，主要是指资源利用效率较低、综合效益不高，需要加快提升发展质量和效益，综合评价得分排名85%～95%（含）之间的企业。

4.D类为限制发展类，主要是指资源利用综合效益差、发展水平落后，需要控制新上同类产能，实施重点整治和倒逼转型，综合评价得分排名末5%的企业。

（六）评价程序

指标数据实行部门采集、企业确认的方式，使用省“亩产效益”评价系统进行评价。区“亩产效益”评价改革工作领导小组对企业评价分类结果进行审核、公示、公布，客观真实反映企业发展状况，及时向有关部门和企业进行通报。

（七）评价改革进度安排

2021年6月末前，完成对全部工业企业的分类综合评价。

（八）调整规则

1.扶持。评价年度新增的规模以上工业企业，当年不纳入规模以上工业企业评价范围。企业经批准的项目新增土地面积在2年建设期、1年过渡期内可不计入用地面积。

2.加分。规模以上工业企业累计加分不超过10分，规模以下工业企业累计加分不超过20分。每个单项，同一企业按“就高、不重复”的原则进行加分，对本年度退库的工业企业取消加分。

（1）被认定为国家、省、市级企业技术中心、制造业创新中心、工业设计中心、工程技术研究中心、工程研究中心、重点实验室、工程实验室、产业技术创新战略联盟等创新平台的企业，分别加2分、1.5分、1分。

（2）列入省高端品牌培育名单的企业，加1分；上年度评定为中国质量奖、省长质量奖的企业，分别加3分、2分；上年度评定为中国质量奖提名奖、省长质量奖提名奖的企业，分别加2分、1.5分。

（3）上年度主持制定国际、国家、行业、地方标准的企业，分别加3分、2分、1.5分、1分；主持修订或参与制定国际、国家、行业、地方标准的企业，分别加2分、1.5分、1分、0.5分；参与修订国际、国家、行业、地方标准的企业，分别加1分、0.5分、0.2分、0.1分。

（4）在境内外主要证券交易所上市的企业，加2分；在全国中小企业股份转让系统（“新三板”）挂牌的企业，加1分。

（5）被认定为高新技术企业的，加1分。

（6）上年度申报入选泰山产业领军人才、科技部创新人才推进计划、省“外专双百计划”的企业，加1分；入选市产业领军人才的企业，加0.5分。

（7）入选国家级、省级制造业单项冠军范围的企业，分别加2分、1.5分。

（8）入选国家级专精特新“小巨人”企业、省级“专精特新”企业或瞪羚企业，分别加1分、0.5分。

(9) 上年度获批国家级、省级首台（套）技术装备及关键核心零部件的企业，分别加2分、1分。

(10) 上年度新增授权发明专利的企业，每1件加0.3分，最高不超过2分。

(11) 上年度工业技改项目投入较大，规模以上企业生产性设备投入达到500万元至1000万元（含）、1000万元以上的企业，分别加1分、2分；规模以下企业生产性设备投入达到100万元至300万元（含）、300万元以上的企业，分别加1分、2分。

(12) 上年度月安置的残疾人占在职职工人数比例不低于25%（含25%），安置的残疾人人数不少于10人（含10人），依法与安置的每位残疾人签订一年以上（含一年）的劳动合同或者服务协议，为安置的每位残疾人按月足额缴纳基本养老保险、基本医疗保险、失业保险、工伤保险和生育保险等社会保险，通过银行等金融机构向安置的每位残疾人按月支付工资不低于威海市最低工资标准的企业，加10分。

3. 否决。以下企业直接列入D类：

(1) 属于《产业结构调整指导目录》中淘汰类产业，需实施整厂关停的企业；

(2) 不符合我区产业发展导向和结构调整需要，对照淘汰落后产能、行业整治等相关标准，需关停腾退的企业；

(3) 发生较大安全生产事故、重大食品药品安全事故、存在重大税收违法行为或重大行政违法行为、环保排放不达标、恶意欠薪、被列入严重失信主体黑名单的企业；

(4) 达到纳统条件拒不纳统的企业；

(5) 不配合提供用于“亩产效益”评价数据的企业。

（九）动态调整

根据企业每年综合评价结果，对A、B、C、D四类企业的分类实行动态管理，原则上在每年6月末前，按照企业上一年度数据进行评价，并按评价得分调整分类。

企业实施兼并重组、分割转让等改造提升项目的，由企业提出申请，所属镇（街道）初审后转报，经区“亩产效益”评价改革工作领导小组办公室认定后，调整差别化措施。

因客观原因造成分类有误、评价遗漏的，由企业提出申请，所属镇（街道）初审后转报，经区“亩产效益”评价改革工作领导小组办公室核实认定后，给予调整。

二、结果运用

（一）实行差别化资源要素配置

1. 实施差别化价格政策。发展改革、工业和信息化、财政等部门要加强与上级有关部门沟通对接，落实用电、用水、用气等资源要素差别化价格政策，倒逼企业提升资源要素利用效率。

2. 实施差别化用地政策。发展改革、自然资源、规划等部门在制定、落实产业集聚区、工业园区等政策准入规定时，要优先保障A、B类企业用地需求，合理控制C、D类企业新增工业用地。

3. 实施差别化排放政策。生态环境等部门要结合实际并根据企业综合评价结果，严格执行和完善污染物指标量化管理制度等政策，对A类企业新增污染物排放指标分配给予优先支持，对B类企业新增污染物排放指标分配给予支持，对C、D类企业要严格控制污染物排放总量。

4. 实施差别化产能利用政策。发展改革、工业和信息化、生态环境等部门要加强与上级有关部门沟通对接，实施差异化的错峰生产、有序用电、淘汰落后产能等措施。

5. 实施差别化融资政策。地方金融监管部门要引导鼓励金融机构实施差别化信贷政策，对A、B类企业在信用评级、贷款准入、贷款授信、担保方式创新、还款方式创新和贷款利率优惠等金融服务方面给予重点支持。鼓励政府性融资担保公司对A、B类企业提供融资担保服务。

6. 实施差别化财政扶持政策。发展改革、科技、工业和信息化、财政等部门要探索财政扶持政策与综合评价结果挂钩联动机制，各级各类财政扶持政策向符合条件的A、B类企业倾斜，原则上不再推荐D类企业享受各级各类财政扶持政策。

（二）推动企业管理和服务模式创新

1. 设立新增项目评价标准。发展改革、工业和信息化、商务、税务等部门要探索建立工业新增项目的评价标准，根据“亩产效益”评价结果，分行业确定新增项目的投资强度、单位用地税收等基准指标，作为项目落地的重要参考条件，把好项目入口关。

2. 推行企业投资项目承诺制。发展改革、工业和信息化、自然资源、住房城乡建设、行政审批、生态环境、规划等部门要加强与上级有关部门沟通对接，按照“政府定标准、企业作承诺、过程强监管、信用有奖惩”的思路，探索企业投资项目承诺制改革。

3. 推进“标准地”改革。发展改革、工业和信息化、自然资源、住房城乡建设、生态环境、规划、税务等部门要严格执行《山东省建设用地控制标准》，探索推行“标准地”制度。企业竞得土地后，由镇（街道）与其签订投资建设协议、国有建设用地使用权出让合同等法律文件，项目建成投产后，依法定条件和既定标准予以验收。

4.促进资源要素市场化交易。发展改革、财政、自然资源、规划等部门要积极争取资源要素市场化交易试点，推进土地使用权、用能权等资源要素的市场化交易。

5.推动行政监管行为规范化。市场监管等部门要全面施行行政执法检查“双随机、一公开”，对资源要素产出高的企业可适当降低抽查比例和频次，对产出低的加大随机抽查力度。加强涉企行政执法计划管理，原则上不开展未列入计划的执法检查。进一步推进跨领域跨部门联合执法、综合执法。

三、保障机制

（一）加强组织领导。对环翠区“亩产效益”评价改革工作领导小组成员及责任分工进行优化完善。各镇（街道）和相关部门要把评价改革工作摆在突出位置，落实工作职责，确保各项指标数据真实准确，差别化政策执行到位。各级各有关部门要加强对改革政策和先进典型的解读宣传，营造良好的舆论氛围和社会环境。

（二）加强结果运用。各相关部门要分工协作，密切配合，充分应用评价结果，推动资源要素向高效企业集聚，运用过程中要切实做到公开、公平、公正。加大对C类、D类以及未达到工业投资项目准入评价标准企业的专项监管和执法力度，对拒不执行差别化政策的企业实施联合执法，确保各项政策执行到位。

（三）加强督查考核。将评价改革工作纳入全区目标管理考核，加强对改革工作的督促检查，及时调度和通报改革推进情况。

本方案由区“亩产效益”评价改革工作领导小组成员单位组织实施，自印发之日起施行，有效期两年。原《环翠区“亩产效益”评价改革工作实施方案（试行）》（威环政办字〔2020〕15号）同步废止。

环翠区物业服务项目星级管理考核办法

（威环政办字〔2021〕25号　2021年12月17日）

第一条　为加强物业服务行业监管，规范物业服务企业经营行为，构建行业诚信体系，提高物业管理服务质量，提升物业服务社会满意度和“精致社区”建设水平，根据国家、省、市物业管理相关规定，结合我区物业行业实际，制定本办法。

第二条　本办法适用于环翠区实施专业化物业服务的在管物业项目。

第三条　物业服务项目星级管理考核，实行月考年评、以分定星、以星定奖，遵循政府引导、企业主体、公正透明、动态管理的原则。通过对物业服务企业配合基层开展工作、守法诚信经营、服务质量、小区安全管理、服务对象满意度等情况进行测评考核，并根据测评考核情况分别授予五星、四星、三星及进步奖。

第四条　建立完善“党建引领‘红色物业’，合力共建精致社区”的长效工作机制，坚持党建统领，强化社区物业党建联建，推动物业服务提质增效，提升业主满意度。

第五条　区住房城乡建设局指导全区物业服务项目星级考核和负责审核、汇总、报告等工作，各镇（街道）负责本行政辖区内物业服务项目具体考评考核工作。

第六条　申报年度物业服务项目星级管理评定的，应当符合以下条件：

（一）实行专业化物业服务且由物业服务企业服务时间达 1年以上。

（二）实行项目经理人负责制，项目经理通过威海市物业管理协会物业服务项目经理人执业资格考核。

（三）物业服务企业具有相应信用等级证明材料。

（四）未发生因与业主、业主委员会矛盾纠纷引发的群体性事件或因企业责任致小区内发生生产安全责任事故。

（五）申报五星级、四星级的物业项目，物业服务费收缴率必须达到95%、90%以上；矛盾纠纷投诉率低于2%、5%。

第七条　物业服务项目星级管理评定程序如下：

（一）星级申报。每年4月，符合申报条件的物业企业向项目所在镇（街道）申报星级争创目标、争创措施。申报材料包括《环翠区物业服务项目星级评定申报表》、项目概况、企业营业执照影印件、企业信用等级证明材料影印件、项目经理资格证书影印件、物业服务合同影印件。

（二）星级争创。参评项目要按照《环翠区物业服务项目星级管理评分细则》制定争创星级的具体工作措施，区委组织部、区住房城乡建设局、各镇（街道）、社区党组织、业主委员会和业主代表对参评项目进行全程监督指导，不定期开展暗访和抽查（含市级精致城市创建检查、区级精致社区创建检查、“红色物业”工作检查情况），检查情况作为年终评定的重要参考依据。

（三）星级评定。每年11月—12月，区住房城乡建设局牵头组织区委组织部、各镇（街道）、社区党组织、业主委员会或业主代表对申报项目星级创建情况进行年度综合考评打分。考核实行评议评分方式，总分100分，业主委员会和业主代表、社区党组织（居委会）、各镇（街道）、区住房城乡建设局、区委组织部各占20分。

（四）星级公示。经综合评定达到物业服务项目星级评定标准的，由项目所在地镇（街道）组织在小区醒目位置书面形式公示7天，公示期满且无影响星级评定结果问题的，确定为相应星级项目。

（五）星级兑现。对评定为进步奖、三星级、四星级、五星级的物业服务项目授予星级铭牌，进行表彰奖励。其中五星级奖励8万元、四星级奖励5万元、三星级奖励3万元、进步奖奖励2万元。年度评奖比例不超过物业服务项目总数的20%，其中进步奖比例不超过5%，奖励资金总额不超过200万元，按实际发生情况由区、镇（街道）按照1∶1的比例承担。奖励资金用于奖励物业项目管理人员比例不低于20%，剩余用于小区“红色物业”建设等。

第八条　对违反《威海市物业管理办法》，有下列行为之一的，物业服务项目不得评定为星级项目：

（一）将一个物业管理区域内的全部物业管理业务一并委托给他人的；

（二）依法承接物业前，未对物业共用部位、共用设施设备进行承接查验的；

（三）未将物业服务合同报送备案的；

（四）业主大会依法解聘后，不按规定退出物业管理区域，不履行相关义务的；

（五）擅自改变物业管理用房用途，擅自利用物业共用部位、共用设施设备进行经营，隐匿、侵占业主公共收益的；

（六）不履行物业服务合同，导致业主投诉较多，发生到市集体上访的、到区集体上访两次以上的；

（七）因企业责任致小区内发生安全责任事故，导致人员伤亡的；

（八）因物业管理责任造成消防设施、器材严重损坏，被消防部门确定为重大火灾隐患单位，逾期不整改的；

（九）因企业自身原因导致小区发生重大网络舆情，造成恶劣社会影响的；

（十）1年内被市、区物业主管部门书面通报批评2次（含）以上的；

（十一）因物业服务不到位出现相关案件，造成较大负面影响的；

（十二）达不到年度市级“红色物业”考核标准的。

第九条　物业服务项目星级评定结果，抄报威海市住房和城乡建设局，抄送环翠区发展和改革局，记入威海市物业企业信用信息系统及环翠区公共信用信息平台，作为物业服务企业信用评价重要依据。获得“四星”（含）以上的物业服务企业，建议在政府采购等公共资源交易活动中，依法依规给予信用加分；在行业评先选优中，给予优先推荐；在建设单位、业主大会组织的物业服务招标投标中，建议招标人采取信用加分。

第十条　建立物业服务项目星级管理巡查机制，对各级、各部门在检查、抽查中发现已授牌物业项目服务质量下降，达不到所授星级标准的，责令限期整改，限期整改不到位的，在次年星级评定中给予双倍扣分。

第十一条　物业服务企业应将物业服务项目星级管理铭牌置于申报物业服务项目醒目处，便于业主识别。

第十二条　物业服务项目星级管理是创建“精致社区”的重要内容，是从群众普遍关心的实际问题入手，创新社区管理工作的重要手段。区住房城乡建设局负责发挥好牵头抓总作用，强化组织指导。各镇（街道）负责坚持星级物业管理与属地管理相结合，履行好属地职责，精心组织实施。各社区党组织负责强化党建引领，促进社区物业党建联建工作措施落实、“红色物业”元素落地、红色资源共享。各有关部门负责坚持共建、共治、共享，各司其职，通力配合，共同开创我区精致社区建设与物业管理良性互动的崭新局面。

第十三条　由环翠区住房城乡建设局负责解释。

第十四条　本办法自2021年12月17日起施行，有效期至2024年12月17日。

机构和领导人

【中国共产党环翠区委员会】

书　记　王　坤*　徐　明*
　　　　张　刚
副书记　徐　明*　邢海波*
　　　　于晓东　于晓光
常　委　孙青松（女）*
　　　　孙　军*　荣传伟*
　　　　甄　峰*　林　莅*
　　　　张元波　周佳俊*
　　　　张　勇　沈燕萍（女）
　　　　王　志　周永前

区委办公室（挂区档案局、区委保密办公室（区国家保密局）牌子）
主　任　刘威男*　郑　磊
△决策服务中心
主　任　张积超*

组织部（挂区公务员局、区委非公有制经济组织和社会组织工作委员会牌子）
部　长　张元波*　王　志
△“两新”工委
书　记　郑　磊*　刘海群（女）
△党员教育中心
主　任　（缺）
△党性教育基地环翠教学管理办公室
主　任　李　强
△人才创新发展中心
主　任　（缺）

宣传部（挂区政府新闻办公室、区精神文明建设委员会办公室、区互联网信息办公室牌子）
部　长　孙　军*　沈燕萍（女）
△文　联
主　席　周　琳（女）*　姜海潇

统战部（挂区政府台湾事务办公室、区民族宗教事务局、区政府侨务办公室牌子）
部　长　林　莅*　周佳俊*
　　　　王　志
△侨　联
主　席　林　辉
△统战事务服务中心
主　任　吕　飞

政法委
书　记　荣传伟*
△法学会
会　长　荣传伟*

编　办
主　任　郑剑波
△机编制研究与服务中心
主　任　王晓静（女）

区直机关工委
书　记　周天宇*　董威燕（女）

巡察办公室
主　任　宋修平*　李　立（女）
△第一巡察组
主　任　毕春杰
△第二巡察组
主　任　李　立（女）*
　　　　刘　涛（女）
△第三巡察组
主　任　王战友
△第四巡察组
主　任　（缺）

老干部局
局　长　郑　磊*　陈高磊
△离退休工委
书　记　尹爱军
△老干部活动中心（挂区委老干部党校、区老年大学牌子）
主　任　（缺）

【环翠区人民代表大会常务委员会】

主　　任　刘光辉
副 主 任　黄式璞
　　　　　韩　静（女）
　　　　　戚务海　刘玉波
　　　　　沙建强
党组副书记　黄式璞　王福欣
党 组 成 员　邹立杰*　张福新*
　　　　　薛　岳

办公室
主　任　张福新*　薛　岳

人事代表工作委员会
主　任　毕建金*　王明霞（女）

研究室
主　任　薛　岳*　张起刚

财政经济工作委员会
主　任　王爱波*　郭贤杰

教育科学文化卫生工作委员会
主　任　李祖国*　许新贵

监察和司法工作委员会
主　任　王国庆

农村城建环保工作委员会

主 任 尹小毅* 王 超

预算工作委员会

主 任 郭贤杰* 罗秀丽（女）

社会建设工作委员会

主 任 张绍辉

【环翠区人民政府】

区 长 徐 明* 邢海波* 于晓东

副区长 孙 军 尹振山 沈燕萍（女）* 苏卫军* 林青松 王永钊（挂职） 王文萍（女） 王晨旭（挂职） 刘 斌 崔军强

党组成员 于 超

区政府办公室（挂区大数据局牌子）

主 任 于 超

△决策研究中心

主 任 崔志盛* 董居良

△外事服务中心

主 任 李百强

发展改革局（挂区新旧动能转换综合试验区建设办公室牌子）

局 长 邹 伟* 刘昌军

△重点项目服务中心

主 任 郑 博*

△社会信用中心

主 任 夏周玫（女）

教育体育局（区委教育工委与其合署）

局 长 王艳华（女）

△教育教学研究中心

主 任 孙海英（女）*

△教育服务中心（挂区学生资助服务中心牌子）

主 任 詹 宇（女）

科技局

局 长 黄松娟（女）* 王 波

工业和信息化局（挂区非公有制经济发展服务局牌子）

局 长 陈增卫* 张积超

△民营经济发展中心

主 任 王大鹏

民政局

局 长 林 森* 杨华清

司法局

局 长 毕建鹏

书 记 王 珊（女）

财政局（挂区国有资产监督管理局牌子）

局 长 刘永胜

△经济开发投资服务中心

主 任 孙大力（女）* 姜万青

△财政管理服务中心

主 任 （缺）

人力资源社会保障局

局 长 林海涛

△公共就业和人才服务中心

主 任 张 威（女）*

△社会保险事业中心

主 任 郝晓权

自然资源局（挂区林业局牌子）

局 长 刘昌军* 梁英杰

△自然资源综合服务中心

主 任 何昭中* 张华东

住房城乡建设局（挂区人民防空办公室、区精致城市建设办公室牌子）

局 长 林青松* 李兴元

△建筑工程事务服务中心（挂区人防事务服务中心牌子）

主 任 田大虎

△住房保障公共服务中心

主 任 秦红霞（女）

水利局

局 长 尹小飞* 吕进柏

农业农村局（挂区乡村振兴局、区畜牧兽医局牌子）

局 长 胡远涛* 刘瑞宾

△农业综合执法大队

大队长 （缺）

△农业农村事务服务中心（挂区供销合作社联合社牌子）

主 任 杨爱芳

海洋发展局

局 长 刘瑞宾* 杨亚辰

△海渔综合执法大队（挂中国海监威海市环翠区大队牌子）

大队长 焦 鹏

商务局

局 长 夏伟清* 刘大伟

△商务发展中心

主 任 （缺）

文化和旅游局（挂区新闻出版广电局、区文物局牌子）

局 长 段会林

卫生健康局（挂区中医药管理局牌子）

局 长 许德峰* 夏伟清

△疾控中心（挂区健康管理指导中心牌子）

主 任 吕锦峰* 谷源林

△卫生健康综合执法大队
大队长　姜书光

退役军人局
局　长　林海涛*　张永君

应急局
局　长　梁英杰*　王　涛
△应急管理综合行政执法大队
大队长　战振义*

审计局
局　长　李　强

行政审批服务局（挂区政务服务管理办公室牌子）
局　长　张　戈

市场监管局
局　长　杨玉梅（女）

综合行政执法局
局　长　彭志成*　胡远涛
△综合行政执法大队
大队长　李　涛*　何昭中

统计局
局　长　肖建国

医保局
局　长　宋　崴（女）
书　记　胡书亭*　王晓阳

地方金融监管局（挂区金融工作办公室牌子）
局　长　丛晓静（女）*
栾　晓

信访局
局　长　杨亚辰*　周　克
△群众权益诉求服务中心
主　任　许　波*　杨　洋

【中国人民政治协商会议环翠区委员会】

主　席　连业礼*
孙青松（女）
副主席　隋良杰（女）
黄福涛
张华龙
邓　洁（女）
党组成员　王永强　陈英欣
王光明*　周天宇

办公室
主　任　王光明*　周天宇

委员活动工作室
主　任　周洪亮

学习提案法制委员会
主　任　宋修平

“三胞”联谊委员会
主　任　宋吉波

经济教科卫体委员会
主　任　刘新华（女）

文史文化和学习委员会
主　任　陈方明

农业和农村委员会
主　任　王光明

【中国共产党环翠区纪律检查委员会（环翠区监察委员会与其合署）】

书　记　孙青松（女）*
林　莅*　张　勇
副书记　杨雪莲（女）
于时杰
主　任　孙青松（女）*
林　莅*　张　勇
副主任　杨雪莲（女）
于时杰

区纪委监委派驻第一纪检监察组
主　任　王　钢

区纪委监委派驻第二纪检监察组
主　任　刘　刚

区纪委监委派驻第三纪检监察组
主　任　丛龙滋

区纪委监委派驻第四纪检监察组
主　任　毕重逊（女）

区纪委监委派驻第五纪检监察组
主　任　王宜超

区纪委监委派驻第六纪检监察组
主　任　胡　勇
△廉政教育中心
主　任　尚　飞

【法院、检察院】

威海市环翠区人民法院
院　长　梁　伟*　万景周
△诉讼服务中心（挂区法官事务服务中心牌子）
主　任　（缺）
△法院执行局
局　长　迟法民
△审判管理办公室（研究室）
主　任　（缺）

威海市环翠区人民检察院
检察长　张　杰*　朱纯媛（女）

【群众团体】

总工会
主　席　邹　杰

团区委
书　记　李　鑫

妇　联
主　席　王　岚（女）

工商联
　　主　席　隋良杰（女）*
　　书　记　张　霞（女）

科　协
　　主　席　谢晓伟

残　联
　　理事长　王友福

贸促会
　　会　长　周志勇

红十字会
　　会　长　尹振山*

【区属事业单位】

区委党校（挂环翠行政学校、区社会主义学校牌子）
　　校　　长　王　坤*
　　　　　　　徐　明*
　　　　　　　张　刚
　　常务副校长　马英格

区委党史研究中心（挂区地方史志研究中心牌子）
　　主　任　丛晓红（女）

档案馆
　　馆　长　李晓莉（女）

融媒体中心（挂区广播电视台牌子）
　　主　任　隋海航
　　总编辑　徐建强

社会治理服务中心
　　主　任　汤华超（女）

里口山管理服务中心
　　主　任　林　森
　△综合部
　　部　长　谷鲁杰（女）
　△党群工作部
　　部　长　（缺）
　△项目推进部
　　部　长　毕连勇
　△工程建设部
　　部　长　姚长海
　△产业发展部
　　部　长　逄万涛
　△林业与环境保护部
　　部　长　江本海

机关事务中心
　　主　任　谷佩贞（女）

环境卫生中心
　　主　任　徐长海

交通事务发展中心
　　主　任　李晓宁*　王　波*
　　　　　　郑　博

国有资产中心
　　主　任　刘　波*
　　　　　　王美英（女）

投资促进中心
　　主　任　孙远征*
　　　　　　丛晓静（女）

中德生态产业服务中心
　　主　任　于同毅*　贾存峰

市政园林中心
　　主　任　于宏轩*　孟祥强

畜牧兽医事业发展中心
　　主　任　于　洋

大数据中心
　　主　任　李　伟

林业发展中心（挂区森林防火指挥保障中心牌子）
　　主　任　刘荣林

生态文明建设协调中心
　　主　任　崔志盛
　　书　记　孙坤同

【镇、街道】

张村镇
　　党委书记　邹　伟
　　镇　　长　杨华清*　邹立凯

羊亭镇
　　党委书记　周佳俊*　张明玺
　　镇　　长　于同毅*　贾存峰

温泉镇
　　党委书记　迟高伟*
　　　　　　　黄松娟（女）
　　镇　　长　李兴元*　韩佩伦

桥头镇
　　党委书记　于丛林*　刘玉凯
　　镇　　长　刘玉凯*　昝启进

环翠楼街道
　　党工委书记　黄　晨
　　主　　　任　黄　晨*　张佳志

竹岛街道
　　党工委书记　张明玺*
　　　　　　　　侯世典
　　主　　　任　张明玺*
　　　　　　　　刘　真（女）

鲸园街道
　　党工委书记　李　强*
　　　　　　　　侯世典
　　主　　　任　侯世典*　潘　登

孙家疃街道
　　党工委书记　刘兆垒*

丁　茜（女）

主　任　丁　茜（女）*　单　斌

嵩山街道

党工委书记　王文萍（女）*

曲正杰

主　　任　曲正杰*

尹　莹（女）

【派出机构】

威海环翠省级旅游度假区管理委员会

党工委书记　邹　伟

△党政办公室

主　任　丛勇滋*

△经济发展局

局　长　梁志丹

△财务审计局

局　长　（缺）

△社会事业局

局　长　冷　娜（女）*

△规划建设局

局　长　张佳志*

△农业办公室

主　任　丛忠义

△科技产业园重点项目推进局

局　长　李　勇*

威海环翠北海省级旅游度假区管理委员会

管委会主任　（缺）

△经济发展局

局　长　夏周玫（女）*

张　冉（女）

△旅游产业推进局

局　长　孙惠岩

【医院、学校】

威海卫人民医院（已取消行政级别）

院　　长　赵　军*

党委书记　李淑景（女）*

许德峰

威海口腔医院（已取消行政级别）

院　　长　（缺）

党委书记　傅　国*

于华强

威海妇幼保健计划生育服务中心（挂区妇幼保健院牌子）

主　任　（缺）

威海市环翠中学（已取消行政级别，不在机构编制系统）

校　长　鞠　伟

威海市城里中学（已取消行政级别）

校　长　丛培良

威海市实验中学（已取消行政级别）

校　长　王天超

威海市塔山中学（已取消行政级别）

校　长　原　芳（女）

威海市古寨中学（已取消行政级别）

校　长　张爱霞（女）

威海市第十三中学

校　长　（缺）

【驻区单位】

威海市公安局环翠分局

局　长　苏卫军*　刘　斌

政　委　毕晓波

威海市生态环境局环翠分局

局　长　韩　政

威海市环翠区税务局

局　长　毕建立

威海市自然资源和规划局环翠规划分局

局　长　谷海江

威海市环翠区消防救援大队

教导员　林　雯（女）

（时间截止到2021年12月31日）

说明：*表示年内离任

△表示部门管理的机构

统计资料

2021年环翠区地区生产总值一览表

表39

类别	单位	绝对量	增长速度（%）
地区生产总值（GDP）	亿元	442.47	6.1
第一产业	亿元	36.95	7.4
第二产业	亿元	134.24	4.7
第三产业	亿元	271.29	6.6

2021年环翠区农林牧渔业一览表

表40

类别	单位	绝对量	增长速度（%）
农林牧渔业			
农林牧渔及服务业总产值	万元	681723	9.0
农业总产值	万元	32782	19.8
林业总产值	万元	1184	15.1
牧业总产值	万元	23013	48.3
渔业总产值	万元	570961	8.0
农林牧渔服务业总产值	万元	53693	9.6
农业			
油料产量	吨	2272	－41.0
花生产量	吨	2272	－41.0
蔬菜产量	吨	34967	12.4
水果产量	吨	65234	12.3

续表40

类别	单位	绝对量	增长速度（%）
渔业			
渔业村	个	9	0.0
渔业从业人员	人	25730	－2.8
机动渔船	艘	717	－6.4
	总吨	33913	4.8
水产品总产量	吨	342893	5.5
海洋捕捞（不含远洋）	吨	89105	5.3
海水养殖	吨	253788	5.6
海水养殖面积	公顷	9500	30.1
其他			
农业机械总动力	万千瓦	9	2.6

2021年环翠区规模以上工业一览表

表41

类别	单位	绝对量	增长速度（%）
工业增加值	万元	－	7.1
工业总产值	万元	3178372	10.9
#轻工业	万元	1041536	9.5
重工业	万元	2136835	11.6
#股份合作企业	万元	7594	－1.2
股份制企业	万元	2520392	10.4
外商及港澳台商投资业	万元	645354	13.2
其他经济类型企业	万元	5031	13.3
#大中型工业企业	万元	2055177	6.3

2021年环翠区规模以上工业经济效益一览表

表42

类别	单位	绝对量	增长速度（%）
企业单位	个	144	12.5
亏损企业	个	21	0.0
亏损企业亏损额	万元	12249	54.0
企业亏损面	%	14.6	0.0
营业收入	万元	3257180	11.9
利润总额	万元	280180	－16.5
产品销售率	%	99.19	0.45

说明：单位为%的增长速度为比上年增减百分点

2021年环翠区固定资产投资、商品房建设与销售一览表

表43

类别	单位	绝对量	增长速度（%）
固定资产投资	万元	–	12.4
城镇项目投资	万元	–	18.4
房地产开发投资	万元	593665	2.9
房屋施工面积	平方米	5120727	3.6
房屋竣工面积	平方米	586789	48.7
商品房销售面积	平方米	621811	0.4
商品房销售额	万元	759013	－0.1

2021年环翠区对外经济贸易一览表

表44

类别	单位	绝对量	增长速度（%）
进出口总额	亿元	217.3	18.7
出口总额	亿元	175.1	5.1
进口总额	亿元	42.2	30.5
新设立外商投资项目	个	50	19.1
实际使用外资	万美元	20476.0	－13.7

2021年环翠区财税收入一览表

表45

部门	单位	绝对量	增长速度（%）
税务部门收入			
税务全部收入	万元	814873	9.5
税务税收收入	万元	791971	9.2
财政收入			
一般公共预算收入	万元	441412	5.8
税收收入	万元	405495	9.2
增值税	万元	157809	16.3
企业所得税	万元	68645	－9.4
个人所得税	万元	25930	24.7
城市建设维护税	万元	25506	10.4
房产税	万元	20147	30.3
印花税	万元	7758	47.7
城镇土地使用税	万元	17246	2.3
土地增值税	万元	33209	72.4
契税	万元	36350	－20.0
非税收入	万元	35917	－21.9
专项收入	万元	20537	7.2
行政事业性收费收入	万元	6111	68.5
罚没收入	万元	6201	129.0
国有资源（资产）有偿使用收入	万元	3026	－83.9

2021年环翠区财政支出一览表

表46

类别	单位	绝对量	增长速度（%）
一般公共预算支出	万元	307417	－4.6
一般公共服务支出	万元	50990	－37.8
公共安全支出	万元	9211	7.7
教育支出	万元	68456	6.0
科学技术支出	万元	5014	－16.0
文化旅游体育与传媒支出	万元	3533	3.5
社会保障和就业支出	万元	43194	3.2
卫生健康支出	万元	29172	2.4
节能环保支出	万元	917	－39.4
城乡社区支出	万元	11464	15.1
农林水支出	万元	24577	5.3
交通运输支出	万元	1512	10.0
资源勘探信息等支出	万元	7452	62.6
商业服务业等支出	万元	4326	－9.2
金融支出	万元	5267	39.7
援助其他地区支出	万元	763	0.0
自然资源海洋气象等支出	万元	703	－53.6
住房保障支出	万元	22995	40.6
灾害防治及应急管理支出	万元	1452	－35.4
债务付息支出	万元	15739	－2.4
其他支出	万元	293	－

索　引

编制说明：

一、本索引为《环翠年鉴（2022）》的主题词、内容分析索引，分主题词索引、表题索引和图片索引。正文中凡具有独立检索意义的完整资料，都可以通过本索引进行检索。正文中的“综述”“概况”不做索引内容。

二、本索引按汉语拼音字母（同音字按声调）顺序排列。类目、分目作为索引款目用黑体字排印，其余款目用宋体字排印。索引款目后的数字表示该款目内容所在页码，后面的拉丁字母（a、b、c），表示栏别（从左到右）。内文中有关插图和表格仅对其主题词进行索引。

三、“特载”“专记”“大事记”“人物　荣誉”“附录”的具体内容不做索引。

四、本索引收录1455个词条。内容有交叉的词条，在索引中重复出现，可以通过同一词条的不同页码进行检索。

主题词索引

A

B

C

G

H

J

R

S

T

表题索引

D

E

G

J

L

N

Q

S

W

X

Y

Z

图片索引

A

B

C

D

E

F

G

H

I

J

K

L

M

N

P

Q

R

S

T

W

X

Y

Z